Wolls Lehr- und Handbücher der Wirtschafts- und Sozialwissenschaften

Herausgegeben von

Universitätsprofessor Professor h. c. Dr. Dr. h. c. Artur Woll

Bisher erschienene Werke:

Aberle, Transportwirtschaft, 2. A.
Assenmacher, Konjunkturtheorie, 8. A.
Barro, Makroökonomie, 3. A.
Barro · Grilli, Makroökonomie – Europäische Perspektive
Barro · Sala-i-Martin, Wirtschaftswachstum
Blum, Volkswirtschaftslehre, 2. A.
Branson, Makroökonomie, 4. A.
Bretschger, Wachstumstheorie, 2. A.
Brösse, Industriepolitik
Büschges · Abraham · Funk, Grundzüge der Soziologie, 3. A.
Cezanne, Allgemeine Volkswirtschaftslehre, 3. A.
Fischer · Wiswede, Grundlagen der Sozialpsychologie
Leydold, Mathematik für Ökonomen
Rosen · Windisch, Finanzwissenschaft I
Rush, Übungsbuch zu Barro, Makroökonomie, 3. A.
Sachs · Larrain, Makroökonomik – in globaler Sicht
Schneider, Grundlagen der Volkswirtschaftslehre, 3. A.
Tirole, Industrieökonomik
Varian, Mikroökonomie, 3. A.
Wachtel, Makroökonomik
Wacker · Blank, Ressourcenökonomik I
Wohltmann, Grundzüge der makroökonomischen Theorie, 2. A.

Konjunkturtheorie

Von
Universitätsprofessor
Dr. Walter Assenmacher

8., vollständig überarbeitete Auflage

R. Oldenbourg Verlag München Wien

Die Deutsche Bibliothek - CIP-Einheitsaufnahme

Assenmacher, Walter:
Konjunkturtheorie / von Walter Assenmacher. – 8., vollst. überarb.
Aufl. – München ; Wien : Oldenbourg, 1998
   (Wolls Lehr- und Handbücher der Wirtschafts- und
   Sozialwissenschaften)
   ISBN 3-486-23998-8

© 1998 R. Oldenbourg Verlag
Rosenheimer Straße 145, D-81671 München
Telefon: (089) 45051-0, Internet: http://www.oldenbourg.de

Gedruckt auf säure- und chlorfreiem Papier
Gesamtherstellung: R. Oldenbourg Graphische Betriebe GmbH, München

ISBN 3-486-23998-8

Vorwort zur achten Auflage

Die in der vierten Auflage eingeschlagene Gliederung des Textes in vier Hauptteile hat sich bewährt: Mit ihr gelingt es, die „Konjunkturtheorie" der aktuellen Entwicklung anzupassen, ohne wesentliche Teile des Buches neu konzipieren zu müssen.

In der achten Auflage sind die gegenwärtigen Ergebnisse der Konjunkturforschung, soweit sie als tragfähig erscheinen, integriert. Dies führte zu verschiedenen Erweiterungen und Überarbeitungen bestimmter Teile des Buches, besonders bei der walrasianischen Konjunkturerklärung. Auch wurden Modifikationen des Stoffes vorgenommen, die aus makroökonomischer Akzentverschiebung resultieren.

Da die dynamische Analyse in der Forschung und daher auch in der Lehre immer mehr an Bedeutung gewinnt, wurde der mathematische Anhang den Erfordernissen angepaßt, die zum Verständnis dieses Teils der Wirtschaftstheorie unerläßlich sind. Nicht zuletzt erfolgten solche Änderungen des Textes, die der Lesbarkeit und dem Verständnis der „Konjunkturtheorie" dienen sollen.

Mit dieser Auflage erscheint die „Konjunkturtheorie" erstmals in LATEX. Herr Diplom Volkswirt Andreas Kunert erstellte diese Version mit bewundernswertem Engagement, großer Sachkenntnis und viel Geduld bei Änderungswünschen. Ihm gilt mein besonderer Dank.

Meine Mitarbeiter, Herr Diplom Volkswirt Andreas Faust und Herr Diplom Volkswirt Thomas Schnier, haben den Text kritisch gelesen und wertvolle Hinweise gegeben. Herr cand. rer. pol. Stephan Popp, Herr stud. rer. pol. Norman Fliether und Herr stud. rer. pol. Oliver Murschall halfen beim Korrekturlesen, bei dem Literaturverzeichnis und dem Register. Ihnen allen gilt mein herzlicher Dank.

Dem Oldenbourg–Verlag, vertreten durch Herrn Diplom Volkswirt Martin Weigert, danke ich für die gewohnt angenehme Zusammenarbeit.

Essen   Walter Assenmacher

Vorwort zur vierten Auflage

Seit dem Erscheinen der ersten Auflage hat die Wirtschaftstheorie und mit ihr die Konjunkturtheorie eine Entwicklung eingeschlagen, die sowohl eine Erweiterung des ursprünglich zusammengestellten Stoffes als auch seine Neugliederung nahelegt. Insbesondere die Forschungen zur Marktkoordination, und in deren Folge die Theorie der „Neuen Keynesianischen Makroökonomik" und „Neuen Klassischen Makroökonomik" haben weiterführende Ansätze der Konjunkturerklärungen ermöglicht und lassen die grundlegenden theoretischen Unterschiede der bestehenden Konjunkturmodelle deutlicher als bisher hervortreten. Aber auch Forschungsergebnisse bestimmter Zweige der angewandten Mathematik, wie z.B. die Katastrophen– oder Chaostheorie, erweitern den bisherigen formalen Analyserahmen der Konjunkturtheorie und ermöglichen neue Bewertungen und Modellierungen der ökonomischen Dynamik. Schließlich wird das Untersuchungsobjekt der Konjunkturtheorie selbst durch das Konzept der stilisierten Fakten präzisiert.

Um diesen Entwicklungen und dem gegenwärtigen Stand der konjunkturtheoretischen Diskussion gerecht zu werden, ist die vierte Auflage der Konjunkturtheorie in vier Teile gegliedert. Der erste Teil: „Konzepte der empirischen Konjunkturforschung", ist nicht nur dem Erkenntnisobjekt der Konjunkturtheorie und seiner Operationalisierung gewidmet, sondern gibt auch eine Einführung in die Verwendung ökonometrischer Modelle bei der empirischen Konjunkturforschung.

Die sich anschließenden Teile behandeln die Konjunkturtheorie. Um den Zugang zu einer dynamischen Analyse ökonomischen Geschehens sowohl Studenten als auch Praktikern zu erleichtern und um den Bezug der Konjunkturmodelle zu bestehenden makroökonomischen Paradigmen aufzuzeigen, enthält jeder Teil die Darstellung desjenigen statischen Makromodells, aus dem die nachfolgenden Konjunkturmodelle hervorgehen. Der II. Teil gibt einen Überblick über die Vorläufer der modernen Konjunkturtheorie. Die hauptsächlich monokausalen Erklärungsansätze besitzen auch noch heute eine beachtliche Aktualität. Zusätzlich erleichtern sie den Einstieg in die nachfolgend behandelten multikausalen Ansätze der modernen Konjunkturtheorie.

Die moderne Konjunkturtheorie kann in zwei Hauptrichtungen unterteilt werden, die aus der unterschiedlichen Beantwortung der Frage hervorgehen, ob Preise schnell genug variieren, so daß Markttransaktionen nur bei Gleichgewichtspreisen stattfinden. Konjunkturmodelle, deren theoretischer Grundkonzeption eine Verneinung dieser Frage zugrunde liegt und bei denen daher Mengen schneller als Preise reagieren, sind im Teil III als „nicht-walrasianische Konjunkturtheorie" zusammengefaßt. Da auf dieser Richtung nach wie vor das Schwergewicht bei der Konjunkturerklärung liegt, nimmt sie auch hier den größten Umfang ein.

Der III. Teil beginnt mit einer ausführlichen Darstellung der keynesianischen Makroökonomik (Kapitel 4), deren zentrale Aussagen, wie neuere Publikationen zeigen (z.B. Howitt, 1986 und Ramser, 1988), weniger als neoklassische Synthese, sondern im Sinne eines Rationierungsmodells zu interpretieren sind. Diese Akzentverschiebung hat auch Auswirkungen auf das Gleichgewichtskonzept der ökonomischen Analyse. Die resultierenden Modifikationen werden zunächst im Rahmen eines statischen Modells dargestellt, um sie dann bei der dynamischen Analyse nützen zu können. Die sich anschließenden Konjunkturmodelle stellen Dynamisierungen und Erweiterungen des Realteils des keynesianischen Modells dar, die bis zu einer gemeinsamen Erklärung von Konjunktur und Wachstum führen. Dabei zeigt sich, daß nicht nur durch realistischere ökonomische Annahmen Erkenntnisgewinne zu erzielen sind, sondern daß sich auch mit neuen mathematischen Methoden Bewegungsmuster für die ökonomischen Aggregate erreichen lassen, die eine beachtliche Übereinstimmung mit der Empirie aufweisen.

In den Kapiteln 5 und 6 werden der Geld- und Arbeitsmarkt in die Konjunkturanalyse einbezogen. Die damit erzielte größere Realitätsnähe führt aber zu einer erheblichen Steigerung der mathematischen Komplexität. Dennoch läßt sich überschaubar zeigen, wie sich bei Berücksichtigung eines Geldmarktes bestimmte Maßnahmen der Zentralbank auf die Konjunktur auswirken.

Die Konjunkturtheorie der „Neuen Keynesianischen Makroökonomik" ist Inhalt des 7. Kapitels. Ausgehend von dem Konzept eines temporären Gleichgewichts bei Mengenrationierung wird das statische Modell von Malinvaud für eine Konjunkturerklärung dynamisiert.

Kapitel 8 faßt die für die Konjunkturanalyse relevanten internationalen Interdependenzen zusammen; mit Kapitel 9, in dem die Wahlzyklustheorie der Konjunktur abgehandelt wird, endet der III. Teil.

Der IV. Teil (walrasianische Konjunkturtheorie) enthält Ansätze, die auf der Annahme basieren, daß Preise schneller als Mengen reagieren: Plankoordinationen werden auf allen Märkten durch Preisvariationen erreicht. Daß bei einem solchen, stets zum Gleichgewicht führenden Koordinationsmechanismus dennoch Konjunkturschwankungen eintreten können, hängt von der Erwartungsbildung, dem Informationsstand der Marktteilnehmer und den Ausbreitungsmechanismen ab. Diese Ursachen konjunktureller Entwicklung werden in Kapitel 10: „Monetaristische und neuklassische Konjunkturerklärung" systematisch analysiert. Die in Kapitel 11 in den Grundzügen dargestellte endogene Konjunkturerklärung bei preisgeräumten Märkten, bekannt als Generationen-Modell und Sunspot-Gleichgewichte, ist noch in den Anfängen begriffen. Über ihre empirische Relevanz, die im gegenwärtigen Stadium nur sehr ungenau abzuschätzen ist, entscheidet die weitere Forschungsarbeit.

Ein umfassendes Verständnis der modernen Konjunkturtheorie setzt die Kenntnis bestimmter mathematischer Methoden der dynamischen Wirtschaftstheorie voraus. Die wichtigsten Verfahren sind daher in einem „Mathematischen Anhang" zusammengefaßt. In den Teilen III und IV erfolgt die Darstellung aller Konjunkturmodelle so, daß alle mathematischen Umformungen und Ableitungen schrittweise entwickelt werden. Wenn Bezug zu allgemeinen mathematischen Zusammenhängen notwendig ist, erfolgt er durch Hinweise auf die entsprechenden Stellen im mathematischen Anhang. Der nur an den Ergebnissen der Konjunkturmodelle interessierte Leser kann die mathematischen Umformungen übergehen.

Um diese Auflage in die vorliegende Form zu bringen, mußten überwiegende Teile des ursprünglichen Manuskripts neu angefertigt werden. Hierfür danke ich im besonderen Maße Frau Elisabeth Becker. Frau cand. rer. pol. Ute Halka danke ich für ihre Hilfe bei der Erstellung des Literaturverzeichnisses und des Registers. Meiner Frau danke ich für ihre Geduld und für ihre Hilfe beim Korrekturlesen.

Vorwort zur ersten Auflage (Auszug)

Es ist Erfahrungstatsache, daß die wirtschaftliche Aktivität einer Volkswirtschaft im Zeitablauf unterschiedlich stark schwankt. Alle ökonomischen Aggregate, die als geeignete Indikatoren der wirtschaftlichen Aktivität gelten, weisen in ihren Zeitreihen trotz vorhandener Irregularitäten ein wiederkehrendes Grundmuster auf. Dieses Grundmuster läßt sich vereinfachend als Auf– und Abschwung identifizieren.

Erkenntnisgegenstand der Konjunkturtheorie ist es, für diese gleichförmigen Bewegungsabläufe Erklärungsansätze zu finden und somit der Wirtschaftspolitik Möglichkeiten regelnden Eingreifens zu eröffnen. Der Wunsch nach empirisch gehaltvollen Konjunkturtheorien ist umso ausgeprägter, je einschneidender sich die wirtschaftliche Entwicklung bemerkbar macht. Es ist daher nicht verwunderlich, daß mit der Erfahrung der Weltwirtschaftskrise im Hintergrund die moderne Konjunkturtheorie ihren Ausgangspunkt in einer Dynamisierung der von Keynes entwickelten Theorie findet und sie in den nachfolgenden Jahren weite Bereiche makroökonomischer Forschung beeinflußt. Mit der nach dem zweiten Weltkrieg einsetzenden Verstetigung des wirtschaftlichen Wachstums in nahezu allen marktwirtschaftlich organisierten Volkswirtschaften ebbt das professionelle Interesse an der Konjunkturtheorie ab, obwohl noch bemerkenswerte Forschungsergebnisse vorgelegt werden.

Daraus den voreiligen Schluß zu ziehen, die Konjunkturtheorie sei veraltet, widerlegen die Erfahrungen aus der jüngsten Vergangenheit.

Die Konjunkturtheorie ist fester Bestandteil des Lehrprogramms wirtschaftswissenschaftlicher Studiengänge. Trotz unterschiedlicher Schwerpunktsetzungen an den einzelnen Hochschulen hat sich in der akademischen Lehre ein Kanon konjunkturtheoretischen Grundwissens herausgebildet. Das vorliegende Buch versucht, diesem Sachverhalt Rechnung zu tragen und darüber hinaus die Entwicklung der modernen Konjunkturtheorie sowie ihre Berührungspunkte mit anderen makroökonomischen Bereichen aufzuzeigen. Bei der Auswahl der für bestimmte Entwicklungsrichtungen repräsentativen Beiträge waren Kompromisse unumgänglich, die auch aus der Verpflichtung einer Lehrbuchdarstellung resultieren.

Obwohl sich das vorliegende Buch in erster Linie an Studenten der Wirtschaftswissenschaften im Hauptstudium richtet, ist es so konzipiert, daß auch dem Ökonom in der Praxis der Zugang ermöglicht wird. Es resultiert aus Lehrveranstaltungen zur Konjunktur- und Wachstumstheorie und teilweise auch zur Ökonometrie, die ich an der Universität GHS Essen gehalten habe. Aus den Diskussionsbeiträgen der teilnehmenden Studierenden resultierten manche Anregungen für den Aufbau und die didaktische Gestaltung des Stoffes. Hervorzuheben ist hierbei Herr Dipl. Ökonom Jürgen Reichart, dem auch für seine Hilfe beim Korrekturlesen von Teilen des Manuskripts während seiner Essener Studienzeit Dank gebührt. Herr stud. rer. pol. Karl-Heinz Moritz hat in gleicher gewissenhafter Weise die von Herrn Reichart begonnene Arbeit fortgesetzt; ihm sei hierfür ebenfalls gedankt.

Schließlich gilt mein Dank dem Oldenbourg-Verlag, vertreten durch Herrn Diplom-Volkswirt Martin Weigert, für die gewohnt umsichtige verlegerische Betreuung und die wieder erfreulich angenehme Zusammenarbeit.

Essen   W. Assenmacher

Inhaltsverzeichnis

Teil I
Konzepte der empirischen Konjunkturforschung

Kapitel 1

Das Phänomen Konjunktur

1.1 Definition und Abgrenzung zu verwandten Begriffen

Soll die wirtschaftliche Aktivität einer Volkswirtschaft innerhalb einer Periode anhand eines einfachen Einzelindikators dargestellt werden, eignet sich hierzu entweder das reale Bruttoinlandsprodukt oder das reale Nettoinlandsprodukt zu Marktpreisen[1]. Das Bruttoinlandsprodukt gibt den Gesamtwert aller im Inland für einen Endzweck geschaffenen Güter und Dienstleistungen einer Periode in Preisen eines Basisjahrs wieder. Berücksichtigt man, daß bei der Erstellung dieser Güter und Dienstleistungen auch bereits vorhandene, dauerhafte Produktionsmittel (Kapitalgüter) eingesetzt und dabei teilweise oder ganz verbraucht wurden, ergibt sich das Nettoinlandsprodukt oder kurz Inlandsprodukt nach Abzug des wertmäßigen Kapitalverschleißes (Abschreibungen) vom Bruttoinlandsprodukt. Da eine theoretische Begründung des Kapitalverschleißes pro Periode und damit eine exakte Berechnung der Abschreibungen äußerst problematisch und in den meisten Fällen gar nicht durchführbar ist[2], verwendet man bei der Darstellung der tatsächlichen wirt-

---

[1]Der Kürze wegen bezeichnen im folgenden „Brutto–" bzw. „Nettoinlandsprodukt" stets die realen Größen. Sind Nominalwerte gemeint, wird dies kenntlich gemacht. Seit 1992 verwendet das Statistische Bundesamt der Bundesrepublik Deutschland anstelle des Bruttosozialprodukts das international übliche Bruttoinlandsprodukt als Maß der wirtschaftlichen Leistung einer Volkswirtschaft.

[2]Vgl. hierzu LUTZ UND LUTZ (1969), S. 7 ff. Die in einer Volkswirtschaft von der Legislativen zugelassenen Abschreibungsverfahren messen den Verbrauch an Kapitalgütern nur

schaftlichen Entwicklung einer Volkswirtschaft überwiegend Zeitreihen des Bruttoinlandsprodukts; bei theoretischen Analysen, für die eine genaue Messung der Abschreibungen unwesentlich ist, jedoch das Inlandsprodukt, da es die gesamtwirtschaftliche Aktivität unter Wahrung des Kapitalbestands zu Beginn einer Periode mißt.

Die Entwicklung des (Brutto–) Inlandsprodukts einer marktwirtschaftlich organisierten Volkswirtschaft über mehrere aufeinanderfolgende Jahre hinweg zeigt einen recht unterschiedlichen Verlauf, der trotz der jeweiligen Individualität der Einzelbeobachtungen eine ganz bestimmte, charakteristische Regelmäßigkeit aufweist. Eliminiert man einen eventuell in der Zeitreihe vorhandenen Wachstumstrend[3], so wechseln sich Perioden mit in der Tendenz zunehmendem (Brutto–)Inlandsprodukt mit Perioden tendenziell fallender (Brutto–)Inlandsprodukthöhen[4] ab. Da das (Brutto–)Inlandsprodukt Indikator für die wirtschaftliche Aktivität einer Volkswirtschaft ist, darf aus seiner Entwicklung auf einen ähnlichen Verlauf der wirtschaftlichen Aktivität geschlossen werden. Dieses Grundmuster von mehrjährigen Zu– und Abnahmen der wirtschaftlichen Aktivität unter Betonung seiner Wiederkehr im Zeitablauf heißt Konjunktur.

Die Konjunkturtheorie hat als Erkenntnisobjekt die wiederkehrende, wellenförmige Veränderung der wirtschaftlichen Aktivität einer Volkswirtschaft — der Konjunktur also — und liefert daher Erklärungsansätze für die kumulativen Auf- und Abwärtsbewegungen sowie deren obere und untere Umkehrpunkte[5]. Sie ist eine makroökonomische Theorie der mittleren Frist, die gemeinsame Komponenten mit anderen Makrotheorien, z.B. der Außenhandels–, Beschäftigungs–, Inflations– und Wachstumstheorie aufweist. Vertritt man die Auffassung, daß aus den empirischen Daten nicht das oben beschriebene wiederkehrende Grundmuster der wirtschaftlichen Aktivität identifizierbar ist, würde die Konstitution einer eigenständigen Konjunkturtheorie entbehrlich. Es verblieben dann gesamtwirtschaftliche Schwankungen, die Erkenntnisgegenstand der makrodynamischen Ungleichgewichtsanalyse sind. Aufgabe der empirischen Konjunkturforschung ist es aber gerade, die Zeitreihen (makro–)ökonomischer Variablen hinsichtlich zyklischer Regelmäßigkeiten sowie struktureller Änderungen der wirtschaftlichen Aktivität zu un-

---

approximativ und sind sehr häufig noch Strategievariablen für die Durchsetzung bestimmter wirtschaftspolitischer Zielvorstellungen.

[3]Zur Ermittlung des Trends einer Zeitreihe vgl. z.B. ASSENMACHER (1996), S.193 ff.

[4]Wird die Zeitreihe nicht trendbereinigt, kann die Trendkomponente dazu führen, daß sich die Regelmäßigkeit in Perioden mit in der Tendenz zunehmenden Wachstumsraten, gefolgt von Perioden mit tendenziell fallenden, aber positiven Wachstumsraten ausdrückt. Solche Entwicklungen heißen dann Wachstumszyklen.

[5]Häufig findet man hierfür auch die Bezeichnung „Wendepunkt". In der Konjunkturtheorie kennzeichnet ein Wendepunkt immer einen Extremwert; seine Verwendung weicht hier von der in der Mathematik ab.

tersuchen. Zwei Richtungen der Vorgehensweise lassen sich unterscheiden: Die historisch–deskriptive Konjunkturforschung bildet sich unter Bezugnahme auf bekannte historische Quellen eine Vorstellung über die wirtschaftliche Entwicklung, während die statistisch ausgerichtete Konjunkturforschung durch die Auswertung des vorhandenen statistischen Materials und seiner Abbildung in Kurvendiagramme Aufschluß über den wirtschaftlichen Ablauf erreicht. Mit den zahlreichen Ergebnissen der empirischen Konjunkturforschung lassen sich Konjunkturen zweifelsfrei begründen.

Eng verwandt mit der Konjunkturtheorie ist die Beschäftigungstheorie, insbesondere dann, wenn letztere nicht nur die Höhe der Beschäftigung, sondern auch deren Schwankungen erklären will. Zwischen dem beschäftigungstheoretischen Ansatz und denjenigen Konjunkturtheorien, die besonders der Erklärung sich verändernder Beschäftigungsniveaus dienen, besteht eine sehr große Konkordanz. Jedoch ist die Beschäftigungstheorie in ihrem Erkenntnisobjekt eben auf die Beschäftigung eingeschränkt und läßt auch die Periodizität der wirtschaftlichen Entwicklung außer Acht.

Im Gegensatz zur mittelfristig konzipierten Konjunkturtheorie untersucht die Wachstumstheorie die Determinanten und Gesetze, die eine langfristige Entwicklung des Inlandsprodukts und seiner Hauptkomponenten bestimmen. Sie ist somit eine Trendtheorie, die nicht Konjunkturen erklären will. Jedoch gelingt es bei entsprechender Modifikation und Erweiterung einzelner Wachstumsmodelle, zyklische Entwicklungen aus den Wachstumsprozessen abzuleiten.

Die Unterschiede zwischen der Konjunktur–, Beschäftigungs– und Wachstumstheorie lassen sich mit Hilfe der Transformationskurve (Kapazitätslinie, Produktionsmöglichkeitskurve) für den 2–Güter–Fall veranschaulichen[6].

Abb. 1.1:

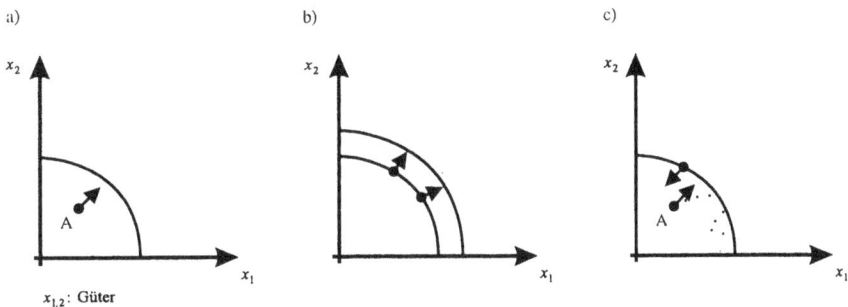

[6]Zur Unterscheidung der Beschäftigungs– und Wachstumstheorie vgl. ROSE (1971), S. 10.

Die Transformationskurve gibt an, welche Gütermengenkombinationen (x_1, x_2) eine Volkswirtschaft unter voller Ausnutzung ihrer Kapazitäten und bei Anwendung des gegebenen technischen Wissens maximal in einer Periode produzieren kann. Ein Punkt unterhalb dieser Kurve (z.B. Punkt A in Abbildung 1.1.a) repräsentiert eine Gütermengenkombination, bei der nicht alle Produktionsfaktoren voll beschäftigt sind. Die Beschäftigungstheorie liefert Erklärungsansätze für eine Bewegung von A zu einem Punkt auf der Transformationskurve (vgl. Abbildung 1.1.a). Die Wachstumstheorie zeigt — ausgehend von einer Situation der Vollbeschäftigung — die Gesetzmäßigkeiten auf, die zu einer Verschiebung der gesamten Transformationskurve in jeder Periode führen (vgl. Abbildung 1.1.b). Die Konjunkturtheorie erklärt, warum die wirtschaftliche Entwicklung einer sich ständig wiederholenden Bewegung von Punkten unterhalb über Punkte auf und zurück zu Punkten unterhalb der Kapazitätslinie entspricht. Der Ablauf mag dabei gemäß der Pfeile (keine strukturellen Änderungen) oder der gepunkteten Linie (strukturelle Änderungen) in Abbildung 1.1.c erfolgen.

1.2   Empirische Befunde

1.2.1   Der Konjunkturverlauf: Schematisierung und typische historische Zyklen

Die Entwicklung des Bruttoinlandsprodukts der Bundesrepublik Deutschland ist in Tabelle 1.1 für die Jahre 1950 bis 1995 in Nominalgrößen (Spalte 1), in Realwerten (Spalte 2), als Wachstumsraten (Spalte 3) und als Trendwerte (Spalte 4) wiedergegeben. Erste Aufschlüsse über das Vorliegen von Konjunkturen in diesem Zeitraum gibt eine grafische Darstellung der Spalten (1) und (2) in den Abbildungen 1.2.a und 1.2.b. Die beiden Grafiken zeigen, daß das Bruttoinlandsprodukt bis auf wenige Ausnahmen von Jahr zu Jahr ständig wächst und daß sich seine Entwicklung in Konjunkturen vollzieht.

Tabelle 1.1[7]

Jahr t	BIP (nominal) (1)	BIP (real) (2)	BIP Wachstumsrate (3)	BIP (real) (Trendwerte) (4)
1950	103,0	461,6		645,7
1960	302,7	999,7	9,6	923,8
1970	675,3	1542,6	5,0	1321,7
1971	749,8	1590,4	3,1	1369,9
1972	823,1	1658,0	4,3	1419,9
1973	917,3	1737,0	4,8	1471,7
1974	983,9	1740,4	0,2	1525,3
1975	1026,6	1718,6	-1,3	1581,0
1976	1120,5	1810,1	5,3	1638,6
1977	1195,3	1861,6	2,8	1698,4
1978	1283,6	1917,4	3,0	1760,3
1979	1388,4	1998,4	4,2	1824,5
1980	1472,0	2018,0	1,0	1891,0
1981	1535,0	2020,0	0,1	1960,0
1982	1588,1	2001,0	-0,9	2031,5
1983	1668,5	2036,2	1,8	2105,6
1984	1750,9	2093,5	2,8	2182,3
1985	1823,2	2136,0	2,0	2261,9
1986	1925,3	2186,1	2,3	2344,4
1987	1990,5	2218,4	1,5	2429,9
1988	2096,0	2301,0	3,7	2518,5
1989	2224,4	2384,4	3,6	2610,4
1990	2426,0	2520,4	5,7	2705,6
1991	2647,6	2647,6	5,0	2804,2
1992	2813,0	2694,3	1,8	2906,5
1993[1)]	2853,7	2648,6	-1,7	3012,5
1994[1)]	2977,7	2709,6	2,3	3122,4
1995[1)]	3083,5	2750,2	1,5	3236,2

[1)] vorläufiges Ergebnis

Abb. 1.2:

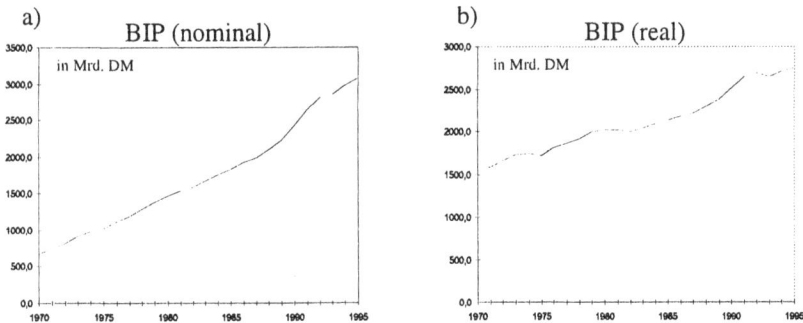

a) BIP (nominal)

b) BIP (real)

Das konjunkturelle Grundmuster tritt besonders deutlich hervor, wenn die Trendkomponente in der Zeitreihe reduziert oder eliminiert wird. Eine Möglichkeit zur Verringerung des Trends liegt in der Verwendung von Wachstumsraten (vgl. Abbildung 1.3.a, in die die Daten der Spalte 3 eingetragen sind).

[7]Quellen: Statistisches Bundesamt (1995) und eigene Berechnungen Spalte (3) und (4). Spalten (1), (2) und (4) in Mrd. DM, Spalten (2) und (4) in Preisen von 1991.

Abb. 1.3:

a)

b)

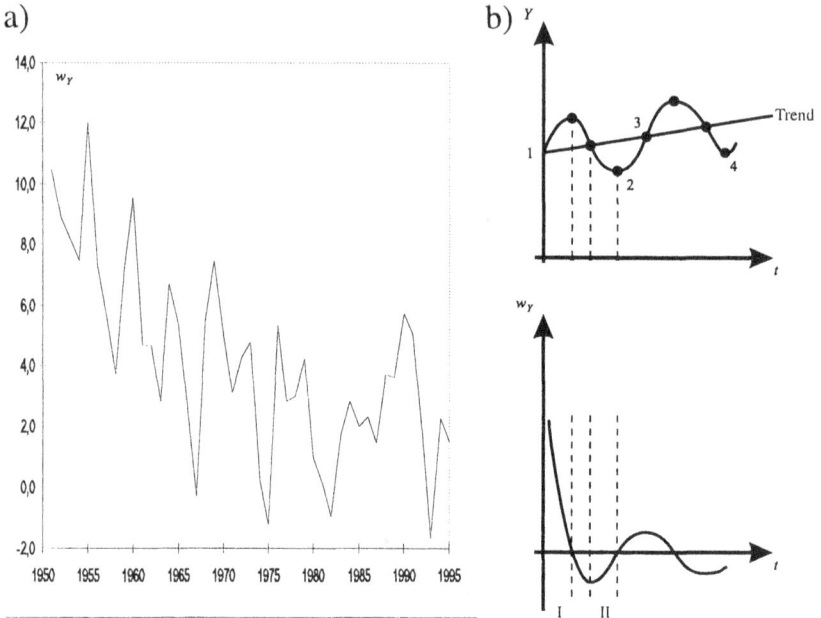

Jedoch muß hier beachtet werden, daß

(1) die oberen und unteren Umkehrpunkte nicht mehr denselben Zeitbezug wie in der Originalreihe aufweisen, und daher

(2) die Zeitreihe der Wachstumsraten einen Abschwung (Aufschwung) anzeigt, während die Niveauwerte noch zunehmen (bereits sinken), wie dies die Bereiche I und II in Abbildung 1.3.b zeigen,

(3) bei gleichbleibenden absoluten Schwankungen um einen (positiven) Trend die Wachstumsraten im Zeitablauf abnehmen.

Eine Möglichkeit der Trendelimination wird durch die Subtraktion der Trendkomponente von den tatsächlichen Zeitreihenwerten gegeben. Zur Berechnung der Trendkomponente muß aber zuvor die Trendfunktion bekannt sein. Unterstellt man ein Jahreswachstum des Bruttoinlandsprodukts mit konstanter Rate, wird die trendmäßige Entwicklung bestimmt durch:

$$Y_t = Y_0 e^{wt+u_t}, \tag{1.1}$$

Y_t : Bruttoinlandsprodukt, t : Zeit (Jahr),

w : konstante Wachstumsrate,

u_t : Variable, die Zufalls– und Konjunktureinflüsse enthält.

Nach Logarithmierung geht Gleichung (1.1) über in:

$$\ln Y_t = \ln Y_0 + wt + u_t, \qquad \text{oder :}$$

$$Y_t^* = a + wt + u_t, \text{ mit: } \quad a = \ln Y_0 \text{ und } Y_t^* = \ln Y_t, \qquad (1.2)$$

$$\ln : \text{ natürlicher Logarithmus.}$$

Gleichung (1.2) ist jetzt eine lineare Beziehung, deren unbekannte Parameter a und w mit der Methode der kleinsten Quadrate ermittelt werden können[8]. Eine Schätzung der Gleichung (1.2) auf der Basis der natürlichen Logarithmen für die Jahreswerte 1950 bis 1995 der Spalte 2, Tabelle 1.1. ergibt:

$$\hat{Y}_t^* = 6,4703 + 0,03582t, \quad t = 1 \text{ für das Jahr } 1950, \hat{Y}_t^* : \text{ Regreßwert.} \quad (1.3)$$

Nach dieser Schätzung wächst das reale Bruttoinlandsprodukt im Zeitraum 1950 bis 1995 jährlich mit einer Rate von 3,6 Prozent. Abbildung 1.4.a (halblogarithmischer Maßstab) gibt die Zeitreihe nach Spalte (2) von $Y_t^* = \ln Y_t$ und dem Graph der Gleichung (1.3) wieder. In Abbildung 1.4.b sind die Differenzen zwischen dem tatsächlichen und dem trendmäßigen Bruttoinlandsprodukt $(Y_t - \hat{Y}_t)$ pro Periode dargestellt.

Abb. 1.4:

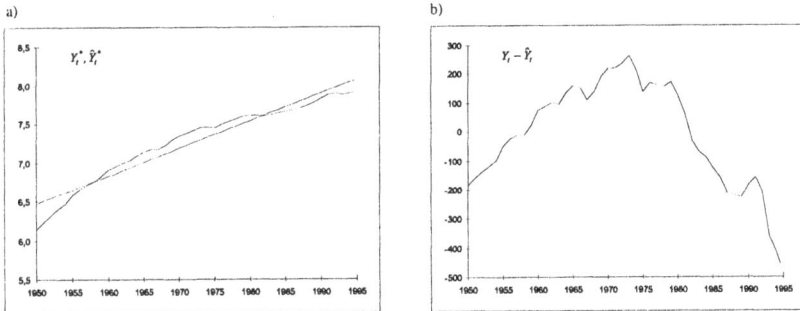

Auch hier gilt, daß die Umkehrpunkte der Zeitreihe „absolute Abweichungen vom Trend" nicht mehr denselben Zeitbezug wie die Umkehrpunkte in der Ursprungsreihe aufweisen müssen. Bei linearem Trend erhält man die maximale Abweichung innerhalb eines Intervalls in dem Punkt, in dem Trend und Zyklus gleiche Steigung haben. Dies muß nicht im Umkehrpunkt sein.

---

[8]Die Methode der kleinsten Quadrate wird hier lediglich in einem deskriptiven Sinn verwendet. Es ist deshalb unerheblich, daß die Variable u im Gegensatz zu ihrer angestrebten Verwendungsweise in der Ökonometrie noch einen systematischen Einfluß umfaßt. Die in der Ökonometrie üblichen Annahmen für die Störvariable u findet man in allen Lehrbüchern der Ökonometrie, so auch bei ASSENMACHER (1995), S.23 ff.

Seit Beginn der Industrialisierung[9] vollzog sich die wirtschaftliche Entwicklung in wiederkehrenden, krisenhaften Absatzstockungen der Gesamtproduktion[10]. Jedoch maß man diesen Rezessionen zunächst keine allzu große Bedeutung bei, da gemäß des Say'schen Theorems[11] sich jede Produktion auch die eigene Nachfrage schafft und demnach eine allgemeine — nicht jedoch partielle — Überproduktion ausgeschlossen ist. Parallel zum Industrialisierungsgrad nahmen Häufigkeit und Schwere der Krisen zu, und es bildete sich ein wirtschaftlicher Ablauf heraus, dessen Charakteristika die Abbildungen 1.2 und 1.3, jedoch bei zunächst weniger stark ausgeprägtem Wachstumstrend, verdeutlichen. In der ökonomischen Literatur findet man bereits im Jahre 1837 eine recht genaue Beschreibung der Konjunktur durch Lord Overstone[12]; 23 Jahre später legte der französische Arzt Clement Juglar[13] die erste empirisch–statistische Untersuchung der Konjunkturforschung vor, die bereits die Wiederkehr, nicht jedoch die Gleichförmigkeit der Entwicklung betont.

Die heute in kaum abgewandelter Form verwendeten Schematisierungen der Konjunktur wurden in ihren wesentlichen Grundzügen von Haberler[14] und Spiethoff[15] entwickelt und als Konjunkturzyklus bezeichnet. Demnach vollzieht sich die wirtschaftliche Entwicklung in aufeinanderfolgenden Zyklen. Die einfachste Form stellt die 2–Phasen–Gliederung der Konjunktur dar. Eine Volkswirtschaft durchläuft stets einen Aufschwung (Expansion), gefolgt von einem kürzeren Abschwung (Kontraktion). Dieses grobe Muster erweiterte Haberler zu einem 4–Phasen–Ablauf (vgl. Abbildung 1.5). In der Phase 1, heute überwiegend Aufschwung oder Expansion genannt, wächst das Inlandsprodukt, begleitet von einem Rückgang der Arbeitslosenquote, einer zunächst verstärkten Nutzung vorhandener Produktionsanlagen und dann von einem Wachsen des Kapitalstocks. Der Aufschwung mündet in einem Boom (Übergang zur Phase 2) mit in der Regel Voll- bzw. Überbeschäftigung der beiden Produktionsfaktoren Kapital und Arbeit. Diese Charakteristika eines Booms ließen sich in der Bundesrepublik Deutschland bis zur Mitte der 70er Jahre beobachten; danach blieb auch in Boomzeiten der Faktor Arbeit

---

[9]Den Beginn der industriellen Revolution datiert man gewöhnlich auf die Mitte des 18. Jahrhunderts. Diese Zeit ist vor allem durch umwälzende technische Erfindungen geprägt. So erfand z.B. James Watt im Jahre 1769 die Dampfmaschine.

[10]Auch vor der Industrialisierung verlief die wirtschaftliche Entwicklung nicht störungsfrei, sondern war ebenfalls durch schwere Krisen gekennzeichnet. Diese frühen Zeiträume sind für die moderne Konjunkturtheorie insofern nicht relevant, da sowohl der Produktionsprozeß als auch die wirtschaftliche Ordnung mit den Gegebenheiten einer modernen, marktwirtschaftlich organisierten Industriegesellschaft nicht mehr vergleichbar sind.

[11]SAY (1803).

[12]OVERSTONE (1837).

[13]JUGLAR (1862).

[14]HABERLER (1941) S. 258.

[15]SPIETHOFF (1955).

unterbeschäftigt, jedoch bei meist deutlich geringerer Arbeitslosenquote als zu Beginn der Expansion. Kapazitäts– und Liquiditätsengpässe verlangsamen schließlich das Wachstum des Inlandsprodukts bis es stagniert (Phase 2).

Abb. 1.5:

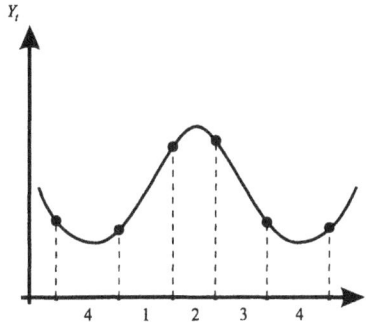

| 1. Phase : Prosperität | 3.Phase : Depression |
| 2. Phase : Krise | 4.Phase : Erholung |

Als Folge der Engpässe treten Preis–, Lohnsatz– und Zinssatzsteigerungen ein. In der Phase 3, die auch als Kontraktion bezeichnet wird, sinkt das Inlandsprodukt. Ihr Beginn mit rückläufiger Investitionstätigkeit und moderater Zunahme der Arbeitslosenquote heißt Rezession, am Ende steht die Depression mit nur geringen oder gar negativen Nettoinvestitionen und sehr hoher Arbeitslosigkeit. In Phase 4 kommt die Abwärtsentwicklung bei konstantem Preisniveau oder nur geringer Inflationsrate zum Stillstand. Die Nettoinvestitionen nehmen wieder zu, das Inlandsprodukt wächst und ein Aufschwung beginnt.

Spiethoff erweiterte dieses 4–Phasen–Schema zu einem 6–phasigen „Musterkreislauf der wirtschaftlichen Wechsellagen" (vgl. Abbildung 1.6).

Das Ende der Erholungsphase und die Prosperität, die bei Haberler den Aufschwung bilden, sind hier in drei Phasen untergliedert: erster Anstieg, zweiter Anstieg und Hochschwung (Boom). Die Krisenphase beim Haberler-Schema wird von Spiethoff in eine Phase des Kapitalmangels und der eigentlichen Krise (Rezession) unterteilt. Der anschließende Niedergang (Depression) reicht bis zum unteren Umkehrpunkt und schließt damit einen Teil der Erholungsphase aus Abbildung 1.5 ein. Die Kontraktion umfaßt hier somit die Phasen 6 und 1.

Da eine historisch genaue Trennung der einzelnen Phasen empirisch meist nicht möglich ist, sind der Untergliederung eines Konjunkturzyklus Grenzen gesetzt. Es ist daher nicht verwunderlich, daß über sechs Phasen hinausgehende Schematisierungen kaum Bedeutung gefunden haben.

Abb. 1.6:

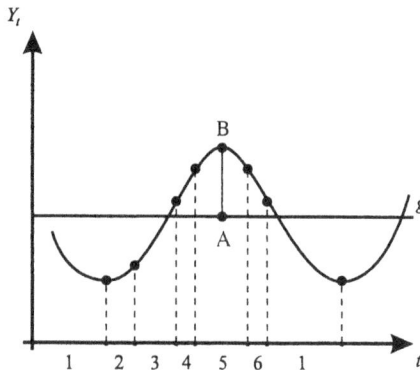

1. Phase : Niedergang (Depression)

2. Phase :   erster Anstieg ⎫
                         ⎬ (Expansion)
3. Phase : zweiter Anstieg ⎭

4. Phase : Hochschwung (Boom)

5. Phase : Kapitalmangel

6. Phase : Krise (Rezession)

Zusätzlich zu diesen Phaseneinteilungen läßt sich jeder Konjunkturzyklus noch durch Angabe seiner Länge (Schwingungsdauer), Amplitude und seiner Frequenz präzisieren. In jedem konkreten Fall muß zuvor jedoch entschieden werden, welche Reihe als Konjunkturindikator heranzuziehen ist. Häufig verwendet man die Zeitreihe des Bruttoinlandsprodukts, auf weitere Möglichkeiten geht Abschnitt 1.2.2 ein. Die Probleme, die allgemein mit der sachgerechten Aufbereitung des empirischen Materials verbunden sind, sollen anhand der Zeitreihe für das Bruttoinlandsprodukt beispielhaft erläutert werden. Zunächst ist zu prüfen, ob das von der volkswirtschaftlichen Gesamtrechnung erstellte Bruttoinlandsprodukt die konjunkturelle Situation genau erfaßt: Es ist eine minimale logische Diskrepanz zwischen dem theoretischen Konstrukt „Konjunktur" und seinem Meßbegriff anzustreben, wobei eine vollständige Übereinstimmung jedoch nie ganz erreicht werden kann[16]. Diese Minimierung ist Gegenstand der statistischen Adäquation. Die Beiträge derjenigen Sektoren zum Bruttoinlandsprodukt, deren wirtschaftliche Aktivität in besonderem Maße zufallsgestört ist — wie zum Beispiel die Agrarproduktion durch das Wetter — sind dann zu eliminieren, sofern ihre Bedeutung nicht vernachlässigbar klein ist. Im Rahmen der Adäquation kann auch die Messung des Bruttoinlandsprodukts als nominale oder reale Größe entschieden werden. Aufgrund des Erkenntnisobjektes der Konjunkturtheorie und weil Preissteigerungen nicht notwendigerweise Ausdruck gestiegener wirtschaftlicher Aktivität sind, haben Realgrößen den Vorzug. Befindet sich die Volkswirtschaft mit ihrer tatsächlichen Produktion bereits an ihrer Kapazitätsgrenze und treten weitere Nachfragesteigerungen ein, so gibt das nominale Bruttoinlandsprodukt die tatsächliche Lage adäquat wieder. Zur Beurteilung des Inflationsphänomens und seiner Auswirkungen auf die Konjunktur sind natürlich nominale Reihen heranzuziehen.

Die Beantwortung der Frage, ob Zeitreihen mit monatlich, vierteljährlich oder jährlich erhobenen Beobachtungen aufgestellt werden sollen, hängt wesentlich vom Verwendungszweck und letztlich auch sehr häufig von der Verfügbarkeit der Daten ab. Die Verwendung von Monatswerten zur Darstellung des Konjunkturverlaufs über längere Zeitspannen kommt recht selten vor. Hier arbeitet man üblicherweise mit Jahreswerten. Für kurz– bzw. mittelfristige Konjunkturprognosen sind Quartals– bzw. Monatswerte angemessen, insbesondere dann, wenn plötzliche Änderungstendenzen erfaßt werden sollen. Bei allen in kleineren als jährlichen Zeiteinheiten erhobenen Daten sind zur Aufdeckung des Konjunkturmusters Saisonschwankungen zu eliminieren, sofern die wirtschaftlichen Akteure diese als solche erkennen[17]. Nicht als Saisonschwankungen eingeschätzte saisonale Veränderungen führen zu konjunkturrelevanten Reaktionen. Da Informationen über die Beurteilung einer Saisonschwankung durch die am Wirtschaftsprozeß Teilnehmenden nur schwer zu gewinnen sind, wird in empirischen Arbeiten überwiegend saisonbereinigt. Bei monatlich erhobenen Beobachtungen spielen Zufallseinflüsse im allgemeinen eine größere Rolle als bei zeitlich aggregierten Größen; die Zufallskomponente sollte deshalb ausgeschaltet werden.

Zur Bestimmung der Zyklenlänge hat sich in der konjunkturtheoretischen Literatur allgemein eine Messung von unterem zu unterem Umkehrpunkt durchgesetzt[18]. Mit der Festlegung des Zyklusbeginns sind zugleich Zykluslänge und historische Einordnung eines jeden Zyklus determiniert. Da die realen

---

[16]Vgl. hierzu MENGES (1961), S. 18.
[17]Auf diesen Zusammenhang hat erstmals VALAVANIS (1959), S. 177 aufmerksam gemacht.
[18]Vgl. hierzu METZLER (1947) S. 384.

Konjunkturzyklen jedoch nie vollkommen periodisch verlaufen, sind die Zeitspannen zwischen zwei aufeinander folgenden unteren Umkehrpunkten und zwei aufeinander folgenden oberen Umkehrpunkten nur selten gleich lang. Dies kann dazu führen, daß in einem Konjunkturzyklus die Anzahl der Perioden, in denen die wirtschaftliche Aktivität ihren Trendwert übersteigt, nicht mit der Anzahl der Perioden, in denen sie unter dem Trendwert liegt, übereinstimmt. Damit in etwa gleich viele Auf– und Abschwungperioden in einem Zyklus vorkommen, mißt die empirische Konjunkturforschung die Zyklenlänge als Zeitintervall zwischen den Schnittpunkten aufeinander folgender Aufschwünge mit dem Trend[19]. Wegen der unterschiedlichen Meßmöglichkeiten kann die Anzahl identifizierter Zyklen für einen gegebenen Zeitraum differieren. Ihre historische Einordnung, die immer mit dem Meßverfahren variiert, hängt zudem noch ab von dem zur Anwendung kommenden Indikator und seiner Art der Erfassung, ob z.B. als Niveauwert oder als Veränderungsrate. In Abbildung 1.3.b (oberer Teil) legen die Zahlen den unterschiedlich gemessenen Zyklus fest. Nach der Meßvorschrift der Konjunkturtheorie erstreckt sich ein Zyklus von Punkt 2 bis Punkt 4, nach dem Verfahren der empirischen Konjunkturforschung von Punkt 1 bis Punkt 3. Den durch die Erhebungsart bedingten Unterschied in der Zykluseinteilung zeigt ein Vergleich des oberen mit dem unteren Teil der Abbildung 1.3.b.

Unter der Amplitude versteht man allgemein den größten Ausschlag einer Wellenbewegung zu einer geeigneten Bezugslinie. Bei der getroffenen Festlegung der Zyklenlänge von unterem zu unterem Umkehrpunkt bietet es sich an, als Amplitude den vertikal oder rechtwinklig zum Trend gemessenen Abstand des oberen Umkehrpunktes zur Trendlinie aufzufassen. Bei trendfreien Zyklen ergibt sich als Bezugslinie eine Parallele zur Abszisse (vgl. die Gerade g in Abbildung 1.6, in der die Strecke AB die Amplitude darstellt) oder die Abszisse (Zeitachse) selbst. Die Amplitudenbestimmung realer Zyklen, die häufig einem Trend folgen, führt daher zunächst zu einer Ermittlung der meist nicht linearen Trendfunktion. Man kann den Rechenaufwand reduzieren, indem als Amplitude der vertikale Abstand des oberen Umkehrpunktes zu der Verbindungslinie der beiden unteren Umkehrpunkte eines Zyklus definiert wird (vgl. Abbildung 1.7). Diese einfache Vorgehensweise sollte jedoch nicht auf solche Absolutreihen übertragen werden, deren Entwicklung sich in Wachstumszyklen um einen exponentiellen Trend vollzieht. Die so ermittelten Amplituden entsprechen nicht in allen Fällen dem maximalen Ausschlag einer Schwingung. In Abbildung 1.7 hat der Konjunkturzyklus ABC die Amplitude BB', der Zyklus CDE die kleinere Amplitude DD'.

---

[19]Es wäre mit dem angestrebten Ziel auch vereinbar, den Zyklus als Zeitintervall zwischen den Schnittpunkten aufeinander folgender Abschwünge mit dem Trend zu datieren. Daß ein Zyklus mit einem Aufschwung und nicht mit einem Abschwung beginnen soll, ist wohl psychologisch motiviert.

Abb. 1.7:

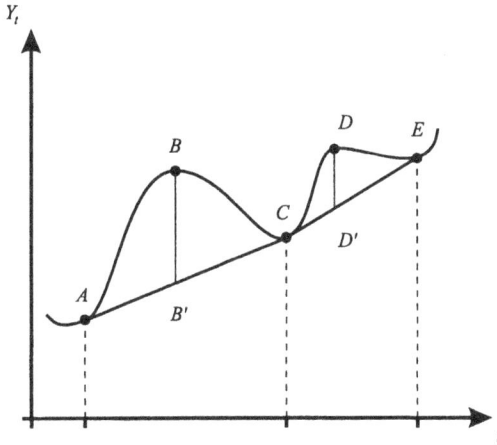

Die Frequenz eines Zyklus gibt an, wie viele Schwingungen in einer vorgegebenen Zeitspanne eintreten. Sie entspricht dem Kehrwert der Schwingungsdauer. Beträgt z.B. die Zyklenlänge fünf Jahre, so resultiert hieraus eine Frequenz von einem Fünftel, d.h. die Schwingung beträgt in einem Jahr ein Fünftel des gesamten Zyklus. Bei einer Schwingungsdauer von nur einem halben Jahr ergibt sich eine Frequenz von zwei: In einem Jahr werden zwei volle Zyklen durchlaufen. Für die Frequenz empirischer Zyklen existiert eine obere Schranke. Diese resultiert daraus, daß ökonomische Stromgrößen nicht stetig, sondern nur für bestimmte Perioden gemessen werden können (z.B. Inlandsprodukt pro Jahr, pro Quartal usw.). Zyklen innerhalb dieser Perioden lassen sich nicht beobachten. Eine Schwingung ist erst dann empirisch identifizierbar, wenn sie sich über mindestens zwei Perioden erstreckt. Die Frequenz kann somit den Wert ein Halb nicht übersteigen.

Die Frequenz ist um so aussagekräftiger, je begründeter die Vermutung gleich langer und symmetrischer Zyklen ist. Ihr kommt in der Konjunkturtheorie eine größere Bedeutung als in der empirischen Konjunkturforschung zu, zumal das Schwingungsverhalten vieler Konjunkturmodelle durch die Verwendung von Kosinusfunktionen (vgl. hierzu auch den mathematischen Anhang) beschrieben werden kann. Die für die Konjunkturtheorie relevanten Eigenschaften und ihre Beziehungen zu den bis jetzt eingeführten Begriffen lassen sich anhand der Funktion

$$y_t = a \, \cos(\theta t + \phi) \tag{1.4}$$

aufzeigen. Der Graph dieser Funktion ist für $\theta = 1$ und $\phi = 0$ in Abbildung 1.8 dargestellt (durchgezogene Linie).

Abb. 1.8:

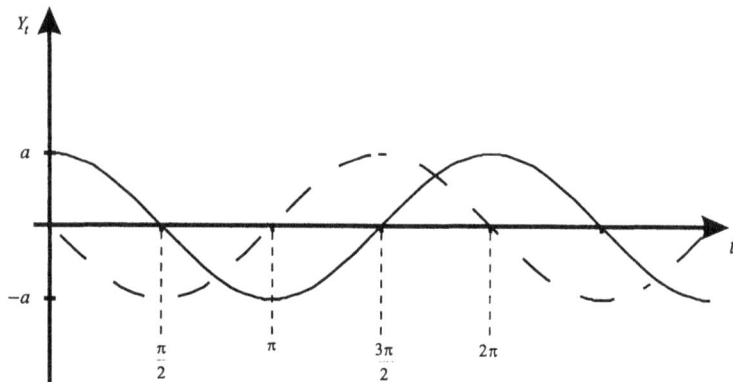

Da der Kosinus nur Werte des geschlossenen Intervalls $[-1, 1]$ annehmen kann, stellt a die Amplitude der Schwingung dar, denn der vertikale Abstand des oberen oder des unteren Umkehrpunktes zur Abszisse ist dann a. Wegen der Symmetrieeigenschaft der Kosinusfunktion kann die Zykluslänge sowohl als Abstand der beiden oberen als auch als Abstand zwischen den beiden unteren Umkehrpunkten gemessen werden. Sie beträgt 2π, was zu einer Frequenz von $(2\pi)^{-1}$ führt. Der nächste Zyklus erstreckt sich von $t = 2\pi$ bis $t = 4\pi$ und weist, da Gleichung (1.4) eine periodische Funktion ist, die gleichen Eigenschaften wie sein Vorgänger und alle nachfolgenden Zyklen auf. Ist der Parameter θ ungleich 1, verändern sich Zyklenlänge und Frequenz. Wie Abbildung 1.8 zeigt, nimmt y_t für $t = 2\pi$ denselben Wert wie für $t = 0$ an: Es ist somit ein ganzer Zyklus durchlaufen. Um die Zyklenlänge T für $\theta \neq 1$ zu bestimmen, muß gelten $\theta t = 2\pi$, oder:

$$T = \frac{2\pi}{\theta}, \qquad T \; : \; \text{Zyklenlänge.} \tag{1.5}$$

Die Frequenz f beträgt:

$$f = \frac{1}{T} = \frac{\theta}{2\pi}. \tag{1.6}$$

Wird t in Jahren gemessen und ist $\theta = \dfrac{2\pi}{5}$, erhält man nach Gleichung (1.5) eine Schwingungsdauer von $T = 5$ Jahren und nach Gleichung (1.6) eine Frequenz von einem Fünftel. Der Einfluß des Parameters $\phi \neq 0$ läßt sich für $t = 0$ leicht erkennen. Die Funktion (1.4) hat für $t = 0$ bereits den Wert $a \cos(\phi)$. Man nennt ϕ deshalb Phasenverschiebung oder auch Phasendifferenz. Wegen der Periodizität der Kosinusfunktion wählt man ϕ stets so, daß gilt: $|\phi| \leq \pi$. In Abbildung 1.8 gibt die gestrichelte Kurve Gleichung (1.4) für $\theta = 1$ und $\phi = \dfrac{\pi}{2}$ wieder.

Eine statistische Auswertung der in der 2. Hälfte des 18. Jahrhunderts beginnenden Zeitreihen des Bruttoinlandsprodukts ließ unter Beachtung der entwickelten Schematisierung bei den westlichen Industrienationen die Gestalt dreier typischer Konjunkturzyklen hervortreten[20]. Die längste Wellenbewegung, der Kondratieff–Zyklus[21] —ursprünglich als Preisschwankungen identifiziert— hat eine Schwingungsdauer von 48 bis 60 Jahren. Der Nachweis seiner Existenz ist nicht ganz unproblematisch, da die Beobachtungen für diejenigen Perioden, in denen die wirtschaftliche Entwicklung durch seltene, aber schwerwiegende exogene Störungen, wie z.B. Naturkatastrophen oder kriegerische Auseinandersetzungen geprägt ist, durch solche Daten ersetzt werden müssen, die aufgrund einer normalen wirtschaftlichen Entwicklung realisiert worden wären. Diese synthetischen Daten gewinnt man aber gerade unter der Annahme eines Kondratieff–Zyklus, dessen Existenz sie letztlich begründen sollen. Der hier aufgezeigte Aspekt dient den Kritikern der langen Wellen als Stützung ihrer Vermutung, daß erst statistische Manipulationen der Ursprungsdaten Kondratieff–Zyklen generieren. Auch Schumpeters[22] theoretische Konzeption, wonach die langen Schwingungen durch revolutionäre Erfindungen und deren wirtschaftliche Nutzung seitens Pionierunternehmen und einer steigenden Zahl von Nachahmern ausgelöst werden, kann diese Einwendungen nicht ganz entkräften. Trotz der aufgezeigten statistischen Erhebungsschwierigkeiten lassen sich dennoch für Europa und die USA drei solche langen Wellen[23] ermitteln. Der erste, 56 Jahre lange Zyklus, erstreckt sich von 1787 bis 1842/43 und erreicht in den Jahren 1815 bis 1820 seinen Höhepunkt; an ihn schließt sich eine etwa gleich lange Welle von 1842/43 bis 1897 mit einem oberen Umkehrpunkt um 1872/74 an. Den Beginn eines dritten Kondratieff–Zyklus datiert man auf das Jahr 1897. Seine Entwicklung wird in Europa durch den Ausbruch des 1. Weltkriegs unterbrochen. Zieht man anstelle der europäischen Zeitreihen für die Kriegs– und Nachkriegszeit die Statistiken für die Preisentwicklung in den USA heran, läßt sich ein oberer Umkehrpunkt in den Jahren 1920/21 identifizieren[24], dem sich ein

---

[20]Diese Dreiteilung ist durch SCHUMPETER (1935 und 1939) bekannt geworden und bis heute noch gebräuchlich. Gleichwohl lassen sich noch Ergänzungen (KUZNETS, 1930, S. 59 ff.) oder auch andere Klassifikationen (HANSEN, 1941, S. 16 ff.) angeben.

[21]KONDRATIEFF (1926).

[22]SCHUMPETER (1939)

[23]VOSGERAU (1979), S. 483 ff.

[24]Trotz des späten Kriegseintritts der USA (im Jahre 1917) kann nicht ausgeschlossen werden, daß diese Zeitreihe und somit auch der Zeitpunkt des oberen Umkehrpunktes durch die exogene Störung „1. Weltkrieg" beeinflußt sind.

Abschwung bis zu Beginn des 2. Weltkriegs im Jahre 1939 anschließt. Man kann natürlich nicht definitiv behaupten, daß die Volkswirtschaften Westeuropas eine analoge wirtschaftliche Entwicklung wie die USA in Friedenszeiten durchgemacht hätten. Auch ob nach dem 2. Weltkrieg ein vierter Kondratieff–Zyklus begonnen hat, ist gegenwärtig empirisch schwer begründbar. Dies liegt an einer Schwierigkeit, die der empirischen Konjunkturforschung immanent ist. Während ex post Deskriptionen der wirtschaftlichen Entwicklung keine wesentlichen Probleme in sich bergen, sind Aussagen über den augenblicklichen Konjunkturzustand wegen der Unsicherheiten zukünftiger Entwicklungen äußerst problematisch. Das verdeutlicht folgende Situation. Befindet sich die Volkswirtschaft im oberen (unteren) Umkehrpunkt, so läßt sich dies mit Sicherheit erst rückblickend, wenn dieser Zustand bereits durchlaufen ist, erkennen. Im Rahmen der Konjunkturtheorie, –diagnose und –prognose werden Erklärungsansätze und Verfahren entwickelt, die unsere Kenntnis über Konjunkturstand und Konjunkturentwicklung erweitern und empirisch absichern.

Als eigentlicher Konjunkturzyklus wurde eine 7 bis 12 Jahre dauernde Schwingung der wirtschaftlichen Aktivität angesehen, der Schumpeter den Namen Juglar gab, um damit den Pionier der empirischen Konjunkturforschung auszuzeichnen. Diese Schwingungen schienen durch die Investitionstätigkeit verursacht, weshalb man den Juglar–Zyklus häufig als einen Maschineninvestitionszyklus ansah. Von 1787 bis 1932 lassen sich 11 Juglar–Zyklen aus den statistischen Reihen ermitteln, die sich jedoch nicht alle einander anschließen.

Mit drei bis fünf Jahren weist der Kitchin–Zyklus[25] die kürzeste Länge auf. Wegen seiner Anfälligkeit hinsichtlich stochastischer Faktoren war seine Existenz von Anfang an umstritten. Als typisches Verlaufsmuster der gesamtwirtschaftlichen Aktivität scheidet er für die Zeit bis zum zweiten Weltkrieg aus, jedoch läßt er sich bei bestimmten Einzelreihen beobachten.

In jüngerer Zeit, möglicherweise auch als Folge wirtschaftspolitischer Stabilisierungsmaßnahmen, ist die Länge des typischen Konjunkturzyklus rückläufig[26]. Wertet man die in Tabelle 1.1 wiedergegebenen Zeitreihen des Bruttoinlandsprodukts aus, lassen sich seit dem Jahr 1950 acht Zyklen mit einer Durchschnittslänge von 5 Jahren identifizieren. Der empirische Befund legt somit — nicht nur für die Bundesrepublik Deutschland — nahe, den typischen Konjunkturzyklus nach dem zweiten Weltkrieg mit einer Länge von vier bis sechs Jahren zu spezifizieren und ihn weiterhin mit Juglar–Zyklus zu bezeichnen[27].

---

[25] KITCHIN (1923).

[26] GABISCH (1995), S.328 gibt als Länge 5 bis 7 Jahre an.

[27] Ähnlich spezifiziert RAMSER (1984b), S.8 die Länge des Juglar–Zyklus mit etwa vier Jahren.

Obwohl mit dem Bruttoinlandsprodukt ein plausibler und sicherlich wichtiger Einzelindikator zur Beschreibung der wirtschaftlichen Aktivität einer Volkswirtschaft vorliegt, sind damit keineswegs all ihre vielfältigen Komponenten erfaßt. Die wirtschaftliche Aktivität — und damit auch ihre Entwicklung, die Konjunktur — ist ein mehrdimensionales Phänomen, das sich zudem noch einer direkten Beobachtung entzieht. Ein genaueres Bild vom konjunkturellen Zustand einer Volkswirtschaft, als es das Bruttoinlandsprodukt allein vermittelt, läßt sich erzielen, indem noch weitere, konjunkturrelevante Variablen hinzugezogen und ihre Zeitreihen analysiert werden[28]. Bei der Auswahl dieser Reihen geht man zweckmäßigerweise von dem Keynes'schen Ansatz aus, wonach die Schwankungen der gesamtwirtschaftlichen Aktivität durch Schwankungen der kaufkräftigen Nachfrage verursacht werden. Ein erster Schritt ist daher die Zerlegung der Nachfrage in ihre wichtigsten Komponenten, wovon einige aufgezählt werden sollen: Ausgaben für dauerhafte bzw. nicht dauerhafte Konsumgüter, Investitionen in Ausrüstungsgüter und Produktionsanlagen, Wohnungsbau, Lagerinvestitionen, Export bzw. Import von Fertigprodukten. Aber auch Zeitreihen, die die Angebotsseite (industrielle Nettoproduktion, Arbeitsproduktivität), die monetäre Seite (Entwicklung des Geldvolumens, der Zinssätze, Kredite der Kreditinstitute an Inländer), den Arbeitsmarkt (Zahl der Erwerbstätigen bzw. der Arbeitslosen, Tariflohn pro Stunde), die Einkommensverteilung (Einkommen aus Unternehmertätigkeit, Lohnquote, Reallohnsätze, Preisniveau) oder die Zukunfterwartungen der Wirtschaftssubjekte (Aktienkurse, Auftragsbestände) beschreiben, sind für die Erfassung der konjunkturellen Lage nicht weniger bedeutsam als die der Nachfragedeterminanten.

Diese, nach konjunkturtheoretischer Plausibilität ausgewählten Reihen sollten noch bestimmten statistischen Mindestanforderungen genügen. Hierzu zählen, daß das Bewegungsmuster der Zeitreihe

(1) in Frequenz und Amplitude dem Konjunkturzyklus entspricht (konjunkturelle Reagibilität),

(2) in etwa zeitstabil zum Konjunkturzyklus verläuft (zeitliche Invarianz),

(3) wenig Saison– und Zufallsschwankungen enthält („glatter" Kurvenverlauf) und

(4) genauso schnell wie die wirtschaftliche Aktivität reagiert (kurzfristige Reagibilität).

---

[28]Wieviele Variablen man als wichtig erachtet, hängt von der Zielsetzung der Untersuchungen ab. In manchen Arbeiten kommen bis zu 1000 Einzelreihen vor. Vgl. hierzu BURNS UND MITCHELL (1946), MOORE (1961) sowie MOORE UND SHISKIN (1967).

Die Einhaltung der letzten Anforderung begrenzt die Auswahl auf solche
Reihen, deren Erhebungs- und Aufbereitungszeiten relativ gering sind.

1.2.2 Phasenzusammenhänge zwischen ökonomischen Aggregaten, Referenzzyklus, stilisierte Fakten und Messung der Konjunkturstärke

Mit der Auswahl relevanter ökonomischer Größen zur Beschreibung der Konjunktur und mit ihrer Schematisierung sind nur erste Schritte hinsichtlich ihrer Operationalisierung getan. Da mit der Anzahl der betrachteten Zeitreihen
die Informationsmenge über die Konjunktur zwar steigt, gleichzeitig aber die
Übersichtlichkeit leidet, ist eine Komprimierung der in den Reihen enthaltenen Einzelinformationen anzustreben. Hierfür stehen mit der Referenzzyklus-
methode (Aggregationsverfahren) und dem Konzept der stilisierten Fakten
(Reihenauswahlverfahren) zwei Möglichkeiten zur Verfügung. Da beide Verfahren auf dem empirisch ermittelten unterschiedlichen zeitlichen Ablauf der
verschiedenen Einzelreihen basieren, soll zunächst eine Klassifizierung möglicher Beziehungen zwischen Zeitreihen erfolgen.

Aufbauend auf dem Harvard–Barometer entwickelten Burns und Mitchell[29]
sowie ihre Nachfolger im National Bureau of Economic Research Referenz–,
Standard– und spezifische Zyklen, deren Grundprinzip wegen ihrer auch heute noch großen Bedeutung für die empirische Konjunkturforschung dargestellt
werden soll. Voraussetzung für die Berechnung des typischen Standardzyklus
einer Einzelreihe ist die genaue zeitliche Fixierung der Umkehrpunkte der
Zyklen einer Referenzreihe, die am besten die wirtschaftliche Aktivität der
Volkswirtschaft wiedergibt. Aufeinanderfolgende untere Umkehrpunkte legen
die Zyklen der Referenzreihe fest, die Standardzyklen heißen. Jeder Standardzyklus wird in neun Abschnitte unterteilt, wobei der 1. und 9. Abschnitt
die beiden unteren Wendepunkte, der 5. Abschnitt den oberen Wendepunkt
enthalten. Die entstandenen zwei Intervalle zwischen dem 1. und 5. sowie zwi-
schen dem 5. und 9. Abschnitt zerlegt man wiederum in jeweils 3 gleich lange
Unterabschnitte, so daß jeder Standardzyklus in neun unterschiedlich lange
Perioden aufgeteilt ist. Diese, für die gesamte Referenzreihe durchgeführte
Unterteilung wird nun auf die Einzelreihe übertragen (vgl. Abbildung 1.9)[30].
Die Einzelreihe ist damit auf zwei Weisen untergliedert: Man erhält zunächst
„Standardintervalle" (Vgl. die Intervalle I_1 und I_2 in Abbildung 1.9), deren

---

[29]BURNS UND MITCHELL (1946).

[30]Bei einem nicht synchronen Verlauf der Einzelreihe mit dem Referenzzyklus liegen
die Umkehrpunkte der beiden Reihen in verschiedenen Abschnitten. So erreicht z.B. in
Abbildung 1.9 die Einzelreihe erst in der 2. Periode den unteren Umkehrpunkt.

Anfangs– und Endpunkte durch die unteren Umkehrpunkte der Standardzyklen der Referenzreihe festgelegt sind, sodann 9 Subintervalle innerhalb eines
jeden Standardintervalls.

Abb. 1.9:

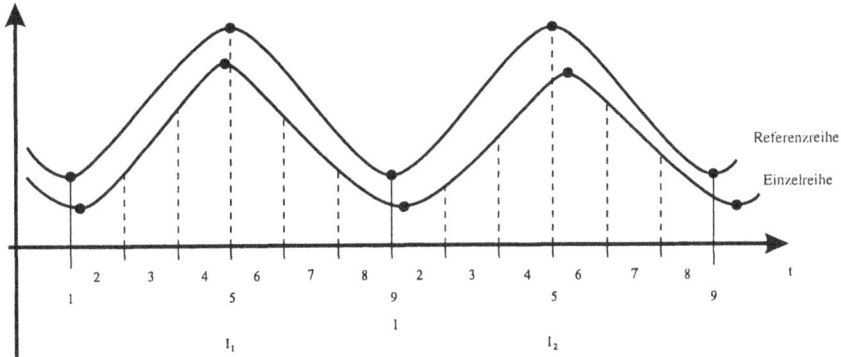

$1, \ldots, 9$: Subintervalle, Perioden

I_1, I_2 : Standardintervalle

In der Darstellung sind die Perioden 1, 5 und 9 als Punkte
eingetragen, obwohl sie Zeitintervalle kennzeichnen.

Jeder Subintervallwert a der Einzelreihe kann durch die Angabe zweier Indizes i und j genau festgelegt werden: a_{ij} bezeichnet den Wert der Einzelreihe
im i-ten Subintervall des j-ten Standardintervalls. Dabei läuft i immer von
1 bis 9, und j von 1 bis K, wobei K der Anzahl der Standardzyklen in der
Referenzreihe entspricht. Der Gesamtwert der Einzelreihe für das j-te Stan-
dardintervall ergibt sich als $\sum\limits_{i=1}^{9} a_{ij}$, der Durchschnitt pro Einheitsperiode nach
Division dieser Summe durch die Länge des betreffenden Standardzyklus[31].
In Abbildung 1.10 werden die Durchschnitte durch die Geraden $\bar{R}_j$, $j = 1,2$
wiedergegeben. Jedes a_{ij} läßt sich jetzt als prozentualer Anteil r_{ij} am Durchschnitt $\bar{R}_j$ ausdrücken. Durch diese Normierung eliminiert man einen Trend,
der die Lage der gesamten Reihe beeinflußt. Abbildung 1.10, in der die Standardintervalle gemäß des Referenzzyklus und die Einzelreihe wiedergegeben
sind, verdeutlicht die beschriebene Vorgehensweise.

---

[31]Wären als Spezialfall die 9 Subintervalle äquidistant, berechnet man den Durch-
schnittswert der Einzelreihe als: $\bar{R}_j = \frac{1}{9} \sum\limits_{i=1}^{9} a_{ij}$, $\bar{R}_j$: Durchschnitt des j-ten Standardintervalls.

Abb. 1.10:

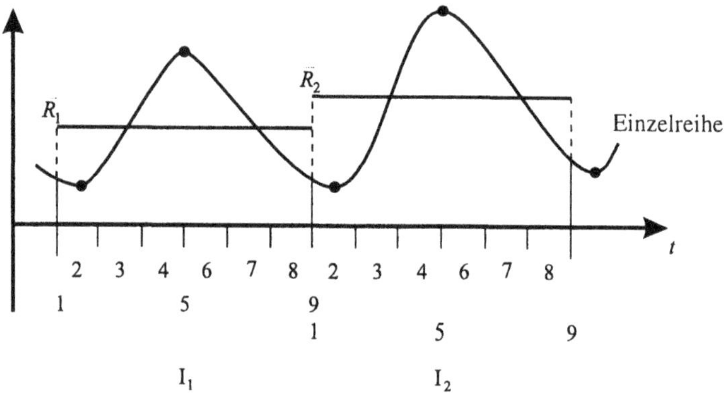

Summation der prozentualen Anteile r_{ij} über j und Division dieser Summe durch die Anzahl K der Standardzyklen ergibt den Wert für den i-ten Abschnitt des typischen Standardzyklus $\bar{r}_i$ als Durchschnitt der prozentualen Werte r_{ij}:

$$\bar{r}_i = \frac{1}{K} \sum_{j=1}^{K} r_{ij}.$$

Der typische Standardzyklus offenbart das durchschnittliche Verhalten einer Einzelreihe während der gesamten konjunkturellen Entwicklung. Ein Umkehrpunktvergleich des typischen Standardzyklus einer Einzelreihe mit dem Referenzzyklus läßt eine Typisierung der Einzelreihe als vorauslaufend (leading), gleichlaufend (coinciding, coincident) oder nachlaufend (lagging) zu. Die sich so verhaltenden Zeitreihen heißen auch Früh–, Präsens– oder Spätindikatoren. Frühindikatoren sind z.B. die Zeitreihen der „Auftragseingänge der Industrie" und der „Baugenehmigungen"; deutlich nachlaufend verhalten sich die Zeitreihen der „Löhne und Gehälter" sowie nahezu aller Preisindizes, insbesondere der Preisindex der Lebenshaltung. Diese Eigenschaft bestimmter Zeitreihen machte sich das Harvard–Barometer bei der Konjunkturprognose zunutze.

Für jede Einzelreihe lassen sich noch typische spezifische Zyklen konstruieren. Die hierfür benötigten Standardintervalle entsprechen jetzt allerdings den Intervallen zwischen zwei aufeinanderfolgenden unteren Umkehrpunkten in der zu untersuchenden Reihe selbst. Die weitere Unterteilung der Standardintervalle in neun Abschnitte erfolgt wie oben geschildert. Aus den prozentualen Werten der Reihe für jeden Abschnitt lassen sich Abschnittswerte eines typischen spezifischen Zyklus über die Durchschnittsbildung gewinnen, dessen Zeitprofil nicht notwendigerweise mit dem typischen Standardzyklus übereinstimmen muß.

Als Referenzzyklus, dessen Verlauf bislang als bekannt vorausgesetzt wurde, kommen zunächst Zeitreihen aus der Klasse der Präsensindikatoren in Betracht. Generell findet man jedoch die Auffassung, daß keine Einzelreihe die wirtschaftliche Aktivität einer Volkswirtschaft exakt widerspiegelt. Dies gilt auch, wie bereits erwähnt, für die Zeitreihe des Bruttoinlandsprodukts, das möglicherweise wegen zeitlicher Verzögerungen noch steigt (fällt), während der überwiegende Teil der expansiven (kontraktiven) Kräfte einer Volkswirtschaft den oberen (unteren) Umkehrpunkt bereits erreicht hat. Es erscheint daher sinnvoll, aus den verschiedenen Einzelreihen das Zeitmuster des Referenzzyklus durch Festlegung der unteren und oberen Umkehrpunkte iterativ zu konstruieren, wobei in einem ersten Arbeitsschritt eine vorläufige zeitliche Fixierung einfach aufgrund der relativen Häufigkeit der Umkehrpunkte in den Einzelreihen erfolgt, wenn gleichzeitig das (trendbereinigte) Bruttoinlandsprodukt drei Monate lang absolut zurückgeht (für die zeitliche Bestimmung des oberen Umkehrpunktes) bzw. drei Monate lang steigt (zur zeitlichen Fixierung des unteren Umkehrpunktes). Mit Hilfe der jetzt berechenbaren typischen Zyklen werden die Umkehrpunkte in einem 2. Arbeitsschritt zeitlich präzisiert und unter Bezugnahme auf Diffusionsindizes (siehe unten) endgültig festgelegt.

Ein Vergleich des typischen Standardzyklus einer Reihe mit dem statistisch gewonnenen Zeitprofil des Referenzzyklus läßt nun eine abschließende Beurteilung der Phasenbeziehung zwischen den beiden Reihen zu. Aus der Klasse der Präsensindikatoren zeigt die Zeitreihe des „Index der Nettoproduktion für das produzierende Gewerbe" die größte Übereinstimmung mit dem Referenzzyklus. Diese Zeitreihe stellt somit den besten Einzelindikator für die Erfassung der Konjunktur dar[32].

Während die Bestimmung typischer Standardzyklen nur das durchschnittliche Verhalten einer Reihe in Bezug zum Referenzzyklus aufdeckt, lassen sich mit der statistischen Zeitreihenanalyse, insbesondere der (Kreuz–) Spektralanalyse, detaillierte Kenntnisse über die Phasenbeziehungen zwischen zwei beliebigen Zeitreihen und ihre Zeitstabilität gewinnen. Damit können die Beziehungen zwischen den Zeitprofilen weiter klassifiziert werden. Verlaufen Zeitreihen zum Referenzzyklus zwar nicht synchron, aber doch mit hoher positiver Korrelation (Korrelationskoeffizient größer als 0,5), qualifiziert man ihr Verhalten als prozyklisch; bei negativer Korrelation (Korrelationskoeffizient kleiner als - 0,5) als antizyklisch. Keine Korrelation liegt vor, wenn die Phasenverschiebung einem Viertel der Zykluslänge entspricht. Diese zusätzlichen Informationen sowie das Bedürfnis einer stärkeren Akzentuierung des mehrdimensionalen Charakters der Konjunktur führen zum Konzept der stilisierten Fakten. Die Konjunktur wird jetzt nicht mehr nur durch einen —

---

[32]Vgl. hierzu EVANS (1969), S. 446.

wenn auch wie beim Referenzzyklus komplexen — Indikator beschrieben,
sondern durch das zeitliche Verhalten mehrerer, wichtiger makroökonomischer Variablen, den sogenannten stilisierten Fakten. Als stilisierte Fakten
kommen nur solche Variablen in Betracht, bei denen die Beziehungen zwischen ihren Zeitprofilen und dem Zeitprofil einer Referenzreihe von Zyklus zu
Zyklus in etwa konstant bleiben. Das Konzept der stilisierten Fakten umfaßt
somit die Variablen und ihre Phasenbeziehungen zur Referenzreihe.

Für den typischen vier– bis sechsjährigen Konjunkturzyklus entwickelter
Volkswirtschaften eignet sich als Standardliste stilisierter Fakten im wesentlichen der von Ramser erweiterte Vorschlag Lucas[33]:

(1) Die Arbeitsproduktivität entwickelt sich prozyklisch mit großer Korre-
     lation zur Zeitreihe der gesamtwirtschaftlichen Produktion, ein Zusam-
     menhang, wie er im Okun–Gesetz (siehe unten) zum Ausdruck kommt.

(2) Bei einer Unterteilung der Volkswirtschaft in Sektoren weisen die
     Zeitreihen der sektoralen Outputs untereinander eine hohe Korrelation
     auf, die über die Zyklen nahezu konstant bleibt.

(3) Die Amplituden der Zeitreihen „dauerhafte Konsumgüter" und „In-
     vestitionsgüter" sind signifikant größer als die der nicht dauerhaften
     Güter.

(4) Die Entwicklung des Exports verläuft prozyklisch.

(5) Alle monetären Aggregate einschließlich der verschiedenen Umlaufge-
     schwindigkeiten verändern sich prozyklisch.

(6) Die kurzfristigen Zinssätze variieren deutlich prozyklisch; bei den lang-
     fristigen Zinssätzen ist dieses Bewegungsmuster nur schwach ausge-
     prägt.

(7) Die Entwicklung der Einkommen aus Unternehmertätigkeit und Vermögen
     verläuft prozyklisch mit überdurchschnittlicher Amplitude.

(8) Das Preisniveau verändert sich prozyklisch.

(9) Die bereinigte Lohnquote bewegt sich antizyklisch.

(10) Die Reallohnsätze entwickeln sich prozyklisch.

---

[33]RAMSER (1984b), S. 8 und 9. Die stilisierten Fakten 2. bis 8. stammen von LUCAS
(1977), S. 9. Eine noch umfangreichere Liste schlagen SCHEBECK UND TICHY (1984) vor.

Die stilisierten Fakten 1. und 2. beziehen sich auf die Angebotsseite, 3. und
4. auf die Nachfrageseite, 5. und 6. auf den monetären Sektor und 7. bis
10. auf die Verteilung. Damit umfaßt das Konzept der stilisierten Fakten
Variablen aus allen Bereichen, die im vorangegangenen Abschnitt 2.1. als besonders konjunkturrelevant eingestuft wurden. Allerdings fällt auf, daß wichtige Größen wie Auftragseingänge, Lagerinvestitionen, Wohnungsbau, Zahl
der Beschäftigten bzw. Arbeitslose und offene Stellen nicht enthalten sind.
Der Ausschluß dieser Variablen läßt sich zunächst einmal damit begründen,
daß auch beim Konzept der stilisierten Fakten wegen der notwendigen Übersichtlichkeit die Variablenanzahl begrenzt sein muß und deswegen nur die
Hauptkomponenten der Konjunktur erfaßt werden können. Der zweite Grund
ist statistischer Natur. Da zum Konzept stilisierter Fakten auch zeitstabile
Phasenbeziehungen gehören, sind Variablen auszuschließen, wenn

(1) bei tendenziell voraus– bzw. nachlaufenden Zeitreihen das Ausmaß des
    Vor– bzw. Nachlaufs stark streut,

(2) Zeitreihen bei einigen Umkehrpunkten voraus-, bei anderen Umkehr-
    punkten hingegen nachlaufen.

Obwohl das Konzept der stilisierten Fakten — insbesondere seine jeweilige Zusammensetzung — nicht unumstritten ist, herrscht Einigkeit über die
Vorzüge, die es im Vergleich zum Referenzzyklus bietet.

Mit den behandelten Indikatoren ist man in der Lage, den Konjunkturverlauf schon recht genau nachzuzeichnen. Jedoch eignen sie sich nicht, Auskunft
über die Stärke der Konjunktur zu vermitteln. Es ist intuitiv einleuchtend,
daß eine genaue Messung der Konjunkturstärke (Konjunkturdiagnose) für eine rationale Wirtschaftspolitik von größter Relevanz ist. Seit die Konjunktur
selbständiges Erkenntnisobjekt der Wirtschaftstheorie ist, befaßt man sich
mit der Konstruktion geeigneter Meßverfahren für die Konjunkturstärke. Bei
all diesen Verfahren ist stets beachtet worden, daß das Ausmaß der wirtschaftlichen Aktivität an sich konjunkturtheoretisch belanglos ist; erst durch
ihre Beziehung zur möglichen wirtschaftlichen Aktivität gewinnt sie konjunk-
turdiagnostische Bedeutung.

Die Verfahren, die zur Messung der Konjunkturstärke entwickelt wurden,
können gemäß der ihnen zugrunde liegenden theoretischen Auffassungen über
die Ursachen der Konjunkturen in zwei Gruppen zusammengefaßt werden.
Die Verfahren der ersten Gruppe basieren auf der Vorstellung, daß das konjunkturelle Phänomen hauptsächlich als Problem der Streuung verschiedener wirtschaftlicher Aktivitäten aufzufassen ist: Im Aufschwung prosperieren
sehr viele wirtschaftliche Zweige, während nur wenige stagnieren oder gar

schrumpfen; im Abschwung verhält es sich genau umgekehrt. Aus der Beziehung zwischen steigenden und sinkenden Einzelreihen läßt sich dann ein Maß für die Stärke der Konjunktur konstruieren. Den Verfahren der zweiten Klasse liegt eine an Keynes orientierte Konzeption zu Grunde, die Konjunkturen durch eine unzureichende Gesamtnachfrage im Verhältnis zur volkswirtschaftlichen Kapazität ausgelöst sieht. Sie messen daher die Stärke der Konjunktur als gesamtwirtschaftliche Kapazitätsauslastung.

Die Meßverfahren der ersten Gruppe sind in der Literatur unter der Sammelbezeichnung „Diffusionsindizes" bekannt, die in gewichteter und ungewichteter Version vorliegen. Der Grundgedanke dieser Indizes ist recht einfach. Für eine bestimmte Anzahl konjunkturrelevanter Zeitreihen wird als Index der prozentuale Anteil der steigenden Reihen ausgewiesen, ohne dabei die Stärke des Anstiegs zu berücksichtigen (ungewichteter Index). Der Diffusionsindex kann daher Werte des geschlossenen Intervalls 0% bis 100% annehmen. Er steigt in Perioden, in denen mehr Einzelreihen zu steigen als zu sinken beginnen; seinen oberen Umkehrpunkt erreicht er dann, wenn per Saldo eine Reihe aufhört zu steigen. Aus diesem Verhalten ergibt sich ein Vorauseilen des Diffusionsindex in Vergleich zum Referenzzyklus.

Für die Zusammenstellung der zur Indexbildung herangezogenen Reihen gibt es keine einheitlichen Kriterien, was einen internationalen Vergleich erschwert. Nach Moore und Shiskin[34] sollten folgende Gesichtspunkte die Auswahl bestimmen: ökonomische Bedeutung, statistische Genauigkeit bei der Erhebung, Übereinstimmung mit dem Zeitprofil des Referenzzyklus, Ausprägung der Schwankungen und geringe stochastische Störung.

Zu dem einfachen Diffusionsindexkonzept sind noch zwei verfeinerte, gewichtete Versionen hinzugekommen. In einer ersten Weiterentwicklung als „average duration of run" Index verwendet man die Anzahl aufeinanderfolgender Perioden, in denen die Einzelreihe steigt, als Gewicht, während bei der zweiten Variante, dem „duration rate" Index, noch zusätzlich die Stärke des Anstiegs in die Gewichtung eingeht.

Die Vorteile der Diffusionsindizes liegen darin, die Konjunktur durch eine einzige Maßzahl zu messen, die sehr einfach berechnet werden kann und dennoch wegen der Berücksichtigung verschiedener Zeitreihen mehrdimensionalen Charakter hat sowie in der Möglichkeit, Zeitreihen ökonomischer Variablen wie Auftragsbestände und Aktienkurse miteinzubeziehen, die keinen Eingang in die Produktionsberechnung und in das Konzept der stilisierten Fakten finden. Als Nachteile sind anzusehen die Willkür in der Reihenauswahl und in der Gewichtung, die Gefahr der Doppelerfassung[35] bestimmter

---

[34]MOORE UND SHISKIN (1967).
[35]Eine solche Doppelzählung läge z.B. vor, wenn bei der Konstruktion des Diffusionsin-

Reihen, wodurch die Einschätzung der konjunkturellen Lage zu stark von
dem Verhalten einer Einzelreihe geprägt wird, und die Vernachlässigung der
Schwankungsintensität einer Reihe, wie sie in der Amplitude zum Ausdruck
kommt.

Trotz dieser Einschränkungen sind für wichtige Industrienationen Diffusionsindizes konstruiert worden. Für die Bundesrepublik Deutschland hat der
Sachverständigenrat zur Begutachtung der gesamtwirtschaftlichen Entwicklung einen solchen Gesamtindex entworfen, den er in dem Jahresgutachten
1970 erstmals publizierte und der bis 1973 Verwendung fand. Dieser „Gesamtindikator zur Konjunkturdiagnose" stellt einen ungewichteten, mehrdimensionalen Index dar, der über ein Benotungsschema für die einzelnen
Reihenwerte (Signalwertmethode) die Schwankungsintensität der verschiedenen Reihen berücksichtigt. Er basiert auf folgenden 12, in Monatswerten
erfaßten Einzelreihen: (1) Auftragseingang Inland, Verbrauchsgüterindustrie;
(2) Auftragseingang Inland, Investitionsgüterindustrie; (3) Auftragseingang,
Maschinenbau; (4) Beurteilung der Fertigwarenlager in der verarbeitenden
Industrie; (5) Beurteilung der Fertigwarenlager in der Investitionsgüterindustrie; (6) Lohnsumme je geleistete Arbeitsstunde in der gesamten Industrie
(ohne Energie- und Bausektor); (7) Industrielle Nettoproduktion, verarbei-
tende Industrie; (8) Industrielle Nettoproduktion, Investitionsgüterindustrie;
(9) Geldvolumen; (10) kurzfristige Kredite der Kreditinstitute an inländische
Unternehmen und Privatpersonen; (11) Arbeitslose; (12) Tarifstundenlohn
und Gehälter pro Stunde in der Gesamtwirtschaft.

Der Faszination über Referenzzyklus- und Diffusionsindexmethode folgte
bald wegen zweier grundlegender Schwächen die Ernüchterung. Erstens ist
die Grundidee dieser Methoden überwiegend empirizistisch[36] und zweitens
benötigt sie implizit die Annahme, daß künftige Konjunkturverläufe in Umkehrpunkten, Frequenz und Amplitude mit ihren Vorgängern übereinstimmen. Darüber hinaus bleiben bei diesen Methoden spontane Stimmungsände-
rungen, die völlig losgelöst von objektiven Datenänderungen plötzlich eintreten können, unberücksichtigt. Stimmungsschwankungen können aber in er-
heblichem Ausmaß die wirtschaftliche Entwicklung beeinflussen. Um diese
subjektive Komponente der Konjunktur zu erfassen, hat das Ifo-Institut in
München einen Konjunkturtest entwickelt, der auf direkter Befragung lei-
tender Persönlichkeiten ausgewählter Unternehmungen basiert. Durch Fragen, die sich nicht auf die Unternehmung als Ganzes, sondern nur auf ein

---

dex sowohl die Reihe „Industrieproduktion" als auch die Reihe „Investitionsgüterproduktion" Verwendung finden.

[36]Die Auswahl der Zeitreihen für die Festlegung des Referenzzyklus und die Erstellung
eines Diffusionsindexes setzen jedoch eine bestimmte Vorstellung vom Konjunkturverlauf
bereits voraus. Damit sind in dieser Methode erste Elemente einer Konjunkturtheorie enthalten.

von ihr hergestelltes oder gehandeltes Produkt beziehen, sollen die unternehmerischen Erwartungen und Beurteilungen über die wirtschaftliche Lage aufgedeckt werden. Obwohl bei diesem Test auf statistische Zeitreihen und quantitative Angaben weitgehend verzichtet wird, ist er dennoch den Indikatormethoden zuzurechnen. Der Test wird in regelmäßigen Abständen mittels eines Fragebogens durchgeführt, der an rund 12000 Unternehmungen aus den Bereichen: Industrie, Bauwirtschaft, Groß– und Einzelhandel verschickt wird. Da die Auswahl der Firmen nicht als Zufallsstichprobe erfolgt, läßt sich keine wahrscheinlichkeitstheoretische Schätzung des durch die Auswahl bedingten Fehlers durchführen. Seit dem Jahre 1972 werden zur Komplettierung des konjunkturellen Befundes auch Urteile und Erwartungen der Konsumenten herangezogen. Der Fragebogen ist so gestaltet, daß seine Beantwortung durch Ankreuzen erfolgt, wobei pro Frage in der Regel drei Kategorien vorgesehen sind, z.B. bei quantifizierbaren Merkmalen: „gestiegen, gleichbleibend, gefallen" und bei Beurteilungsfragen: „verhältnismäßig groß, saisonüblich, zu klein". Wegen ihrer konjunkturellen Bedeutung erfaßt das Ifo–Institut bei den Aufträgen nicht nur ihre Bestände, sondern auch ihre Beurteilung. Die Auswertung der Befragung geschieht nach folgendem Verfahren. Für jedes erfaßte Produkt werden die einzelnen Antworten gewichtet und dann zusammengefaßt. In dem Gewicht soll die relative Bedeutung, gemessen durch dem Marktanteil der meldenden Unternehmung, zum Ausdruck kommen. Die Zusammenfassung der Konjunkturtestergebnisse stellt den Ifo–Konjunkturspiegel dar. Dieser zeigt den (gewichteten) Anteil der Firmen mit einem positiven, gleichbleibenden oder negativen Meldeanteil. Die Produktergebnisse lassen sich weiter zu größeren Aggregaten verdichten, wobei die Einteilung der amtlichen Statistik übernommen wird. Dies führt zu der sogenannten „institutionellen Gliederung", aus der sich letztlich durch erneute Aggregation ein Gesamtindikator gewinnen läßt.

Weder objektive noch subjektive Indikatoren, selbst wenn das Datenmaterial noch so genau bzw. umfangreich erhoben wurde, können eine Kausalanalyse der Konjunktur ersetzen und die Interdependenz ökonomischer Variablen aufdecken und begründen[37]. Dies schränkt auch den Einsatz von Frühindikatoren zur Konjunkturprognose ein. Wegen ihres tendenziellen Vorauseilens glaubte man z.B. in den Diffusionsindizes nicht nur ein einfaches Instrument für Konjunkturdiagnosen, sondern auch für Konjunkturprognosen gefunden zu haben. Nur wenn man entgegen aller Erfahrung die Annahme einer mechanistischen Fortpflanzung der Konjunkturwellen akzeptiert, lassen sich Kon-

---

[37]Die Verwendung von Diffusionsindizes hat in der Nationalökonomie eine auch heute noch relevante erkenntnistheoretische Diskussion ausgelöst, deren unterschiedliche Positionen in den kontroversen Beiträgen von KOOPMANS (1947,1949) und VINING (1949 a,b) nachvollzogen werden können. Aber auch bei METZLER (1947) findet man die wesentlichen Einwände gegen die von Burns und Mitchell begründete Methode.

junkturprognosen mittels Diffusionsindizes vertreten. Zur Beschreibung und Einschätzung der aktuellen Konjunkturlage aber sind sie nützliche und hilfreiche Kennziffern, sofern man bei ihrer Interpretation die Einschränkungen beachtet.

Die Stärke der Konjunktur kann nach den Verfahren der zweiten Gruppe als Auslastung des Produktionspotentials gemessen werden. Unter dem Produktionspotential versteht man das potentielle reale Bruttoinlandsprodukt, das eine Volkswirtschaft bei Vollbeschäftigung bzw. Normalauslastung der beiden Produktionsfaktoren Kapital und Arbeit produzieren kann. Das Produktionspotential ist im allgemeinen nicht direkt beobachtbar, da eine Volkswirtschaft nur in seltenen Fällen ihr Potential in einer Periode voll ausschöpft. Um ein Maß für die Auslastung des Produktionspotentials zu erhalten, muß es zur tatsächlichen Produktion in Bezug gesetzt werden. Dies geschieht entweder über die Berechnung der Differenz oder des Verhältnisses zwischen dem tatsächlichen und dem potentiellen Bruttoinlandsprodukt. Die Differenz bezeichnet man ungeachtet ihres Vorzeichens als Bruttoinlandsproduktlücke (BIP–gap), das Verhältnis als Auslastungsgrad. Die Differenz ist eine nicht normierte Maßzahl, die unabhängig vom Niveau des Produktionspotentials bei gleichen Abweichungen dieselbe Konjunkturstärke anzeigt. Der Auslastungsgrad ist dagegen auf das geschlossene Intervall [0, 1] normiert; verhältnisneutrale Variationen von Zähler und Nenner lassen die Konjunkturstärke unverändert. Es ist somit möglich, daß eine der beiden Maßzahlen eine Änderung der Konjunkturstärke anzeigt, während diese nach der anderen Methode nicht vorliegt. Diese Diskrepanz im Meßergebnis verschwindet, wenn tatsächliche und mögliche Produktion übereinstimmen. Um die Unsicherheiten bei der Beurteilung der konjunkturellen Lage zu reduzieren, ist es ratsam, beide Maßzahlen heranzuziehen. Hinzu kommt noch, daß sowohl Auslastungsgrad als auch Bruttoinlandsproduktlücke wichtige Kennziffern bei der Festlegung von Konjunkturprogrammen durch die wirtschaftspolitischen Entscheidungsträger sind.

Eine Variation der Auslastung des Produktionspotentials tritt ein, wenn sich

(1) das Produktionspotential selbst,

(2) das tatsächliche Bruttoinlandsprodukt oder

(3) beide Größen so verändern, daß ihre Differenz bzw. ihr Verhältnis ebenfalls variabel wird.

Änderungen des Produktionspotentials — meistens Zunahmen — sind Folge von Mengenänderungen der aggregierten Faktoren Kapital und Arbeit oder resultieren aus Produktivitätssteigerungen dieser beiden Faktoren aufgrund des technischen Fortschritts. Von einer parallel hierzu eintretenden Variation der aggregierten Nachfrage, bei der die Auslastung des Produktionspotentials auf einem als normal angesehenen Niveau über die Zeit konstant bliebe, würden keine konjunkturellen Impulse ausgehen. Derartige Entwicklungsphasen werden als Wachstumsprozesse eingeordnet. Erst in Veränderungen der Auslastung über die Zeit kommt die Konjunktur und ihre Intensität zum Ausdruck[38]: Konjunkturen sind Schwankungen der gesamtwirtschaftlichen Kapazitätsauslastung. Damit ist ein Konjunkturindikator gefunden, dessen Ermittlung ohne Elimination eines vorhandenen Wachstumspfades aus der Zeitreihe des Bruttoinlandsproduktes erfolgen kann und der sowohl die konjunkturellen Umkehrpunkte als auch die Amplituden der Schwingungen ausdrückt.

Eine Schwäche dieses Ansatzes ist darin zu sehen, daß sich für die Ermittlung des Produktionspotentials keine Standardmethode durchgesetzt hat. Die Verfahren für seine Berechnung lassen sich in zwei Klassen unterteilen. Nach den Verfahren der ersten Klasse wird das Produktionspotential auf der Basis eines Produktionsfaktors, Arbeit oder Kapital, ermittelt; den Verfahren der zweiten Klasse liegt eine makroökonomische Produktionsfunktion zugrunde.

Ein viel diskutiertes Verfahren wurde von Okun (1962) für die Vereinigten Staaten entwickelt. Es basiert auf der nicht auf jede Volkswirtschaft übertragbaren Annahme, daß die Auslastung der gesamtwirtschaftlichen Kapazität an der Höhe der Arbeitslosenquote allein abgelesen werden kann. Da eine Verringerung der Arbeitslosenquote unter ein bestimmtes Niveau (natürliche Arbeitslosenquote) mit Preissteigerungen verbunden ist (Phillips–Relation), definiert Okun in Übereinstimmung mit der wirtschaftspolitischen Zielvorstellung eines konstanten Preisniveaus das Produktionspotential als dasjenige Bruttoinlandsprodukt, das eine Volkswirtschaft in einer Periode ohne inflatorischen Druck realisieren kann[39]. Diese Definition ist indes nur dann akzeptabel, wenn in der Realität eine „milde" Phillips–Relation vorliegt: Ein Inflationsprozeß kommt erst bei niedrigen Arbeitslosenquoten in Gang. Für die amerikanische Volkswirtschaft der 50er und 60er Jahre beträgt die natürliche Arbeitslosenquote 4 Prozent. Dies bedeutet, daß in einer Periode der Produktionspotentialoutput realisiert wird, wenn die aggregierte Nachfrage eine Höhe erreicht, die zu einer tatsächlichen Arbeitslosenquote von 4% führt. Um

---

[38] Obwohl der Auslastungsgrad die künftige Kapitalakkumulation und damit das Wachstum beeinflußt, handelt es sich hier nicht um ein wachstumstheoretisches Phänomen. Die Wachstumstheorie analysiert Existenz, Ursachen und Bedingungen eines gleichgewichtigen Wachstums, das in der Realität nie in reiner Form anzutreffen ist. Die aus einer unzureichenden Kapazitätsauslastung resultierende Verzögerung der Kapitalakkumulation und ihre mittelfristige Auswirkung sind Erkenntnisobjekt der Konjunkturtheorie.

[39] Es handelt sich bei diesem Konzept nicht um das maximal mögliche Bruttoinlandsprodukt.

den Rückgang des realen Bruttoinlandsprodukts quantifizieren zu können, dem ein 1–prozentiger Anstieg der Arbeitslosenquote über ihr natürliches Niveau hinaus auslöst, schätzt Okun eine Regressionsgleichung, in der die vierteljährlichen Änderungen der in Prozent ausgewiesenen Arbeitslosenquote u in Beziehung zu den vierteljährlichen prozentualen Änderungen des realen Bruttoinlandsprodukts y gesetzt werden. Auf der Datenbasis des Zeitraumes 1947 bis 1960 ergibt sich folgende Schätzung[40]:

$$u = 0,30 - 0,30y, \qquad r_{uy} = 0,79 \quad , \qquad (1.7)$$

r_{uy} : Korrelationskoeffizient.

Die Anwendung des Differenzenoperators Δ führt zu $\Delta u = -0,30\Delta y$; nach Δy aufgelöst folgt:

$$\Delta y = -\frac{1}{0,30}\Delta u \,. \qquad (1.8)$$

Bleibt das reale Bruttoinlandsprodukt unverändert ($\Delta y = 0$), steigt nach Gleichung (1.7) die Arbeitslosenquote um 0,3% pro Quartal; steigt die Arbeitslosenquote um 1% ($\Delta u = 1$), nimmt das reale Bruttoinlandsprodukt nach Gleichung (1.8) um 3,3% ab ($\Delta y = -3,3$).

Die Schätzungen zweier weiterer empirischer Ansätze stützen das in Gleichung (1.8) formalisierte Ergebnis, daß 1–prozentige Zunahmen der Arbeitslosenquote über ihren natürlichen Wert von 4% hinaus jeweils zu einem Rückgang des Bruttoinlandsprodukts von über 3% führen.

Mit diesem in der Literatur als Okun–Gesetz bekannten Zusammenhang kann eine Zeitreihe für das potentielle Bruttoinlandsprodukt einfach erstellt werden. Eine Multiplikation der Differenz zwischen tatsächlicher Arbeitslosenquote u und natürlicher Arbeitslosenquote u^* mit dem Faktor -3,3 ergibt die Rate w_Y^*, die die prozentuale Abweichung des tatsächlichen (Y) vom potentiellen Bruttoinlandsprodukt (Y_F) mißt:

$$\frac{Y - Y_F}{Y_F} = w_Y^*, \qquad \text{mit} \quad w_Y^* = -3,3(u - u^*), \text{ oder} :$$

$$Y_F = \frac{1}{1 + w_Y^*}Y. \qquad (1.9)$$

---

[40]Vgl. OKUN (1962), S. 287; hier zitiert nach SMITH UND TEIGEN (1974). Die von Okun durchgeführte Schätzung basiert auf Veränderungsraten des realen Bruttosozialprodukts. Da diese Raten — wenn überhaupt — nur geringfügig von denen des realen Bruttoinlandsprodukts abweichen, gilt der quantifizierte Zusammenhang auch für das Bruttoinlandsprodukt.

Ist $w_Y^* < 0$, d.h., die tatsächliche Arbeitslosenquote liegt über u^*, gilt:
$1 + w_Y^* < 1$ und deshalb auch $Y_F > Y$; für $u < u^*$ erhält man entsprechend
$w_Y^* > 0$, $1 + w_Y^* > 1$ und $Y_F < Y$.

Die wesentlichen Gründe für die überproportionale Reaktion des Bruttoinlandsprodukts auf einprozentige Veränderungen der Arbeitslosenquote sollen
übersichtsartig für einen konjunkturell bedingten Rückgang der Arbeitslosenquote aufgezeigt werden[41]:

(1) Die Bevölkerung einer Volkswirtschaft gliedert sich in Erwerbs– und
    Nichterwerbspersonen[42]. Die Erwerbspersonen setzen sich zusammen
    aus den Erwerbstätigen und den Arbeitslosen; zu Nichterwerbsperso-
    nen zählen alle diejenigen Wirtschaftssubjekte, die normalerweise auf-
    grund institutioneller Bedingungen nicht erwerbstätig sind und sich ge-
    genwärtig auch nicht um einen Arbeitsplatz bemühen[43]. Ein Teil dieser
    Gruppe reiht sich nur bei verstärkter Nachfrage in den Arbeitspro-
    zeß ein und scheidet nach Beendigung des Arbeitsverhältnisses wieder
    aus dem Kreis der Erwerbspersonen aus; sie werden daher nicht als
    Arbeitslose registriert[44]. Bei einem wirtschaftlichen Aufschwung tritt
    deshalb zu dem Rückgang der Arbeitslosen noch ein Übergang von
    Nichterwerbspersonen zu den Erwerbstätigen ein, der die Anzahl der
    Beschäftigten schneller ansteigen läßt, als es die Verringerung der Ar-
    beitslosenquote anzeigt.

(2) Die verstärkte Nachfrage nach Arbeitskräften führt über einen Abbau
    eventuell vorhandener Kurzarbeit zu einen Anstieg der durchschnittli-
    chen Arbeitszeit durch Überstunden.

(3) Mit der Verringerung der Arbeitslosigkeit steigt die Arbeitsprodukti-
    vität pro Beschäftigtenstunde. Dieser konjunkturelle Produktivitätsef-
    fekt[45] läßt sich damit erklären, daß der Faktor Arbeit gemäß der wirt-
    schaftlichen Entwicklung unterschiedlich intensiv genutzt wird. Wäh-
    rend eines Abschwungs bilden sich in den Betrieben nicht nur Leer-
    kapazitäten, sondern auch eine versteckte Arbeitslosigkeit (unemploy-
    ment on the job) bzw. Unterbeschäftigung. Parallel zu der Verringerung
    der Arbeitslosenquote sinkt auch die versteckte Arbeitslosigkeit. Hier-
    durch kann die gemäß des neoklassischen Ertragsgesetzes eintretende

---

[41] Eine detaillierte Begründung findet man bei GIERSCH (1977), S. 59 ff.

[42] Vgl. hierzu auch V.D. LIPPE (1996), S. 74ff.

[43] Hierzu zählen z.B. Ehefrauen, Rentner, Schüler, Studenten, bei offenen Volkswirtschaften aber auch Einwanderer.

[44] Man bezeichnet diesen Personenkreis auch als „stille Reserve" oder als „secondary
workers".

[45] GIERSCH (1977), S. 60.

Abnahme der Durchschnittsproduktivität kurzfristig überkompensiert werden. Verstärkt wird dieser kurzfristig wirksame Effekt noch durch die einsetzende bessere Kapazitätsauslastung, wovon ebenfalls positive Wirkungen auf die (Grenz– und Durchschnitts–) Produktivität des Faktors Arbeit ausgehen. Mittel– und langfristig bleibt das neoklassische Ertragsgesetz allein relevant.

Diese drei Einflußfaktoren wurden von Okun[46] auf der oben genannten Datenbasis quantifiziert. Die prozentuale Veränderung des Bruttoinlandsprodukts, ausgelöst durch einen 1–prozentigen Rückgang der Arbeitslosenquote, setzt sich demnach wie folgt zusammen: 0,65% entfallen auf die Zunahme der Erwerbspersonen, 0,40% resultieren aus der Erhöhung der durchschnittlichen Arbeitszeit und 0,90% trägt die konjunkturelle Produktivitätssteigerung bei. Hinzu kommt noch die Steigerung des Bruttoinlandsprodukts, die aus der Abnahme der Arbeitslosenquote selbst folgt. Bei einer kurzfristigen Betrachtung kann man davon ausgehen, daß die prozentualen Änderungen des Bruttoinlandsprodukts und der Beschäftigungsquote übereinstimmen: sinkt die Arbeitslosenquote von 5 auf 4%, so steigt die Beschäftigungsquote von 95 auf 96%, was eine 1,05–prozentige Zunahme des Bruttoinlandsprodukts auslöst.

Gegen die von Okun vorgeschlagene Berechnung des potentiellen Bruttoinlandsprodukts lassen sich kritische Einwände erheben:

(1) Die nach diesem Konzept als Quartalswerte erzeugte Zeitreihe zeigt einen sehr unregelmäßigen Verlauf. Dies widerspricht der intuitiv erwarteten „glatten" Entwicklung des Produktionspotentials. Denison[47] erklärt dies mit der dem Okun–Gesetz implizit zugrunde liegenden Annahme einer Koinzidenz der Zyklen in den Zeitreihen „Output pro Arbeitsstunde" und „Arbeitslosenquote". Es erscheint realistischer, die Okun–Relation zwischen Bruttoinlandsproduktänderungsrate und Arbeitslosenquote als über einen Konjunkturzyklus nicht starr anzusehen.

(2) Eng verwandt mit dem ersten ist der zweite Einwand, daß das potentielle Bruttoinlandsprodukt zu groß ausgewiesen wird, wenn eine hohe Arbeitslosenquote über mehrere Perioden hinweg vorliegt. Diese Überschätzung resultiert aus der Vernachlässigung des vorhandenen Kapitalstocks bei der Potentialberechnung. Der bei lang anhaltender hoher Arbeitslosigkeit wahrscheinliche Abbau des Kapitalstocks findet keine Berücksichtigung.

---

[46]Vgl. OKUN (1962), S. 211 ff. Obwohl Okun die Berechnungen mit Daten des Bruttosozialprodukts durchführte, können seine Ergebnisse auch auf das Bruttoinlandsprodukt übertragen werden. Vgl. hierzu auch Anmerkung 40.

[47]Vgl. hierzu DENISON (1980), S. 17.

(3) Die in der Definition des Produktionspotentials enthaltene Bedingung „ohne inflatorischen Druck" ist vieldeutig und von der Entwicklung der letzten Jahre überholt worden, da selbst bei einer hohen Arbeitslosenquote beträchtliche Preissteigerungen zu registrieren sind. Es wird deshalb vorgeschlagen, bei derjenigen Arbeitslosenquote, die sich zu einer gegebenen Inflationsrate neutral verhält, die Übereinstimmung von potentiellem und tatsächlichem Bruttoinlandsprodukt zu definieren[48].

Die Übertragbarkeit des Okun–Verfahrens auf andere Volkswirtschaften hängt im wesentlichen davon ab, ob die Gültigkeit der zentralen Annahme einer Messung der Auslastung der beiden Produktionsfaktoren Kapital und Arbeit durch die Arbeitslosenquote allein erhalten bleibt. Der Sachverständigenrat übernimmt für die Bundesrepublik Deutschland diesen Ansatz nicht, sondern ermittelt das Produktionspotential als Summe der Potentiale des Unternehmenssektors (ohne Landwirtschaft und Wohnungsvermietung), des Staates, der Landwirtschaft und der Wohnungsvermietung[49]. Für die drei letztgenannten Bereiche gilt, daß ihre tatsächliche Produktion mit dem Produktionspotential übereinstimmt. Die Berechnung des Produktionspotentials im Unternehmenssektor basiert auf der Vollauslastung des Faktors Kapital; es ergibt sich als Produkt aus potentieller Kapitalproduktivität und jahresdurchschnittlichem Bruttoanlagevermögen. Mit potentieller Kapitalproduktivität bezeichnet man die Kapitalproduktivität bei Vollauslastung des Produktionspotentials. Sie ist nicht direkt meßbar, da hierfür die Kenntnis des Produktionspotentials notwendig ist. Um sie dennoch berechnen zu können, schätzt der Sachverständigenrat für jeden abgeschlossenen Produktivitätszyklus aus den Daten der jährlichen empirischen, durchschnittlichen Kapitalproduktivität loglineare Trendfunktionen, die aneinander anschließen. Im Zeitraum von 1960 bis 1996 liegen drei abgeschlossene Produktivitätszyklen, die sich von 1963 bis 1975, 1975 bis 1983 und 1983 bis 1993 erstrecken. Diese Daten bilden die Stützbereiche der drei Schätzungen. Werte außerhalb des Stützbereiches lassen sich mit der Schätzung durch Rückrechnung oder Fortschreibung gewinnen. Trendabweichungen werden als konjunkturell bedingte Auslastungsschwankungen interpretiert. In Abbildung 1.11 (halblogarithmischer Maßstab) sind die natürlichen Logarithmen der empirischen durchschnittlichen Kapitalproduktivität Y/K eines abgeschlossenen Produktivitätszyklus an der Ordinate, die Zeit t an der Abszisse abgetragen. Die Gerade TT gibt die Trendschätzung wieder. Verbindet man die geschätzten Geraden für jeden Produktivitätszyklus, entsteht die Schätzung für den ge-

---

[48]Vgl hierzu CAGAN (1977 und 1978). Bei FRANZ (1984), S. 615 ff. und ASSENMACHER (1986a), S. 558 ff. findet man Schätzungen der inflationsstabilen Arbeitslosenquote für die Bundesrepublik Deutschland.
[49]Vgl. hierzu SACHVERSTÄNDIGENRAT (1986), S. 176 ff.

samten Beobachtungszeitraum als Polygon. Um die Schätzung für die potentielle durchschnittliche Kapitalproduktivität zu erhalten, wird das Polygon in denjenigen Punkt verschoben, der am weitesten über ihm liegt (vgl. die Gerade $T_P T_P$ in Abbildung 1.11).

Abb. 1.11:

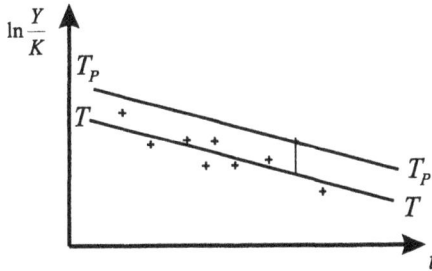

Beim vorliegenden Beobachtungszeitraum ist dies im Jahr 1960 der Fall. Damit ist die potentielle Kapitalproduktivität für alle übrigen Jahre des Beobachtungszeitraums bestimmt, und das Produktionspotential kann berechnet werden. Die Abbildung 1.12.a zeigt die Entwicklung des Produktionspotentials für das frühere Bundesgebiet im Zeitraum 1960 bis 1996[50]; Abbildung 1.12.b gibt den Auslastungsgrad wieder. Nach dem Sachverständigenrat liegt die Normalauslastung bei 96,5% (vgl. die gestrichelte Linie).

Abb. 1.12a:

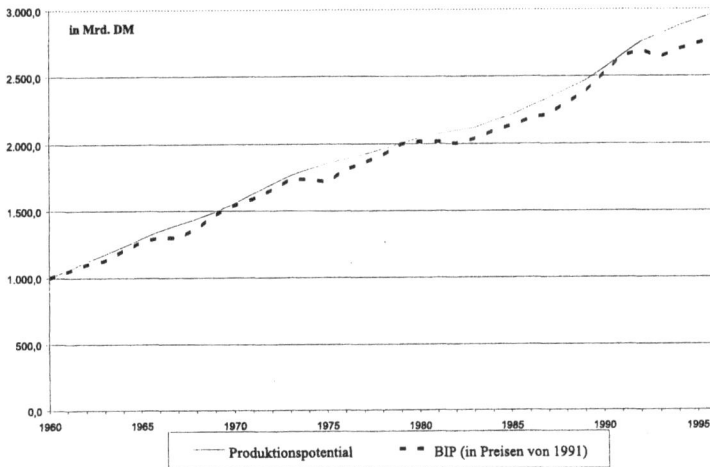

Produktionspotential

---

[50]Die Daten wurden dem Jahresgutachten des Sachverständigenrates (1996) S. 55 entnommen.

Abb. 1.12b:

Auslastungsgrad des Produktionspotentials

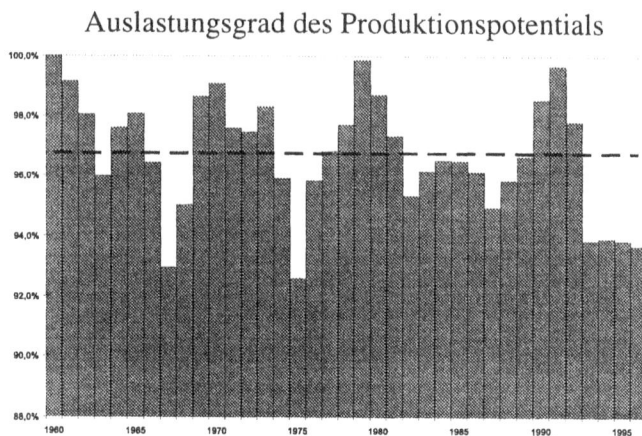

Nach dem Konzept der Deutschen Bundesbank[51] ergibt sich das Produktions-potential als Summe aus dem Produktionspotential des Unternehmenssektors (ohne Wohnungswirtschaft), der Wertschöpfung durch Wohnungsvermietung und des Staates. Während in den beiden letztgenannten Bereichen tatsächliche und potentielle Wertschöpfung übereinstimmen, erfolgt die Berechnung des Produktionspotentials des Unternehmenssektors seit kurzem mit einer ökonometrisch geschätzten CES–Produktionsfunktion. Das Akronym „CES" bedeutet: constant elasticity of substitution. Die allgemeine Form der CES–Produktionsfunktion mit einer Skalenelastizität λ lautet[52].

$$Y_t = ce^{\epsilon t} \left[\alpha A_t^{-\rho} + (1 - \alpha) K_t^{-\rho} \right]^{-\frac{\lambda}{\rho}}, \qquad (1.10)$$

Y : Bruttowertschöpfung (in Preisen von 1991),

c : Niveau-(Effizienz-) parameter,

ϵ : technische Fortschrittsrate,

α : Verteilungsparameter,

A : Arbeitseinsatz (in Mrd. Stunden),

K : genutzter Kapitalbestand (Mrd. DM in Preisen von 1991),

ρ : Substitutionsparameter,

λ : Skalenelastizität,

t : Zeitindex.

---

[51]Vgl. DEUTSCHE BUNDESBANK (1995), S, 55ff.

[52]Eine übersichtliche Darstellung der Eigenschaften der CES–Produktionsfunktion findet man bei CHIANG (1984), S. 426ff. Dort wird jedoch von konstanten Skalenerträgen ($\lambda = 1$) ausgegangen.

Die konstante Substitutionselastizität σ für die beiden Produktionsfaktoren Kapital und Arbeit beträgt: $\sigma = \dfrac{1}{1+\rho}$. Die ökonometrische Schätzung
der Funktion (1.10) auf der Basis von Vierteljahreswerten für 1970 bis 1994
lautet:

$$\hat{Y}_t = 1392,4 e^{0,47t} \left(0,36 A_t^{-0,24} + 0,64 K_t^{-0,24}\right)^{-\frac{1,11}{0,24}}, \qquad (1.11)$$

$$\sigma = 0,8065.$$

$\hat{Y}_t$: geschätztes Bruttoinlandsprodukt in Preisen von 1991.

Aus Gleichung (1.11) gewinnt man die Periodenwerte für das Produktionspotential, indem die Argumente A_t und K_t Werte annehmen, die Vollbeschäftigung des Faktors Arbeit bei Berücksichtigung eines unvermeidbaren Sockels
an fluktuations– und friktionsbedingter Arbeitslosigkeit und eine Normalauslastung des Kapitalbestands bedeuten.

Die Entwicklung des Produktionspotentials und seines Auslastungsgrades von
1982 bis 1994 gibt Abbildung 1.13 wieder[53].

Abb. 1.13:

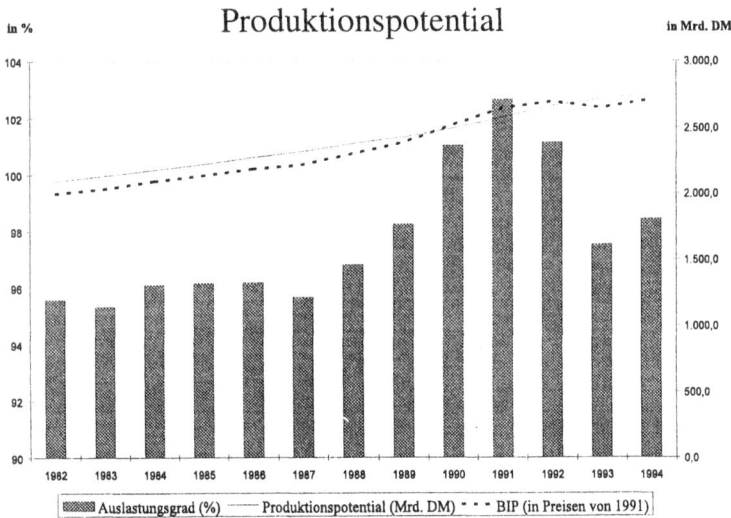

in % **Produktionspotential** in Mrd. DM

Auslastungsgrad (%) ──── Produktionspotential (Mrd. DM) - - - BIP (in Preisen von 1991)

Die Vorzüge der Produktionspotentialberechnung auf der Basis einer Produktionsfunktion liegen in

---

[53]Quelle: DEUTSCHE BUNDESBANK (1995), S. 45.

(1) der expliziten Beachtung der relativen Bedeutung der Produktionsfaktoren für die Produktion und

(2) der Verwendung der aktuellen Vollbeschäftigungs– bzw. Normalauslastungswerte für Arbeit und Kapital.

Obwohl die Produktionspotentialkonzepte wegen ihrer Theoriebezüge verglichen mit der Referenzzyklus–Diffusionsindex-Methode erheblich verbessert sind, enthalten auch sie noch arbiträre Elemente, die eine Messung der Konjunkturstärke beeinflussen. Freiheiten bestehen insbesondere bei

- der Spezifikation einer geeigneten Trendfunktion für die Entwicklung der Kapitalproduktivität,

- der Messung der „Normal"–Auslastung des Faktors Kapital,

- der statistischen Festlegung des unvermeidlichen Sockels an Arbeitslosigkeit.

Auch die Zeitreihe für die Auslastung des Produktionspotentials weist Zyklen auf, in denen die konjunkturelle Entwicklung einer Volkswirtschaft zum Ausdruck kommt. Bei einer Festlegung der Konjunkturschwankungen anhand dieses Indikators muß beachtet werden, daß sein Zeitprofil vom verwendeten Potentialkonzept abhängt und folglich die historische Einordnung der Zyklen mit diesem variieren kann.

Kapitel 2

Ökonometrische Konjunkturforschung

2.1 Das konjunkturelle Kernmodell

Um ein besseres Verständnis für das Konjunkturphänomen zu erlangen, sind seine Beschreibung und Messung durch eine Analyse der Ursachen zyklischer Schwankungen zu ergänzen. Dies ist — wie ausgeführt — Aufgabe der Konjunkturtheorie, die ökonomische Geschehnisse auf das Wirken bestimmter Faktoren zurückführt. Man bezeichnet diese Vorgehensweise als Kausalanalyse, wobei je nach Anzahl der betrachteten konjunkturrelevanten Faktoren monokausale (nur eine Ursache) oder multikausale (mehrere Ursachen) Ansätze zu unterscheiden sind. Dies führt zu einer großen Anzahl unterschiedlichster Theorien zur Erklärung desselben Phänomens. Die Vielfalt konkurrierender, monokausaler Erklärungsansätze und die Komplexität des Untersuchungsobjektes erlauben den Schluß, daß „jeder Versuch, eine monokausale Konjunkturerklärung zu entwickeln, von vornherein als verfehlt zurückzuweisen ist"[1]. Hieraus folgt aber nicht, daß das Ziel der Konjunkturtheorie ein einziger, allzeit gültiger multikausaler Erklärungsansatz sein kann. Allein schon wegen des dynamischen Charakters der Konjunktur können wichtige Einflußgrößen durch Variablen, die wieder oder erstmals Bedeutung erlangen, abgelöst werden[2]. Es existieren daher multikausale Konjunkturtheorien nebeneinander,

---

[1] JÖHR (1959), S.104.
[2] Vgl. hierzu auch BOBER (1968), S. 45: "... it is quite unlikely that the particular set of conditions that made this one explanation valid would necessarily exist again, or for that matter, did exist in the past".

die häufig verschiedene, teilweise aber auch denselben Aspekt der Konjunktur auf unterschiedliche Weise zu erklären versuchen.

Um eine Systematik für die in diese Modelle[3] aufgenommenen Variablen zu erhalten, wird von dem Modell der vollständigen Konkurrenz ausgegangen, das bei noch so extremen Störungen stets Gleichgewicht und Vollauslastung der Produktionsfaktoren gewährleistet und somit Konjunkturschwankungen ausschließt. Seine wichtigsten Voraussetzungen sind:

(1) Reine Konkurrenz: Alle Wirtschaftssubjekte sehen die Preise als gegebene, nicht beeinflußbare Daten an.

(2) Jedes Wirtschaftssubjekt verfolgt reines Eigennutz- bzw. Erwerbsstreben.

(3) Auf den einzelnen Märkten werden jeweils homogene Güter gehandelt.

(4) Volle Rationalität: Homogene Güter werden von den Wirtschaftssubjekten als solche erkannt. Dies drückt sich in einer sachlichen, persönlichen, räumlichen und zeitlichen Unterschiedslosigkeit[4] aus.

(5) Vollkommene Markttransparenz: Jedes Wirtschaftssubjekt besitzt vollkommene Informationen über alle Preise.

(6) Offener Markt: Jedes Wirtschaftssubjekt hat freien Marktzutritt.

(7) Unendlich große Anpassungsgeschwindigkeit: Die Wirtschaftssubjekte reagieren auf sich verändernde Bedingungen ohne Verzögerungen.

Diese Annahmen werden nun sukzessive durch realitätsnähere so ersetzt und ergänzt, daß daraus Modelle resultieren, die Schwingungen der ökonomischen Größen zulassen. Dabei sollen die abgeleiteten Zyklen möglichst genau mit dem tatsächlichen Erfahrungsbild der Konjunkturbewegung übereinstimmen. Auf diese Weise läßt sich zeigen, welchen qualitativen Beitrag die einzelnen Variablen zur Konjunkturerklärung leisten. Zusätzlich gewinnt man Aufschluß über die Interdependenz der im Modell enthaltenen Größen.

Trotz der bestehenden Unterschiede bei den einzelnen Konjunkturmodellen gelingt es, drei Variablengruppen zu isolieren:

(1) Impulsvariablen,

(2) Variablen der Selbstverstärkung,

---

[3]Im folgenden werden die Begriffe Theorie und Modell synonym verwendet. Zu ihrer Unterscheidung vgl. ASSENMACHER (1995), S. 17 ff.

[4]Vgl. hierzu RICHTER ET AL. (1981), S. 23.

(3) Variablen der Richtungsänderung.

Impulsvariablen können einen Expansions– oder Kontraktionsprozeß in Gang setzen, nicht jedoch sein Bewegungsmuster determinieren. Während seiner Dauer wirken sie verstärkend, dämpfend oder richtungsändernd. Beispiele für solche Impulse sind technologische Erfindungen, beträchtliche Faktorpreisveränderungen (z.b. Ölpreisschock), gleichgerichtete autonome Änderungen der Präferenzstruktur, unregelmäßiges Bevölkerungswachstum, wirtschaftspolitische Eingriffe.

Variablen der Selbstverstärkung beziehen ihre Wirksamkeit erst durch die Konjunkturbewegung und beeinflussen diese immer in derselben Richtung. Entwickelt sich eine Volkswirtschaft ohne Konjunkturen, bleiben diese Variablen wirkungslos.

Variablen der Richtungsänderung erlangen ebenfalls erst während der Konjunkturbewegung ihren Einfluß. Sie unterstützen die Konjunktur aber nicht immer in derselben Richtung, sondern leiten ihren Umschwung ein.

Schließlich wirken einige Faktoren nicht nur selbstverstärkend, sondern schaffen auch die Voraussetzungen für den konjunkturellen Umschwung. Bei ihnen liegt eine doppelte konjunkturelle Wirkungsweise vor.

Die Beziehungen, die zwischen den Variablen der Selbstverstärkung und denen der Richtungsänderung bestehen, bilden die Struktur einer Volkswirtschaft ab. Im Unterschied zu dem Impulsvariablen prädisponieren sie daher das Zeitprofil der Konjunktur. Man bezeichnet sie auch als strukturelle Faktoren bzw. Variablen[5].

Zur modellhaften Darstellung eines Konjunkturzyklus bedarf es immer mindestens einer Variablen aus mindestens zwei der drei Gruppen. Solche Kombinationen sollen „konjunktureller Kernprozeß"[6] genannt werden. Modelle, die nur Impulse und Variablen der Selbstverstärkung oder Richtungsänderung enthalten, bilden Theorien der exogenen Schocks; gelingt es, Zyklen nur durch die Verwendung von Variablen der Selbstverstärkung und der Richtungsänderung abzuleiten, so liegen Theorien mit modellendogenen Schwingungen vor. Die Aufnahme von Variablen aus allen drei Gruppen führt zu

---

[5]Manche Autoren sprechen bei strukturellen auch von endogenen Variablen; analog hierzu heißen Impulse dann exogene Variablen.

[6]JÖHR (1959), S. 111, beschränkt die Verwendung dieses Begriffs auf Modelle, die durch einmalige, infinitesimal kleine Anstöße eine Bewegung generieren, „welche den Richtungswechsel aus sich selbst erzeugt und sich mit gleichbleibender Stärke wiederholen kann (...)". Dahinter steht die Idee einer konjunkturellen Urbewegung. Diese Vorstellung eines Ur–Prozesses bleibt auch bei der hier vorliegenden Übertragung des Begriffs auf das Zusammenwirken der Variablentypen erhalten, so daß sich die allgemeinere Verwendung rechtfertigt.

schwingungsfähigen Modellen mit exogenen Schocks. Mit einer Kausalanalyse läßt sich jedoch nur aufzeigen, unter welchen Bedingungen Zyklen eintreten, welche qualitativen Eigenschaften sie dann besitzen und welche Konjunkturrelevanz einzelnen Makrovariablen oder Gruppen von ihnen zukommt.
Eine quantitative Bewertung der Konjunktur ist hiermit jedoch noch nicht
möglich, diese erfordert eine ökonometrische Schätzung der numerisch unbekannten Strukturparameter. Solche Schätzungen sind auch dann hilfreich,
wenn Konjunkturmodelle nicht mehr analytisch lösbar sind. Erst die Quantifizierung erlaubt eine Beurteilung ihrer Schwingungseigenschaften. Um Koeffizientenschätzungen durchführen zu können, muß jedes ökonomische Modell
in ein ökonometrisches Modell überführt werden.

2.2   Die Grundstruktur ökonometrischer Modelle

Die von der Wirtschaftstheorie aufgezeigten Zusammenhänge zwischen ökonomischen Größen sind qualitativer Art, d.h. sie geben die vermutete Kausalstruktur hinter dem realen ökonomischen Geschehen wieder. Damit ist
aber erst ein Schritt in Richtung einer gehaltvollen empirischen Theorie erfolgt. Qualitative Relationen bedürfen einer quantitativen Ergänzung. Nicht
nur die Richtung eines Zusammenhanges, sondern auch dessen quantitatives
Ausmaß sollten bekannt sein. Die Notwendigkeit dieser Kenntnis dokumentieren besonders eindringlich die Konjunkturmodelle, bei denen das dynamische
Verhalten einer Volkswirtschaft von ihren Strukturparametern abhängt.

Der quantitative Aspekt der Wirtschaftstheorie kann nur durch die realisierten ökonomischen Daten selbst erhellt werden. Das Verbindungsglied zwischen Theorie und Empirie ist die Ökonometrie[7], die Methoden zur Quantifizierung funktionaler Zusammenhänge liefert. Da diese Verfahren unabhängig
von der jeweiligen inhaltlichen Besonderheit der zugrunde liegenden ökonomischen Theorie sein müssen, hat die Ökonometrie ein universelles Ordnungs-
schema entwickelt. Jedes ökonomische Modell wird als lineares Gleichungssystem[8] aufgefaßt, das ökonomische Größen enthält, die durch andere Variablen des Modells erklärt werden. Die zu erklärenden Größen heißen endogene Variablen. Erklärende Variablen können verzögert endogene und exogene
Variablen sein; sie werden zur Gruppe der vorherbestimmten Variablen zusammengefaßt.

---

[7]Der an ökonometrischen Methoden interessierte Leser sei auf die Darstellung von AS-
SENMACHER (1995) hingewiesen.

[8]Nichtlineare Funktionen lassen sich meistens durch eine Variablentransformation li-
nearisieren.

Die in einem ökonometrischen Modell enthaltenen Gleichungen können Identitäten, institutionelle Beziehungen, technische Relationen oder Verhaltensgleichungen sein. Sollen Identitäten auch ex ante gelten, stellen sie Gleichgewichtsbedingungen dar. Ein Beispiel hierfür ist die Gleichheit zwischen Ersparnis und Investitionen einer Periode, die ex post immer erfüllt ist. Institutionelle Beziehungen bilden die Rahmenbedingungen des wirtschaftlichen Ablaufs ab; die Steueraufkommensfunktion verdeutlicht diese Funktionsklasse. Eine typische technische Relation wird durch die Produktionsfunktion gegeben. In den Verhaltensgleichungen kommen die Abhängigkeiten der Plangrößen einzelner oder zu Gruppen zusammengefaßter Wirtschaftssubjekte von den zugrunde liegenden Determinanten zum Ausdruck. Die Konsumfunktion charakterisiert diese Klasse von Beziehungen.

Damit ein formalisiertes ökonomisches Modell empirischen Gehalt besitzt, darf es nicht nur aus Identitäten bestehen. Um die unbekannten Modellparameter schätzen zu können, müssen alle im Modell enthaltenen Variablen einer Messung zugänglich sein. Die Quantifizierung ökonomischer Größen sollte mit einer möglichst geringen Diskrepanz zwischen den Modellbegriffen der Wirtschaftstheorie und den Zählbegriffen der Wirtschafts- und Sozialstatistik erfolgen (Adäquationsprinzip). Um die hinter den Einzelbeobachtungen wirkenden ökonomischen Gesetzmäßigkeiten aufzudecken, müssen alle Modellgleichungen mit Ausnahme der Identitäten als zufallsgestört interpretiert werden. Sie bestehen aus einem systematischen und einem nichtsystematischen (stochastischen) Teil. Der stochastische Teil umfaßt diejenigen Variablen, die unregelmäßig auf die endogene Variable einwirken und deren Einzeleinflüsse vernachlässigbar klein sind. Zusammen jedoch stellen sie eine nicht negierbare Größe dar, deren Realisationen statistischen Gesetzmäßigkeiten unterliegen. Die Parameter eines stochastischen ökonomischen Modells (= ökonometrisches Modell) werden auf der Basis einer Stichprobe für alle Modellvariablen geschätzt. Gewinnt man die Daten durch eine Längsschnitterhebung (Zeitreihe), unterstellt man für den Erhebungszeitraum sowohl konstante qualitative und quantitative ökonomische Beziehungen als auch unveränderte statistische Eigenschaften der Störvariablen. Das ökonometrische Modell mit geschätzten Parametern heißt Struktur; sie besitzt über den Stützzeitraum hinaus nur dann Gültigkeit, wenn die allgemeinen Bedingungen unverändert bleiben. Dieser Einschränkung des Gültigkeitsbereichs trägt man durch Angabe des Relevanzzeitraumes, der Stütz- und Prognosezeitraum umfaßt sowie der Relevanzregion Rechnung.

Bei einer typischen Gleichung eines ökonometrischen Modells steht auf der linken Seite die endogene Variable, auch Regressand genannt; auf der rechten Seite sind die erklärenden Variablen, die Regressoren, aufgeführt. Eine

Regressionsgleichung hat im allgemeinen die Form[9]:

$$y_t = \underbrace{\beta_1 y_{t-1} + \ldots + \beta_L y_{t-L} + \alpha_1 x_{1t} + \ldots + \alpha_K x_{Kt}}_{\text{systematischer Teil}} + \underbrace{u_t}_{\text{stochastischer Teil}}, \quad (2.1)$$

y_t : endogene Variable,
x_t : exogene Variable
y_{t-i} : verzögert endogene Variable $\left.\right\}$ vorherbestimmte Variablen,
u_t : Zufallsvariable (Störvariable),
α, β : Strukturparameter,
t : Zeitindex, $t = 1, \ldots, T$ Stützzeitraum.

Die Anzahl der Gleichungen eines ökonometrischen Modells sowie die Festlegung der Variablen als exogen oder endogen schwankt erheblich und hängt von der Zielsetzung des jeweiligen ökonometrischen Modells ab. Das von Frerichs und Kübler entwickelte Modell mit 1700 Gleichungen[10] dürfte jedoch eine Ausnahme bleiben. In letzter Zeit scheint sich die Tendenz zu Großmodellen abzuschwächen, nicht zuletzt wegen ihrer Schwerfälligkeit bei der detaillierten Analyse von Einzelproblemen[11]. Auch „kleine" Modelle können eine reale Volkswirtschaft recht gut approximieren.

Das als lineares Gleichungssystem konzipierte ökonometrische Modell wird in kompakter Matrizenschreibweise gegeben durch:

$$\boldsymbol{B}\boldsymbol{y} = \boldsymbol{A}\boldsymbol{x} + \boldsymbol{u} \qquad (2.2)$$

Die Symbole $\boldsymbol{x}, \boldsymbol{y}$ und $\boldsymbol{u}$ behalten die unter Gleichung (2.1) gegebene inhaltliche Festlegung, stellen jetzt jedoch Spaltenvektoren dar. $\boldsymbol{B}$ kennzeichnet die quadratische Matrix der Koeffizienten der endogenen, $\boldsymbol{A}$ die Matrix der Koeffizienten der vorherbestimmten Variablen.

Für viele — nicht nur schätztheoretische — Zwecke ist es vorteilhaft, das ökonometrische Modell nach den endogenen Variablen aufzulösen. Dies gelingt aber nur, wenn die Matrix $\boldsymbol{B}$ regulär ist und daher ihre Inverse $\boldsymbol{B}^{-1}$ existiert. Man nennt Modelle mit dieser Eigenschaft vollständig. Nach Linksmultiplikation mit $\boldsymbol{B}^{-1}$ geht das Gleichungssystem (2.2) in die reduzierte

---

[9]Grundsätzlich ist es möglich, daß in einer Regressionsgleichung auch andere endogene Variablen des Modells als Regressoren vorkommen. Ökonometrische Modelle lassen sich aber immer in eine Form überführen, für die Gleichung (2.1) typisch ist.

[10]Vgl. hierzu UEBE (1981).

[11]Auf diese Schwäche ökonometrischer Großmodelle hat schon recht früh GORDON (1970) S. 520, aufmerksam gemacht.

Form über:

$$y = B^{-1}Ax + B^{-1}u, \quad \text{oder:}$$

$$y = \Pi x + v, \tag{2.3}$$

$$\text{mit } \Pi := B^{-1}A \text{ und } v := B^{-1}u.$$

In dem Gleichungssystem (2.3) sind die endogenen von den vorherbestimmten Variablen getrennt; jede einzelne Gleichung hieraus besitzt den formalen Aufbau von Gleichung (2.1). Die reduzierte Form (2.3) geht nach Schätzung ihrer unbekannten Koeffizienten, die in der Matrix Π zusammengefaßt sind, in eine Struktur über. Mit den Schätzungen für die Koeffizienten der reduzierten Form liegen noch keine Schätzungen der im Gleichungssystem (2.2) enthaltenen Modellkoeffizienten vor. Diese lassen sich aber aus den Schätzungen errechnen, wenn das ökonometrische Modell (2.2) identifizierbar ist. Die theoretische Ökonometrie hat Methoden entwickelt, um Modelle in der Form (2.2) und (2.3) gleichungsweise oder kompakt schätzen zu können. Welches Verfahren zur Anwendung kommt, hängt von den statistischen Gegebenheiten ab, die für die Störvariablen und ihren Beziehungen zu den Regressoren gültig sind. In der Schätzpraxis der angewandten Ökonometrie dominiert aber wegen ihrer Robustheit hinsichtlich von Verletzungen ihrer Anwendungsvoraussetzungen die einfache Methode der kleinsten Quadrate.

Mit der (geschätzten) Struktur liegt eine quantitative Beschreibung der im Modell abgebildeten ökonomischen Realität vor. Damit diese Beschreibung als empirisch gehaltvoll qualifiziert werden kann, sind zunächst die enthaltenen ökonomischen Hypothesen zu testen. Dies geschieht mit Signifikanztests für die Koeffizientenschätzungen. Die in einer Verhaltensgleichung ausgedrückte Kausalwirkung zwischen erklärenden und der zu erklärenden Variablen wird durch die Realität gestützt, wenn die entsprechenden Koeffizientenschätzungen signifikant von null abweichen. Angewandte ökonometrische Modelle erlauben somit auch eine Beurteilung des empirischen Gehalts der ökonomischen Theorie[12]. Sie stellen daher eine bedeutsame Ergänzung und Herausforderung für die Wirtschaftstheorie dar[13].

Ein weiterer Indikator für den empirischen Gehalt eines ökonometrischen Modells ist die Güte der damit erstellten Prognosen. Die in Gleichung (2.3) wiedergegebene Trennung der Variablen erlaubt es, die Entwicklung der endogenen Variablen in Abhängigkeit der im Vektor x zusammengefaßten vor-

---

[12]Da es sich bei ökonometrischen Modellen um Wahrscheinlichkeitsaussagen handelt, ist die Überprüfung des empirischen Gehalts komplexer als die kurze Übersicht hier vermuten läßt. Eine umfassendere Analyse findet der an dieser Problematik interessierte Leser bei ASSENMACHER (1986b).

[13]Vgl. hierzu ECKSTEIN (1981), S.155: „The development of macroeconometric models has created a new source of tension between the theoretical and empirical wings".

herbestimmten Variablen zu prognostizieren. Da für den Prognosezeitraum
stets die Werte der erklärenden Variablen bekannt sein müssen, spricht man
von bedingten Prognosen. Diese fallen im allgemeinen um so genauer aus,

(1) je größer der empirische Gehalt der dem ökonometrischen Modell zu-
    grunde liegenden ökonomischen Theorie und

(2) je problemadäquater das verwendete Schätzverfahren ist.

Wegen dieses Zusammenhangs kann unter bestimmten Umständen aus der
Prognosegenauigkeit auf den empirischen Gehalt der ökonomischen Theorie
geschlossen werden. Hierzu sollte der Prognosezeitpunkt außerhalb des für die
Parameterschätzungen herangezogenen Stützzeitraumes liegen. Um nicht die
zukünftige Entwicklung abwarten zu müssen, prognostiziert man in die Vergangenheit. Der Vorteil dieser ex post Prognosen liegt in der unmittelbaren
Auswertung ihrer Genauigkeit durch einen Vergleich mit bereits realisierten
Werten[14]. Trotz des Zeitvorteils bei ex post Prognosen bleibt die Genauigkeit
von ex ante Prognosen das ausschlaggebende Kriterium für die Beurteilung
der Prognosegüte eines ökonometrischen Modells.

2.3 Die Verwendung ökonometrischer Modelle in der empirischen Konjunkturforschung

Von allen Verfahren der empirischen Konjunkturforschung zeichnet sich die
Konjunkturanalyse mit ökonometrischen Modellen durch eine besonders enge
Verbindung zwischen Theorie und Empirie aus. Gleichzeitig kann bei der Modellkonzeption durch Berücksichtigung unterschiedlicher endogener Variablen
dem mehrdimensionalen Charakter der Konjunktur — wie er bereits im Konzept der stilisierten Fakten beschrieben wird — Rechnung getragen werden.
Angeregt durch die in den USA mit solchen Modellen gemachten guten Erfahrungen, beschlossen die fünf größten bundesdeutschen Forschungsinstitute
(DIW, HWWA, Ifo, IfW, RWI)[15], ein ökonometrisches Konjunkturmodell zu
entwickeln, das seit dem Jahr 1978 bei der halbjährlichen Gemeinschafts-
diagnose der Wirtschaftsforschungsinstitute zum Einsatz kommt. Ausgangspunkt dieser Entwicklung war das RWI–Konjunkturmodell. Es besteht in der

---

[14]Die Genauigkeitsprüfung ist keineswegs eine leichte Aufgabe. Einen Überblick über
verschiedene methodische Ansätze gibt WEICHHARDT (1982).

[15]DIW: Deutsches Institut für Wirtschaftsforschung, Berlin; HWWA: Institut für Wirtschaftsforschung, Hamburg; Ifo: Institut für Wirtschaftsforschung, München; IfW: Institut
für Weltwirtschaft, Kiel; RWI: Rheinisch–Westfälisches Institut für Wirtschaftsforschung,
Essen. Nach der Wiedervereinigung der beiden deutschen Staaten kam das Institut für
Wirtschaftsforschung (IWH), Halle hinzu.

gegenwärtigen Version aus 42 Verhaltens– und 83 Definitionsgleichungen, mit denen fünf Teilblöcke modelliert werden, die sowohl Entstehung, Verwendung und Verteilung des Inlandsprodukts als auch Preise und staatliche Einnahmen und Ausgaben erklären[16]. Exogene Variablen sind der kurz– und langfristige Zinssatz, Welthandel, Preisindex der Importe sowie bestimmte wirtschaftspolitische Instrumentvariablen (z.B. Mehrwertsteuersatz).

Die Makroökonomik, und mit ihr auch die Konjunkturtheorie, bildet die theoretische Basis eines ökonometrischen Konjunkturmodells. Sowohl die Modellierung der Teilblöcke bzw. der Makromärkte, ihre Verbindungsglieder als auch die Lag–Struktur bei bestimmten ökonomischen Gleichungen sollten theoretisch fundiert sein. Neben der Angabe der Lag–Struktur muß die Spezifikation der Periodenlänge in einer Weise erfolgen, die für eine hinreichend genaue Deskription der Konjunkturzyklen geeignet ist. Da die Zyklenlänge meist nur wenige Jahre beträgt, sollte der Modellkonzeption eine Periodenlänge von einem viertel Jahr (Vierteljahresmodell) zugrunde liegen.

Seit den fünfziger Jahren werden ökonometrische Modelle immer stärker zur ex ante Prognose relevanter endogener ökonomischer Variablen eingesetzt. Bei der Beurteilung der erzielten Prognosegenauigkeit ist stets zu beachten, daß es sich um bedingte Prognosen handelt, die immer der Vorgabe der Werte für die exogenen Variablen bedürfen. Daher können sowohl Prognosefehler als auch Prognosegenauigkeit durch fehlerbehaftete exogene Variablen verursacht sein. Trotz dieser Zuordnungsschwierigkeit bei der Bewertung der Prognosegüte hat die Auswertung der bisherigen Prognosepraxis eindrucksvoll gezeigt, daß mit ökonometrischen Modellen leistungsfähige Prognoseverfahren vorliegen[17].

Ein zweiter, wichtiger Anwendungsfall ist die Abschätzung der Auswirkungen veränderter Rahmenbedingungen, die entweder aktiv herbeigeführt (wie z.B. bewußt ergriffene wirtschaftspolitische Maßnahmen) oder exogen (z.B. durch das Ausland) verursacht werden. Gerade diese Kenntnis ist für eine rational konzipierte Wirtschaftspolitik unabdingbare Voraussetzung. Die methodische Vorgehensweise besteht in einer Simulation der wirtschaftlichen Entwicklung unter Vorgabe alternativer, mit den neuen Rahmenbedingungen konzipierter Szenarien.

Der dritte herausragende Anwendungsbereich ökonometrischer Konjunkturmodelle erstreckt sich auf die Analyse der dynamischen Eigenschaften von Volkswirtschaften. Aus Konjunkturtheorien, die analytisch lösbar sind, lassen sich (Parameter–) Regimes ableiten, die typische zeitliche Entwicklungen

---

[16]HEILEMANN (1989), S. 257.
[17]Vgl. hierzu HEILEMANN (1985). Eine Zusammenstellung der Prognosegenauigkeit ökonometrischer Konjunkturmodelle für die Bundesrepublik Deutschland findet man bei HEILEMANN (1981).

der endogenen Variablen festlegen. Welches Regime jedoch für eine Volkswirtschaft relevant ist und ihre Dynamik prädisponiert, kann erst nach Kenntnis der ökonometrisch geschätzten Parameter entschieden werden. Die auf diese Weise festgelegten dynamischen Eigenschaften sind durch die Modellstruktur geprägt, man bezeichnet sie daher als modellinhärente Dynamik.

Bei vielen komplexen Konjunkturtheorien, die Güter-, Geld- und Arbeitsmarkt umfassen, scheitert die Angabe allgemeiner analytischer Lösungen; ohne numerische Parameterspezifikation (Kalibrieren) sind weder Aussagen über die Einzeleinflüsse der in den Theorien enthaltenen Variablen noch über ihre Dynamik möglich. Um die Parameter realitätsnah zu spezifizieren, muß die Konjunkturtheorie in ein ökonometrisches Konjunkturmodell überführt werden. Die dabei notwendige Abbildung der Theorie als lineares Gleichungssystem führt zwar aus theoretischer Sicht nur zu einer beschreibenden Verbindung der Makromärkte, hat aber dafür eine erhebliche Vereinfachung der mathematischen Struktur zur Folge. Sind die Koeffizienten des ökonometrischen Konjunkturmodells geschätzt, lassen sich Aussagen über seine dynamischen Eigenschaften durch eine Modellsimulation gewinnen. Seit der richtungsweisenden Arbeit von Irma und Frank Adelman[18] unterscheidet man zwischen einer stochastischen und einer nichtstochastischen Simulation. Wegen ihrer Bedeutung für die ökonometrische Konjunkturforschung sollen beide Vorgehensweisen dargestellt werden.

Beiden Verfahren liegt ein ökonometrisches Modell mit geschätzten Parametern zugrunde. Nach Festlegung des Zeithorizontes für die Simulation müssen den endogenen Variablen Anfangsbedingungen vorgegeben werden, die meistens ihren tatsächlichen Realisationen vor Simulationsbeginn entsprechen. Die Anzahl dieser Anfangsbedingungen pro endogener Variablen entspricht der höchsten Zeitverzögerung, mit der sie in der reduzierten Form (2.3) enthalten ist. Die Werte der exogenen Variablen müssen hingegen für alle Simulationsperioden vorliegen. Die Simulation besteht dann in einer Berechnung der Werte der endogenen Variablen für alle Simulationsperioden. Aus den Anfangsbedingungen der endogenen Variablen und den Werten der exogenen Variablen für die erste Simulationsperiode folgen die Werte der endogenen Variablen für die erste Periode. Mit diesen und den Werten der exogenen Variablen für die zweite Simulationsperiode lassen sich jetzt auch die Werte der endogenen Variablen für die zweite Periode berechnen usw., bis alle Simulationsperioden durchlaufen sind. Die den exogenen Variablen unterstellten Werte hängen im wesentlichen von der Zielsetzung der Simulation ab. Es lassen sich drei Vorgehensweisen unterscheiden:

(1) Die Simulation bezieht sich auf die Vergangenheit. Alle Werte der exo-

---

[18]ADELMAN UND ADELMAN (1959).

genen Variablen sind dann bekannt, und es lassen sich die Werte für
die endogenen Variablen simulieren. Ein direkter Vergleich mit ihren
tatsächlichen Zeitreihen zeigt die Güte der Simulation an[19].

(2) Die Simulation bezieht sich wiederum auf die Vergangenheit, jedoch
werden den exogenen Variablen nicht wie unter (1) die tatsächlichen,
sondern fiktive Werte zugeordnet, die mit alternativen wirtschaftspolitischen Strategien korrespondieren. Die simulierten Zeitreihen für die
endogenen Variablen zeigen dann eine von der gewählten Wirtschaftspolitik abhängige Entwicklung an. Ein Vergleich mit der tatsächlichen
Entwicklung erlaubt eine Bewertung der wirtschaftspolitischen Maßnahmen.

(3) Die Simulation ist auf die Zukunft gerichtet. Die Anfangsbedingungen
für die endogenen Variablen sind im allgemeinen die hierfür vorliegenden aktuellsten Beobachtungen; alle exogenen Variablen müssen über
den gesamten Simulationszeitraum extrapoliert werden. Die simulierten Werte für die endogenen Variablen haben nur dann Realitätsbezug,
wenn die Annahme der Strukturkonstanz für alle Perioden gerechtfertigt ist.

Bei der Analyse der dynamischen Eigenschaften eines ökonometrischen Modells geht man meistens nach der Simulationstechnik (3) vor, da mit ihr
möglichst unterschiedliche Entwicklungen der endogenen Variablen, ausgelöst
durch Variationen der Datensätze für die exogenen Variablen und der Anfangsbedingungen, aufgezeigt werden können[20]. Kommt eine nichtstochastische Simulation zur Anwendung, nehmen alle im ökonometrischen Modell
enthaltenen Störvariablen für alle Perioden den Wert null an, und die exogenen Variablen folgen einem glatten Trend. Bei einer stochastischen Simulation sind die ökonomischen Variablen zufallsgestört. Sieht man die Zufallseinflüsse nur bei den exogenen Variablen wirksam, liegt in Anlehnung an
die Adelman'sche Bezeichnung[21] eine stochastische Simulation des Typs I
vor. Unterliegen ausschließlich die endogenen Variablen stochastischen Ein-
wirkungen, spricht man von einer stochastischen Simulation des Typs II[22].
Schließlich lassen sich noch beide Verfahren kombinieren. Da hieraus jedoch

---

[19]Diese Vorgehensweise entspricht einer fortlaufenden ex post Prognose.

[20]In gewisser Weise entsprechen sich Politiksimulationen und Schwingungsanalysen.
Während jedoch im ersten Fall Datenvariationen der exogenen Variablen primär wirtschaftspolitische Maßnahmen widerspiegeln sollen, ist die Schwingungsanalyse frei von solchen wirtschaftspolitischen Einbindungen.

[21]ADELMAN UND ADELMAN (1959), S. 288.

[22]Diese Auffassung von der Wirkung der Zufallseinflüsse dominiert in weiten Bereichen
der Ökonometrie. Gleichung (2.1) verdeutlicht diesen Ansatz. In der Periode t unterliegt
nur die endogene Variable y_t dem Störeinfluß u_t.

methodisch nichts Neues resultiert, genügt der Bezug auf die Simulations-
weisen I und II. Bei beiden Simulationsarten erzeugt ein Zufallsmechanismus
die Realisationen der nicht direkt beobachtbaren Störvariablen[23], die in ihren
Skalierungen mit dem Maßstab der ökonomischen Variablen kompatibel sein
müssen. Während bei der Simulation des Typs I das verwendete Extrapolati-
onsverfahren weitgehend den Zufallsmechanismus bestimmt, resultiert seine
Spezifikation beim Typ II aus den im ökonometrischen Modell enthaltenen
Annahmen bezüglich der stochastischen Eigenschaften der Störvariablen. Im
allgemeinen verwendet man als Verteilungshypothese die Normalverteilung
mit einem Erwartungswert von null und einer zunächst unbekannten Varianz,
die sich aber nach Kenntnis der Strukturparameter aus dem Datenmaterial
der Stützperioden schätzen läßt.

Die nichtstochastische Simulation deckt die inhärente Dynamik eines quanti-
fizierten ökonometrischen Modells auf. Sie findet daher bei all den Konjunkturtheorien Anwendung, für die keine analytische Lösung angegeben werden
kann. Darüber hinaus ist sie wegen ihres universellen Einsatzes bei der Sensitivitätsanalyse der analytischen Methode überlegen. Mit der Sensitivitätsanalyse läßt sich die Reaktion einer Modellwirtschaft auf

(1) Änderungen der Anfangsbedingungen für die endogenen Variablen,

(2) Änderungen der Strukturparameter (Strukturbrüche),

(3) einmalig wirkende exogene Störungen

zeigen.

Die stochastische Simulation ist wegen eines größeren Realitätsbezugs der
nichtstochastischen a priori überlegen. Weder entwickeln sich die Regressoren
störungsfrei (Zufallseinflüsse Typ I), noch reagieren Wirtschaftssubjekte auf
konstant bleibende Determinanten stets auf die gleiche Weise (Zufallseinflüsse
Typ II). Man darf daher die besten Ergebnisse von einer Simulation mit beiden Zufallseinflüssen erwarten. Da aber bei einer stochastischen Simulation
die inhärente Stabilität eines ökonomischen Systems nicht immer aufscheint,
bedarf sie stets ihrer nichtstochastischen Ergänzung. Mit den meisten ökonometrischen Modellen sind die oben beschriebenen Simulationen zur Ermittlung ihrer dynamischen Eigenschaften durchgeführt worden[24]. Dabei bestätigen sich mit nur geringen Ausnahmen die Ergebnisse, die Irma und Frank

---

[23] Bei einer stochastischen ex post Simulation des Typs I bedarf es keines Zufallsmechanismus, da die vorliegenden Beobachtungen als Werte für die exogenen Variablen dienen:
In ihnen hat sich der Zufallseinfluß bereits realisiert.

[24] Vgl. hierzu HICKMANN (1972), ZARNOWITZ (1972), KRUPP (1973), und FROHN (1978).
Eine Übersicht über die ökonometrischen Modelle für die Bundesrepublik Deutschland gibt
UEBE (1981 und 1997). Einen Auszug internationaler ökonometrischer Modelle findet man
bei ASSENMACHER (1995).

Adelman bereits in ihrer Pionierarbeit[25] publizierten. Bei einer nichtstochastischen Simulation dominiert ein monoton stabiles Verhalten, das sich auch gegenüber den im Rahmen einer Sensitivitätsanalyse durchgeführten Störungen als resistent erweist. Die ökonometrischen Modelle sind also inhärent stabil, sie erzeugen keine endogenen Schwingungen. Diese Ergebnisse sind jedoch vorsichtig zu bewerten. So zeigt Blatt[26], daß mit Daten, die von einem nichtlinearen, instabilen Modell generiert wurden, aus dem linearisierten ökonometrischen Ansatz Parameterschätzungen resultieren, die modellinhärente Stabilität ausweisen. Dieser Widerspruch zur fiktiven Realität deckt eine Schwäche linearer ökonometrischer Modelle auf. Ist die Linearisierung ökonomischer Funktionen noch nicht einmal approximativ gerechtfertigt, können die wahren dynamischen Eigenschaften nicht aufgespürt werden.

Bei Zufallseinflüssen des Typs I entstehen zwar leichte, gedämpfte Schwingungen, die aber sowohl in ihrer Länge als auch Amplitude schwächer als die beobachteten Zyklen ausfallen. Die Ergebnisse verbessern sich bei Simulationen des Typs II gegenüber denjenigen bei einer Simulation des Typs I, jedoch nicht für alle Modelle gleichermaßen. Liegen nicht allzu große ökonometrische Modelle vor, gewinnen die mit der Simulation des Typs II erzeugten Zyklen bei unabhängigen Störvariablen realitätsnahe Charakteristika. Diese gute Übereinstimmung mit den empirischen Erfahrungen schwächt sich mit zunehmender Modellgröße ab[27]. Führt man hingegen eine stochastische Simulation des Typs II mit autokorrelierten[28] Störvariablen durch, dann nimmt auch bei ökonometrischen Großmodellen die Übereinstimmung zwischen simulierten und beobachtbaren Zyklen wieder zu[29].

Schließlich zeigt sich noch in den meisten Fällen, daß die Hinzunahme von Zufallseinflüssen des Typs I zu denen des Typs II die Simulation verbessert.

Die Simulationsergebnisse decken eine Reihe interessanter Eigenschaften ökonometrischer Konjunkturmodelle auf. Überraschend ist zunächst die bei fast allen Modellen vorliegende inhärente Stabilität. Dieser Befund kann aber nur dann auf die ökonomische Realität übertragen werden, wenn die „wahren" ökonomischen Verhaltensgleichungen mindestens approximativ linear sind. Die Stabilität ökonometrischer Konjunkturmodelle wird von den Ergebnissen der Konjunkturtheorie nicht gestützt. Bereits aus kleinen linearen Modellen (z.B. Samuelson–Modell) resultieren instabile Entwicklungen der Volkswirt-

---

[25]ADELMAN UND ADELMAN (1959).

[26]BLATT (1978). Seine fiktive Volkswirtschaft entspricht dem Hicks–Modell ohne Wachstum. Vgl. hierzu auch Abschnitt 4.1.2

[27]Die häufig vertretene Auffassung einer positiven Korrelation zwischen Modellgröße und seiner Leistungsfähigkeit ist ohne zusätzliche Annahme nicht aufrechtzuerhalten.

[28]Autokorrelation liegt vor, wenn die Kovarianz zwischen den Störvariablen u_t und u_τ, $t \neq \tau$, von null verschieden ist.

[29]Siehe hierzu auch HOWREY (1972).

schaft als Regelfall. Die unterschiedliche Einschätzung der Stabilität verringert sich aber, wenn mit — vor allem kleinen — ökonometrischen Modellen stochastische Simulationen durchgeführt werden. Je größer jedoch ein (lineares) ökonometrisches Modell wird, desto besser „verarbeitet" es Impulse: Seine Sensitivität nimmt ab. Dies folgt auch aus dem Versagen unabhängiger Zufallseinflüsse, bei ökonometrischen Großmodellen realitätsnahe Abläufe zu erzeugen, während autokorrelierte Impulse hier erfolgreich sind. Ein ähnliches Ergebnis wie bei Autokorrelation tritt ein, wenn Störvariablen in verschiedenen Verhaltensgleichungen korrelieren. Diese, auch mit Reihenkorrelation bezeichnete Abhängigkeit führt zu einer synchronisierten Wirkung der Störvariablen und damit zu einer Verstärkung der auf das ökonomische System einwirkenden Zufallseinflüsse. Eine der zentralen Aussagen der Konjunkturtheorie, daß in erster Linie die Modellstruktur für die Transformation auftretender Zufallsstörungen in zyklische Bewegungen verantwortlich ist, wird auch von den Simulationsergebnissen gestützt.

Obwohl bei allen Simulationen erst exogene Ursachen zyklische Bewegungen auslösen, darf dies nicht als eine Falsifikation derjenigen Konjunkturmodelle mit modellendogenen Schwingungen gedeutet werden. Da diese Theorien nichtlineare Beziehungen enthalten, kann ein lineares Modell bestenfalls als Approximation an eine nichtlineare Theorie dienen. Hinzu kommt noch, daß man sich bei der Konzeption angewandter ökonometrischer Modelle stark von pragmatischen Überlegungen leiten läßt[30]. Die Diskrepanz zwischen der theoretischen Fundierung ökonometrischer Modelle und dem Stand der Konjunkturtheorie sowie die Bedeutung quantifizierter Strukturparameter für die Aussagen der Konjunkturtheorie dokumentieren die notwendig enge Verbindung beider Disziplinen.

---

[30]Diese Vorgehensweise bei der Modellkonstruktion resultiert letztlich aus der Verwendung ökonometrischer Modelle für die Prognoseerstellung: Dadurch soll eine Steigerung der Prognoseleistung erzielt werden. BRUNNER (1973a) S. 930 weist auf die damit verbundene Gefahr sehr deutlich hin, indem er schreibt: „Econometric practice thus reduces to a purely pragmatic claim without any cognitive basis".

Teil II
Die Vorläufer der modernen Konjunkturtheorie

Kapitel 3

Ältere Konjunkturtheorien

3.1 Konjunkturtheoretische Ansätze der Klassik

Es ist aus heutiger Sicht unbestritten, den Beginn der modernen Konjunkturtheorie mit dem Erscheinen der „Allgemeinen Theorie der Beschäftigung, des Zinses und des Geldes" von John Maynard Keynes im Jahre 1936 gleichzusetzen. Obwohl dieses Werk nicht in erster Linie konjunkturtheoretisch konzipiert ist, hat es doch wie kein anderer Beitrag die Konjunkturtheorie beeinflußt und ihr wertvolle Impulse verliehen. Die vor Keynes, seit der industriellen Revolution bis etwa zum Ende des 19. Jahrhunderts entstandenen Theorien basieren alle auf nahezu gleichen Grundannahmen; deswegen bezeichnet man sie trotz ihrer Unterschiede in den Erkenntnisobjekten als „klassische Theorie". Mit der Einführung der Marginalanalyse in die Wirtschaftswissenschaft um die Jahrhundertwende war eine neue Untersuchungsmethode gegeben. Theorien, die von dieser Möglichkeit Gebrauch machen, im wesentlichen aber die Annahmen der Klassik beibehalten, nennt man zur Betonung des neuen Ansatzes „neoklassische Theorien"[1].

Als Hauptvertreter der Klassik gelten Ricardo[2], Say[3], J. Mill[4] und J. St. Mill[5]. Um die in dieser Epoche zwar nur am Rande entwickelten konjunktur-

---

[1] In überwiegenden Teilen der anglo–amerikanischen Literatur wird auf diese Unterteilung verzichtet. Hier umfaßt die Klassik den gesamten Zeitraum bis zum Jahre 1936. Eine ähnliche zeitliche Abgrenzung findet man z.B. bei ACKLEY (1973), S. 109.

[2] RICARDO (1817).

[3] SAY (1803).

[4] MILL, J. (1821).

[5] MILL, J. ST. (1884).

theoretischen Ansätze aufzuzeigen, sollen zunächst die wesentlichen Charakteristika der klassischen Theorie dargestellt werden.

Die klassische Theorie beruht auf zwei Hauptkomponenten: dem Say'schen Gesetz und dem Lohnfonds. Das Say'sche Gesetz, ursprünglich an einer reinen Tauschwirtschaft illustriert, basiert auf folgenden Überlegungen. Jedes Wirtschaftssubjekt bestimmt über seine Präferenzstruktur den Umfang an Freizeit und Arbeitszeit für ein vorgegebenes Zeitintervall. Mit der Arbeitszeit ist seine Produktion an Waren und/oder Dienstleistungen determiniert, die in einer Höhe erfolgt, um damit den Eigenbedarf zu decken und den Überschuß gegen andere Güter zu tauschen. Unter der Annahme, daß kein Wirtschaftssubjekt Güter hortet, entspricht der Produktionsüberschuß (Angebot) wertmäßig seiner Nachfrage. Selbst wenn einige oder alle Akteure die Tauschmöglichkeiten nicht exakt antizipieren[6], stellen sich stets Tauschrelationen ein, die zu einer Räumung der Märkte führen. Auf der Basis der herrschenden Tauschverhältnisse erfolgt in der nächsten Periode erneut eine Aufteilung in Arbeits– und Freizeit. Dabei werden Wirtschaftssubjekte, deren Überschuß unterbewertet wurde, ihre Produktion reduzieren und/oder statt dessen teilweise die Produktion höher bewerteter Güter beginnen. Dieser Prozeß hält so lange an, bis die Tauschrelationen der Güter den aufgewandten Produktionszeiten entsprechen. Es besteht eine Tendenz zum Marktgleichgewicht, wobei sich die Volkswirtschaft in jeder Periode im Zustand der Vollbeschäftigung befindet, da jedes Wirtschaftssubjekt seine Arbeitszeit selbst festlegt. Befinden sich nicht alle Märkte im Gleichgewicht, treten Variationen des Realeinkommens bei Vollbeschäftigung ein.

Diese Zusammenhänge bleiben auch dann erhalten, wenn Geld als Tauschmittel eingeführt wird, solange Geld „an sich" für die Wirtschaftssubjekte keine Bedeutung hat. Sie halten es nur in einem Umfang, der für die kurzfristige Durchführung von Transaktionen unbedingt notwendig ist. Ansonsten wird Geld nicht gehortet, sondern sofort für den Erwerb anderer Güter verausgabt.

Obwohl die klassischen Theoretiker zu Recht annahmen, daß rationale Wirtschaftssubjekte keine Veranlassung haben, Geld zu horten, bleibt das Say'sche Theorem auch bei Horten bzw. Enthorten gültig. Hierzu ist nur notwendig, daß die Güter auf Konkurrenzmärkten gehandelt werden. Eine Verringerung

---

[6]Produziert eine Volkswirtschaft die Güter $X_1, \ldots, X_n$, kann man die Austauschverhältnisse für jeweils zwei Güter auf ein Gut bezogen ausdrücken. Dient X_1 als Bezugsgut, ergeben sich die Tauschverhältnisse als $x_1 : x_1$, $x_2 : x_1$, $x_3 : x_1, \ldots, x_n : x_1$, mit x_i, $i = 1, \ldots, n$ Mengen der Güter X_i. Das Verhältnis $x_1 : x_1$ heißt Identität; sie besagt, daß die Tauschrate für dasselbe Gut gleich eins ist. Mit diesen Tauschverhältnissen sind auch alle übrigen Tauschrelationen $x_i : x_j$, $i = 1, \ldots, n$, $j = 2, \ldots, n$ festgelegt, da gilt: $(x_i/x_1) : (x_j/x_1) = x_i/x_j$, $i, j = 1, \ldots, N$. Das Gut X_1 bezeichnet man als Numéraire; da jedes der n Güter als Numéraire verwendet werden kann, gibt es mit der Identität n^2 Austauschverhältnisse.

des Zahlungsmittelbestandes durch Horten führt zu einer prozentual gleich großen Reduktion der Preise und zwar so, daß die ursprünglichen Tauschrelationen zwischen den Gütern bestehen bleiben, so daß der gesamte Output bei niedrigeren Preisen nachgefragt wird. Analog hierzu führt Enthorten zu einem Preisanstieg ohne Auswirkung auf die Realseite der Volkswirtschaft. Auch durch Ersparnisbildung entsteht kein Nachfrageausfall. Dieses Kapital wird an diejenigen Wirtschaftssubjekte ausgeliehen, die es auch investieren wollen. Die klassischen Ökonomen fassen die Ersparnis analog zu einem produzierten Gut auf, für das ein Marktpreis, der Zinssatz, existiert, dessen Höhe sich nach Angebot (Ersparnis) und Nachfrage (Investition) richtet. Für diesen Markt nimmt die Klassik an, daß Variationen des Zinssatzes im positiven Bereich stets zu einem Ausgleich von Angebot und Nachfrage führen.

Der Kapitalstock wird aus klassischer Sicht in einen fixen und einen variablen Teil zerlegt. Dem fixen Teil entspricht die Ausstattung der Volkswirtschaft mit Realkapital, während der variable Teil einen Lohnfonds darstellt, aus dem die beschäftigten Arbeitskräfte bezahlt werden. Die Idee eines Lohnfonds findet sich schon bei Adam Smith. „Bezieht ein Grundbesitzer, ein Rentier oder ein vermögender Mann mehr Einkommen, als er zum Unterhalt seiner Familie für erforderlich hält, so verwendet er den Überschuß, ganz oder zum Teil, dazu, sich einen oder mehrere Dienstboten zu halten. Vergrößert sich dieser Überschuß, wird er natürlich mehr Personal einstellen"[7]. Wächst der Kapitalstock, nehmen Einkommen und auch der Lohnfonds zu, was wiederum zu einer steigenden Beschäftigung führt. Die aus einem verstärkten Einsatz der Produktionsfaktoren Kapital und Arbeit resultierende zunehmende Güterproduktion findet wegen des Say'schen Gesetzes auch ihren Absatz. Damit ist nach klassischer Theorie ein Gleichgewicht bei Vollbeschäftigung der Normalzustand einer Volkswirtschaft. Kurzfristige Fehlplanungen der Wirtschaftssubjekte, die mit dem Say'schen Theorem durchaus verträglich sind, werden nicht explizit behandelt; die Klassik ist eine Theorie der mittleren bis langen Frist, in der alle Marktanpassungsprozesse zum Abschluß kommen.

Es überrascht daher nicht, wenn die klassischen Ökonomen eine Erklärung der schweren Krisen, die das Erfahrungsbild der damaligen Zeit prägen[8], in erster Linie in exogenen Ursachen, wie z.B. Bevölkerungswachstum oder überraschende Goldfunde, suchen. Beispielhaft für diese Ansätze seien die zwar erst um die Jahrhundertwende erschienenen, aber noch ganz in der Tradition der frühen Klassik stehenden Untersuchungen von W. St. Jevons[9] und seinem Sohn H. St. Jevons[10] angeführt, die unter dem Namen „Sonnenfleckentheorie"

---

[7]SMITH (1776), S. 60.
[8]Vgl. hierzu OVERSTONE (1837).
[9]JEVONS (1878) und (1879).
[10]JEVONS (1910).

in die Literatur eingingen. Explosionen auf der Sonnenoberfläche verursachen Wetterschwankungen, die ihrerseits Ernteschwankungen auslösen. Bei Volkswirtschaften mit relativ großem Agrarsektor führt dies zu Konjunkturen in der gesamtwirtschaftlichen Aktivität.

Endogene Erklärungen der Absatzstockungen finden sich nur vereinzelt. Die größte Beachtung erlangen die Theorien der beiden entschiedensten Kritiker der Klassik, Malthus und Marx, die beide das Say'sche Gesetz ablehnen. Die Einwendungen von Malthus[11] richten sich vornehmlich gegen das aus dem Say'schen Gesetz ableitbare Ergebnis, daß eine allgemeine Überproduktion nicht eintreten kann. Die Güterpreisbildung ist nach Malthus von Angebot und Nachfrage abhängig. Unterteilt man zudem wie Malthus die Nachfrage in lebensnotwendige und nicht lebensnotwendige (Luxus–) Güter, kann es zu einer allgemeinen Überproduktion und daraus resultierend zu einer zyklischen Entwicklung kommen. Eine große Sparneigung hoher Einkommensbezieher führt zu einem schnell anwachsenden Kapitalstock und daher auch zu einem umfangreicher werdenden Lohnfonds. Dies vermehrt die Beschäftigungsmöglichkeiten bei gleichzeitig steigendem Lohnsatz. Unterstellt man in einer solchen Situation, daß die Sparneigung der Arbeiter mit steigendem Einkommen zunimmt, bleibt die wirksame Nachfrage (nach Luxusgütern) hinter den Produktionsmöglichkeiten zurück. Es liegt dann eine Überproduktion vor, die einen Preisverfall, eine Abnahme der Gewinne, eine Freisetzung von Arbeitskräften und sinkende Reallöhne auslöst. Diese Entwicklung ist beendet, wenn Angebot und Nachfrage auf geringerem Niveau wieder übereinstimmen.

Während die Absatzstockungen bei Malthus in erster Linie aus einer unzureichenden Nachfrage (Unterkonsumtionstheorie) resultieren, leitet Sismondi[12] aufgrund einer Überproduktion ähnliche Abläufe der wirtschaftlichen Entwicklung her. Die unterschiedlichen Ergebnisse der Ansätze von Malthus und Sismondi einerseits und der Klassik andererseits liegen nicht so sehr in Änderungen der klassischen Annahmen begründet, sondern werden vielmehr durch einen anderen Zeithorizont bei der Analyse erreicht. Die von Malthus betrachtete Preisbildung ist eindeutig kurzfristiger Natur, während die an den Produktionskosten orientierte Preisfestsetzung der Klassik langfristigen Bezug aufweist.

Eine noch radikalere Ablehnung der klassischen Theorie als Malthus nimmt Marx[13] vor. In seiner Terminologie kann die von der Klassik für alle Wirtschaftssubjekte unterstellte Motivation zur Produktion durch die Zirkulationsformel „Waren – Geld – Waren" charakterisiert werden: Aus dem Pro-

---

[11] MALTHUS (1820).
[12] SISMONDI (1819.)
[13] MARX (1867–1894).

duktionsprozeß entstehen Waren, deren Überschuß über den Eigenbedarf nur einen geringen Gebrauchswert für den Produzenten hat, weshalb er ihn gegen Geld verkauft, um damit Waren, die für ihn einen hohen Gebrauchswert besitzen, zu erstehen. Die ver- und gekauften Waren haben gleich großen Tauschwert, die Produktion sichert den Erwerb von Gebrauchswerten. Für die Kapitalisten[14] nimmt Marx eine fundamental andere Verhaltensweise an. Der Zweck ihrer Produktionstätigkeit liegt nicht in der Erzielung von Gebrauchswerten, sondern von Tauschwerten (Geld). Ihr Verhalten wird daher durch die Zirkulationsformel Geld(G_1)–Waren(W)–Geld(G_2) beschrieben, wobei die Differenz $G_2 - G_1 = \Delta G$ positiv sein muß. „Der Kapitalist (...) beginnt (...) mit Geld (G_1) in genügender Menge, er wirft es in die Zirkulation im Austausch für Arbeitskraft und Produktionsmittel (W), und schließlich, nachdem der Produktionsprozeß durchgeführt wurde, kehrt er auf den Markt zurück mit Waren, die er wieder in Geld (G_2) zurückverwandelt"[15]. Sinkt ΔG bzw. die Profitrate $\Delta G/G_1$ unter ein von den Kapitalisten als normal angesehenes Niveau, so entziehen sie ihr Geld so lange der Zirkulation, bis die Profitrate wieder steigt oder bis sie ein niedrigeres Niveau als dauerhaft ansehen und sich daher mit einer geringeren Verzinsung des eingesetzten Kapitals zufrieden geben. Obwohl von Marx nicht vollständig analysiert, birgt diese Verhaltensweise das Entstehen von Krisen in sich. Bei einer zunächst günstigen Entwicklung werden die Kapitalisten wegen $\Delta G > 0$ den Kapitalstock ständig ausdehnen. Dies führt zu einer Steigerung der Produktionsmöglichkeiten mit anfänglich zunehmenden Löhnen. Um den steigenden Lohndruck, der die Profitrate reduziert, abzuwehren, erfolgt zunächst ein verstärkter Einsatz von Maschinen (Erhöhung des fixen Kapitalbestandes) mit der Freisetzung von Arbeitskräften und/oder ein Kapitalentzug aus der Zirkulation, verbunden mit einem Rückgang der Beschäftigung und einem Nachfrageausfall. Da die Kapitalisten das entzogene Kapital nicht dem Erwerb von Gebrauchswerten (Konsumgüter) zuführen, resultiert aus beiden Verhaltensweisen eine allgemeine Überproduktion, die sich zu einer Krise zuspitzt. Durch diese Krise wird die Profitrate teilweise oder ganz wieder an ihr früheres Niveau herangeführt, so daß erneut eine Kapitalakkumulation mit den oben beschriebenen Folgen einsetzen kann. Die krisenhafte, zyklische Entwicklung liegt nach Marx in der Produktionsweise kapitalistischer Wirtschaften begründet.

Bei der Marx'schen Theorie handelt es sich um eine kurz- bis mittelfristige Konzeption, die ebenso wie der Ansatz von Malthus offen läßt, warum nicht eine schnelle Reaktion des Arbeitsmarktes auf eine reduzierte Güternachfrage mit der Vermeidung einer größeren Arbeitslosigkeit eintreten kann.

---

[14]Bei den Arbeitern bleibt die ursprüngliche Zirkulationskette erhalten.
[15]SWEEZY (1988), S. 167.

3.2 Neoklassische und vorkeynesianische Konjunkturtheorien

3.2.1 Das neoklassische Makromodell

Die neoklassische Theorie, ganz in der Tradition der klassischen Schule stehend, verwendet weiterhin den Gleichgewichtsgedanken bei der Analyse der wirtschaftlichen Realität. Im Gegensatz zur Klassik bestimmt sie die Arbeitsnachfrage nicht aus der Höhe eines Lohnfonds, sondern aus einer makroökonomischen Produktionsfunktion unter Verwendung der Marginalanalyse in Form der Grenzproduktivität des Faktors Arbeit.

Die Volkswirtschaft wird in drei Märkte unterteilt: den Arbeits–, Kapital– und Geldmarkt[16]. Ein Gütermarkt muß wegen des Say'schen Theorems nicht explizit eingeführt werden: Die gesamte Produktion findet auch ihren Absatz. Theorien ohne makroökonomische Güternachfragekomponenten bezeichnet man als angebotsorientiert.

Auf dem Geldmarkt treffen das Angebot und die Nachfrage nach Geld aufeinander. Er stellt eine makroökonomische Fiktion dar, weil in keiner Volkswirtschaft Geld auf einem speziellen Markt gegen Geld getauscht wird, sondern immer auf den übrigen Märkten gegen Waren, Dienstleistungen oder Vermögensobjekte. Trotz dieser Abstraktion von der Realität erweist sich der Geldmarkt bei der Erklärung bestimmter ökonomischer Phänomene als nützliche Fiktion. Der Geldmarkt der Makroanalyse ist vom Markt für Wertpapiere mit sehr kurzer Laufzeit (Tagesgeld, Monatsgeld, Dreimonatsgeld) zu unterscheiden, der in der Bankensprache ebenfalls Geldmarkt genannt wird.

Um die Determinanten der Geldnachfrage bestimmen zu können, ist zu klären, warum und in welcher Höhe Wirtschaftssubjekte Geld halten wollen. Nach neoklassischer Ansicht geschieht dies ausschließlich zur Durchführung ihrer geplanten Transaktionen. Da jedoch der Empfang ihres Nominaleinkommens und seine Verausgabung zeitlich auseinanderfallen, sind die Wirtschaftssubjekte zu einer durchschnittlichen Kassenhaltung gezwungen, die zu den Transaktionen proportional ist. Da die Transaktionen ihrerseits vom Nominaleinkommen abhängen, läßt sich die durchschnittliche Kassenhaltung als proportional zum Nominaleinkommen auffassen. Um diesen Bestand an durchschnittlicher Kassenhaltung zur Verfügung zu haben, fragen Wirtschaftssubjekte Geld nach. Überträgt man diesen Zusammenhang auf die Volkswirtschaft, läßt sich die makroökonomische Geldnachfragefunktion for-

---

[16]Der Kapitalmarkt wird häufig auch als Markt für Schuldverschreibungen (Obligationen), Kredit– oder Wertpapiermarkt bezeichnet.

mulieren als:

$$M^D = \frac{1}{v} PY. \tag{3.1}$$

Dabei bedeuten M^D die nachgefragte Geldmenge, P der Durchschnittspreis bzw. Preisindex für alle Güter (Waren und Dienstleistungen), die in die Bruttoinlandsproduktsberechnung eingehen, Y das reale Bruttoinlandsprodukt und $1/v$ ein Proportionalitätsfaktor, der Auskunft über die Zahlungsgewohnheiten gibt. Löst man Gleichung (3.1) nach $\frac{1}{v}$ auf, folgt: $\frac{1}{v} = \frac{M^D}{PY}$. Da M^D die Dimension „Geld" und PY die Dimension „Geld pro Zeit" haben, resultiert für $\frac{1}{v}$ die Dimension „Zeit" . Der Parameter $\frac{1}{v}$ entspricht somit der durchschnittlichen Kassenhaltungsdauer einer Geldeinheit, was in seiner Bezeichnung als Kassenhaltungskoeffizient zum Ausdruck kommt.

Das Geldangebot M^S legt die Zentralbank autonom fest; es ist für die Wirtschaftssubjekte exogen vorgegeben: $M^S = \overline{M}$. Der Geldmarkt ist im Gleichgewicht, wenn Geldangebot und Geldnachfrage übereinstimmen. Diesen Zusammenhang gibt die in der Literatur als Cambridge–Gleichung bezeichnete Gleichgewichtsbedingung (3.2) wieder:

$$\overline{M} = \frac{1}{v} PY. \tag{3.2}$$

Damit bei gegebenem Güterangebot ein Gleichgewicht auf dem Geldmarkt erreicht wird und erhalten bleibt, müssen zwei Annahmen erfüllt sein:

(1) Das Preisniveau ist vollkommen flexibel,

(2) die Nachfrage nach Gütern hängt vom realen Kassenbestand $\left(\frac{\overline{M}}{P} \right)$ ab[17].

Erhöht sich in der Volkswirtschaft die Geldmenge $\overline{M}$[18], stellt sich folgender Anpassungsprozeß ein. Bei zunächst konstantem Preisniveau steigen der nominale und reale Kassenbestand. Die Wirtschaftssubjekte reagieren hierauf mit einer verstärkten Güternachfrage, der aber kein größeres Angebot ($Y = $ const !) gegenübersteht. Es bildet sich Überschußnachfrage, die einen Preisanstieg auslöst. Hierdurch sinkt der reale Kassenbestand und die Überschußnachfrage wird reduziert. Das Preisniveau steigt so lange, bis die Überschußnachfrage ganz beseitigt ist; dies ist dann der Fall, wenn der reale Kassenbestand sein Ausgangsniveau wieder erreicht hat. Die Wirtschaftssubjekte

---

[17]Die für das Geldmarktgleichgewicht notwendige Abhängigkeit der Nachfrage von der Realkasse wird seit ZINCONE (1968) S. 693 Cambridge–Effekt genannt.

[18]Die Geldmenge umfaßt die im Nichtbankensektor befindlichen Münzen, Noten und Sichteinlagen ohne Zentralbankguthaben öffentlicher Haushalte und entspricht damit der Geldmengendefinition M_1 der Deutschen Bundesbank.

halten dann wegen des gestiegenen Preisniveaus die höhere Geldmenge, ohne Überschußnachfrage zu zeigen. Wird die Gleichgewichtsbedingung (3.2) mit v multipliziert, resultiert eine Beziehung, die unter der Bezeichnung „Quantitätstheorie" Eingang in die Literatur gefunden hat:

$$Mv = PY. \tag{3.3}$$

Da der Parameter v gleich dem reziproken Wert der durchschnittlichen Kassenhaltungsdauer ist, stellt er die Einkommenskreislaufgeschwindigkeit des Geldes dar. Diese gibt an, wie oft in einer Periode eine Geldeinheit durchschnittlich für die Transaktionen der gesamtwirtschaftlichen Endnachfrage benutzt wird. Die Quantitätstheorie und die Cambridge–Gleichung erklären im Prinzip denselben Sachverhalt. Während jedoch die Klassik die Einkommenskreislaufgeschwindigkeit stark durch institutionelle Faktoren determiniert sieht, betont die Cambridge–Schule, zu deren Exponenten Pigou und Marshall zählen, mehr den verhaltenshypothetischen Charakter des Kassenhaltungskoeffizienten. Da nach Abschluß einer Rechnungsperiode Gleichung (3.3) immer erfüllt sein muß, wird die Quantitätstheorie fälschlicherweise oft nur als Identitätsgleichung aufgefaßt und ihre verhaltenslogische Begründung übersehen.

Nach der neoklassischen Theorie ist die ökonomische Realität gekennzeichnet durch eine Vielzahl kleiner Unternehmungen, die — als vereinfachende Annahme — alle das gleiche Gut y unter den Bedingungen der vollständigen Konkurrenz mit vorgegebenen Kapitalbeständen produzieren. Ihre Zielfunktion ist dabei die Gewinnmaximierung. Um von diesem mikroökonomischen Ansatz zu makroökonomischen Aussagen zu gelangen, postuliert die neoklassische Theorie die Existenz einer makroökonomischen Produktionsfunktion mit den Argumenten Kapital und Arbeit. Diese Annahme ist aber nur dann theoretisch befriedigend, wenn über eine Aggregation der einzelwirtschaftlichen Produktionsfunktionen eine entsprechende makroökonomische Relation herzuleiten gelingt[19]. Unter sehr restriktiven Annahmen[20] kann bei vollständiger Konkurrenz durch Summation einzelwirtschaftlicher Produktionsfunktionen eine makroökonomische Produktionsfunktion aufgestellt

---

[19]Bei vielen Makrorelationen wird das Fehlen einer mikroökonomischen Begründung bemängelt. Eine mikroökonomische Fundierung ist erreicht, wenn sich die Makrorelation durch Aggregation aus der Mikrorelation gewinnen läßt. Da dies bei vielen makroökonomischen Verhaltensgleichungen nicht möglich ist, sollten sie wenigstens als Verallgemeinerung analoger Mikrorelationen zu interpretieren sein.

[20]Diese Annahmen sind: (a) Jede Unternehmung ist Gewinnmaximierer, (b) alle Unternehmen produzieren nach derselben Produktionsfunktion, (c) die Kapitalbestände der einzelnen Unternehmen können unterschiedlich groß sein, jedoch erfolgt der Arbeitseinsatz im Gewinnmaximum stets so, daß alle Unternehmen gleiche Kapitalintensitäten (K/A) aufweisen.

werden:

$$Y = f(A, K), \tag{3.4}$$

Y : (reales Brutto–) Inlandsprodukt

A : Faktor Arbeit,

K : Kapitalstock.

Diese Produktionsfunktion besitzt annahmegemäß die neoklassischen produktionstheoretischen Eigenschaften, die in den Grenzproduktivitäten der Faktoren Arbeit und Kapital, in ihren zweiten Ableitungen und in ihren Kreuzableitungen zum Ausdruck kommen:

$$\frac{\partial Y}{\partial A} > 0 \quad : \text{Grenzproduktivität des Faktors Arbeit,} \tag{3.5}$$

$$\frac{\partial Y}{\partial K} > 0 \quad : \text{Grenzproduktivität des Faktors Kapital,} \tag{3.6}$$

$$\frac{\partial^2 Y}{\partial A^2} < 0 \quad \text{und} \quad \frac{\partial^2 Y}{\partial K^2} < 0, \tag{3.7}$$

$$\frac{\partial^2 Y}{\partial A \partial K} = \frac{\partial^2 Y}{\partial K \partial A} > 0. \tag{3.8}$$

Darüber hinaus ist die Funktion (3.4) linearhomogen, was konstante Skalenerträge[21] bedeutet:

$$\lambda Y = f(\lambda A, \lambda K), \quad \lambda : \text{reelle Zahl.} \tag{3.9}$$

Die makroökonomische Arbeitsnachfragefunktion resultiert aus der Produktionsfunktion, wenn man analog zur mikroökonomischen Vorgehensweise als Zielfunktion die Gewinnmaximierung unterstellt. Der Gewinn Π ist definiert als:

$$\Pi = Pf(A, K) - wA - iPK, \tag{3.10}$$

w : Geldlohnsatz pro Arbeitsstunde,

i : Nominalzinssatz.

Bei konstantem technischem Wissen und konstantem Kapitalstock K_0 erhält man aus Gleichung (3.10) als notwendige Bedingung für ein Gewinnmaximum:

$$\frac{\partial \Pi}{\partial A} = P \frac{\partial Y}{\partial A} - w = 0, \quad \text{oder:} \tag{3.11}$$

$$\frac{\partial Y}{\partial A} = \frac{\partial f(A, K_0)}{\partial A} = \frac{w}{P}. \tag{3.12}$$

---

[21]Skalenerträge (returns to scale) heißen auch Niveaugrenzerträge.

Die hinreichende Bedingung für ein Gewinnmaximum ist wegen der Eigenschaft (3.7) erfüllt:

$$\frac{\partial^2 \Pi}{\partial A^2} = P \frac{\partial^2 Y}{\partial A^2} < 0. \tag{3.13}$$

Interpretiert man in der Produktionsfunktion (3.4) die Variable A als Arbeitsnachfrage A^D, geht Gleichung (3.12) in die makroökonomische Arbeitsnachfragefunktion über:

$$\frac{\partial Y}{\partial A^D} = \frac{w}{P}. \tag{3.14}$$

Wegen $\dfrac{\partial^2 Y}{\partial A^2} < 0$ besitzt die Funktion (3.14) eine negative Steigung. Mit der Angabe der Arbeitsangebotsfunktion ist der Arbeitsmarkt vollkommen beschrieben. Die Neoklassik sieht zwischen Arbeitsangebot und Reallohnsatz eine positive Beziehung:

$$A^S = A^S \left(\frac{w}{P} \right), \qquad \text{mit } \frac{dA^S}{d\left(\frac{w}{P}\right)} > 0, \tag{3.15}$$

$$A^S : \text{Arbeitsangebot.}$$

Auf dem Kapitalmarkt werden Wertpapiere gehandelt, die von den Unternehmen zur Finanzierung ihrer Investitionen angeboten und von den Haushalten zur Anlage ihrer Ersparnisse nachgefragt werden. Während für die Klassiker Spar- und Investitionsentscheidungen insofern identisch waren, weil sie von denselben Wirtschaftssubjekten getroffen wurden, gehen die Neoklassiker von verschiedenen Entscheidungsträgern aus. Die Investitionsplanungen treffen die Unternehmen, die Sparpläne stellen die Haushalte auf. Um diese Zweiteilung durchgängig beibehalten zu können, wird eine mögliche Finanzierung der Investition durch einbehaltene Gewinne so interpretiert, als sei der Gewinn erst an die (Unternehmens–) Haushalte ausgeschüttet und von diesen sofort wieder als Ersparnis angeboten worden. Die bei dieser Interpretation von den Unternehmen an sich selbst zu zahlenden Zinsen stellen kalkulatorische Kosten (Opportunitätskosten) dar, die bei jeder Selbstfinanzierung entstehen. Werden Spar- und Investitionsplanungen unabhängig voneinander getroffen, bedarf es einer Regelgröße, die für eine Planübereinstimmung sorgt. Dieser Regulator ist der nominale Zinssatz i. Bei steigendem Zinssatz sind die Haushalte bereit, mehr zu sparen. Dieser Zusammenhang folgt unmittelbar aus der Annahme, daß Haushalte Gegenwartskonsum zukünftigem Konsum vorziehen (individuelle Zeitpräferenz). Nur bei zunehmender Entschädigung sind sie bereit, verstärkt auf Gegenwartskonsum zu verzichten. Die Investoren hingegen dehnen ihre Investitionen nur bei sinkendem Zinssatz aus. Die

Beziehung zwischen Zinssatz und Investition läßt sich aus der Gewinnmaximierungshypothese ableiten. Gemäß der Grenzproduktivitätstheorie wird der Kapitalstock so weit ausgedehnt, bis das Grenzprodukt des Kapitals und der Marktzins übereinstimmen. Abstrahiert man von den Problemen, die mit dem Übergang von einer Bestandsgröße (Kapitalstock) zu einer Stromgröße (Investition) verbunden sind, dient dieser Zusammenhang auch der Begründung einer negativen Korrelation zwischen Investitionshöhe und Zinssatz. Die Investitionsfunktion (Angebotsfunktion an Wertpapieren) und die Sparfunktion (Nachfragefunktion nach Wertpapieren) können daher geschrieben werden als:

$$I = I(i), \quad \frac{dI}{di} < 0 \quad \text{und} \tag{3.16}$$

$$S = S(i), \quad \frac{dS}{di} > 0. \tag{3.17}$$

$$I : \text{reale Investition}, \quad S : \text{reale Ersparnis}$$

Damit ist das theoretische Gebäude der Neoklassik entwickelt, das sich formalisiert als zehndimensionales Gleichungssystem ergibt:

$$Y = f(A, K_0) \qquad \text{: Produktionsfunktion} \tag{3.18a}$$

K_0 : konstanter Kapitalstock

$$\frac{dY}{dA^D} = \frac{w}{P} \qquad \text{: Arbeitsnachfragefunktion}[22] \tag{3.18b}$$

$$A^S = A^S\left(\frac{w}{P}\right) \qquad \text{: Arbeitsangebotsfunktion} \tag{3.18c}$$

$$A^S = A^D = A \qquad \text{: Gleichgewichtsbedingung für den} \tag{3.18d}$$

Arbeitsmarkt

$$M^D = \frac{1}{v}PY \qquad \text{: Geldnachfragefunktion} \tag{3.18e}$$

$$M^S = \overline{M} \qquad \text{: Geldangebotsfunktion} \tag{3.18f}$$

$\overline{M}$: exogen gegebene Geldmenge

$$M^S = M^D = \overline{M} \qquad \text{: Gleichgewichtsbedingung} \tag{3.18g}$$

für den Geldmarkt (Cambridge-

Gleichung, Quantitätstheorie)

$$I = I(i) \qquad \text{: Investitionsfunktion} \tag{3.18h}$$

$$S = S(i) \qquad \text{: Sparfunktion} \tag{3.18i}$$

$$I = S \qquad \text{: Gleichgewichtsbedingung für} \tag{3.18j}$$

den Kapitalmarkt

---

[22]Da nur ein Gut produziert wird, sind Preisniveau und Güterpreis identisch.

Dieses Modell umfaßt die endogenen Variablen Y, A^D, A^S, M^D, M^S, I, S, P, i, w; exogen gegeben sind die Geldmenge $\overline{M}$ und der Kapitalstock K_0. Die Konstanz des Kapitalstocks läßt sich trotz vorhandener Nettoinvestitionen dadurch begründen, daß diese den Kapitalstock kurzfristig kaum verändern. Es handelt sich um ein vollständiges Modell[23], das eindeutig nach den endogenen Variablen aufgelöst werden kann. Die so ermittelten Werte stellen die Gleichgewichtslösung dieses Modells dar. Das Auffinden der Gleichgewichtswerte, die mit dem Symbol $*$ gekennzeichnet sind, läßt sich anhand der Abbildungen 3.1.a bis 3.1.e nachvollziehen; für die Funktionen der Arbeitsnachfrage (–angebot), Investition und Ersparnis sind vereinfachend lineare Verläufe angenommen. In Abbildung 3.1.a ist der Graph der Produktionsfunktion eingetragen, Abbildung 3.1.c gibt den Arbeitsmarkt, Abbildung 3.1.e den Kapitalmarkt wieder. Die Darstellungen 3.1.b (Geldmarkt) und 3.1.d (absolute Preise, Preisniveau) repräsentieren die monetäre Seite der Volkswirtschaft. In Abbildung 3.1.b ist der Graph der als $Y = v\overline{M}P^{-1}$ geschriebenen Cambridge–Gleichung wiedergegeben; die Steigung der Geraden in Abbildung 3.1.d entspricht dem Reallohnsatz $\left(\dfrac{w}{P}\right)^*$. Das Gleichgewicht auf dem Arbeitsmarkt führt bei einem Reallohnsatz $\left(\dfrac{w}{P}\right)^*$ zur Vollbeschäftigung A^*, die in Verbindung mit dem konstanten Kapitalstock K_0 das reale Bruttoinlandsprodukt Y^* produziert, das wegen des Say'schen Theorems auch ganz nachgefragt wird. Die exogen bestimmte Geldmenge $\overline{M}$ und die Einkommenskreislaufgeschwindigkeit des Geldes v determinieren bei gegebenem gleichgewichtigem Bruttoinlandsprodukt Y^* das gleichgewichtige Preisniveau P^*. Der Geldlohnsatz nimmt in Abhängigkeit von P^* einen Wert an, der mit dem Reallohnsatz $\left(\dfrac{w}{P}\right)^*$ kompatibel ist. Auf dem Kapitalmarkt stellt sich der gleichgewichtige (= natürliche) Zinssatz i^* ein, der eine Übereinstimmung von geplanten Investitionen und geplanter Ersparnis bewirkt. Sein Wert ist unabhängig davon, ob sich die anderen Märkte bereits im Gleichgewicht befinden oder nicht. Formal bedeutet dies, daß die Gleichungen (3.18h) bis (3.18j) unabhängig von den übrigen Gleichungen nach den in ihnen enthaltenen endogenen Variablen S, I und i gelöst werden können; die drei Gleichungen bilden innerhalb des Gesamtmodells ein Segment.

---

[23]Ein Gleichungssystem heißt vollständig, wenn es genauso viele unabhängige und widerspruchsfreie Gleichungen wie endogene Variablen enthält.

Abb. 3.1:

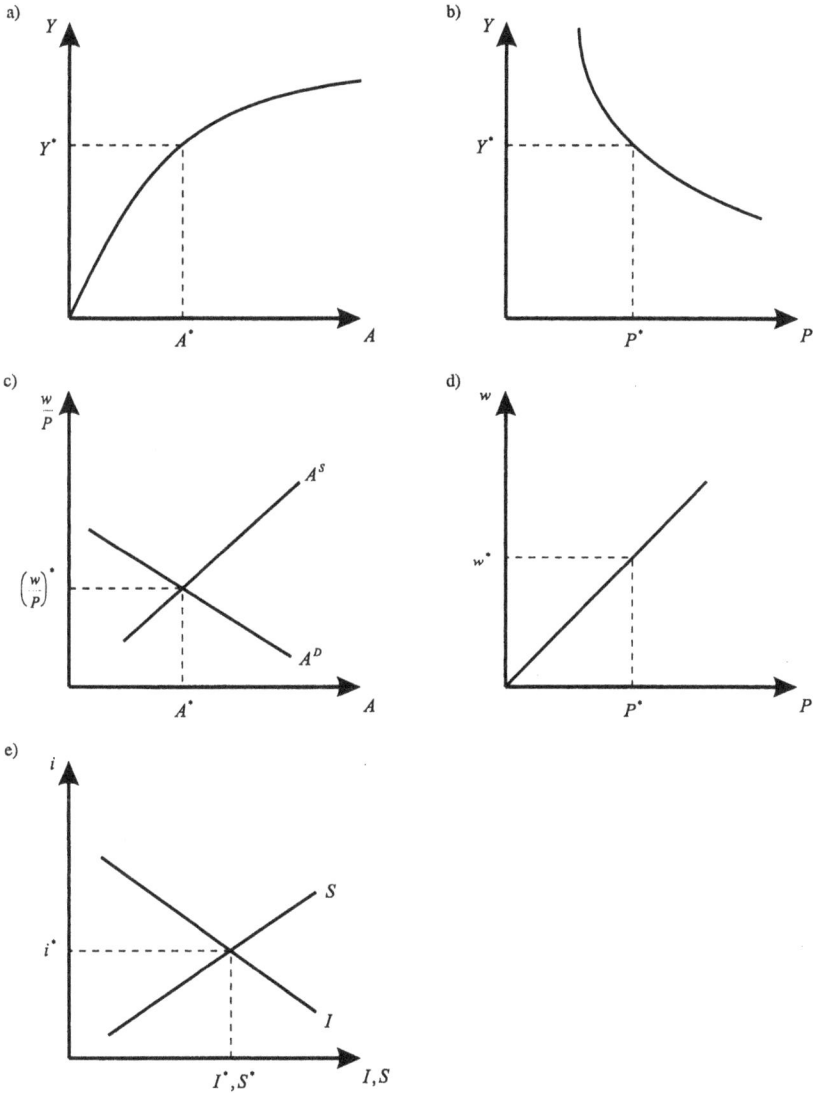

Dies liegt an der Begründung der Investitions– und Sparfunktion. Die Höhe des natürlichen Zinssatzes i^* hängt nur von der Grenzproduktivität des Faktors Kapital und von der Zeitpräferenzordnung der Haushalte für Gegenwarts– und Zukunftskonsum ab. Solange hier keine Änderungen eintreten, bleibt i^* konstant. Man kann den natürlichen Zins daher als Parameter interpretieren, der die Einkommensaufteilung in Konsum, Sparen und Investition festlegt.

Nach dem Gesetz von Walras[24] ist die über alle Märkte gebildete Summe der Überschußnachfragen, gemessen als Differenz zwischen Nachfrage und Angebot, gleich null. Daraus folgt, daß ein Gleichgewicht für n Märkte bereits dann vorliegt, wenn $n-1$ Märkte im Gleichgewicht sind. Um in einer Geldwirtschaft eindeutig die Gleichgewichtspreise bestimmen zu können, muß angenommen werden, daß der Geldmarkt stets ausgeglichen ist. Im vorliegenden neoklassischen Modell wird diese Forderung durch die Cambridge–Gleichung erfüllt. Die verbleibenden drei Märkte (Güter–, Arbeits– und Kapitalmarkt) sind über die für die Haushalte und Unternehmen existierenden Restriktionen miteinander verbunden. Das Einkommen der Haushalte entsteht als Summe aus Lohneinkommen wA^S, Gewinneinkommen Π und Kapitaleinkommen $i(B_0 + \Delta B^D)$. B_0 stellt den Bestand an Wertpapieren dar, ΔB^D ist die geplante Wertpapiernachfrage der laufenden Periode (= geplante nominale Ersparnis), deren Verzinsung bereits zum Einkommen der laufenden Periode zählt. Dieses Einkommen dient dem Erwerb von Konsumgütern PC (PC: nominaler Konsum) und von Wertpapieren ΔB^D.

$$PC + \Delta B^D = wA^S + i(B_0 + \Delta B^D) + \Pi \quad \text{oder:}$$
$$PC + \Delta B^D - wA^S - iB_0 - i\Delta B^D - \Pi = 0. \tag{3.19}$$

Die Unternehmen unterliegen der Restriktion, daß aus ihrem Umsatz PY^S, Y^S : reales Güterangebot, die Faktoreinkommen einschließlich des Gewinns zu finanzieren sind:

$$PY^S = \Pi + wA^D + i(B_0 + \Delta B^S) \quad \text{oder}$$
$$\Pi + wA^D + iB_0 + i\Delta B^S - PY^S = 0. \tag{3.20}$$

Aus Addition der beiden Restriktionen und geeigneten Zusammenfassungen resultiert die aggregierte Beschränkung:

$$PC - PY^S + w(A^D - A^S) + (1 - i)\Delta B^D + i\Delta B^S = 0. \tag{3.21}$$

Da die Investitionen ganz durch Verkauf von Wertpapieren finanziert werden, gilt: $\Delta B^S = PI$, PI: nominale Investitionen. Die Nullergänzung $PI - \Delta B^S$ auf der linken Seite von Gleichung (3.21) verletzt diese nicht:

$$PC + PI - PY^S + w(A^D - A^S) + (1 - i)(\Delta B^D - \Delta B^S) = 0 \quad \text{oder:}$$
$$P(Y^D - Y^S) + w(A^D - A^S) + (1 - i)(\Delta B^D - \Delta B^S) = 0 \tag{3.22}$$
$$\text{mit: } Y^D = C + I : \text{reale Güternachfrage.}$$

---

[24] WALRAS (1874).

Die erste Klammer in Gleichung (3.22) stellt die Überschußnachfrage auf dem Gütermarkt, die zweite Klammer die Überschußnachfrage auf dem Arbeitsmarkt und die dritte Klammer wegen $\Delta B^S = PI$ und $\Delta B^D = PS$ die Überschußnachfrage auf dem Kapitalmarkt dar. Sind Kapital– und Arbeitsmarkt im Gleichgewicht (Überschußnachfragen gleich null), so gilt dies wegen Gleichung (3.22) auch für den Gütermarkt. Dies erlaubt, unabhängig von der Gültigkeit des Say'schen Theorems, den Gütermarkt bei der Gleichgewichtsbestimmung auszuschließen. Dennoch stellt die in Abbildung 3.1.a festgelegte Produktionshöhe Y^* das Gütermarktgleichgewicht ($Y^S = Y^D = Y^*$) dar.

Die Reaktionen der Gleichgewichtswerte seien für eine Änderung der Geldmenge $\overline{M}$ und der Grenzproduktivität des Faktors Arbeit beispielhaft aufgezeigt. Eine Erhöhung der Geldmenge führt ceteris paribus zu einer Zunahme der Preise und des Nominallohnsatzes, berührt aber nicht den Output, den Reallohnsatz und die Beschäftigung des Faktors Arbeit. Die Gleichgewichtswerte der Realseite des Modells sind unabhängig von der Höhe der Geldmenge, bestimmen aber mit ihr zusammen die Gleichgewichtswerte der endogenen nominalen Modellvariablen. Man nennt Makromodelle mit dieser Eigenschaft dichotom.

Steigt die Grenzproduktivität bei konstanter Geldmenge, nehmen Beschäftigung, Output und Reallohnsatz zu; die Preise sinken, während über die Richtung der Geldlohnsatzänderung keine Aussage gemacht werden kann. Für den Fall einer Abnahme muß diese geringer als die Preissenkung ausfallen, damit der Reallohn steigt. Der Leser kann anhand der Abbildungen leicht selbst nachvollziehen, daß sich nach einer Störung und/oder veränderten Parameterkonstellation immer wieder ein Gleichgewicht einstellt. Die Volkswirtschaft kehrt aufgrund endogen ausgelöster Reaktionen, also von selbst, wieder zu einem Gleichgewichtszustand zurück; man spricht in einem solchen Fall von einem stabilen Gleichgewicht. Aus der Eigenschaft „stabil" können keine Schlüsse über die Anpassungsdauer und den Weg zum neuen Gleichgewicht gezogen werden.

3.2.2 Konjunkturerklärungen dieser Epoche

Die in der Neoklassik entwickelten Konjunkturtheorien lassen sich, obgleich eine strenge Grenzziehung ausgeschlossen und Überschneidungen unvermeidlich sind, hinsichtlich der Ursachen, die überwiegend das Eintreten der Umkehrpunkte auslösen, klassifizieren. Es handelt sich somit um eine Einteilung der Theorien nach den in ihnen enthaltenen Faktoren der Richtungsänderung[25]. In neueren Übersichtsartikeln hat sich bis auf geringfügige Abwei-

---

[25]Faktoren der Richtungsänderung können sowohl Impulsvariablen als auch Variablen der Richtungsänderung sein.

chungen folgende, von Haberler begründete Kategorisierung durchgesetzt[26]:

(1) Rein monetäre Konjunkturtheorien,

(2) Überinvestitionstheorien,

(3) Unterkonsumtionstheorien.

Als Hauptvertreter der rein monetären Konjunkturtheorie gilt Hawtrey[27], für den der Konjunkturzyklus und seine Periodizität ganz auf das Wirken monetärer Faktoren zurückzuführen ist. Während einer Konjunkturschwankung stellt Hawtrey eine parallel laufende Entwicklung der Konsumausgaben, der Produktion und der Preise fest: Höchste Produktionstätigkeit und höchstes Preisniveau sowie niedrigste Produktion und geringstes Preisniveau fallen zusammen. Diese Kette

$$\text{Nachfrageausdehnung} \rightarrow \text{Preisanstieg} \rightarrow \text{Produktionserhöhung}$$

läßt sich allein dadurch erklären, daß im Bankensystem ein Liquiditätsüberschuß entstanden ist, der durch eine Senkung des Zinsniveaus abgebaut werden soll. Auf eine erleichterte Kreditvergabe reagieren die Unternehmen zunächst mit einer Ausdehnung der Lagerinvestitionen. Das durch die Produktionsausdehnung wachsende Einkommen bewirkt eine Nachfragezunahme nach Endprodukten, die neue Anlage– und Lagerinvestitionen stimuliert. Der Aufschwung hält so lange an, wie im Bankensystem noch ein Kreditschöpfungsspielraum besteht. Für die Kreditexpansion ist eine Obergrenze durch institutionelle Faktoren festgelegt, wie sie z.B. in der Mindestreservepflicht der Geschäftsbanken bei der Zentralbank besteht. Aber auch eine Abhängigkeit der heimischen Währung von der Goldreserve eines Landes[28] limitiert die gesamte Geldmenge und damit die Kreditschöpfung. Diese Begrenzung wirkt sich bei offenen Volkswirtschaften und bei einer an den Goldstandard gebundenen Funktionsweise des Währungssystems verschärfend aus: Die während des Aufschwungs einsetzende Inflation im Inland induziert Importe und erschwert Exporte. Dies führt zu einem Abfluß der Goldreserven und damit zu einem kleiner werdenden Kreditschöpfungsspielraum. Sollten während des Aufschwungs die Löhne zeitlich verzögert die Entwicklung der Arbeitsproduktivität nachvollziehen, beschränkt eine am Ende des Aufschwungs eintretende Verringerung dieses Lohnlags zusätzlich den Kreditschöpfungsspielraum, da jetzt eine verstärkte Geldnachfrage für Transaktionszwecke einsetzt. All diese Gründe führen, auch wenn sie nicht zeitlich zusammenfallen,

---

[26]HABERLER (1941). Vgl. hierzu auch GABISCH (1988), S.324 und VOSGERAU (1979), S. 487 ff.

[27]Vgl. HAWTREY (1926, 1928, 1937).

[28]Dies galt für England zur Zeit Hawtreys.

zu einem Anstieg des Zinssatzes mit der Folge einer rapiden Abnahme der
Lagerinvestitionen. Damit wird aber der Abschwung eingeleitet. Die Nachfrage geht zurück, die Lagerhaltung wird von den Unternehmen, bezogen auf
den Umsatz, als zu hoch empfunden. Ihre Reaktionen sind eine verstärkte
Drosselung der Produktion sowie eine Zurückhaltung bezüglich neu aufzu-
nehmender Kredite. Flexible Preise erlauben während des Abschwungs ein
Sinken des Preisniveaus. Ein Importrückgang tritt ein und die Exporte werden belebt. Der einsetzende Rückfluß der Goldreserven und der daraus resultierende Liquiditätsüberschuß im Bankensektor bewirken in der Regel eine
Überreaktion in der Zinspolitik der Geschäftsbanken, die eine Rückkehr zum
Gleichgewicht verhindert. Bei niedrigen Zinsen sind neue Lagerinvestitionen
wieder finanzierbar, und ein neuer Konjunkturaufschwung kommt in Gang.

Die von Hawtrey entwickelte Konjunkturtheorie beinhaltet bereits drei bemerkenswerte Einsichten:

(1) Die Lagerhaltungsinvestitionen werden als besonders konjunkturreagi-
bel aufgefaßt.

(2) Die Bedeutung außenwirtschaftlicher Beziehungen wird für den Konjunkturverlauf akzentuiert.

(3) Konjunkturen und damit ihre Beeinflussung hängen allein von monetären Faktoren ab: Eine früh–monetaristische Position der Stabilisierung wirtschaftlicher Entwicklungen.

Die Überinvestitionstheorien geben die Annahme einer Einsektor–Volkswirtschaft auf und gehen statt dessen von einem Investitions– und Konsumgütersektor aus. Konjunkturen können nach diesen Ansätzen dadurch entstehen,
daß die Kapazitäten des Investitionsgütersektors im Verhältnis zur aggregierten Endnachfrage und zu den Ersatzinvestitionen zu groß geworden sind.
Man spricht dann auch von einem vertikalen Produktionsstrukturungleich-
wicht. Je nach betrachteten Faktoren, die zu einer solchen Situation führen,
unterscheidet man auch bei diesen Theorien zwischen monetären und realen
Überinvestitionstheorien.

Wesentliche Grundzüge der monetären Überinvestitionstheorien, die mit dem
Namen von Hayek[29] verbunden werden, gehen auf Überlegungen von Wicksell[30] zurück; sie sehen aber im Gegensatz zu Wicksell monetäre Faktoren als
verantwortlich für das Eintreten der konjunkturellen Umkehrpunkte an. Da
es für das Bankensystem schwierig ist, den Gleichgewichtszinssatz zu kennen

---

[29]HAYEK (1929, 1931). Zu den Theoretikern der monetären Überinvestitionstheorie
zählen ferner noch Mises, Machlup und Robbins.
[30]WICKSELL (1898).

und weil es sich bei seiner Zinsgestaltung weitgehendst von den Überschußreserven leiten läßt, stimmen Marktzinssatz und natürlicher (Gleichgewichts–)
Zinssatz im allgemeinen nicht überein. Die Auswirkungen einer Überschußreserve im Bankensystem auf die Volkswirtschaft sollen — ausgehend von einer
Gleichgewichtssituation, wie sie in den Abbildungen 3.1.a bis 3.1.d dargestellt
ist — schrittweise entwickelt werden. Um ihre Überschußreserve ertragbrin-
gend anzulegen, treten die Geschäftsbanken als Käufer von Obligationen am
Kapitalmarkt auf. Eine Ausdehnung der Geldmenge im Nichtbankensektor
und ein Kursanstieg der Obligationen bzw. ein Sinken des Marktzinses unter
die natürliche Höhe i^* sind die Folgen. Die Zinssenkung ihrerseits stimuliert die Anlageinvestitionen; die Geldmengenausdehnung führt wegen der
Cambridge–Gleichung über gestiegene Nominal– und Realkasse zu verstärkter Konsumgüternachfrage. Da der gesamtwirtschaftliche Output noch seinem Gleichgewichtsniveau entspricht, stellt sich eine Überschußnachfrage ein,
die einen Anstieg des Preisniveaus induziert (inflatorische Lücke). Da die realen Investitionen nur vom Zinssatz abhängen, muß das Preisniveau solange
steigen, bis eine gesunkene Realkasse die reale Konsumgüternachfrage genau
in dem Ausmaß verringert hat, das der zusätzlichen Investitionsgüternachfrage entspricht. Auf diese Weise wird ein Teil der Gesamtproduktion der
Konsumnachfrage entzogen und der Kapitalbildung zugeführt. Man nennt
diese Umleitung auch „erzwungene Ersparnis". Gleichzeitig sinken wegen des
Preisanstiegs die Reallöhne, was eine zusätzliche Arbeitsnachfrage auslöst. Da
auf dem Arbeitsmarkt aber bereits Vollbeschäftigung herrscht, steigen nach
einiger Zeit die Nominallöhne und damit auch das nominale Volkseinkommen.
Die Ausdehnung des Kapitalstocks führt wegen der positiven Kreuzableitung
der neoklassischen Produktionsfunktion $\left(\dfrac{\partial^2 Y}{\partial K \partial A} > 0 \right)$ zu einer Erhöhung
der Grenzproduktivität des Faktors Arbeit. In Abbildung 3.1.c bedeutet
dies eine Verschiebung der Arbeitsnachfragekurve A^D nach oben: Reallohn,
Beschäftigung und Output nehmen zu. Ein Konjunkturaufschwung, der sich
im Zeitablauf verstärkt, ist ausgelöst, bei dem sich der Investitionsgütersektor wegen eines Marktzinssatzes unterhalb des natürlichen Zinssatzes und der
erzwungenen Ersparnis schneller als der Konsumgütersektor ausdehnt. Dieser inflationäre Aufschwung hält so lange an, bis der Liquiditätsspielraum
im Bankensektor abgebaut ist[31]. Der Zinssatz steigt dann wieder auf seine
natürliche Höhe und läßt dadurch den Teil des Kapitalstocks unrentabel werden, der für die langfristig gewünschte Aufteilung des Outputs in Konsum–
und Investitionsgüter überflüssig ist. Wegen sich bildender Leerkapazitäten
setzt jetzt ein Abschwung ein, begleitet von einer Deflation. Der Rückgang

---

[31] Würde keine Kreditschranke existieren, könnte der Aufschwung unbegrenzt anhalten.
Man erkennt hieran wiederum deutlich, daß monetäre Faktoren den Konjunkturzyklus
generieren.

noch rentabler Investitionsprojekte beschleunigt sich, wenn das Bankensystem durch eine Orientierung an der Vergangenheit den Marktzinssatz über dem neuen, niedrigeren natürlichen Zinssatz fixiert. Die Rezession kommt erst dann zum Stillstand, wenn sich im Bankensystem wieder Überschußreserven bilden. Wird die im Umlauf befindliche Geldmenge während der Deflation nicht merklich reduziert, finden bei einer konstant bleibenden Einkommenskreislaufgeschwindigkeit des Geldes der Deflationsprozeß und die Rezession wegen der Quantitätstheorie ebenfalls ihr Ende.

Im Gegensatz zu rein monetären Theorien besteht bei den monetären Überinvestitionstheorien ein Zusammenhang zwischen Zinssatz und Anlageinvestitionen. Auch die Unterscheidung zwischen einem natürlichen (gleichgewichtigen) Zinssatz und einem Marktzinssatz ist für die Konjunkturanalyse nützlich. Neben diesen Vorzügen weisen die monetären Überinvestitionstheorien aus heutiger Sicht Schwächen auf:

(1) Während ausschließlich monetäre Faktoren den oberen Umkehrpunkt realitätsnah zu erklären vermögen, wirken dieselben Faktoren bei einem Abschwung zeitlich nur sehr verzögert, so daß der untere Umkehrpunkt, nach dessen Durchlaufen in der Realität meist ein lebhafter Aufschwung einsetzt, zusätzlicher realer Erklärungsfaktoren bedarf.

(2) Ebenso ist die Grundauffassung, daß sich bei unbegrenzter Kreditausdehnung der Aufschwung ungehindert vollziehen kann, zurückzuweisen.

(3) Die Erfahrung zeigt, daß eine Ausdehnung der Kapitalgüterproduktion auch in der kurzen Frist ohne erzwungene Ersparnis möglich ist.

Nach den realen Überinvestitionstheorien liegen in nicht monetären Faktoren die letzten Ursachen für die Zyklenbildung. Die monetären Rahmenbedingungen einer Volkswirtschaft werden als ausreichend elastisch angenommen, um der wirtschaftlichen Entwicklung keine Beschränkungen durch monetäre Faktoren aufzuerlegen. Als auslösende Gründe sehen die Vertreter[32] dieser Richtung Entdeckungen, Erfindungen, Erschließungen neuer Märkte und das Bevölkerungswachstum an. Nach Wicksell verursacht nicht das Bankensystem, sondern eine Veränderung in der Grenzproduktivität des Kapitals die Diskrepanz zwischen natürlichem Zinssatz und Marktzinssatz. Gründe für Grenzproduktivitätssteigerungen können Entdeckungen neuer und/oder Verbesserungen bestehender Produktionsverfahren sein. Die Investitionsfunktion verschiebt sich dann nach rechts, z.B. in die Position I' in Abbildung 3.2.

---

[32] Zu dieser Gruppe von Theoretikern zählen Cassel, Clark, Hansen, Robertson, Schumpeter, Spiethoff und Wicksell.

Abb. 3.2:

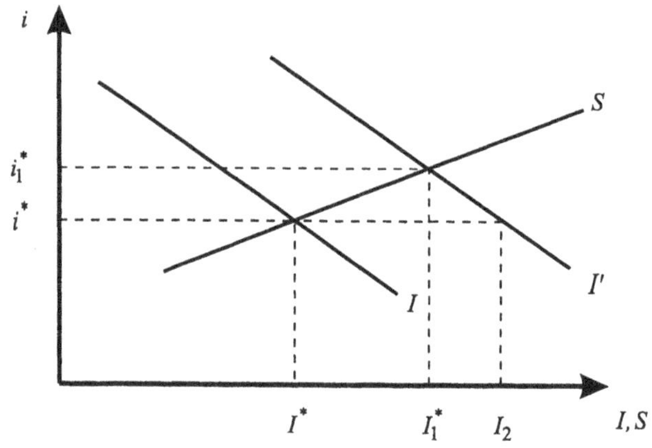

Natürlicher Zinssatz, Ersparnis und Investition sind im neuen Gleichgewicht (Index 1) größer als ursprünglich. Bedient das Bankensystem in Unkenntnis der neuen produktionstechnischen Möglichkeiten die verstärkte Kreditnachfrage zu den alten Konditionen[33], erhöht sich die Geldmenge und es bildet sich eine inflatorische Lücke in Höhe von $I_2 - I^*$. Ein Aufschwung setzt ein, dessen Charakteristika den Merkmalen des durch monetäre Faktoren ausgelösten Boom ähneln. Sind die günstigen Investitionsvorhaben erschöpft, löst der Rückgang der Investitionstätigkeit eine Verringerung des Inlandsproduktes aus, die so lange anhält, bis der technische Fortschritt erneut zu einer Verschiebung der Investitionsfunktion führt.

Auch Schumpeter[34] sieht ähnlich wie Wicksell in der technischen Entwicklung und deren wirtschaftlicher Nutzung (Innovation)[35] die Gründe für das Entstehen von Konjunkturen. Während das technische Wissen im Zeitablauf gleichmäßig und stetig wächst, werden Innovationen nur in Schüben durchgeführt. Als Grund hierfür läßt sich anführen, daß Innovationen meist mit erheblichen Umstellungen des Produktionsprozesses einhergehen, die ihrerseits beträchtliche Kapitalbindungen zur Folge haben. Erst eine angemessene Steigerung der Grenzproduktivität des Kapitals und damit verbundene zunehmende Gewinnanreize veranlassen einzelne, risikofreudige Unternehmer zu solchen Umstellungen. Schumpeter argumentiert, daß diesen Pionierunternehmern eine große Anzahl Imitatoren folgt, die durch Konkurrenzzwang,

---

[33]Setzt das Bankensystem einen höheren, aber noch unter dem neuen Gleichgewichtsniveau liegenden Zinssatz, tritt eine analoge Abfolge auf quantitativ niedrigerem Niveau ein.

[34]SCHUMPETER (1912), insbesondere (1939) S. 94–110.

[35]Beispiele für Innovationen sind neue oder verbesserte Produktionsverfahren bzw. Güter sowie auch die Erschließung neuer Märkte.

Nachahmungstrieb und Veränderung der relativen Preise veranlaßt, das gesamtwirtschaftliche Investitionsvolumen beträchtlich ausdehnen. Auch hier
kippt die Konjunktur um, sobald alle rentablen Investitionsprojekte durchgeführt sind und das höchste realisierte Investitionsniveau nicht mehr gehalten werden kann. Erst neue Innovationen können den sich verstärkenden
Abschwung beenden[36].

Eingang in die Konjunkturmodelle der realen Überinvestitionstheorien fand
auch das Akzelerationsprinzip[37], das allein jedoch nicht ganz für die Erklärung eines kompletten Konjunkturzyklus ausreicht. In seiner einfachsten
Formulierung besagt dieses Prinzip, daß zwischen dem geplanten Kapitalstock und der geplanten Gesamtnachfrage eine feste, proportionale Beziehung
besteht. In Stromgrößen überführt erhält man eine Proportionalität zwischen
den Nettoinvestitionen und der Veränderung der Gesamtnachfrage:

$$I_t = k(Y_t - Y_{t-1}),$$

$$k : \text{Akzelerationskoeffizient.}$$

Produktionstheoretische Erwägungen führen zu einem Akzelerationskoeffizienten größer als eins. Die Schwankungen im Produktionsgütersektor müssen
dann — wie sich auch in der Realität zeigt — absolut größer als die Schwankungen des Konsumgütersektors sein. Ein über die Zeit konstantes Investitionsvolumen kann nur bei ständig gleichbleibenden Nachfragesteigerungen
aufrecht erhalten bleiben. Fallen diese Zunahmen zu gering aus, gehen die Investitionen zurück und ein Abschwung wird eingeleitet. Ohne weitere zusätzliche Annahmen kann aus dem Akzelerationsprinzip in seiner ursprünglichen
Fassung selbst nicht erklärt werden, wieso ein Abschwung an Intensität verliert und in einen Aufschwung übergeht. Das Akzelerationsprinzip ist überdies
an Bedingungen geknüpft, die seine Verwendung zur Erklärung der Realität
erheblich begrenzen. So führen z.B. Finanzierungsengpässe, Überschußkapazitäten in der Konsumgüterindustrie und/oder Vollbeschäftigung im Produktionsgütersektor zu einer Einschränkung seines Gültigkeitsbereichs[38].

Eng verwandt mit den Überinvestitionstheorien sind die Unterkonsumtionstheorien. Die einer naiven Version anhängenden Vertreter der Unterkonsumtionstheorie glauben nachweisen zu können, daß aufgrund der technischen Entwicklung das Produktionspotential einer Volkswirtschaft tendenziell schneller

---

[36]Eine mechanistische Analogie für die Schumpeter'sche Konjunkturtheorie führt MAT-
THEWS (1973), S. 70 an. Die Zunahme des technischen Wissens wird mit einem Wasser-
strom verglichen, der in einen Behälter mit Druckventil fließt. Erst bei einem bestimmten
Wasserdruck (bestimmter Grenzproduktivität) öffnet sich das Ventil und gibt Wasser frei
(Innovationen). Danach schließt sich das Ventil wieder, und der Behälter füllt sich erneut.

[37]Das Akzelerationsprinzip findet man erstmals bei AFTALION (1909) und BICKERDIKE
(1914); die Arbeit von CLARK (1917) führte zu seiner weiten Verbreitung.

[38]Weitere Kritikpunkte findet man bei ASSENMACHER (1976), S. 3 ff.

als die Gesamtnachfrage wächst. Nach dieser Konzeption ist das Erreichen
eines Gleichgewichtszustands unmöglich. Der wesentliche Beitrag der reife-
ren Unterkonsumtionstheorien — wie sie z.B. Hobson[39] und v. Zwiedineck–
Südenhorst[40] entwickeln — liegt in einer Erklärung des oberen Umkehrpunktes. Investitionen werden primär zur Produktion von Konsumgütern durchgeführt. Die während der Anfangsphase eines Aufschwungs verstärkt vorgenommenen Investitionen führen erst nach einer Ausreifungszeit (Zeit von
Investitionsauftrag bis zur Inbetriebnahme) zu einer Erhöhung der Produktionskapazitäten. Während der Ausreifungszeit steigt aber bereits das Volkseinkommen und mit ihm die kaufkräftige Nachfrage, ohne daß ein entsprechend größeres Konsumgüterangebot vorhanden ist. Hieraus resultierende
Preissteigerungen und Gewinnzunahmen stimulieren weiterhin die Investitionstätigkeit. Der Inflationsdruck läßt nach, sobald die ersten Kapazitätser-
weiterungen, als Folge der zu Beginn des Aufschwungs in Auftrag gegebenen
Investitionen, auch für eine Erhöhung der Konsumgüterproduktion genutzt
werden. Der jetzt einsetzende, sukzessive Ausbau der Kapazitäten führt zu
einem ständig wachsenden Konsumgüterstrom und zu einem Rückgang neuer
Investitionsaufträge. Aus der Drosselung der Investitionen folgt eine Einkom-
mensreduktion. Der in Vorperioden determinierte Konsumgüterstrom findet
wegen eines zu geringen laufenden Einkommens keinen entsprechenden Absatz. Bei Preisflexibilität setzt nun ein Abschwung, verbunden mit einer Deflation, ein. Dieser Abschwung läßt sich nach der Unterkonsumtionstheorie
vermeiden, wenn mit dem sinkenden Einkómmen auch die Sparquote fällt.

---

[39] HOBSON (1910).
[40] V. ZWIEDINECK–SÜDENHORST (1931).

Teil III
Nicht–walrasianische Konjunkturtheorie

Kapitel 4

Reale Konjunkturzyklen und Wachstum

4.1 Nachfrageorientierte Konjunkturmodelle

4.1.1 Das keynesianische Makromodell

Im Gegensatz zur neoklassischen Auffassung, nach der Märkte erst bei Gleichgewichtspreisen geräumt werden (walrasianisches Gleichgewicht)[1], geht die keynesianische Theorie von Transaktionen auch bei nicht gleichgewichtigen Preisen aus. Gleichgewichtszustände stellen sich hier durch Mengenanpassung ein, wobei sich stets die kürzere Marktseite durchsetzt (Hahn–Negishi–Regel). Nach diesem Ansatz reagieren Mengen schneller als Preise; Mengen stellen daher schnelle, Preise langsame Variablen dar. Diese Unterschiede in den Reaktionsgeschwindigkeiten führen dazu, keynesianische Erklärungsansätze als fix–price Modelle zu bezeichnen.

Die wesentlichen Determinanten für die Höhe des realen (Brutto–) Inlandsprodukts sind die gesamtwirtschaftlichen Nachfragekomponenten. Die gesamtwirtschaftliche Nachfrage einer geschlossenen Volkswirtschaft mit staatlicher Aktivität ergibt sich als Summe aus Konsumgüter–, Investitionsgüter– und staatlicher Nachfrage[2]. Das reale Steueraufkommen des Staates, das der

---

[1] Diese zentrale Annahme liegt auch den im IV. Teil dargestellten walrasianischen Konjunkturtheorien zugrunde.

[2] Mit „Staat" bezeichnet man die Gesamtheit aller öffentlichen Haushalte einer Volkswirtschaft.

Finanzierung seiner Nachfrage dient, wird als mit den Transferzahlungen saldiert angenommen und resultiert nur aus direkten Steuern. Die Abhängigkeit des Steueraufkommens vom Realeinkommen beschreibt die Steueraufkommensfunktion[3]:

$$T = T(Y), \quad 0 < \frac{dT}{dY} < 1,$$

$$T : \text{reales Steueraufkommen},$$

$$Y : \text{Realeinkommen}.$$

Das im Dispositionsbereich der Haushalte verbleibende Realeinkommen nach Steuern heißt verfügbares Realeinkommen und ist definiert als: $Y - T$.
Sind nach der (Neo–)Klassik die Konsumgüter– und Investitionsgüternachfrage nur vom realen Zinssatz abhängig, ändert bzw. erweitert Keynes diese Beziehungen. Der Konsum ist jetzt eine Funktion des verfügbaren Realeinkommens, die Investitionen werden vom realen Zinssatz und dem Inlandsprodukt bestimmt:

$$C = C(Y - T) \quad \text{und} \quad I = I(Y, i) \quad \text{mit:}$$

$$0 < \frac{dC}{d(Y - T)} < 1, \quad \frac{\partial I}{\partial Y} > 0, \quad \frac{\partial I}{\partial i} < 0.$$

$$C : \text{realer Komsum}, \qquad I : \text{reale Nettoinvestitionen},$$

$$Y - T : \text{verfügbares Realeinkommen}, \quad i : \text{realer Marktzinssatz}.$$

Die reale Gesamtnachfrage Y^D ist gleich der Summe der einzelnen Nachfragekomponenten: $Y^D = C + I + G$, wobei G die autonome, reale Nachfrage des Staates bedeutet. Die technischen Bedingungen, unter denen sich der Produktionsprozeß vollzieht, faßt eine substitutionale Produktionsfunktion zusammen. Da das keynesianische Modell für die kurze Frist konzipiert ist, induzieren Nettoinvestitionen zwar einen Einkommens–, nicht jedoch einen Kapazitätseffekt. Diese Betrachtungsweise der Auswirkungen von Investitionen ist nur für bestimmte Zeitintervalle gerechtfertigt; man kennzeichnet diese häufig als Keynes'sche Investitionsperioden. In der makroökonomischen Produktionsfunktion wird daher ein konstanter Kapitalstock als Argument verwendet:

$$Y = f(A, K_0),$$

$$A : \text{Arbeitseinsatz},$$

$$K_0 : \text{konstanter Kapitalstock}.$$

---

[3]Der nicht realistische Fall einkommensunabhängiger Steuern kann als Spezialfall dieser Funktion gedacht werden.

Als unternehmerische Zielfunktion wird die Gewinnmaximierung unterstellt. Das Beschäftigungsniveau einer Volkswirtschaft ist dann gemäß der Grenzproduktivitätstheorie determiniert durch die Gleichheit des physischen Grenzprodukts des Faktors Arbeit und des Reallohnsatzes:

$$\frac{\partial Y}{\partial A} = \frac{w}{P},$$

$$w : \text{Nominallohnsatz} \quad P : \text{Preisindex.}$$

Damit ist auch das gesamtwirtschaftliche Güterangebot Y^S festgelegt. Es hängt von der Produktionsfunktion und dem jeweiligen Reallohnsatz ab. Der Gütermarkt ist in Gleichgewicht, wenn gilt: $Y^D = Y^S$.

Von der Arbeiterschaft nimmt Keynes an, daß sie bei der Planung ihres Arbeitsangebots der Geldillusion[4] unterliegt und sich nur vom Nominallohnsatz w leiten läßt. Unter einem bestimmten Geldlohnsatz w_0 ist die Arbeiterschaft nicht bereit, Arbeit anzubieten. Die Arbeitsangebotsfunktion läßt sich bei diesem Schwellenwert bis zur Vollbeschäftigungsgrenze A_F als (nahezu) vollkommen elastisch auffassen: $w = w_0$.

Aus der Existenz eines Marktes für bereits emittierte Wertpapiere schließt Keynes, daß Geld nicht ausschließlich für Transaktionszwecke, sondern auch aus Spekulationsgründen gehalten wird. Der Zusammenhang zwischen Nennwert, Kurs, Nominal– und Effektivzinssatz eines Wertpapieres mit unendlicher Laufzeit (Konsols) verdeutlicht die realistische Annahme eines Spekulationsmotivs. Als Nominalzinssatz bezeichnet man den Zinssatz, mit dem der Nennwert des Wertpapiers verzinst wird; aus den so ermittelten Zinsen erhält man nach Division durch den Kurs des Wertpapiers den Effektivzinssatz. Stimmen Markt– und Nominalzinssatz überein, entspricht der Kurs des Wertpapiers auch seinem Nennwert. Ist keine Übereinstimmung dieser Zinssätze gegeben, führen Kursänderungen eine Angleichung von Effektiv– und Marktzinssatz herbei. Formal ergibt sich folgende Beziehung:

$$i_e = \frac{\text{NW} \cdot \text{NZ}}{\text{KS}} = i,$$

i_e : Effektivzinssatz, i : Marktzinssatz, KS : Kurs,

NZ : Nominalzinssatz, NW : Nennwert.

Diese Gleichung zeigt, daß Marktzinssatz und Kurs indirekt zueinander variieren, da der Zähler des Bruches konstant bleibt. Ist nun in einer Periode der

---

[4]Die Annahme der Geldillusion ist heute nicht mehr begründbar. Dies dokumentieren die Tarifverhandlungen, die bei allen Abschlüssen die Inflationsentwicklung berücksichtigen. Eine realitätsnähere Modellvariante wären flexible Geldlöhne, die ohne nennenswerte Verzögerungen Preisänderungen folgen. Dies bedeutet Freiheit von Geldillusion.

Marktzinssatz sehr niedrig (der Kurs der Wertpapiere daher sehr hoch) und erwarten einige Besitzer von Wertpapieren keine weiteren Kurssteigerungen, werden sie

(1) einen Teil ihrer erworbenen Wertpapiere an andere Wirtschaftssubjekte verkaufen wollen[5], um bei niedrigen Kursen erneut Wertpapiere zu erwerben,

(2) ihre für die laufende Periode geplanten Ersparnisse nicht zum Erwerb weiterer Wertpapiere verwenden, sondern bis zu Perioden mit niedrigen Kursen horten.

Beide Motive bedeuten eine Geldhaltung aus Spekulationsgründen. Keynes vermutet nun, daß wegen des Spekulationsmotivs die Geldnachfrage bezüglich des Marktzinses vollkommen elastisch werden kann. In einer solchen, mit Liquiditätsfalle bezeichneten Situation, sind die Wirtschaftssubjekte bei einem bestimmten, im allgemeinen recht niedrigen Zinssatz i_L bereit, jede Ausdehnung der Geldmenge als „Kasse" zu halten.

Die Nachfrage nach Geld M^D ist somit durch das Transaktions– und Spekulationsmotiv bestimmt[6]. Um inflationsbedingte Auswirkungen auf die gehaltene Geldmenge auszuschalten — oder auch bei einer kurzfristigen Analyse — erweist es sich als zweckmäßig, die Geldnachfragefunktion in Realgrößen zu formulieren:

$$\frac{M^D}{P} = L_T(Y) + L_S(i), \quad \text{mit:}$$

$$\frac{\partial}{\partial Y}\left(\frac{M^D}{P}\right) > 0, \quad \text{und} \quad \frac{\partial}{\partial i}\left(\frac{M^D}{P}\right) < 0 \quad \text{für } i > i_L.$$

L_T : reale Geldnachfrage für Transaktionszwecke,

L_S : reale Geldnachfrage für Spekulationszwecke

P : Preisindex(–niveau), i_L : Liquiditätsfalle – Zinssatz.

Die rechte Seite der Geldnachfragefunktion kann zu einer einzigen Funktion $L(Y, i)$, der Liquiditätspräferenzfunktion, zusammengefaßt werden[7], deren

---

[5]Dieser Verkauf bedeutet, daß der geplanten Ersparnis des Käufers keine geplanten Investitionen des Verkäufers der Wertpapiere gegenüberstehen.

[6]Keynes führt weiter aus, daß unvollkommene Informationen und Voraussicht bewirken, Geld aus Vorsicht (Vorsichtsmotiv) zu halten. Die zahlreichen Beiträge, die zu diesem Geldhaltungsmotiv entstanden sind, stützen überwiegend die Hypothese, wonach die Geldnachfrage im wesentlichen durch das Inlandsprodukt und den Zinssatz bestimmt ist. Das Vorsichtsmotiv soll daher nicht explizit berücksichtigt werden.

[7]Vgl. hierzu BAUMOL (1961).

partielle Ableitungen die oben angegebenen Eigenschaften aufweisen:

$$\frac{M^D}{P} = L(Y, i)\,.$$

Das nominale Geldangebot M^S wird von der Zentralbank autonom in der Höhe $\bar{M}$ festgelegt; nach Division durch den Preisindex P erhält man hieraus das reale Geldangebot: $M^S/P = \bar{M}/P$. Der Geldmarkt ist im Gleichgewicht, wenn gilt: $M^D/P = M^S/P$.

Auf dem Kapitalmarkt trifft das Angebot an neu emittierten Wertpapieren seitens der Unternehmen zur Finanzierung ihrer Nettoinvestitionen I und seitens des Staates zur Finanzierung der Staatsausgaben $G - T$ auf die Nachfrage der Haushalte nach Wertpapieren zwecks Anlage eines Teils ihrer geplanten Ersparnisse. Eine Finanzierung des staatlichen Budgetdefizits durch Geldschöpfung (Kreditaufnahme bei der Zentralbank) sei ausgeschlossen. Private und staatliche Wertpapiere werden als perfekte Substitute aufgefaßt; sie haben somit denselben Preis.

Da die Konsumnachfrage nur vom verfügbaren Einkommen abhängt, trifft dies auch auf die Ersparnisse S zu:

$$S = S(Y - T), \qquad \text{mit} \quad \frac{dS}{d(Y - T)} > 0.$$

Mit dem Spekulationsmotiv geht eine Trennung von Spar– und Portfolioentscheidungen einher. Die Haushalte planen die Höhe ihrer Ersparnis und dann die Form ihrer Anlage in Wertpapiere oder Kassenhaltung zu Spekulationszwecken. Es sei angenommen, daß das Ausgabedatum der Wertpapiere bei der Finanzanlage bedeutungslos ist: alt– und neuemittierte Wertpapiere werden daher auf demselben Markt, dem Wertpapiermarkt, gehandelt. Befindet sich der Geldmarkt im Gleichgewicht, gilt dies auch für den Wertpapiermarkt. Denn hat im Portfolio die Spekulationskasse in Abhängigkeit ihrer Determinanten die gewünschte, gleichgewichtige Höhe, muß dies auch für den Wertpapierbestand gelten[8]. Der Wertpapiermarkt kann somit bei der weiteren Analyse unberücksichtigt bleiben. Damit ist die keynesianische Theorie entwickelt, deren Gleichungen der Übersicht wegen hier untereinander aufgeführt sind. Man bezeichnet dieses Modell häufig auch als neoklassische Synthese.

$$T = T(Y) \qquad : \text{Steueraufkommensfunktion} \qquad (4.1)$$

$$C = C(Y - T) \qquad : \text{Konsumfunktion} \qquad (4.2)$$

$$I = I(Y, i) \qquad : \text{Investitionsfunktion} \qquad (4.3)$$

---

[8]Vgl. hierzu FOLEY (1975), S. 323.

$$Y^D = C + I + G \qquad \text{: aggregierte Nachfragefunktion} \qquad (4.4)$$

$$Y^S = f(A^D, K_0) \qquad \text{: aggregierte Angebotsfunktion} \qquad (4.5)$$

$$A^D \text{ : Arbeitsnachfrage}$$

$$Y^D = Y^S = Y \qquad \text{: Gütermarktgleichgewichtsbedingung} \qquad (4.6)$$

$$S = S(Y - T) \qquad \text{: Sparfunktion} \qquad (4.7)$$

$$P\frac{\partial Y}{\partial A^D} = w \qquad \text{: Arbeitsnachfragefunktion} \qquad (4.8)$$

$$w = w_0 \qquad \text{: Arbeitsangebotsfunktion} \qquad (4.9)$$

$$P\frac{\partial Y}{\partial A^D} = w_0 \qquad \text{: Arbeitsmarktgleichgewichtsbedingung} \qquad (4.10)$$

$$\frac{M^D}{P} = L(Y, i) \qquad \text{: reale Geldnachfragefunktion} \qquad (4.11)$$

$$\frac{M^S}{P} = \frac{\bar{M}}{P} \qquad \text{: reale Geldangebotsfunktion} \qquad (4.12)$$

$$\frac{M^D}{P} = \frac{M^S}{P} \qquad \text{: Geldmarktgleichgewichtsbedingung} \qquad (4.13)$$

Dieses interdependente Modell beschreibt mit 13 Gleichungen drei Makromärkte. Neben den vier exogen vorgegebenen Größen G, K_0, $\bar{M}$ und w_0 enthält es 13 endogene Variablen: T, C, I, i, M^D, M^S, P, w, Y, Y^D, Y^S, S, A^D. Es enthält genauso viele unabhängige und widerspruchsfreie Gleichungen wie endogene Variablen: Das Modell besitzt daher eine Lösung für die endogenen Variablen (Gleichgewichtslösung), die bei linearen und bei ökonomisch sinnvollen nichtlinearen Funktionen immer eindeutig ist. Um die Interdependenz des Modells und seine Gleichgewichtslösung zu verdeutlichen, sind die einzelnen Gleichungen als Graphen dargestellt. Dabei werden folgende Vereinfachung und Spezifikation vorgenommen, ohne damit die qualitativen Eigenschaften des Modells zu verändern: In Abbildung 4.1.a sind die Investitionen nur vom Realzinssatz i (und nicht vom realen Inlandsprodukt) abhängig eingetragen und die autonomen Staatsausgaben G hinzugefügt. Die Kurve in Abbildung 4.1.c erhält man nach Subtraktion der Geldnachfrage für Spekulationszwecke vom autonom fixierten Geldangebot: $\frac{\bar{M}}{P} - L_S$. Sie gibt das reale Geldangebot für Transaktionszwecke in Abhängigkeit vom Zinssatz wieder. Abbildung 4.1.f stellt die reale Geldnachfrage für Transaktionszwecke als proportional zum Realeinkommen[9] dar: $L_T = \frac{1}{v}Y$. Die Kurve w_0 in Abbildung 4.1.i ist der geometrische Ort aller Reallohnsatz–Preisniveau–Kombinationen, die zu dem konstanten Nominallohnsatz w_0 führen. Die Zahlen in Klammern

---

[9]Die Konkretisierung der realen Geldnachfrage für Transaktionszwecke folgt aus Gleichung (3.1) nach Division durch P.

über jedem Graph geben die Gleichungen an, die zu den entsprechenden Abbildungen führen (vgl. die Abbildungen 4.1.a bis 4.1.i).

Die Interdependenz dieser Modellwirtschaft soll an ihrer Gleichgewichtslösung veranschaulicht werden. Ein Realzinssatz i^* führt zu Investitionen, die zusammen mit den autonomen Staatsausgaben den einkommensunabhängigen Teil der aggregierten Nachfrage auf das Niveau $(I^* + G)$ bringen. Addiert man hierzu die Konsumnachfrage, erhält man wegen der Konsum– und Steueraufkommensfunktion die Gesamtnachfrage Y^D in Abhängigkeit vom Realeinkommen. Zur Vereinfachung seien eine lineare Konsum– und eine lineare Steueraufkommensfunktion unterstellt. Y^D ist dann ebenfalls linear in Y. Ein Gleichgewicht auf dem Gütermarkt ist bei dem Realeinkommen Y^* gegeben (vgl. Abbildung 4.1.d, bei der abweichend von der sonst üblichen Darstellung Y an der Ordinate abgetragen ist): $Y^* = Y^{D^*} = Y^{S^*}$. Aus der Produktionsfunktion ergibt sich der für dieses Inlandsprodukt benötigte Arbeitseinsatz A^* (Abbildung 4.1.e). Die Unternehmen fragen gemäß der Grenzproduktivitätstheorie aber nur bei dem Reallohnsatz $(\frac{w}{P})^*$ die Arbeitsmenge A^* nach (vgl. Abbildung 4.1.h). Da die Arbeiterschaft nur bei einem Geldlohnsatz w_0 bereit ist, Arbeit anzubieten, muß das Preisniveau einen Wert P^* annehmen, der bei gegebenen Nominallohnsatz w_0 zu einem Reallohnsatz in Höhe von $(\frac{w}{P})^*$ führt (vgl. Abbildung 4.1.i). Aus Abbildung 4.1.f erhält man bei dem Einkommen Y^* und dem Preisniveau P^* die für die Transaktionszwecke benötigte reale Geldnachfrage L_T^*. Damit auch der Geldmarkt im Gleichgewicht ist, muß die reale Geldnachfrage gleich dem realen Geldangebot sein. Dies ist nur dann der Fall, wenn bei gegebener Liquiditätspräferenz auf dem Geldmarkt ein Zinssatz herrscht, der die Wirtschaftssubjekte veranlaßt, die Differenz zwischen realem Geldangebot und realer Transaktionskasse aus Spekulationsgründen zu halten. In Abbildung 4.1.c ist dies bei dem Zinsniveau i^* der Fall. Den bei diesem Zinssatz geplanten Investitionen und der staatlichen Kreditnachfrage $(G - T)$ stehen nur dann entsprechend hohe geplante Ersparnisse gegenüber, wenn die tatsächliche Produktionshöhe Y^* beträgt (vgl. Abbildung 4.1.b). Dies ist aber genau der Wert, bei dem Angebot und Nachfrage auf dem Gütermarkt übereinstimmen. Für diese Modellwirtschaft stellen somit alle mit dem Symbol $*$ gekennzeichneten Werte der endogenen Variablen einen Gleichgewichtszustand dar. An den Abbildungen läßt sich leicht nachvollziehen, daß kein anderer Ausgangswert für den Zinssatz als i^* zu einem gleich hohen Zinsniveau auf dem Geldmarkt führt. Die gefundene Gleichgewichtslösung ist somit eindeutig.

Abb. 4.1:

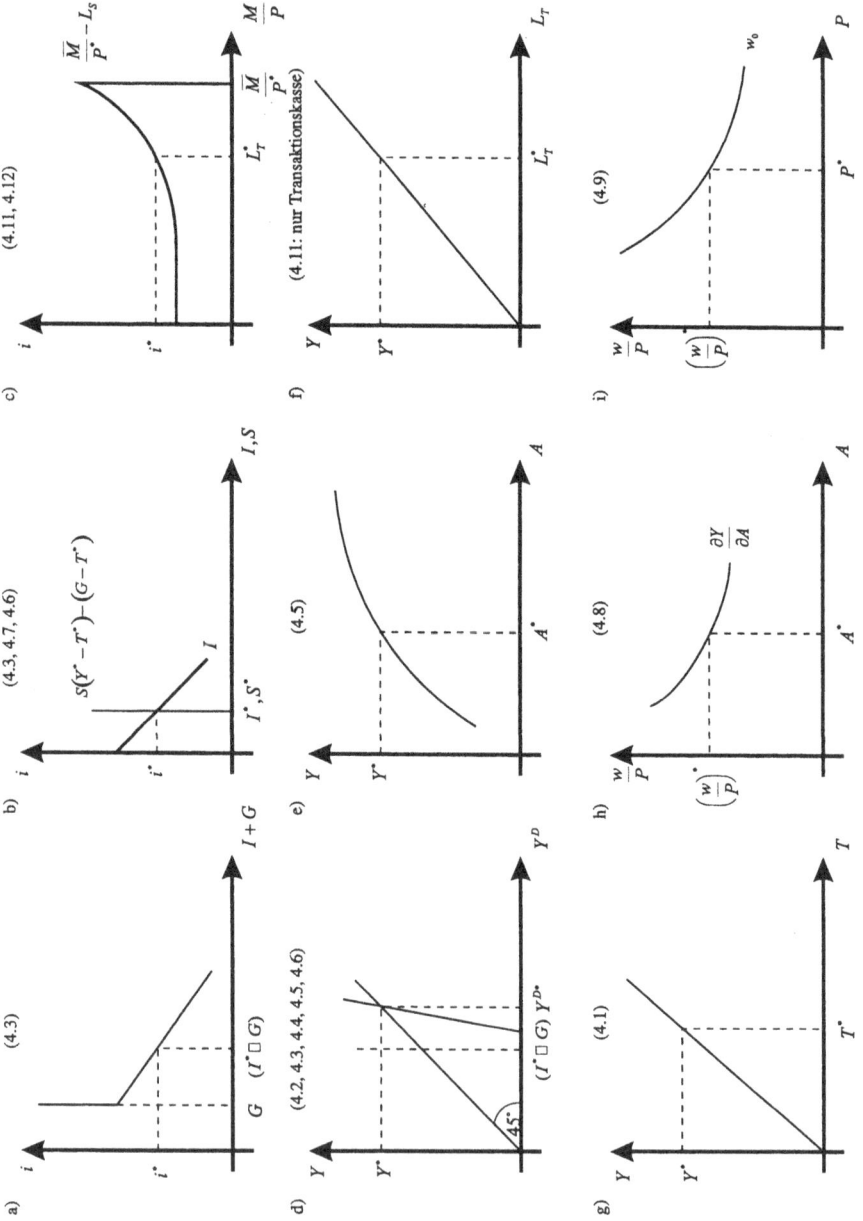

Die grafische Veranschaulichung der Gleichgewichtslösung offenbart auch, in welchen Punkten das keynesianische Modell von dem der Klassik abweicht. Die wesentlichen Unterschiede sind:

(1) Die aggregierte Nachfrage determiniert die Höhe des Inlandsprodukts und über die Produktionsfunktion die Arbeitsnachfrage,

(2) die Gewinnmaximierungshypothese, komprimiert in Gleichung (4.8), legt zusammen mit dem vorgegebenen Nominallohnsatz das Preisniveau fest,

(3) der Nominallohnsatz wird als starr nach unten angenommen,

(4) der Zinssatz wird auf dem Geldmarkt, und nicht auf dem Kapitalmarkt bestimmt.

Um die Implikationen des keynesianischen Modells übersichtlich analysieren zu können, erweist es sich als vorteilhaft, die komplexen interdependenten makroökonomischen Beziehungen zu Teilaggregaten (wie z.B. zu Güter–, Wertpapier–, Geld–, Arbeitsmarkt) zusammenzufassen. Mit einer Partialanalyse kann dann die Reaktion der Gleichgewichtswerte auf Datenänderungen geprüft werden. Durch die Verbindung der Teilaggregate lassen sich anschließend Aussagen über die gesamte Volkswirtschaft unter Beachtung ihrer Interdependenzen gewinnen.

Bei der (Partial–)Analyse von Märkten ist zu beachten, daß der Begriff Gleichgewicht sowohl im methodischen als auch im theoretischen Sinne verwendet wird. Ein Markt befindet sich im methodischen Gleichgewicht, wenn er keine Tendenz zur Veränderung zeigt. Bei diesem, der Mechanik entnommenen und primär auf das Beharrungsvermögen eines Zustandes zielenden Gleichgewichtskonzept müssen nicht notwendigerweise Angebots– und Nachfragepläne übereinstimmen. Gilt jedoch Planübereinstimmung ex ante, liegt ein Gleichgewicht im theoretischen Sinne vor. Neben diesen beiden Gleichgewichtsdefinitionen enthält das keynesianische Modell noch vier verschiedene Outputkonzeptionen, die sorgfältig zu unterscheiden sind. Es handelt sich dabei um das geplante bzw. angebotene (Y^S), das nachgefragte (Y^D), das tatsächlich produzierte und das ein methodisches Gleichgewicht darstellende Inlandsprodukt, die beide mit Y bezeichnet werden. Die Unterschiede der zwei Gleichgewichts– und vier Outputkonzeptionen seien an der Partialanalyse für den Gütermarkt verdeutlicht. Ein partielles Gleichgewicht im methodischen Sinne liegt für den Gütermarkt bei demjenigen Inlandsprodukt vor, das eine Konsum– und Investitionsgüternachfrage auslöst, die zusammen mit der autonomen Nachfrage genau seinem Wert entsprechen. Bei gegebenem

Zinssatz i_0 folgt dieses Inlandsprodukt durch Auflösen der Gleichung (4.14) nach Y:

$$Y = C(Y - T) + I(Y, i_0) + G, \qquad \text{mit} \quad T = T(Y). \qquad (4.14)$$

Bezeichnet man die Lösung mit Y_0, muß gelten:

$$Y_0 = C(Y_0 - T_0) + I(Y_0, i_0) + G, \qquad \text{mit} \quad T_0 = T(Y_0).$$

Das im methodischen Sinne gleichgewichtige Inlandsprodukt Y_0 läßt sich noch auf eine zweite Weise ermitteln. Nach Subtraktion der geplanten Konsumausgaben $C(Y - T)$ auf beiden Seiten von Gleichung (4.14) folgt:

$$Y - C(Y - T) = I(Y, i_0) + G.$$

Da die Haushalte der Budgetrestriktion $Y = C(Y - T) + S(Y - T) + T(Y)$ unterliegen, ist die Differenz $Y - C(Y - T)$ gleich der Summe aus geplanter Ersparnis und direkten Steuern: $S(Y - T) + T(Y)$. Y_0 läßt sich daher auch durch Lösen der folgenden Gleichung bestimmen:

$$S(Y - T) + T(Y) = I(Y, i_0) + G. \qquad (4.15)$$

Aus Gleichung (4.15) resultiert dasselbe gleichgewichtige Inlandsprodukt Y_0, wie es bereits über Gleichung (4.14) ermittelt wurde. Der Gleichgewichtswert Y_0 kann jedoch nicht zeitlich unbegrenzt gelten, da in einer Volkswirtschaft mit Nettoinvestitionen (Stromgröße) die Bestandsgröße Kapitalstock Änderungen unterliegt und diese Rückwirkungen auf die Investitionstätigkeit haben. Es liegt somit ein temporäres Gleichgewicht vor. Das temporär gleichgewichtige Inlandsprodukt Y_0 bleibt so lange erhalten, wie angenommen werden kann, daß von der Stromgröße kein Einfluß auf die entsprechende Bestandsgröße ausgeht. Im vorliegenden Fall gilt Y_0 für die Keynes'sche Investitionsperiode.

Die bei dem Inlandsprodukt Y_0 geplante Gesamtnachfrage beträgt:

$$Y_0^D = C(Y_0 - T_0) + I(Y_0, i_0) + G = Y_0.$$

Y_0 würde aber nur dann gemäß der Grenzproduktivitätstheorie produziert und entspräche damit dem geplanten Angebot Y_0^S, wenn das bei der Analyse des Gütermarktes nicht explizit berücksichtigte Preisniveau auf einem Wert P_0 konstant wäre, der bei gegebenen Geldlohnsatz w_0 zur Übereinstimmung von Reallohnsatz und demjenigen physischen Grenzprodukt des Faktors Arbeit führt, das sich bei der zur Produktion von Y_0 notwendigen Faktoreinsatzmenge A_0 ergibt: $\dfrac{w_0}{P_0} = \left. \dfrac{\partial Y}{\partial A} \right|_{A = A_0}$. Nur bei diesem Preisniveau gilt: $Y_0^D = Y_0^S = Y_0$, und das methodische Gleichgewicht stellt auch

ein Gleichgewicht im theoretischen Sinne dar. Würde das Preisniveau größer
als P_0 sein, ginge der Reallohnsatz zurück und die nach der Grenzproduktivitätstheorie produzierenden Unternehmen planten ein höheres Angebot als
Y_0; der mit kleineren Preisniveaus als P_0 zunehmende Reallohnsatz führt zu
einem geringeren geplanten Angebot als Y_0. Bei jedem von P_0 abweichenden
Preisniveau liegt auf dem Gütermarkt ein Ungleichgewicht im theoretischen
Sinne vor. Dies zeigt, daß im allgemeinen die Bedingung $S = I + (G - T)$
bzw. $S = I$ bei einem Modell ohne Staat ohne zusätzliche Annahmen kein
theoretisches Gleichgewicht für den Gütermarkt determiniert[10].

Die Gleichungen (4.11) bis (4.13) beschreiben den Geldmarkt, auf dem Bestandsgrößen auftreten. Seine Gleichgewichtsbedingung gibt Gleichung (4.13)
an. Nach einfachen Substitutionen erhält man als partielles Geldmarktgleichgewicht:

$$\frac{\bar{M}}{P} = L(Y, i). \qquad (4.16)$$

Das reale Geldangebot $\bar{M}/P$ ist bei gegebenem Preisniveau und autonom
festgelegtem nominalem Geldangebot $\bar{M}$ eine konstante Größe. Für jedes,
auf dem Gütermarkt bestimmte Inlandsprodukt Y legt Gleichung (4.16) dann
den Zinssatz fest, bei dem die Geldnachfrage dem Geldangebot entspricht.
Abbildung 4.2.a stellt Geldangebot und –nachfrage in einem $(M/P, i)$–Koordinatensystem dar. Der Graph des konstanten Geldangebots ist eine Parallele zur Ordinate (Gerade $\bar{M}/P$ in Abbildung 4.2.a). Das Bild der Liquiditätspräferenzfunktion (Geldnachfrage) gibt die Zinsunabhängigkeit der
Transaktionskasse L_T und die inverse Beziehung zwischen Zinssatz und Spekulationskasse L_S wieder. Zu jedem gegebenen Inlandsprodukt Y gehört
eine bestimmte, konstante Transaktionskasse $L_T(Y)$ und daher auch eine
bestimmte Liquiditätspräferenzfunktion $L(Y, i)$. In Abbildung 4.2.a sind die
Graphen der beiden Liquiditätspräferenzfunktionen $L(Y_1, i)$ und $L(Y_2, i)$ für
$Y_1 < Y_2$ eingezeichnet. Jede Liquiditätspräferenzfunktion bestimmt in Verbindung mit dem konstanten Geldangebot den gleichgewichtigen Zinssatz (i_1
für Y_1 und i_2 für Y_2), bei dem die Wirtschaftssubjekte bereit sind, die angebotene Geldmenge zu halten. Läßt man Y stetig variieren und ordnet jedem
Y den gleichgewichtigen Zinssatz zu, erhält man die LM–Kurve[11] (vgl. Abbildung 4.2.b). Sie gibt somit für jedes Inlandsprodukt den Zinssatz an, der

---

[10]Über diese Einschränkung der Interpretation hinaus lehnen FELDERER UND HOMBURG
(1986) $S = I$ als allgemeine Gütermarktgleichgewichtsbedingung ab und führen sie als
Gleichgewichtsbedingung für den Kapitalmarkt ein. Zur Kritik dieser Position siehe MAUSS-
NER (1988), S. 321.

[11]Diese Bezeichnung verwendete erstmals HANSEN (1949); die grafische Herleitung der
LM–Kurve (vgl. die Abbildungen 4.2.a und 4.2.b) und der noch zu behandelnden IS–Kurve
(vgl. Abbildungen 4.3.a und 4.3.b) entwickelte HICKS (1937). Um an diese Ursprünge zu
erinnern, findet man häufig die Bezeichnung Hicks–Hansen–Diagramm.

zu einem ex ante Ausgleich von Angebot und Nachfrage auf dem Geldmarkt führt. Die LM-Kurve weist eine positive Steigung auf, weil die bei höherem Inlandsprodukt zusätzlich benötigte Geldmenge für Transaktionen bei konstantem Geldangebot nur über einen steigenden Zinssatz aus der Spekulationskasse freigesetzt wird. Zu jedem Preisniveau P gehört eine LM-Kurve; mit steigendem Preisniveau P verschiebt sich in Abbildung 4.2.b die LM-Kurve nach oben.

Abb. 4.2:

a)
i
i_2
i_1
$L_S(i_1)$
$L(Y_2,i)$
$L(Y_1,i)$
$L_T(Y_1)$ $L_T(Y_2)$ $\frac{\bar{M}}{P}$ $\frac{M}{P}$

b)
i
LM
i_2
i_1
U_1
Y_1 Y_2 Y

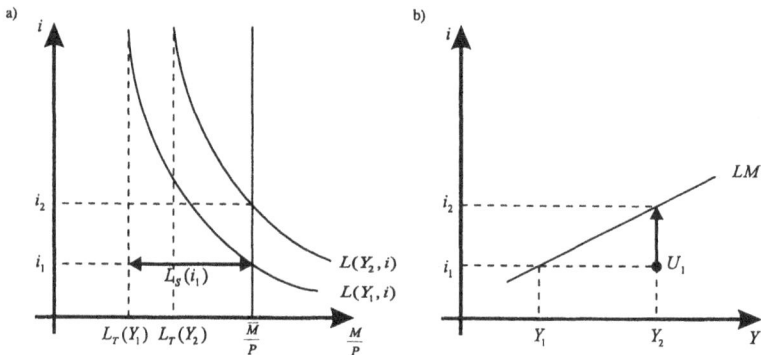

Befindet sich der Geldmarkt im Ungleichgewicht U_1 (mit dem Zinssatz i_1 und dem Inlandsprodukt Y_2), wird ein Anpassungsprozeß zum Gleichgewicht bei konstantem Y über Zinssatzvariationen ausgelöst. Bei dem Inlandsprodukt Y_2 wird für Transaktionen eine Kassenhaltung in Höhe von $L_T(Y_2)$ benötigt; da der Zinssatz jedoch i_1 beträgt, resultiert hieraus eine Spekulationskasse in Höhe von $L_S(i_1)$, so daß die gesamte reale Geldnachfrage $L_T(Y_2)+L_S(i_1)$ das reale Geldangebot $\bar{M}/P$ übersteigt (siehe Abbildung 4.2.a). Bei gegebenem Inlandsprodukt und konstantem realem Geldangebot versuchen die Wirtschaftssubjekte nun, durch Verkauf von Obligationen ihre Kassenhaltung zu erhöhen. Dies kann jedoch bei unverändertem Zinssatz i_1 nicht gelingen, weil bei diesem Zinssatz kein Wirtschaftssubjekt die Geldnachfrage für Spekulationszwecke reduzieren will. Als Folge der Verkaufsbemühungen sinkt aber der Kurs der Wertpapiere und der Zinssatz nimmt zu (vgl. den Pfeil in Abbildung 4.2.b). Der steigende Zinssatz bewirkt, daß die Wirtschaftssubjekte ihre Geldnachfrage für Spekulationszwecke als zu hoch empfinden und diese daher durch Planrevision und/oder Wertpapierkauf verringern. Auf diese Weise erhöht sich die für Transaktionszwecke zur Verfügung stehende Geldmenge. Der Zinssatz steigt so lange, bis die Geldnachfrage für Spekulationszwecke in einem Umfang zurückgegangen ist, der genau der in U_1 existierenden Überschußnachfrage nach Geld $(M^D/P - \bar{M}/P)$ entspricht. In Abbildung 4.2.b ist dies beim Zinssatz i_2 der Fall. Dieser Anpassungsprozeß, der sich analog auch für Ungleichgewichtssituationen oberhalb der LM–Kurve vollzieht, zeigt, daß im Gleichgewicht zu jedem Zinssatz nicht nur eine bestimmte Geldhaltung gehört, sondern auch ein bestimmter Bestand an Wertpapieren. Die LM–Kurve beschreibt somit nicht nur Bestandsgleichgewichte auf dem Geldmarkt, sondern, wie bereits erwähnt, auch auf dem Wertpapiermarkt.

Die Gleichungen (4.2) bis (4.6) beschreiben den Gütermarkt. Da die Bedingung für ein (methodisches) Gütermarktgleichgewicht stets zu $S = I$ führt, wird dieses gegeben durch:

$$S(Y - T) = I(Y, i) + [G - T(Y)]. \qquad (4.17)$$

Die Gütermarktgleichgewichtsbedingung (4.17) enthält nur Y und i als freie Variablen, die daher durch eine implizite Funktion miteinander verbunden sind. Zu jedem Zinssatz i gehört genau ein Y, so daß Spar- und Investitionspläne übereinstimmen. Parametrisiert man in der Investitionsfunktion (4.3) die Variable i, entsteht für jeden Zinssatz eine neue Investitionsfunktion. Diese Investitionsfunktionen unterscheiden sich in einem (Y, I)–Koordinatensystem untereinander nur durch ihre Lage: Je niedriger der Zinssatz, desto höher ist wegen $\partial I/\partial i < 0$ die Investitionsnachfrage bei gleichem Y. In Abbildung 4.3.a sind die geplante Ersparnis abzüglich eines Budgetdefizits $S^- = S - (G - T)$ und zwei in Y lineare Investitionsfunktionen mit $i_1 > i_2$ eingetragen.

Abb. 4.3:

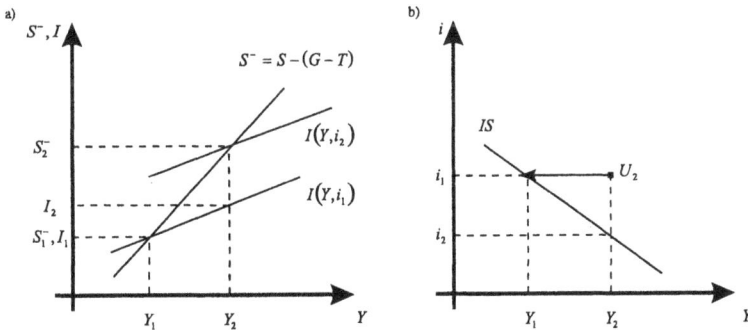

Für jede einzelne dieser Investitionsfunktionen läßt sich über Gleichung (4.17) das Inlandsprodukt berechnen, das Spar- und Investitionspläne zur Übereinstimmung bringt (vgl. Y_1 und Y_2 in Abbildung 4.3.a). Die ermittelten

Y-Werte werden den entsprechenden Zinssätzen zugeordnet und als Punkte in ein (Y, i)-Koordinatensystem übertragen. Man erhält bei stetiger Variation des Zinssatzes die IS-Kurve (vgl. Abbildung 4.3.b); sie gibt für jeden Zinssatz die Y-Werte an, die zu einem Gleichgewicht auf dem Gütermarkt führen [12]. Die IS-Kurve weist nur dann die in Abbildung 4.3.b wiedergegebene negative Steigung auf, wenn die marginale Sparneigung größer als die marginale Investitionsneigung ist, wenn also gilt: $\dfrac{\partial S^-}{\partial Y} > \dfrac{\partial I}{\partial Y}$. Ein Ungleichgewicht auf dem Gütermarkt setzt Kräfte frei, die das Gleichgewicht wieder herstellen. Für den ausgelösten Anpassungsprozeß ist charakteristisch, daß er wegen des gegebenen Zinssatzes nur über Variationen des Inlandsprodukts erfolgt. Das Ungleichgewicht U_2 (siehe Abbildung 4.3.b) verdeutlicht den Anpassungsprozeß. In dieser Situation haben Zinssatz und Inlandsprodukt die Werte i_1 und Y_2. Nach der für diesen Zinssatz gültigen Investitionsfunktion $I(Y, i_1)$ beträgt bei einem Inlandsprodukt von Y_2 die Investitionsnachfrage $I_2 = I(Y_2, i_1)$, während die Haushalte bei Y_2 bereit sind, den Betrag S_2^- zu sparen (siehe Abbildung 4.3.a). Da $S_2^- = S_2 - (G - T)$ größer als die geplanten Investitionen I_2 ist, beginnt das Inlandsprodukt bei unverändertem Zinssatz i_1 so lange zu sinken (vgl. den Pfeil in Abbildung 4.3.b), bis beide Plangrößen übereinstimmen. Dies ist beim Inlandsprodukt Y_1 der Fall; die Ersparnis abzüglich eines Budgetdefizits beträgt hier S_1^-, und die Investitionen sind wegen ihrer Abhängigkeit von Y auf den Wert $I_1 = S_1^-$ gesunken (siehe Abbildung 4.3.a).

Mit den beiden Gleichungen (4.16) (LM-Kurve) und (4.17) (IS-Kurve) sind zwei Beziehungen gefunden, um die beiden endogenen Variablen Y und i eindeutig zu bestimmen. Die so determinierten Werte führen sowohl den Güter- als auch den Geldmarkt simultan ins Gleichgewicht. Grafisch erhält man die Gleichgewichtswerte als Koordinaten des Schnittpunktes der $IS-$ und $LM-$Kurve (vgl. den Punkt E_0 in Abbildung 4.4). Das simultane Gleichgewicht E_0 ist stabil. Dies folgt aus der mit der Partialanalyse bereits nachgewiesenen Stabilitätseigenschaft des Geld- und Gütermarktes. Die dort aufgezeigten Anpassungsprozesse finden beim simultanen Gleichgewicht gleichzeitig statt.

Um den Einfluß eines flexiblen Preisniveaus P auf den Gütermarkt analysieren zu können, sind gesamtwirtschaftliches Angebot und gesamtwirtschaftliche Nachfrage als Funktionen von P zu formulieren. Die vom Preisniveau abhängige gesamtwirtschaftliche Angebotsfunktion Y^S läßt sich leicht aus der Produktionsfunktion unter Beachtung der Grenzproduktivitätstheorie ableiten. Ein zunehmendes Inlandsprodukt bedingt einen verstärkten Ar-

---

[12]Produzieren die Unternehmen nach der Zielfunktion, jede nachgefragte Gütermenge auch anzubieten, dann stellen die durch die IS-Kurve für jeden Zinssatz i festgelegten methodischen Gleichgewichtswerte Y auch theoretische Gleichgewichtswerte dar. Planen sie hingegen nach der Gewinnmaximierungshypothese, gilt dies nicht.

beitseinsatz und sinkenden Reallohnsatz.

Abb. 4.4:

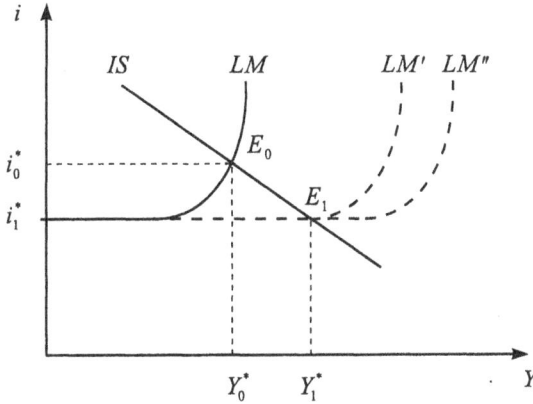

Da der Geldlohnsatz konstant bleiben soll, muß das Preisniveau P steigen. Das geplante Inlandsprodukt kann aber nur bis zu dem Vollbeschäftigungswert $Y_F^S = f(A_F, K_0)$ wachsen, danach verläuft es in einem (Y^S, P)–Koordinatensystem vollkommen preisunelastisch (vgl. den Graph Y^S in Abbildung 4.5).

Abb. 4.5:

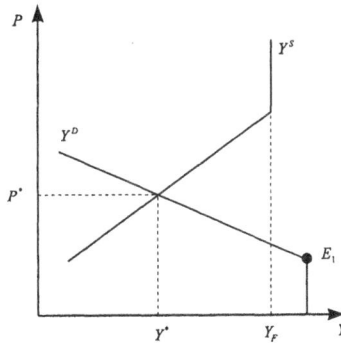

Da im keynesianischen Modell keine der drei Nachfragekomponenten Konsum, Investition und Staatsnachfrage explizit vom Preisniveau abhängen, kann eine preisabhängige gesamtwirtschaftliche Nachfragefunktion und ihre Eigenschaften nur indirekt aus dem im Modell enthaltenen Annahmen abgeleitet werden. Steigt das Preisniveau exogen (z.B. wegen administrierter Preise), nimmt bei konstantem Nominalgeldangebot $\bar{M}$ das reale Geldangebot $\bar{M}/P$ ab (in Abbildung 4.2.a entspricht dies einer Parallelverschiebung der

Geraden $\bar{M}/P$ nach links). Die reale Geldnachfrage für Transaktionszwecke L_T bleibt unverändert, da sich mit der Preiserhöhung auch die Nachfrage nach nominaler Transaktionskasse proportional erhöht. Die Verringerung des realen Geldangebots löst Verkäufe von Wertpapieren aus, die ihrerseits Kurssenkungen bzw. Zinssatzsteigerungen hervorrufen. Die LM–Kurve verschiebt sich in Abbildung 4.2.b nach oben: Zu jedem gegebenen Preisniveau korrespondiert eine bestimmte LM–Kurve. Da Preisniveauvariationen keinen Einfluß auf die Lage der IS–Kurve haben, muß zur Etablierung eines neuen Gleichgewichts auf Geld- und Gütermarkt nach einer Preisniveauerhöhung das Inlandsprodukt sinken, nach einer Preisniveausenkung hingegen steigen. Zwischen Preisniveau und dem gleichgewichtigen Inlandsprodukt besteht eine inverse Beziehung. Da aber das im methodischen Sinn gleichgewichtige Inlandsprodukt zu einer gleich großen geplanten Nachfrage Y^D führt, gilt der inverse Zusammenhang auch zwischen P und Y^D. Die aggregierte Nachfrage weist daher in Abhängigkeit von P den in Abbildung 4.5 gezeigten Verlauf mit negativer Steigung bis zum Punkt E_1 auf[13]. Analog zu einer Preiserhöhung führt eine Preissenkung bei konstantem Nominalgeldangebot zu einer Ausdehnung des realen Geldangebots und daher zu einer Verschiebung der LM–Kurve nach rechts unten. Im Gleichgewicht E_1 ist der Zinssatz durch diese Ausdehnung auf das Liquiditätsfalle–Niveau gesunken. Die Wirtschaftssubjekte sind jetzt bereit, jede weitere Geldmengenausdehnung ohne begleitende Zinssatzsenkung als Spekulationskasse zu halten (vgl. LM'' in Abbildung 4.4). Weitere Preissenkungen können die Nachfrage nicht weiter stimulieren: Die Nachfragefunktion verläuft vollkommen preisunelastisch parallel zur Ordinate. In Abbildung (4.6) sind alle Teilmärkte des keynesianischen Modells dargestellt. Die mit einem Sternchen (*) versehenen Symbole stellen die Gleichgewichtswerte dar, die denen in der Abbildung (4.1) entsprechen.

Bei der Interpretation der Y^D–Kurve als aggregierte Nachfragefunktion muß beachtet werden, daß wegen ihrer Konstruktion das zu einem Preisniveau P gehörende Y den Güter- und Geldmarkt simultan ins Gleichgewicht bringt. Die Y^D–Kurve ist daher besser als geometrischer Ort aller (Y^D, P)–Kombinationen aufzufassen, bei denen die Überschußnachfrage auf Güter- und Geldmarkt verschwindet. Ihre Gegenüberstellung mit einer aggregierten Angebotsfunktion Y^S dient im Koordinatensystem II der Abbildung 4.6 nur der Bestimmung desjenigen Preisniveaus, das gewinnmaximierende Unternehmen veranlaßt, das Inlandsprodukt Y^* zu produzieren. Das Preisniveau

---

[13]Es sei darauf hingewiesen, daß die hier abgeleitete inverse Beziehung nicht als Verallgemeinerung des mikroökonomischen Zusammenhangs aufgefaßt werden kann, wonach steigende Preise Nachfragerückgänge auslösen. Dieser mikroökonomische Effekt setzt konstantes Einkommen voraus. Steigt in einer Volkswirtschaft jedoch das Preisniveau, so wächst auch das nominale Einkommen.

P^* legt aus der Schar der vom Preisniveau P abhängigen LM-Kurven genau diejenige fest, für deren Schnittpunkt mit der IS-Kurve gilt: $Y = Y^*$. Nur beim Preisniveau P^* ist das methodische auch ein theoretisches Gleichgewicht; bei $P \neq P^*$ gilt das nicht[14].

Die Besonderheit des keynesianischen Modells liegt in der Möglichkeit eines Gleichgewichts auf Güter-, Geld- und Wertpapiermarkt bei gleichzeitiger Unterbeschäftigung. Der Ausschnitt 4.6 V (Arbeitsmarkt) veranschaulicht diese Situation.

Abb. 4.6:

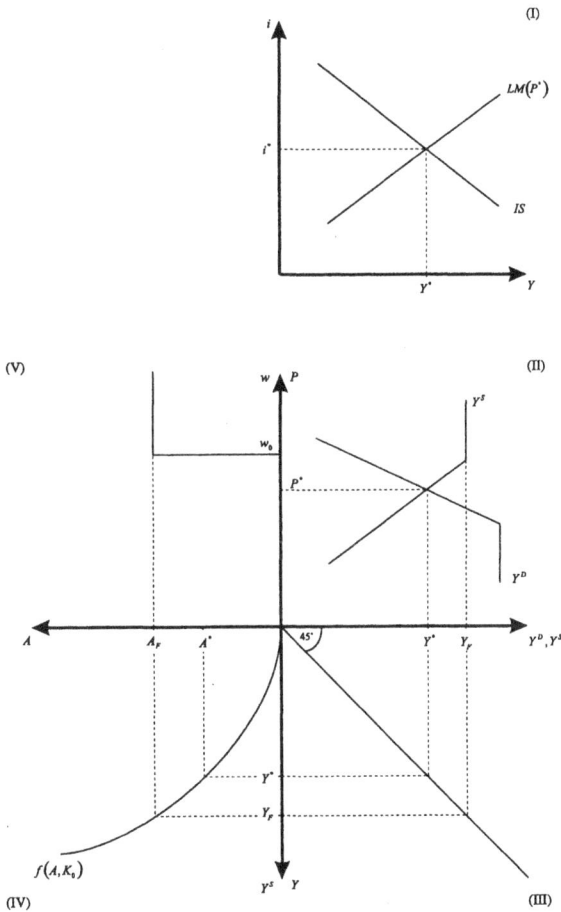

---

[14]Die angemessene Interpretation der IS-Kurve und der aggregierten Nachfragefunktion stellt seit den Arbeiten von RABIN UND BIRCH (1982) sowie FELDERER UND HOMBURG (1986) noch immer eine wichtige Frage der Makroökonomik dar. Eine Einführung in die Problemlage findet man bei BARENS (1996), S. 591 ff.

Das Arbeitsangebot ist bei einen Nominallohnsatz w_0 bis zur Vollbeschäftigungsgrenze A_F vollkommen elastisch, danach vollkommen unelastisch. Die
Arbeitsnachfrage A^* ist aber durch Y^* und die Produktionsfunktion determiniert und kann daher von A_F abweichen. Die Differenz $A_F - A^*$ mißt dann die
Arbeitslosigkeit und ist nach Keynes, im Gegensatz zur Klassik, nur zufällig
null (=Vollbeschäftigung). Mit dem keynesianischen Modell lassen sich die
Auswirkungen von Parameter– und Variablenänderungen auf die Gleichgewichtswerte komparativ statisch analysieren. Die Anpassungsprozesse, die
von einem Gleichgewicht zum anderen stattfinden, bleiben jedoch verborgen. Um für die beobachtbaren Konjunkturbewegungen Erklärungsansätze
zu konzipieren, muß die Dynamik des wirtschaftlichen Geschehens durch die
Berücksichtigung geeigneter zeitlicher Verzögerungen in den Modellgleichungen erfaßt werden. Die Entwicklung dynamischer Modelle steht daher im
Vordergrund der folgenden Abschnitte.

4.1.2 Das Samuelson–Hicks–Modell

Es liegt nahe, das keynesianische Modell mit der Möglichkeit eines Unterbeschäftigungsgleichgewichts als Ausgangspunkt für eine moderne Konjunkturtheorie zu wählen. Da sich eine statisch formulierte Theorie zur Analyse
von Konjunkturzyklen nicht eignet, muß ihre Weiterentwicklung hinsichtlich
einer Dynamisierung erfolgen. Bei einer dynamischen Theorie sind einige oder
alle (ökonomischen) Variablen zeitabhängig. Dabei kann die Zeit t als diskrete oder stetige Variable aufgefaßt werden. Ist sie eine diskrete Variable, wird
sie als Index bei den zeitabhängigen Variablen aufgeführt; im stetigen Fall
erscheint sie nicht explizit.

Die ersten Konjunkturmodelle beschränken sich auf die Analyse des Gütermarktes einer geschlossenen Volkswirtschaft. Wegen der Vernachlässigung des
Geld– und Arbeitsmarktes, der Einkommensverteilung, des Auslands, der
Preisentwicklung und der Veränderung der relativen Preise ist ihr Erklärungsgehalt naturgemäß eingeengt. Dennoch lassen sich die Einflußfaktoren aufzeigen, die Schwingungen der Realwirtschaft bewirken. Die für diese ersten
Oszillationsmodelle typische Grundform entwickelt Samuelson[15] bereits im
Jahre 1939; dieses Modell, das die Zeit als diskrete Variable enthält, soll hier
hinsichtlich einer Berücksichtigung direkter Steuern erweitert werden. Damit
ist es möglich, Auswirkungen eines variierenden Steuersatzes auf die zeitliche
Entwicklung des Inlandsprodukts zu analysieren.

Die im keynesianischen Modell den Gütermarkt beschreibenden Gleichungen
(4.1) bis (4.6) sind nun für eine dynamische Analyse zu konkretisieren. Die

---

[15]Samuelson (1939).

Steueraufkommensfunktion wird als inhomogene, lineare Beziehung spezifiziert:

$$T_t = T_0 + \xi Y_t,$$

T_0 : einkommensunabhängige Steuern,

ξ : marginaler Steuersatz.

Nach einem Vorschlag von Robertson hängt der geplante Konsum vom Realeinkommen der Vorperiode ab[16]; bei Berücksichtigung direkter Steuern und unterstelltem inhomogenem, linearem Verlauf ergeben sich die Konsumausgaben als Funktion des verfügbaren Einkommens:

$$C_t = c_0 + c(Y_{t-1} - T_{t-1}),$$

c : marginale Konsumneigung, bezogen auf das verfügbare Einkommen.

Substitution von T durch die Steueraufkommensfunktion führt zu:

$$C_t = c_0 - cT_0 + c(1 - \xi)Y_{t-1},$$

$c(1 - \xi)$: marginale Konsumneigung, bezogen auf das Realeinkommen.

Die Akzeleratortheorie dient der Erklärung der privaten, geplanten Investitionen. Diese — häufig auch als induzierte Investitionen bezeichnet — dienen der Kapazitätsanpassung und sind abhängig von der Veränderung der gegenwärtigen, geplanten Konsumausgaben gegenüber ihrem Vorperiodenwert:

$$I_t = k(C_t - C_{t-1}),$$

k : Akzelerationskoeffizient.

Aus der Konsumfunktion läßt sich die Veränderung der Konsumnachfrage leicht ermitteln:

$$\left. \begin{array}{rl} C_t = & c_0 - cT_0 + c(1 - \xi)Y_{t-1} \\ C_{t-1} = & c_0 - cT_0 + c(1 - \xi)Y_{t-2} \end{array} \right\} - $$
$$\overline{C_t - C_{t-1} = \quad c(1 - \xi)(Y_{t-1} - Y_{t-2}).}$$

Die Investitionsfunktion ist dann:

$$I_t = kc(1 - \xi)(Y_{t-1} - Y_{t-2}). \tag{4.18}$$

Die Verwendung der Investitionsfunktion (4.18) impliziert zwei Annahmen, die in der Realität jedoch nicht uneingeschränkt gelten. Da I_t nur von

---

[16]Vgl. hierzu ROBERTSON (1926). Man bezeichnet diese Verzögerung daher als Robertson–Lag.

$\Delta Y_{t-1} = Y_{t-1} - Y_{t-2}$ abhängt, muß erstens die Volkswirtschaft in der Lage sein, jedes zu positivem ΔY_{t-1} gehörende Investitionsvolumen auch produzieren zu können, und zweitens müssen die Unternehmen jeden aus negativem ΔY_{t-1} resultierenden überschüssigen Kapitalstock (negative induzierte Investitionen) abbauen, unter Umständen Kapitalgüter, die technisch noch nutzbar sind.

Unterstellt man über die Zeit konstante Staatsausgaben, die auch die überwiegend durch den Staat getätigten autonomen Investitionen enthalten, ergibt sich die gesamte Nachfrage Y_t^D als:

$$Y_t^D = c(1 - \xi)(1 + k)Y_{t-1} - kc(1 - \xi)Y_{t-2} + c_0 - cT_0 + G.$$

Der Angebotsseite wird unterstellt, daß in jeder Periode das Produktionspotential größer als die Nachfrage ist und daß sich daher die laufende Produktion der jeweiligen Nachfrage anpaßt: $Y_t = Y_t^D$. Ob die tatsächliche Güterproduktion auch im Sinne der Grenzproduktivitätstheorie geplant war, kann wegen der Abstraktion von Geld– und Arbeitsmarkt nicht entschieden werden. Dennoch läßt sich diese Annahme im Rahmen eines ohnehin stark abstrahierenden realwirtschaftlichen Modells vertreten. Aus $Y_t = Y_t^D$ folgt nach Umstellungen eine lineare, inhomogene Differenzengleichung zweiter Ordnung, die den Zeitpfad für Y_t festlegt:

$$Y_t - c(1 - \xi)(1 + k)Y_{t-1} + kc(1 - \xi)Y_{t-2} = c_0 - cT_0 + G.$$

Um die allgemeine Lösung zu ermitteln, wird diese Differenzengleichung vereinfacht zu:

$$Y_t + \alpha_1 Y_{t-1} + \alpha_2 Y_{t-2} = \gamma_0, \qquad (4.19)$$

mit:

$$\alpha_1 = -c(1 - \xi)(1 + k), \qquad (4.20)$$
$$\alpha_2 = kc(1 - \xi), \qquad (4.21)$$
$$\gamma_0 = c_0 - cT_0 + G. \qquad (4.22)$$

Die Konstante γ_0 stellt den Teil der Nachfrage dar, der vom Einkommen unabhängig ist; man bezeichnet ihn daher als autonome Nachfrage bzw. nach seiner Realisation als autonome Ausgaben.

Der Ansatz $Y_t = x^t$ führt zur Lösung des Homogenteils:

$$x^t + \alpha_1 x^{t-1} + \alpha_2 x^{t-2} = 0.$$

Division durch x^{t-2} ergibt die charakteristische Gleichung

$$x^2 + \alpha_1 x + \alpha_2 = 0,$$

mit den beiden Wurzeln x_1 und x_2:

$$x_{1/2} = \frac{-\alpha_1 \pm \sqrt{\alpha_1^2 - 4\alpha_2}}{2}.$$

Je nach Wert des Radikanden erhält man:

(1) für $\alpha_1^2 > 4\alpha_2$ zwei verschiedene, reellwertige Lösungen x_1 und x_2,

(2) für $\alpha_1^2 = 4\alpha_2$ nur eine reellwertige Lösung $x_1 = x_2$,

(3) für $\alpha_1^2 < 4\alpha_2$ konjugiert komplexe Wurzeln.

Der Ansatz $Y_t = \bar{Y}$: const. über die Zeit liefert die Lösung des Inhomogenteils. Aus $\bar{Y} + \alpha_1 \bar{Y} + \alpha_2 \bar{Y} = \gamma_0$ folgt:

$$\bar{Y} = \frac{\gamma_0}{1 + \alpha_1 + \alpha_2}. \qquad (4.23)$$

Die partikuläre Lösung entspricht dem stationären Gleichgewicht des Realteils des keynesianischen Modells. Ersetzt man die Koeffizienten α_1 und α_2 durch ihre ursprünglichen Beziehungen (4.20) und (4.21), resultiert der Ausgabenmultiplikator m bei Berücksichtigung endogener direkter Steuern:

$$m = \frac{1}{1 - c(1 - \xi)}.$$

Denselben Wert $\bar{Y} = m\gamma_0$ erhält man aus Gleichung (4.14), wenn die dort nicht spezifizierten Funktionen wie hier konkretisiert werden. Daher muß $\bar{Y}$ auch dieselben qualitativen Eigenschaften wie Y_0 haben: Es handelt sich um ein temporäres Gleichgewicht im methodischen Sinne[17].

Mit der allgemeinen Lösung ist man nun in der Lage, die Höhe des Inlandsprodukts und anderer ökonomischer Größen nicht nur komparativ statisch für unterschiedliche Parameter- und Variablenkonstellationen zu analysieren, sondern auch Aussagen über den Anpassungsprozeß von einem Gleichgewichtszustand zum anderen zu treffen. Nach dem Schur–Kriterium nähert sich Y_t dem Gleichgewicht, wenn die auf Seite 339 zusammengefaßten drei Ungleichungen erfüllt sind. Für die vorliegende Differenzengleichung bedeutet dies:

$$1 - c(1 - \xi)(1 + k) + kc(1 - \xi) > 0, \qquad (4.24)$$

$$1 + c(1 - \xi)(1 + k) + kc(1 - \xi) > 0, \qquad (4.25)$$

$$1 - kc(1 - \xi) > 0. \qquad (4.26)$$

---

[17]Die partikuläre Lösung einer inhomogenen Differenzengleichung wird mit dem Lösungsansatz $Y_t = \bar{Y}(t)$ ermittelt (vgl. S. 327 ff.). Da die partikuläre Lösung methodische Gleichgewichte liefert, werden diese ab jetzt mit $\bar{Y}$ gekennzeichnet.

Da die Koeffizienten k, c und ξ positiv sind, erfüllen sie auch immer die Ungleichheit (4.25); sie bewirkt daher keine Beschränkung für den Definitionsbereich der Koeffizienten. Aus der Ungleichung (4.24) folgt:

$$c(1 - \xi) < 1. \tag{4.27}$$

Dieses Ergebnis sieht man sofort nach Ausrechnen der zweiten Klammer im zweiten Term der Ungleichung (4.24). Aus Ungleichung (4.26) ergibt sich für die Koeffizienten die Restriktion:

$$c(1 - \xi) < \frac{1}{k}. \tag{4.28}$$

Abbildung 4.7 stellt die Beschränkungen (4.27) und (4.28) sowie den Definitionsbereich für die Parameterwerte dar, die zu einer Anpassung an das Gleichgewicht führen (schraffierter Bereich). Die Funktionen für die Begrenzungslinien erhält man nach einer Substitution des Ungleichheits– durch das Gleichheitszeichen.

Abb. 4.7:

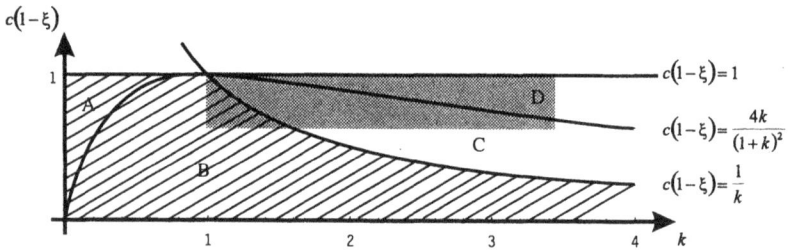

Soll sich die Anpassung an das Gleichgewicht mit Schwingungen vollziehen, muß der Radikand der charakteristischen Gleichung negativ sein. Aus

$$\alpha_1^2 - 4\alpha_2 = c^2(1 - \xi)^2(1 + k)^2 - 4kc(1 - \xi) < 0$$

folgt nach Division durch $c(1 - \xi) > 0$ und Auflösung nach $c(1 - \xi)$:

$$c(1 - \xi) < \frac{4k}{(1 + k)^2}. \tag{4.29}$$

Der Graph der zu Ungleichung (4.29) gehörenden Begrenzungsfunktion ist ebenfalls in Abbildung 4.7 eingetragen; er hat bei $k = 1$ ein Maximum und bei $k = 2$ einen Wendepunkt. Beachtet man, daß die auf das Realeinkommen bezogene Konsumneigung $c(1 - \xi)$ mittel– und langfristig nicht größer als eins werden kann, sind in Abbildung 4.7 die Regionen A, B, C und D

(Parameterregimes) zu unterscheiden, die jeweils charakteristische Entwicklungspfade festlegen. Die vier Regionen umfassen Parameterkombinationen, die durch Punkte innerhalb der Begrenzungslinien wiedergegeben werden; zu den Regionen A und D zählen zusätzlich noch die Punkte auf den gekrümmten Begrenzungslinien. Befindet sich die Volkswirtschaft für zwei aufeinanderfolgende Perioden im stationären Gleichgewicht, bleibt sie auch für nachfolgende Perioden in diesem Zustand, solange keine Impulse auftreten[18]. Geht man von konstanten Strukturparametern $(1 - \xi)$ und k aus, generieren erst Impulse, die über eine dauerhafte Änderung der in γ_0 zusammengefaßten exogenen Größen auch gemäß Gleichung (4.23) zu einer Veränderung von $\bar{Y}$ führen, Entwicklungspfade. Stammen die Parameterkombinationen dabei aus Region A (reelle Wurzeln, $\max(|x_1|, |x_2|) < 1$), tritt eine stetige Annäherung an das neue stationäre Gleichgewicht ein; die Anpassung vollzieht sich mit gedämpften Schwingungen für Parameterkombinationen aus Region B (konjugiert komplexe Wurzeln, $\max(|x_1|, |x_2|) < 1$). Wertepaare aus Region C (konjugiert komplexe Wurzeln, $\max(|x_1|, |x_2|) > 1$) führen zu explosiven Schwingungen um das neue Gleichgewicht, während Kombinationen aus der Region D (reelle Wurzeln, $\max(|x_1|, |x_2|) > 1$) ständig zunehmende Abweichungen vom Gleichgewicht auslösen. Parameterkombinationen, die durch Punkte auf der Trennlinie $c(1 - \xi) = \dfrac{1}{k}$ repräsentiert werden, führen zu zyklischer Entwicklung mit gleichbleibender Amplitude (harmonische Schwingungen).

Bewirken Impulse in einer Periode eine einmalige Abweichung der Größe γ_0 von ihrem Ursprungsniveau, so treten die gleichen instabilen Entwicklungspfade wie bei den oben beschriebenen dauerhaften Niveauänderungen von γ_0 auf; die stabilen Anpassungsprozesse bewegen sich zum ursprünglichen Gleichgewicht.

Wie die Ergebnisse zeigen, gelingt mit diesem Modell die Deduktion zyklischer Entwicklungen für das Inlandsprodukt bereits aus wenigen einfachen Annahmen. Ob es aber auch eine brauchbare Theorie zur Erklärung der Realität liefert, kann erst nach Kenntnis der empirisch ermittelten Parameter $c(1 - \xi)$ und k beurteilt werden. Die Beschränkung auf die Analyse von Entwicklungen um ein stationäres Gleichgewicht bedeutet keinen Verlust an Realitätsnähe, wenn die Wachstumsfaktoren neutral auf den Konjunkturverlauf wirken. Das Modell müßte dann aber in der Lage sein, die nach Milderung oder Elimination des Wachstumstrends in der Zeitreihe des Inlandsprodukts verbleibenden Schwingungen zu erklären. Aufgrund ökonometrischer Schätzungen dürfte der Akzelerationskoeffizient größer als eins sein

---

[18]Löst man Gleichung (4.19) nach Y_t auf, setzt $Y_{t-2} = Y_{t-1} = \bar{Y}$ und wegen Gleichung (4.23) $\gamma_0 = (1 + \alpha_1 + \alpha_2)\bar{Y}$, so folgt: $Y_t = \bar{Y}$.

und die marginale Konsumneigung bezogen auf das Realeinkommen Werte
des Intervalls $0,6 \leq c(1 - \xi) < 1$ annehmen[19]. Dies bedeutet aber, daß realistische Parameterwerte im grauen Rechteck der Abbildung 4.7 liegen, in
Regionen also, die gedämpfte Schwingungen (Region B) oder explosive und
teilweise schwingungsfreie (Region D) Bewegungsabläufe erzeugen. Nur in
dem Spezialfall, daß für die Parameter gilt: $c(1 - \xi) = \dfrac{1}{k}$, entwickelt sich
Y mit harmonischen Schwingungen. Für die überwiegende Anzahl realistischer $[k, c(1 - \xi)]$–Kombinationen stehen die aus diesem Modell ableitbaren
Bewegungsmuster im Widerspruch zu dem Erfahrungsbild realer Konjunkturzyklen: Weder verlieren sich die Schwingungen im Zeitablauf, noch nimmt
ihre Amplitude tendenziell zu; schon gar nicht lassen sich aus den Daten
Abläufe erkennen, wie sie für Region D charakteristisch sind. Der empirische
Gehalt des Modells ist somit nicht sehr groß; das konnte wegen des hohen
Abstraktionsgrades ebensowenig wie eine Erklärung der in Kapitel 1.2.2 angeführten stilisierten Fakten erwartet werden. Jedoch weist das Modell gerade
in seinen Unzulänglichkeiten auf eine Reihe fruchtbarer Weiterentwicklungen
hin, die in den sich anschließenden Abschnitten verfolgt werden sollen. Zuvor
seien jedoch die Auswirkungen unterschiedlicher wirtschaftspolitischer Stabilisierungsstrategien auf den Zeitpfad des Inlandsprodukts im Rahmen dieses
Modells analysiert. Es lassen sich die damit verbundenen Komplikationen
gerade an einem einfachen Modell anschaulich darstellen.

Wirtschaftspolitische Stabilisierungsmaßnahmen können bei der Beeinflus-
sung der Parameter α_1, α_2 und γ_0 der Gleichung (4.19) ansetzen. Will der
Staat γ_0 variieren, so geschieht dies über die Veränderungen der Staatsausgaben G und/oder der einkommensunabhängigen Steuern T_0; im marginalen
Steuersatz ξ besitzt er eine Instrumentvariable zur Veränderung der Parameter α_1 und α_2. Aus diesen Eingriffsmöglichkeiten resultieren zwei Effekte. Zum einen lassen sich der stationäre Gleichgewichtswert $\bar{Y}$, zum anderen der Zeitpfad des Inlandsprodukts beeinflussen. Die Darstellung der wirtschaftspolitischen Möglichkeiten zur Veränderung — meist Erhöhung — des
gleichgewichtigen Inlandsprodukts findet sich in zahlreichen Lehrbüchern zur
Makroökonomik. Für die Konjunkturtheorie relevant sind vornehmlich solche
wirtschaftspolitischen Eingriffsmöglichkeiten, die Auswirkungen auf das Zeitprofil zur Folge haben und eine zyklenfreie Stabilisierung der Entwicklung
der Volkswirtschaft anstreben. Voraussetzung für diese staatlichen Interven-
tionen ist eine zyklische Entwicklung des Inlandsprodukts. Die Parameter in
Gleichung (4.19) nehmen daher Werte an, die Schwingungen generieren. Ferner sollen nur solche Parameteränderungen analysiert werden, die neutral in
dem Sinne sind, daß das stationäre Gleichgewicht unverändert bleibt. So wird

---

[19]Vgl. hierzu MÜNNICH (1977), S. 101 ff.

z.B. die durch eine Variation von α_1 in Gleichung (4.23) ausgelöste Änderung des stationären Gleichgewichts $\bar{Y}$ durch eine entsprechende Reaktion von γ_0 kompensiert.

Um das Inlandsprodukt auf seinem stationären Gleichgewichtsniveau zu stabilisieren, sollen dem Staat fünf verschiedene wirtschaftspolitische Strategien zur Verfügung stehen. Ein Vergleich der aus solchen kontrazyklischen Eingriffen resultierenden Zeitpfade mit dem durch Gleichung (4.19) festgelegten Zeitpfad bei konjunkturunabhängigen, konstanten Staatsausgaben ermöglicht eine Analyse der ökonomischen Auswirkungen dieser staatlichen Aktivitäten.

Als erste, naheliegendste wirtschaftspolitische Steuerungsmaßnahme (Strategie 1) sei angenommen, daß Abweichungen des Inlandsprodukts der Vorperiode vom Gleichgewicht $\bar{Y}$ in der laufenden Periode eine gegengerichtete Variation der Staatsausgaben induzieren. Eine solche Vorgehensweise ist dann besonders sinnvoll, wenn $\bar{Y}$ dem Vollbeschäftigungsinlandsprodukt entspricht. Mit der Staatsausgabenfunktion (4.30) ist diese Strategie formalisiert:

$$G_t = G + \pi_1(\bar{Y} - Y_{t-1}), \tag{4.30}$$

$$\text{mit} \quad G > 0, \quad 0 < \pi_1 < 1.$$

Die gesamten Staatsausgaben G_t setzen sich aus dem autonomen Teil G und einem induzierten Teil $\pi_1(\bar{Y} - Y_{t-1})$ zusammen. Befindet sich die Volkswirtschaft im Gleichgewicht ($Y_{t-1} = \bar{Y}$) entsprechen die gesamten Staatsausgaben dem autonomen Teil. Deswegen bleibt das durch Gleichung (4.19) determinierte Niveau des stationären Gleichgewichts erhalten; die als Gleichung (4.30) dargestellte Strategie ist neutral im oben definierten Sinne. Erreicht in einer Periode das tatsächliche Inlandsprodukt nicht das Gleichgewichtsniveau, sind die gesamten Staatsausgaben größer als ihr autonomer Teil und damit auch größer als die Steuereinnahmen. Diese Differenz finanziert der Staat über eine Kreditaufnahme am Kapitalmarkt (deficit spending). Im Fall $Y_{t-1} > \bar{Y}$ übersteigen die Steuereinnahmen die Ausgaben und es bildet sich ein Budgetüberschuß. Der Zeitpfad des Inlandsprodukts bei dieser Wirtschaftspolitik ergibt sich dadurch, daß in Gleichung (4.19) die Staatsausgaben jetzt durch Gleichung (4.30) bestimmt sind:

$$Y_t + \alpha_1 Y_{t-1} + \alpha_2 Y_{t-2} = c_0 - cT_0 + G + \pi_1(\bar{Y} - Y_{t-1}).$$

Faßt man die Glieder mit gleichen Verzögerungen zusammen, erhält man:

$$Y_t + (\alpha_1 + \pi_1)Y_{t-1} + \alpha_2 Y_{t-2} = c_0 - cT_0 + G + \pi_1 \bar{Y} \quad \text{oder:}$$
$$Y_t + (\alpha_1 + \pi_1)Y_{t-1} + \alpha_2 Y_{t-2} = \gamma_0 + \pi_1 \bar{Y}^{20}. \tag{4.31}$$

Gleichung (4.31) zeigt, daß der Koeffizient der Variablen Y_{t-1} wegen $\pi_1 >$ 0 größer sein muß als der entsprechende Koeffizient in Gleichung (4.19), während der Koeffizient von Y_{t-2} in beiden Gleichungen übereinstimmt. Der die neue Parameterkombination repräsentierende Punkt P_1 liegt in Abbildung 4.8 genau über dem Punkt P_0, der die Parameterkombination der Gleichung (4.19) wiedergibt.

Abb. 4.8:

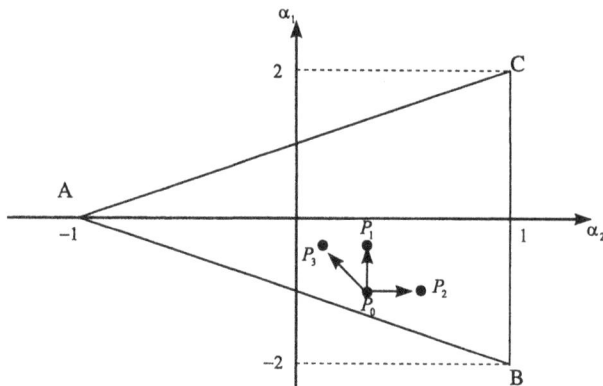

Diese Stabilisierungsmaßnahme, die grafisch zu einer Verschiebung von P_0 nach P_1 führt, wirkt sich nach dem Baumol–Diagramm (vgl. S. 339) auf die Amplituden der Schwingungen nicht dämpfend, sondern neutral aus, erhöht aber die Frequenz; ein Ergebnis, das wirtschaftspolitisch nicht erstrebenswert ist.

Unterstellt man dem Staat einen Entscheidungslag von zwei Perioden (Strategie 2), geht Gleichung (4.30) über in:

$$G_t = G + \pi_1(\bar{Y} - Y_{t-2}). \tag{4.32}$$

Analog zu der obigen Ableitung ergibt sich der Zeitpfad des Inlandsprodukts als:

$$Y_t + \alpha_1 Y_{t-1} + (\alpha_2 + \pi_1)Y_{t-2} = \gamma_0 + \pi_1\bar{Y}. \tag{4.33}$$

Diese Strategie führt zu einer Bewegung von P_0 nach P_2. Auch von dieser Intervention gehen keine dämpfenden Wirkungen auf den Zyklus aus. Nach dem Baumol–Diagramm nehmen die Schwingungen des Inlandsprodukts in ihren Amplituden zu, und die Frequenz erhöht sich.

---

[20]Die partikuläre Lösung für diese Gleichung entspricht der Gleichung (4.23). Dies verdeutlicht nochmals die Neutralität der Staatsausgabenfunktion (4.30).

Orientiert sich die Wirtschaftspolitik bei ihren Stabilisierungsbemühungen an der absoluten Veränderung des Inlandsprodukts zweier aufeinander folgender Perioden (Strategie 3), so korrelieren die Staatsausgaben bei einem Dezisionslag von einer Periode negativ zu $\Delta Y_{t-1} = Y_{t-1} - Y_{t-2}$. Die Neutralitätsannahme verlangt jetzt als funktionale Beziehung für die Staatsausgaben:

$$G_t = G - \pi_1(Y_{t-1} - Y_{t-2}), \qquad (4.34)$$

die zu der Differenzengleichung (4.35) führt:

$$Y_t + (\alpha_1 + \pi_1)Y_{t-1} + (\alpha_2 - \pi_1)Y_{t-2} = \gamma_0. \qquad (4.35)$$

In Abbildung 4.8 entspricht die Veränderung der Koeffizienten im Vergleich zu denen der Gleichung (4.19) einer Bewegung vom Punkt P_0 zum Punkt P_3: Die Ausschläge der Schwingungen sind gedämpfter als zuvor, jedoch tritt in den meisten Fällen[21] zu diesem wünschenswerten Ergebnis eine Zunahme der Frequenz hinzu. Versucht der Staat mittels einer Variation des marginalen Steuersatzes die zyklische Entwicklung zu glätten, lassen sich die ausgelösten Koeffizientenänderungen und die hieraus resultierende Verschiebung des Punktes P_0 unmittelbar an den Gleichungen (4.20) und (4.21) erkennen. Eine Erhöhung des marginalen Steuersatzes (Strategie 4) bewirkt eine Zunahme vom α_1 und eine Abnahme von α_2: Eine Dämpfung der Zyklen bei zunehmender Frequenz tritt ein. Damit das Gleichgewichtsniveau $\bar{Y}$ erhalten bleibt, müssen die Staatsausgaben entsprechend erhöht werden. Bei einer Verringerung der steuerlichen Belastung (Strategie 5) sinkt α_1 und α_2 nimmt zu: Eine geringere Frequenz, aber größere Amplituden der Konjunkturwellen sind das Resultat. Um auch hier die Neutralität zu gewährleisten, müssen die Staatsausgaben entsprechend gesenkt werden.

Die Ergebnisse der analysierten Stabilisierungsstrategien sind in Tabelle 4.1 zusammengefaßt.

Tabelle 4.1:

Strategie	Amplitude	Frequenz
1	0	+
2	+	+
3	-	+
4	-	+
5	+	-

+ : Zunahme   - : Abnahme   0 : keine Veränderung

---

[21] Ausnahmen liegen vor, wenn der Punkt P_3 im Baumol–Diagramm auf derselben Isofrequenzkurve wie der Punkt P_0 bleibt (konstante Frequenz), oder auf einer weiter unterhalb der Abszisse verlaufenden Isofrequenzkurve liegt (Frequenz sinkt).

Bei den in diesem Modell angenommenen Verhaltenshypothesen wirkt keine
der wirtschaftspolitischen Maßnahmen sowohl dämpfend als auch frequenz-
senkend. Mit den Strategien 1) und 2) kann kein Parameter in gewünschter
Weise beeinflußt werden. Noch am besten schneiden die Steuerungsmaßnahmen drei und vier ab. Schon an diesem sehr stilisierten Modell lassen sich die
Schwierigkeiten bei der Auswahl effizienter wirtschaftspolitischer Strategien
illustrieren. Erschwerend kommt noch hinzu, daß die Wahl der beabsichtig-
ten Steuerungsmaßnahmen erst nach einer ökonometrischen Schätzung der
unbekannten Koeffizienten des Modells erfolgen sollte.

Die hier als aktive Wirtschaftspolitik analysierten Strategien sind in ihrer
Wirkungsweise den eingebauten Stabilisatoren moderner Volkswirtschaften
sehr ähnlich. Es scheint daher notwendig, die gewöhnlich positive Beurteilung
solcher Stabilisatoren nicht uneingeschränkt gelten zu lassen.

Eine einfache Möglichkeit, Wachstumsfaktoren in das Samuelson–Modell zu
integrieren, besteht darin, die autonomen Ausgaben als wachstumsabhängig
zu interpretieren. Es handelt sich bei diesem Ansatz um ein additives Zu-
sammenfügen von Wachstums– und Konjunkturfaktoren. Hieraus resultiert
eine Differenzengleichung, deren Inhomogenteil selbst eine Funktion der Zeitvariablen t ist. Diese Erweiterung führt Hicks in seinem Modell[22] durch, das
trotz seiner Schwächen[23] als Grundlage der modernen Konjunkturtheorie angesehen werden darf[24].

Um den Einfluß verschiedener Verhaltenshypothesen auf die Schwingungs–
und Stabilitätseigenschaften aufzuzeigen, werden die induzierten Investitionen direkt von ΔY_{t-1} und nicht von ΔC_t abhängig angesehen. Dies entspricht
der Akzeleratorformulierung von Hicks und führt zur gleichen Verzögerungs-
struktur der induzierten Investitionen wie beim Samuelson–Modell, jedoch
mit einem anderen Verhaltensparameter:

$$I_{i,t} = k(Y_{t-1} - Y_{t-2}) \qquad (4.36)$$

$$k : \text{Akzelerationskoeffizient},$$

$$I_i : \text{induzierte Investitionen}.$$

Da im Vordergrund die Analyse des Wachstumseinflusses auf die Konjunkturentwicklung steht, soll von einer Volkswirtschaft ohne staatliche Aktivität
ausgegangen werden. Die Variable G_t kennzeichnet dann die autonom getätig-

---

[22]HICKS (1950).

[23]Vgl. hierzu LUNDBERG (1950) und RAMSER (1984b).

[24]Siehe KROMPHARDT (1978), S. 98.

ten Investitionen[25], die einem positiven Wachstumstrend unterliegen:

$$G_t = H(1+g)^t, \qquad H > 0, \tag{4.37}$$

g : konstante Wachstumsrate pro Periode t.

Befindet sich die Volkswirtschaft in einem Konjunkturabschwung, löst die Akzeleratorhypothese Desinvestitionen aus, die theoretisch, nicht aber faktisch den negativen Wert der Abschreibungen pro Periode unterschreiten können. Es existiert für die gesamten Investitionen eine untere Grenze $I_{L,t}$, die praktisch nicht unterschritten werden kann. Diese Grenze variiert mit der Kapitalstockveränderung über die Zeit. Für eine Periode t ist $I_{L,t}$ bestimmt durch:

$$I_{L,t} = G_t - Ab_t > 0$$

Ab_t : Abschreibungen pro Periode.

Ist $(Y_{t-1} - Y_{t-2}) < -\dfrac{Ab_t}{k}$, bleiben die Investitionen auf dem Niveau $I_{L,t}$. Eine obere Grenze für die Investitionen resultiert aus der Vollauslastung der Kapazität des Investitionsgütersektors. Diese ist dann erreicht, wenn die Summe aus autonomen und induzierten Investitionen größer oder gleich dem maximalen Output an Investitionsgütern $I_{F,t}$ ist. Die Funktion für die gesamten Investitionen $I_t = (I_{i,t} + G_t)$ erhält man jetzt als[26]:

$$I_t = \begin{cases} \max[k(Y_{t-1} - Y_{t-2}) + G_t, I_{L,t}], & \text{für } k(Y_{t-1} - Y_{t-2}) + G_t < I_{F,t} \\ I_{F,t}, & \text{für } k(Y_{t-1} - Y_{t-2}) + G_t \geq I_{F,t} \end{cases}$$

$$\tag{4.38}$$

Der Graph dieser Funktion ist für gegebenes t in Abbildung 4.9 wiedergegeben. Der gezeigte Verlauf läßt erkennen, daß der Akzelerator wegen der unteren und oberen Grenze für die Investitionen keine lineare Beziehung mehr ist. Im Gegensatz zu einem über den gesamten Definitionsbereich für ΔY_{t-1} linearen Akzelerator, wie ihn Gleichung (4.18) wiedergibt, kann mit einem nichtlinearen Akzelerator berücksichtigt werden, daß im Konjunkturaufschwung ein anderes Investitionsverhalten als im Konjunkturabschwung vorliegt.

---

[25] Der qualitative Aspekt der abzuleitenden Ergebnisse ändert sich nicht, wenn G_t neben den autonomen Investitionen noch weitere autonome Nachfragekomponenten enthalten würde. Die Darstellung verliert dann jedoch an Transparenz und Verständlichkeit. Um auf den allgemeineren Gültigkeitsbereich visuell hinzuweisen, wurde das Symbol G beibehalten.

[26] Für eine Funktion $z = \max(x, y)$ gilt: $z = \begin{cases} x, & \text{für } x \geq y \\ y, & \text{für } y > x \end{cases}$. Ist z.B. $x = 5$ und $y = 6$, so erhält man z als: $z = \max(5, 6) = 6$.

Abb. 4.9:

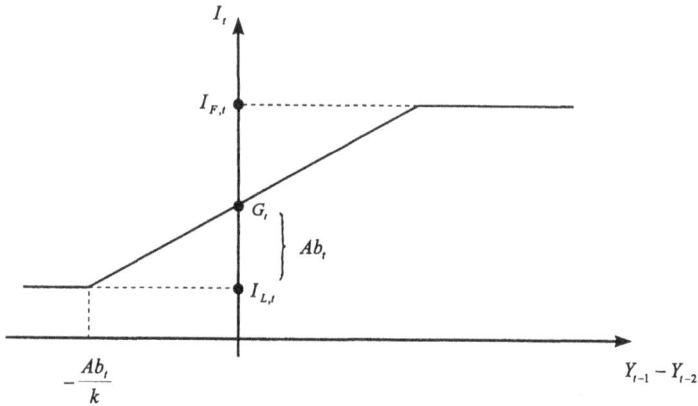

Die Investitionsfunktion (4.38) begrenzt die Entwicklung des Inlandsprodukts nach unten und nach oben. Die untere Grenze des Inlandsprodukts $Y_{L,t}$ (floor) ist durch $I_{L,t}$, die obere Grenze $Y_{F,t}$ (ceiling) durch $I_{F,t}$ festgelegt. Erreichen die geplanten Investitionen das Niveau $I_{F,t}$ und bleiben sie für einige Perioden auf dieser Höhe, so müssen die Kapazitäten voll ausgelastet sein und das Inlandsprodukt entspricht daher seinem Vollbeschäftigungsniveau $Y_{F,t}$. Übersteigt die aggregierte Nachfrage Y_t^D diesen Wert, läßt sich die Produktion nicht weiter ausdehnen. Ist Y_t^D größer als die geplante Produktion und kleiner als das Vollbeschäftigungsniveau, wird ein Nachfrageüberschuß noch in der laufenden Periode ausgeglichen. Gleichung (4.39) gibt diese Zusammenhänge wieder[27]:

$$Y_t = \min(Y_t^D, Y_{F,t}), \qquad \text{mit:} \qquad (4.39)$$
$$Y_t^D = I_t + C_t. \qquad (4.40)$$

Die Konsumfunktion vervollständigt das Modell. Um eine möglichst einfache mathematische Handhabe und eine große Übereinstimmung mit der Originalversion von Hicks zu erreichen, ist die Konsumnachfrage eine linearhomogene Funktion des Realeinkommens der Vorperiode (Robertson–Lag):

$$C_t = cY_{t-1}. \qquad (4.41)$$

Könnte sich das Inlandsprodukt wie im Falle eines über alle Werte von ΔY_{t-1} linearen Akzelerators ohne Begrenzungen über die Zeit entwickeln, vereinfa-

---

[27]Für eine Funktion $z = \min(x, y)$ gilt: $z = \begin{cases} x, & \text{für } x \leq y \\ y, & \text{für } y < x \end{cases}$. Ist z.B. $x = 4$ und $y = 7$, so gilt: $z = \min(4, 7) = 4$.

chen sich die Gleichungen (4.38) und (4.39) zu:

$$I_{i,t} = k(Y_{t-1} - Y_{t-2}), \qquad \text{und} \qquad (4.38a)$$

$$Y_t = Y_t^D. \qquad (4.39a)$$

Nach Substitution und Umstellung erhält man die Differenzengleichung (4.42), die eine unbeschränkte Entwicklung wiedergibt:

$$Y_t - (c + k)Y_{t-1} + kY_{t-2} = H(1 + g)^t. \qquad (4.42)$$

Die partikuläre Lösung, die den Gleichgewichtspfad des Inlandsprodukts (moving equilibrium) liefert, gewinnt man mit dem Lösungsansatz: $Y_t = \bar{Y}_t = E(1 + g)^t$. Gleichung (4.42) geht dann über in:

$$E(1 + g)^t - (c + k)E(1 + g)^{t-1} + kE(1 + g)^{t-2} - H(1 + g)^t = 0. \quad (4.43)$$

Klammert man den kleinsten gemeinsamen Faktor $(1+g)^{t-2}$ bei allen Termen aus, führt dies zu:

$$(1 + g)^{t-2}[E(1 + g)^2 - (c + k)E(1 + g) + kE - H(1 + g)^2] = 0.$$

Diese Gleichung ist nur dann für alle t gleich null, wenn der Ausdruck in der eckigen Klammer null ergibt. Dadurch ist die unbekannte Konstante E determiniert:

$$E = \frac{(1 + g)^2}{(1 + g)^2 - (c + k)(1 + g) + k}H. \qquad (4.44)$$

Nutzt man die Beziehung $1 - c = s$ (s: marginale Sparneigung) aus, läßt sich der Nenner in Gleichung (4.44) vereinfachen zu:

$$E = \frac{(1 + g)^2}{(1 + g)(s + g) - kg}H. \qquad (4.45)$$

Der Faktor $\dfrac{(1 + g)^2}{(1 + g)(s + g) - kg}$ heißt Hicks'scher Supermultiplikator; er enthält den Keynes'schen Multiplikator $\dfrac{1}{s}$ als Spezialfall für $g = 0$. Der Gleichgewichtspfad des Inlandsprodukts ist somit bestimmt als:

$$\bar{Y}_t = E(1 + g)^t = \frac{(1 + g)^2}{(1 + g)(s + g) - kg}H(1 + g)^t. \qquad (4.46)$$

Damit Gleichung (4.46) einen ökonomisch sinnvollen Gleichgewichtspfad beschreibt, muß E größer als null sein. Dies bedeutet, daß gilt[28]:$(1+g)(s+g) > kg$.

---

[28]Liefert die charakteristische Gleichung komplexe Wurzeln x_1, x_2, ist diese Bedingung immer erfüllt. Dies gilt auch für alle empirisch relevanten Parameterwerte. Sind die Wurzeln reellwertig, muß gelten: $1 + g < x_1$ oder $1 + g > x_2$ für $x_1 \leq x_2$.

Die Wurzeln der zur Differenzengleichung (4.42) gehörenden charakteristischen Gleichung bestimmen den Zeitpfad, wenn das Inlandsprodukt durch exogene Schocks veranlaßt in einer Periode von seinem Gleichgewichtswert abweicht. Nach dem Schur–Kriterium (vgl. das Gleichungssystem auf S. 339) ist die Entwicklung stabil, sofern die Koeffizienten der Gleichung (4.42) die drei Ungleichungen erfüllen:

$$1 - (c + k) + k > 0, \tag{4.47}$$

$$1 + (c + k) + k > 0, \tag{4.48}$$

$$1 - k \quad\quad\quad > 0. \tag{4.49}$$

Da k und c stets größer als null sind, ist die Bedingung (4.48) immer erfüllt. Es ergeben sich somit auch hier nur zwei Einschränkungen für die Koeffizientenwerte. Löst man die Beziehungen (4.47) und (4.49) nach c bzw. k auf, erhält man als Stabilitätsbereich:

$$c < 1 \quad \text{und} \tag{4.50}$$

$$k < 1. \tag{4.51}$$

Dieser Stabilitätsbereich weicht deutlich von dem des Samuelson–Modells ab (vgl. die beiden Ungleichungen (4.27) und (4.28)). Der Grund liegt in der Formalisierung der Akzeleratorhypothese. Bei Hicks hängen die induzierten Investitionen von der Veränderung der gesamten Nachfrage ab (vgl. Gleichung (4.36)), während Samuelson nur die Veränderung der Konsumnachfrage zugrunde legt. Sieht man zwecks Vergleichbarkeit von einer Staatstätigkeit ab, läßt sich die von Samuelson verwendete Investitionsfunktion (4.18) schreiben als $I_t = kc(Y_{t-1} - Y_{t-2})$. Beide Investitionsfunktionen unterscheiden sich nur in ihrem Koeffizienten. Da gilt $0 < c < 1$, reagieren die Investitionen bei Samuelson schwächer auf ΔY_{t-1} als bei Hicks. Es ist daher nicht überraschend, daß das Samuelson–Modell inhärent stabiler als das Hicks–Modell ist. Die Gegenüberstellung beider Ansätze macht deutlich, daß der Stabilitätsbereich linearer, dynamischer Modelle bereits auf kleine Änderungen in der Modellspezifikation sehr stark reagiert.

Um einem zyklischen[29] Verlauf zu erhalten, muß für die Diskriminante der charakteristischen Gleichung $x^2 - (c + k)x + k = 0$ gelten:

$$(c + k)^2 - 4k < 0.$$

Die Trennfunktion für den zyklischen und den schwingungsfreien Bereich gewinnt man unter Beachtung, daß stets $c > 0$ sein muß, als:

$$c = -k + 2\sqrt{k} \quad \text{für } 0 < k < 4.$$

---

[29]Nach der Descartes'schen Zeichen–Regel kann keine der beiden Wurzeln x_1 und x_2 reell und negativ sein. Damit sind alternierende Entwicklungen ausgeschlossen.

Damit sind alle ökonomisch zulässigen Parameterkombinationen (k, c) in fünf Bereiche A, B, C, D, E unterteilt (siehe Abbildung 4.10), die jeweils typische Zeitpfade kennzeichnen. Zu den Bereichen A und D gehören auch die Punkte der gekrümmten Begrenzungslinie; der Bereich E umfaßt alle Punkte auf der Geraden $k = 1$, für deren Ordinate gilt: $0 < c < 1$.

Abb. 4.10:

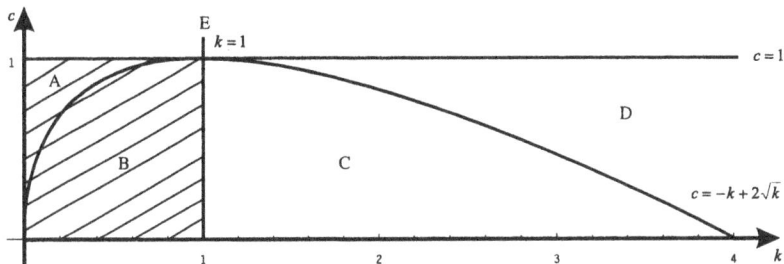

Bereich A: schwingungsfreie Anpassung an den Gleichgewichtspfad,

Bereich B: Anpassung an den Gleichgewichtspfad mit gedämpften

Schwingungen,

Bereich C: explosive Schwingungen um den Gleichgewichtspfad,

Bereich D: exponentielle Abweichungen vom Gleichgewichtspfad,

Bereich E: harmonische Schwingungen.

Da der Akzelerationskoeffizient k größer als eins ist, sind nach diesem Modell explosive Bewegungen (Bereiche C und D) der Normalzustand für eine Volkswirtschaft, solange nicht untere und obere Begrenzungen diese Entwicklung aufhalten. Die Berücksichtigung solcher Schranken im Modell macht eine getrennte Analyse der explosiv zyklischen und exponentiellen Abweichungen vom Gleichgewichtspfad überflüssig, da der Zeitpfad des Inlandsprodukts stets, wie unten gezeigt wird, an oder vor den Grenzen seine Richtung ändert.

Die dem Vollbeschäftigungsinlandsprodukt entsprechende obere Schranke wächst wegen der autonom getätigten Investitionen selbst im Zeitverlauf. Von diesem Wachstum wird angenommen, daß es sich mit der gleichen Rate g wie bei den autonomen Investitionen vollzieht[30]:

$$Y_{F,t} = Y_F(1 + g)^t. \tag{4.52}$$

---

[30]Dieses Wachstum wird in Anlehnung an HARROD (1939) als natürliches Wachstum bezeichnet. Darunter versteht man das Wachstum, das bei Vollauslastung der Produktionsfaktoren langfristig maximal möglich ist.

In der Ausgangsperiode $t = 0$ werden die obere Schranke durch Y_F und das gleichgewichtige Inlandsprodukt durch E gegeben. Es erscheint plausibel anzunehmen, daß eine Entwicklung des Inlandsprodukts dann als gleichgewichtig anzusehen ist, wenn die Kapazitäten normal und nicht 100-prozentig ausgelastet sind. Dies bedeutet einen kleineren Ausgangswert E im Vergleich mit Y_F.

Führen nun in einer Periode t_1 positiv wirkende Impulse einen Aufschwung herbei, entwickelt sich das Inlandsprodukt explosiv auf die obere Schranke $Y_{F,t}$ zu mit Wachstumsraten, die größer als g sind. Nach Gleichung (4.39) kann die obere Schranke $Y_{F,t}$ nicht überschritten werden. Es ist jedoch auch ein Wachstum entlang dieses Pfades ausgeschlossen, da der Rückgang der Wachstumsrate beim Erreichen der oberen Schranke zu einer Drosselung der induzierten Investitionen führt mit der Folge, daß auch das Inlandsprodukt sinkt. Formal läßt sich dieses Ergebnis wie folgt herleiten. Erreicht das Inlandsprodukt in der Periode $t - 2$ erstmals den Wert $Y_{F,t-2}$, gilt wegen Gleichung (4.52): $Y_{t-2} = Y_{F,t-2} = Y_F(1 + g)^{t-2}$. Aus Gleichung (4.42) folgt für Y_t:

$$Y_t = (c + k)Y_{t-1} - kY_{t-2} + H(1 + g)^t. \qquad (4.53)$$

Verzögert man diese Gleichung um eine Periode und ersetzt Y_{t-2} durch den obigen Wert, erhält man:

$$Y_{t-1} = (c + k)Y_F(1 + g)^{t-2} - kY_{t-3} + H(1 + g)^{t-1}.$$

Für Y_{t-1} kann nun gelten: $Y_{t-1} \gtreqless Y_{F,t-1}$. Gilt der Trivialfall $Y_{t-1} < Y_{F,t-1}$, ist der Abschwung bereits in der Periode $t - 1$ eingeleitet. Es soll aber die ungünstigere Situation angenommen werden, daß Y_{t-1} größer oder gleich $Y_{F,t-1}$ ist und das Inlandsprodukt in der Periode $t-1$ immer noch dem oberen Schrankenwert entspricht: $Y_{t-1} = Y_{F,t-1} = Y_F(1+g)^{t-1}$. Das Inlandsprodukt der Periode t ist dann gemäß Gleichung (4.53) und nach entsprechenden Substitutionen von Y_{t-1} und Y_{t-2}:

$$Y_t = (c + k)Y_F(1 + g)^{t-1} - kY_F(1 + g)^{t-2} + H(1 + g)^t.$$

Es kann nun gezeigt werden, daß Y_t kleiner als $Y_{F,t}$ sein muß, d.h., es gilt die Ungleichung:

$$(c + k)Y_F(1 + g)^{t-1} - kY_F(1 + g)^{t-2} + H(1 + g)^t < Y_F(1 + g)^t.$$

Dividiert man diese Ungleichung durch $(1+g)^{t-2}$ und faßt man alle Y_F-Terme auf einer Seite zusammen, führt das zu:

$$H(1 + g)^2 < [(1 + g)^2 - kg - c - cg]Y_F. \qquad (4.54)$$

Die eckige Klammer läßt sich nach Nullergänzung $(k - k)$ umformen zu:

$$[(1 + g)^2 - kg - c - cg - k + k] = [(1 + g)^2 - (c + k)(1 + g) + k].$$

Beziehung (4.54) geht dann über in:

$$\frac{(1 + g)^2}{(1 + g)^2 - (c + k)(1 + g) + k} H < Y_F. \tag{4.55}$$

Da die linke Seite der Ungleichung (4.55) die Konstante E ist, fällt Y_t nur dann kleiner als $Y_{F,t}$ aus, wenn das gleichgewichtige Inlandsprodukt der Anfangsperiode kleiner als das für diese Periode maximal mögliche Inlandsprodukt ist. Dies wurde aber aus ökonomischen Erwägungen angenommen[31].

Das Inlandsprodukt kann also nicht länger als zwei Perioden an der oberen Grenze verweilen[32]. Dieser Rückgang des Inlandsprodukts leitet wegen der Akzeleratorbeziehung (4.38) einen sich beschleunigenden Abschwung ein. Dabei durchläuft Y_t auch sein Gleichgewichtsniveau, ohne auf seinem Gleichgewichtspfad verweilen zu können. Dies verdeutlicht folgende Überlegung. Für eine Entwicklung entlang des Gleichgewichtspfades muß Y_t in zwei aufeinanderfolgenden Perioden seinem Gleichgewichtswert entsprechen. Wegen der im Abschwung vorhandenen Dynamik, ausgelöst durch negative Differenzen $(Y_{t-1} - Y_{t-2})$ nimmt Y_t — wenn überhaupt — nur in einer Periode einen Gleichgewichtswert an[33]. Das Inlandsprodukt bewegt sich auf seine untere Grenze $Y_{L,t}$ zu, wobei die Einkommensrückgänge negative Investitionen induzieren. Solange diese negativen Investitionen kleiner als der negative Wert der Abschreibungen sind, ist der Akzelerator außer Kraft, und die Investitionsfunktion wird gegeben durch:

$$I_t = I_{L,t} = G_t - Ab_t > 0. \tag{4.38b}$$

Obwohl die Abschreibungen Ab_t wegen der konjunkturell bedingten unterschiedlichen Akkumulation des Kapitalstocks im Zeitablauf selbst schwanken,

---

[31] Nur für den unrealistischen Fall $E > Y_F$ entwickelt sich das Inlandsprodukt entlang der oberen Schranke.

[32] Daß das Inlandsprodukt für $E < Y_F$ nicht ständig entlang der oberen Grenze wachsen kann, läßt sich auch wie folgt begründen: Bei gegebener, konstanter Wachstumsrate g der autonomen Investitionen existiert für die Differenzengleichung (4.42) nur die partikuläre Lösung $\bar{Y}_t = E(1+g)^t$. Alle anderen Wachstumspfade sind dann aber mit der Wachstumsrate g unverträglich. Das Inlandsprodukt muß daher die Obergrenze wieder verlassen.

[33] Da es sich bei Differenzengleichungen um diskrete Funktionen in t handelt, kann es durchaus vorkommen, daß während des Abschwungs keine Periode existiert, für die gilt: $Y_\tau = \bar{Y}_\tau$. Dies ist z.B. der Fall, wenn $Y_{\tau-1} > \bar{Y}_{\tau-1}$ und $Y_\tau < \bar{Y}_\tau$ gilt. In diesem Sinne ist die Aussage, Y_t durchlaufe seinen Gleichgewichtswert, zu verstehen. Das gleiche gilt für einen Aufschwung, der unterhalb des Gleichgewichtspfades beginnt.

nimmt Hicks an, daß sie über t konstant sind[34]: $Ab_t = Ab$. In Verbindung mit den anderen Modellgleichungen erhält man den Zeitpfad des Inlandsprodukts für diese Phase des Abschwungs als:

$$Y_t = Y_t^D = C_t + I_t$$
$$= cY_{t-1} + H(1+g)^t - Ab \qquad \text{oder:}$$
$$Y_t - cY_{t-1} = H(1+g)^t - Ab. \qquad (4.56)$$

Um die partikuläre Lösung für diese lineare Differenzengleichung erster Ordnung zu ermitteln, wird der Lösungsansatz

$$\bar{Y}_t = E_1(1+g)^t + E_2$$

in Gleichung (4.56) eingesetzt. E_1, E_2 stellen unbestimmte Konstanten dar. Man erhält:

$$E_1(1+g)^t + E_2 - c[E_1(1+g)^{t-1} + E_2] - H(1+g)^t + Ab = 0.$$

Einfache Umformungen führen zu:

$$(1+g)^{t-1}[E_1(1+g) - cE_1 - H(1+g)] + (E_2 - cE_2 + Ab) = 0. \qquad (4.57)$$

Die Konstanten E_1 und E_2 werden nun so bestimmt, daß Gleichung (4.57) für alle t erfüllt ist. Dies führt zu den beiden Bestimmungsgleichungen:

$$E_1(1+g) - cE_1 = H(1+g), \qquad \text{und} \qquad (4.58)$$
$$(1-c)E_2 = -Ab. \qquad (4.59)$$

Aufgelöst nach E_1 und E_2 ergibt:

$$E_1 = \frac{H(1+g)}{(1+g) - c} = \frac{H}{1 - c(1+g)^{-1}}, \qquad \text{und} \qquad (4.60)$$
$$E_2 = -\frac{Ab}{1-c}. \qquad (4.61)$$

Der Gleichgewichtspfad ist dann:

$$\bar{Y}_t = \frac{H(1+g)^t}{1 - c(1+g)^{-1}} - \frac{Ab}{1-c}. \qquad (4.62)$$

Da eine Volkswirtschaft dem Gleichgewichtspfad (4.62) nur dann folgt, wenn die Investitionen gemäß Gleichung (4.38b) in jeder Periode den geringsten

---

[34]Diese Annahme läßt sich als Approximation an die Realität rechtfertigen, wenn man sich die Abschreibungen durch denjenigen Kapitalstock bestimmt vorstellt, der zu Beginn des Abschwungs vorhanden ist.

Wert annehmen, stellt er auch die Entwicklung der unteren Grenze dar: $\bar{Y}_t =$ $Y_{L,t}$. Wegen des Ausdrucks $\dfrac{Ab}{1-c}$ wächst die untere Grenze nur annähernd mit der Rate g. Die Abweichung ist aber so gering, daß sie bei den weiteren Ausführungen vernachlässigt werden kann.

Als allgemeine Lösung des Homogenteils der Differenzengleichung (4.56) erhält man $E_3 c^t$ mit E_3 als willkürliche Konstante. Die Lösungen des Homogen– und Inhomogenteils ergeben zusammen die allgemeine Lösung:

$$Y_t = E_3 c^t + \frac{H(1+g)^t}{1 - c(1+g)^{-1}} - \frac{Ab}{1-c}. \tag{4.63}$$

Diese Gleichung beschreibt ab der Periode τ, in der erstmals die Investitionen nicht mehr durch den Akzelerator, sondern durch Gleichung (4.38b) erklärt werden, die Entwicklung des Inlandsprodukts. Da bis zu dieser Periode aber Gleichung (4.42) gültig war, stellt der Zeitreihenwert der Gleichung (4.42) für $t = \tau$ den Anfangswert für Gleichung (4.63) dar. Läßt man in der Periode τ den Zeitindex der Gleichung (4.63) bei null beginnen, entspricht E_3 der Differenz zwischen dem Anfangswert und dem aus Gleichung (4.62) resultierenden Wert der partikulären Lösung für $t = 0$. Damit ist die Konstante E_3 bestimmt. Gleichung (4.63) beschreibt den Abschwung des Inlandsprodukts. Da $0 < c < 1$, konvergiert die Entwicklung zum Gleichgewichtspfad, ohne ihn jedoch zu erreichen. Dies läßt sich zeigen, wenn man die beiden den Zeitpfad (4.63) determinierenden Komponenten $K_1 = E_3 c^t$ und $K_2 = \dfrac{H(1+g)^t}{1 - c(1+g)^{-1}} - \dfrac{Ab}{1-c}$ getrennt untersucht. Für $t \to \infty$ strebt K_1 mit negativen ersten Differenzen gegen null, und K_2 wächst ständig mit positiven ersten Differenzen. Es gibt daher eine Periode t_2, in der die Anpassung an den Gleichgewichtspfad noch nicht abgeschlossen ist und in der die schwächer werdenden Abwärtseinflüsse dem Betrage nach mit den Aufwärtskräften übereinstimmen oder bereits kleiner sind. Dies ist dann aber genau die Periode, in der erstmals wieder positive induzierte Investitionen durchgeführt werden. Ein Aufschwung mit den gleichen Charakteristika wie oben beschrieben setzt ein. Die Entwicklung des Inlandsprodukts ist in Abbildung 4.11 unter Verwendung eines halblogarithmischen Maßstabs[35] dargestellt. In der Periode t_0 führen positiv wirkende Impulse einen Aufschwung herbei. Das Inlandsprodukt bleibt höchstens für zwei aufeinanderfolgende Perioden an der oberen Grenze, durchläuft in der Periode t_1 von oben seinen Gleichgewichtspfad und erreicht in der Periode t_2 den unteren Umkehrpunkt. Ein neuer

---

[35]Ein halblogarithmischer Maßstab mit $\ln Y_t$ an der Ordinate und t an der Abszisse führt dazu, daß Zeitpfade mit konstanter Wachstumsrate als Geraden wiedergegeben werden. Logarithmiert man beide Seiten der Gleichung $Y_t = H(1+g)^t$, ergibt dies: $\ln Y_t = \ln H + t \ln(1+g)$; $\ln Y_t$ ist eine lineare Funktion in t mit der Steigung $\ln(1+g)$. Gleiche Steigungen entsprechen daher gleichen Wachstumsraten.

Aufschwung setzt ein. Wegen des halblogarithmischen Maßstabs vermittelt die Abbildung 4.11 den Eindruck von Konjunkturzyklen mit konstanten Amplituden. Dies ist jedoch nicht der Fall. Tatsächlich entwickeln sich die drei Zeitpfade zwar mit gleicher Rate, aber wegen unterschiedlicher Anfangswerte mit verschieden hohen absoluten Zuwächsen. Dies führt zu einem Konjunkturverlauf mit zunehmenden Amplituden.

Abb. 4.11:

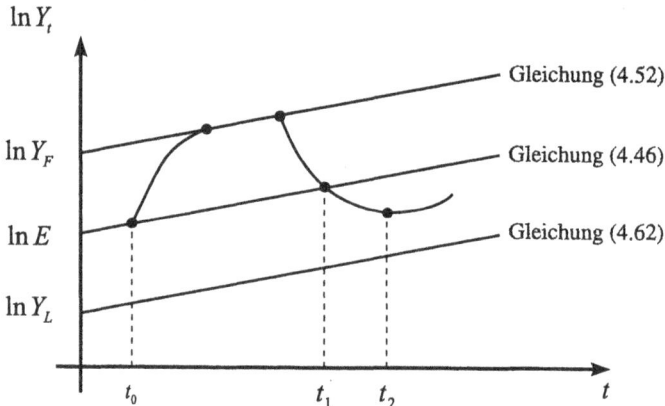

Die Verwendung einer nichtlinearen Akzeleratorbeziehung hat zweifelsfrei den Vorteil, daß bei realistischen Parameterwerten für k und c eine unbegrenzte explosive Entwicklung ausgeschlossen ist. Nach einem einmaligen Impuls entwickelt sich die Volkswirtschaft mit wiederkehrenden Zyklen. Entscheidend für diese Entwicklung ist jedoch nicht so sehr die Verwendung eines nichtlinearen Akzelerators, sondern die Annahme eines Wachstums der autonomen Investitionen G_t mit konstanter Rate g. Bliebe G_t z.B. auf dem Wert H konstant, resultiert aus Gleichung (4.63) für den Abschwung eine konvergente Entwicklung zur unteren Schranke, die jetzt eine Konstante darstellt. Aus

$$Y_t = E_3 c^t + \frac{H - Ab}{1 - c} \text{ folgt: } \lim_{t \to \infty} Y_t = \frac{H - Ab}{1 - c} = \bar{Y}, \text{ weil wegen } 0 < c < 1$$

$\lim_{t \to \infty} E_3 c^t = 0$ gilt. Ursache für den unteren Umkehrpunkt stellen somit die wachsenden autonomen Investitionen dar, die über zunehmendes Inlandsprodukt zusätzliche Investitionen induzieren. Allerdings impliziert diese Hypothese für den frühen Aufschwung ein Investitionsverhalten der Unternehmer, das nicht zu überzeugen vermag. Spätestens in den Perioden, in denen die nach der Akzeleratortheorie bestimmten negativen induzierten Investitionen rechnerisch ihre untere Grenze $I_{L,t}$ unterschreiten, müssen sich Leerkapazitäten bilden, da über die Abschreibungen nur ein unzureichender Abbau des Kapitalstocks erfolgt. Ist der untere Umkehrpunkt durchlaufen, treten nach dem Modell bereits in einer frühen Phase positive induzierte Investitionen ein, obwohl noch Leerkapazitäten vorhanden sein müssen. Ein solches unternehmerisches Verhalten ist aber unrealistisch; vielmehr tritt die Akzeleratortheorie erst nach einer angemessenen Verringerung der Leerkapazitäten in Kraft.

4.1.3 Weiterentwicklungen des Samuelson–Hicks–Modells

Mit dem Samuelson–Hicks–Modell ist der Grundtyp der Konjunkturmodelle gefunden und seine mathematische Struktur aufgezeigt. In der Folgezeit konzentriert sich die konjunkturtheoretische Forschung im wesentlichen auf Verbesserungen des Samuelson–Hicks–Modells. Dies geschieht durch:

(1) eine Weiterentwicklung des Akzelerationsprinzips,

(2) die Analyse und Integration der ausgeklammerten, aber dennoch wesentlichen ökonomischen Einflußfaktoren,

(3) eine theoretisch befriedigende Verbindung von Wachstums– und Konjunkturfaktoren: Wachstumstrend und Konjunkturzyklus sollen durch gemeinsame Ursachen erklärt werden können.

Anhand der wesentlichen Beiträge wird diese Phase der konjunkturtheoretischen Entwicklung nachvollzogen.

4.1.3.1 Das Kapitalstockanpassungsprinzip

Das am Ende des vorangegangenen Kapitels aufgezeigte Erklärungsdefizit des Akzeleratorprinzips schlägt sich auch in den zahlreichen empirischen Untersuchungen nieder. Bereits bei frühen ökonometrischen Schätzungen[36] der Akzeleratorhypothese in der Form $I_{i,t} = k(Y_t - Y_{t-1}) + b$ oder $I_{i,t} = k(Y_{t-1} - Y_{t-2}) + b$ sind die ermittelten Werte des Akzelerationskoeffizienten so viel kleiner als der jährliche statistische Kapitalkoeffizient, dessen Wert ungefähr bei 2,5 liegt, daß diese Abweichungen nicht mehr als zufällig zu interpretieren sind oder aus einer möglicherweise falschen Festlegung der Periodenlänge beim Akzelerationsprinzip resultieren[37]. Chenery[38] und Good-

---

[36]Vgl. hierzu KUZNETS (1930).

[37]Der Kapitalkoeffizient ergibt sich als Quotient einer Bestandsgröße zu einer Stromgröße und verhält sich daher invers zur Periodenlänge. Für seine Berechnung muß immer die Periodenlänge bestimmt sein. Wählt man hierfür z.B. ein Jahr, so führt eine Schätzung des Akzelerationskoeffizienten auf der Basis von Jahresdaten nicht zu einer systematischen Verzerrung, wenn der in der Akzelerationshypothese enthaltene Zeitindex t Perioden mit der Länge eines Jahres darstellt und die zeitliche Verzögerung ebenfalls ein Jahr beträgt.

[38]CHENERY (1952).

win[39] führen daher anstelle des Akzelerators das Kapitalstockanpassungsprinzip (auch Kapazitätsanpassungsprinzip genannt) ein, das als Spezialfall
den Akzelerator enthält. Nettoinvestitionen werden danach durch eine Differenz zwischen gewünschtem und vorhandenem Kapitalstock ausgelöst:

$$I_{i,t} = \beta(K_t^* - K_{t-1}),   \tag{4.64}$$

$K*$: gewünschter Kapitalstock,

K_{t-1} : vorhandener Kapitalstock zu Beginn der Periode t.

Der Koeffizient $\beta > 0$ läßt sich als Reaktionskoeffizient auffassen, der die Ge-
schwindigkeit[40] angibt, mit der die Unternehmer eine Diskrepanz zwischen
K^* und K_{t-1} abzubauen gedenken. Soll diese Diskrepanz bereits in der laufenden Periode vollkommen beseitigt werden, muß β den Wert eins annehmen.
Damit ist die obere Schranke für β festgelegt.

In der Form (4.64) stellt das Kapitalstockanpassungsprinzip eine Definitionsgleichung für die Nettoinvestitionen dar, die keine Erklärungskraft besitzt.
Erst durch die Angabe der Bestimmungsgrößen für den gewünschten Kapitalstock wird Gleichung (4.64) zu einer Verhaltenshypothese, die Information
über die ökonomische Realität liefert. Nimmt man gemäß des einfachen Akzelerators eine konstante Proportionalität zwischen gewünschtem Kapitalstock
K_t^* und geplantem Inlandsprodukt Y_t^S an, so ist K_t^* bestimmt durch:

$$K_t^* = kY_t^S,$$

und Gleichung (4.64) geht über in:

$$I_{i,t} = \beta(kY_t^S - K_{t-1}).   \tag{4.65}$$

Die Akzeleratortheorie folgt aus dieser Gleichung durch zwei spezielle Annahmen:

(1) In jeder Periode wird eine Diskrepanz zwischen K_t^* und K_{t-1} vollkom-
    men beseitigt,

(2) das geplante Inlandsprodukt entspricht dem tatsächlichen, d.h. die Un-
    ternehmer planen unter vollkommener Voraussicht.

Aus den Annahmen folgt:

$$\beta = 1, \text{ wegen Annahme (1)},$$

$$Y_t^S = Y_t, \text{ wegen Annahme (2)},$$

$$K_{t-1} = kY_{t-1}, \text{ wegen der Annahmen (1) und (2)}.$$

---

[39]GOODWIN (1951).
[40]Vgl. hierzu ECKAUS (1953). Hier zitiert nach WEBER (1969), S. 225.

Nach entsprechender Substitution folgt aus Gleichung (4.65) das unverzögerte Akzeleratorprinzip[41]: $I_{i,t} = k(Y_t - Y_{t-1})$.

In empirischen Untersuchungen schnitt das Kapitalstockanpassungsprinzip besser als der Akzelerator ab[42]; in den meisten nachfolgenden Konjunkturmodellen liegt daher diese Hypothese dem Investitionsverhalten zugrunde.

Ist der Reaktionskoeffizient β kleiner als eins, erstreckt sich der durch eine Diskrepanz zwischen gewünschtem und vorhandenem Kapitalstock ausgelöste Anpassungsprozeß über unendlich viele Perioden, weil in jeder nachfolgenden Periode jeweils nur ein β–Anteil der aus der Vorperiode noch vorhandenen Fehlanpassung beseitigt wird. Bei unmittelbarem Ersatz des Kapitalverschleisses und unter Vernachlässigung autonomer Investitionen folgt aus dem Kapitalstockanpassungsprinzip dann eine Proportionalität zwischen dem vorhandenen Kapitalstock und der gewogenen Summe aus gegenwärtig gewünschtem Kapitalstock und allen gewünschten Kapitalstöcken der Vergangenheit. Bezeichnet λ den noch nicht fertiggestellten Teil des gewünschten Kapitalstocks, so ist $\beta = 1 - \lambda$. Unter Beachtung der definitorischen Beziehung $I_t = K_t - K_{t-1}$ ergibt sich aus Gleichung (4.64):

$$K_t - K_{t-1} = (1 - \lambda)(K_t^* - K_{t-1}), \quad 0 < \lambda < 1,$$

oder nach einfacher Umformung:

$$K_t = (1 - \lambda)K_t^* + \lambda K_{t-1}. \tag{4.66}$$

Der um r Perioden verzögerte Kapitalstock K_{t-r} ist dann:

$$K_{t-r} = (1 - \lambda)K_{t-r}^* + \lambda K_{t-r-1}. \tag{4.67}$$

Durch sukzessives Einsetzen der Beziehung (4.67) für $r = 1, 2, \ldots$ in Gleichung (4.66) geht diese über in:

$$K_t = (1 - \lambda) \sum_{r=0}^{\infty} \lambda^r K_{t-r}^*. \tag{4.68}$$

Diese Gleichung, die man in der Literatur als „Modell der partiellen Anpassung", „partial adjustment model" oder als „flexibler Akzeleratormechanismus" bezeichnet, stellt eine distributed lag Funktion (Funktion mit zeitlichen Verzögerungen) dar[43], wobei die Koeffizienten (die Gewichte für die

---

[41] Das Akzeleratorprinzip in verzögerter Form gemäß Gleichung (4.36) folgt aus Gleichung (4.65) für $\beta = 1$, $Y_t^S = Y_{t-1}$ und $K_{t-1} = kY_{t-2}$.

[42] Vgl. hierzu SMYTH (1964).

[43] Für eine ausführliche Darstellung von distributed lag Funktionen und ihrer mathematischen Behandlung vgl. ASSENMACHER (1995), S. 164 ff.

gewünschten Kapitalstöcke) die zeitlich verzögerten Einflüsse der Variablen K_{t-r}^*, $r = 0, 1, 2, \ldots$ auf K_t angeben. Die Koeffizienten erzeugen eine Lag-Verteilung, deren spezieller Fall geometrisch abnehmender Gewichte von einer bestimmten Periode an, wie er in Gleichung (4.68) gegeben ist, Koyck-Verteilung[44] heißt. Gleichung (4.68) liefert auch eine Bestimmungsgleichung für die Investitionen. Aus $I_t = K_t - K_{t-1}$ und $K_{t-1} = (1 - \lambda) \sum\limits_{r=0}^{\infty} \lambda^r K_{t-r-1}^*$ folgt:

$$I_t = (1 - \lambda) \sum_{r=0}^{\infty} \lambda^r (K_{t-r}^* - K_{t-r-1}^*). \tag{4.69}$$

Die Spezifikation von K^* durch bestimmte Verhaltensannahmen überführt die Definitionsgleichung (4.69) in eine Investitionsfunktion (Verhaltensgleichung).

4.1.3.2 Die Modelle von Goodwin, Kalecki und Kaldor

Obwohl nach einer historischen Anordnung diese Modelle in der Reihenfolge Kalecki, Kaldor, Goodwin zu behandeln wären, soll aus inhaltlichen Erwägungen eine einfache Version des Goodwin–Modells am Anfang stehen, da hier das Kapitalstockanpassungsprinzip — wie auch in seiner ursprünglichen Formulierung — nur von Realgrößen abhängt. Die Investitionsfunktion in den Modellen von Kalecki und Kaldor entspricht „der Form nach" dem Kapitalstockanpassungsprinzip, enthält aber neben realen auch monetäre Einflußgrößen. Während im Kalecki–Modell eine nichtlineare Investitionsfunktion Verwendung findet, die zusätzlich zum Goodwin–Ansatz die Ausreifungszeit der Investitionsgüter berücksichtigt, sind im Kaldor–Modell sowohl Investitions– als auch Konsumfunktion nichtlinear. Diese inhaltlichen

---

[44]KOYCK (1954). Aus Gleichung (4.68) läßt sich natürlich wieder Gleichung (4.64) gewinnen. Dieser Umformungsprozeß geht auf Koyck zurück und heißt daher Koyck-Transformation. Verzögert man Gleichung (4.68) um eine Periode und multipliziert sie dann mit λ, erhält man:

$$\lambda K_{t-1} = (1 - \lambda) \sum_{r=0}^{\infty} \lambda^{r+1} K_{t-r-1}^*.$$

Somit gilt: $K_t - \lambda K_{t-1} = (1 - \lambda) K_t^*$, da sich alle höher verzögerten Terme aufheben. Der Kapitalstock der Periode t ist dann: $K_t = (1 - \lambda) K_t^* + \lambda K_{t-1}$, und die Investitionen sind:

$$I_t = K_t - K_{t-1} = (1 - \lambda) K_t^* + \lambda K_{t-1} - K_{t-1}$$
$$= (1 - \lambda)(K_t^* - K_{t-1}) = \beta (K_t^* - K_{t-1}).$$

Unterschiede zwischen den drei Modellen begründen die Reihenfolge ihrer Darstellung.

Bereits an der einfachsten Version der von Goodwin[45] entwickelten Konjunkturmodelle[46] lassen sich die Vorzüge einer Konjunkturerklärung auf der Basis des Kapitalstockanpassungsprinzips, das bei Goodwin noch „flexibler bzw. nichtlinearer Akzelerator" heißt, deutlich erkennen. Das Modell besteht aus dem Gütersektor einer geschlossenen Volkswirtschaft ohne staatliche Aktivität. Im Gegensatz zu den bisher behandelten Ansätzen sind alle Variablen stetige Funktionen der Zeit. Die Konsumnachfrage C setzt sich aus einem autonomen und einem vom laufenden Einkommen abhängigen Teil zusammen:

$$C = c_0 + cY. \tag{4.70}$$

Die Investitionsfunktion basiert auf dem Kapitalstockanpassungsprinzip: Erst eine Diskrepanz zwischem gewünschtem und tatsächlichem Kapitalstock induziert (Netto-) Investitionen. Die Beseitigung dieser Diskrepanz soll so schnell wie möglich erfolgen. Übersteigt daher die Investitionsgüternachfrage den maximal möglichen Periodenoutput I_F des Investitionsgütersektors, bildet sich in diesem Sektor ein Nachfragestau. Dieser Stau, der sich über einen längeren Zeitraum erstrecken kann, hält bis zu seiner völligen Beseitigung die Investitionsgüterproduktion auf ihrem Kapazitätsniveau. Liegen hingegen gesamtwirtschaftlich Überschußkapazitäten vor, reagieren die Unternehmer mit einem Abbau des Kapitalstocks in einem Umfang, der mit den konstanten Abschreibungen Ab übereinstimmt. Ihre Desinvestitionen bleiben daher bis zur Übereinstimmung von gewünschtem und tatsächlichem Kapitalstock auf dem niedrigsten möglichen Wert $I_L = -Ab$. Das beschriebene Investitionsverhalten führt zu der nichtlinearen Investitionsfunktion:

$$I = \begin{cases} I_F, & \text{für } K^* > K \\ 0, & \text{für } K^* = K \ ; \\ I_L & \text{für } K^* < K \end{cases} \qquad I_F > 0, \ I_L < 0. \tag{4.71}$$

Unterstellt man, daß die Unternehmer stets eine feste Proportionalität zwischen Produktion und Kapitalstock anstreben, bestimmt der einfache Akzelerator die Höhe des gewünschten Kapitalstocks K^*:

$$K^* = kY. \tag{4.72}$$

Die Volkswirtschaft befindet sich im (methodischen) Gleichgewicht, wenn gilt:

$$\bar{Y} = C + I. \tag{4.73}$$

---

[45]Goodwin (1951).

[46]Dieses einfache Ausgangsmodell erfährt durch Hinzunahme eines Wachtumstrends sowie Berücksichtigung einer Zeitverzögerung bei den Investitionsentscheidungen eine realistischere Ausgestaltung.

Da die Investitionsgüternachfrage wegen Gleichung (4.71) nur die drei Werte I_F, 0 und I_L annimmt, wird die Gleichgewichtsbedingung (4.73) nach Substitution von C durch Gleichung (4.70) so umgeformt, daß das gleichgewichtige Inlandsprodukt als Funktion von I erscheint:

$$\bar{Y} = \frac{c_0 + I}{1 - c}. \qquad (4.74)$$

Diese Umformung zeigt, daß das gleichgewichtige Inlandsprodukt durch den elementaren Multiplikator $1/(1-c)$ determiniert ist. Vollzieht sich der Multiplikatorprozeß, verglichen mit der Dauer des Investitionsgüternachfragestaus, sehr rasch, lassen sich über Gleichung (4.74) für jede der drei Investitionshöhen gleichgewichtige Inlandsprodukte bestimmen. Diese sind:

$$\bar{Y}_F = \frac{c_0 + I_F}{1 - c} \text{ für } I = I_F, \ \bar{Y}_0 = \frac{c_0}{1 - c} \text{ für } I = 0 \text{ und}$$

$$\bar{Y}_L = \frac{c_0 + I_L}{1 - c} \text{ für } I = I_L = -AB.$$

Da aber die Investitionsgüternachfrage nur während einer Diskrepanz zwischen tatsächlichem und gewünschtem Kapitalstock die Höhe I_F bzw. I_L hat, gelten die beiden Gleichgewichte $\bar{Y}_F$ und $\bar{Y}_L$ nur zeitlich begrenzt. Sie stellen daher temporäre Gleichgewichte dar. Beim gleichgewichtigen Inlandsprodukt $\bar{Y}_0$ stimmen gewünschter und tatsächlicher Kapitalstock überein, es liegen somit keine endogenen Änderungstendenzen vor. Mit dem Inlandsprodukt $\bar{Y}_0$ ist ein dauerhaftes methodisches Gleichgewicht gefunden, dessen weitere Charakteristika sind:

$$K_0 = K_0^* = \frac{kc_0}{1 - c}, \quad I_0 = 0 \quad \text{und} \quad C_0 = \frac{c_0}{1 - c}.$$

Die Stabilitäts– und Schwingungseigenschaften dieses Modells lassen sich anhand eines Phasendiagramms aufzeigen (vgl. Abbildung 4.12). Das durch K_0 repräsentierte Gleichgewicht ist instabil. Eine kleine Zunahme in der Höhe des gewünschten Kapitalstocks löst Investitionen im Umfang vom I_F aus (vgl. Punkt E), die zu einem Inlandsprodukt vom $\bar{Y}_F$ führen. Der für die Produktion dieses Inlandsprodukts gewünschte Kapitalstock beträgt $K_F^* = k\bar{Y}_F$; die Investitionen bleiben so lange auf dem Niveau I_F, bis der tatsächliche Kapitalstock auf die Höhe $K_F = K_F^*$ gewachsen ist (Punkt B). In dieser Phase stellt $\bar{Y}_F$ das temporäre Gleichgewicht dar. Ist dieser Akkumulationsprozeß abgeschlossen, sind weitere Investitionen überflüssig: $I = 0$. Für das jetzt zu produzierende Inlandsprodukt $\bar{Y}_0 = \frac{c_0}{1 - c}$ ist der tatsächliche Kapitalstock zu groß, das Ausbleiben der Ersatzinvestitionen (negative Investitionen im Höhe von I_L, vgl. Punkt C) führt zu einer weiteren Senkung des Inlandsprodukts auf das temporäre Gleichgewichtsniveau $\bar{Y}_L$. Für dieses Inlandsprodukt beträgt der gewünschte Kapitalstock $K_L^* = k\bar{Y}_L$ (vgl. Punkt D).

Abb. 4.12:

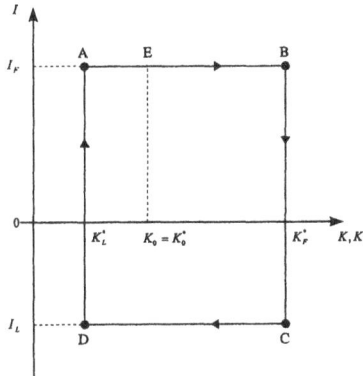

In Punkt D ist die Anpassung abgeschlossen, und es entfallen daher die Desinvestitionen: Das Inlandsprodukt steigt wieder auf das Niveau $\bar{Y}_0 = \dfrac{c_0}{1-c}$. Hierfür ist aber der vorhandene Kapitalstock zu klein, es werden wieder Investitionen in Höhe vom I_F notwendig (Punkt A). Ein neuer Zyklus mit den gleichen Eigenschaften wie sein Vorgänger beginnt[47] (vgl. die Pfeile in Abbildung 4.12). Die Zeitpfade für Y und K sind in Abbildung 4.13 dargestellt.

Abb. 4.13:

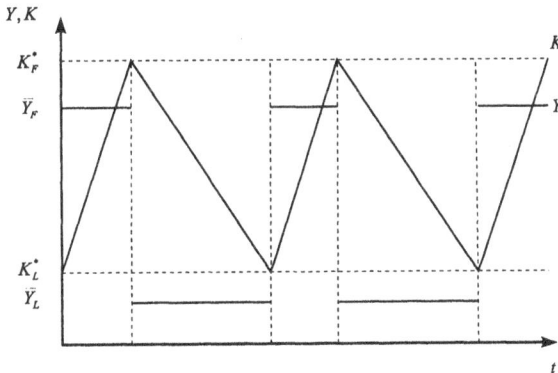

Dieses einfache Modell weist bereits eine Reihe der Wesensmerkmale nichtlinearer Konjunkturmodelle auf, die der allgemeinen Vorstellung einer Kon-

---

[47]Das Modell schließt also gedämpfte und explosive Abläufe aus. Dies ist der Grund, warum ein solches Gleichgewicht teilweise in der Literatur weder als stabil noch instabil bezeichnet wird.

junkturentwicklung sehr nahe kommen[48]:

(1) Da das Gleichgewicht instabil ist, beginnt die zyklische Abfolge bereits
    bei der kleinsten Abweichung.

(2) Der zyklische Ablauf des Modells ist unabhängig von den Anfangsbe-
    dingungen und den Werten der Modellkoeffizienten.

(3) Jeder Zyklus generiert seinen gleichen Nachfolger. Es bedarf daher kei-
    ner Impulsvariablen, die das Auslaufen der Zyklen oder eine explosive
    Entwicklung verhindern.

Schließlich sei noch betont, daß die Schwingungen dieses Modells nicht wegen
einer besonderen Lag–Struktur, sondern wegen der inhärenten Modelldyna-
mik eintreten, die aus der strukturellen Verbindung der Bestandsgröße „Kapitalstock" mit der Stromgröße „Investitionen" resultiert. Abgesehen von der
Initialstörung sind die Schwingungen somit modellendogen.

Das Modell von Kalecki[49], obwohl vor der Keynes'schen „Allgemeinen Theorie" erschienen, enthält bereits so viele keynesianische Elemente, daß es zu den
post–keynesianischen Konjunkturmodellen zählt. Mit ihm wird der Gütersektor einer geschlossenen Volkswirtschaft ohne Wachstumstrend analysiert, wobei im Mittelpunkt eine realitätsnahe Beschreibung des Investitionsvorgangs
steht. Kalecki berücksichtigt bei den Investitionsgütern zunächst deren Produktionszeit (Ausreifungszeit), die vereinfachend für alle als gleich lang angesehen wird und θ Zeiteinheiten umfaßt. Die Beachtung der Produktionszeit
führt folgerichtig zu einer Unterscheidung zwischen den Investitionsaufträgen
IA für Nettoinvestitionen, der tatsächlichen Investitionsgüterproduktion I
und den nach θ Zeiteinheiten fertiggestellten Investitionsgütern IF. All diese
Größen, wie auch die anderen Modellvariablen, werden als stetige Funktionen
der Zeit t aufgefaßt.

Die Investitionsfunktion legt fest, von welchen Größen die Investitionsaufträge abhängen. Für die Entwicklung dieses Zusammenhanges sind zwei Annahmen grundlegend:

(1) Die Unternehmer streben eine positive Korrelation zwischen der (ge-
    planten) Wachstumsrate des Kapitalstocks IA/K und der Kapitalren-
    tabilität an.

---

[48] Jedoch impliziert dieses einfache Modell im Gegensatz zur Realität eine längere
Abschwungs– als Aufschwungsphase, da der Kapitalstock schneller akkumuliert als über
die Abschreibungen reduziert werden kann. Die Berücksichtigung eines Wachtumspfades
beseitigt dieses unerwünschte Resultat.

[49] KALECKI (1935).

(2) Bei niedriger Kapitalrentabilität muß ein Abbau des Kapitalstocks über
    das Ausbleiben von Ersatzinvestitionen möglich sein. Die Investitions-
    aufträge sind dann negativ; sie nehmen ihren kleinsten Wert an, wenn
    keine Ersatzinvestitionsaufträge vergeben werden.

Bezeichnet man mit Π den Gewinn und definitiomsgenäß mit Π/K die Kapitalrentabilität, führt die Formalisierung dieser Verhaltenshypothese als Linearapproximation zu:

$$\frac{IA}{K} = \epsilon\frac{\Pi}{K} - \beta,$$

mit ϵ, $\beta > 0$ und $\frac{IA}{K} = 0$ für $\frac{\Pi}{K} = \frac{\beta}{\epsilon}$. Da IA die Nettoinvestitionsaufträge
bezeichnet, bedeutet $IA/K = 0$, daß die Unternehmer den Kapitalstock un-
verändert lassen wollen; sie führen nur noch Ersatzinvestitionen durch. Un-
terschreitet die Kapitalrentabilität den Schwellenwert $\frac{\beta}{\epsilon}$, erfolgt ein Abbau
des Kapitalstocks; $\frac{IA}{K}$ ist dann negativ. Die Investitionsfunktion ergibt sich
aus der Linearapproximation nach Multiplikation mit K:

$$IA = \epsilon\Pi - \beta K. \tag{4.75}$$

Sie entspricht formal dem Kapitalstockanpassungsprinzip[50]. Nimmt man wie
Kalecki an, daß die Arbeiter den überwiegenden Teil ihres Lohneinkommens
zum Erwerb von Konsumgütern verwenden und die Unternehmer (nahezu)
ihr gesamtes Gewinneinkommen sparen[51], gilt: $\Pi = (1 - c)Y$ und die Investitionsfunktion geht über in:

$$IA = \epsilon(1 - c)Y - \beta K. \tag{4.76}$$

Da die Ausreifungszeit für alle Investitionsgüter θ Zeiteinheiten beträgt, sind
die im Zeitpunkt $t - \theta$ in Auftrag gegebenen Investitionen zum Zeitpunkt t gerade fertiggestellt und können in Betrieb genommen werden. Diese Verzögerung ist nicht verhaltenshypothetisch, sondern allein produktionstechnisch
begründet. Gleichung (4.77) gibt diesen Zusammenhang wieder:

$$IF = IA(t - \theta). \tag{4.77}$$

---

[50]Die Funktion (4.75) kann unmittelbar aus dem Kapitalstockanpassungsprinzip (4.64)
abgeleitet werden, wenn man (a) den gewünschten Kapitalstock proportional zum Gewinn
Π annimmt: $K_t^* = \frac{\epsilon}{\beta}\Pi$, und (b) K_{t-1} mit K gleichsetzt. Das mit der Festlegung von K_t^*
unterstellte Investitionsverhalten ähnelt sehr der Liquiditätstheorie der Investition. Eine
knappe Darstellung dieser Theorie findet man bei ASSENMACHER (1976) S. 7 ff.; empirische
Ergebnisse bei JORGENSON UND SIEBERT (1968), S. 699 ff.
[51]Damit ist auf einfache Weise die Einkommensverteilung berücksichtigt.

Damit ist auch die Veränderung des Kapitalstocks bestimmt; sie entspricht den fertiggestellten Investitionen[52]:

$$\dot{K} = IF = IA(t - \theta), \qquad \text{mit } \dot{K} = \frac{dK}{dt}. \tag{4.78}$$

Bei konstanter Produktionsgeschwindigkeit produziert die Investitionsgüterindustrie von den noch nicht fertiggestellten Investitionsaufträgen in jeder Periode jeweils nur einen θ-Anteil. Es kann sich hierbei nur um Investitionsaufträge aus dem Zeitintervall $[t - \theta, t]$ handeln. Die Produktion von Investitionsgütern im Zeitpunkt t beträgt daher:

$$I = \frac{1}{\theta} \int\limits_{t-\theta}^{t} IA \, d\tau, \tag{4.79}$$

$$\tau = \text{stetige Zeitvariable.}$$

Die Konsumgüternachfrage ist nur durch das Lohneinkommen bestimmt; sie kann daher als linearhomogene Funktion spezifiziert werden:

$$C = cY. \tag{4.80}$$

Das (methodische) Gleichgewicht des Gütermarktes folgt aus $Y = C + I$ nach Substitution der Konsumfunktion und Auflösen nach Y:

$$\bar{Y} = \frac{I}{1 - c}. \tag{4.81}$$

Der Zeitpfad von $\bar{Y}$ hängt von der Entwicklung der Investitionsgüterproduktion ab, die ihrerseits durch die Investitionsaufträge festgelegt ist. Um den Zeitpfad für IA zu ermitteln, ersetzt man in Gleichung (4.76) Y durch $\bar{Y}$ und differenziert dann nach t:

$$\dot{IA} = \epsilon(1 - c)\dot{\bar{Y}} - \beta\dot{K}. \tag{4.82}$$

$\dot{\bar{Y}}$ läßt sich leicht aus Gleichung (4.81) ermitteln als:

$$\dot{\bar{Y}} = \frac{1}{1 - c}\dot{I}.$$

Da wegen Gleichung (4.79) gilt:

$$\dot{I} = \frac{1}{\theta}[IA - IA(t - \theta)],$$

---

[52]Ist eine Variable eine stetige Funktion der Zeit t, wird ihre erste Ableitung nach t geschrieben als: $\dot{y}$.

folgt für $\dot{Y}$:

$$\dot{Y} = \frac{1}{\theta(1-c)}[IA - IA(t-\theta)].$$

$\dot{K}$ ist bereits durch Gleichung (4.78) festgelegt. Gleichung (4.82) geht daher nach entsprechenden Substitutionen über in:

$$\dot{IA} = \frac{\epsilon}{\theta}[IA - IA(t-\theta)] - \beta IA(t-\theta).$$

Die Normierung $\theta = 1$ vereinfacht diese Gleichung zu[53]:

$$\dot{IA} = \epsilon[IA - IA(t-1)] - \beta IA(t-1),$$

die nach Zusammenfassung gleichverzögerter Terme übergeht in:

$$\dot{IA} - \epsilon IA + \gamma IA(t-1) = 0, \qquad \text{mit } \gamma := (\epsilon + \beta). \qquad (4.83)$$

Gleichung (4.83) stellt eine homogene, gemischte Differential–Differenzenglei-chung dar; für ihre Koeffizienten gilt: $0 < \epsilon < 1$ und $\gamma > \epsilon$. Die obere Grenze für ϵ läßt sich damit begründen, daß mit der aus dem Gleichgewichtsinlands-produkt gebildeten Ersparnis die gesamte Investitionsgüterproduktion I, und nicht nur die Investitionsaufträge finanziert werden müssen.

Eine Lösung für Gleichung (4.83) liegt vor, wenn eine Funktion für IA ange-geben werden kann, die Gleichung (4.83) für alle t erfüllt. Der Lösungsansatz $IA = (IA)_0 e^{xt}$ mit x als Unbekannte und $(IA)_0$ als beliebige Konstante überführt Gleichung (4.83) in:

$$x(IA)_0 e^{xt} - \epsilon(IA)_0 e^{xt} + \gamma(IA)_0 e^{x(t-1)} = 0.$$

Nach Ausklammern von $(IA)_0 e^{xt}$ ergibt sich:

$$(IA)_0 e^{xt}(x - \epsilon + \gamma e^{-x}) = 0, \qquad \text{oder:}$$

$$x = \epsilon - \gamma e^{-x}. \qquad (4.84)$$

Jeder Wert für x, der die charakteristische Gleichung (4.84) erfüllt, legt über den Lösungsansatz die zeitliche Entwicklung von IA fest. Auch hier können die Lösungen für x aus den drei Kategorien (1) reelle und verschiedene Lösun-gen, (2) eine reelle Lösung und (3) konjugiert komplexe Lösungen stammen.

---

[53]Die Spezifikation $\theta = 1$ bedeutet keine Einschränkung, sondern legt für die Zeitvariable t nur eine andere Dimension fest. Anstelle von z.B. Monaten wird die Zeit in θ–Einheiten gemessen.

Da sich Gleichung (4.84) nicht explizit nach x auflösen läßt, sollen die Bedingungen für die drei Lösungskategorien grafisch–analytisch ermittelt werden. Hierzu wird Gleichung (4.84) umgeformt zu:

$$\frac{\epsilon}{\gamma} - \frac{1}{\gamma}x = e^{-x}.$$

Beide Seiten dieser Gleichung werden als Funktionen z_1 und z_2 in x aufgefaßt:

$$z_1 = \frac{\epsilon}{\gamma} - \frac{1}{\gamma}x, \qquad \text{und} \qquad z_2 = e^{-x}.$$

Ihre Graphen gibt Abbildung 4.14 wieder: z_2 ist eine Exponentialfunktion; die lineare Funktion z_1 hat positive Achsenabschnitte, die beide wegen der ökonomisch begründeten Intervalle für ϵ und γ immer kleiner als eins sind. Je nach Wert der Parameter ϵ und γ können sich beide Funktionen schneiden (zwei verschiedene reellwertige Lösungen, z.B. bei der Geraden z_1'',), berühren (eine reellwertige Lösung, z.B. bei der Geraden z_1) oder sie haben keinen Punkt gemeinsam (komplexe Lösungen für x, wie z.B. bei der Geraden z_1'). Um die Bedingungen für die drei Lösungskategorien aufzuzeigen, wird zunächst der Fall nur einer reellwertigen Lösung analysiert. Hierfür muß x einen Wert annehmen, bei dem die Ordinaten und die Steigungen der beiden Funktionen z_1 und z_2 übereinstimmen (vgl. Punkt P in Abbildung 4.14).

Abb. 4.14:

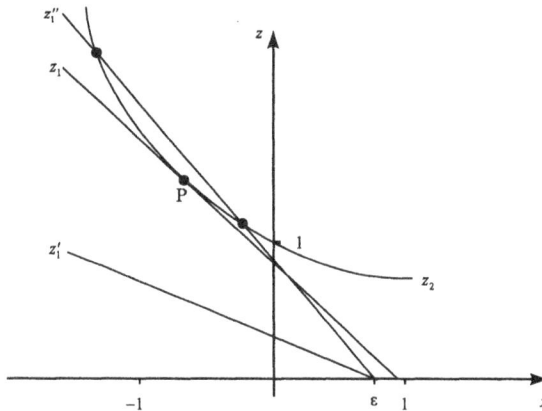

Zusätzlich zu Gleichung (4.84) muß daher noch gelten:

$$\left(\frac{dz_1}{dx} = \right) - \frac{1}{\gamma} = -e^{-x} \left(= \frac{dz_2}{dx}\right). \tag{4.85}$$

Gleichung (4.85) läßt sich nach einfachen Umformungen schreiben als: $\gamma = e^x$, woraus für x folgt: $x = \ln \gamma$. Dies in Gleichung (4.84) eingesetzt ergibt:

$$\frac{\epsilon}{\gamma} - \frac{1}{\gamma} \ln \gamma = \frac{1}{\gamma} \quad \text{oder:}$$

$$\epsilon - \ln \gamma = 1. \tag{4.86}$$

Erfüllen die Parameter ϵ und γ Bedingung (4.86), existiert nur eine reellwertige Lösung. Haben z_1 und z_2 keinen gemeinsamen Punkt, wie z.B. bei der Geraden z_1', muß die Ungleichung $\epsilon - \ln y < 1$ erfüllt sein, da z_1' aus z_1 durch Erhöhung von γ (kleinerer Achsenabschitt an der Ordinate) hervorgeht. Entsprechend liegen zwei Schnittpunkte für $\epsilon - \ln \gamma > 1$ vor. Zusammengefaßt ergeben sich für die drei Lösungskategorien folgende Bedingungen:

$$
\begin{aligned}
&(1) \quad \epsilon - \ln \gamma > 1 \quad : \text{zwei reellwertige Lösungen,} \\
&(2) \quad \epsilon - \ln \gamma = 1 \quad : \text{eine reellwertige Lösung,} \qquad (4.87) \\
&(3) \quad \epsilon - \ln \gamma < 1 \quad : \text{komplexe Lösungen.}
\end{aligned}
$$

Da bei reellwertigen Lösungen der Zeitpfad für IA immer einer Exponentialfunktion entspricht, der für $x > 0$ explosiv, für $x < 0$ gegen null verläuft, soll im weiteren nur der Fall komplexer Lösungen analysiert werden. Liegt eine komplexe Lösung vor, erfüllt auch der hierzu konjugierte Wert Gleichung (4.84). Der Zeitpfad für IA läßt sich dann darstellen als[54]:

$$IA = (IA)_0 e^{\alpha t}(\cos \omega t + \phi),$$

wobei die beiden konjugiert komplexen Lösungen $x_{1,2}$ geschrieben werden:

$$x_{1,2} = \alpha \pm i\omega, \qquad i = \sqrt{-1} : \text{imaginäre Einheit.}$$

Gilt $\alpha < 0$, liegt eine gedämpft schwingende Entwicklung vor; für $\alpha = 0$ treten harmonische Schwingungen ein und für $\alpha > 0$ sind die Schwingungen explosiv.

Es wäre vorteilhaft, ließe sich die Stabilitätsbedingung, wie bei den zuvor behandelten Ansätzen, nur in Abhängigkeit der Strukturparameter ϵ und γ formulieren. Dies ist hier aber nicht möglich, da sich α und ω nicht als explizite Funktionen in ϵ und γ darstellen lassen. Jedoch kann eine Beziehung für die Parameter α und ω entwickelt werden, die gedämpfte Schwingungen gewährleistet. Hierzu setzt man zunächst die konjugiert komplexe Lösung in Gleichung (4.84) ein:

$$\alpha \pm i\omega = \epsilon - \gamma e^{-\alpha} e^{\mp i\omega}.$$

---

[54]Siehe hierzu S. 337

Aus der Euler'schen Formel folgt: $e^{\mp i\omega} = \cos\omega \mp i\sin\omega$; dies ermöglicht die beiden Umformungen:

$$\alpha \pm i\omega = \epsilon - \gamma e^{-\alpha}(\cos\omega \mp i\sin\omega)$$
$$= \epsilon - \gamma e^{-\alpha}\cos\omega \pm i\gamma e^{-\alpha}\sin\omega.$$

Die letzte Umformung erlaubt die Gleichsetzung der beiden Realteile und der beiden Imaginärteile:

$$\alpha = \epsilon - \gamma e^{-\alpha}\cos\omega \quad \text{und} \tag{4.88a}$$

$$\omega = \gamma e^{-\alpha}\sin\omega. \tag{4.88b}$$

Hieraus läßt sich für ω eine Bedingung entwickeln, die Schwingungen zur Folge hat. Aus Gleichung (4.88b) ergibt sich für $\gamma e^{-\alpha}$ und α:

$$\gamma e^{-\alpha} = \frac{\omega}{\sin\omega}, \quad \text{und} \quad \alpha = \ln\gamma + \ln\frac{\sin\omega}{\omega}.$$

Nach entsprechender Substitution geht Gleichung (4.88a) über in:

$$\ln\gamma + \ln\frac{\sin\omega}{\omega} = \epsilon - \omega\frac{\cos\omega}{\sin\omega}.$$

Faßt man alle Terme, in denen ω vorkommt, auf der linken Seite zusammen und nutzt die Umformung $\dfrac{\cos\omega}{\sin\omega} = \cot\omega = \dfrac{1}{\tan\omega}$, folgt:

$$\ln\frac{\sin\omega}{\omega} + \frac{\omega}{\tan\omega} = \epsilon - \ln\gamma.$$

Da die rechte Seite dieser Gleichung die Lösungskategorien (4.87) festlegt, gilt für zyklische Entwicklungen: $\epsilon - \ln\gamma < 1$. Jeder Wert für ω, der daher die Ungleichung

$$\ln\frac{\sin\omega}{\omega} + \frac{\omega}{\tan\omega} < 1 \tag{4.89}$$

erfüllt, führt zu einer zyklischen Entwicklung von IA. Frisch und Holme[55] haben gezeigt, daß Ungleichung (4.89) nur für Werte von ω aus den folgenden Intervallen gilt:

$$0 < \omega < \pi, \quad 2\pi < \omega < 3\pi, \quad 4\pi < \omega < 5\pi, \quad \dots .$$

Ein ganzer Zyklus ist bei $\omega t = 2\pi$ durchlaufen; die Zyklenlänge T beträgt daher $T = \dfrac{2\pi}{\omega}$. Für jeden Wert ω, $0 < \omega < \pi$, haben die Zyklen eine Länge von

---

[55]FRISCH UND HOLME (1935).

mehr als zwei Perioden. Da die Perioden im θ–Einheiten gemessen wurden, sind die Zyklen mindestens doppelt so lang wie die Ausreifezeit der Investitionsgüter. Kalecki bezeichnet diese Schwingungen als Hauptzyklen. Die Hauptzyklen sind um so länger, je näher ω an der unteren Intervallgrenze null liegt. Bei allen anderen Werten für ω, die größer als 2π sind, ist ein kompletter Zyklus bereits während der Ausreifezeit durchlaufen; ihnen kommt daher nur geringe ökonomische Bedeutung zu. Die zyklische Entwicklung ist stabil (abnehmende Amplitude), wenn zusätzlich zu Bedingung (4.89) noch gilt:

$$\alpha = \ln\gamma + \ln\frac{\sin\omega}{\omega} < 0. \tag{4.90}$$

Für alle Werte von ω des Intervalls $0 < \omega < \pi$ ist der Quotient $\frac{\sin\omega}{\omega}$ kleiner als eins und daher $\ln\frac{\sin\omega}{\omega}$ stets negativ. Ob die Restriktion (4.90) eingehalten wird, hängt somit von dem Parameter γ ab, der als Summe der Strukturparameter ϵ und β definiert ist. Gilt $\gamma < 1$, wird Bedingung (4.90) immer eingehalten; aber auch bei vielen Werten $\gamma > 1$ ist sie noch gültig. Da realistische Werte für ϵ und β zu einem Wert γ in der Nähe von eins führen werden, dürften gedämpfte Zyklen, deren Länge ein Vielfaches der Ausreifezeit der Investitionsgüter beträgt, der Regelfall für die Entwicklung der Investitionsaufträge sein[56]. Damit folgt wegen der Gleichungen (4.79) und (4.81) auch das (gleichgewichtige) Inlandsprodukt einer solchen zyklischen Entwicklung. Da die Zykluslänge von der Ausreifezeit abhängt, verringert sie sich, wenn im Investitionsgütersektor die Produktionsgeschwindigkeit steigt. Wegen des technischen Fortschritts müßte daher in der Realität ein tendenzieller Rückgang der Dauer der Konjunkturen eintreten; ein Ergebnis, das durch die Erfahrungen der letzten Jahre gestützt wird. Jedoch ist kritisch anzumerken, daß sich im Kalecki–Modell die zyklische Entwicklung auf ein Inlandsprodukt bezieht, das sich immer im temporären Periodengleichgewicht befindet. Nur wenn in der Realität der Multiplikatorprozeß schneller als die Investitionsgüterproduktion zum Abschluß kommt, ist dieser Analyserahmen angemessen. Trifft dies nicht zu, resultieren aus Periodenungleichgewichten wichtige konjunkturelle Impulse, die nicht vernachlässigt werden dürfen.

Das Charakteristische des Konjunkturmodells von Kaldor[57] liegt in der Verwendung sowohl einer nichtlinearen Konsum- bzw. Sparfunktion als auch

---

[56]Die durchschnittliche Ausreifezeit der Investitionsgüter ist für jede Volkswirtschaft eine nur schwer zu quantifizierende Größe. Nach WESTERHOFF (1976), S. 82 beträgt sie für die Bundesrepublik Deutschland etwa 3 Jahre. Liegt der Wert von ω nahe bei π, dauert ein Konjunkturzyklus das Doppelte der Ausreifezeit, also etwa 6 Jahre.

[57]KALDOR (1940).

einer nichtlinearen Investitionsfunktion. Als Ausgangspunkt seiner Überlegungen wählt Kaldor die für lineare Spar– und Investitionsfunktion kurzfristig gültige Stabilitätsbedingung bei Existenz eines ökonomisch sinnvollen
Gleichgewichts: Sind Ersparnis und Investitionen Funktionen in Y, dann ist
ein Gleichgewicht stabil, wenn $\dfrac{\partial S}{\partial Y} > \dfrac{\partial I}{\partial Y}$ ist; gilt hingegen $\dfrac{\partial S}{\partial Y} < \dfrac{\partial I}{\partial Y}$, liegt
ein instabiles Gleichgewicht vor. Aus diesem kurzfristig gültigen Ansatz lassen sich natürlich keine Zyklen ableiten. Anders ist die Situation aber, wenn
wegen des nichtlinearen Verlaufs beider Funktionen mehrere Schnittpunkte
existieren, die sowohl stabile als auch instabile Gleichgewichte repräsentieren.
In diesem Fall läßt sich bei geringer Erweiterung der Analyse zeigen, daß das
Inlandsprodukt zwischen diesen Gleichgewichten hin– und herschwankt. Es
treten dann Zyklen auf.

Die Begründung für eine nichtlineare Abhängigkeit der Investitionen vom
Inlandsprodukt liefert das Kapitalstockanpassungsprinzip. Bei niedrigem Inlandsprodukt werden die Investitionen wegen der vorhandenen Leerkapazitäten nur sehr schwach auf Einkommensvariationen reagieren; das gleiche
gilt bei sehr hohem Inlandsprodukt, da nunmehr die Volkswirtschaft an ihrer Kapazitätsgrenze produziert und eine Erweiterung des Kapitalstocks mit
hohen Kosten verbunden ist. In diesen Y–Intervallen werden die Investitionen eine sehr geringe Elastizität bezüglich des Einkommens aufweisen. Bei
den übrigen Einkommenshöhen ist der Kapitalstock in etwa normal ausgelastet; Einkommensvariationen führen hier zu relativ starken Änderungen der
Investitionsnachfrage. Als ebenso plausibel schätzt Kaldor eine nichtlineare
Abhängigkeit des Konsums bzw. der Ersparnis vom Inlandsprodukt ein. Bei
dem von den Wirtschaftssubjekten als normal erachteten Einkommenshöhen
wird auch eine relativ hohe marginale Konsum– bzw. relativ geringe marginale Sparneigung realisiert[58]. Bei sehr niedrigen als auch sehr hohen Einkommen ist die marginale Sparneigung hingegen sehr groß. Während für hohe
Einkommen dieser Zusammenhang evident ist, begründet Kaldor eine hohe
marginale Sparneigung im Bereich sehr niedriger Einkommen durch das Bestreben der Wirtschaftssubjekte, trotz Einkommensrückgängen den realisierten Lebensstandard aufrechtzuerhalten. Einkommensrückgänge gehen dann
überwiegend oder ganz zu Lasten der Ersparnisbildung[59]. Die geschilderten
Eigenschaften nichtlinearer Spar– und Investitionsfunktionen bleiben erhalten, wenn zu S und I die Abschreibungen addiert werden. Da der Bezug auf

---

[58] Dieser Ansatz stellt einen Vorläufer für die Friedman'sche permanente Einkommenshypothese dar. Vgl. FRIEDMAN (1957).

[59] Diese Argumentation ist für Einkommensrückgänge plausibel, erscheint jedoch für Einkommenssteigerungen bei niedrigem Ausgangsniveau nicht in gleicher Weise zu gelten.
Vielmehr kann hier eine geringere Reagibilität der Ersparnis auf Einkommenssteigerungen
erwartet werden.

Bruttogrößen die Erklärung des Entstehens von Konjunkturzyklen vereinfacht, zeigt Abbildung 4.15 die Graphen der Bruttoersparnis (Nettoersparnis
plus Abschreibungen) und der Bruttoinvestitionen. Die Punkte A, B, C kennzeichnen kurzfristige Gleichgewichtspositionen, die bis auf den Punkt B stabil
sind.

Abb. 4.15:

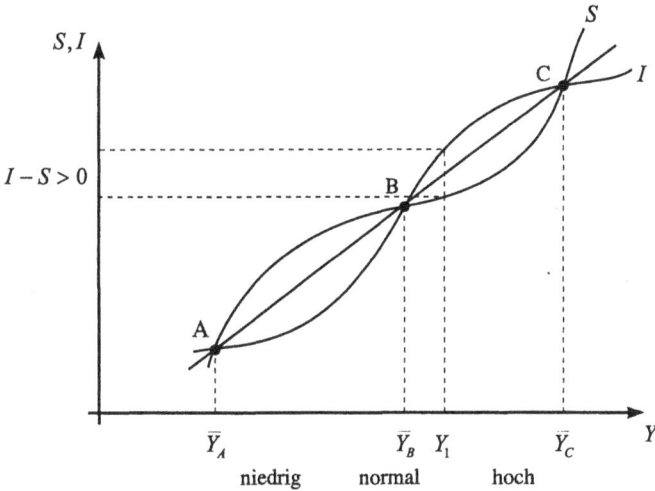

Ersparnis– und Investitionsfunktion sind nicht zeitstabil, mittel– und langfristig treten Verschiebungen dieser Kurven ein. So bewirkt z.B. ein anhaltend
steigendes Inlandsprodukt eine Niveauzunahme der Ersparnisbildung (in Abbildung 4.15 bedeutet das eine Verschiebung der S–Funktion nach oben) und
wegen der Akkumulation des Kapitalstocks eine Verringerung der Investiti-
onsmöglichkeiten (Verschiebung der I–Funktion in Abbildung 4.15 nach unten). Infolge dieser Verschiebungen bewegt sich der Punkt B auf den Punkt
C zu. Fallen beide Punkte zusammen, geht das stabile Gleichgewicht C in
ein instabiles über (vgl. den Punkt BC in Abbildung 4.16a). Jedes $Y < \bar{Y}_{BC}$
führt jetzt zu einem Überschußangebot auf dem Gütermarkt und löst einen
Rückgang des Inlandsprodukts aus, der erst im neuen, niedrigeren Gleichgewicht $\bar{Y}_A$ beendet ist. Bei anhaltend sinkendem Inlandsprodukt kehren sich
die oben geschilderten Lageveränderungen um: Die Investitionsfunktion verschiebt sich nach oben und die Sparfunktion nach unten. Der Punkt B strebt
zum Punkt A; liegen beide Punkte aufeinander, ist das vormals stabile Gleichgewicht A instabil geworden (vgl. Abbildung 4.16b). Bei jedem $Y > \bar{Y}_{BC}$
herrscht auf dem Gütermarkt eine Überschußnachfrage; das Inlandsprodukt
wächst daher in Richtung auf das neue, höhere und stabile Gleichgewicht $\bar{Y}_C$.
Es läßt sich zeigen, daß bei einer mittelfristigen Analyse das Inlandsprodukt

zwischen diesen beiden Gleichgewichten $\bar{Y}_{AB}$ und $\bar{Y}_{BC}$ hin- und herschwanken muß. Ausgangspunkt sei das Inlandsprodukt Y_1 (siehe Abbildung 4.15). Wegen $I - S > 0$ (Expansionslücke) beginnt das Inlandsprodukt so lange zu wachsen, bis die Überschußnachfrage beseitigt ist. Dies wäre im Gleichgewicht $\bar{Y}_C$ der Abbildung 4.15 der Fall. Jedoch treten in der Aufschwungsphase die beschriebenen Kurvenverschiebungen ein, die erst zum Stillstand kommen, wenn das Inlandsprodukt konstant bleibt. Das Inlandsprodukt strebt somit nicht zum Gleichgewicht $\bar{Y}_C$, sondern zum Gleichgewicht $\bar{Y}_{BC}$ (vgl. Abbildung 4.16.a).

Abb. 4.16:

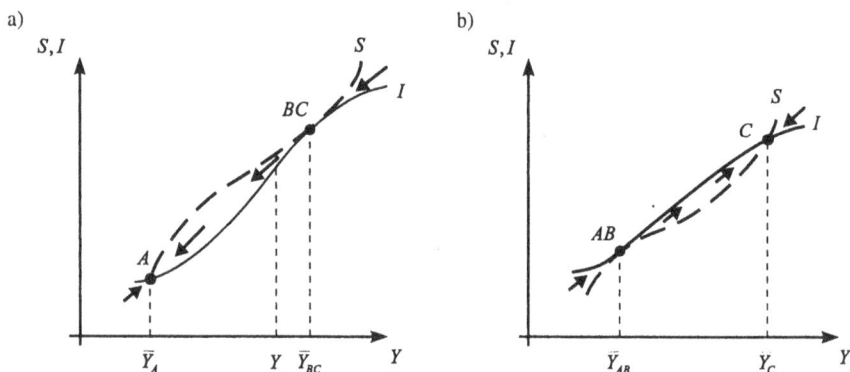

Die Volkswirtschaft kann in diesem Gleichgewicht nicht verweilen, da wegen der positiven Nettoinvestitionen der Kapitalstock wächst und dies in Verbindung mit einem konstanten Inlandsprodukt zu einem Rückgang der Investitionen führt. Auf dem Gütermarkt entsteht ein Angebotsüberschuß, der wegen der Instabilität des Gleichgewichts $\bar{Y}_{BC}$ einen Abschwung einleitet. Dieser Abschwung löst nun die für abnehmende Inlandsprodukte bereits dargestellten Kurvenverschiebungen aus, so daß er erst im neuen Gleichgewicht $\bar{Y}_{AB}$ (vgl. Abbildung 4.16.b) beendet ist. Während des Abschwungs wird der Kapitalstock an das sinkende Inlandsprodukt angepaßt. Dies geschieht dadurch, daß die Ersatzinvestitionen zum Teil oder ganz ausbleiben. Das Gleichgewicht $\bar{Y}_{AB}$ ist neben der Konstanz des Inlandsprodukts durch negative Nettoinvestitionen gekennzeichnet[60]. Erreicht der Kapitalstock erstmals die für das Inlandsprodukt $\bar{Y}_{AB}$ gewünschte Höhe, werden wieder alle Ersatzinvestitionen durchgeführt (die Nettoinvestitionen sind null) und es kommt auf dem Gütermarkt zu einem Nachfrageüberschuß, der wegen der Instabilität des Gleichgewichts einen Aufschwung mit den oben beschriebenen

---

[60]Daß in Abbildung 4.16.b die zum Inlandsprodukt $\bar{Y}_{AB}$ gehörende Ordinate positiv ist, resultiert aus der Verwendung der Bruttoinvestitionen. Diese sind positiv, solange die Desinvestitionen ihrem Betrage nach kleiner als die Abschreibungen sind.

Charakteristika generiert. Auf diese Weise reiht sich ein Konjunkturzyklus an den anderen.

Die hier abgeleitete Konjunkturentwicklung benötigt weder für ihre Entstehung noch für ihre Persistenz Impulsvariablen, sondern lediglich ein Ausgangsinlandsprodukt Y_1, das kein kurzfristiges Gleichgewicht darstellt. Jedoch treten Konjunkturzyklen auch dann ein, wenn in der Ausgangssituation das Inlandsprodukt den kurzfristig stabilen Gleichgewichtswerten $\bar{Y}_A$ oder $\bar{Y}_C$ entsprochen hätte. Wegen der in $\bar{Y}_A$ negativen und in $\bar{Y}_C$ positiven Nettoinvestitionen und der damit verbundenen Kapitalstockänderungen kann die Investitionsfunktion nicht zeitstabil bleiben. Die Gleichgewichte sind daher nur temporär stabil. Für die Entwicklung des Inlandsprodukts folgt somit aus diesem Modell, daß schwingungsfreie Phasen zwangsläufig von unterschiedlich langen Zyklen abgelöst werden, deren Auf– und Abschwünge nicht symmetrisch verlaufen müssen. Damit liegt ein Konjunkturmodell vor, das die Konjunkturentwicklung vollkommen endogen erklärt. Die endogene Erklärung gelingt durch die Verwendung nichtlinearer Verhaltensfunktionen und, ähnlich wie im Goodwin–Modell, durch das relativ einfache Zusammenwirken von schnell reagierenden Variablen, wie z.B. die meisten Stromgrößen und langsam reagierenden Variablen, wie z.B. alle Bestandsgrößen. Während Veränderungen der langsamen Variablen allmähliche Verschiebungen der gesamten Funktion, in der sie vorkommen, auslösen, sind Variationen der schnellen Variablen immer durch die für sie gültigen Funktionen selbst erklärt, wobei eventuell enthaltene langsame Variablen wie Niveauparameter wirken. Für die Konjunkturtheorie ist bei diesen Dependenzen essentiell, daß der mit schnellen Variablen modellierte Teil der Volkswirtschaft plötzlich sein Verhalten ändert (z.B. Übergang eines stabilen Gleichgewichts in ein instabiles), wenn die langsamen Variablen bestimmte Schwellenwerte überschreiten. Damit eröffnet das Modell Weiterentwicklungsmöglichkeiten, die man in letzter Zeit durch die Anwendung der mathematischen Methoden der Katastrophentheorie auszuschöpfen beginnt.

Die gegen das Kaldor–Modell vorgebrachte Kritik zielt hauptsächlich auf die unzulängliche ökonomische Begründung der nichtlinearen Sparfunktion und auf die Ursachen ihrer Verschiebung. Während der angenommene nichtlineare Verlauf der Sparfunktion wenigstens für mittlere und hohe Inlandsprodukte durch die empirisch festgestellte positive Korrelation zwischen marginaler Sparneigung und Einkommen gestützt wird, fehlt für die Verschiebung sowohl eine theoretisch befriedigende als auch eine empirische Rechtfertigung. Für die hier unterstellten Verschiebungen der Sparfunktion müßten sich die Stromgröße „Sparen" und die Bestandsgröße „Vermögen" wechselseitig verstärkend beeinflussen: Eine bereits große Ersparnisbildung wird wegen des rasch steigenden Vermögens noch weiter angeregt und umgekehrt.

Bei aller berechtigter Kritik darf jedoch nicht übersehen werden, daß die dynamischen Eigenschaften des Modells hiervon gänzlich unberührt bleiben. Für die endogene Erklärung der Konjunkturzyklen sind letztlich der durch das Kapitalstockanpassungsprinzip begründete, im Abbildung 4.15 wiedergegebene sigmoide Verlauf der Investitionsfunktion und deren Verschiebung entscheidend. Selbst bei zeitstabiler, linearer Sparfunktion (vgl. die Gerade in Abbildung 4.15) treten die oben entwickelten Zyklen ein. Der Leser kann die Begründung für diesen Fall als Übung selbst vollziehen.

4.1.3.3 Die Weiterentwicklungen des Kaldor–Modells durch Chang, Smyth und Varian

Das im vorangegangenen Abschnitt dargestellte Kaldor–Modell haben Chang und Smyth[61] durch Formalisierung präzisiert. Ersparnis und Investitionen werden wieder als Nettogrößen aufgefaßt; die bei Kaldor nur parametrisch berücksichtigte Variable Kapitalstock wird explizit in die Investitions– und Sparfunktion aufgenommen:

$$I = I(Y, K), \quad \text{und} \quad S = S(Y, K).$$

Die Investitionen hängen nichtlinear vom Inlandsprodukt Y ab, wobei stets[62] $I_Y > 0$ gilt; mit dem Kapitalstock korrelieren sie gemäß des Kapitalstockanpassungsprinzips negativ: $I_K < 0$. Die Ersparnis ist eine lineare Funktion in Y mit $S_Y > 0$; auch bei dieser Spezifikation bleiben alle wesentlichen dynamischen Eigenschaften des Kaldor–Modells erhalten. Im Gegensatz zu Kaldor nehmen Chang und Smyth an, daß mit zunehmendem Kapitalstock die Ersparnis abnimmt: $S_K < 0$. Faßt man den Kapitalstock als Vermögen der Haushalte auf, ist ein solcher Vermögenseffekt nicht unplausibel[63]. Da bei einer Expansionslücke $I - S > 0$ das Inlandsprodukt steigt, bei einer Kontraktionslücke $I - S < 0$ hingegen sinkt, ergibt sich die Veränderung des Inlandsprodukts $\dot{Y} = dY/dt$ als:

$$\dot{Y} = \alpha[I(Y, K) - S(Y, K)], \quad \alpha > 0. \tag{4.91}$$

In dem Reaktionskoeffizienten α sind verhaltensbedingte, strukturelle und produktionstechnische Komponenten zusammengefaßt; er gibt die Anpassungsgeschwindigkeit des Inlandsprodukts an seine Gleichgewichtswerte wieder. Aus der Annahme sich stets realisierender Investitionspläne folgt, daß

---

[61] CHANG UND SMYTH (1971).

[62] Solange keine Verwechslungen möglich sind, bezeichnen mit einem Index versehene Funktionszeichen partielle Ableitungen nach der als Index verwendeten Variablen.

[63] Vgl. hierzu PATINKIN (1965).

die Veränderung des Kapitalstocks den geplanten Investitionen entspricht:

$$\dot{K} = I(Y, K). \tag{4.92}$$

Die beiden Gleichungen (4.91) und (4.92) stellen das formalisierte Kaldor–Modell als nichtlineares Differentialgleichungssystem erster Ordnung in Y und K dar. Aufschlüsse über die Existenz eines Gleichgewichts und über die Entwicklung vom Y und K gewinnt man mit Hilfe eines zweidimensionalen Phasendiagramms mit Y an der Abszisse und K an der Ordinate. Ein allgemeines Gleichgewicht liegt bei $\dot{Y} = \dot{K} = 0$ vor, wobei $\dot{K} = 0$ ein temporäres Bestands–, $\dot{Y} = 0$ ein temporäres Stromgleichgewicht definieren. Um die Existenz eines allgemeinen Gleichgewichts nachzuweisen, sind zunächst alle (Y, K)–Kombinationen zu ermitteln, für die $\dot{K} = 0$ bzw. $\dot{Y} = 0$ gilt. Setzt man in Gleichung (4.92) $\dot{K} = 0$ und differenziert sie dann total, folgt:

$$I_Y dY + I_K dK = 0, \qquad \text{oder:}$$

$$\left. \frac{dK}{dY} \right|_{\dot{K}=0} = -\frac{I_Y}{I_K} > 0 \qquad \text{wegen} \quad I_K < 0.$$

Der Graph für $\dot{K} = 0$ muß im Phasendiagramm überall eine positive Steigung aufweisen. Abbildung 4.17 stellt die graphische Herleitung dar[64]. Im oberen Teil der Abbildung 4.17 sind die zu den Kapitalstöcken $K_1 < K_2 < K_3$ gehörenden Investitionsfunktionen dargestellt. Ihre Nullstellen legen Inlandsproduktwerte $Y_1 < Y_2 < Y_3$ fest, die in Verbindung mit dem entsprechenden Kapitalstock zu Nettoinvestitionen in Höhe von null führen. Der untere Teil der Abbildung gibt die $\dot{K} = 0$ Kurve im Phasendiagramm für einen stetig variierenden Kapitalstock wieder. Für Punkte, die nicht auf der $\dot{K} = 0$ Kurve liegen, läßt sich die Veränderungsrichtung des Kapitalstocks angeben. Haben Inlandsprodukt und Kapitalstock die durch den Punkt P_1 in Abbildung 4.17 festgelegten Werte Y_2 und K_3, resultieren aus der Investitionsfunktion $I = I(Y, K_3)$ negative Investitionen: Der Kapitalstock sinkt. Wie leicht nachvollzogen werden kann, gilt dies für jeden Punkt oberhalb der Kurve $\dot{K} = 0$. Punkte unterhalb der Kurve $\dot{K} = 0$ implizieren positive Investitionen: Der Kapitalstock steigt. Dies verdeutlicht der Punkt P_2 in Abbildung 4.17, für dessen Koordinaten Y_3 und K_1 aus der Investitionsfunktion $I = I(Y, K_1)$ positive Investitionen folgen. Die an den Punkten P_1 und P_2 abgetragenen Pfeile geben die Bewegungsrichtung des Kapitalstocks wieder. Die Steigung der Kurve für $\dot{Y} = 0$ gewinnt man analog zu obiger Vorgehensweise. Nach Nullsetzen führt totale Differentiation von Gleichung (4.91) zu:

$$\alpha(I_Y - S_Y)dY + \alpha(I_K - S_K)dK = 0 \qquad \text{oder:}$$

$$\left. \frac{dK}{dY} \right|_{\dot{Y}=0} = \frac{I_Y - S_Y}{S_K - I_K}.$$

---

[64]Vgl. HEUBES (1986) S. 52 ff.

Abb. 4.17:

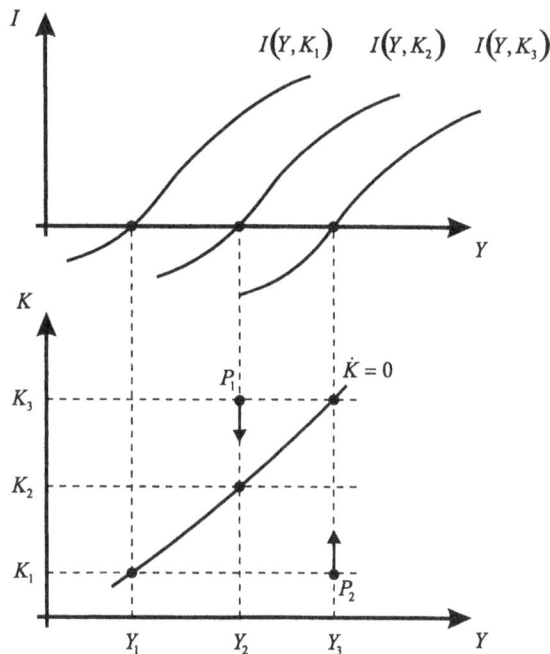

Chang und Smyth nehmen an, daß $I_K < S_K$ ist; da beide partiellen Ableitungen zudem noch negativ sind, gilt: $S_K - I_K > 0$. Das Vorzeichen der Steigung $\dfrac{dK}{dY}\Big|_{\dot{Y}=0}$ stimmt daher mit dem Vorzeichen des Zählers überein. Die von Kaldor getroffenen Annahmen über den Verlauf der marginalen Investitions– und Sparneigung gibt Abbildung 4.15 wieder. Bei niedrigen und hohen Inlandsprodukten gilt: $I_Y - S_Y < 0$, im Bereich „normaler" Inlandsprodukthöhen ist $I_Y - S_Y > 0$. Die Kurve für $\dot{Y} = 0$ weist daher in einem (Y, K)-Phasendiagramm bei kleinen Werten für Y zunächst eine negative Steigung auf, die mit zunehmendem Y positiv wird, um bei weiter ansteigendem Y wieder negativ zu werden. Abbildung 4.18 zeigt die grafische Herleitung. Ihr oberer Teil entspricht im wesentlichen dem der Abbildung 4.17, enthält zusätzlich aber die lineare Sparfunktion. Obwohl deren Lage ebenso wie die der Investitionsfunktion mit K variiert, erfolgt aus Gründen der Übersichtlichkeit die grafische Herleitung der Kurve $\dot{Y} = 0$ für eine vom Kapitalstock unabhängige Sparfunktion. Das so gewonnene qualitative Ergebnis entspricht dem bei kapitalstockabhängiger Sparfunktion, da wegen $I_K < S_K < 0$ die Investitionen stärker als die Ersparnis auf Kapitalstockänderungen reagieren, was sich grafisch in einer größeren Verschiebung der Investitionsfunktion im Vergleich zur Sparfunktion niederschlägt. Dieser „Netto–"Verschiebungseffekt tritt aber auch dann ein, wenn sich nur die Investitionsfunktion bei lagestabiler Sparfunktion verschiebt.

Abb. 4.18:

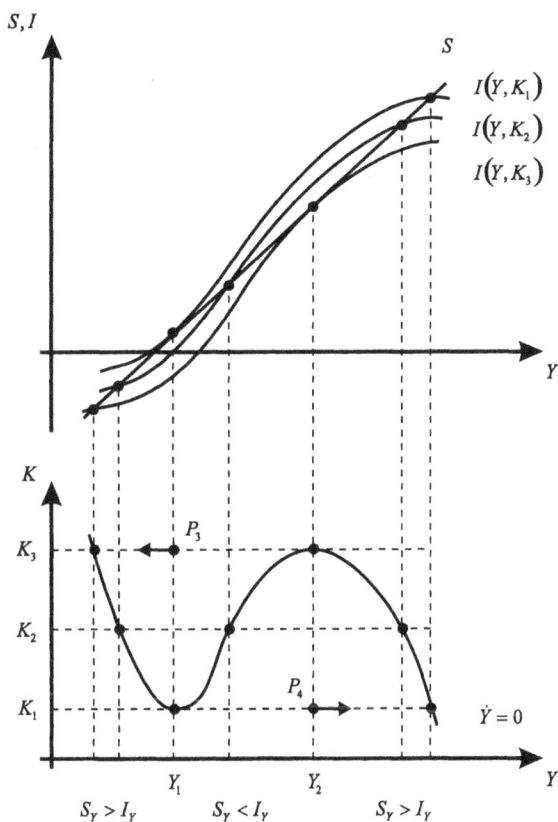

Aus Gleichung (4.91) folgt für $\dot{Y} = 0$, daß Ersparnis und Investitionen ex ante übereinstimmen: $S = I$. In der Grafik 4.18 ist dies in den Schnitt– und Tangentialpunkten der Sparfunktion mit den Investitionsfunktionen der Fall, deren Koordinaten für stetige Kapitalstockvariationen die im unteren Teil der Abbildung 4.18 wiedergegebene Kurve $\dot{Y} = 0$ erzeugen, die — ebenso wie die Kurve $\dot{K} = 0$ — stetig in Y ist.

Für Punkte die nicht auf der Kurve $\dot{Y} = 0$ liegen, läßt sich über Gleichung (4.91) die Bewegungsrichtung des Inlandsprodukts angeben. Bei dem Kapitalstock K_3 und dem Inlandsprodukt Y_1 (vgl. den Punkt P_3 in Abbildung 4.18) ist nach dem oberen Teil der Grafik die Ersparnis größer als die Investitionen: Es liegt eine Kontraktionslücke vor, und das Inlandsprodukt sinkt. Dies gilt für jeden Punkt oberhalb der Kurve $\dot{Y} = 0$. Läßt sich der Zustand einer Volkswirtschaft durch Punkte unterhalb der Kurve $\dot{Y} = 0$ repräsentieren, steigt das Inlandsprodukt. Zum Beispiel hat im Punkt P_4 der Kapitalstock die Höhe K_1 und das Inlandsprodukt beträgt Y_2. Wie aus dem oberen Teil der Abbildung für diese Wertekonstellation abzulesen ist, übersteigen hier die Investitionen die Ersparnis. Wegen dieser Expansionslücke wächst das Inlandsprodukt. Die Pfeile an den beiden Punkten geben die Bewegungsrichtung des Inlandsprodukts wieder.

Ein Gleichgewicht liegt im Schnittpunkt der beiden Kurven $\dot{K} = 0$ und $\dot{Y} = 0$ vor. Notwendige Bedingungen für seine Existenz und Eindeutigkeit sind, daß (vgl. Abbildung 4.19)

(1) die Kurve $\dot{K} = 0$ für $Y = 0$ einen positiven Achsenabschnitt K_0 besitzt, so daß gilt: $I(0, K_0) = 0$,

(2) für $Y \to \infty$ strebt K gegen unendlich,

(3) über dem gesamten Definitionsbereich weist die Kurve $\dot{K} = 0$ eine größere Steigung als die Kurve $\dot{Y} = 0$ auf.

Aus Bedingung (3) folgt:

$$\frac{dK}{dY}\bigg|_{\dot{Y}=0} - \frac{dK}{dY}\bigg|_{\dot{K}=0} = \frac{I_Y - S_Y}{S_K - I_K} + \frac{I_Y}{I_K} = \frac{I_Y S_K - I_K S_Y}{I_K(S_K - I_K)} < 0.$$

Wegen $I_K < 0$ und $S_K - I_K > 0$ muß der Zähler des letzten Bruches positiv sein: $I_Y S_Y - I_K S_K > 0$. Approximiert man in der Umgebung des Gleichgewichts das nichtlineare Differentialgleichungssystem durch ein lineares, lassen sich weitere Informationen über das Gleichgewicht gewinnen. Das lineare Differentialgleichungssystem:

$$\dot{Y} = a_{11}Y + a_{12}K\,,$$
$$\dot{K} = a_{21}Y + a_{22}K$$

stellt eine Linearapproximation für das aus den Gleichungen (4.91) und (4.92) bestehende System in der Umgebung des Gleichgewichts dar, wenn die Koeffizienten a_{1j}, $j = 1, 2$ durch die partiellen Ableitungen der Gleichung (4.91) nach Y und K, die Koeffizienten a_{2j}, $j = 1, 2$ durch die partiellen Ableitungen der Gleichung (4.92) nach Y und K ersetzt werden. Man erhält dann das System:

$$\dot{Y} = \alpha(I_Y - S_Y)Y + \alpha(I_K - S_K)K\,,$$
$$\dot{K} = I_Y Y + I_K K\,.$$

Seine charakteristische Gleichung wird gegeben durch:

$$\begin{vmatrix} \alpha(I_Y - S_Y) - x & \alpha(I_K - S_K) \\ I_Y & I_K - x \end{vmatrix} = x^2 - [\alpha(I_Y - S_Y) + I_K]x$$
$$+ \alpha(I_Y S_K - I_K S_Y) = 0.$$

Für das Produkt der beiden Wurzeln x_1 und x_2 gilt:

$$x_1 x_2 = \alpha(I_Y S_K - I_K S_Y).$$

Dieses Produkt ist wegen Bedingung (3) positiv; somit ist ein Sattelpunkt als Gleichgewicht ausgeschlossen. Das Gleichgewicht kann jetzt nur noch durch einen Fokus oder Knotenpunkt gegeben werden. Es ist stabil (instabil), wenn die Summe der beiden Wurzeln: $x_1 + x_2 = \alpha(I_Y - S_Y) + I_K$ kleiner (größer) null ist. Kaldor nimmt den instabilen Fall an: $\alpha(I_Y - S_Y) + I_K > 0$. Damit ergibt sich die in Abbildung 4.19 dargestellte Situation; die Doppelpfeile kennzeichnen die simultane Veränderung von Y und K.

Abb. 4.19:

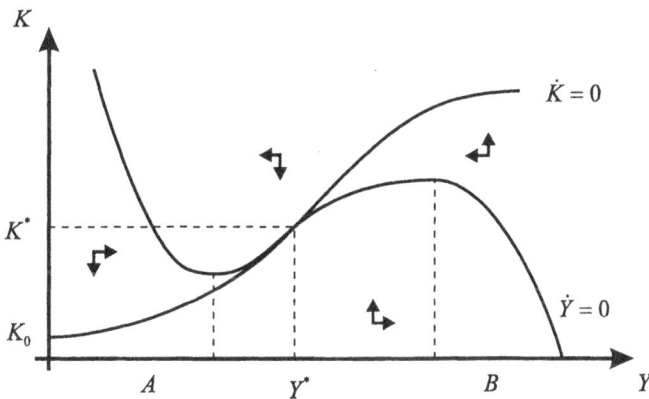

Bei den vorliegenden Annahmen läßt sich mit Hilfe des Poincaré–Bendixon–Theorems die Möglichkeit eines Knotenpunktes als Gleichgewicht ausschließen. Somit repräsentiert ein instabiler Fokus das Gleichgewicht (Y^*, K^*). Da hier simultan $\dot{Y} = \dot{K} = 0$ gilt, ist dieses Gleichgewicht keinen Veränderungstendenzen ausgesetzt. Man bezeichnet daher einen solchen Gleichgewichtszustand als steady state. Befindet sich die Modellwirtschaft außerhalb des Gleichgewichts, folgen Y und K einem Zeitpfad, dessen Werte

(1) durch Spiralen, die sich einer geschlossenen Kurve nähern, oder

(2) durch eine geschlossene Kurve

bestimmt sind (vgl. Abbildung 4.20).

Abb. 4.20:

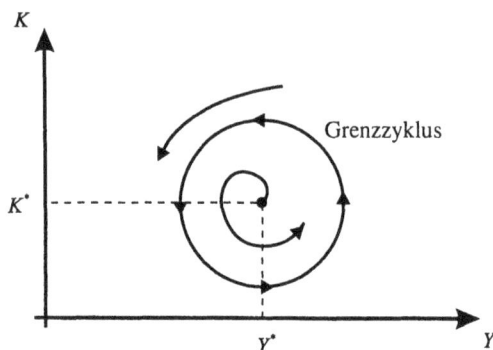

Die geschlossene Kurve stellt einen Grenzzyklus dar. Damit ein Grenzzyklus existiert, muß in dem Bereich, für den die $\dot{K} = 0$ und $\dot{Y} = 0$ Kurven definiert sind, der Term $\alpha(I_Y - S_Y) + I_K$ sein Vorzeichen wechseln. Da I_K stets negativ ist, muß $\alpha(I_Y - S_Y)$ größer als der Betrag von I_K sein. Der Vorzeichenwechsel kann nur in dem Bereich eintreten, in dem die Kurve $\dot{Y} = 0$ eine positive Steigung hat. Bei plausiblen Werten für die marginale Spar- und Investitionsneigung ist dies der Fall[65]. Als Regelfall verändern sich Inlandsprodukt und Kapitalstock in wiederkehrenden Zyklen, deren Amplituden zunehmen, bis die Entwicklung durch den Grenzzyklus festgelegt ist.

Neben dem von Kaldor, Chang und Smyth analysierten Fall eines instabilen Gleichgewichts läßt das Kaldor–Modell auch stabile Gleichgewichte zu. Diese liegen vor, wenn in Abbildung 4.19 die $\dot{K} = 0$ Kurve die $\dot{Y} = 0$ Kurve entweder in ihrem linken (Bereich A) oder rechten Teil (Bereich B) schneidet. Gleichgewichte aus dem Bereich B weisen ein deutlich höheres Inlandsprodukt als diejenigen aus dem Bereich A auf, ohne daß hierfür — wie Abbildung 4.19 zeigt — ein größerer Kapitalstock zwingend notwendig wäre. Um diese Unterschiede zu betonen, bezeichnet man Gleichgewichte aus dem Bereich A als Unterbeschäftigungs– und entsprechend Gleichgewichte aus dem Bereich B als Vollbeschäftigungsgleichgewichte. Varian[66] analysiert die Entwicklung einer Volkswirtschaft, die sich anfangs in einem Vollbeschäftigungsgleichgewicht befindet und dieses infolge exogener Störungen verläßt. Die Struktur der Volkswirtschaft geben auch bei diesem Ansatz die beiden Differentialgleichungen (4.91) und (4.92) wieder, jedoch enthält die Sparfunktion nur Y als Argument. Die in der Realität beobachtbare schnellere Reaktion des

---

[65]Einen Beweis für die Existenz eines Grenzzyklus findet man bei CHANG UND SMYTH (1971), S.40 ff.
[66]VARIAN (1979).

Inlandsprodukts verglichen mit Variationen des Kapitalstocks wird für die Analyse durch die Annahme nutzbar gemacht, daß für jede Höhe des Kapitalstocks das Inlandsprodukt seinen Gleichgewichtswert erreicht. Damit ist gewährleistet, daß in Gleichung (4.91) $\dot{Y}$ für jedes vorgegebene K den Wert null annimmt: Die Volkswirtschaft befindet sich immer auf der $\dot{Y} = 0$ Kurve. Das Inlandsprodukt stellt eine schnelle, der Kapitalstock eine langsame Variable dar. Abbildung 4.21 gibt das Vollbeschäftigungsgleichgewicht wieder; sie entspricht bis auf die vertauschten Achsenbezeichnungen im wesentlichen der Abbildung 4.19. Der Punkt E stellt ein Vollbeschäftigungsgleichgewicht dar; das Inlandsprodukt hat den Wert Y^*, der Kapitalstock die Höhe K^*.

Abb. 4.21:

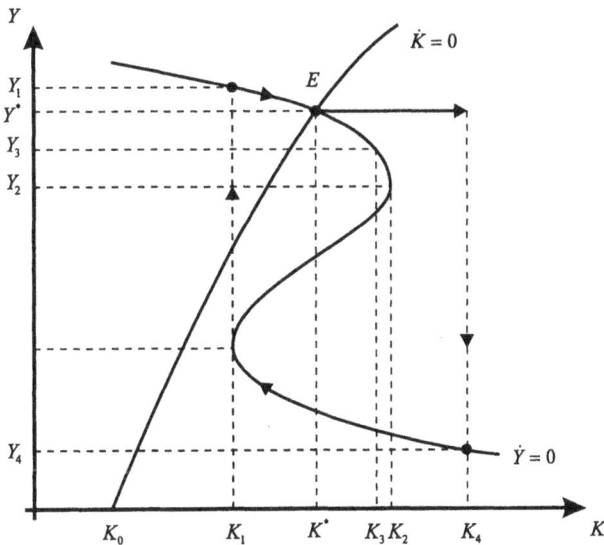

Die zeitliche Entwicklung für Inlandsprodukt und Kapitalstock nach einer Störung des Gleichgewichts ist durch die Gestalt der $\dot{Y} = 0$ Kurve geprägt. Wegen ihres faltenförmigen Verlaufs führen Störungen, die eine bestimmte Größenordnung übersteigen, zu qualitativ und quantitativ anderen Entwicklungen als kleine Störungen, d.h. starke Störungen haben für eine Volkswirtschaft Strukturbrüche zur Folge. Die Analyse derartig abrupter Übergänge geschieht mit der Katastrophentheorie, ein Zweig der angewandten Mathematik zur Lösung bestimmter nichtlinearer Differentialgleichungssysteme mit Diskontinuitäten. Die in Abbildung 4.21 dargestellte Situation kann zu einer Faltungskatastrophe führen. Verändern exogene Störungen nur die Höhe des Inlandsprodukts bei konstantem (gleichgewichtigem) Kapitalstock, kehrt das Inlandsprodukt (schnelle Variable) von selbst zu seinem Gleichgewichtswert

Y^* zurück. Störungen, die den Kapitalstock betreffen, können zu seiner Zu–
oder Abnahme führen. Der dadurch ausgelöste Anpassungsprozeß vollzieht
sich strukturbruchfrei, wenn der Kapitalstock abnimmt oder nur moderat zu–
nimmt. In Abbildung 4.21 sind dies Variationen, bei denen der Kapitalstock
stets unter dem Wert K_2 bleibt. Für die jetzt einsetzenden Anpassungspro–
zesse ist nur der obere Verlauf der Kurve $\dot{Y} = 0$ relevant. Erhöht sich z.B.
der Kapitalstock von K^* auf K_3, paßt sich das Inlandsprodukt sofort seinem
hierfür gleichgewichtigen Wert Y_3 an und kehrt entlang der $\dot{Y} = 0$ Kurve
zum Ausgangsgleichgewicht E zurück. Sinkt der Kapitalstock von K^* auf
einen beliebig kleineren Wert, wächst das Inlandsprodukt sofort in einem
Umfang, bis wieder gilt: $\dot{Y} = 0$ und kehrt dann entlang der $\dot{Y} = 0$ Kur–
ve ebenfalls zum Ausgangsgleichgewicht zurück. Diese Anpassungsprozesse
zeigen, daß das Gleichgewicht E lokal stabil ist. Anders verläuft die Anpas–
sung bei großen Kapitalstockzunahmen. Steigt der Kapitalstock z.B. auf das
Niveau K_4, sinkt das Inlandsprodukt schnell auf den sehr kleinen Wert Y_4
(Katastrophe). Der sehr große Kapitalstock führt in Verbindung mit dem
recht geringen Inlandsprodukt zu negativen Nettoinvestitionen, die so lange
beibehalten werden, bis der Kapitalstock auf das Niveau K_1 reduziert ist. In
dieser Phase steigt das Inlandsprodukt gemäß des unteren Teils der $\dot{Y} = 0$
Kurve langsam auf den Wert Y_1 und kehrt dann auf dem oberen Teil der
$\dot{Y} = 0$ Kurve wieder zum Gleichgewicht E zurück (vgl. die Pfeile in Abbil–
dung 4.21). Die Grafik verdeutlicht auch die Strukturbrüche: Während der
Kapitalstock sinkt, prägt der untere Teil der $\dot{Y} = 0$ Kurve die Entwicklung der
Volkswirtschaft; steigt er, ist der obere Teil der Kurve relevant. Obwohl nach
jeder Störung eine Rückkehr zum Ausgangsgleichgewicht stattfindet (globale
Stabilität), vollzieht sich diese bei großen Störungen mit Katastrophen. Ab–
bildung 4.22 a gibt die zeitlichen Entwicklungen für Y und K wieder, die
sich bei einem starken positiven Impuls einstellen; Abbildung 4.22 b zeigt die
Entwicklung bei einem negativen Impuls (durchgezogene Linien) bzw. mode–
raten positiven Impuls (gestrichelte Linien). Die sprunghaften Änderungen
des Inlandsprodukts stellen die Katastrophen dar. Die in Abbildung 4.22 b
dargestellten Anpassungen an das Gleichgewicht vollziehen sich mit geringen
Einkommensvariationen. Das Gleichgewicht weist daher die Eigenschaften
der von Leijonhufvud aufgestellten Hypothese der Korridorstabilität auf[67].
Da moderate Kapitalstockvariationen um den Gleichgewichtswert K^* Ergeb–
nis von Über– bzw. Unterinvestitionen sind, stellt das Kaldor–Varian–Modell
eine Erweiterung der monokausalen Überinvestitionstheorie zu einer multi–
kausalen Konjunkturerklärung dar. Jedoch erscheinen bei dieser Interpretati–
on große Kapitalstockerhöhungen unplausibel, da Anlageinvestitionen weder
rasch noch in großem Umfang pro Periode reagieren. Beachtet man aber,

---

[67]Leijonhufvud (1973), S. 32.

daß zum Kapitalstock auch die Lagerinvestitionen zählen, sind bei spekulativ überhöhter Lagerbildung so große Änderungen des Kapitalstocks denkbar, die zu der in Abbildung 4.22 a wiedergegebenen Entwicklung führen.

Abb. 4.22:

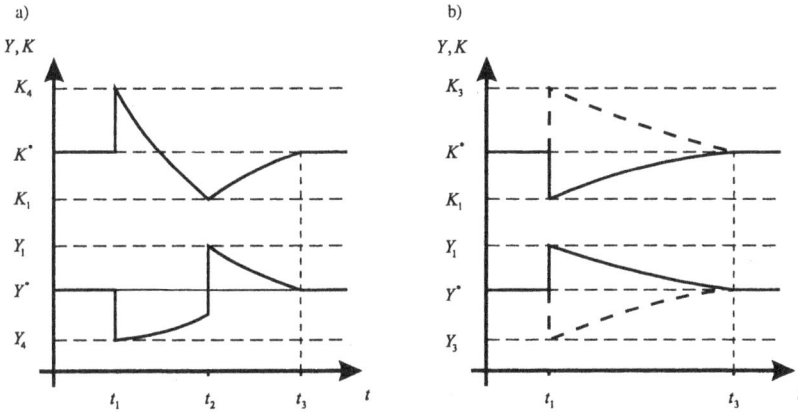

Lösen Impulse einen Konjunkturabschwung aus, erholt sich die Wirtschaft selbst im „Katastrophenfall" relativ rasch. Eine solche Entwicklung ist vor allem für Rezessionen kennzeichnend. Das Modell ist daher in der dargestellten Form nur begrenzt zur Konjunkturerklärung verwendbar. Um sowohl eine Rezession als auch eine Depression aus einem Modell ableiten zu können, muß auf der Basis der Katastrophentheorie ein Differentialgleichungssystem mit zwei langsamen Variablen aufgestellt werden. Als zweite langsame makroökonomische Variable identifiziert Varian das private Vermögen V. In Anlehnung an den Pigou–Effekt nimmt mit zunehmendem Vermögen die Konsumnachfrage zu und daher die Ersparnis ab. Das Vermögen beeinflußt sowohl Lage als auch Steigung der Sparfunktion und zwar so, daß die marginale Sparneigung mit zunehmendem Vermögen abnimmt. Die spezielle Abhängigkeit der Ersparnis vom Vermögen führt dazu, daß nach Unterschreiten eines bestimmten kritischen Vermögenswerts V_S jede Sparfunktion mit den für sie relevanten Investitionsfunktionen nur noch einen (Tangential– oder Schnittpunkt), und nicht mehr mehrere Punkte gemeinsam hat. In Abbildung 4.23 haben die Sparfunktion $S(Y, V_1)$, $V_1 < V_S$ und die Investitionsfunktion $I(Y, K_1)$ nur einen Schnittpunkt, während die Sparfunktion $S(Y, V_2)$, $V_2 > V_S$ mehrere Schnittpunkte mit der Investitionsfunktion $I(Y, K_2)$ aufweist. Für die Volkswirtschaft existiert ein stabiles langfristiges Gleichgewicht (steady state), bei dem das Inlandsprodukt, der Kapitalstock und das Vermögen die Werte Y^*, K^* und V^* annehmen.

Abb. 4.23:

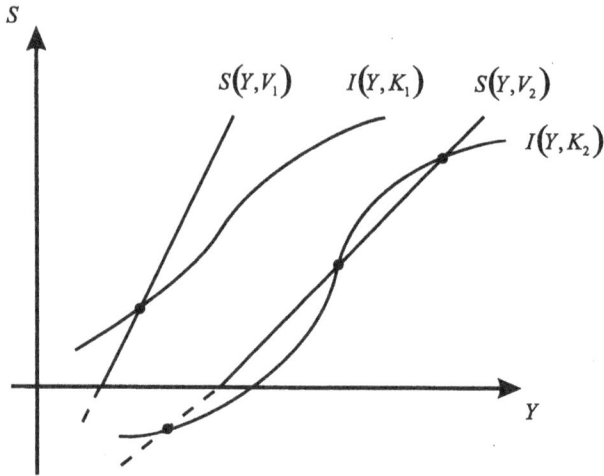

Modelliert man die Veränderung des Vermögens außerhalb des Gleichgewichts mit der Differentialgleichung[68]: $\dot{V} = \beta(V^* - V)$, läßt sich die Struktur der Volkswirtschaft als Differentialgleichungssystem dritter Ordnung darstellen:

$$\dot{Y} = \alpha[I(Y,K) - S(Y,V)],$$

$$\dot{K} = I(Y,K),$$

$$\dot{V} = \beta(V^* - V), \qquad \beta > 0.$$

Die Bedingung für ein Gleichgewicht lautet: $\dot{Y} = \dot{K} = \dot{V} = 0$; in Abbildung 4.24 ist sie im Punkt E mit den Koordinaten (Y^*, K^*, V^*) erfüllt. Da Y (Stromgröße) schneller als K und V (Bestandsgrößen) reagiert, ist für die Entwicklung der Volkswirtschaft außerhalb des Gleichgewichts die Fläche $\{(Y, K, V)|\dot{Y} = 0\}$ relevant; die Flächen $\{(Y, K, V)|\dot{K} = 0\}$ und $\{(Y, K, V)|\dot{V} = 0\}$ sind zwecks Übersichtlichkeit erst gar nicht in Abbildung 4.24 wiedergegeben.

$(\dot{Y} = 0)$–Fläche hat wegen der beschriebenen Abhängigkeit der Ersparnis vom Vermögen bei großen Vermögen eine Falte (solange Spar- und Investitionsfunktion mehrere Schnittpunkte aufweisen), die mit abnehmendem Vermögen ausläuft und beim kritischen Vermögenswert V_S in einer Spitze endet (Spar- und Investitionsfunktion haben jetzt nur noch einen Schnittpunkt). Wegen dieser Gestalt der $(\dot{Y} = 0)$–Fläche nennt man die hier möglichen Diskontinuitäten in der Entwicklung von Y Spitzenkatastrophen. Eine

---

[68]Zu dieser Spezifikation vgl. URSPRUNG (1982), S. 289.

Störung des Gleichgewichts durch eine exogen verursachte Vermögensminderung löst qualitativ unterschiedliche Anpassungsprozesse an das Ausgangsgleichgewicht aus. Ist die Vermögenseinbuße nur gering, z.B. in Folge milder Kursrückgänge, determiniert die Falte in der $\dot{Y} = 0$ Fläche die Dynamik der Anpassung; sie entspricht im wesentlichen der bereits dargestellten Entwicklung bei einer großen Kapitalstockerhöhung[69] und wird in Abbildung 4.24 durch die Bewegung von A nach E wiedergegeben.

Abb. 4.24:

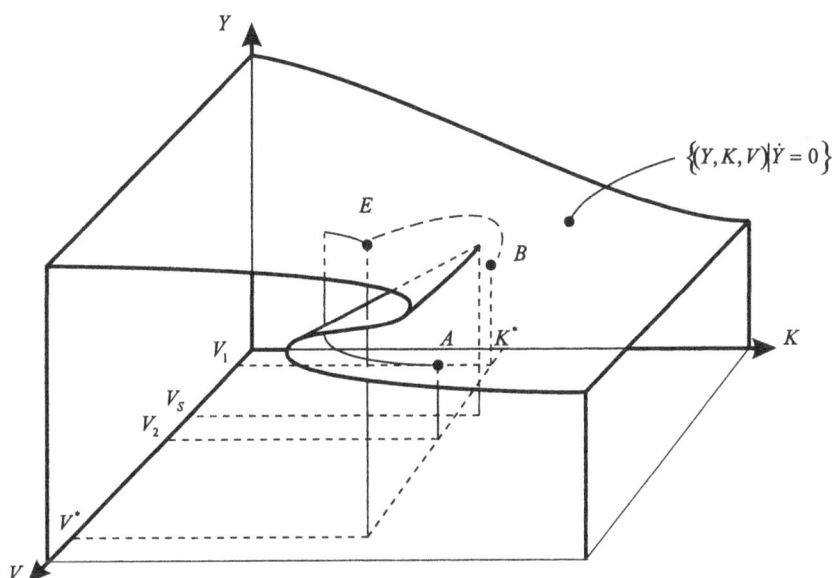

Das Vermögen ist nur gering von V^* auf $V_2 > V_S$ gesunken, die Sparfunktionen weisen mit den relevanten Investitionsfunktionen noch mehrere Schnittpunkte auf (vgl. $S(Y, V_2)$ in Abbildung 4.23). Bei starken Vermögensveränderungen, wie sie z.B. nach Kurseinbrüchen an der Börse eintreten, wird die Anpassung an das Ausgangsgleichgewicht durch den faltenfreien Teil der $(\dot{Y} = 0)$-Fläche geprägt: Das Vermögen $V_1 < V_S$ hat hier eine so geringe Höhe, daß die Sparfunktionen nur noch einen Punkt mit den alternativen Investitionsfunktionen gemeinsam haben (vgl. $S(Y, V_1)$ in Abbildung 4.23). Die Anpassung vollzieht sich zwar ohne Diskontinuitäten (Strukturbrüche), dauert aber entschieden länger als bei der Faltungskatastrophe. Es handelt sich somit um eine Depression. In Abbildung 4.24 kennzeichnet die gestrichelte Linie von B nach E diese Entwicklung; die hierzu kompatiblen Zeitpfade

---

[69]Abbildung 4.21 erhält man aus Abbildung 4.24 als Schnitt durch die Flächen $\dot{Y} = 0$ und $\dot{K} = 0$ bei einem bestimmten Vermögenswert.

für Y, K und V sind in Abbildung 4.25 dargestellt.

Abb. 4.25:

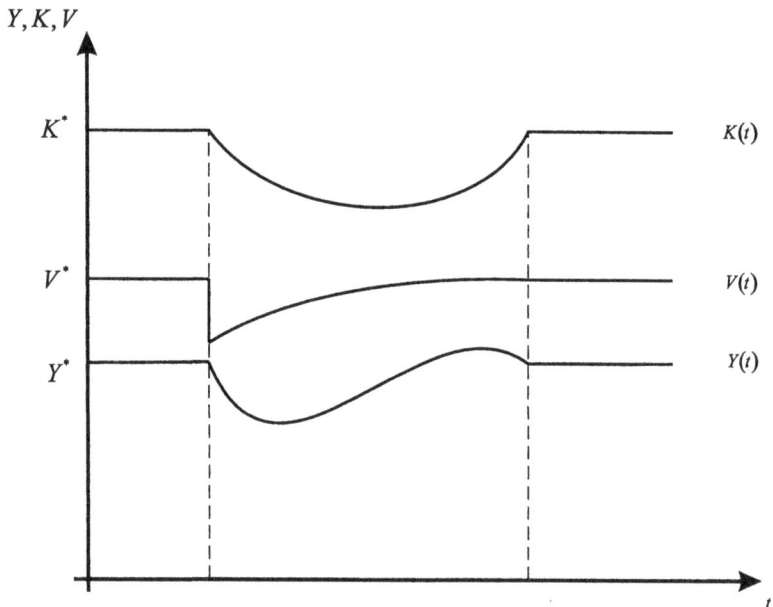

Mit dem Varian–Ansatz liegt ein Konjunkturmodell vor, das Rezession und Depression aus dem Zusammenwirken nur weniger Makrovariablen zu erklären vermag. Jedoch endet jeder Aufschwung immer im selben Gleichgewicht. Während bei den vorausgegangenen Modellen die Periodizität der Entwicklung für bestimmte Werte der Strukturparameter aus dem Modell folgt, d.h. ein Zyklus generiert seinen Nachfolger, ist dies beim Varian–Modell nicht möglich. Die Periodizität erweist sich nicht mehr als wesentliches Erkenntnisobjekt der Konjunkturtheorie und resultiert daher ausschließlich aus exogenen Störungen. Diese Auffassung liegt auch der stochastischen Konjunkturerklärung zugrunde, die im dritten Abschnitt dieses Kapitels dargestellt wird.

4.1.3.4   Das Lagerhaltungsmodell von Metzler

Zwei wesentliche Aspekte ökonomischer Aktivität greift Metzler[70] auf, indem er die Einflüsse einer aktiven Lagerbildung und verschiedener Erwartungshy-

---

[70] METZLER (1941).

pothesen seitens der Unternehmer auf die Wirtschaftsentwicklung untersucht. Um den Einfluß von Lagerinvestitionen isoliert betrachten zu können, wird angenommen, daß die gesamten Anlageinvestitionen autonom und konstant über die Zeit sind. Das Volkseinkommen für eine Periode t setzt sich aus drei Komponenten zusammen:

(1) Produktion von Konsumgütern U_t, von denen die Unternehmer erwarten, sie in der laufenden Periode absetzen zu können,

(2) Produktion für die Lagerhaltung L_t,

(3) Produktion von Anlageinvestitionen I_a.

Somit gilt:

$$Y_t = U_t + L_t + I_a. \tag{4.93}$$

Die Anlageinvestitionen I_a werden von den Unternehmern stets richtig antizipiert, so daß Angebot und Nachfrage immer ex ante übereinstimmen. Die Lagerinvestitionen L_t können in Relation zum gewünschten Lagerbestand L_t^* positiv, null oder negativ sein. Sehen die Unternehmer die Lagerhaltung als zu gering an, ist $L_t > 0$; übersteigt das vorhandene Lager den gewünschten Bestand, wird weniger als der erwartete Absatz produziert: L_t ist negativ. Eine von den Unternehmern falsch antizipierte Konsumgüternachfrage führt in diesem Modell zu einer nicht geplanten Änderung der Lagerhaltung und nicht zu einer unmittelbaren Variation der Produktion. Je nach Annahmen über die Erwartungsbildung bezüglich der absetzbaren Produktion und über die Bestimmungsfaktoren des gewünschten Lagerbestandes L_t^* gewinnt man eine Vielzahl spezieller Ausgestaltungen dieser allgemeinen Charakteristika des Metzler–Modells. So wäre z.B. denkbar, daß die Unternehmer stets einen gleich großen Lagerbestand L_0 anstreben. Realistischer ist jedoch die Hypothese, daß der gewünschte Lagerbestand proportional zum erwarteten Konsumgüterabsatz einer Periode gehalten wird und diesen nicht übersteigt. Es liegt dann eine Akzeleratorbeziehung für die Lagerhaltung vor:

$$L_t^* = kU_t, \qquad \text{mit} \quad 0 < k < 1.$$

Die Produktion auf Lager erfolgt gemäß des Kapitalstockanpassungsprinzips; sie ist für jede Periode t definiert als Differenz zwischen gewünschtem und am Ende der Periode $t - 1$ (zu Beginn der Periode t) vorhandenem Bestand L_{t-1}^0:

$$L_t = L_t^* - L_{t-1}^0 \qquad \text{oder:}$$
$$L_t = kU_t - L_{t-1}^0. \tag{4.94}$$

Der Lagerbestand L^0_{t-1} entspricht der Höhe, die von den Unternehmer in der Periode $t-1$ gewünscht wurde ($L^*_{t-1} = kU_{t-1}$), abzüglich der Fehleinschätzung — falls eine solche überhaupt vorliegt — zwischen tatsächlichem Absatz C und erwartetem Absatz U in der Periode $t-1$: $C_{t-1} - U_{t-1}$. Damit ist L^0_{t-1} gegeben durch:

$$L^0_{t-1} = kU_{t-1} - (C_{t-1} - U_{t-1}).$$

Ersetzt man in Gleichung (4.94) L^0_{t-1} durch obige Beziehung, erhält man:

$$L_t = k(U_t - U_{t-1}) + (C_{t-1} - U_{t-1}). \tag{4.95}$$

Zur Entwicklung einer Differenzengleichung für Y_t fehlen noch Angaben, wovon sich die Unternehmer bei ihrer Erwartungsbildung für den Konsumgüterabsatz der Periode t leiten lassen und wovon die Konsumgüternachfrage abhängt. Metzler sieht die Konsumausgaben C_t durch das laufende Einkommen determiniert:

$$C_t = cY_t. \tag{4.96}$$

In einem Modell mit aktiver Lagerbildung kann nicht mehr von der Annahme einer vollkommen flexiblen Angebotsseite ausgegangen werden, da diese eine Lagerbildung überflüssig machen würde. Vielmehr bilden die Unternehmer über ihre Absatzmöglichkeiten Erwartungen. Um den Einfluß unterschiedlicher Erwartungshypothesen auf die konjunkturelle Entwicklung aufzuzeigen, seien zwei Ansätze dargestellt. Die einfachste Art der Erwartungsbildung besteht darin, sich vollkommen an der Konsumgüternachfrage der Vorperiode zu orientieren[71]:

$$U_t = C_{t-1} = cY_{t-1}. \tag{4.97}$$

Setzt man die Gleichungen (4.96) und (4.97) in Gleichung (4.95) ein, ergibt sich nach einfachen Umstellungen:

$$L_t = (1 + k)cY_{t-1} - (1 + k)cY_{t-2}. \tag{4.98}$$

Der Zeitpfad für Y_t folgt jetzt aus Gleichung (4.93) nach Substitution von U_t und L_t durch die entsprechenden Gleichungen (4.97) und (4.98):

$$Y_t - (2 + k)cY_{t-1} + (1 + k)cY_{t-2} = I_a. \tag{4.99}$$

Die partikuläre Lösung, die dem stationären Gleichgewicht entspricht, gewinnt man auf bekannte Weise als:

$$\bar{Y} = \frac{1}{1-c}I_a.$$

---

[71] Diese Verzögerung auf der Angebotsseite heißt Lundberg–Lag.

Den Stabilitätsbereich legt das Schur–Kriterium fest; die Koeffizienten der Gleichung (4.99) unterliegen danach zwei Ungleichungen:

$$1 - c > 0, \qquad \text{und} \qquad (4.100\text{a})$$

$$\frac{1}{1+k} > c. \qquad (4.100\text{b})$$

Da stets $k > 0$ gilt, ist mit Ungleichung (4.100b) immer auch Ungleichung (4.100a) erfüllt: Für den Stabilitätsbereich existiert nur die Restriktion (4.100b). Ist die Diskriminante $(2+k)^2 c^2 - 4(1+k)c < 0$, liegt eine zyklische Entwicklung vor. Dies ist dann der Fall, wenn für die marginale Konsumneigung gilt:

$$c < \frac{4(1+k)}{(2+k)^2}.$$

Da für jedes $k > 0$ folgt: $\dfrac{1}{1+k} < \dfrac{4(1+k)}{(2+k)^2}$, existiert keine Parameterkombination (k, c), die zu einer monotonen Anpassung an das stationäre Gleichgewicht führt. Es lassen sich daher hier nur drei Parameterregimes unterscheiden (siehe Abbildung 4.26).

Abb. 4.26:

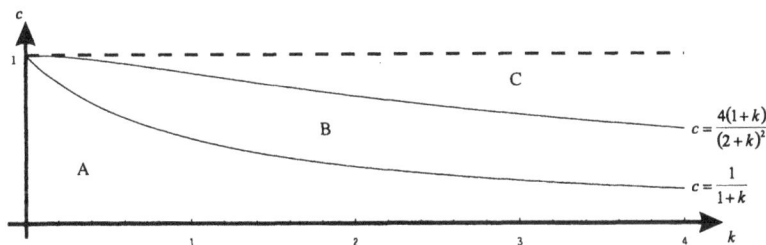

Bereich A:	Y_t bewegt sich mit gedämpften Schwingungen auf das stationäre Gleichgewicht $\bar{Y}$ zu.
Bereich B:	Der Zeitpfad von Y_t vollzieht sich mit explosiven Schwingungen um das stationäre Gleichgewicht $\bar{Y}$.
Bereich C:	Die Entwicklung von Y_t führt zu ständig zunehmenden Abweichungen vom stationären Gleichgewicht $\bar{Y}$.

Erfüllen Parameterkombinationen die Gleichung $c = \dfrac{1}{1+k}$, treten Schwingungen mit konstanten Amplituden ein. Alternierende Entwicklungen sind aufgrund der Vorzeichenfolge der Koeffizienten nach der Descartes'schen Vorzeichen–Regel ausgeschlossen.

Eine realistischere Hypothese über die Erwartungsbildung als Gleichung (4.97) berücksichtigt, daß die Unternehmer zusätzlich zum tatsächlichen Absatz der Vorperiode auch die Absatzänderungen in vorangegangenen Perioden in ihre Planungen einbeziehen. Gleichung (4.101) gibt einen solchen Ansatz wieder, wobei μ einen Erwartungskoeffizienten darstellt:

$$U_t = C_{t-1} + \mu(C_{t-1} - C_{t-2}) \qquad (4.101)$$
$$= cY_{t-1} + \mu(cY_{t-1} - cY_{t-2}).$$

Ist $\mu = 0$, sehen die Unternehmer die Absatzänderung als transitorisch an. Bei $\mu > 0$ erwarten sie für die laufende Periode keine Richtungsänderung in der Absatzentwicklung; $\mu < 0$ zeigt eine erwartete Richtungsänderung in der Absatzentwicklung an. Um die Auswirkungen dieser Erwartungsbildung auf die dynamischen Eigenschaften des Lagerhaltungsmodells zu analysieren, wird Gleichung (4.97) durch Gleichung (4.101) substituiert; alle übrigen Modellgleichungen bleiben erhalten. Die gewünschte Lagerhaltung L_t^* ist jetzt:

$$L_t^* = kU_t = ck(1 + \mu)Y_{t-1} - ck\mu Y_{t-2}.$$

Der Lagerbestand am Ende der Periode $t-1$, ermittelt als Differenz zwischen der gewünschten Lagerhaltung für diese Periode und der Abweichung des tatsächlichen Absatzes vom erwarteten Absatz, beträgt:

$$L_{t-1}^0 = L_{t-1}^* - (C_{t-1} - U_{t-1})$$
$$= ck(1 + \mu)Y_{t-2} - ck\mu Y_{t-3} - cY_{t-1} + cY_{t-2} + \mu(cY_{t-2} - cY_{t-3})$$
$$= -cY_{t-1} + c(1 + k)(1 + \mu)Y_{t-2} - c(1 + k)\mu Y_{t-3}. \qquad (4.102)$$

In der Periode t beträgt die Produktion für die Lagerhaltung:

$$L_t = L_t^* - L_{t-1}^0$$
$$= c[k(1 + \mu) + 1]Y_{t-1} - c[k\mu + (1 + k)(1 + \mu)]Y_{t-2} + c(1 + k)\mu Y_{t-3}. \qquad (4.103)$$

Damit sind alle Bestimmungsfaktoren der Produktion festgelegt. Nach Einsetzen der Gleichungen (4.101) und (4.103) in Gleichung (4.93) und Zusammenfassen aller Terme mit gleicher Verzögerung ergibt sich das Inlandsprodukt als:

$$Y_t - c[(1 + k)(1 + \mu) + 1]Y_{t-1} + c(1 + k)(1 + 2\mu)Y_{t-2} - c(1 + k)\mu Y_{t-3} = I_a. \qquad (4.104)$$

Dies ist eine inhomogene Differenzengleichung dritter Ordnung. Als Lösung des Inhomogenteils erhält man das stationäre Gleichgewicht:

$$\bar{Y} = \frac{I_a}{1 - c},$$

das dem stationären Gleichgewicht der Differenzengleichung (4.99) entspricht. Um den Stabilitätsbereich für die Differenzengleichung (4.104) zu ermitteln, ist es aus formalen Gründen zweckmäßiger, anstelle des Schur–Kriteriums das Samuelson–Kriterium (siehe S.344) heranzuziehen. Da bei diesem die zweite oder vierte Beschränkung immer redundant ist, kann eine wahlweise ausgeschlossen werden. Formale Gründe führen bei diesem Modell zu einer Elimination der zweiten Beschränkung. Die Koeffizienten der Gleichung (4.104) unterliegen dann vier Restriktionen:

$$1 - c[(1 + k)(1 + \mu) + 1] + c(1 + k)(1 + 2\mu) - c(1 + k)\mu \ > 0 \qquad (4.105)$$

$$1 + c[(1 + k)(1 + \mu) + 1] + c(1 + k)(1 + 2\mu) + c(1 + k)\mu \ > 0 \qquad (4.106)$$

$$3 - c[(1 + k)(1 + \mu) + 1] - c(1 + k)(1 + 2\mu) + 3c(1 + k)\mu > 0 \qquad (4.107)$$

$$1 - c(1 + k)(1 + 2\mu)$$
$$+ c^2(1 + k)\mu[(1 + k)(1 + \mu) + 1] - c^2(1 + k)^2\mu^2 \qquad\qquad > 0 \qquad (4.108)$$

Bei einem Erwartungskoeffizienten $\mu > 0$ ist Ungleichung (4.106) stets erfüllt, da die Koeffizienten c und k aus ökonomischen Gründen immer positiv sind. Sie stellt daher keine bindende Beschränkung für zulässige Wertekombinationen dar und bleibt von den weiteren Überlegungen ausgeschlossen. Die Auflösung aller Klammern und anschließende Neuordnung der einzelnen Terme vereinfachen die drei verbleibenden Ungleichungen zu:

$$1 - c > 0 \qquad (4.105a)$$

$$3 - c(3 + 2k) > 0 \qquad (4.107a)$$

$$1 - c(1 + k)(1 + 2\mu) + c^2\mu(1 + k)(2 + k) > 0. \qquad (4.108a)$$

Für jedes $k > 0$ ist Restriktion (4.107a) schärfer als Ungleichung (4.105a); letztere ist daher für die weiteren Untersuchungen überflüssig. Der Einfluß des Erwartungskoeffizienten μ auf die dynamischen Eigenschaften des Modells wird durch einen Vergleich der Stabilitätsbereiche für $\mu = 0$ und $\mu > 0$ deutlich. Ist $\mu = 0$, liegt die als Gleichung (4.97) formalisierte einfache Erwartungsbildungshypothese vor. Der Stabilitätsbereich ist hier durch Ungleichung (4.100b) festgelegt:

$$c < \frac{1}{1 + k}.$$

Um Stabilitätsbedingungen für $\mu > 0$ zu ermitteln, wählt man aus rechnerischen Gründen $\mu = 1$. Die Beschränkung (4.108a) geht dann über in:

$$c^2(1 + k)(2 + k) - 3c(1 + k) + 1 > 0. \qquad (4.108b)$$

Die restriktiven Auswirkungen dieser Ungleichung lassen sich erkennen, indem sie zunächst als Polynom zweiten Grades in c aufgefaßt wird:

$$f(c) = (1 + k)(2 + k)c^2 - 3(1 + k)c + 1. \qquad (4.109)$$

Bei gegebenem $k > 0$ sucht man die Intervalle für c, die zu $f(c) > 0$ führen und damit Ungleichung (4.108b) erfüllen. Die Funktion $f(c)$ besitzt zwei Wurzeln, die wegen der Parameter reell, positiv und verschieden sind. Der Graph der Funktion (4.109) ist in Abbildung 4.27 wiedergegeben, wobei c_1 die kleinere der beiden Wurzeln $c_{1/2}$ bezeichnet und für $c_M = 3/2(2+k)$ ein Minimum vorliegt.

Abb. 4.27:

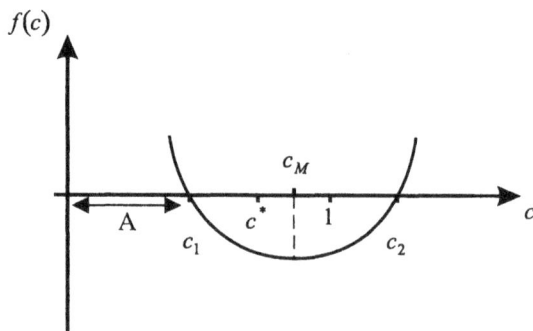

Damit sind die gesuchten Bereiche für c festgelegt. Gilt $c < c_1$ oder $c > c_2$, ist $f(c) > 0$ und Restriktion (4.108a) eingehalten. In Verbindung mit der umgeformten Restriktion (4.107a) erhält man jetzt das Ungleichungssystem:

$$c < \frac{3}{3+2k},\qquad (4.110)$$

$$c < c_1,\qquad (4.111)$$

$$c > c_2.\qquad (4.112)$$

Setzt man in die Funktion (4.109) den Wert $c^* = \dfrac{3}{3+2k}$ ein, gilt: $f(c^*) < 0$; c^* liegt somit im Intervall (c_1, c_2) und es ist daher: $c_1 < c^* < c_2$. Damit macht die Restriktion (4.110) die Beschränkung (4.112) überflüssig. Da nach der Restriktion (4.108b) aber nur solche Werte für c mit $f(c) > 0$ zulässig sind, gilt letztlich nur noch die Beschränkung (4.111). In Abbildung 4.27 entspricht dieser Bereich von c dem Intervall A. Für den Erwartungskoeffizienten $\mu = 1$ wird der Stabilitätsbereich bei gegebenem $k > 0$ somit festgelegt durch $c < c_1$. Diese Restriktion erweist sich als schärfer als die für $\mu = 0$ abgeleitete $c < \dfrac{1}{1+k}$. Setzt man $c = \dfrac{1}{(1+k)}$ in $f(c)$ ein, ist $f(c)$ negativ: Der Stabilitätsbereich wird durch einen Erwartungskoeffizienten $\mu > 0$ eingeengt. Die Erwartungsbildung nach Gleichung (4.101) wirkt destabilisierend. Abbildung

4.28 gibt die Stabilitätsbereiche für $\mu = 0$ und $\mu = 1$ wieder[72].

Abb. 4.28:

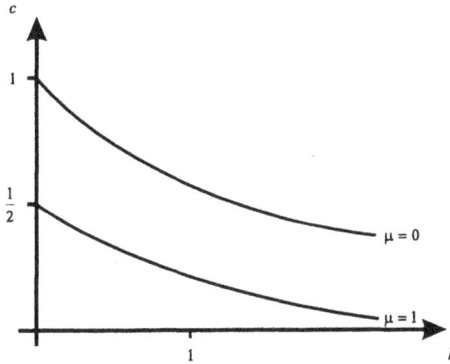

Während beim Samuelson–Hicks–Modell noch schwingungsfreie Anpassungen an ein(en) Gleichgewicht(spfad) theoretisch möglich sind, zeigt die Analyse der Auswirkungen einer aktiven Lagerbildung, daß sich die wirtschaftliche Entwicklung in Zyklen vollzieht. Dies läßt sich inhaltlich dadurch begründen, daß sich die Unsicherheit über den erwarteten Absatz auf drei Bereiche der Konsumgüterproduktion auswirkt. Zum ersten direkt bei der Produktion für der erwarteten Absatz, dann bei der Produktion für den Ersatz unerwarteter Lagerveränderungen und schließlich bei derjenigen Produktion, die das Lager stets proportional zum erwarteten Absatz halten soll. Der reale Zeitpfad des Inlandsprodukts resultiert aus einer Überlagerung der aus den beiden Modellansätzen ableitbaren Zyklen. Beachtet man, daß der Periodenindex t bei den Lagerinvestitionen eine kürzere Zeitspanne als bei den Anlageinvestitionen umfaßt, umlagern kleinere Zyklen die dominierenden längeren: Die deduzierte Entwicklung von Y_t weist dann schon eher den aus der Empirie bekannten gezackten Verlauf auf.

Lassen sich die Unternehmer bei der Festlegung der Konsumgüterproduktion von Nachfrageveränderungen in der Vergangenheit gemäß Gleichung (4.101) leiten, wirkt diese Verhaltensweise destabilisierend auf das ökonomische System. Bei einem Erwartungskoeffizienten $\mu = 1$ und einem Lagerakzelerator $k = 0$ muß die marginale Konsumneigung kleiner als 0,5 sein, damit die Volkswirtschaft mit gedämpften Schwingungen zum Gleichgewicht(spfad) konvergiert. Da ökonometrische Untersuchungen die marginale Konsumneigung signifikant größer als 0,5 ausweisen, verhindern entweder ein bedeutend

---

[72]Der Achsenabschnitt des Graphen für $\mu = 1$ ist gleich der kleineren Wurzel der Funktion (4.109) für $k = 0$. Aus $2c^2 - 3c + 1 = 0$ erhält man: $c_1 = 0,5$ und $c_2 = 1$.

kleinerer Erwartungskoeffizient, oder ein sehr kleiner Lagerakzelerator oder untere und obere Schranken eine explosive Entwicklung des Inlandsprodukts.

4.2 Gemeinsame Erklärung von Konjunktur und Wachstum

Die Verbindung von Wachstum und Konjunktur, wie sie im Hicks–Modell erfolgt, stellt nur eine erste, stark vereinfachende Annäherung an die ökonomische Realität dar. Sie ist insofern unbefriedigend, da sowohl Wachstum als auch Konjunktur einander nicht bedürfen und deswegen auch nicht auf gemeinsame Ursachen zurückführbar sind. Es liegt daher eine Modellierung nahe, die beide ökonomischen Phänomene simultan erklärt. Zwei Ansätze können verfolgt werden:

(1) die Konjunkturentwicklung bestimmt den Wachstumsprozeß,

(2) aus dem Wachstumsprozeß resultieren Konjunkturbewegungen.

Die erste Vorgehensweise leitet den Wachstumsprozeß hauptsächlich aus der Konjunkturentwicklung ab, die — in der Keynes'schen Tradition stehend — überwiegend durch Nachfragekomponenten geprägt ist. Es handelt sich dann um ein endogen erklärtes Wachstum der Nachfrage.

Bei der Vorgehensweise (2) sind diejenigen Wachstumsmodelle als Ausgangspunkt zu wählen, die bereits konjunkturrelevante Beziehungen enthalten. Es eignen sich hierzu die wenigen nachfrageorientierten Modelle der — überwiegend angebotsorientierten — Wachstumstheorie.

4.2.1 Das Modell von Smithies

Als prominenter Vertreter der zur ersten Kategorie zählenden Ansätze gilt das Modell von Smithies[73]. Es analysiert eine geschlossene Volkswirtschaft ohne staatliche Aktivität und mit konstanten Preisen. Die Produktionsfaktoren Kapital und Arbeit sind zu jedem Zeitpunkt in einem Umfang vorhanden, daß sich keine Engpässe bilden.

Bei der Formulierung der Investitionsfunktion geht Smithies von den Bruttoinvestitionen aus, da sie die Größe darstellen, der die unternehmerische Entscheidung gilt. Die Unternehmer planen in einer Periode dann zu investieren, wenn ihre Rentabilitätserwartungen realisierbar erscheinen. Der

---

[73]SMITHIES (1957).

Ersatz verbrauchten Kapitalstocks spielt bei dieser Entscheidung nur eine untergeordnete Rolle. Wichtigste Determinante für die Bestimmung des Investitionsvolumens ist der Bruttogewinn (Gewinn plus Abschreibungen), da diese Größe Auskunft sowohl über zukünftige Rentabilitätserwartungen als auch über die gegenwärtigen Finanzierungsmöglichkeiten gibt. Wächst eine Volkswirtschaft ständig, so wäre der zuletzt realisierte Bruttogewinn als Determinante allein ausreichend; bei einer zyklischen Entwicklung bestimmt der laufende Wert zusammen mit dem höchsten Wert der Vergangenheit die Bruttoinvestitionen. Hierin kommt die auf ihre Erfahrung gestützte Erwartung der Unternehmer zum Ausdruck, daß jede Rezession nach bestimmten Perioden in einen Aufschwung mündet. Die Abhängigkeit der Bruttoinvestitionen vom höchsten Bruttogewinn der Vergangenheit hat mildernden Einfluß auf die Investitionsentwicklung während eines Abschwungs. Man bezeichnet die Wirkungsweise solcher Variablen als Sperrklinkeneffekt (ratchet effect)[74]. Ebenfalls für die Investitionsentscheidung bedeutsam ist die Differenz zwischen dem Vollbeschäftigungsbruttoinlandsprodukt, das mit dem existierenden Kapitalstock bei „normalen" Bedingungen für den Faktor Arbeit produziert werden kann und dem höchsten tatsächlichen Bruttoinlandsprodukt der Vergangenheit. Existierende Überschußkapazitäten wirken hemmend, Kapazitätsengpässe dagegen stimulierend auf die Investitionstätigkeit. Diese Einflußgröße ist dem Kapitalstockanpassungsprinzip sehr ähnlich, unterscheidet sich von diesem lediglich in der Verwendung des Vollbeschäftigungsbruttoinlandsprodukts anstelle des gesamtwirtschaftlichen Kapitalstocks. Smithies begründet diesen Unterschied zu Recht mit den Schwierigkeiten, die mit einer Messung des gesamtwirtschaftlichen Kapitalstocks verbunden sind. Schließlich bestimmen noch exogene Faktoren, wie z.B. das Bevölkerungswachstum oder neue Handelsbeziehungen das Investitionsvolumen; diese exogenen Einflüsse werden in einer Trendvariablen zusammengefaßt.

Gleichung (4.113) gibt die Bruttoinvestitionen als lineare Funktion der aufgeführten Determinanten wieder, wobei die Bruttogewinne als proportional zum Bruttoinlandsprodukt spezifiziert werden[75]. Außer der Trendvariablen sind alle Determinanten um eine Periode verzögert, um damit der für Investitionsentscheidungen benötigten Reaktionszeit Rechnung zu tragen:

$$I_t = \beta_1 Y_{t-1} + \beta_2 Y_{m,t-1} - \beta_3 (Y_{F,t-1} - Y_{m,t-1}) + d^t, \qquad (4.113)$$

---

[74]Ein ratchet effect wurde erstmals von DUESENBERRY (1949) und MODIGLIANI (1949) bei der Formulierung der Konsumfunktion berücksichtigt

[75]Die Kontroverse, ob Investitionsentscheidungen primär von den „Gewinnen" oder der „Nachfrage" abhängen, ist trotz zahlreicher empirischer Untersuchungen (vgl. hierzu z.B. V.D.LIPPE (1978), S. 82 ff.) noch nicht beendet. Durch die von Smithies unterstellte Proportionalität der Bruttogewinne zum Inlandsprodukt wird eine empirische Überprüfung seiner Hypothese erschwert, da auch die Nachfrage in starkem Maße durch das Inlandsprodukt determiniert ist.

I: Bruttoinvestitionen, Y_F: Vollbeschäftigungsbruttoinlandsprodukt,

Y: Bruttoinlandsprodukt, d: Trendvariable.

$Y_{m,t-1}$: höchster Wert von Y, der in der Vergangenheit einschließlich
der Periode $t-1$ realisiert wurde.

Die Konsumnachfrage ist abhängig vom gegenwärtigen, verfügbaren Einkommen und von seinem höchsten Wert, der in der Vergangenheit bis einschließlich der Periode t realisiert wurde (Sperrklinkeneffekt). Da das verfügbare Einkommen seinerseits vom Bruttoinlandsprodukt abhängt, läßt sich die Konsumfunktion formulieren als:

$$C_t = c_1 Y_t + c_2 Y_{m,t} \, , \qquad (4.114)$$

mit $c_1 < 1$, $c_2 < 1$ und $c_1 + c_2 < 1$.

Befindet sich die Volkswirtschaft auf einem langfristigen Wachstumspfad, ist das zuletzt realisierte Bruttoinlandsprodukt auch immer das bisher größte. Somit gilt $Y_{m,t} = Y_t$ und aus Gleichung (4.114) folgt die langfristige marginale Konsumneigung als $c_1 + c_2$. In der kurzen Frist entspricht die marginale Konsumneigung dem Wert c_1.

Da dieses Modell für eine mittel– bis langfristige Analyse konzipiert ist, muß auch die Angebotsseite einer Volkswirtschaft betrachtet werden. Dies geschieht durch die Untersuchung der Einflüsse, die zu einer Veränderung der Vollbeschäftigungskapazität in der Zeit führen. Bezeichnet k den (marginalen) Kapitalkoeffizienten, der sich beim Vollbeschäftigungsbruttoinlandsprodukt ergibt, stellt der reziproke Wert $\sigma = \frac{1}{k}$ die Veränderung des Vollbeschäftigungsbruttoinlandsprodukts dar, die aus einer Investitionseinheit resultiert. Ohne Beachtung des Kapitalverschleißes führen Bruttoinvestitionen in Höhe I_{t-1} zu einer Zunahme des Vollbeschäftigungsbruttoinlandsprodukts im Umfang von $Y_{F,t} - Y_{F,t-1} = \sigma I_{t-1}$. Der technische Fortschritt erhöht ebenfalls $Y_{F,t}$; seinen Einfluß erfaßt die Fortschrittskomponente T^t. Diesen Kapazitätssteigerungen stehen Kapazitätsverringerungen durch Verschleiß (Abschreibungen) und durch wirtschaftliche Veralterung des Kapitalstocks gegenüber. Der Verschleiß, mit D_1 bezeichnet, ist proportional zu $Y_{F,t-1}$:

$$D_1 = \gamma_1 Y_{F,t-1}, \quad \gamma_1 > 0. \qquad (4.115)$$

Die wirtschaftliche Veralterung eines Teils des Kapitalstocks setzt sich aus zwei Komponenten zusammen:

(1) In einer wachsenden Volkswirtschaft mit technischem Fortschritt scheiden immer Kapitalgutjahrgänge vor dem Ende ihrer technischen Nut-

zungsdauer aus dem Produktionsprozeß aus[76]. Diese, als normal angesehene Veralterung, die proportional zum Kapitalstock ist, wird mit dem Koeffizienten σ berücksichtigt.

(2) Über Komponente (1) hinaus können außergewöhnliche Veralterungen durch stillgelegte Kapazitäten eintreten, verursacht durch eine Unterauslastung des Kapitalstocks wegen unzureichender Nachfrage. Ebenso werden in Phasen der Hochkonjunktur mit $Y_t > Y_{F,t}$ bereits abgeschriebene Kapitalgüter länger als normalerweise vorgesehen genutzt. Beide Effekte erfaßt die Variable D_2, die bei positiven Werten den Fall außergewöhnlicher Veralterung, bei negativen Werten eine längere Nutzungsdauer anzeigt. Da D_2 von der Diskrepanz zwischen möglichem und nachgefragtem Bruttoinlandsprodukts abhängt, gilt:

$$D_2 = \gamma_2(Y_{F,t-1} - Y_{t-1}), \quad \gamma_2 > 0. \tag{4.116}$$

Zusammengefaßt stellt sich die Veränderung des Vollbeschäftigungsbruttoinlandsprodukts dar als:

$$Y_{F,t} - Y_{F,t-1} = \sigma I_{t-1} - D_1 - D_2 + T^t. \tag{4.117}$$

Die Investitions– und Konsumgüternachfrage bestimmen zusammen in jeder Periode die Höhe des Bruttoinlandsprodukts; als kurzfristige Gleichgewichtsbedingung ergibt sich somit[77]:

$$Y_t = C_t + I_t. \tag{4.118}$$

Um die Entwicklung der Volkswirtschaft zu analysieren, sind zwei Zustände zu unterscheiden. Zustand 1 kennzeichnet eine wirtschaftliche Entwicklung ohne Sperrklinkeneffekt: Das laufende Bruttoinlandsprodukt ist immer auch das höchste. Gilt dies nicht für jede Periode t, befindet sich die Volkswirtschaft im Zustand 2. Zunächst erfolgt die Untersuchung des Zustands 1. Ohne wirkenden Ratchet–Effekt ist in der Investitionsfunktion $Y_{m,t-1} = Y_{t-1}$ und in der Konsumfunktion $Y_{m,t} = Y_t$. Für das kurzfristige Gleichgewicht folgt aus Gleichung (4.118) nach Substitution der modifizierten Gleichungen (4.113) und (4.114):

$$Y_t = (c_1 + c_2)Y_t + (\beta_1 + \beta_2 + \beta_3)Y_{t-1} - \beta_3 Y_{F,t-1} + d^t.$$

---

[76]Eine ausführliche Darstellung dieses Effektes findet man bei ASSENMACHER (1981).

[77]Diese Gleichgewichtsbedingung impliziert, daß Multiplikatorprozesse, ausgelöst durch eine Veränderung der effektiven Nachfrage, innerhalb jeder Periode t zum Abschluß kommen. Obwohl t meistens mit einem Jahr gleichgesetzt wird, präzisiert letztlich der theoretische Kontext die Periodenlänge. Im vorliegenden Modell begründet die Investitionsfunktion die Verzögerung. Die Periodenlänge ist daher durch die Zeitspanne zwischen Auftragserteilung und Inbetriebnahme der Investitionsgüter definiert.

Nach Y_t aufgelöst führt zu:

$$Y_t = \frac{\beta_1 + \beta_2 + \beta_3}{1 - (c_1 + c_2)} Y_{t-1} + \frac{-\beta_3}{1 - (c_1 + c_2)} Y_{F,t-1} + \frac{1}{1 - (c_1 + c_2)} d^t \, ;$$

Umbenennung der Koeffizienten ergibt:

$$Y_t = a_{11} Y_{t-1} + a_{12} Y_{F,t-1} + a_{13} d^t. \tag{4.119}$$

Das Vollbeschäftigungsbruttoinlandsprodukt ist gemäß Gleichung (4.117) nach Substitution der Variablen D_1 durch Gleichung (4.115), der Variablen D_2 durch Gleichung (4.116) und unter Beachtung der Beziehung $I_{t-1} = S_{t-1} = [1 - (c_1 + c_2)]Y_{t-1}$ bestimmt durch:

$$Y_{F,t} = \sigma[1 - (c_1 + c_2)]Y_{t-1} + Y_{F,t-1} - \gamma_1 Y_{F,t-1} - \gamma_2 Y_{F,t-1} + \gamma_2 Y_{t-1} + T^t.$$

Durch Zusammenfassen entsprechender Ausdrücke folgt:

$$Y_{F,t} = \{\sigma[1 - (c_1 + c_2)] + \gamma_2\}Y_{t-1} + (1 - \gamma_1 - \gamma_2)Y_{F,t-1} + T^t,$$

nach einer vereinfachenden Bezeichnung der Koeffizienten geht diese Gleichung über in:

$$Y_{F,t} = a_{21} Y_{t-1} + a_{22} Y_{F,t-1} + T^t. \tag{4.120}$$

Die beiden Gleichungen (4.119) und (4.120) bilden ein Differenzengleichungssystem erster Ordnung, das in eine Differenzengleichung zweiter Ordnung umgeformt werden kann[78]. Diese Differenzengleichung legt die zeitliche Entwicklung des Bruttoinlandsprodukts fest. Ihre analytische Lösung zeigt, daß gleichgewichtiges Wachstum von der Anfangsperiode an ebenso wie eine Konvergenz zum Gleichgewichtspfad nur unter sehr restriktiven, unrealistischen Annahmen bezüglich der Parameter eintreten. Der Regelfall ist daher eine zyklische Entwicklung. Sind die Wurzeln der charakteristischen Gleichung derart, daß sie Schwingungen erzeugen, kann in Verbindung mit dem Trendeinfluß und der Fortschrittskomponente, die über die partikuläre in die allgemeine Lösung eingehen, eine Entwicklung resultieren, die durch ein ständig steigendes Bruttoinlandsprodukt gekennzeichnet ist. Die volkswirtschaftliche Entwicklung vollzieht sich mit schwachen Zyklen, die zu unterschiedlichen, aber immer positiven Wachstumsraten führen: Sie bleibt daher in jeder Periode im Zustand 1. Dominieren die Zyklen jedoch in einigen Phasen über den Trendeinfluß, so daß das Bruttoinlandsprodukt sinkt, befindet sich die Volkswirtschaft im Zustand 2, und die Sperrklinkeneffekte setzen ein. In diesem

---

[78]Eine explizite Lösung der aus den Gleichungen (4.119) und (4.120) resultierenden Differenzengleichung zweiter Ordnung soll hier entfallen. Der interessierte Leser wird auf Kapitel 1.1 des mathematischen Anhangs verwiesen.

Zustand kann der letzte Zeitreihenwert des Bruttoinlandsprodukts niemals der größte Wert der Vergangenheit sein. Eine zeitlich unterschiedliche Indizierung für Y_m, wie sie in den Gleichungen (4.113) und (4.114) vorgenommen wurde, kann daher jetzt entfallen: Sowohl in der Konsum- als auch in der Investitionsfunktion besitzt Y_m denselben Zeitindex t. Die Gleichungen für das kurzfristige gleichgewichtige Bruttoinlandsprodukt (Gleichung 4.121) und für das Vollbeschäftigungsbruttoinlandsprodukt (Gleichung 4.122) erhält man dann analog zu der Vorgehensweise beim Zustand 1 als:

$$Y_t = \frac{\beta_1}{1 - c_1} Y_{t-1} + \frac{-\beta_3}{1 - c_1} Y_{F,t-1} + \frac{1}{1 - c_1} d^t + \frac{c_2 + \beta_2 + \beta_3}{1 - c_1} Y_{m,t} \,,$$

$$Y_t = a'_{11} Y_{t-1} + a'_{12} Y_{F,t-1} + a'_{13} d^t + a_{14} Y_{m,t}, \quad \text{und} \qquad (4.121)$$

$$Y_{F,t} = [\sigma(1 - c_1) + \gamma_2] Y_{t-1} + (1 - \gamma_1 - \gamma_2) Y_{F,t-1} + T^t + (-\sigma c_2) Y_{m,t} \,,$$

$$Y_{F,t} = a'_{21} Y_{t-1} + a'_{22} Y_{F,t-1} + a_{23} T^t + a_{24} Y_{m,t} \quad \text{mit } a_{23} = 1. \qquad (4.122)$$

Durch die Möglichkeit, daß die Volkswirtschaft vom Zustand 1 in den Zustand 2 und umgekehrt wechseln kann, läßt sich eine Vielzahl möglicher ökonomischer Entwicklungen analysieren. Zunächst kann gezeigt werden, daß für ökonomisch sinnvolle Strukturparameter der Sperrklinkeneffekt einen positiven Einfluß auf die Entwicklung des Bruttoinlandsprodukts ausübt. Solche Parameterwerte führen aber auch zu einer explosiven zyklischen Entwicklung der Volkswirtschaft im Zustand 1. Durchläuft sie dabei erstmals ihren oberen Umkehrpunkt, so geht sie in den Zustand 2 über und bewegt sich auf ihren unteren Umkehrpunkt zu. Für den dann einsetzenden Aufschwung sind nun zwei charakteristische Entwicklungen möglich:

(1) Die im Zustand 1 zu explosiven Schwingungen führenden Parameterwerte erzeugen im Zustand 2 ebenfalls eine explosive zyklische Entwicklung. Gleichzeitig sind die Einflüsse des Sperrklinkeneffektes, der Fortschritts- und Trendvariablen so stark, daß der jeweils letzte Zyklus auf einem höheren Niveau umkehrt als sein Vorgänger. Daher beginnen alle nachfolgenden Zyklen auch auf einem höheren Ausgangsniveau als die Vorgänger. Übersteigt dabei das Bruttoinlandsprodukt den Wert des vorangegangenen oberen Umkehrpunktes, setzt der Sperrklinkeneffekt aus, und die Volkswirtschaft befindet sich wieder im Zustand 1, den sie nach Erreichen des oberen Umkehrpunktes wieder verläßt. Die Volkswirtschaft wechselt vom Zustand 1 zum Zustand 2 und wieder zurück; sie folgt dabei zyklisch einem Wachstumspfad, der durch Trendfaktoren und Sperrklinken generiert wird (vgl. Abbildung 4.29)[79].

---

[79]Smithies glaubte, die beschriebene Entwicklung des Bruttoinlandsprodukts auch ohne Berücksichtigung von Trendvariablen ableiten zu können. Der Wachstumspfad würde dann

(2) Die im Zustand 1 explosive Schwingungen auslösenden Parameterwerte generieren im Zustand 2 gedämpfte Schwingungen. Wird in dem
einsetzenden Aufschwung der vorausgegangene Höchstwert noch nicht
erreicht, bleibt die Volkswirtschaft solange im Zustand 2, bis dies geschieht. Die Fortschritts– und Trendvariablen sorgen dafür, daß die
Volkswirtschaft nicht dauerhaft im Zustand 2 verweilt.

Abb. 4.29:

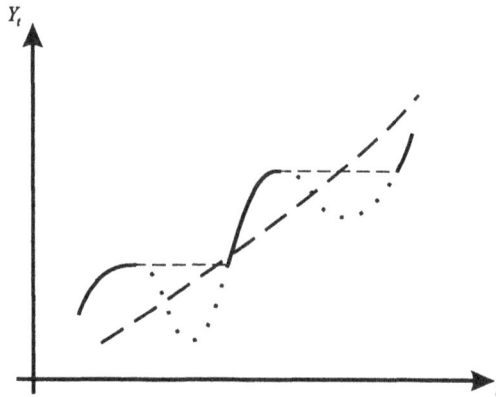

Die durchgezogenen Linien kennzeichnen die Perioden, in denen sich die
Volkswirtschaft im Zustand 1 befindet.

Die Berücksichtigung von Fortschritts– und Trendvariablen bei Angebot und
Nachfrage bedeutet, daß die Erklärung des Wachstumsprozesses nicht ausschließlich endogen durch die konjunkturelle Entwicklung geschieht, sondern
daß hierfür exogene Wachstumsfaktoren benötigt werden. Diesem Nachteil
steht aber gegenüber, daß Fortschritts– und Trendvariablen eine Schwäche
des Sperrklinkeneffektes mildern: Sperrklinkeneffekte haben nicht nur die
wünschenswerte Eigenschaft einer Abschwungsdämpfung, sondern verlängern
auch die Depressionsphase. Durch Fortschritts– und Trendvariablen wurde
jedoch eine Verlängerung des Aufschwungs und eine Verkürzung des Abschwungs bewirkt; sie bringen damit die aus den Modell ableitbaren Bewegungsmuster der Konjunktur in engere Übereinstimmung mit dem Erfahrungsbild. Trotz dieser Einschränkungen bleibt die richtungsweisende Bedeutung des Smithies–Modells für eine gemeinsame Erklärung von Konjunktur
und Wachstum erhalten.

---

allein aus den Konjunkturzyklen endogen erklärt. KROMPHARDT UND DÖRFNER (1974)
haben jedoch nachgewiesen, daß hierfür keine Parameterkombination existiert.

4.2.2 Das Harrod–Modell als Grundlage zyklischen Wachstums

Die von der Wachstumstheorie entwickelten Modelle sind zum größten Teil angebotsorientiert und für eine sehr langfristige Analyse der wirtschaftlichen Entwicklung konzipiert. Ihre Verwendung zur Untersuchung von Konjunkturzyklen ist aus eben diesen Gründen nur bedingt möglich. Wegen des kurz– bis mittelfristigen Zeitbezuges der Konjunkturtheorie kommt gerade den Nachfragekomponenten ein großer Erklärungsgehalt zu. Es ist daher zweckmäßig, diejenigen wachstumstheoretischen Modelle als Grundlage der gemeinsamen Erklärung von Konjunktur und Wachstum heranzuziehen, die bereits in ihrer Konzeption eine deutliche Verwandtschaft zum konjunkturtheoretischen Ansatz aufweisen. Ein solches Modell wurde von Harrod[80] entwickelt, das wegen der Dynamisierung des Realteils des keynesianischen Systems nachfrageorientierte Komponenten enthält und dessen analytischer Ansatz dahin kritisiert wurde[81], daß mit dem Instrumentarium der kurz– bis mittelfristigen Analyse keine langfristigen Phänomene angegangen werden könnten. All dies qualifiziert das Modell als Ausgangspunkt für die Analyse zyklischen Wachstums.

Das Harrod–Modell erklärt das wirtschaftliche Wachstum einer geschlossenen Volkswirtschaft ohne staatliche Aktivität und bei konstanten Preisen; alle in ihm enthaltenen Variablen sind mindestens zweimal nach der Zeit t stetig differenzierbar. Bei der Analyse des Wachstumsprozesses kommt den Unternehmen eine zentrale Bedeutung zu. Harrod geht davon aus, daß sie zu jeder Periode eine normale Auslastung ihrer Kapazitäten anstreben und auch erreichen. Unter „normal" wird jene Auslastung verstanden, bei der die geplanten Überschußkapazitäten erhalten bleiben. Um diese angestrebte Normalauslastung zu realisieren, müssen die Unternehmer bei konstantem Kapitalkoeffizienten den Kapitalstock immer proportional zur Nachfrageveränderung variieren. Es resultiert hieraus ein Investitionsverhalten gemäß der Akzeleratorhypothese.

$$I = k\dot{Y}, \qquad \text{mit } \dot{Y} := \frac{dY}{dt}. \tag{4.123}$$

I : Nettoinvestitionen, Y : Inlandsprodukt,

k : Akzelerationskoeffizient (bei Normalauslastung)[82].

---

[80]HARROD (1939). In der Literatur wird das Harrod–Modell häufig gleichzeitig mit dem DOMAR–Modell (1946) genannt. Obwohl beide Modelle in den formalen Ergebnissen weitgehendst übereinstimmen, ist das Domar–Modell den angebotsorientierten Wachstumsmodellen zuzurechnen. Der an den Unterschieden beider Modelle interessierte Leser sei auf die klare Darstellung bei KROMPHARDT (1993), S. 72 ff. verwiesen.

[81]SOLOW (1956), S. 67 ff.

Die Verwendung einer Investitionsfunktion stellt den entscheidenden Unterschied zu den angebotsorientierten Wachstumsmodellen dar, in denen die Determinanten des Investitionsverhaltens unberücksichtigt bleiben. Der geplante Konsum bzw. die geplante Ersparnis sind linear homogene Funktionen in Y:

$$C = cY, \quad \text{mit } 0 < c < 1, \tag{4.124}$$

$$S = sY, \quad \text{mit } 0 < s < 1. \tag{4.125}$$

Die Produktion erfolgt nach einer linear limitationalen Produktionsfunktion mit konstanten technischen Koeffizienten:

$$Y = \min\left(\frac{A}{\pi}, \frac{K}{k}\right), \tag{4.126}$$

π : Arbeitskoeffizient,

k : Akzelerationskoeffizient (= erforderlicher Kapitalkoeffizient).

Die Bedingung für ein Periodengleichgewicht schließt das Modell:

$$I = S. \tag{4.127}$$

Ein Gleichgewichtswachstum verlangt neben einem Periodengleichgewicht noch eine konstant bleibende Normalauslastung der Kapazitäten im Zeitverlauf. Zu dem von Keynes entwickelten Einkommenseffekt der Investitionen muß noch ihr Kapazitätseffekt beachtet werden. Aus der Gleichgewichtsbedingung (4.127) folgt, daß zu jedem Zeitpunkt Gesamtnachfrage Y^D und tatsächliche Produktion übereinstimmen: $Y = Y^D = C + I$. Die zeitliche Veränderung dieser Variablen ist:

$$\dot{Y} = \dot{C} + \dot{I}. \tag{4.128}$$

Substituiert man wegen Gleichung (4.124) $\dot{C}$ durch $c\dot{Y}$ und löst nach $\dot{Y}$ auf, resultiert der Einkommenseffekt der Investitionen, der die Nachfrageseite der Volkswirtschaft repräsentiert:

$$\dot{Y} = \frac{1}{1-c}\dot{I} = \frac{1}{s}\dot{I}, \tag{4.129}$$

$\dfrac{1}{s}$: Multiplikator.

---

[82]Der Akzelerationskoeffizient bei normal ausgelastetem Kapitalstock wird auch als erforderlicher Kapitalkoeffizient bezeichnet, da sein Wert angibt, wieviele zusätzliche Kapitalgüter für die Produktion einer zusätzlichen Outputeinheit erforderlich sind, um den Auslastungsgrad auf seinem als normal angesehenen Niveau konstant zu halten. Der erforderliche Kapitalkoeffizient ist um den reziproken Wert des Auslastungsgrades größer als der Kapitalkoeffizient bei Vollauslastung.

Die Veränderung der Kapazität, gemessen als Outputveränderung bei Normalauslastung und mit $\dot{Y}_F$ bezeichnet, legt Gleichung (4.123) fest: $\dot{Y}_F = \frac{1}{k}I$. Damit die Kapazitäten im Zeitablauf auch tatsächlich normal ausgelastet sind, muß die Nachfragezunahme dem Kapazitätswachstum entsprechen:

$$\dot{Y} = \dot{Y}_F, \qquad \text{oder:} \qquad \frac{1}{s}\dot{I} = \frac{1}{k}I.$$

Hieraus erhält man die gleichgewichtige Wachstumsrate der Investitionen als[83]:

$$D\ln I = \frac{\dot{I}}{I} = \frac{s}{k} = g, \tag{4.130}$$

Die Lösung der homogenen Differentialgleichung erster Ordnung (4.130) ergibt den Zeitpfad der Investitionen:

$$I = I(0)e^{\frac{s}{k}t}, \tag{4.131}$$

$I(0)$: Anfangsbedingung.

Damit sich die Volkswirtschaft auf einem Gleichgewichtspfad entwickelt, müssen die Investitionen mit der Rate $g = \frac{s}{k}$ wachsen. Erwarten die Unternehmer eine Steigerungsrate der Nachfrage in genau dieser Höhe und dehnen sie daher ihre Investitionen mit der Rate s/k aus, erzeugt diese Investitionssteigerung eine Zunahme der Nachfrage in einem Ausmaß, das die neu geschaffenen Kapazitäten normal auslastet. Harrod bezeichnet diese gleichgewichtige Wachstumsrate als die befriedigende Wachstumsrate (warranted rate of growth).

Beim Gleichgewichtswachstum stimmen die Wachstumsrate der Investition und des Inlandsprodukts überein. Aus $I = sY$ folgt nach Logarithmieren: $\ln I = \ln s + \ln Y$. Die Anwendung des Differentialoperators D führt zu:

$$D\ln I = D\ln Y = g. \tag{4.132}$$

Da $D\ln Y$ die Wachstumsrate von Y liefert und diese gleich g ist, wird der Gleichgewichtspfad für Y gegeben durch:

$$Y = Y(0)e^{\frac{s}{k}t}, \tag{4.133}$$

$Y(0)$: Anfangsbedingung.

Das Wachstum nach dem Harrod–Modell ist instabil; man bezeichnet deshalb diese Entwicklung als „Wachstum auf des Messers Schneide". Bei jeder

---

[83] $D := d/dt$ stellt den Differentialoperator dar; $D\ln I = \dot{I}/I$ liefert dann die Wachstumsrate der Investitionen.

anderen Wachstumsrate als s/k sind die Kapazitäten nicht mehr normal ausgelastet. Die marginale Kapazitätsauslastung x' der neuen Kapitalgüter ist
definiert als das Verhältnis aus dem durch die Investitionen geschaffenen Einkommenseffekt zu ihrem Kapazitätseffekt:

$$x' = \frac{\dot{Y}}{\dot{Y}_F} = \frac{\frac{1}{s}\dot{I}}{\frac{1}{k}I} = \frac{1}{g}D\ln I. \tag{4.134}$$

Der Auslastungsgrad x' nimmt nur dann den Wert 1 an, wenn die Investitionen mit der gleichgewichtigen Rate g zunehmen: In obiger Gleichung
wird $D\ln I = g$ und $x' = 1$. Wachsen die Investitionen mit einer größeren (kleineren) als der gleichgewichtigen Rate, so sind wegen $D\ln I > g$
($D\ln I < g$) die Kapazitäten über– (unter–)ausgelastet. Die Unternehmer
versuchen, durch eine verstärkte Investitionstätigkeit eine Überauslastung
abzubauen bzw. durch einen Investitionsrückgang die Unterauslastung zu beseitigen. Beide Reaktionen führen aber zu größer werdenden Abweichungen
vom Gleichgewichtspfad.

Das Modell erlaubt aus recht einfachen Annahmen die Bedingungen für ein
endogenes Gleichgewichtswachstum anzugeben, das jedoch instabil und zyklenfrei ist. In dieser Form ist es für eine gemeinsame Erklärung von Wachstum und Konjunktur noch nicht geeignet. Um seine Erklärungskraft in diese
Richtung zu erweitern, liegt eine Neuformulierung der auf dem einfachen
Akzelerator basierenden Investitionsfunktion (4.123) nahe. Da in dem Modell bereits eine Unterscheidung zwischen tatsächlichem Output und Kapazitätsoutput erfolgt, schlägt Phillips[84] zur adäquaten Berücksichtigung dieser Unterscheidung als Determinanten der Investitionsfunktion die erwartete
Rate der Outputänderung, die bisherige Kapazitätsauslastung und den Zinssatz vor. Da monetäre Faktoren erst im nächsten Kapitel explizit behandelt
werden sollen, reichen für die Neuformulierung der Investitionsfunktion die
beiden ersten, sich auf den Realteil der Volkswirtschaft beziehenden Determinanten.

Bezeichnet g^e die von den Unternehmern erwartete Wachstumsrate des
Inlandsprodukts und μ einen Koeffizienten, der den Grad an Gewißheit
bezüglich dieser Erwartung widerspiegelt: $0 < \mu < 1$, stellt μg^e die geplante
Kapitalstockänderungsrate dar, wenn zu Beginn einer jeden Periode Nor-
malauslastung des Kapitalstocks vorliegt und aufrechterhalten bleiben soll.
Diese langfristig angestrebte Kapazitätsentwicklung wird durch kurzfristige
Aspekte ergänzt. Existieren in einer Periode Überschußkapazitäten, haben

---

[84]Phillips (1961).

diese bis zu ihrer Beseitigung drosselnde Wirkung auf die Kapazitätserweiterung; eine Überauslastung hingegen wirkt auf sie stimulierend. Das Ausmaß einer Abweichung der tatsächlichen von der gewünschten Auslastung des vorhandenen Kapitalstocks drückt der Quotient $\dfrac{Y - Y_F}{Y_F} = x - 1$ aus, wobei x den tatsächlichen Auslastungsgrad des gesamten Kapitalstocks darstellt. Stimmen zu einem Zeitpunkt t Inlandsprodukt und Kapazitätsausstoß bei Normalauslastung überein ($Y = Y_F$), ist $x = 1$ und $x - 1 = 0$. Eine Überauslastung ($Y > Y_F$) führt zu $x > 1$ und $x - 1 > 0$; bei Unterauslastung ($Y < Y_F$) gilt $x < 1$ und $x - 1 < 0$. Mißt γ den Anteil, mit dem eine unerwünschte Kapitalauslastung pro Zeiteinheit beseitigt werden soll, verändert sich der Kapitalstock aufgrund des kurzfristigen Kapazitätseinflusses mit der Rate $\gamma(x - 1)$; γ kann Werte des Intervalls $0 < \gamma \leq 1$ annehmen. Die geplante Veränderungsrate des Kapitalstocks, I/K, entspricht der Summe aus lang– und kurzfristigen Kapazitätsüberlegungen. Die Berücksichtigung einer zeitlichen Verzögerung beim Investitionsverhalten in Form einer Exponentialverzögerung[85] führt zu einer Spezifikation der Investitionsfunktion als:

$$\frac{I}{K} = D \ln K = \frac{\lambda}{D + \lambda}[\mu g^e + \gamma(x - 1)], \qquad (4.135)$$

$$\lambda : \text{Gewichtungskoeffizient.}$$

Ein Periodengleichgewicht liegt vor, wenn die geplanten Investitionen mit der geplanten Ersparnis übereinstimmen: $I = S = sY$, oder nach Division durch K:

$$\frac{I}{K} = D \ln K = s\frac{Y}{K}$$

Die rechte Seite dieser Gleichung läßt sich wie folgt umformen:

$$\frac{I}{K} = D \ln K = s\frac{Y}{K} = \frac{s}{k}\frac{Y}{\frac{1}{k}K} = g\frac{Y}{Y_F} = gx. \qquad (4.136)$$

Für das Periodengleichgewicht folgt dann nach Gleichsetzung der beiden Gleichungen (4.135) und (4.136):

$$\frac{\lambda}{D + \lambda}[\mu g^e + \gamma(x - 1)] = gx. \qquad (4.137)$$

Diese Gleichung bestimmt den für ein Periodengleichgewicht zu jedem Zeitpunkt t notwendigen Auslastungsgrad x. Dividiert man Gleichung (4.137) zunächst durch g, multipliziert dann mit $(D + \lambda)$, löst die eckige Klammer

---

[85]Vgl. hierzu Kapitel 2.1.1 des mathematischen Anhangs.

auf und bringt alle Glieder mit x auf die linke Seite, führt dies zu:

$$Dx + \lambda \left(1 - \frac{\gamma}{g}\right) x = \frac{\lambda}{g}(\mu g^e - \gamma) \quad \text{oder:} \qquad (4.138)$$

$$Dx + bx = c, \qquad (4.139)$$

$$\text{mit } b := \lambda \left(1 - \frac{\gamma}{g}\right), \quad c := \frac{\lambda}{g}(\mu g^e - \gamma).$$

Dies ist eine inhomogene Differentialgleichung 1. Ordnung in x mit konstanten Koeffizienten. Ihre allgemeine Lösung ergibt sich nach Kapitel 2.1.2 des mathematischen Anhangs als Addition der Lösung des Homogenteils und der partikulären Lösung. Aus $Dx + bx = 0$ folgt die Lösung des Homogenteils als:

$$x = Re^{-bt} = R\exp\left\{[-\lambda \left(1 - \frac{\gamma}{g}\right)]t\right\},$$

$$R : \text{ unbestimmte Konstante}, \quad \exp(\ldots) = e^{(\ldots)}.$$

Der Lösungsansatz $x = E$: const. über t liefert die partikuläre Lösung. Wegen $x = E$ ist $Dx = 0$ und $bE = c$, oder, nach einfachen Umformungen:

$$E = \frac{c}{b} = \frac{\mu g^e - \gamma}{g - \gamma}, \quad g \neq \gamma. \qquad (4.140)$$

Die allgemeine Lösung ist dann:

$$x = R\exp\left\{[-\lambda \left(1 - \frac{\gamma}{g}\right)]t\right\} + \frac{\mu g^e - \gamma}{g - \gamma}. \qquad (4.141)$$

Eine gegebene Anfangsbedingung legt die willkürliche Konstante R fest. Sei für die Periode $t = 0$ der Wert $x(0)$ bekannt, folgt aus Gleichung (4.141) für R:

$$x(0) = R + E \quad \text{oder:} \quad R = x(0) - E.$$

Damit ist der Zeitpfad für x eindeutig bestimmt:

$$x = [x(0) - E]\exp\left\{[-\lambda \left(1 - \frac{\gamma}{g}\right)]t\right\} + E. \qquad (4.142)$$

Diese Gleichung verdeutlicht die Interpretation der partikulären Lösung als stationäres oder wie hier als dynamisches Gleichgewicht. Stimmen in der Anfangsperiode $t = 0$ die Werte $x(0)$ und E überein, ist der Auslastungsgrad $x = E$ und damit konstant im Zeitverlauf. Damit $x = E$ eine ökonomisch sinnvolle Lösung darstellt, muß $E > 0$ sein. Nach Gleichung (4.140) ist dies dann der Fall, wenn entweder Zähler und Nenner beide positiv oder beide negativ sind. Für γ resultieren somit die beiden alternativen Beschränkungen:

$$0 < \gamma < \min(\mu g^e, g), \qquad \text{oder:} \qquad (4.143a)$$

$$1 \geq \gamma > \max(\mu g^e, g). \qquad (4.143b)$$

Da kurzfristige Kapazitätsüberlegungen zu schnellen Kapitalstockanpassungen führen, wird γ nicht allzu klein und die zweite Beschränkung realistisch sein. Wegen der Gleichung (4.136) wachsen der Kapitalstock und bei konstantem Auslastungsgrad E auch das Inlandsprodukt mit derselben gleichgewichtigen Wachstumsrate:

$$D \ln K = D \ln Y = Eg = \frac{\mu g^e - \gamma}{g - \gamma} g.$$

Erwarten die Unternehmer eine Wachstumsrate $g^e > g$ bei einem Gewißheitsgrad $\mu = \dfrac{g}{g^e}$ oder $g^e = g$ bei $\mu = 1$, ist in beiden Fällen $\mu g^e = g$ und damit $E = 1$. Die Volkswirtschaft entwickelt sich auf dem stetigen Wachstumspfad des Harrod–Modells mit der Rate g [86]. Differieren $x(0)$ und E in der Ausgangsperiode, hängt die weitere Entwicklung vom Vorzeichen des Exponenten $-\lambda \left(1 - \dfrac{\gamma}{g}\right) t$ ab. Ist dieses negativ, verringern sich die Abweichungen vom Gleichgewicht im Laufe der Zeit: Es ist bei diesem Modell eine stabile Entwicklung möglich. Die Bedingung hierfür resultiert aus $\left(1 - \dfrac{\gamma}{g}\right) > 0$ als: $\gamma < g$. Dies ist jedoch nur eine notwendige Bedingung für ein stabiles Gleichgewichtswachstum, denn zusätzlich muß gelten: $E > 0$. Eine hinreichende Bedingung für stabiles Gleichgewichtswachstum ist daher mit der Restriktion (4.143a) gegeben [87]. Diese Stabilitätseigenschaft ist nur von theoretischem Interesse, ihr kommt keine praktische Bedeutung zu. Realistische Werte für s und k führen zu Wachstumsraten um 3%. Für eine stabile Entwicklung muß γ dann kleiner als 0,03 sein; die Beseitigung unerwünschter Kapazitätsauslastungen würde sich über sehr große Zeiträume erstrecken [88]. Realistische Parameterwerte erfüllen die Restriktion (4.143b). Aus diesem Modell resultieren dann wegen $\gamma > g$ stets instabile gleichgewichtige Entwicklungspfade. Bei diesen Pfaden kann der Auslastungsgrad E größer, kleiner oder gleich

---

[86] Für $g^e < g$ gilt wegen der Beschränkung $0 < \mu < 1$ immer: $E < 1$, und es kann kein Gleichgewichtswachstum nach Harrod eintreten.

[87] Wäre $g < \mu g^e$, ist bereits die Bedingung $\gamma < g$ hinreichend für stabiles Gleichgewichtswachstum.

[88] Würde eine unerwünschte Kapazitätsauslastung in jedem nachfolgenden Jahr mit 3% der Ausgangsdiskrepanz beseitigt, dauert die Anpassung rund 33 Jahre.

eins sein, je nachdem, welche der drei Ungleichungen erfüllt ist:

$$(1) \qquad \gamma > g > \mu g^e \quad : E > 1,$$
$$(2) \qquad \gamma > \mu g^e > g \quad : E < 1,$$
$$(3) \qquad \gamma > \mu g^e = g \quad : E = 1.$$

Auch bei einer Investitionsfunktion des Phillips–Typs ohne monetäre Argumente ergeben sich instabile Wachstumspfade als Regelfall. Jedoch führt bereits eine realistischere Fassung der Erwartungsbildung zu einem zyklischen Wachstum. Bislang wurde die erwartete Wachstumsrate g^e wie eine Konstante behandelt. Dies ist sicherlich kein besonders wirklichkeitsnaher Ansatz. Vielmehr werden sich die Unternehmer bei ihrer Erwartungsbildung an der Erfahrung orientieren und diese explizit in den Kalkül aufnehmen. Eine naheliegende und einfache Hypothese ist daher die Abhängigkeit der erwarteten Wachstumsrate g^e von den tatsächlichen Wachstumsraten in der Vergangenheit. Da eine weiter zurückliegende Erfahrung weniger als aktuelle Informationen für die Erwartungsbildung relevant ist, sei die Gewichtung der verfügbaren Raten nach einer Exponentialverzögerung[89] vorgenommen. Für g^e erhält man dann:

$$g^e = \frac{\alpha}{D + \alpha} D \ln Y, \qquad \alpha : \text{Gewichtungskoeffizient.}$$

Einfache Umformungen der Modellannahmen liefern die tatsächliche Wachstumsrate als Funktion des Auslastungsgrades x. Aus der Definitionsgleichung für x folgt Y als: $Y = xY_F$. Mithin gilt für die Wachstumsrate bei Gültigkeit des Periodengleichgewichts[90]:

$$D \ln Y = D \ln(xY_F) = D \ln x + D \ln Y_F = \frac{1}{x} Dx + gx.$$

Die erwartete Wachstumsrate g^e hängt somit ebenfalls von x ab:

$$g^e = \frac{\alpha}{D + \alpha} \left(\frac{1}{x} Dx + gx \right).$$

Eine solche Erwartungsbildung in die Investitionsfunktion (4.135) eingesetzt bewirkt, daß die den gleichgewichtigen Auslastungsgrad determinierende Gleichung (4.137) in eine inhomogene Differentialgleichung zweiter Ordnung

---

[89]Vgl. hierzu Kapitel 2.1.1 des mathematischen Anhangs.

[90]Bei der letzten Umformung ist zu beachten, daß die Wachstumsrate des Kapazitätsausstoßes mit der Wachstumsrate des Kapitalstocks übereinstimmt, da aus $Y_F = \frac{1}{k} K$ folgt: $D \ln Y_F = D \ln K$. In Verbindung mit Gleichung (4.136) gewinnt man: $D \ln Y_F = gx$.

übergeht, die bei bestimmten Parameterkonstellationen zyklisches Wachstum generiert. Wie schon beim Metzler–Modell ist auch hier die Art der Erwartungsbildung für die Konjunkturschwankungen verantwortlich. Jedoch zeigt Kapitel 5, daß auch ohne spezielle Erwartungsbildungshypothesen allein durch die Aufnahme monetärer Faktoren in das Modell zyklisches Wachstum ableitbar ist.

4.3 Stochastische Konjunkturerklärung

Die bisher behandelten Modelle analysieren hauptsächlich die Möglichkeit, aus dem Zusammenwirken struktureller Faktoren Konjunkturzyklen abzuleiten. Die dabei gewonnenen Ergebnisse bei ökonomisch sinnvollen Parameterwerten lassen sich in drei Kategorien zusammenfassen. Liegt in einer einzigen Periode eine Abweichung vom Gleichgewicht vor, vollzieht sich die weitere Entwicklung mit (a) explosiven, (b) gedämpften oder (c) gleichbleibenden Schwingungen. Keiner dieser Ansätze vermag als Erklärung der realen Konjunkturbewegung jedoch voll zu überzeugen. Einer besseren Übereinstimmung mit den empirischen Gegebenheiten dient im Fall (a) die Einführung exogener Schranken. Auch bei Modellen, deren ableitbare Schwingungen für relevante Parameterwerte in die Kategorie (b) und (c) einzuordnen sind, läßt sich eine Steigerung des empirischen Gehalts erzielen: Es müssen lediglich Impulsvariablen zusätzlich aufgenommen werden[91]. Die Strukturvariablen prädisponieren den Bewegungsablauf, während die Impulse die „Energie" darstellen, die notwendig für Entstehen bzw. Aufrechterhaltung der Zyklen ist und für ihre Individualität im Rahmen gleichbleibender Charakteristika sorgt. Um dies zu erreichen, müssen die Impulse wie Zufallsschocks auf die ökonomische Struktur einwirken. Zur Erzeugung konjunkturähnlicher Abläufe sind Strukturvariablen sogar ganz entbehrlich. Slutsky[92] gewinnt durch eine Summation unabhängiger Zufallsvariablen eine Wellenbewegung, die mit der trendbereinigten Zeitreihe eines Indexes für die britische Konjunkturbewegung in den Jahren 1855 bis 1877 eine erstaunliche Übereinstimmung aufweist. Die ökonomische Erklärungskraft einer solchen Vorgehensweise ist natürlich gering[93]; ihr Resultat unterstützt jedoch die Ansätze, die in dem Zusammenspiel stochastischer und deterministisch–struktureller Elemente die

---

[91]Die Abgrenzung der Impulse von den strukturellen Variablen und ihre Beziehungen untereinander ist seit Ragnar Frischs bedeutender Arbeit aus dem Jahre 1933 fester Bestandteil der Konjunkturtheorie.

[92]SLUTSKY (1937). Die Originalfassung erschien bereits 1927 in russischer Sprache. Wegen ihrer großen Bedeutung für die Konjunktur- und Zeitreihenforschung wurde sie in englischer Sprache zehn Jahre später in der Zeitschrift Econometrica publiziert.

[93]Vgl. hierzu ASSENMACHER (1981).

Ursachen permanenter Wellenbewegungen in der wirtschaftlichen Aktivität sehen.

4.3.1 Das Krelle–Modell

Dem zufallsorientierten Ansatz folgend entwickelt Krelle die Grundlinien einer stochastischen Konjunkturtheorie[94]. Nach dieser Theorie ergeben sich für die wirtschaftliche Entwicklung auch dann untere und obere Umkehrpunkte, wenn sie nicht aus der ökonomischen Struktur ableitbar sind. Dieses Ergebnis resultiert aus der Verbindung einer deterministischen ökonomischen Struktur mit zufällig eintretenden Impulsvariablen. Dabei ist die stochastische Interpretation der Impulsvariablen nur aus ökonomisch–theoretischer Sicht gerechtfertigt; in ihrem eigenen Sachzusammenhang sind Impulse im allgemeinen nicht zufällig. Neben der Angabe, welche Kräfte die Umschwünge einleiten, entfällt auch die für die Ableitung zyklischer Entwicklungen notwendige Spezifikation der Zeitverzögerung in den einzelnen Verhaltensgleichungen[95].

Als ökonomische Struktur kann jedes ökonomische Modell verwendet werden, das den beiden folgenden Merkmalen konjunktureller Entwicklung Rechnung trägt:

(1) Einmal eingetretene Auf– oder Abschwünge setzen sich eine Zeitlang aus eigenen Kräften fort,

(2) nach bestimmten Perioden erlahmen die Kräfte der Selbstverstärkung.

Zwei Gleichungen beschreiben dann die Entwicklung des Inlandsprodukts. Definitionsgemäß gilt:

$$Y_t = Y_{t-1}(1 + g_t), \qquad (4.143)$$

$$g_t : \text{tatsächliche Wachstumsrate.}$$

Die Determinanten der tatsächlichen Wachstumsrate g_t lassen sich zunächst unter Vernachlässigung der Impulse wie folgt ermitteln. Wächst in der Periode $t - 1$ die Volkswirtschaft gleichgewichtig mit der Rate $g_t = g$, nimmt das Inlandsprodukt auch in der Periode t mit der gleichgewichtigen Rate zu. Liegt hingegen in der Periode $t - 1$ eine Abweichung vor, gibt eine Größe β an, in welchem Maße die Volkswirtschaft auf diese Diskrepanz reagiert. Die tatsächliche Wachstumsrate läßt sich daher schreiben als:

$$g_t = g + \beta(g_{t-1} - g). \qquad (4.144)$$

---

[94]KRELLE (1959).
[95]Der Leser sei daran erinnert, daß Schwingungen nur aus Differenzen- bzw. Differentialgleichungen 2. Ordnung ableitbar sind.

In dieser Gleichung ist β selbst eine Funktion der Differenz zwischen tatsächlicher Wachstumsrate der Vorperiode und gleichgewichtiger Wachstumsrate:

$$\beta = \beta(g_{t-1} - g). \tag{4.145}$$

Die Strukturannahmen (1) und (2) legen den Verlauf dieser Funktion fest; ihre charakteristischen Eigenschaften sind in Abbildung 4.30 wiedergegeben.

Abb. 4.30:

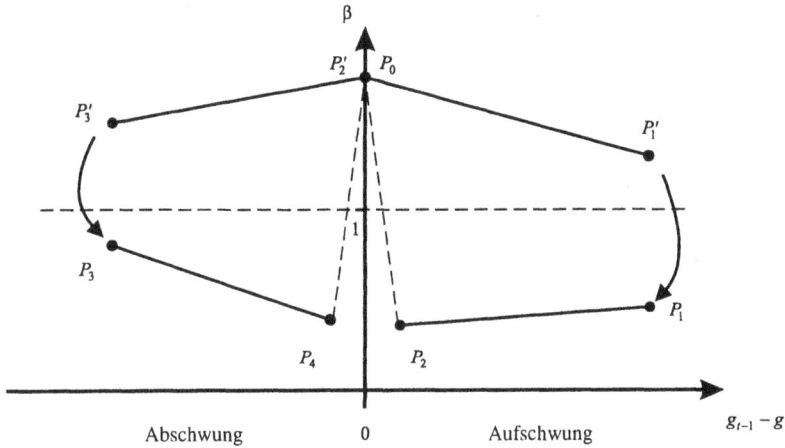

Die rechte Seite dieser Abbildung zeigt den Verlauf der Funktion (4.145) während des Aufschwungs. Solange die Faktoren der Selbstverstärkung wirksam sind (im Bereich P_0 bis P_1',), ist β größer als eins; bei einer großen positiven Abweichung fällt β auf einen Wert kleiner als eins (Pfeil von P_1' zu P_1): Der Aufschwung verlangsamt sich. Erst eine große Reduktion der Differenz zwischen tatsächlicher und gleichgewichtiger Wachstumsrate (vgl. Punkt P_2) erlaubt β, wieder auf einen Wert größer als eins zu steigen (von P_2 zu P_0). Für den Abschwung (linke Seite der Abbildung 4.30) ergeben sich keine neuen qualitativen Aspekte; auch hier nimmt β zunächst Werte größer als eins an (Bereich P_2', P_3'), um bei großen negativen Abweichungen auf ein Niveau kleiner als eins zu sinken (Pfeil von P_3' zu P_3). In P_4 ist die Differenz so weit verringert, daß ein Anstieg auf einen Wert größer als eins wieder möglich wird (von P_4 zu P_2'). Nur in Ausnahmefällen durchläuft β während des Abschwungs die gleichen Werte wie beim Aufschwung, da die ökonomische Dynamik eines Booms von der einer Rezession verschieden ist. Der Aufschwung dauert gewöhnlich länger als der Abschwung.

Beachtet man, welche unterschiedlichen Faktoren die Bezeichnung Impuls umfaßt[96], ist aus konjunkturtheoretischer Sicht ihre Interpretation als Zu-

---

[96] Vgl. hierzu Kapitel 2.1.

fallsvariable angemessen[97]. Das Symbol u_t bezeichnet die als Zufallsvariablen aufgefaßten Impulse in den Perioden t. Ihr Eintreten beeinflußt ebenfalls die tatsächliche Wachstumsrate, die unter Berücksichtigung dieser stochastischen Komponente gegeben wird durch:

$$g_t = g + \beta(g_{t-1} - g) + \gamma u_t. \tag{4.146}$$

Der Koeffizient γ ist ein Maßstabsfaktor, der von den Realisationen für u_t abhängt und diese auf ein mit den Wachstumsraten kompatibles Niveau transformiert.

Aus ökonomischer Sicht ist es naheliegend anzunehmen, daß in jeder Periode t positive und negative Impulse gleich häufig auf den Konjunkturprozeß einwirken. Die Wahrscheinlichkeit für das Eintreten eines starken positiven (negativen) Impulses ist dabei kleiner als für einen schwachen positiven (negativen) Impuls. Wegen dieser Charakteristika des Zufallsprozesses können die Impulse in jeder Periode als approximativ normalverteilt[98] angesehen werden mit einem Erwartungswert von null und der Varianz σ^2:

$$u_t \sim N(0, \sigma^2), \qquad \text{für alle } t, \tag{4.147}$$

$$N : \text{Normalverteilung.}$$

Den Verlauf der wirtschaftlichen Entwicklung, der aus dem stochastischen Konjunkturmodell, bestehend aus den Gleichungen (4.143) bis (4.147), resultiert, zeigt Abbildung 4.31; sie lehnt sich weitgehend an die Darstellung von Krelle an. Bis zum Punkt P_0 entwickelt sich die Volkswirtschaft auf dem Gleichgewichtspfad R_0, den sie in der Periode t_0 wegen eines positiv wirkenden Impulses u_0 verläßt. Aufgrund der Strukturannahme (1) entwickelt sich der Aufschwung zunächst mit zunehmender Eigendynamik (bis zum Punkt P_1). In dieser Phase könnten nur sehr starke negative Impulse den Aufschwung abbremsen oder gar umkehren; deren Eintreten ist aber unwahrscheinlich. Wegen der Strukturannahme (2) schwächt sich der Aufschwung ab (zwischen P_1 und P_2) und geht, sofern keine weiteren Impulse wirksam würden, in ein Gleichgewichtswachstum auf höherem Niveau über (gestrichelte Linie R_2). In der auslaufenden Aufschwungphase wird die Volkswirtschaft aber anfällig für negative Impulse, während positive Impulse keine Steigerung der realen Wachstumsrate bewirken können, solange der Kapitalstock noch nicht auf das für eine Normalauslastung erforderliche Niveau angewachsen ist. Tritt jetzt ein genügend starker negativer Impuls ein, leitet er einen

---

[97] Das trifft auch zum größten Teil auf diejenigen wirtschaftspolitischen Maßnahmen zu, die nicht auf eine Beeinflussung der Konjunktur gerichtet sind.

[98] Es sind aber auch andere Verteilungshypothesen wie z.B. die Dreiecksverteilung denkbar. Da sehr viele Verteilungen die Normalverteilung als Grenzverteilung besitzen, stellt sie eine gute Annäherung an die wahren Gegebenheiten dar.

Abschwung mit zunächst zunehmender Eigendynamik ein, in dessen auslaufender Phase positive Impulse einen Aufschwung auslösen können. Auf diese Weise reihen sich Konjunkturzyklen aneinander.

Abb. 4.31:

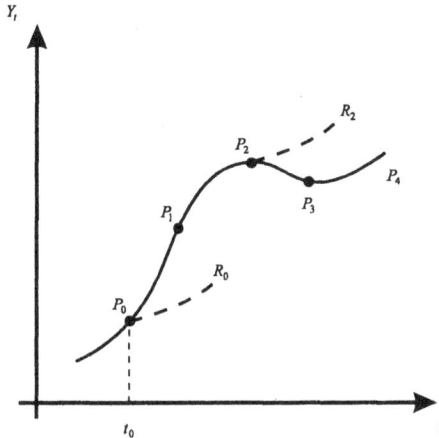

Da die dynamischen Eigenschaften der Funktion (4.145) nicht modelltheoretisch, sondern weitgehend heuristisch begründet sind, liegt die Bedeutung des Krelle–Modells vornehmlich in der Analyse des Zusammenwirkens stochastischer und struktureller Komponenten. Damit ist auch ein Weg gezeigt, Einzeleinflüsse, die wohl immer das wirtschaftliche Geschehen mitprägen, bei der Konjunkturerklärung zu berücksichtigen. Auf diese Weise kann der Individualität eines jeden Konjunkturzyklus adäquat Rechnung getragen werden. Die Öffnung hinsichtlich einer Berücksichtigung singulärer Einflüsse rechtfertigt die Übertragung des stochastischen Ansatzes auch auf Konjunkturmodelle, die selbst zyklische Entwicklungen generieren. Das ableitbare Zeitprofil erreicht dadurch eine größere Übereinstimmung mit der Realität. Abgesehen von einer möglichen Initialstörung der Gleichgewichtsentwicklung dürften die Impulse aber bei denjenigen Modellen wirkungslos bleiben, die außer einer gleichgewichtigen Entwicklung für ökonomisch sinnvolle Parameterwerte nur zunehmende Abweichungen vom Gleichgewichtspfad zur Folge haben. Hier werden die Impulse die oberen und unteren Schranken nicht ersetzen können.

Der Hauptunterschied zwischen einer stochastischen und einer deterministischen Konjunkturtheorie liegt darin, „daß das Nachlassen des Konjunkturaufschwungs an sich nicht notwendig zu einen Umschwung der Konjunkturrichtung zu führen braucht; nur die Wahrscheinlichkeit für eine Umkehr wird größer"[99]. Das gleiche gilt auch für den Abschwung. Es existiert daher

---

[99]KRELLE (1959). Hier zitiert nach WEBER (1969), S. 335.

eine wahrscheinlichste Zyklendauer, die von den Struktureigenschaften der Volkswirtschaft und den stochastischen Charakteristika der Impulsvariablen abhängt. Danach haben sehr lange und sehr kurze Zyklen eine geringe Wahrscheinlichkeit, da entweder über mehrere Perioden hintereinander gar keine bzw. nur ganz schwache Impulse eintreten dürften oder sehr starke Impulse dicht aufeinander folgen müßten. Beides ist nach der Normalverteilungshypothese nicht sehr wahrscheinlich. Gleichwohl sind lange und kurze Wellen nicht ausgeschlossen, sondern eben nur unwahrscheinlich.

Die Bedeutung zufällig eintretender Impulse für die Konjunkturerklärung wird in letzter Zeit von der Neuen Klassischen Makroökonomik wieder hervorgehoben. Die auf dieser Grundlage entwickelten Konjunkturerklärungen sind im Teil IV dargestellt.

Kapitel 5

Konjunkturmodelle mit Berücksichtigung eines Geldmarktes

5.1 Interdependenzen zwischen dem geld– und realwirtschaftlichen Sektor

In den bisher behandelten Modellen der modernen Konjunkturtheorie bleibt die geldwirtschaftliche Seite einer Volkswirtschaft unberücksichtigt, obwohl ein allgemeines Tauschmittel (Geld) bereits von den Klassikern als notwendige Konsequenz einer fortschreitenden Arbeitsteilung angesehen wird. Die Vernachlässigung des Geldes in der ökonomischen Analyse läßt sich nur dann rechtfertigen, wenn die Annahme eines neutralen monetären Systems zutrifft: Die Versorgung mit und die Verwendung von Geld erfolgt stets ohne Auswirkung auf die realwirtschaftliche Seite der Volkswirtschaft[1]. Wie in Kapitel 3.2.1 gezeigt, nehmen noch die Neoklassiker diese Position ein. Von den heute unterschiedenen drei Funktionen des Geldes als (a) Tauschmittel, (b) Recheneinheit und (c) Wertaufbewahrung schreibt die Neoklassik bei der Analyse der als ein Tauschsystem begriffenen Volkswirtschaft dem Geld vornehmlich die Funktionen (a) und (b) als relevant zu. Daß unter bestimmten Umständen

---

[1] Ein erster empirischer Hinweis auf die Berechtigung dieser Annahme ließe sich aus der Zeitreihe des realen Bruttoinlandsprodukts und der Zeitreihe für den Preisindex des Bruttoinlandsprodukts gewinnen: Entlang der Konjunkturzyklen dürfte zwischen den beiden Zeitreihen kein systematischer Zusammenhang erkennbar sein.

auch Horten von Geld zum Zwecke der Wertaufbewahrung eine rationale ökonomische Entscheidung sein kann, ist erst von Keynes begründet worden.

Die Zusammenhänge und Wechselbeziehungen zwischen der real- und geldwirtschaftlichen Seite einer Volkswirtschaft untersucht die Geldwirkungstheorie mit den beiden Schwerpunkten auf

(1) der Analyse der Beziehungen realer und monetärer Märkte im Gleichgewicht,

(2) der Analyse der Auswirkungen eines exogenen monetären Impulses auf die Güter- und Faktormärkte (Transmissionstheorie).

Von den vielen Ansätzen der Geldwirkungstheorie sind für die Erweiterung der güterwirtschaftlichen Konjunkturmodelle mit instabilem privatem Sektor diejenigen von besonderem Interesse, die der Frage nachgehen, ob

(1) aus der Berücksichtigung der monetären Seite Modifikationen für den konjunkturellen Ablauf volkswirtschaftlicher Realgrößen resultieren,

(2) Veränderungen in der monetären Sphäre als konjunkturauslösende Ursachen zu qualifizieren sind und

(3) monetäre Größen wie z.B. die Geldmenge als wirtschaftspolitische Instrumentalvariablen zur Konjunktursteuerung dienen können.

Eine Klärung dieser Fragen versuchen Konjunkturmodelle zu leisten, die den Güter- und Geldmarkt umfassen und bei denen beide Märkte als gleichermaßen konjunkturrelevant angesehen werden. Neben einer geeigneten Dynamisierung des realwirtschaftlichen und des monetären Sektors sind die Dependenzen zwischen beiden Märkten zu formulieren. Auch hier kann als Ausgangspunkt die Keynes'sche Überlegung dienen, wonach der Zinssatz beide Märkte verbindet. Die beschriebene Vorgehensweise wählt Tewes für sein im nächsten Abschnitt dargestelltes Modell.

Die in diesem Kapitel vorgestellten Konjunkturmodelle sind von den Erklärungsansätzen der monetären bzw. monetaristischen Konjunkturtheorie zu unterscheiden, die im IV. Teil behandelt werden. Monetäre Konjunkturtheorien gehen von einem inhärent stabilen, privaten Sektor aus; die beobachtbaren Schwankungen ökonomischer Realgrößen resultieren in den frühen Ansätzen allein aus Veränderungen der Geldmenge[2]. Monetäre Konjunkturerklärungen weichen daher fundamental von den in der keynesianischen Tradition stehenden Konjunkturmodellen mit monetärem Sektor ab.

---

[2]Ein Beispiel ist die in Kapitel 3.2.2 dargestellte monetäre Konjunkturerklärung von Hawtrey.

5.2 Das keynesianische Modell als Grundlage einer monetären Konjunkturerklärung

5.2.1 Der Ansatz von Tewes

In dem Konjunkturmodell von Tewes[3] werden die Schwingungseigenschaften einer Volkswirtschaft unter Einbeziehung ihres monetären Sektors analysiert. Ausgangspunkt ist das statische keynesianische Modell, wie es in Kapitel 4.1.1 dargestellt wurde, jedoch ohne staatliche Aktivität und ohne Berücksichtigung des Arbeitsmarktes. Die Einführung geeigneter Lagstrukturen sowohl im realen als auch im monetären Sektor führt zu seiner Dynamisierung. Der Übersicht halber sind die Gleichungen des keynesianischen Modells und die Spezifikationen durch Tewes gegenübergestellt. Da Tewes alle Variablen bis auf den Marktzinssatz als Realgrößen definiert, entfällt in seinem Modell die Preisniveauvariable P.

keynesianisches Modell

$$C = C(Y - T) \qquad (4.2)$$

$$I = I(Y, i) \qquad (4.3)$$

$$Y^D = Y^S = Y \qquad (4.6)$$

$$\frac{M^D}{P} = L(Y, i) \qquad (4.11)$$

$$\frac{M^S}{P} = \frac{\bar{M}}{P} \qquad (4.12)$$

$$\frac{M^D}{P} = \frac{M^S}{P} \qquad (4.13)$$

Tewes–Modell .

$$C_t = c_0 + c_1 Y_{t-1}, \qquad (5.1)$$
$$c_0 > 0,\ 0 < c_1 < 1.$$

$$I_t = b_0 + k(Y_{t-1} - Y_{t-2}) \qquad (5.2)$$
$$+ b_2 i_{t-1}$$
$$b_0 > 0\ \ k > 0,\ \ b_2 < 0.$$

$$Y_t = Y_t^D := C_t + I_t. \qquad (5.3)$$

Für $i_t > i_0$ gilt: $\qquad (5.4)$

$$(a)\ M_t^D = d_0 + d_1 Y_{t-1} + d_2 i_t,$$
$$d_0 > 0,\ 0 < d_1 < 1\,^4,\ d_2 < 0,$$

$$(b)\ i_t = i_0 : \text{Liquiditätsfalle}.$$

$$M_t^S = \bar{M}\,^5, \qquad (5.5)$$

$$M_t^D = M_t^S. \qquad (5.6)$$

Die Gleichungen (5.1) bis (5.3) entsprechen im wesentlichen denen des Hicks–Modells ohne exogen gegebener Wachstumskomponente; sie sind be-

---

[3]Tewes (1966).

[4]Die Beschränkung des Koeffizienten d_1 auf Werte des offenen Intervalls $(0,1)$ folgt unmittelbar aus der Einkommenskreislaufgeschwindigkeit des Geldes und der daraus resultierenden Kassenhaltung für Transaktionszwecke.

[5]In der Originalversion wird eine Geldmengensteuerung durch die Zentralbank unterstellt; M_t^S ist dann nicht mehr eine vorgegebene Konstante. Die Analyse der Auswirkungen einer Geldmengensteuerung auf die Konjunktur erfolgt später.

reits ausführlich begründet worden[6]. Lediglich in der Investitionsfunktion erscheint als zusätzliche Variable der Zinssatz als Verbindungsglied zwischen monetärem und realem Sektor. Die Spezifikationen der die monetäre Seite beschreibenden Gleichungen sind bis auf die Geldnachfragefunktion (5.4.a) bereits durch das keynesianische Modell gegeben; Gleichung (5.4.a) geht realistischerweise von einer unverzögerten Reaktion der Spekulanten auf Zinssatzänderungen aus; die Geldnachfrage für Transaktionszwecke hingegen richtet sich nach der Höhe des Vorperiodeneinkommens.

Die Gleichungen (5.1) bis (5.3), die die Realseite der Volkswirtschaft beschreiben, lassen sich zu einer Gleichung zusammenfassen; die entsprechende Beziehung für den monetären Sektor ergibt sich durch Einsetzen der Gleichungen (5.4.a) und (5.5) in die Gleichgewichtsbedingung (5.6). Als Ergebnis dieser Umformungen erhält man die Gleichungen (5.7) und (5.8):

$$Y_t = (c_0 + b_0) + (c_1 + k)Y_{t-1} - kY_{t-2} + b_2 i_{t-1} : \text{Gütermarkt}, \quad (5.7)$$

$$\bar{M} = d_0 + d_1 Y_{t-1} + d_2 i_t \qquad\qquad\qquad : \text{Geldmarkt}. \quad (5.8)$$

Beide Märkte sind über den Zinssatz und das Vorperiodeneinkommen miteinander verbunden. Löst man Gleichung (5.8) nach i_t auf, verzögert das Ergebnis um eine Periode und ersetzt damit die Variable i_{t-1} in Gleichung (5.7), folgt hieraus der Zeitpfad für das Inlandsprodukt als inhomogene lineare Differenzengleichung zweiter Ordnung:

$$Y_t + \alpha_1 Y_{t-1} + \alpha_2 Y_{t-2} = \alpha_0 \quad \text{mit:} \quad (5.9)$$

$$\alpha_0 = c_0 + b_o + \frac{b_2(\bar{M} - d_0)}{d_2}, \quad (5.9.a)$$

$$\alpha_1 = -(c_1 + k), \quad (5.9.b)$$

$$\alpha_2 = k + \frac{d_1 b_2}{d_2} = k + w; \quad w := \frac{d_1 b_2}{d_2} > 0. \quad (5.9.c)$$

Die partikuläre Lösung, die das statische Gleichgewichtseinkommen im methodischen Sinne ergibt, gewinnt man auf bekannte Weise als:

$$\bar{Y} = \frac{\alpha_0}{1 + \alpha_1 + \alpha_2} = \frac{d_2(c_0 + b_0) + b_2(\bar{M} - d_0)}{d_2(1 - c_1) + b_2 d_1} > 0.$$

Der Zeitpfad für Y_t weist Schwingungen auf, wenn die Wurzeln der zur Differenzengleichung (5.9) gehörenden charakteristischen Gleichung konjugiert

---

[6]Die im Tewes-Modell berücksichtigten autonomen Nachfragekomponenten c_0 und b_0 sind im Hicks-Modell nicht explizit in der Konsum- bzw. Investitionsfunktion, sondern implizit in der exogenen Wachstumskomponente enthalten. Dies zeigt Gleichung (4.37) für $t = 0$; die autonome Nachfrage in der Ausgangsperiode beträgt dann H.

komplex sind, wenn also gilt: $\alpha_1^2 < 4\alpha_2$ oder:

$$c_1 < -k + 2\sqrt{k + w}. \tag{5.10}$$

Nach dem Schur–Kriterium liegt eine stabile Entwicklung vor, wenn die
Strukturparameter folgende drei Restriktionen erfüllen:

$$
\begin{aligned}
(a) \quad & 1 - c_1 + w && > 0 \\
(b) \quad & 1 + c_1 + 2k + w && > 0 \\
(c) \quad & 1 - k - w && > 0
\end{aligned}
\tag{5.11}
$$

Da w wegen $b_2 < 0$, $d_1 > 0$ und $d_2 < 0$ immer positiv ist, stellt die Ungleichung (b) keine echte Beschränkung dar. Dies gilt auch für die Restriktion
(a), denn nach ihr muß $c_1 < 1 + w$ gelten, was aber bereits die Annahme
$0 < c_1 < 1$ gewährleistet. Die einzige wirksame Parameterbeschränkung resultiert nach dem Schur–Kriterium aus der Ungleichung (c). Nach k aufgelöst
ergibt sich:

$$k < 1 - w. \tag{5.12}$$

Die Ungleichungen (5.10) und (5.12) erzeugen Parameterregimes, die den
Charakter der Entwicklungspfade festlegen. Für gegebenes w stellen die Parameterregimes Punktmengen in einem kartesischen Koordinatensystem mit
k an der Abszisse und c_1 an der Ordinate dar. Alle Punkte unterhalb der
durch die Restriktion (5.10) festgelegten Trennfunktion $c_1 = -k + 2\sqrt{k + w}$
führen zu zyklischen Entwicklungen; alle Kombinationen links der Geraden
$k = 1 - w$ legen stabile Entwicklungen fest (vgl. Abbildung 5.1). Differenziert
man die Trennfunktion (5.10) nach der Variablen k, ergibt sich bei $k = 1 - w$
ein Maximum mit einem Funktionswert von $c_{1,\max} = 2 - k$. Der Graph der
Funktion $c_{1,\max} = 2 - k$ ist die Verbindungslinie aller Maxima bei variablem
w (gestrichelte Linie in Abb. 5.1); den Funktionswert des Maximums $c_{1,\max}$
erhält man in Abhängigkeit von w als:

$$c_{1,\max} = 2 - (1 - w) = 1 + w. \tag{5.13}$$

Da der Stabilitätsbereich jeweils zwischen der Ordinate und dem Lot vom
Maximum auf die Abszisse liegt, zeigt die gestrichelte Linie seine Einengung
in Abhängigkeit von w. In Abbildung 5.1 ist für $w = 0$ ($w = 0,5$) die Trennfunktion (5.10) eingezeichnet. Sie besitzt bei $k = 1$ ($k = 0,5$) ein Maximum
mit dem Funktionswert 1 (1,5) und schneidet die Abszisse bei $k_1 = 0$ (- 0,45)
und $k_2 = 4$ (4,45). Die Begrenzung der marginalen Konsumneigung auf das
Intervall $0 < c_1 < 1$ scheidet alle Punkte auf und oberhalb der Geraden
$c_1 = 1$ als ökonomisch irrelevant aus.

Das Tewes–Modell ist besonders gut geeignet, die Modifikationen der Schwingungs– und Stabilitätseigenschaften aufzuzeigen, die aus der Erweiterung des realen Konjunkturmodells von Hicks durch den Geldmarkt resultieren. Sind die Investitionen zinsunabhängig, so ist der Koeffizient b_2 in Gleichung (5.2) gleich null und es resultiert $w = 0$. Die Restriktion (5.10) ist dann dieselbe Funktion, die im Hicks–Modell diejenigen Parameterkombinationen mit zyklischer Entwicklung von denen, die zu einem zyklenfreien Zeitpfad führen, trennt.

Abb. 5.1:

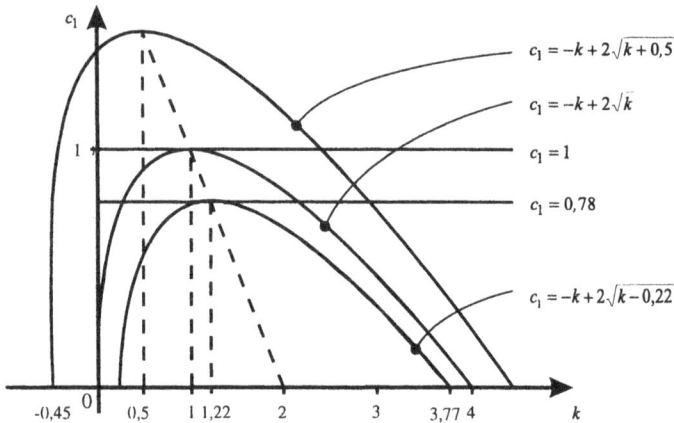

Die in Abbildung 5.1 eingezeichnete Kurve für $w = 0$ entspricht daher derjenigen in Abbildung 4.10. Da im Tewes–Modell w größer als null ist und alle Kurven für $w > 0$ oberhalb derjenigen für $w = 0$ liegen, vergrößert die Berücksichtigung des Geldmarktes bei zinsabhängigen Investitionen den Bereich für Parameterkombinationen, die zyklische Zeitpfade generieren, und dies umso mehr, je zinsreagibler ceteris paribus die Investitionen sind. Bereits für $w \geq 0,25$ gibt es keine Parameterkombination mit einer zyklenfreien und stabilen Anpassung an das stationäre Gleichgewicht. Der Bereich für Parameterkombinationen, die eine stabile Entwicklung zur Folge haben, verkleinert sich ebenfalls durch die Beachtung des monetären Sektors: Während im Hicks–Modell hierfür noch $k < 1$ gilt, ist die entsprechende Relation jetzt $k < 1 - w$. Diese Einschränkung ist jedoch nur von theoretischem Interesse, da der Akzelerationskoeffizient größer als eins ist.

Der Rückgang der Modellstabilität resultiert nicht aus der Berücksichtigung des monetären Sektors allein, sondern liegt in seinem Zusammenwirken mit dem realen Sektor begründet: beide Sektoren müssen wechselseitig abhängig

sein[7]. Auch das statische neoklassiche Modell analysiert die monetäre und
reale Seite einer Volkswirtschaft, jedoch wirkt hier nur der Realteil wegen
der Transaktionskassenabhängigkeit vom Inlandsprodukt auf den monetären
Sektor ein, während von monetären Größen keine Wirkung auf die Realvariablen
ausgeht. Diese einseitige Abhängigkeit führt zur Dichotomie des neoklassischen
Modells. Im Tewes–Modell sind aber — in Keynes'scher Tradition
stehend — die Investitionen, und damit die Realseite der Volkswirtschaft,
vom Zinssatz abhängig. Der Zinssatz ist damit die entscheidende Variable
für die Interdependenz der beiden Sektoren und für die Überwindung der
Dichotomie. Allerdings ist er auch Verursacher der gestiegenen Instabilität.

Anhand dieses Modells lassen sich Möglichkeiten und Grenzen einer Konjunktursteuerung
durch die Zentralbank aufzeigen. Will die Zentralbank aktiv in
das Wirtschaftsgeschehen eingreifen, kann sie dies über eine Geldmengenbeeinflussung
erreichen. Das Geldangebot ist dann nicht mehr wie in Gleichung
(5.5) konstant, sondern richtet sich nach bestimmten Zielvorgaben. Nimmt
man z.B. an, daß die Zentralbank das Geldangebot am Vorperiodeninlandsprodukt
und am gegenwärtigen Zinssatz orientiert, wird bei einer linearen
funktionalen Abhängigkeit M_t^S gegeben durch:

$$M_t^S = e_0 + e_1 Y_{t-1} + e_2 i_t, \tag{5.5.a}$$

$$e_0, e_2 > 0, \quad 0 < e_1 < 1 \;[8].$$

Bei einer Zunahme (Abnahme) des Inlandsprodukts und/oder des Zinssatzes
wird die Geldmenge ausgedehnt (verringert). Ein Gleichgewicht auf dem
Geldmarkt verlangt:

$$e_0 + e_1 Y_{t-1} + e_2 i_t = d_0 + d_1 Y_{t-1} + d_2 i_t.$$

Hieraus folgt der Zinssatz der Periode $t - 1$ als:

$$i_{t-1} = \frac{e_0 - d_0}{d_2 - e_2} - \frac{d_1 - e_1}{d_2 - e_2} Y_{t-2}. \tag{5.14}$$

Ersetzt man in Gleichung (5.7) i_{t-1} durch Gleichung (5.14), folgt eine Differenzengleichung
in Y:

$$Y_t - (c_1 + k) Y_{t-1} + \left(k + \frac{b_2(d_1 - e_1)}{d_2 - e_2} \right) Y_{t-2} = c_0 + b_0 + \frac{b_2(e_0 - d_0)}{d_2 - e_2},$$

oder nach Neudefinition der Koeffizienten:

$$Y_t + \alpha_1^* Y_{t-1} + \alpha_2^* Y_{t-2} = \alpha_0^*. \tag{5.15}$$

---

[7]Es liegt hier eine besondere Form der Interdependenz vor. Eine ausführliche Behandlung
interdependenter Modelle findet man bei ASSENMACHER (1995), S. 40 ff.

[8]Zur Begründung dieses Intervalls vgl. Anmerkung 4.

Da der Zeitpfad des Inlandsprodukts durch die Koeffizienten α_1^* und α_2^* festgelegt ist, kann die Zentralbank durch Variation ihrer strategischen Parameter e_1 und e_2 den Zeitpfad und damit die Stabilität der Entwicklung über den Koeffizienten α_2^* direkt beeinflussen. Durch diesen Eingriff verändert sich aber auch das Gleichgewichtseinkommen, da α_0^* ebenfalls von e_2 abhängt. Jedoch kann die Zentralbank durch eine entsprechende Variation des Koeffizienten e_0 die Auswirkungen einer Konjunktursteuerung durch e_2 auf das Gleichgewichtseinkommen $\bar{Y}$ neutralisieren.

Als Trennfunktion für den schwingungsfreien und zyklischen Bereich erhält man analog zu dem Fall einer passiven Zentralbankpolitik:

$$c_1 = -k + 2\sqrt{k + w^*} \quad \text{mit} \quad w^* = \frac{b_2(d_1 - e_1)}{d_2 - e_2}. \tag{5.16}$$

Variiert die Zentralbank die Geldmenge bei Veränderung des Inlandsprodukts in genau dem Umfang, wie die Wirtschaftssubjekte ihre Transaktionskassen ändern, stimmen die Koeffizienten d_1 und e_1 überein und es gilt $w^* = 0$. Dann ist aber genau wie beim Fall $b_2 = 0$ der Schwingungsbereich des Tewes–Modells mit dem des Hicks–Modells identisch. Bei allen anderen Reaktionen lauten die für eine stabile Entwicklung notwendigen und hinreichenden Bedingungen:

$$
\begin{aligned}
(a) \quad & 1 - c_1 + w^* && > 0, \\
(b) \quad & 1 + c_1 + 2k + w^* && > 0, \\
(c) \quad & 1 - k - w^* && > 0.
\end{aligned}
\tag{5.17}
$$

Da w^* in Abhängigkeit von e_1 und e_2 sowohl positive als auch negative Werte annehmen kann, ist keine der drei Ungleichungen a priori erfüllt; sie können alle durch die Zentralbankpolitik beeinflußt werden[9]. Jedoch sind diesen Eingriffen enge Grenzen gesetzt. Liegt das Ziel der Zentralbankpolitik in einer Verringerung der Häufigkeit von Konjunkturzyklen, muß stets eine Parameteränderung gewählt werden, die zu einem negativen Wert für w^* führt. Dies gelingt der Zentralbank nur über eine Veränderung des Parameters e_1 derart, daß $d_1 - e_1 < 0$ wird. Über eine Senkung des Parameters e_2 kann sie den gewünschten Effekt verstärken, wobei aber zu beachten ist, daß e_2 stets positiv bleiben muß. Jedoch verschiebt sich bereits für $w^* = -1$ die Trennfunktion in Abbildung 5.1 so weit nach unten, daß gar keine Schwingungen mehr möglich sind. Das Maximum der Funktion $c_1 = -k + 2\sqrt{k - 1}$ liegt bei $k = 2$ und hat gemäß Gleichung (5.13) einen Funktionswert von $c_{1,\max} = 0$. Die Entwicklung ist jetzt zwar zyklenfrei, aber explosiv, da Ungleichung (5.17a)

---

[9]Ist w^* nur geringfügig kleiner als null, resultiert aus der Ungleichung (5.17b) keine wirksame Beschränkung für die Strukturparameter.

bei $w^* = -1$ für eine stabile Entwicklung $c_1 < 0$ verlangt. Achtet die Zentralbank darauf, daß nach ihren Maßnahmen eine stabile Entwicklung bei realistischen Strukturparametern nicht unmöglich wird, beschränkt die Restriktion (5.17a) die Werte w^* in Abhängigkeit von der marginalen Konsumneigung nach unten. Beträgt die tatsächliche marginale Konsumneigung beispielsweise 0,78, kann w^* nicht kleiner als -0,22 werden. Die Trennfunktion $c_1 = -k + 2\sqrt{k - 0,22}$ hat dann bei $k = 1,22$ ein Maximum mit einem Funktionswert von $c_{1,\mathrm{max}} = 0,78$; sie schneidet bei $k_1 = 0,24$ und $k_2 = 3,77$ die Abszisse (vgl. Abbildung 5.1).

Aus all dem folgt die Notwendigkeit einer sehr moderaten Parametervariation seitens der Zentralbank. Diese Notwendigkeit wird noch verstärkt, je zinsreagibler die Investitionen sind. Bei hoher Zinsreagibilität (großer Wert für $|b_2|$) induzieren schon geringfügige Abweichungen des Parameters e_1 von d_1 große Änderungen in w^*.

Die Zentralbankpolitik, die zu einer Verkleinerung des Bereichs für Parameterkombinationen mit Schwingungen führt, beeinflußt gleichzeitig Amplitude und Frequenz der Konjunkturentwicklung. Dies erkennt man anhand des Baumol–Diagramms (vgl. Abb. 5.2):

Abb. 5.2:

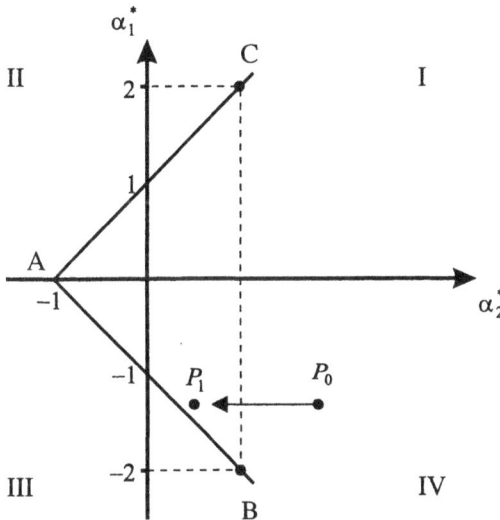

Ist $w^* = 0$, gibt der Punkt P_0 mit den Koordinaten $\alpha_2^* = k$ und $\alpha_1^* = -(c_1+k)$ die Koeffizienten der Differenzengleichung (5.15) wieder. Er liegt wegen $\alpha_1^* < 0$ im IV. Quadranten des Baumol–Diagramms. Da die Zentralbank nur α_2^* beeinflussen kann, führen negative Werte für w^* zu einer Verschiebung des

Punktes P_0 parallel zur Abszisse in den Punkt P_1 (vgl. Pfeil in Abbildung 5.2). Eine Differenzengleichung mit den durch den Punkt P_1 festgelegten Koeffizienten für Y_{t-1} und Y_{t-2} weist sowohl eine geringere Frequenz als auch kleinere Amplituden auf als eine Differenzengleichung mit der Parameterkombination P_0. Trotz der oben beschriebenen begrenzten Steuerungsmöglichkeiten ist dies ein wirtschaftspolitisch wünschenswertes Ergebnis.

5.2.2   Das Phillips–Modell

Während Tewes die Basiswirkungen monetärer Faktoren auf den Konjunkturverlauf aufzeigt, erreicht Phillips mit seinem Modell[10] eine gemeinsame Erklärung von Wachstum und Konjunktur unter Berücksichtigung der monetären Seite einer Volkswirtschaft. Ausgangspunkt ist das Harrod–Wachstumsmodell mit der um eine konjunkturrelevante Determinante erweiterten Investitionsfunktion, wie es in Abschnitt 4.2.2 dargestellt wurde. Wegen der expliziten Berücksichtigung des monetären Sektors muß das Investitionsverhalten auch von monetären Faktoren abhängig angesehen werden. Dies geschieht durch die Annahme, daß von der Differenz zwischen der Grenzleistungsfähigkeit der Investition und dem Marktzinssatz i Investitionsanreize ausgehen. Ist die Differenz positiv, erhöht sich das geplante Investitionsvolumen, andernfalls verringert es sich. Die Investitionsfunktion (4.135) enthält als zusätzliches Argument die Variable $(f_I - i)$, wobei f_I die Grenzleistungsfähigkeit der Investition bezeichnet. Gleichung (4.135) geht dann über in:

$$\frac{I}{K} = D \ln K = \frac{\lambda}{D + \lambda}[\mu g^e + \gamma(x - 1) + \rho(f_I - i)], \qquad (5.18)$$

ρ : Proportionalitätsfaktor.

Die Investitionsgüternachfrage ist jetzt von drei Determinanten abhängig. Die Konstante μg^e bestimmt die langfristige Wachstumsrate des Kapitalstocks, um für die erwartete Güternachfrage Kapazitäten bereitzustellen. Mit der Determinanten $\gamma(x - 1)$ wird konjunkturell bedingten Abweichungen des Kapitalstockauslastungsgrades von seinem optimalen Wert Rechnung getragen und in der Größe $\rho(f_I - i)$ kommt der Einfluß der Rendite auf das Investitionsverhalten zum Ausdruck.

Das (methodische) Periodengleichgewicht für den Gütermarkt liegt vor, wenn gilt:

$$\dot{K} = I = sY . \qquad (5.19)$$

---

[10]PHILLIPS (1961).

Nach einfachen Umformungen[11] geht diese Gleichgewichtsbedingung über in:

$$D \ln K = gx \quad \text{mit } g = \frac{s}{k}.$$

Substitution von Gleichung (5.18) führt zu:

$$gx = \frac{\lambda}{D + \lambda}[\mu g^e + \gamma(x - 1) + \rho(f_I - i)].$$

Unterstellt man eine über die Zeit konstante erwartete Wachstumsrate von $g^e = g = \frac{s}{k}$, folgt nach einfachen Umstellungen das Gütermarktgleichgewicht als:

$$Dx + \lambda\left(1 - \frac{\gamma}{g}\right)x = \frac{\lambda}{g}[\mu g - \gamma + \rho(f_I - i)]. \tag{5.20}$$

Gleichung (5.20) gibt bei gegebenem Preisniveau alle Kombinationen für x und i an, die eine Übereinstimmung zwischen geplanten Investitionen und geplanter Ersparnis bewirken; sie ist daher das Analogon zur IS-Kurve des statischen keynesianischen Modells.

Die Beschreibung des Geldmarktes geschieht durch die Geldnachfrage- und Geldangebotsfunktion. Gemäß der Überlegungen von Keynes determinieren die Kassenhaltung für Transaktions- und Spekulationszwecke die Geldnachfrage. Die Nachfrage nach nominaler Transaktionskasse L_T hängt vom nominalen Inlandsprodukt PY ab; die Spezifikation gemäß der Quantitätstheorie führt zu:

$$L_T = k_1 PY, \quad \text{mit } k_1 > 0.$$

Die durch den Zinssatz bestimmte nominale Geldnachfrage für Spekulationszwecke L_S ist zu diesem negativ korreliert:

$$L_S = L_S(i) = k_2 e^{-\sigma i}, \quad \sigma > 0.$$

Die gesamte nominale Geldnachfrage M^D soll bezüglich Änderungen des Preisniveaus und des realen Inlandsprodukts eine Elastizität von eins aufweisen:

$$\epsilon_{M^D, Y} = \frac{\partial M^D}{\partial Y} \frac{Y}{M^D} = 1,$$

$$\epsilon_{M^D, P} = \frac{\partial M^D}{\partial P} \frac{P}{M^D} = 1.$$

---

[11]Vgl. die Umformungen, die zu Gleichung (4.136) führen.

Um diesen sicherlich realistischen Bedingungen zu genügen, müssen Transaktions– und Spekulationskasse multiplikativ — und nicht wie im keynesianischen Modell additiv — miteinander verbunden sein. Die gesamte nominale Geldnachfrage ist daher:

$$M^D = L_T L_S = k_1 PY k_2 e^{-\sigma i} = k_0 PY e^{-\sigma i},\qquad(5.21)$$

$$\text{mit } k_0 = k_1 k_2 \, .$$

Das autonome nominale Geldangebot wächst mit konstanter Rate m:

$$D \ln M^S = m \, .\qquad(5.22)$$

Ein Periodengleichgewicht für den Geldmarkt verlangt: $M^D = M^S = M$; durch sofortige Zinsanpassung wird diese Bedingung in jeder Periode t erfüllt. Die LM–Funktion, die alle Gleichgewichtskombinationen für den Zinssatz i und das reale Inlandsprodukt Y bei gegebenem Preisniveau festlegt, resultiert aus der Auflösung der Geldmarktgleichgewichtsbedingung $M = k_0 PY e^{-\sigma i}$ nach i:

$$i = \alpha_0 + \frac{1}{\sigma}(\ln P + \ln Y - \ln M),\qquad(5.23)$$

$$\text{mit } \alpha_0 = \frac{1}{\sigma} \ln k_0 \, .$$

Durch geeignete Annahmen läßt sich auch das Preisniveau endogenisieren, d.h. durch das Modell erklären. Naheliegend ist eine Koppelung der Preisentwicklung mit der Entwicklung des Lohnsatzes. In einer Volkswirtschaft fallen Lohnsatz– bzw. Preissteigerungen umso höher aus, je näher an der Kapazitätsgrenze produziert wird; sie erreichen bei einem Auslastungsgrad $x = 1$ ihr Maximum[12]. Bezeichnet b die Lohnsatzsteigerungsrate bei $x = 1$ und gibt $\beta(x - 1)$ den durch eine geringere Auslastung ($x < 1$) verursachten Rückgang dieser Rate an, beträgt die effektive Rate der Lohnsatzerhöhung: $b + \beta(x - 1)$. Das nominale Inlandsprodukt bei Normalauslastung (PY_F) verändert sich dann bei konstanten Kapazitäten genau mit dieser Steigerungsrate:

$$D \ln(PY_F) = b + \beta(x - 1).\qquad(5.24)$$

Durch einfache Umformungen gewinnt man hieraus die Inflationsrate $D \ln P$ für den Fall variabler Produktionskapazitäten:

$$D \ln(PY_F) = D \ln P + D \ln Y_F = b + \beta(x - 1),$$
$$D \ln P = b + \beta(x - 1) - D \ln Y_F$$
$$= b + \beta(x - 1) - gx,\qquad(5.25)$$
$$\text{da } D \ln Y_F = D \ln K = gx \text{ gilt.}$$

---

[12]Es sei daran erinnert, daß im Harrod–Modell ein Auslastungsgrad $x = 1$ die Übereinstimmung der tatsächlichen Produktion mit dem Kapazitätsoutput bei Normalauslastung anzeigt.

Diese Umformung liefert das ökonomisch plausible Ergebnis, daß die Inflationsrate negativ mit der Kapazitätsentwicklung korreliert. Mit der Preisentwicklungsgleichung (5.25) ist das Modell von Phillips vollständig. Es besteht aus den Gleichungen (5.18), (5.19), (5.23) und (5.25), die endogen die Variablen x, K, P und i bestimmen. Mit x und K sind die Variablen Y und Y_F ebenfalls festgelegt.

Die das Modell konstituierenden vier Gleichungen lassen sich zu einer Differentialgleichung in x zusammenfassen. Das Gleichgewicht für den Gütermarkt legt Gleichung (5.20) fest; differenziert man diese Gleichung nach t, folgt:

$$D^2 x + \lambda \left(1 - \frac{\gamma}{g}\right) Dx = -\frac{\lambda \rho}{g} Di. \qquad (5.26)$$

Die Ableitung des Zinssatzes nach der Zeit, Di, ergibt sich aus Gleichung (5.23):

$$Di = \frac{1}{\sigma}(D \ln P + D \ln Y - D \ln M). \qquad (5.27)$$

Nach Gleichung (5.25) ist $D \ln P$ nur noch von der Variablen x abhängig; nach Gleichung (5.22) wächst die Geldmenge mit konstanter Rate m. Beachtet man diese Beziehungen, geht Gleichung (5.27) über in:

$$Di = \frac{1}{\sigma}[b + \beta(x - 1) - gx + D \ln Y - m]. \qquad (5.28)$$

Gelingt es, auch $D \ln Y$ als Funktion von x zu formulieren, ist Di und damit auch Gleichung (5.26) nur noch eine Funktion in x. Aus der Definitionsgleichung $x = \dfrac{Y}{Y_F}$ folgt nach Logarithmieren:

$$\ln Y - \ln Y_F = \ln x = \ln[1 + (x - 1)].$$

Der Term $\ln[1 + (x - 1)]$ kann, da für jedes ökonomisch plausible x gilt: $-1 < (x - 1) \le 1$ durch folgende unendliche Potenzreihe dargestellt werden:

$$\ln[1 + (x - 1)] = (x - 1) - \frac{(x - 1)^2}{2} + \frac{(x - 1)^3}{3} - \frac{(x - 1)^4}{4} + \cdots$$

Produziert die Volkswirtschaft nahe an ihrer Kapazitätsgrenze, nimmt $x - 1$ sehr kleine Werte an: Bereits das Anfangsglied der Reihe, $x - 1$, stellt dann eine recht gute Approximation für $\ln[1 + (x - 1)]$ dar[13]. Die Differenz $\ln Y - \ln Y_F$ beträgt dann:

$$\ln Y - \ln Y_F = x - 1, \qquad \text{oder:} \quad \ln Y = \ln Y_F + (x - 1).$$

---

[13] Die Approximation ist für Werte von $x - 1$ aus dem geschlossenen Intervall [-0,05; 0,05] besonders gut; vgl. PHILLIPS (1961), S. 365.

Die Ableitung von $\ln Y$ nach der Zeit t ergibt:

$$D \ln Y = gx + Dx, \qquad \text{da gilt:} \quad D \ln Y_F = gx.$$

Damit enthält Gleichung (5.28) nur noch x als unabhängige Variable:

$$Di = \frac{1}{\sigma}[(b - m) + \beta(x - 1) + Dx]. \tag{5.29}$$

Nach Einsetzen der Gleichung (5.29) in Gleichung (5.26) und nach einfachen Umformungen geht diese in eine inhomogene Differentialgleichung zweiter Ordnung in x über:

$$D^2 x \; + \; \frac{\lambda}{g}\left(g - \gamma + \frac{\rho}{\sigma}\right) Dx \; + \; \frac{\lambda\rho\beta}{g\sigma}x \; = \; \frac{\lambda\rho}{g\sigma}(m \; - \; b \; + \; \beta). \tag{5.30}$$

Während beim realen Phillips–Modell mit zeitinvarianten Erwartungen keine Schwankungen des Inlandsprodukts möglich sind, können sie bei der Berücksichtigung des monetären Sektors durchaus eintreten. Dies resultiert formal daraus, daß nunmehr der Entwicklungspfad der Volkswirtschaft durch eine Differentialgleichung zweiter Ordnung festgelegt ist, die grundsätzlich Lösungen zuläßt, die um den Gleichgewichtspfad oszillieren.

Stetiges Wachstum ist durch einen über die Zeit konstanten Auslastungsgrad gekennzeichnet; man erhält den gleichgewichtigen Auslastungsgrad E als Ergebnis der partikulären Lösung für Gleichung (5.30). Um diese zu ermitteln, wählt man $x = E$: const. über t; dann gilt $D^2 x = Dx = 0$ und aus Gleichung (5.30) folgt:

$$\frac{\lambda\rho\beta}{g\sigma}E = \frac{\lambda\rho}{g\sigma}(m - b + \beta),$$

oder, nach E aufgelöst:

$$E = 1 + \frac{m - b}{\beta}. \tag{5.31}$$

Liegt in der Periode $t = 0$ ein Auslastungsgrad in Höhe von E vor, bleibt er im Zeitverlauf aufrechterhalten, solange keine Störungen eintreten. Wegen $D \ln K = gx$ wächst der Kapitalstock im Gleichgewicht mit der konstanten, gleichgewichtigen Wachstumsrate gE; sein Wachstumspfad wird gegeben durch:

$$K = K(0)e^{(gE)t}. \tag{5.32}$$

Aus der produktionstechnischen Bedingung $Y_F = \frac{1}{k}K$ resultiert der Wachstumspfad des Kapazitätsoutputs als:

$$Y_F = Y_F(0)e^{(gE)t} \quad \text{mit:} \; Y_F(0) = \frac{1}{k}K(0).$$

Damit ist auch der Wachstumspfad des tatsächlichen Inlandsprodukts bestimmt. Wegen der Beziehungen (a) $Y = EY_F$ und (b) $Y_F = (1/k)K$ gilt für
Y folgende Umformungskette:

$$Y = EY_F = \frac{E}{k}K = \frac{E}{k}K(0)e^{(gE)t} = Y(0)e^{(gE)t}.$$

Die Entwicklung des Preisniveaus bei Gleichgewichtswachstum gewinnt man
aus Gleichung (5.25), nachdem für x der gleichgewichtige Auslastungsgrad
E eingesetzt ist; die letzte Umformung resultiert aus Gleichung (5.31), wenn
man diese nach m auflöst:

$$D \ln P = b + \beta(E - 1) - gE = m - gE.$$

Hieraus folgt die Preisentwicklungsgleichung bei Gleichgewichtswachstum:

$$P = P(0)e^{(m-gE)t}. \tag{5.33}$$

Die Höhe des Zinssatzes bei Gleichgewichtswachstum läßt sich aus der Investitionsfunktion (5.18) ermitteln. Bei einer gleichgewichtigen Entwicklung
wächst der Kapitalstock mit der konstanten Rate gE, sein Auslastungsgrad
beträgt E:

$$(D + \lambda)gE = \lambda[\mu g + \rho(f_I - i) - \gamma(1 - E)].$$

Wegen $D(gE) = 0$ geht diese Gleichung über in:

$$gE = \mu g + \rho(f_I - i) - \gamma(1 - E). \tag{5.34}$$

Die Auflösung dieser Gleichung nach i ergibt den Zinssatz i_E bei Gleichgewichtswachstum:

$$i = i_E = f_I - \frac{1}{\rho}[\gamma(1 - E) - (\mu - E)g]. \tag{5.35}$$

Erwarten die Unternehmer eine Wachstumsrate $g = s/k$ mit Sicherheit,
nimmt der Erwartungskoeffizient μ den Wert eins an, und Gleichung (5.35)
vereinfacht sich zu:

$$i_E = f_I - \frac{1}{\rho}(1 - E)(\gamma - g),$$

$$= f_I - \frac{1}{\rho}\left(\frac{b - m}{\beta}\right)(\gamma - g). \tag{5.36}$$

Man erkennt an der letzten Umformung, daß i_E nicht von der Geldmenge M,
jedoch von ihrer Wachstumsrate m abhängt.

Das Modell läßt eine Reihe interessanter ökonomischer Aussagen über das Gleichgewichtswachstum zu. Wie Gleichung (5.31) zeigt, tritt ein Gleichgewichtswachstum mit einem Auslastungsgrad $E = 1$ nur dann ein, wenn die Rate der Geldmengensteigerung m gleich der Inflationsrate b bei Normalauslastung der Kapazitäten ist: $m = b$. Die gleichgewichtige Wachstumsrate gE des monetären Modells stimmt dann mit der erforderlichen Rate g des Harrod–Modells überein; der Zinssatz i_E entspricht der Grenzleistungsfähigkeit der Investition[14]. Stimmen die beiden Strukturparameter m und b nicht überein, kann ein Gleichgewichtswachstum mit nahezu normalausgelasteten Kapazitäten bei sehr flexiblem Preisniveau (sehr großer Wert für β) eintreten. Gleichung (5.33) verdeutlicht, daß ein Gleichgewichtswachstum auch bei Preisstabilität möglich ist. Die Bedingung hierfür ist die Gleichheit der autonomen Wachstumsrate des Geldangebots und der gleichgewichtigen Wachstumsrate: $m = gE$.

Um schließlich ein Gleichgewichtswachstum bei Normalauslastung der Kapazitäten ($E = 1$) und bei Preisstabilität zu realisieren, muß gelten:

$$m = b = g \, . \tag{5.37}$$

Wie bereits erwähnt, impliziert diese Bedingung aber auch: $g = \dfrac{s}{k}$. Erfüllen in einer Volkswirtschaft die Parameter k, b und s zufällig die Gleichung $b = \dfrac{s}{k}$, so kann durch geldpolitische Maßnahmen allein ein Gleichgewichtswachstum bei Normalauslastung und Preisstabilität erreicht werden. Nach Beziehung (5.37) muß die Zentralbank die Wachstumsrate der Geldmenge „nur" so festlegen, daß $m = b$ gilt. Bleibt m im Zeitablauf konstant, gilt dies auch wegen Gleichung (5.36) für den Gleichgewichtszinssatz i_E.

An der Lösung des Homogenteils von Gleichung (5.30) läßt sich das Verhalten der Volkswirtschaft erkennen, wenn sie sich nicht auf dem Gleichgewichtspfad befindet. Sie liefert daher die Bedingungen für eine stabile bzw. instabile Entwicklung mit oder ohne Schwingungen. Verwendet man den Lösungsansatz $x = e^{\lambda t}$, geht der Homogenteil von Gleichung (5.30) über in:

$$D^2 e^{\lambda t} + \frac{\lambda}{g} \left(g - \gamma + \frac{\rho}{\sigma} \right) D e^{\lambda t} + \frac{\lambda \rho \beta}{g \sigma} e^{\lambda t} = 0 \, .$$

Neue Koeffizienten vereinfachen diese Gleichung zu:

$$D^2 e^{\lambda t} + \alpha_1 D e^{\lambda t} + \alpha_2 e^{\lambda t} = 0,$$

---

[14]Theoretisch ist noch der Fall möglich, daß gilt: $\gamma = g$ und daher: $i_E = f_I$. Da g gewöhnlich sehr klein sein dürfte, würde diese Übereinstimmung eine äußerst langsame Reaktion seitens der Unternehmer bei der Beseitigung einer unerwünschten Kapazitätsauslastung bedeuten. Diese unrealistische Möglichkeit soll hier nicht weiter verfolgt werden.

$$\text{mit: } \alpha_1 := \frac{\lambda}{g}\left(g - \gamma + \frac{\rho}{\sigma}\right) \text{ und } \alpha_2 := \frac{\lambda \rho \beta}{g\sigma}.$$

Da $D^i e^{\lambda t} = \lambda^i e^{\lambda t}$, kann nach Ausklammern von $e^{\lambda t}$ geschrieben werden:

$$(\lambda^2 + \alpha_1 \lambda + \alpha_2)e^{\lambda t} = 0. \tag{5.38}$$

Soll diese Gleichung für jedes t erfüllt sein, muß gelten:

$$\lambda^2 + \alpha_1 \lambda + \alpha_2 = 0. \tag{5.39}$$

Die Wurzeln der charakteristischen Gleichung (5.39) lauten:

$$\lambda_{1,2} = \frac{-\alpha_1 \pm \sqrt{\alpha_1^2 - 4\alpha_2}}{2}$$

und besitzen nach dem Wurzelsatz von Vieta die Eigenschaften:

$$\lambda_1 \lambda_2 = \alpha_2 \quad \text{und} \tag{5.40}$$

$$\lambda_1 + \lambda_2 = -\alpha_1. \tag{5.41}$$

Die allgemeine Lösung für den Homogenteil gibt Gleichung (5.42) an, in der R_1 und R_2 zwei von den Anfangsbedingungen abhängige Konstante darstellen:

$$x = R_1 e^{\lambda_1 t} + R_2 e^{\lambda_2 t}. \tag{5.42}$$

Eine zyklische Entwicklung tritt für x nur dann ein, wenn $\alpha_1^2 < 4\alpha_2$; die Strukturparameter unterliegen in diesem Fall der Bedingung:

$$\lambda\left[\frac{\rho}{\sigma} - (\gamma - g)\right]^2 < 4\frac{\rho}{\sigma}\beta g. \tag{5.43}$$

Diese Restriktion kann für eine ökonomische Interpretation übersichtlicher gestaltet werden. Da sich die Koeffizienten ρ und σ auf monetäre Einflußgrößen beziehen, tritt zur Kennzeichnung ihres Verhältnisses das Symbol χ. Die Koeffizienten γ und g drücken unternehmerisches Verhalten innerhalb der Produktionssphäre aus; für ihre Differenz wird als Symbol τ eingeführt. Die Ungleichung (5.43) hat jetzt die Form:

$$\lambda(\chi - \tau)^2 < 4\chi\beta g. \tag{5.44}$$

Da in der allgemeinen Lösung (5.42) die Wurzeln λ_1 und λ_2 Teil des Exponenten sind, hängt die Stabilitätsbedingung für $x \to E$ nicht mehr wie bei Differenzengleichungen von den absoluten Werten der beiden Wurzeln

λ_1 und λ_2 ab, sondern nur noch von ihrem Vorzeichen. Eine stabile Entwicklung liegt vor, wenn die Vorzeichen beider Wurzeln negativ sind. Die Bedingung hierfür läßt sich über den Wurzelsatz von Vieta herleiten. Da der Koeffizient α_2 wegen der getroffenen Annahmen für die ihn determinierenden Strukturparameter positiv ist, müssen wegen Gleichung (5.40) im Fall zweier reellwertiger Wurzeln die Vorzeichen übereinstimmen. Sie sind beide dann negativ, wenn der Koeffizient α_1 positiv und daher in Gleichung (5.41) $-\alpha_1$ negativ ist. Da gilt:

$$\alpha_1 = \frac{\lambda}{g}\left(g - \gamma + \frac{\rho}{\sigma}\right) = \frac{\lambda}{g}\left[\frac{\rho}{\sigma} - (\gamma - g)\right] = \frac{\lambda}{g}(\chi - \tau),$$

ist dies gewährleistet, wenn:

$$\chi > \tau. \tag{5.45}$$

Damit sind die Bedingungen für die vier möglichen ungleichgewichtigen Entwicklungen von x gefunden, die in der Tabelle 5.1 zusammengefaßt sind:

Tabelle 5.1:

Zeitpfad von x	stabil	instabil
ohne Zyklen	$\chi > \tau$ $\lambda(\chi - \tau)^2 > 4\chi\beta g$	$\chi < \tau$ $\lambda(\chi - \tau)^2 > 4\chi\beta g$
mit Zyklen	$\chi > \tau$ $\lambda(\chi - \tau)^2 < 4\chi\beta g$	$\chi < \tau$ $\lambda(\chi - \tau)^2 < 4\chi\beta g$

Die ungleichgewichtige Entwicklung von x bestimmt analog zum Gleichgewichtswachstum auch die Zeitpfade der anderen Modellvariablen K, Y_F und Y. Da wegen $Y_F = \frac{1}{k}K$ der Kapazitätsoutput (bei Normalauslastung) parallel zum Kapitalstock schwankt, ergibt sich der Zeitpfad des tatsächlichen Inlandsprodukts $Y = xY_F$ als Überlagerung der Schwingungen in x und Y_F.

Von besonderem Interesse ist es, bei welchen Parameterkombinationen die Volkswirtschaft einer um den Gleichgewichtspfad oszillierenden Entwicklung folgt. Weitere Aufschlüsse hierüber liefert eine detaillierte Analyse der Ungleichung (5.44). Löst man diese nach β auf, ergibt sich:

$$\frac{1}{4}\frac{\lambda(\chi - \tau)^2}{\chi g} < \beta. \tag{5.46}$$

Zyklisches Wachstum tritt demnach dann ein, wenn der Koeffizient β im Verhältnis zu χ groß ist, d.h.: wenn die Löhne sehr stark das Preisniveau prägen (in beiden Richtungen) bei gleichzeitig relativ schwachen monetären Einflüssen, was in einem kleinen Wert für χ zum Ausdruck kommt.

Ein Vergleich der Stabilitätsbedingungen des realen mit denen des monetären Phillips–Modells zeigt die aus der Berücksichtigung des Geldmarktes resultierenden Modifikationen. Eine stabile Entwicklung liegt bei dem realen Modell dann vor, wenn $g > \gamma$[15], die Unternehmer also nur sehr langsam Fehlanpassungen des Kapitalstocks beseitigen. Ist diese Ungleichheit erfüllt, folgt das monetäre Modell ebenfalls einer stabilen Entwicklung: in der Stabilitätsbedingung (5.45) ist χ immer positiv, τ in diesem Falle aber negativ. Bei $g < \gamma$ folgt für das reale Modell Instabilität, während das monetäre Modell auch hier noch stabile Entwicklungen zuläßt. Denn auch für $g < \gamma$ kann bei großem χ die Restriktion (5.45) immer noch erfüllt sein, obwohl die Unternehmer unerwünschte Kapazitäten schneller als in der Situation $g > \gamma$ beseitigen. Das monetäre Modell weist somit einen größeren Stabilitätsbereich als das reale Modell auf.

Sind aufgrund einer ökonometrischen Untersuchung die Parameter s, k, γ und λ geschätzt, können Bereiche für Kombinationen von τ und χ angegeben werden, die charakteristische Zeitpfade generieren. Der Fall $g > \gamma$ mit stets stabilen Entwicklungen bleibt wegen seiner geringen Realitätsnähe unberücksichtigt[16]. Unterstellt man realistischerweise $g < \gamma$, legen die aus den Restriktionen (5.45) und (5.46) ableitbaren Trennfunktionen[17] vier Bereiche für typische Zeitpfade fest. Abbildung 5.3 zeigt diese Bereiche.

Abb. 5.3:

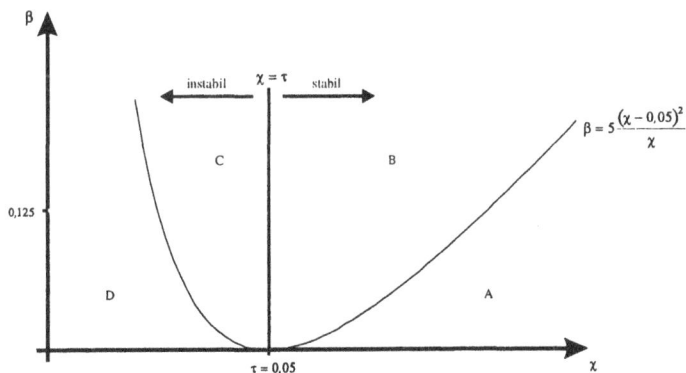

Bei der durch die Restriktion (5.46) bestimmten Trennfunktion wurden die

---

[15]Es wird angenommen, daß gleichzeitig $E > 0$ gilt.

[16]Vgl. hierzu die Ausführungen S. 169 ff.

[17]Diese Funktionen erhält man auch hier, indem für das Ungleichheitszeichen das Gleichheitszeichen geschrieben wird.

Parameter als $s = 0, 2$, $k = 4$, $\lambda = 1$ und $\gamma = 0, 1$ spezifiziert. Dies führt zu

$$\beta = 5 \frac{(\chi - 0,05)^2}{\chi}. \tag{5.47}$$

Die Funktion (5.47) hat an der Stelle $\chi = \tau = 0,05$ ein Minimum mit einem Ordinatenwert $\beta = 0$ und die Ordinate für $\chi \to 0$ als Asymptote. Parameterkombinationen (χ, β) aus den Bereichen B und C führen zu zyklischen Entwicklungen mit abnehmenden (Bereich B) oder zunehmenden (Bereich C) Amplituden. Bei Kombinationen aus den Bereichen A und D folgt die Volkswirtschaft schwingungsfreien Zeitpfaden, die entweder zum Gleichgewicht konvergieren (Bereich A) oder von ihm exponentiell abweichen (Bereich D).

Obwohl es sehr problematisch ist, die Ergebnisse von Modellen mit unterschiedlichen Annahmen zu vergleichen, soll dies für das Tewes– und Phillips–Modell ansatzweise versucht werden. Überraschend ist, daß die Modelle mit Geldmarkt, verglichen mit ihren realen Versionen, zu unterschiedlichen Folgerungen führen. Im Phillips–Modell nimmt der Stabilitätsbereich durch Hinzunahmen des monetären Sektors zu, bei Tewes hingegen ab. Dies liegt zum einen in der jeweiligen Lag–Struktur begründet. Eliminiert man im monetären Tewes–Modell die Akzeleratorhypothese, so vergrößert sich auch hier der Stabilitätsbereich. Ein weiterer Grund für die unterschiedlichen Aussagen darf in der modellendogenen Erklärung des Wachstumspfades durch das Phillips–Modell gesehen werden: Einen Teil der ökonomischen Dynamik absorbiert hier der Wachstumsprozeß, während sich im Tewes–Modell, obwohl durch Verschiebung der oberen Schranke exogen erklärtes Wachstum erfolgen kann, die Dynamik ganz in der Konjunkturkomponente niederschlagen muß.

5.3 Weiterentwicklungsmöglichkeiten für Konjunkturmodelle mit einem Geldmarkt

Erweiterungen der Konjunkturmodelle mit Geldmarkt resultieren aus der Aufnahme zusätzlicher Verbindungsglieder zwischen dem realen und dem monetären Sektor. Aufschluß hierüber liefert die markroökonomische Portfoliotheorie. Sie basiert auf der von Markowitz konzipierten mikroökonomischen Portfoliotheorie[18], die Erklärungsansätze für die optimale Aufteilung eines Vermögensbestandes auf unterschiedliche Anlageformen bereitstellt. Entscheidende Determinanten sind dabei der Ertrag eines Vermögenstitels und das Risiko seiner Realisation. Nach der Portfoliotheorie ist Geld

---

[18]MARKOWITZ (1952). Eine Einführung in die makroökonomische Portfoliotheorie findet man bei KATH UND EUBA (1975) sowie FELDERER UND HOMBURG (1994), S. 209–233.

nur eine mögliche Anlageform für Vermögen[19], die in enger Beziehung zu
anderen Anlageformen steht. Im Rahmen einer aggregativen Analyse läßt es
sich vertreten, neben Geld nur noch die beiden Anlageformen Wertpapiere,
die hauptsächlich Staatsschuldtitel umfassen und Realkapital, das sich über
Anteilsrechte im Besitz der Haushalte befindet, zu unterscheiden. Die Risiken aller Finanzvermögenstitel sind in etwa gleich groß, da sie aus denselben
Ursachen erwachsen; dies gilt auch für die Risiken der Realvermögenstitel.
Jedoch unterscheidet sich das Risiko des Finanzvermögens von dem des Real-
vermögens. Das Portfolio ist optimal, wenn bei gegebenem Ertrag das Risiko
minimiert bzw. bei gegebenem Risiko der Ertrag maximiert ist. Aus der Menge der optimalen Portfolios wählt der Anleger dasjenige, bei dem Risikograd
und Ertrag in einem Verhältnis stehen, das mit seiner subjektiven Risikoneigung kompatibel ist[20]. Diese, durch das Rationalitätspostulat begründete
Verhaltensweise der Anleger führt dazu, daß innerhalb der finanziellen Aktiva und innerhalb der realen Aktiva die einzelnen Titel in substitutionaler
Beziehung stehen, zwischen Finanz- und Realvermögen aber Komplementa-
rität herrscht. Die Abhängigkeiten der Anlageformen untereinander haben
zur Folge, daß sich Änderungen im Volumen einer Anlageform unmittelbar
auf die Märkte der anderen Anlagemöglichkeiten auswirken und damit deren
Ertragsraten beeinflussen. Hieraus resultieren wiederum Rückwirkungen auf
die güterwirtschaftliche Seite einer Volkswirtschaft, die erheblich von denen
abweichen können, die sich durch die Transmissionsvariable Zinssatz allein
übertragen lassen.

Die fruchtbare Übertragung des Portfolio-Ansatzes auf die Makroanalyse läßt
sich bereits übersichtlich an einem vier Märkte umfassenden Makromodell
darstellen. Vereinfachend sei angenommen, daß die Volkswirtschaft nur ein
Gut Y produziert, das alternativ als Konsum- oder Kapitalgut dient. Der
Preis P für eine neu produzierte Einheit von Y ist unabhängig von ihrer Verwendung. Die Realseite der Volkswirtschaft besteht aus einem Strom- und
einem Bestandsmarkt. Auf dem Strommarkt werden die neu produzierten
Konsum- bzw. Investitionsgüter angeboten und nachgefragt; der Bestandsmarkt umfaßt Angebot und Nachfrage bereits produzierter Kapitalgüter[21].
Obwohl zwischen den existierenden und den neu geschaffenen Kapitalgütern
(Investitionsgüter) ein enges Substitutionsverhältnis besteht, können kurzfristig die Preise für beide Kapitalgüterarten verschieden sein. Dieser Unterschied liegt im Ertragswert des Kapitals begründet und darin, daß der
Kapitalbestand kurzfristig nicht beliebig variiert werden kann. Ist z.B. der

---

[19]TOBIN (1958).

[20]Man unterscheidet Risikopräferenz, Risikoaversion und Risikoindifferenz.

[21]Die auf diesem Markt getätigten Transaktionen können sich direkt auf vorhandene
Kapitalgüter beziehen, wie z.B. beim Handel von Gebrauchtwagen und Immobilien oder
indirekter Natur sein, wie beim Handel mit Aktien (Anteilsrechten).

Wert der Grenzproduktivität Pf_K des Kapitalstocks oder seine Grenzleistungsfähigkeit größer (kleiner) als die von den Anlegern angestrebte Mindestverzinsung r für Realkapital — auch supply–price of capital genannt — steigt (sinkt) der Preis P_K für Anteilsrechte an einer Einheit des existierenden Kapitalstocks so lange, bis die Rendite R der angestrebten Mindestverzinsung r entspricht. Der Preis der existierenden Kapitalgüter folgt daher aus der Definitionsgleichung der Rendite $R = \dfrac{Pf_K}{P_K}$ als: $P_K = \dfrac{Pf_K}{r}$. Dividiert man diese Gleichung durch das Preisniveau P, erhält man:

$$\frac{P_K}{P} = \frac{f_K}{r}.$$

Das Verhältnis $\dfrac{P_K}{P}$ stellt das Tobin'sche q dar: $q := \dfrac{P_K}{P}$. Die Variable q ist für die Investitionstätigkeit entscheidend. Gilt $q > 1$ $(q < 1)$, wird der existierende Kapitalstock als zu klein (zu groß) bewertet und die Investitionen bleiben auf einem positiven (negativen) Niveau, bis Rendite und supply–price of capital übereinstimmen. Ein langfristiges Gleichgewicht impliziert somit einen Preisausgleich für existierende und neue Kapitalgüter $P_K = P$ bzw. $q = 1$[22].

Die monetäre Seite manifestiert sich ebenfalls in zwei Märkten. Während früher nicht zwischen Geld– und Kreditmarkt unterschieden wurde, ist eine eigenständige Behandlung dieser beiden Märkte einer entwickelten Volkswirtschaft angemessener, obwohl Geld– und Kreditnachfrage im wesentlichen von denselben Determinanten abhängen. Der Einfluß dieser Determinanten auf Geld– und Kreditnachfrage ist sowohl in qualitativer als auch in quantitativer Hinsicht so verschieden, daß er ihre Behandlung als zwei verschiedene monetäre Aktivitäten rechtfertigt[23]. In einer so beschriebenen Volkswirtschaft existieren die Vermögensanlageformen „Geld", „Wertpapiere", „existierende Kapitalgüter" und „Investitionsgüter". Sie unterscheiden sich hinsichtlich ihres (erwarteten) Ertrages und des Risikos, dem dieser Ertrag unterliegt. Die Kreditaufnahme ermöglicht es den Nichtbanken, über ihr Nettovermögen hinaus verzinsliche Aktiva zu erwerben. Übersteigt z.B. die Rendite auf Sachkapital den realen Marktzins, ist eine Kreditfinanzierung solcher Vermögensgüter je nach Risikoneigung vorteilhaft[24]. Die gesamtwirtschaftliche Funktion der Geldnachfrage und der Kreditnachfrage müssen daher als Argumente all diejenigen Variablen enthalten, die für die Anleger bei der Portfoliogestaltung entscheidungsrelevant sind. Zu den aus der Verwendung von Geld resultierenden Determinanten kommt das Tobin'sche q in beiden Nachfragefunktionen

---

[22]Vgl. hierzu TOBIN (1969), S. 227.

[23]Vgl. hierzu BRUNNER UND MELTZER (1972).

[24]Es sei hier angenommen, daß Soll– und Habenszins mit dem Marktzins übereinstimmen.

hinzu. Mit q ist ein weiteres Verbindungsglied zwischen Geld– und realwirtschaftlichem Sektor gefunden.

Der Komplexitätsgrad so konzipierter Konjunkturmodelle und der zu ihrer Behandlung erforderliche mathematische Apparat nehmen aber derart zu, daß ihre detaillierte Darstellung hier nicht erfolgen soll.

Kapitel 6

Konjunkturmodelle mit Berücksichtigung eines Arbeitsmarktes

6.1 Die Bedeutung des Arbeitsmarktes für die Konjunkturanalyse

Dem Produktionsfaktor Arbeit kommt in einer Volkswirtschaft insofern besondere Bedeutung zu, da seine Leistung unmittelbar an den Menschen gebunden ist und die übrigen in der Makroanalyse unterschiedenen Produktionsfaktoren Kapital und Boden ihre Leistungen weitgehendst erst in einer Kombination mit ihm erbringen können. Die Bedingungen in den Produktionsstätten, institutionelle Arbeitszeitverordnungen sowie das Ausmaß an Beschäftigung und seine Entlohnung haben weit über den ökonomischen Bereich hinaus Auswirkungen auf die sozialen Beziehungen. Die gesellschaftlichen Bedingungen ihrerseits bilden den Rahmen, innerhalb dessen sich der makroökomomische Produktionsprozeß abspielt und beeinflussen ihn daher. Eine große Kooperationsbereitschaft der an diesem Prozeß Beteiligten ist gerade in entwickelten Volkswirtschaften eine wichtige Voraussetzung für eine hohe gesamtwirtschaftliche Produktivität. Der Produktionsprozeß muß im zunehmendem Maße als sozialer Prozeß begriffen werden[1]. Die makroökonomische Analyse des Arbeitsmarktes konzentriert sich in erster Linie auf die

---

[1]Vgl. v. WEIZSÄCKER (1978), S. 43.

Bestimmung seines Gleichgewichts. Der gefundene gleichgewichtige Reallohnsatz bewirkt eine Übereinstimmung von Arbeitsangebot und Arbeitsnachfrage, kennzeichnet somit ex definitione eine Vollbeschäftigungssituation. Nach
neoklassischer Auffassung werden für den kurzfristigen Fall Arbeitsmarkt-
und Gütermarktgleichgewicht immer gleichzeitig erreicht; erst Keynes machte auf die Möglichkeit eines Unterbeschäftigungsgleichgewichts aufmerksam.
In neueren Untersuchungen geht man der Frage nach, ob ein Ungleichgewicht z.B. auf dem Arbeitsmarkt Auswirkungen (Spillover-Effekte) auf den
Zustand des Gütermarkts und umgekehrt hat. Die auf einem solchen Ansatz
basierenden Konjunkturerklärungen behandelt das nächste Kapitel.

Auf den engen Zusammenhang zwischen Inlandsprodukt und Beschäftigung
stützt sich die Beschäftigungstheorie, wenn sie Ursachen für Höhe und Zeit-
variabilität der Beschäftigung aufzeigen will. Obwohl sie gerade da eine enge Verbindung mit der Konjunkturtheorie besitzt, ist sie doch durch ihre Begrenzung auf das Beschäftigungsniveau und Verzicht auf die Analyse
einer Periodizität von dieser deutlich abgegrenzt. Die Berücksichtigung eines Arbeitsmarktes innerhalb der Konjunkturtheorie kann daher nicht so
verstanden werden, daß sich die empirisch feststellbare, nahezu parallele
Schwankung der Beschäftigung zum Inlandsprodukt einfach als Folge der
Inlandsproduktzyklen darstellt. Vielmehr ist es Aufgabe der Konjunkturtheorie zu analysieren, ob aus den am Arbeitsmarkt vorliegenden Gegebenheiten konjunkturrelevante Impulse resultieren. Erste Anhaltspunkte hierfür
lassen sich aus einer Systematisierung der wirtschaftlichen Zustände unter
Betonung der Situation auf dem Arbeitsmarkt gewinnen. In Anlehnung an
Gschwendtner[2] können für den Arbeitsmarkt vier Zustände unterschieden
werden: Überbeschäftigung, Normalbeschäftigung, Unterbeschäftigung und
Depression. Normalbeschäftigung ist definiert als diejenige Auslastung des
Arbeitspotentials, die sich bei einem Gleichgewichtswachstum oder als Durchschnitt über einen Konjunkturzyklus einstellt. Überausgelastet ist der Faktor
Arbeit dann, wenn seine Auslastung über derjenigen bei Normalbeschäftigung
liegt. Beide Zustände charakterisieren Vollbeschäftigung. Bei den Situationen
„Unterbeschäftigung" und „Depression" ist das vorhandene Arbeitspotenti-
al unterausgelastet, die tatsächliche Beschäftigung ist kleiner als die Vollbeschäftigung. Zur Kennzeichnung eines Zustandes als „Depression" kommt
noch hinzu, daß das Inlandsprodukt unterhalb seines höchsten Wertes der
Vergangenheit liegt. Tabelle 6.1 gibt die Zustände des Arbeitsmarktes und
die ihnen entsprechenden Inlandsproduktentwicklungen wieder. Die konjunkturellen Implikationen dieser Zustände lassen sich mit Konjunkturmodellen
aufzeigen, die in ihrer Konstruktion die Besonderheiten der jeweiligen Situation erfassen. Da Arbeits- und Gütermarkt über die Produktionsfunktion

---

[2]GSCHWENDTNER (1973), S. 50 ff.

miteinander verbunden sind, wird ein Erkenntnisfortschritt durch spezifische
Annahmen bezüglich des Produktionsprozesses zu erzielen sein.

Tabelle 6.1:

Zustand	Beschäftigung A_t	Inlandsprodukt Y_t	Veränderung von Y_t
Überbeschäftigung	$A_t > A_F$		
Normalbeschäftigung	$A_t = A_F$	$Y_t = \hat{Y}$	
Unterbeschäftigung			$\Delta Y > 0$
Erholung	$A_t < A_F$		
Depression		$Y_t < \hat{Y}$	
Rezession			$\Delta Y < 0$

$\hat{Y}$: höchster Wert des Inlandsprodukts in der Vergangenheit,
A_F: Vollbeschäftigung.

Die Produktionsfunktion muß in einer für die dynamische Analyse geeigneten Form vorliegen und die Auswirkungen des technischen Fortschritts auf
die Produktionsfaktoren realitätsnah erfassen. Diese Vorgehensweise kann an
dem Modell vom Bergstrom[3] nachvollzogen werden, das neben dem Arbeitsmarkt noch den monetären Sektor enthält.

Eine möglichst wirklichkeitsgetreue Abbildung der Funktionsweise des Arbeitsmarktes muß der Stärke der Verhandlungspositionen (bargaining power)
der Tarifpartner Rechnung tragen. Es erscheint plausibel, gerade in den Ver-
tragsabschlüssen, die für die Entwicklung des Lohnsatzes bedeutsam sind,
eine die Konjunktur beeinflussende Größe zu sehen. Alle hier behandelten
Konjunkturmodelle mit einem Arbeitsmarkt verwenden daher eine Arbeitsmarktreaktionsfunktion, die diese Situation widerspiegelt. Welche Konjunkturentwicklung dann eintritt, wenn die zu den Klassen „Gewinneinkommens-
bezieher" und „Lohneinkommensbezieher" zusammengefaßten Wirtschaftssubjekte extrem unterschiedliche Spar– bzw. Konsumhaltung zeigen, analysiert Goodwin[4], dessen Modell hinsichtlich seiner produktionstheoretischen
Annahmen von Desai[5] und für eine Bewertung wirtschaftspolitischer Stabilisierungsmaßnahmen von Wolfstetter[6] erweitert wird.

Alle Konjunkturmodelle mit einem Arbeitsmarkt, und besonders diejenigen
mit einem monetären Sektor, weisen vielfältige Berührungspunkte mit der
Inflationstheorie auf. Modelle, deren primärer Zweck in der Erklärung der
Entwicklung des Preisniveaus — auch unter Beachtung möglicher Periodizitäten — liegt, werden hier nicht behandelt. Der an diesem wichtigen makroökonomischen Gebiet interessierte Leser muß sich daher mit dem Hinweis

---

[3]BERGSTROM (1962).
[4]GOODWIN (1967).
[5]DESAI (1973).
[6]WOLFSTETTER (1982).

auf die Konsultation der inflationstheoretischen Literatur begnügen[7].

6.2 Die Erweiterung des Phillips–Modells durch Bergstrom

Eines der ersten Konjunkturmodelle, das neben einem Güter– und Geldmarkt auch den Arbeitsmarkt umfaßt, entwickelt Bergstrom in starker Anlehnung an das Phillips–Modell[8]. Für den Gütermarkt wird explizit eine Produktionsfunktion eingeführt, die in einer für die dynamische Analyse geeigneten Weise formuliert ist[9]. Die nachgefragte Menge nach Arbeit bestimmt sich bei unterstellter Gewinnmaximierung seitens der Unternehmer bei vollkommener Konkurrenz nach der Grenzproduktivitätstheorie. Durch die so gewonnene Arbeitsnachfragefunktion ist eine Verbindung des Gütermarktes mit dem Arbeitsmarkt erreicht, der noch durch eine Arbeitsmarktreaktionsfunktion und eine vom Geldlohnsatz abhängige Arbeitsangebotsfunktion beschrieben wird. Letztere ist für die Bestimmung der Arbeitslosigkeit notwendig. Die im Phillips–Modell exogen gegebene Rate b der Lohnsatzentwicklung bei Voll– bzw. Normalauslastung ist bei Bergstrom endogenisiert; sie wird erklärt durch die Arbeitsproduktivität gemäß der Produktionsfunktion und der Arbeitsmarktreaktionsfunktion. Beide Gleichungen haben auch Einfluß auf das Preisniveau P, für das im Bergstrom–Modell wegen der Gleichheit von Wertgrenzprodukt und Geldlohnsatz keine zusätzliche Bestimmungsgleichung mehr notwendig ist.

Die Volkswirtschaft produziert nur ein Gut, das alternativ als Konsum– oder Kapitalgut Verwendung findet. Die hierfür gültige Produktionsweise schließt eine Substitution der Faktoren Arbeit und Kapital sowohl ex ante als auch ex post aus[10], sie entspricht einem limitationalen Produktionsprozeß. Der Faktor Kapital wird gemäß seines Erstellungsjahrs unterschieden. Die in einer Periode τ in Betrieb genommenen Kapitalgüter bilden den Kapitalstockjahrgang τ. Dieser ist daher definitionsgemäß gleich den in der Periode τ getätigten Investitionen. Man bezeichnet Theorien mit solch einer zeitlichen Unterscheidung als Jahrgangs– bzw. Vintage–Modelle.

---

[7]Als Einstieg seien empfohlen LAIDLER UND PARKIN (1975), FRISCH (1980) sowie CASSEL (1995).

[8]BERGSTROM (1962), S. 358 bezeichnet sein Modell selbst „as an extension" des Phillips–Modells.

[9]Diese Produktionsfunktion wird weiter unten ausführlich entwickelt. Die Notwendigkeit einer solchen Vorgehensweise begründet BERGSTROM (1962), S. 357 zu Recht mit: „It would be surprising if the forms of technical relation that are appropriate for comparative static analysis were equally appropriate for dynamic analysis".

[10]In der wachstumstheoretischen Literatur bezeichnet man den Ausschluß einer Substitution ex ante und ex post als „clay–clay–Fall".

Der technische Fortschritt wirkt Harrod–neutral und faktorgebunden. Harrod–neutraler technischer Fortschritt liegt vor, wenn er den Kapitalkoeffizienten bei konstantem Zinssatz unverändert läßt. Der durch diesen technischen Fortschritt ausgelöste ökonomische Anpassungsprozeß hat folgende Charakteristika. Der technische Fortschritt erhöht zunächst die Kapitalproduktivität, womit eine Kapitalakkumulation bei konstantem Zinssatz ausgelöst wird, bis Kapitalproduktivität und Zinssatz wieder übereinstimmen. Die ursprüngliche Erhöhung der Kapitalproduktivität verringert den Kapitalkoeffizient; die Kapitalakkumulation läßt ihn jedoch wieder auf sein Ausgangsniveau anwachsen. Der Kapitalkoeffizient am Ende der Kapitalakkumulation kann nur dann mit seinem Anfangswert übereinstimmen, wenn die (durchschnittliche) Arbeitsproduktivität gestiegen ist. Dies folgt direkt aus der Definitionsgleichung des Kapitalkoeffizienten $k = \dfrac{K}{Y} = \dfrac{K/A}{Y/A}$. Steigt K, nehmen die Kapitalintensität K/A und wegen der Konstanz vom k auch die durchschnittliche Arbeitsproduktivität Y/A zu. Harrod–neutraler technischer Fortschritt mit konstanter Wachstumsrate α erhöht die Arbeitsproduktivität von Kapitalgut- zu Kapitalgutjahrgang mit derselben Rate. Der Arbeitskoeffizient π setzt den Output in Beziehung zum in Effizienzeinheiten gemessenen Faktor Arbeit. Der Zusammenhang zwischen Arbeit in physischen und in effizienten Einheiten kann wie folgt verdeutlicht werden: Ist A eine gegebene, im Zeitverlauf konstante physische Menge an Arbeit und verdoppelt sich die Arbeitsproduktivität von einer zur nächsten Periode, so ist die gleiche Menge physischer Arbeit in der folgenden Periode doppelt so effizient wie zuvor, d.h. in der folgenden Periode entspricht die Arbeit in Effizienzeinheiten $\bar{A}$ der doppelten physischen Menge: $\bar{A} = 2A$. Allgemein schreibt man bei stetigen Zeitvariablen: $\bar{A} = A(0)e^{\alpha t}$, $A(0)$: physische Arbeitsmenge im Ausgangszeitpunkt.
Für den Kapitalgutjahrgang τ gilt daher[11]:

$$y_\tau = \frac{K_\tau}{k} = \frac{\bar{A}_\tau}{\pi} = \frac{e^{\alpha \tau} A_\tau}{\pi}; \quad k, \pi : \text{const. über } t, \qquad (6.1)$$

y_τ : Output des τ–ten Kapitalgutjahrganges,

K_τ : Kapitalgutjahrgang $\tau = \tau$–ter Maschinenjahrgang,

$\bar{A}_\tau$: benötigte Menge effizienter Arbeit,

A_τ : benötigte Menge physischer Arbeit = Beschäftigung am

τ–ten Maschinenjahrgang.

Aus Gleichung (6.1) folgt unmittelbar, daß mit einer Kapitalguteinheit des Jahrgangs τ genau $1/k$ Outputeinheiten produziert werden können und daß

---

[11]In diesem Abschnitt kennzeichnet der Zeitindex nicht eine diskrete Abhängigkeit der Variablen von der Zeit, sondern ihre Zuordnung zu den einzelnen Jahrgängen. Die Variablen selbst sind stetige Funktionen der Zeit.

hierfür $\dfrac{\pi}{k}$ Effizienzeinheiten oder $\dfrac{\pi}{k}e^{-\alpha\tau}$ Einheiten physischer Arbeit notwendig sind. Die zum Betrieb des jeweils neusten Kapitalgutjahrgangs benötigte Menge an physischer Arbeit sinkt wegen des technischen Fortschritts mit der Rate $-\alpha$, wenn jeder Jahrgang gleich viele Maschinen umfaßt; steigt hingegen die Anzahl installierter Maschinen, hat das auf die benötigte Arbeit einen positiven Effekt. Dieser Zusammenhang läßt sich anhand Gleichung (6.1) zeigen. Nach $\bar{A}_\tau/K_\tau$ aufgelöst erhält man:

$$\frac{\bar{A}_\tau}{K_\tau} = \frac{\pi}{k} = e^{\alpha\tau}\frac{A_\tau}{K_\tau}. \tag{6.2}$$

Differentiation nach der Zeit unter Beachtung der Konstanz von k und π führt zu:

$$D\left(\frac{\bar{A}_\tau}{K_\tau}\right) = \alpha e^{\alpha\tau}\frac{A_\tau}{K_\tau} + e^{\alpha\tau}\left(\frac{\dot{A}_\tau K_\tau - A_\tau \dot{K}_\tau}{K_\tau^2}\right) = 0,$$

oder: $\alpha A_\tau K_\tau + \dot{A}_\tau K_\tau - A_\tau \dot{K}_\tau = 0$. Division durch $A_\tau K_\tau$ und Auflösung nach $\dot{A}_\tau/A_\tau$ ergibt:

$$\frac{\dot{A}_\tau}{A_\tau} = -\alpha + \frac{\dot{K}_\tau}{K_\tau}. \tag{6.3}$$

Der Differentialquotient $\dot{K}_\tau$ gibt die Veränderung der Maschinen pro Jahrgang τ über die Zeit t an. $\dot{K}_\tau = 0$ bedeutet, daß pro Jahrgang immer dieselbe Anzahl an Maschinen in Betrieb genommen wird: Die Beschäftigung am τ-ten Kapitalgutjahrgang sinkt dann mit der Rate $-\alpha$[12].

Jeder Kapitalgutjahrgang hat eine unendlich lange Lebensdauer bei konstanter Kapazität; d.h. es tritt kein Wertverlust ein[13]. Der gesamte Kapitalstock K zum gegenwärtigen Zeitpunkt t beträgt daher:

$$K = \int\limits_0^t K_\tau\, d\tau.$$

---

[12]Dies bedeutet nicht, daß in der Volkswirtschaft die gesamte Beschäftigung ebenfalls mit dieser Rate sinken muß. Liegt z.B. bereits Vollbeschäftigung vor, so können neue Maschinen nur dann mit den notwendigen Arbeitskräften versehen werden, wenn der Grenzmaschinenjahrgang aus dem Produktionsprozeß ausscheidet und Arbeitskraft freisetzt. Das Ausmaß an Arbeitslosigkeit ist abhängig von der Zeitdifferenz zwischen ältestem und neuestem Maschinenjahrgang sowie von der Anzahl an Maschinen in diesen Jahrgängen. Für eine ausführliche Analyse bei diskreten Zeitvariablen siehe ASSENMACHER (1981).

[13]Bergstrom berücksichtigt in seiner Analyse einen Verschleiß des Kapitalstocks. Die oben vorgenommene Vereinfachung geht auf ALLEN (1972) S. 446/447 zurück.

Bei der Produktion des Inlandsprodukts finden zunächst nur die neusten Maschinenjahrgänge Verwendung; die Höhe des Inlandsprodukts bestimmt das Intervall T der genutzten Kapitalgutjahrgänge. Gemäß der getroffenen Annahmen erzeugt jede Kapitalguteinheit einen Ausstoß von $1/k$ Gütereinheiten. Alle genutzten Kapitalgutjahrgänge produzieren zusammen einen Güterstrom von:

$$\frac{1}{k} \int_{t-T}^{t} K_\tau d\tau,$$

der das (Netto–)Inlandsprodukt Y im Zeitpunkt t darstellt:

$$Y = \frac{1}{k} \int_{t-T}^{t} K_\tau d\tau. \tag{6.4}$$

Schreibt man Gleichung (6.1) in der Form $A_\tau = \frac{\pi}{k} e^{-\alpha\tau} K_\tau$, erhält man die physische Arbeit als Funktion vom K_τ. Damit ist festgelegt, mit welcher Menge physischer Arbeit jeder bei der Produktion des Inlandsprodukts Y genutzte Maschinenjahrgang τ, $\tau \in [t-T, t]$ kombiniert werden muß. Das gesamte Beschäftigungsniveau zum Zeitpunkt t beträgt daher:

$$A = \int_{t-T}^{t} A_\tau d\tau = \frac{\pi}{k} \int_{t-T}^{t} K_\tau e^{-\alpha\tau} d\tau. \tag{6.5}$$

Gleichung (6.5) läßt sich durch eine Maßstabstransformation für den Faktor Arbeit vereinfachen. Eine Kapitaleinheit der Ausgangsperiode ($\tau = 0$) benötigt bei der Produktion physische Arbeit im Umfang von $\frac{\pi}{k}$. Mißt man den Faktor Arbeit als Vielfaches von π/k, beträgt sein Wert in dieser Dimension genau $A/(\pi/k)$ Einheiten. Bei den folgenden Ausführungen ist dies die Meßvorschrift für die Menge physischer Arbeit, deren Symbol weiterhin A bleibt. Gleichung (6.5) geht jetzt über in:

$$A = \int_{t-T}^{t} K_\tau e^{-\alpha\tau} d\tau. \tag{6.6}$$

Aus der so präzisierten Produktionstechnik resultiert ein Gleichgewichtswachstum, bei dem unter Einhaltung des Periodengleichgewichts $I = sY$ und konstanter Beschäftigung A Kapitalstock und Inlandsprodukt immer mit derselben, konstanten Rate α wachsen. Um dies zu zeigen, wird Gleichung (6.6) nach der Zeit t differenziert:

$$\dot{A} = K_t e^{-\alpha t} - K_{t-T} e^{-\alpha(t-T)}. \tag{6.7}$$

Bezeichnet g die unbekannte, gleichgewichtige Wachstumsrate, gilt bei Gleichgewichtswachstum für die Entwicklung des Kapitalstocks K:

$$K = K(0)e^{gt}. \tag{6.8}$$

Die Nettoinvestitionen $\dot{K}$ einer Periode t resultieren hieraus als:

$$\dot{K} = gK(0)e^{gt}. \tag{6.9}$$

Da diese — wie bereits erwähnt — immer gleich dem Kapitalstockjahrgang t sind, gilt: $\dot{K} = K_t$. Nach entsprechender Substitution der Nettoinvestitionen K_t und K_{t-T} in Gleichung (6.7) durch Gleichung (6.9) folgt:

$$\dot{A} = gK(0)e^{(g-\alpha)t} - gK(0)e^{(g-\alpha)(t-T)}. \tag{6.10}$$

Die Beschäftigung bleibt für $\dot{A} = 0$ unverändert. Gleichung (6.10) zeigt, daß dies bei $g = \alpha$ der Fall ist. Das bedeutet aber, daß α die gleichgewichtige Wachstumsrate für die Volkswirtschaft ist, die nicht mehr von der Sparneigung abhängt[14].

Um die dynamischen Eigenschaften dieses komplexen Modells analysieren zu können, ist es vorteilhaft, die produktionstheoretischen Annahmen zu einer Produktionsfunktion zusammenzufassen. Die Nettoinvestitionen K_t entwickeln sich nach Gleichung (6.9), der Kapitalstock K nach Gleichung (6.8). Dividiert man das durch Gleichung (6.4) festgelegte Inlandsprodukt durch den vorhandenen Kapitalstock, führt dies zu:

$$\frac{Y}{K} = \frac{1}{k} \frac{\int_{t-T}^{t} K_\tau d\tau}{K(0)e^{\alpha t}}. \tag{6.11}$$

Die Integration in Gleichung (6.11) ist nach einer Substitution von K_τ durch Gleichung (6.9) und unter Beachtung von $g = \alpha$ leicht durchzuführen. Es ergeben sich für den Zähler zunächst folgende Umformungen:

$$\int_{t-T}^{t} \alpha K(0)e^{\alpha \tau} d\tau = K(0) \int_{t-T}^{t} \alpha e^{\alpha \tau} d\tau = K(0)e^{\alpha \tau}|_{t-T}^{t} = K(0)e^{\alpha t}(1 - e^{-\alpha T}).$$

Dieses Ergebnis reduziert Gleichung (6.11) zu:

$$\frac{Y}{K} = \frac{1}{k}(1 - e^{-\alpha T}). \tag{6.12}$$

---

[14]Dieses Ergebnis wurde u.a. auch von SOLOW (1956) und MEADE (1961) abgeleitet.

Die Gesamtbeschäftigung erhält man bei einem mit konstanter Rate α wachsenden Kapitalstock aus den Gleichungen (6.6), nachdem in ihr K_τ durch Gleichung (6.9) ersetzt wurde:

$$A = \alpha K(0) \int_{t-T}^{t} d\tau = \alpha K(0)\tau|_{t-T}^{t} = \alpha K(0)T. \tag{6.13}$$

Für die Arbeitsintensität gilt dann:

$$\frac{A}{K} = \frac{\alpha K(0)T}{K(0)e^{\alpha t}} = \frac{\alpha T}{e^{\alpha t}}. \tag{6.14}$$

Hieraus folgt für T:

$$T = \frac{Ae^{\alpha t}}{\alpha K} = \frac{\bar{A}}{\alpha K}, \tag{6.15}$$

weil $Ae^{\alpha t}$ der in Effizienzeinheiten gemessene Wert der physischen Arbeit A im Zeitpunkt t ist. Nach Division des Zählers und Nenners von Gleichung (6.15) durch Y geht diese über in:

$$T = \frac{\bar{A}/Y}{\alpha K/Y} = \frac{\pi}{\alpha k}. \tag{6.16}$$

Gleichung (6.16) zeigt, daß bei Gleichgewichtswachstum das Intervall T der genutzten Kapitalgutjahrgänge konstant bleibt. Ersetzt man in Gleichung (6.12) schließlich T durch Gleichung (6.16) und löst dann nach Y auf, resultiert eine Funktion, in der alle produktionstheoretischen Annahmen integriert sind:

$$Y = \frac{K}{k}(1 - e^{-\pi/k}). \tag{6.17}$$

Gleichung (6.17) stellt die Produktionsfunktion des Bergstrom-Modells dar. Hierbei ist aber zu beachten, daß sie nicht alle Eigenschaften aufweist, die Produktionsfunktionen üblicherweise besitzen. Denn die Funktion (6.17) gilt erstens nur, wenn der Kapitalstock mit der (konstanten und gleichgewichtigen) Rate α der Arbeitsproduktivität wächst, und sie gibt zweitens nicht den maximal produzierbaren Output an, sondern wegen der Nutzung nur eines Teils der vorhandenen Kapitalgutjahrgänge den Unterkapazitätsoutput. Liegt für den Kapitalstock eine andere konstante Wachstumsrate als α vor, erfaßt Gleichung (6.17) den tatsächlichen Output nur approximativ. Diese Einwände rechtfertigen die Kennzeichnung von Gleichung (6.17) als Quasi-Produktionsfunktion.

Die Investitionsfunktion des Bergstrom–Modells entspricht im wesentlichen der Phillips–Spezifikation, jedoch ohne Berücksichtigung des Auslastungsgrades des Kapitalstocks als Argument. Die bei Phillips exogen gegebene Grenzleistungsfähigkeit des Kapitals wird bei Bergstrom durch die Produktionsfunktion (6.17) erklärt. Gleichung (6.18) gibt diese Modifikationen wieder:

$$D \ln K = \frac{\lambda}{D + \lambda} \left[\mu\alpha + \rho \left(\frac{\partial Y}{\partial K} - i \right) \right] . \tag{6.18}$$

Die methodische Gleichgewichtsbedingung für den Gütermarkt lautet:

$$\dot{K} = sY . \tag{6.19}$$

Den Geldmarkt beschreibt die von Phillips verwendete Gleichgewichtsfunktion zwischen Geldangebot und Geldnachfrage:

$$i = \alpha_0 + \frac{1}{\sigma} (\ln P + \ln Y - \ln M), \tag{6.20}$$

$$\text{mit } \alpha_0 = \frac{1}{\sigma} \ln k_0 \quad \text{(vgl. auch Gleichung (5.23))}.$$

Den Arbeitsmarkt charakterisieren drei Funktionen. Zu der aus der Quasi–Produktionsfunktion ableitbaren Arbeitsnachfragefunktion (Gleichung (6.21)), die sich durch die Grenzproduktivitätstheorie erklärt, kommt eine Arbeitsmarktreaktionsfunktion (Gleichung (6.22)), die eine durch die Vertragsabschlüsse der Tarifpartner determinierte Entwicklung der Lohnsätze widerspiegelt. Beide Funktionen bestimmen das Niveau der Beschäftigung, mit dem über eine vom Geldlohnsatz w abhängige Arbeitsangebotsfunktion (Gleichung (6.23)) die Arbeitslosigkeit festgelegt ist. Die Gleichungen im einzelnen lauten:

$$w = P \frac{\partial Y}{\partial A}, \tag{6.21}$$

$$D \ln w = \beta \ln \left(\frac{A}{A^*} \right), \quad \beta > 0, \tag{6.22}$$

A^* : bezeichnet diejenige Beschäftigung, die zu
konstantem Geldlohnsatz führt.

$$w = w \left(\frac{A}{A^*} \right), \quad \text{mit } \frac{dw}{d\left(\dfrac{A}{A^*} \right)} > 0 \quad \text{für } w > w_0, \tag{6.23}$$

w_0 : untere Grenze des Geldlohnsatzes, bei dessen
Unterschreiten keine Arbeit angeboten wird.

Da Gleichung (6.23) nur zur Bestimmung der Arbeitslosigkeit dient, ist sie bei der weiteren Behandlung des Modells bedeutungslos und kann eliminiert werden.

Um eine Lösung für das jetzt aus den sechs Gleichungen (6.17) bis (6.22) bestehende Modell mit den Unbekannten Y, K, A, P, i und w zu erreichen, müssen diese zu einer Gleichung in einer ausgewählten Variablen reduziert werden. Es bietet sich hierfür $x = D \ln K$ an. Denn die dynamischen Eigenschaften der Variablen x übertragen sich wegen Gleichung (6.19) auch auf das Inlandsprodukt Y und auf die von ihm abhängigen Aggregate. Schwanken x und K zyklisch, so gilt dies auch für Y. Die Auflösung vom $x = D \ln K = \dfrac{\dot{K}}{K} = \dfrac{sY}{K}$ nach Y bringt: $Y = \dfrac{x}{s}K$. Als Ergebnis der Modellumformung erhält man eine nichtlineare, inhomogene Differentialgleichung dritter Ordnung in x, die keine allgemeine Lösung mehr besitzt. Jedoch läßt sich die partikuläre Lösung noch ohne zusätzliche Manipulationen durch $D^3x = D^2x = Dx = 0$ gewinnen. Die partikuläre Lösung bestimmt die Eigenschaften des gleichgewichtigen Wachstums. Danach wachsen Inlandsprodukt, Kapitalstock und Reallohn mit der Rate des Harrod–neutralen technischen Fortschritts α. Die Wachstumsrate der Nominallöhne entspricht der von der Zentralbank autonom fixierten Wachstumsrate m des Geldmengenangebots; das Preisniveau hingegen verändert sich mit der geringeren Rate $(m - \alpha)$. Die Beschäftigung und damit auch die Arbeitslosigkeit bleiben beim Gleichgewichtswachstum konstant.

Um die Schwingungseigenschaften dieses Modells zu ermitteln, stehen zwei Vorgehensweisen zur Verfügung. Entweder kommt wie bei Bergstrom die Theorie nichtlinearer Differentialgleichungen zur Anwendung, oder man wählt wie Allen[15] eine lineare Approximation so, daß Schwingungs- und Stabilitätseigenschaften der ursprünglichen Differentialgleichung erhalten bleiben. Der zweite Weg ist formal weniger anspruchsvoll und soll daher hier eingeschlagen werden.

Die allgemeine Lösung des Homogenteils einer linearen Differentialgleichung dritter Ordnung liegt in der Form vor:

$$x = R_1 e^{\lambda_1 t} + R_2 e^{\lambda_2 t} + R_3 e^{\lambda_3 t},$$

mit R_i, $i = 1, 2, 3$ von den Anfangsbedingungen abhängigen Konstanten. Die Parameter λ_i, $i = 1, 2, 3$ resultieren wie bei einer Differentialgleichung zweiter Ordnung aus der charakteristischen Gleichung.

Welchen Restriktionen die Parameter für Stabilität unterworfen sein müssen,

---

[15]ALLEN (1972), S. 453.

geben allgemein die Routh-Hurwitz-Bedingungen[16] an. Jedoch sind damit noch nicht die Einzeleinflüsse der im Modell enthaltenen Variablen und deren Parameter auf die dynamische Entwicklung isoliert. Kenntnisse hierüber gewinnt man nur durch die Vorgabe numerischer Werte für die Strukturparameter und aus einer Analyse der Veränderungen der Schwingungseigenschaften, ausgelöst durch kontrollierte Variation ausgewählter Parameter. Obwohl die gefundenen Ergebnisse stark von den Ausgangswerten der nicht variierenden Strukturparameter abhängen, können vorsichtig allgemeingültige Aussagen formuliert werden. Die Schwingungseigenschaften des Modells sind geprägt von den die monetäre Seite betreffenden Parametern ρ und σ^{-1} sowie dem Koeffizienten β der Arbeitsmarktreaktionsfunktion. Der Parameter ρ kennzeichnet nach Gleichung (6.18) die Reagibilität der Investitionen auf Veränderungen des Marktzinses i. Der Koeffizient σ^{-1} mißt die Reagibilität des Marktzinses bei gegebenem Preisniveau und gegebener Geldmenge in Abhängigkeit des Inlandsprodukts so, daß stets Geldmarktgleichgewicht existiert; er entspricht dem reziproken Wert des die Geldnachfrage für Spekulationszwecke bestimmenden Parameters σ in Gleichung (5.21). Beide Parameter wirken auf die Stabilität des Modells durch ihr Produkt; sie können daher wie ein einziger Parameter $\rho^* = \dfrac{\rho}{\sigma}$ behandelt werden. Bei gegebenem β ist das Modell bei kleinen Werten für ρ^* (schwache monetäre Einflüsse) instabil, durchläuft mit zunehmenden Werten für ρ^* die Stadien explosiver und gedämpfter Schwingungen bis zu stetiger Konvergenz zum Gleichgewichtspfad. Diese Stadien werden umso schneller durchlaufen, je kleiner der Wert β ist, d.h. je geringer die tatsächliche Beschäftigungslage auf die Lohnabschlüsse wirkt und diese daher gemäßigt ausfallen. Besitzt β einen kleinen Wert, treten Entwicklungen ohne Schwingungen, die sowohl stabil als auch instabil sein können, ein. Um zyklisches Wachstum zu erhalten, müssen ρ^* und β hinreichend große Werte annehmen. Zinsabhängige Investitionen mit hoher Zinsreagibilität führen in diesem Modell zu seiner Stabilisierung; derselbe Effekt wird erreicht, wenn die Spekulationskasse nur gering auf Zins- bzw. Kursvariationen reagiert, der Koeffizient σ daher sehr klein und sein reziproker Wert sehr groß ist. Diese numerische Analyse des Bergstrom–Modells zeigt weiter, daß die Geschehnisse auf dem Arbeitsmarkt, komprimiert in dem die relative Stärke der Verhandlungsposition der Tarifpartner repräsentierenden Koeffizienten β der Arbeitsmarktreaktionsfunktion, konjunkturauslösende Wirkungen haben können.

---

[16]Siehe GANDOLFO (1996), S. 221. Hier findet der Leser auch eine ausführliche Behandlung von Differentialgleichungen höherer Ordnung.

6.3 Das Goodwin–Konjunkturmodell mit einem Arbeitsmarkt

Das von Goodwin[17] entwickelte Modell zur Analyse von Konjunktur und Wachstum bei Berücksichtigung eines Arbeitsmarktes weicht von dem Bergstrom–Modell in mehrerer Hinsicht ab, wenngleich die produktionstheoretischen Annahmen trotz vorhandener Unterschiede gewisse Übereinstimmungen zeigen. So verzichtet Goodwin auf eine explizite Produktionsfunktion und eine Unterteilung des Faktors Kapital nach seinen Erstellungsjahrgängen.

Ausgangspunkt ist eine reale Volkswirtschaft ohne staatliche Aktivität, die mit den homogenen Produktionsfaktoren Kapital und Arbeit bei voller Kapazitätsausnutzung ein Gut Y produziert und deren Gütermarkt zu jedem Zeitpunkt geräumt wird. Nach extrem klassischer Auffassung entspricht das gesamte Gewinneinkommen der Ersparnis und geht automatisch in Investitionen über: Es existiert immer ein Gleichgewicht zwischen Ersparnis und Investitionen. Entsprechend wird das gesamte Lohneinkommem konsumiert. Der technische Fortschritt wirkt Harrod–neutral, d.h. bei konstantem Kapitalkoeffizienten wächst die durchschnittliche Arbeitsproduktivität mit konstanter Rate α:

$$\frac{Y}{A} = a = a(0)e^{\alpha t}, \qquad \text{mit} \quad D \ln a = \alpha. \tag{6.24}$$

Die Bevölkerung und damit auch das Arbeitsangebot A^S nehmen mit konstanter biologischer Wachstumsrate b zu:

$$A^S = A^S(0)e^{bt}. \tag{6.25}$$

Schließlich wird eine Arbeitsmarktreaktionsfunktion eingeführt, bei der die Wachstumsrate des Reallohnsatzes $D \ln w$ linear von dem Beschäftigungsgrad v mit positiver erster Ableitung abhängt[18]:

$$D \ln w = -m + nv, \tag{6.26}$$

$$\text{mit } v := \frac{A}{A^S} \quad \text{und} \quad m, n > 0.$$

Aus diesen Annahmen läßt sich, da alle Variablen stetige Funktionen der Zeit sind, ein zweidimensionales, nichtlineares Differentialgleichungssystem

---

[17]GOODWIN (1967).

[18]Die Formulierung der Funktion (6.26) geht auf PHILLIPS (1958) zurück, der durch Auswertung statistischen Materials eine negative Korrelation zwischen der Wachstumsrate des nominalen Durchschnittsstundenlohnsatzes und der Arbeitslosenquote fand. Bezieht man die Wachstumsrate des Lohnsatzes wie hier auf den Beschäftigungsgrad, ergibt sich ein positiver Zusammenhang. Dem Beschäftigungsgrad entspricht in der Wirtschaftsstatistik die Erwerbsquote.

in den Variablen „Beschäftigungsgrad v" und „Lohnquote u" ableiten, das die Zeitpfade der ökonomischen Aggregate determiniert. Die Lohnquote u ist definiert als:

$$u = \frac{wA}{Y} = \frac{w}{a}, \quad w : \text{Reallohnsatz}. \tag{6.27}$$

Ihre Veränderungsrate ergibt sich als: $D \ln u = D \ln w - D \ln a$. Ersetzt man in dieser Gleichung $D \ln w$ durch Gleichung (6.26) und $D \ln a$ durch Gleichung (6.24) folgt:

$$\frac{\dot{u}}{u} = D \ln u = -(m + \alpha) + nv. \tag{6.28}$$

Die Ersparnis, die annahmegemäß dem Gewinneinkommen entspricht, läßt sich in Abhängigkeit der Lohnquote u darstellen:

$$S = Y - wA = \left(1 - \frac{wA}{Y}\right) Y = (1 - u)Y.$$

Wegen der Investitionshypothese $S = I = \dot{K}$ ist die Wachstumsrate des Kapitalstocks bestimmt durch:

$$D \ln K = \frac{\dot{K}}{K} = \frac{(1 - u)Y}{K} = \frac{1 - u}{k} \tag{6.29}$$

und stimmt wegen des konstanten Kapitalkoeffizienten $k = \frac{K}{Y}$ mit der Wachstumsrate des Inlandsprodukts überein:

$$D \ln K = D \ln Y = \frac{1 - u}{k}. \tag{6.30}$$

Gleichung (6.24) legt die Wachstumsrate der Beschäftigung A fest. Aus $\ln Y - \ln A = \ln a(0) + \alpha t$ resultiert:

$$D \ln A = D \ln Y - \alpha, \tag{6.31}$$

oder, unter Beachtung der Beziehung (6.30):

$$D \ln A = \frac{1 - u}{k} - \alpha. \tag{6.32}$$

Die Wachstumsrate des Beschäftigungsgrades $v = \frac{A}{A^S}$ ergibt sich als: $D \ln v = D \ln A - D \ln A^S$. Wegen $D \ln A^S = b$ und Gleichung (6.32) gilt nach einfachen Umformungen:

$$\frac{\dot{v}}{v} = D \ln v = \frac{1 - u}{k} - (\alpha + b). \tag{6.33}$$

Mit den beiden Gleichungen (6.28) und (6.33) ist das interdependente Differentialgleichungssystem in den Variablen u und v aufgestellt. Leichte Umformungen lassen seine Struktur und Vereinfachungsmöglichkeiten besser erkennen. Es ergibt sich dann:

$$\dot{u} = [-(m + \alpha) + nv]u \qquad \text{und} \qquad (6.28a)$$

$$\dot{v} = \left\{ \left[\frac{1}{k} - (\alpha + b) \right] - \frac{1}{k}u \right\} v. \qquad (6.33a)$$

Setzt man:

$$a_1 = \frac{1}{k} - (\alpha + b), \quad b_1 = \frac{1}{k}, \quad a_2 = (m + \alpha), \quad b_2 = n$$

und beachtet, daß (a) alle Koeffizienten positiv sind[19], (b) die Variablen u und v nur positive Werte annehmen[20], erhält man die Lotka–Volterra-Gleichungen[21]:

$$\dot{v} = (a_1 - b_1 u)v, \qquad (6.34)$$

$$\dot{u} = -(a_2 - b_2 v)u. \qquad (6.35)$$

Die Zeitpfade für die Variablen u und v sind dann bestimmt, wenn u und v für jedes t solche Werte annehmen, die das Differentialgleichungssystem simultan erfüllen. Wie in Kapitel 2.2 des mathematischen Anhangs ausführlich dargestellt, liefern die Integralkurven diese gesuchten Wertepaare (u, v). Die Division der Gleichung (6.35) durch Gleichung (6.34) eliminiert die Variable t; als Lösung der sich ergebenden Gleichung

$$\frac{du}{dv} = -\frac{(a_2 - b_2 v)u}{(a_1 - b_1 u)v} \qquad (6.36)$$

---

[19]Für die Koeffizienten a_2, b_1 und b_2 folgt dies definitionsgemäß; damit auch a_1 die Bedingung erfüllt, muß gewährleistet sein, daß der reziproke Wert des Kapitalkoeffizienten größer als die Summe aus Wachstumsrate der (durchschnittlichen) Arbeitsproduktivität α und Wachstumsrate der Bevölkerung b ist. Bei realitätsnahen Werten für die entsprechenden Koeffizienten tritt dies immer ein.

[20]Aufgrund der Festlegung der Variablen u als Lohnquote und der Variablen v als Beschäftigungsgrad können sie Werte des geschlossenen Intervalls $[0, 1]$ annehmen. Die ökonomische Analyse erfährt keine Einschränkung, wenn für beide Variablen der Wert null nicht zum Definitionsbereich zählt: Eine Volkswirtschaft mit einer Lohnquote und einem Beschäftigungsgrad von null kann nicht existieren.

[21]LOTKA (1925), (1956) und VOLTERRA (1927), (1959). Beide Gleichungen wurden ursprünglich zur mathematischen Beschreibung der Entwicklung zweier interdependenter animalischer Populationen entwickelt. Die Interdependenz besteht darin, daß eine der beiden Populationen die einzige Nahrung (prey) der anderen Population (predator) darstellt. Der predator-prey-Ansatz ist nach marxistischer Auffassung kennzeichnend für den Verteilungskampf der Klassen „Arbeiter" und „Kapitalisten", deren Interessen kurzfristig gegensätzlich, langfristig aber komplementär sind. Daher wird das Goodwin–Modell und seine Nachfolger in der Literatur auch als marxistische Konjunkturerklärung klassifiziert. Vgl. hierzu z.B. HEUBES (1986, S. 86 ff. und 1991, S. 102)

erhält man die Integralkurven des Systems (6.34), (6.35).

Die Integralkurven lassen sich mit der Methode „Trennung der Variablen" relativ leicht berechnen. Aus Gleichung (6.36) folgt nach Kreuzmultiplikation, Umstellung und Division durch uv:

$$- (a_1 u^{-1} - b_1)du - (a_2 v^{-1} - b_2)dv = 0. \tag{6.37}$$

Die Integration dieser Gleichung ergibt:

$$- \int (a_1 u^{-1} - b_1)du - \int (a_2 v^{-1} - b_2)dv = R, \quad R : \text{Integrationskonstante.}$$

In dieser Gleichung sind die Variablen u und v getrennt und die Integrale können einzeln berechnet werden. Dies führt zu:

$$- a_1 \ln u + b_1 u - a_2 \ln v + b_2 v = R. \tag{6.38}$$

In dieser Form ist Gleichung (6.38) für die Bestimmung der Zeitpfade noch wenig geeignet. Faßt man jedoch beide Seiten dieser Gleichung als Exponenten zur Basis e auf, ergibt sich:

$$\exp(-a_1 \ln u + b_1 u - a_2 \ln v + b_2 v) = e^R \quad \text{oder:}$$

$$u^{-a_1} \exp(b_1 u) v^{-a_2} \exp(b_2 v) = e^R \quad \text{oder:}$$

$$v^{-a_2} \exp(b_2 v) = e^R u^{a_1} \exp(-b_1 u).$$

Die linke Seite der letzten Zeile ist die Integralkurve für v, die rechte Seite diejenige für u. Bezeichnet man die entsprechenden Seiten mit $V = V(v)$ und $U = U(u)$, so bestimmt

$$V = e^R U \tag{6.39}$$

die Zeitpfade der Variablen u und v für beliebige Werte von R. Ist jedoch eine Anfangsbedingung gegeben, kann R numerisch bestimmt werden. Überträgt man Gleichung (6.39) in ein Phasendiagramm[22], erhält man für gegebenes R als Graph eine geschlossene Kurve (vgl. Abbildung 6.1), die aus Gleichung (6.39) nach dem in Kapitel 2.2 des mathematischen Anhangs beschriebenen Verfahren hervorgeht.

·Der Punkt E kennzeichnet das Gleichgewichtswachstum des Systems; seine Koordinaten folgen aus den Gleichungen (6.34) und (6.35) für $\dot{v} = \dot{u} = 0$ als

---

[22]In der angelsächsischen Literatur heißt dieses Diagramm „phase plane" oder „plane of the states".

$u^* = \dfrac{a_1}{b_1}$ und $v^* = \dfrac{a_2}{b_2}$ oder, in Abhängigkeit der ursprünglichen Modellpara-

meter ausgedrückt[23]: $u^* = 1 - k(\alpha + b)$ und $v^* = \dfrac{m + \alpha}{n}$.

Abb. 6.1:

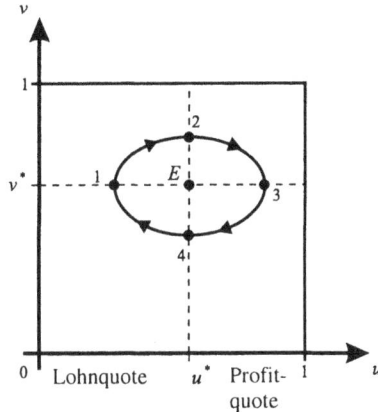

Sie legen ein Gleichgewichtswachstum fest, das sich mit der natürlichen Wachstumsrate $\alpha + b$ vollzieht. Aus $D \ln Y = \dfrac{1 - u}{k}$ folgt für $u = u^*$:

$$D \ln Y = \frac{1 - [1 - k(\alpha + b)]}{k} = \alpha + b.$$

Das durch den Punkt E festgelegte Gleichgewicht ist instabil. Bei geringsten Abweichungen wird die Entwicklung durch geschlossene Kurven geprägt (siehe Abbildung 6.1). Die Variablen u und v durchlaufen dabei gemäß der Pfeile in Abbildung 6.1 Werte der geschlossenen Intervalle $[u_1, u_2]$ und $[v_1, v_2]$. Sie generieren im Zeitablauf gleichbleibende Konjunkturzyklen[24], deren Charakteristika durch die Punkte 1 bis 4 in Abbildung 6.1 repräsentiert werden. In Punkt 1 liegt gleichgewichtiger Beschäftigungsgrad vor, während die Lohnquote ihrem Minimum entspricht. Profitquote und — wegen der Investitionshypothese — Investitionsquote haben maximalen Wert, was gleichbedeutend mit hohem Wachstum ist, welches den Beschäftigungsgrad bei einsetzendem Rückgang der Profitquote auf sein Maximum anhebt (Punkt 2). In Punkt 2 sind maximaler Beschäftigungsgrad und Gleichgewichtswert der Lohn- bzw.

---

[23]Für $\dot{v} = \dot{u} = 0$ ergibt sich noch eine zweite Lösung als $u = v = 0$. Diese ist nicht nur ökonomisch sinnlos, sondern liegt auch nicht im Definitionsbereich von u und v.

[24]Im Gegensatz zum Harrod–Modell weicht die Volkswirtschaft nach einer Störung nicht explosiv vom Gleichgewichtspfad ab, sondern schwingt zyklisch um diesen.

Profitquote erreicht. Der weitere Rückgang der Profit– bzw. Investitionsquote bedeutet eine Wachstumsdrosselung, die den Beschäftigungsgrad wieder auf seinen Gleichgewichtswert zurückdrängt (Punkt 3). Hier sind aber auch Profitquote und Wachstumsrate auf ihrem Tiefpunkt angelangt, so daß der gleichgewichtige Beschäftigungsgrad nicht aufrechterhalten werden kann, sondern bis zu seinem Minimum (Punkt 4) sinkt. Die Profitquote nimmt in dieser Phase bereits wieder zu und bewirkt einen neuen Aufschwung, der sich ab Punkt 4 mit zunehmendem Beschäftigungsgrad vollzieht und dadurch bereits wieder über eine zunehmende Lohnquote (abnehmende Profitquote) die Kräfte für einen Konjunkturrückgang in sich birgt[25]. Solange keine Störungen eintreten, entwickelt sich die durch dieses Modell beschriebene Volkswirtschaft mit harmonischen Schwingungen, mit Zyklen also, die gleichbleibende Frequenz und Amplitude aufweisen.

Die durch diese vier Punkte erreichte Unterteilung der konjunkturellen Entwicklung korrespondiert gut mit dem vier–Phasen–Schema von Haberler:

Haberler	*Goodwin*
Phase 1: Erholung	Bewegung von Punkt 3 zu Punkt 4
Phase 2: Prosperität	Bewegung von Punkt 4 zu Punkt 1
Phase 3: Krise	Bewegung von Punkt 1 zu Punkt 2
Phase 4: Depression bzw. Rezession	Bewegung von Punkt 2 zu Punkt 3

Die Phasen 4 und 1 kennzeichnen den Konjunkturaufschwung einschließlich des unteren Umkehrpunktes, die Phasen 2 und 3 geben den Abschwung vom oberen Umkehrpunkt an wieder. Die Entwicklung der Lohnquote und des Beschäftigungsgrades zeigt Abbildung 6.2.

Die aus dem Goodwin–Modell deduzierte Entwicklung der Profit– bzw. Lohnquote zeigt eine beachtliche Parallelität zu empirisch ermittelten Bewegungen[26], die als stilisierte Fakten 7. und 9. der Konjunkturbewegung aufgeführt wurden. Im Aufschwung nimmt wegen steigender Stückgewinne die Profitquote zu, während sie im Abschwung, beschleunigt noch durch den Lohnlag[27], abnimmt. Es ist unmittelbar einleuchtend, daß die Zeitpfade für u und v auch die Entwicklung des Inlandsprodukts und der funktionellen Einkommensverteilung determinieren[28]. Jedoch kann nicht ohne Kenntnis der

---

[25] In diesem Zusammenhang manifestieren sich die von Marx aufgezeigten Widersprüche kapitalistischer Produktionsweise.

[26] Vgl. hierzu die Jahresgutachten des Sachverständigenrates.

[27] Der Lohnlag gibt die zeitliche Verzögerung an, mit der Nominallohnänderungen Preisänderungen folgen.

[28] Jeder Punkt des geschlossenen Intervalls $[0, 1]$ auf der u–Achse in Abbildung 6.1 legt die Lohn– und Profitquote und damit auch nach Multiplikation mit Y das Lohn– und Gewinneinkommen fest.

Anfangsbedingungen geschlossen werden, ob während eines Zyklus nur die Wachstumsrate oder auch die absolute Höhe des Inlandsprodukts zurückgeht. Denn die Anfangsbedingung bestimmt die Lage der Integralkurven und damit auch die Schwere des Zyklus[29].

Abb. 6.2:

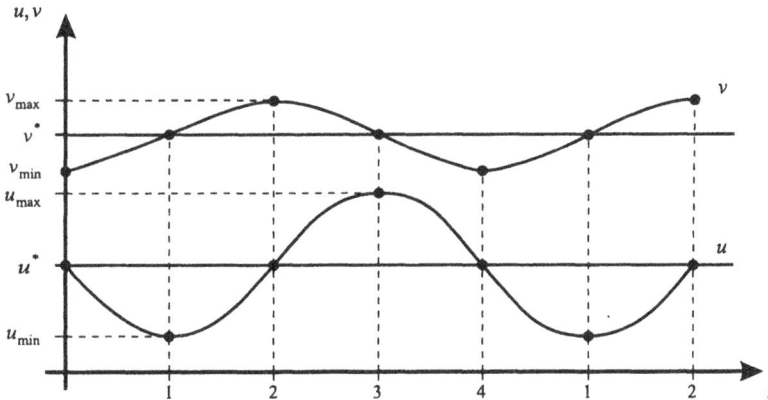

Exogene Schocks haben in diesem Modell keinen Einfluß auf die qualitative Ausgestaltung der Zyklen, wohl aber, auf welchem quantitativen Niveau sich die harmonischen Schwingungen vollziehen. Ein exogener Schock konstituiert in der Periode seines Eintretens neue Anfangsbedingungen, die ihrerseits wiederum eine Integralkurve festlegen. Diese neue Integralkurve ist zu der vorangegangenen konzentrisch und gestaltsgleich, umschließt diese entweder vollkommen oder wird von ihr umschlossen. Daher können exogene Schocks zwar nicht den typischen Ablauf der Zyklen beeinflussen, jedoch zu ihrer quantitativen Individualität beitragen. Obwohl die durch den Punkt E festgelegte gleichgewichtige Lohnquote und der gleichgewichtige Beschäftigungsgrad nur zufällig in einer Volkswirtschaft realisiert werden, ist es dennoch aufschlußreich zu wissen, welchen Gleichgewichtspfad der Punkt E determiniert, da sich um ihn die tatsächliche Konjunkturentwicklung vollzieht. Wegen Gleichung (6.30) und der Investitionshypothese $1 - u = s$ gilt:

$$D \ln Y = \frac{1 - u}{k} = \frac{s}{k}.$$

Überführt man Gleichung (6.24) in Wachstumsraten und löst nach $D \ln Y$ auf, ergibt dies: $D \ln Y = \alpha + D \ln A$. Da im Gleichgewicht $v = v^*$ konstant über t

---

[29]Je nach Lage der Integralkurven im Zustandsdiagramm ergeben sich unterschiedliche Intervalle $[u_1, u_2]$ und $[v_1, v_2]$, innerhalb derer die Lohnquote und der Beschäftigungsgrad schwanken und die damit das quantitative Niveau des Konjunkturzyklus prägen.

bleibt, wächst die Beschäftigung mit der gleichen Rate b wie die Bevölkerung. Es gilt somit:

$$D \ln Y = \frac{s}{k} = g = \alpha + b.$$

Dies ist das Gleichgewichtswachstum nach Harrod[30], das sich mit der natürlichen Rate $\alpha + b$ vollzieht. Beim Gleichgewichtswachstum bleibt aber die Lohnquote $u^* = \dfrac{w}{Y/A} = \dfrac{w}{a}$ konstant; ihre Wachstumsrate ist daher null:

$$D \ln u^* = D \ln w - D \ln a = 0.$$

Da aber die Arbeitsproduktivität a mit der Rate α wächst, muß im Gleichgewicht auch der Reallohnsatz mit der Rate α zunehmen.

Den das Gleichgewichtswachstum determinierenden Werten u^* und v^* kommt aber auch konjunkturtheoretische Bedeutung zu. Schreibt man die Gleichungen (6.34) und (6.35) als:

$$\frac{\dot{v}}{v} = a_1 - b_1 u \quad \text{und} \quad \frac{\dot{u}}{u} = -(a_2 - b_2 v)$$

und integriert beide Seiten dieser Gleichungen über t mit den Integrationsgrenzen $t_2 > t_1$, ergibt dies:

$$\int_{t_1}^{t_2} \frac{\dot{v}}{v} dt = \int_{t_1}^{t_2} (a_1 - b_1 u) dt = a_1 t |_{t_1}^{t_2} - b_1 \int_{t_1}^{t_2} u \, dt = a_1(t_2 - t_1) - b_1 \int_{t_1}^{t_2} u \, dt.$$

Es gilt aber auch:

$$\int_{t_1}^{t_2} \frac{\dot{v}}{v} dt = \int_{t_1}^{t_2} \left(\frac{d}{dt} \ln v \right) dt = \ln v |_{t_1}^{t_2} = \ln v(t_2) - \ln(t_1).$$

Daraus folgt:

$$a_1(t_2 - t_1) - b_1 \int_{t_1}^{t_2} u \, dt = \ln v(t_2) - \ln v(t_1). \qquad (6.40)$$

Entsprechend ergibt sich für $\dot{u}/u$:

$$- a_2(t_2 - t_1) + b_2 \int_{t_1}^{t_2} v \, dt = \ln u(t_2) - \ln u(t_1). \qquad (6.41)$$

---

[30] Vgl. hierzu die Gleichungen (4.130) und (4.133) im 4. Kapitel.

Läßt man die Integrationsgrenzen um genau die Zyklenlänge T differieren, haben u und v im Zeitpunkt t_2 einen ganzen Zyklus durchlaufen und es gilt daher:

$$v(t_1) = v(t_2), \quad u(t_1) = u(t_2), \quad T = t_2 - t_1.$$

Unter Beachtung dieser Zusammenhänge gehen die Gleichungen (6.40) und (6.41) über in:

$$a_1 T - b_1 \int_0^T u\,dt = 0 \quad \text{und} \quad -a_2 T + b_2 \int_0^T v\,dt = 0.$$

Hieraus ergibt sich:

$$\frac{1}{T} \int_0^T u\,dt = \frac{a_1}{b_1} = u^* \quad \text{und} \quad \frac{1}{T} \int_0^T v\,dt = \frac{a_2}{b_2} = v^*.$$

Die linken Seiten beider Gleichungen stellen den Durchschnitt von u bzw. v über einen kompletten Konjunkturzyklus dar. Diese Durchschnitte ergeben sich bei jedem Zyklus, unabhängig von den Anfangsbedingungen des Systems und den exogenen Störungen. Sie beschreiben daher die langfristige Entwicklung der Volkswirtschaft.

Das Goodwin–Modell läßt sich aufgrund seiner Eigenschaften als sehr vereinfachendes Grundmodell für die Funktionsweise einer kapitalistischen Wirtschaft akzeptieren. Ohne auf diejenigen Einwände, denen jedes hoch aggregierte Modell ausgesetzt ist, einzugehen, seien doch seine strukturellen Schwächen aufgezeigt. Aus konjunkturtheoretischer Sicht muß unbefriedigend bleiben, daß die Amplituden der Zyklen nur von den Anfangsbedingungen, d.h. der Abweichung des Systems vom Gleichgewichtspfad, abhängen[31]. Damit kann die „Schwere" eines Konjunkturzyklus nicht modellendogen erklärt werden. Ebenso ist die Anfälligkeit des Modells hinsichtlich geringster Störungen zu werten. Jeder noch so kleine Impuls läßt nachfolgende Konjunkturzyklen auf einem völlig anderem quantitativen Niveau als dem des Vorgängers ablaufen. Schließlich ist zu erwarten, daß hoch aggregierte Modelle wenigstens lokale Stabilität[32] aufweisen.

---

[31] Gegebene Anfangsbedingungen legen eindeutig eine Integralkurve und damit das quantitative Niveau des Konjunkturzyklus fest.

[32] Stabilität bezeichnet die Konvergenz einer Variablen über die Zeit zu einem konstanten Wert, z.B. $\lim_{t \to \infty} Y_t = \bar{Y}$. Gilt dies für jeden beliebigen Wert Y_t, liegt globale Stabilität vor; ist die Konvergenz für nur kleine Abweichungen $|Y_t - \bar{Y}|$ gesichert, spricht man von lokaler Stabilität.

6.4   Erweiterungen des Goodwin–Modells

Obwohl das Goodwin-Modell realistische Konjunkturzyklen ohne Zuhilfenahme von oberen bzw. unteren Schranken oder Zufallsimpulsen modellendogen erklärt, bleiben wegen seines hohen Abstraktionsgrades wesentliche ökonomische Beziehungen moderner Volkswirtschaften von der Analyse ausgeschlossen. Aus diesem Grund ist das Modell in seiner Grundform ungeeignet, wirtschaftspolitische Maßnahmen zur Stabilisierung der ökonomischen Entwicklung auf einem hohen Niveau zu beurteilen bzw. zu empfehlen. Um hier Verbesserungen zu erreichen, kann das Grundmodell

(1) um relevante ökonomische Verhaltensgleichungen erweitert,

(2) hinsichtlich seiner produktionstheoretischen Annahmen modifiziert oder

(3) um einen staatlichen Sektor ergänzt werden.

Schließlich ist zu prüfen, ob die Schwingungseigenschaften des Goodwin–Modells erhalten bleiben, wenn die Zeit nicht als eine stetige, sondern als eine diskrete Variable aufgefaßt wird. Diese Überprüfung ist insofern bedeutsam, weil die dynamischen Eigenschaften aller Konjunkturmodelle empfindlich auf Änderungen der Zeitstruktur reagieren und weil eine diskrete Zeitabhängigkeit der ökonomischen Variablen ebenso realistisch wie der stetige Fall einzuschätzen ist.

Die beiden erstgenannten Möglichkeiten verfolgt Desai[33], die dritte Erweiterungsart nimmt Wolfstetter[34] vor. Pohjola[35] analysiert das Goodwin–Modell bei diskreter Zeitvariablen. Die sich für die Modelle von Desai und Wolfstetter ergebenden Differentialgleichungssysteme erreichen teilweise eine solche Komplexität, die eine Integration und damit eine analytische Lösung durch Integralkurven scheitern läßt. Dennoch existieren Verfahren, die eine Beurteilung von Differentialgleichungssystemen auch ohne ihre Integration erlauben[36]. Der Ansatz von Pohjola führt zu einer nichtlinearen Differenzengleichung erster Ordnung, deren Lösung im Rahmen der Chaostheorie[37] diskutiert wird. Eine formal ausführliche Behandlung dieser Methoden würde über den Rahmen dieses Buches hinausgehen, so daß deshalb hier nur die Darstellung der Modifikationen und die daraus resultierenden Ergebnisse erfolgt.

---

[33]DESAI (1973).

[34]WOLFSTETTER (1982).

[35]POHJOLA (1981).

[36]Vgl. hierzu GANDOLFO (1996) und OLECH (1963).

[37]Chaostheorie ist ein Zweig der Mathematik zur Erforschung der mathematischen Behandlung komplexer dynamischer Systeme.

Die Spezifikation der Arbeitsmarktreaktionsfunktion im Goodwin-Modell
kann nur als eine erste Annäherung an die tatsächlichen Gegebenheiten bei
entwickelten Volkswirtschaften gelten. Desai ersetzt in seinem Ansatz diese Funktion durch die Phillips-Relation, in der die Wachstumsrate des nominalen anstelle des realen Lohnsatzes Verwendung findet. Da w jetzt den
Geldlohnsatz bezeichnet, sind in Gleichung (6.26) die Koeffizienten neu zu
bestimmen; man erhält:

$$D \ln w = -m_1 + n_1 v, \quad m_1, n_1 > 0. \tag{6.42}$$

Wegen des Nominallohnsatzes wird nun eine Funktion für die Anpassung des
Preisniveaus an den Geldlohnsatz notwendig. Nach Desai ist im Gleichgewicht
der Preis P für eine Outputeinheit gleich den Lohnstückkosten dieser Einheit,
multipliziert mit einem Aufschlagsfaktor (mark-up Faktor) $\nu > 1$, der andere
Kostenarten und einen angemessenen Gewinnanteil abdeckt. Die Lohnstückkosten berechnen sich als Nominallohnsatz, dividiert durch die (durchschnittliche) Arbeitsproduktivität. Der Preis einer Outputeinheit beträgt somit:

$$P = \frac{\nu w}{a}, \qquad \nu : \text{ mark-up Faktor,}$$

oder, nach Logarithmieren:

$$\ln P = \ln \nu + \ln w - \ln a. \tag{6.43}$$

Die Preisanpassung an den Gleichgewichtswert erfolgt nach einer einfachen
exponentiellen Verzögerung mit der Gewichtungsfunktion $\lambda e^{-\lambda(t-\tau)}$. Die
Berücksichtigung dieser Verzögerung überführt Gleichung (6.43) in eine Preisentwicklungsgleichung[38]:

$$D \ln P = \lambda(\ln \nu + \ln w - \ln a - \ln P). \tag{6.44}$$

Die Lohnquote u ist bei Verwendung des Geldlohnsatzes w definiert als $u = \frac{w}{Pa}$; nach Logarithmustransformation erhält man:

$$\ln u = \ln w - \ln a - \ln P. \tag{6.45}$$

Diese Beziehung vereinfacht die rechte Seite von Gleichung (6.44) zu:

$$D \ln P = \lambda(\ln \nu + \ln u), \qquad \text{mit} \quad 0 < \lambda < 1. \tag{6.46}$$

Gleichung (6.46) gibt die Inflationsrate $D \ln P$ in Abhängigkeit des Faktors
ν, der Lohnquote u und der Reaktionsgeschwindigkeit λ an; mit ihr liegt eine

---

[38]Zur Herleitung von Gleichung (6.44) siehe Kapitel 2.1.1 des mathematischen Anhangs.

Verknüpfung der Konjunktur– mit der Inflationstheorie vor. Die Gleichungen (6.42) und (6.46) geben die vorgenommenen Modifikationen wieder. Das durch diese beiden Gleichungen geänderte Goodwin–Modell läßt sich wieder zu zwei Differentialgleichungen in u und v umformen, wobei die Gleichung für $\dot{v}$ erhalten bleibt, während sich für $\dot{u}$ eine neue Differentialgleichung einstellt. Diese gewinnt man leicht durch Differentiation der Gleichung (6.45):

$$D \ln u = D \ln w - D \ln a - D \ln P.$$

$D \ln w$ wird durch Gleichung (6.42), $D \ln P$ durch Gleichung (6.46) und $D \ln a$ durch die Wachstumsrate α ersetzt:

$$\frac{\dot{u}}{u} = -(m_1 + \alpha + \lambda \ln \nu) + n_1 v - \lambda \ln u. \qquad (6.47)$$

Es liegen jetzt keine Lotka–Volterra–Gleichungen mehr vor. Die Bedingungen für Gleichgewichtswachstum folgen aber auch hier aus $\dot{u} = \dot{v} = 0$. Während der Gleichgewichtswert für u mit dem des Goodwin–Modells übereinstimmt, $u^* = 1 - k(\alpha + b)$, ist der Gleichgewichtswert für v^* kein einzelner Wert, sondern eine Funktion von u. Diese folgt aus Gleichung (6.47) für $\dot{u} = 0$ als:

$$v^* = \frac{m_1 + \alpha + \lambda(\ln \nu + \ln u)}{n_1}, \qquad (6.48)$$

$$\text{mit: } \frac{dv^*}{du} = \frac{\lambda}{n_1} \frac{1}{u} > 0 \quad \text{und} \quad \frac{d^2 v^*}{du^2} = -\frac{\lambda}{n_1} u^{-2} < 0.$$

Abbildung 6.3 gibt den Graph dieser Funktion wieder; wegen der Vorzeichen der ersten und zweiten Ableitung ist dieser konkav zur Abszisse. Den negativen Wertebereich von v^* bei kleinen Werten für u begründet folgender Zusammenhang: Aus $u \to 0$ folgt $\ln u \to -\infty$ und daher auch $v^* \to -\infty$. Die Koordinaten des Punktes E_G legen die Gleichgewichtswerte für u und v des Goodwin–Modells fest. Diese lassen sich aus Gleichung (6.48) für den Fall ableiten, daß

(1) die Koeffizienten der monetären Arbeitsmarktreaktionsfunktion (6.42) mit denen des Goodwin–Modells (vgl. Gleichung (6.26)) übereinstimmen, also gilt: $m_1 = m$ und $n_1 = n$,

(2) die durch die Klammer in Gleichung (6.48) ausgedrückte Inflationsrate null ist[39].

---

[39]Für $\lambda = 0$ stellt sich ebenfalls das Goodwin–Ergebnis ein. Allerdings hat dann die Geldlohnentwicklung keinen Einfluß auf das Preisniveau.

Abb. 6.3:

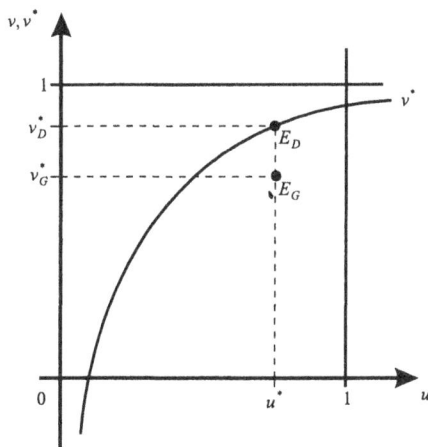

Gleichung (6.48) geht dann über in: $v_G^* = \dfrac{m + \alpha}{n}$. In einer inflationistischen Volkswirtschaft ist aber $\ln \nu + \ln u > 0$; es folgt daher aus Gleichung (6.48), daß an der Stelle $u = u^*$ der gleichgewichtige Beschäftigungsgrad v^* des Desai–Modells größer als der des Goodwin–Modells sein muß: $v_D^* > v_G^*$ (vgl. die Punkte E_D und E_G in Abbildung 6.3). Die Inflationsrate erhöht somit den gleichgewichtigen Beschäftigungsgrad, vorausgesetzt natürlich, die Koeffizienten der monetären Arbeitsmarktreaktionsfunktion entsprechen denen der realen Arbeitsmarktreaktionsfunktion des Goodwin–Modells. Die Wachstumsrate des nominalen Lohnsatzes bei Desai stimmt daher mit der Wachstumsrate des Reallohnsatzes bei Goodwin überein; die Reallöhne steigen aber im Desai–Modell wegen der Inflationsrate mit einer geringeren Rate als $\dot{w}/w$. Damit die durch u^* festgelegte Einkommensverteilung auch bei niedrigerem Reallohnsatz erhalten bleibt, ist ein höherer Beschäftigungsgrad als im Goodwin–Modell notwendig[40].

Da v_D^* gleichzeitig den durchschnittlichen Beschäftigungsgrad während eines Konjunkturzyklus angibt, liegt dieser ebenfalls höher als beim Goodwin–

---

[40]Soll aus der monetären Arbeitsmarktreaktionsfunktion für die Reallöhne dieselbe Wachstumsrate wie beim Goodwin–Modell folgen, müssen die Geldlöhne über die durch Gleichung (6.42) festgelegte Rate hinaus noch mit der Inflationsrate zunehmen: $D \ln w = -m + nv + \lambda(\ln u + \ln \nu)$. Für $D \ln u = D \ln w - D \ln P - D \ln a$ erhält man dann in Analogie zur Herleitung der Gleichung (6.47): $D \ln u = -m + nv + \lambda(\ln u + \ln \nu) - \lambda(\ln u + \ln \nu) - \alpha = -(m + \alpha) + nv$. Dies stimmt mit Gleichung (6.28) überein und liefert daher auch: $v_D^* = \dfrac{m + \alpha}{n} = v_G^*$. Man sieht hieran nochmals, daß das höhere gleichgewichtige Beschäftigungsniveau des Desai–Modells nur durch die über die Inflationsrate erzwungene Einkommensumverteilung zustande kommt.

Modell. Wegen der oberen Schranke $v = 1$ fallen die Amplituden der Zyklen bei großen Werten für v^* geringer als bei niedrigen aus. Schließlich kann nachgewiesen werden, daß eine monetäre Arbeitsmarktreaktionsfunktion und Inflation Modellstabilität bewirken, die jedoch in dem Maße wieder abnimmt, wie bei den Lohnabschlüssen der tatsächlichen Inflationsrate Rechnung getragen wird[41].

Bei der produktionstheoretischen Fundierung seines Modells geht Goodwin von einem über die Zeit konstanten Kapitalkoeffizienten aus. Diese Annahme ist bei wachstumstheoretischen Analysen gerechtfertigt, läßt sich aber für einen gesamten Konjunkturzyklus kaum als realistisch verteidigen. Empirische Ergebnisse weisen vielmehr sehr starke Schwankungen des statistischen Kapitalkoeffizienten[42] während des Zyklus aus. Bezeichnet k_F den Kapitalkoeffizienten bei Voll- bzw. Normalauslastung der Kapazitäten, so ist der statistische Kapitalkoeffizient während des Hochschwungs wegen der Überauslastung kleiner, beim Abschwung wegen sich bildender Leerkapazitäten größer als k_F. Desai berücksichtigt die Variabilität des statistischen Kapitalkoeffizienten analytisch durch seine Abhängigkeit vom Beschäftigungsgrad:

$$k = k_F v^{-\mu}, \qquad \mu > 0. \tag{6.49}$$

Nach Gleichung (6.49) ist der statistische Kapitalkoeffizient k für $v < 1$ ($v > 1$) größer (kleiner) als der Kapitalkoeffizient bei Vollauslastung; für $v = 1$ stimmen beide Koeffizienten überein. Als Funktion in Wachstumsraten schreibt sich Gleichungen (6.49) als:

$$D \ln k = -\mu D \ln v. \tag{6.50}$$

Aus der Definitonsgleichung $K = kY$ folgt:

$$D \ln K = D \ln k + D \ln Y.$$

Wegen $Y = aA$ und $A = vA^S$ gilt: $Y = avA^S$ oder:

$$D \ln Y = D \ln a + D \ln v + D \ln A^S.$$

Die Wachstumsrate des Kapitalstocks ist dann:

$$D \ln K = D \ln k + D \ln a + D \ln A^S + D \ln v.$$

---

[41] Bei der in Anmerkung 40 unterstellten Arbeitsmarktreaktionsfunktion geht die tatsächliche Inflationsrate voll in die Lohnabschlüsse ein: das Modell ist dann wieder global und lokal instabil.

[42] Der statistische Kapitalkoeffizient, der nur ex post zu ermitteln ist, setzt die Bestandsgröße Kapitalstock zu der Stromgröße tatsächliches Inlandsprodukt einer Periode ins Verhältnis.

Ersetzt man die Glieder der rechten Seite durch:

$$D \ln k = -\mu D \ln v \qquad \text{(Gleichung (6.50))},$$
$$D \ln a = \alpha \qquad \text{(Gleichung (6.24))},$$
$$D \ln A^S = b \qquad \text{(Gleichung (6.25))},$$

und wird beachtet, daß nach Gleichung (6.29) die Wachstumsrate des Kapital-stocks bei Verwendung eines variablen Kapitalkoeffizienten gemäß Gleichung (6.49) gleich $\dfrac{(1-u)v^{\mu}}{k_F}$ ist, gilt:

$$D \ln K = -\mu D \ln v + \alpha + b + D \ln v = \frac{(1-u)v^{\mu}}{k_F} \quad \text{oder:}$$

$$(1 - \mu)D \ln v + (\alpha + b) = \frac{(1-u)v^{\mu}}{k_F}. \qquad (6.51)$$

Gleichung (6.51) ist eine Differentialgleichung in v mit der expliziten Form:

$$\dot{v} = \left[\frac{(1-u)v^{\mu}}{k_F(1-\mu)} - \frac{\alpha+b}{1-\mu} \right] v. \qquad (6.52)$$

Das Differentialgleichungssystem, bestehend aus den Gleichungen (6.47) und (6.52), gibt das von Desai hinsichtlich der Arbeitsmarktreaktionsfunktion und des Kapitalkoeffizienten modifizierte Goodwin–Modell wieder. Die Gleichge-wichtslösung resultiert wieder aus $\dot{u} = \dot{v} = 0$. Nichttriviale Lösungen v^* gibt Gleichung (6.48) an; für u erhält man diese, indem die eckige Klammer in Gleichung (6.52) gleich null gesetzt und nach u aufgelöst wird[43]:

$$u^* = 1 - k_F(\alpha + b)v^{-\mu}, \qquad (6.53)$$

$$\text{mit}^{[44]} : \frac{dv}{du^*} > 0 \quad \text{und} \quad \frac{d^2v}{du^{*2}} > 0.$$

Funktion (6.53) entspricht in einem (u, v)-Koordinatensystem wegen der Vorzeichen ihrer ersten und zweiten Ableitung einer zur Abszisse konvexen Kurve; für $v = 1$ nimmt u^* den Gleichgewichtswert des Goodwin–Modells

---

[43]Damit sind die Werte für u gefunden, die zu $\dot{v} = 0$ führen; sie sollen deshalb mit u^* symbolisiert werden.

[44]Die Differentialquotienten sind in dieser Form angegeben, weil die Darstellung des Graphen der Funktion (6.53) in einem Koordinatensystem mit u an der Abszisse und v an der Ordinate geschieht.

an[45]: $u^* = 1 - k_F(\alpha + b) = u_G^*$ (siehe Abbildung 6.4).

Abb. 6.4:

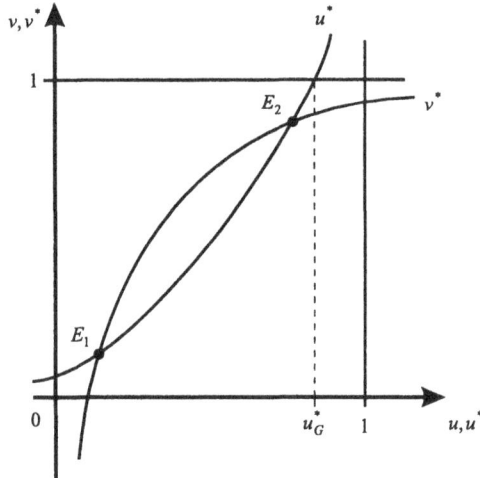

Eine Gleichgewichtslösung liegt bei Wertepaaren (u_E^*, v_E^*) vor, die das zwei-dimensionale Gleichungssystem (6.48), (6.53) simultan erfüllen. Abbildung 6.4 zeigt, daß mit den Koordinaten der Schnittpunkte E_1 und E_2 der beiden Kurven u^* und v^* solche Werte gefunden sind. Für die Volkswirtschaft existieren zwei Gleichgewichtspfade, die sich hinsichtlich ihres Niveaus unterscheiden: E_1 repräsentiert einen Gleichgewichtspfad mit sehr niedrigem Beschäftigungsgrad und niedriger Lohnquote, E_2 bestimmt ein Gleichgewichtswachstum mit hohem Beschäftigungsgrad und hoher Lohnquote. Die aus diesem Modell deduzierbare Entwicklung der Volkswirtschaft weist somit folgende Charakteristika auf: Konjunkturzyklen um einen niedrigen Wachstumspfad (E_1) gehen nach exogenen Störungen in Zyklen um einen höheren Wachstumspfad (E_2) über und umgekehrt. Ob das Modell lokale Stabilität besitzt, sich die Zyklen bei nur geringfügiger Abweichung von einem der beiden Gleichgewichtspositionen im Zeitverlauf verlieren, kann ohne Kenntnis der numerischen Parameter nicht beurteilt werden. Hierzu ist eine ökonometrische Schätzung notwendig.

Die Erweiterung des Goodwin–Modells um einen staatlichen Sektor erlaubt eine Überprüfung der Wirksamkeit fiskalpolitischer Maßnahmen zur Stabilisierung der wirtschaftlichen Entwicklung im Rahmen dieses Modells. Eine

---

[45]Bei Goodwin gilt $u^* = 1 - k(\alpha + b)$. Da der Kapitalkoeffizient k im Zeitablauf und somit auch entlang des gleichgewichtigen Wachstumspfades konstant bleibt, liegt eine Interpretation von k als Koeffizient bei Voll– bzw. Normalauslastung nahe.

solche Untersuchung legt Wolfstetter[46] für zwei wirtschaftspolitische Strategien vor. Die Effizienz einer keynesianisch orientierten Stabilisierungspolitik wird derjenigen einer an der klassischen Theorie ausgerichteten Politik gegenübergestellt.

Die auf die wirtschaftliche Aktivität des Staates abhebenden Annahmen sind sehr vereinfachend, treffen aber in ihrem Kern die tatsächlichen Gegebenheiten. Das Basismodell wird zunächst um einen konjunkturneutralen Staat erweitert. Dessen überwiegend konsumtive Ausgaben G stellen einen festen Anteil ξ des Inlandsprodukts dar, der ganz durch Steuern T finanziert wird. Die Besteuerung erfolgt so, daß sie keine Veränderung der Einkommensverteilung auslöst. Das Staatsbudget ist zu jedem Zeitpunkt ausgeglichen:

$$G - T = 0 \quad \text{und} \quad T = G = \xi Y,$$

$$\xi : \text{marginaler Steuersatz.}$$

Die Berücksichtigung des Staates modifiziert Gleichung (6.29) des Goodwin-Modells. Da die Ersparnis (= Gewinneinkommen) nach Steuern $(1 - \xi)S$ beträgt, wachsen wegen $S = I$ der Kapitalstock und wegen $k = \text{const.}$ das Inlandsprodukt weiter mit derselben Rate, die sich jetzt ergibt als:

$$D \ln K = D \ln Y = \frac{(1 - u)(1 - \xi)}{k}.$$

Die Arbeitsnachfrage wächst dann mit:

$$D \ln A = D \ln Y - \alpha = \frac{(1 - u)(1 - \xi)}{k} - \alpha,$$

woraus sich die Wachstumsrate des Beschäftigungsgrades ergibt als:

$$D \ln v = D \ln A - D \ln A^S = \frac{(1 - u)(1 - \xi)}{k} - \alpha - b \quad \text{oder:}$$

$$\frac{\dot{v}}{v} = -(\alpha + b) + \frac{(1 - u)(1 - \xi)}{k}. \tag{6.54}$$

Die Berücksichtigung des Staates verändert nicht die Differentialgleichung für u:

$$\frac{\dot{u}}{u} = -(m + \alpha) + nv. \tag{6.55}$$

Das System (6.54), (6.55) besteht aus Lotka–Volterra-Gleichungen; ihre Lösungen determinieren für u und v Zeitpfade mit den gleichen qualitativen

---

[46]WOLFSTETTER (1982).

Charakteristika wie beim Goodwin–Modell. Aus der Bedingung für Gleichgewichtswachstum $\dot{u} = \dot{v} = 0$ folgen die Gleichgewichtswerte für u und v als:

$$u^* = 1 - k\frac{\alpha + b}{1 - \xi} < u_G^* \quad \text{und} \quad v^* = \frac{m + \alpha}{n} = v_G^*,$$

die ein Wachstum mit der natürlichen Rate $\alpha + b$ festlegen.

Der Staat gibt seine wirtschaftspolitische Neutralität auf, wenn die Volkswirtschaft den gleichgewichtigen Wachstumspfad verläßt und sich daher zyklisch entwickelt. Indiz hierfür ist die Abweichung der tatsächlichen von der natürlichen Arbeitslosenquote[47], die beim Gleichgewichtswachstum vorliegt:

$$(1 - v) - (1 - v^*) = v^* - v.$$

Ist $v^* - v$ positiv (negativ), bedeutet dies eine geringere (größere) Beschäftigung als während des Gleichgewichtswachstums. Die ausgelöste staatliche Aktivität ist stets darauf gerichtet, die Volkswirtschaft wieder auf den Gleichgewichtspfad zu bringen. Um dies zu erreichen, sollen zwei diametral entgegengesetzte Strategien analysiert werden. Als keynesianische Strategie[48] wird die Ausdehnung (Drosselung) der Staatsausgaben bei einer größeren (kleineren) Arbeitslosenquote als $1 - v^*$ bezeichnet; reagiert der Staat umgekehrt, senkt (steigert) er seine Ausgaben, wenn die tatsächliche Arbeitslosenquote größer (kleiner) als die natürliche ist, befolgt er eine klassische Strategie. Die Staatsausgaben variieren bei beiden Strategien nach der Gleichung:

$$G = \xi Y + \mu(v^* - v)Y. \tag{6.56}$$

Die Größe $(v^* - v)Y$ erfaßt approximativ diejenigen Inlandsproduktänderungen, die bei Verlassen des Gleichgewichtspfades eintreten; μ stellt einen Reaktionskoeffizienten dar, der die Stärke der staatlichen Aktivität und die Art der Strategie angibt. Für eine keynesianische Stabilisierungspolitik gilt $\mu > 0$, bei $\mu < 0$ liegt eine klassisch ausgerichtete Politik vor. Entwickelt sich die Volkswirtschaft auf dem Gleichgewichtspfad, sind keine stabilisierenden Eingriffe in den Wirtschaftsablauf notwendig. Der Staat finanziert seine konjunkturbedingten Stabilisierungsausgaben durch die Emission von Staatsschuldtiteln (Bonds) an den privaten Sektor mit einem Nennwert von einer Geldeinheit bei einem Nominalzinssatz i. Hat der Staat sich im Umfang B verschuldet[49], resultieren hieraus Zinsverpflichtungen im Höhe von iB; seine gesamten Ausgaben betragen dann: $G + iB$. Das Einkommen vor Steuern

---

[47]Ist v der Beschäftigungsgrad (Erwerbsquote), ergibt sich die Arbeitslosenquote als $1 - v$.

[48]Vgl. hierzu auch Kapitel 4.1.2, S. 96 ff und Kapitel 7.2.

[49]Wegen der Festlegung des Nennwertes auf eine Geldeinheit bezeichnet B sowohl die Anzahl der ausgegebenen Staatsschuldtitel als auch die Höhe der Verschuldung.

des privaten Sektors beläuft sich auf $Y + iB$, das zu einem Steueraufkommen von $T = \xi(Y + iB)$ führt. Die staatliche Budgetrestriktion läßt sich daher formulieren als:

$$G + iB - T = P_S \dot{B},$$

P_S : Kurs der Staatsschuldtitel,

$\dot{B}$: Veränderung der ausgegebenen Staatsschuldtitel.

Nach Substitution von G und T durch ihre Bestimmungsgleichungen folgt:

$$P_S \dot{B} = \mu(v^* - v)Y + (1 - \xi)Bi. \tag{6.57}$$

Sind die konjunkturbedingten Staatsausgaben größer als das Steueraufkommen, verschafft sich der Staat die fehlenden Finanzierungsmittel durch Ausgabe neuer Staatsschuldtitel ($\dot{B} > 0$) in einem Umfang, der beim Kurs P_S die Finanzierungslücke deckt. Betreibt der Staat eine Politik, bei der seine Ausgaben geringer als die Steuereinnahmen sind, verwendet er die Mehreinnahmen zur Tilgung eines Teils seiner Obligationen ($\dot{B} < 0$). Da die Lohneinkommensbezieher annahmegemäß keine Ersparnis bilden, dient das gesamte Gewinneinkommen nach Steuern $(1 - \xi)\Pi$ dem Erwerb neu emittierter Staatsschuldtitel und neu produzierter Kapitalgüter[50]. Es gilt daher:

$$(1 - \xi)\Pi = (1 - \xi)(1 - u)Y + (1 - \xi)iB = S = P_S \dot{B} + \dot{K}. \tag{6.58}$$

Gleichung (6.58) legt die Veränderung des Kapitalstocks $\dot{K}$ fest:

$$\dot{K} = (1 - \xi)(1 - u)Y + (1 - \xi)iB - P_S \dot{B}.$$

Nach Substitution von $P_S \dot{B}$ durch Gleichung (6.57) und einfachen Umformungen geht diese Gleichung über in:

$$\dot{K} = (1 - \xi)(1 - u)Y + \mu(v - v^*)Y. \tag{6.59}$$

Nach Division von Gleichung (6.59) durch $K = kY$ folgt die Wachstumsrate des Kapitalstocks:

$$D \ln K = \frac{(1 - \xi)(1 - u)}{k} + \frac{\mu(v - v^*)}{k}.$$

---

[50]Der Handel mit „alten" Staatsschuldtiteln innerhalb des privaten Sektors hat keine Auswirkungen auf diesen Zusammenhang. Die Absorption laufender Ersparnisse durch den Erwerb eines alten Staatsschuldtitels führt zu einer entsprechenden Einkommenszunahme bei dem verkaufenden Wirtschaftssubjekt und damit zu einer Steigerung seiner Ersparnis um den gleichen Betrag.

Bei einem wirtschaftspolitisch aktiven Staat erhält man anstelle der Gleichung (6.54) jetzt[51]:

$$\frac{\dot{v}}{v} = -(\alpha + b) + \frac{(1 - \xi)(1 - u) + \mu(v - v^*)}{k}, \qquad (6.60)$$

die in Verbindung mit Gleichung (6.55) das Differentialgleichungssystem des Modells darstellt.

Die Gleichgewichtslösung u^* und v^* stimmt mit derjenigen bei neutralem Staat überein. Das Gleichgewicht ist jetzt jedoch asymptotisch global stabil, wenn der Reaktionskoeffizient $\mu < 0$ ist, d.h. wenn einer klassischen Wirtschaftspolitik nachgegangen wird, der Staat sich mit der Variation seiner Ausgaben prozyklisch verhält. Befindet sich die Volkswirtschaft nicht auf dem gleichgewichtigen Wachstumspfad, wirkt eine solche Politik dämpfend auf die dann vorliegenden Konjunkturzyklen. Eine keynesianische Stabilisierungspolitik ($\mu > 0$) läßt das Gleichgewichtswachstum in lokaler und globaler Instabilität und verstärkt die Konjunkturzyklen. Das Scheitern einer keynesianischen Stabilisierungspolitik liegt an dem kurzfristigen crowding–out–Effekt[52] der mit Staatsschuldtiteln finanzierten Stabilisierungspolitik begründet. Dies verdeutlicht Gleichung (6.58): Die ohne Staatsverschuldung vorgenommene Nettokapitalbildung im Umfang $I = S$ wird bei öffentlicher Kreditaufnahme um den Betrag $P_S B$ zurückgedrängt, was bei einem konstanten Kapitalkoeffizienten auch unmittelbar zu einer geringeren Zunahme des Inlandsprodukts führt. Es liegt also in den die Angebotsseite des Goodwin–Modells beschreibenden Annahmen begründet, daß eine keynesianische Stabilisierungspolitik destabilisierend wirkt. Läßt man zu, daß kurzfristig die Produktion wegen unzureichender Nachfrage vom Kapazitätsoutput abweicht (variabler statistischer Kapitalkoeffizient), verhilft auch diese, für das Greifen einer keynesianischen Stabilisierungspolitik günstige Modifikation, dieser nicht zu einer überzeugenden Rehabilitation. Sie wirkt zwar bei einem großen Reaktionskoeffizienten μ jetzt asymptotisch lokal stabilisierend, dies gelingt aber auch einer klassischen Wirtschaftspolitik, wenn $|\mu|$ nur hinreichend groß gewählt wird. Das Erreichen einer Stabilisierungswirkung hängt in diesem Modell somit nicht von einem bestimmten wirtschaftspolitischen Paradigma, sondern allein von der Größenordnung der Maßnahmen und der Finanzierung der konjunkturbedingten Staatsausgaben durch eine Kreditaufnahme beim privaten Sektor ab. Die Beurteilung der beiden hier analysierten wirtschaftspolitischen Strategien kann aber bei einer Geldmengenfinanzierung (Verschuldung

---

[51]Die Ableitung von Gleichung (6.60) erfolgt analog zu den Umformungen, die zu Gleichung (6.54) führen. Der Leser sollte sie zur Übung selbst nachvollziehen.

[52]Erklärung und Wirkungsweise des „crowding–out"–Effektes findet der Leser bei SIEBKE (1977).

des Staates gegenüber der Zentralbank) und Preisstabilität nicht beibehalten werden.

Die letzte Modifikation des Goodwin–Modells betrifft seine Zeitstruktur. In der von Pohjola eingeschlagenen Analyse erscheint die Zeit als diskrete Variable. Zusätzlich wird noch eine Änderung der Arbeitsmarktreaktionsfunktion vorgenommen. Einem durch empirische Untersuchungen gestützten Vorschlag Kuhs[53] folgend, ergibt sich bei Pohjola der Reallohnsatz w_t — und nicht seine Veränderungsrate — in jeder Periode aus der durchschnittlichen Arbeitsproduktivität, multipliziert mit einem vom Beschäftigungsgrad abhängigen mark–up Faktor $\nu(v_t)$:

$$w_t = \frac{Y_t}{A_t}\nu(v_t), \quad \text{mit:} \tag{6.61}$$

$$\nu(v_t) > 0, \quad \frac{d\nu(v_t)}{dv_t} > 0 \quad \text{und} \quad \frac{d^2\nu(v_t)}{dv_t} > 0.$$

Die dritte Bedingung bedeutet einen in der Nähe der Vollbeschäftigung stark steigenden Reallohnsatz, so daß der Faktor Arbeit niemals limitierend wirkt. Aus der Annahme konstanter Wachstumsraten für das Arbeitsangebot und die durchschnittliche Arbeitsproduktivität ergeben sich bei diskreter Zeitvariablen die beiden Gleichungen:

$$A_{t+1}^S = (1+b)A_t^S \quad \text{und} \tag{6.62}$$

$$\frac{Y_{t+1}}{A_{t+1}} = (1+\alpha)\frac{Y_t}{A_t}. \tag{6.63}$$

Aus der Spar– und Investitionshypothese des Goodwin–Modells folgt:

$$K_{t+1} - K_t = (1 - u_t)Y_t. \tag{6.64}$$

Ein über die Zeit konstanter Kapitalkoeffizient führt zu $K_t = kY_t$ oder:

$$\frac{K_{t+1} - K_t}{K_t} = \frac{Y_{t+1} - Y_t}{Y_t}. \tag{6.65}$$

Kennzeichnet die Schreibweise: $\hat{x}$ die Veränderungsrate einer beliebigen Variablen x bei diskreter Zeit, erhält man für die Wachstumsrate des Beschäftigungsgrads v_t unter Beachtung der Gleichung (6.62):

$$\hat{v}_t := \frac{v_{t+1} - v_t}{v_t} = \frac{A_t^S}{A_{t+1}^S}(\hat{A}_t - \hat{A}_t^S) = \frac{1}{1+b}(\hat{A}_t - b). \tag{6.66}$$

---

[53]Kuh (1967).

Aus Gleichung (6.63) folgt: $\hat{A}_t = \dfrac{1}{1+\alpha}(\hat{Y}_t - \alpha)$, aus Gleichung (6.65) und

(6.64): $\hat{Y}_t = \dfrac{1-u_t}{k}$. Damit gilt:

$$\hat{A}_t = \frac{1}{1+\alpha}\left(\frac{1-\alpha k - u_t}{k}\right),$$

und Gleichung (6.66) geht über in:

$$\hat{v}_t = \frac{1-kg-u_t}{k(1-g)}, \quad \text{mit} \quad g := \alpha + b + b\alpha. \tag{6.67}$$

Aus der Lohnbildungshypothese (6.61) resultiert nach Umformung: $\dfrac{w_t A_t}{Y_t} =$
$\nu(v_t)$. Approximiert man $\nu(v_t)$ linear durch: $\nu(v_t) = -\gamma + \beta v_t,\ \gamma, \beta > 0$ und
beachtet die definitorische Beziehung $u_t := w_t A_t / Y_t$, geht Gleichung (6.61)
über in:

$$u_t = -\gamma + \beta v_t. \tag{6.68}$$

Substitution von u_t in Gleichung (6.67) durch Gleichung (6.68) führt nach
einigen Umformungen zu:

$$\hat{v}_t = \frac{1-kg+\gamma}{k(1+g)}\left(1 - \frac{v_t}{\dfrac{1-kg+\gamma}{\beta}}\right). \tag{6.69}$$

Der Beschäftigungsgrad bleibt bei einer Wachstumsrate $\hat{v}_t = 0$ konstant.
Nach Gleichung (6.69) ist dies für $v_t^* = \dfrac{1-kg+\gamma}{\beta}$ der Fall (die Klammer
ist dann null); somit stellt dieser Wert den gleichgewichtigen Beschäftigungsgrad v^* dar. Der Faktor vor der Klammer gibt an, wie Abweichungen vom
gleichgewichtigen Beschäftigungsgrad in Veränderungsraten des tatsächlichen
Beschäftigungsgrades überführt werden. Da dieser Faktor nur von den Strukturparametern der Volkswirtschaft abhängt, kann er als ihre spezifische (gene-
rische) Wachstumsrate interpretiert und mit r bezeichnet werden. Gleichung
(6.69) vereinfacht sich dann zu:

$$\hat{v}_t = r\left(1 - \frac{v_t}{v^*}\right) \quad \text{oder, da} \quad \hat{v}_t = \frac{v_{t+1}}{v_t} - 1:$$

$$v_{t+1} = v_t + r v_t - r\frac{v_t^2}{v^*}. \tag{6.70}$$

Nach Multiplikation mit $\dfrac{r}{(1+r)v^*}$ und der Variablentransformation $x_t :=$
$\dfrac{rv_t}{(1+r)v^*}$ geht Gleichung (6.70) in eine nichtlineare Differenzengleichung erster Ordnung über:

$$x_{t+1} = (1+r)x_t(1-x_t) = F(x_t, r). \tag{6.71}$$

Die dynamischen Eigenschaften dieser nichtlinearen Differenzengleichung $F(x_t, r)$ können allein anhand des Parameters r beschrieben werden[54]. Damit das Modell ökonomisch plausibel bleibt, sind die Werte für r zu beschränken. Da r positiv und v_t immer kleiner als eins sein müssen, darf r nur Werte des offenen Intervalls $0 < r < 3$ annehmen. Ein Gleichgewicht im methodischen Sinne (mathematisch ein Fixpunkt) folgt aus Gleichung (6.71) für den Lösungsansatz $x_{t+1} = x_t = \bar{x}$. Neben dem ökonomisch irrelevanten Trivialfall $\bar{x} = 0$ erhält man als weitere Lösung: $\bar{x} = \dfrac{r}{1+r}$. Dieses Gleichgewicht ist stabil, wenn die Steigung der Funktion $F(x_t, r)$ an der Stelle $x_t = \bar{x}$ absolut kleiner als eins ist[55]. Um die Steigung zu berechnen, wird Gleichung (6.71) umgeformt:

$$F(x_t, r) = x_{t+1} = (1+r)(x_t - x_t^2). \tag{6.72}$$

Hieraus folgt:

$$\frac{\partial F(x_t, r)}{\partial x_t} = (1+r)(1 - 2x_t) \quad \text{und:}$$

$$\left. \frac{\partial F(x_t, r)}{\partial x_t} \right|_{x_t = \bar{x}} = (1+r)\left(1 - 2\frac{r}{1+r}\right) = 1 - r.$$

Aus $|F'(\bar{x}, r)| = |1 - r| < 1$ folgt die Stabilitätsbedingung: $0 < r < 2$. Gilt $0 < r < 1$, tritt eine monotone Anpassung an das Gleichgewicht $\bar{x}$ ein; bei $1 < r < 2$ vollzieht sich die Entwicklung in gedämpften Zyklen. Abbildung 6.5.a zeigt die Graphen der Funktion (6.71) für $r = 0,75$ und $r = 1,5$; Abbildung 6.5.b gibt die hieraus resultierenden stabilen Entwicklungen wieder (durchgezogene Linie für $r = 0,75$; gestrichelte Linie für $r = 1,5$). Nimmt r Werte des Intervalls $2 < r < 3$ an, ist das Gleichgewicht x instabil.

Um im instabilen Fall die Entwicklung außerhalb des Gleichgewichts analysieren zu können, ist die Differenzengleichung (6.72) so umzuformen, daß eine nichtlineare Differenzengleichung zweiter Ordnung entsteht:

$$x_{t+2} = F[F(x_t, r)] = F^2(x_t, r). \tag{6.73}$$

---

[54] Eine umfassende Analyse findet man bei MAY (1976), S. 459 ff., BAUMOL UND BENHABIB (1989), GABISCH UND LORENZ(1989), S. 175 ff., sowie GANDOLFO (1996), S. 505 ff.
[55] Vgl. hierzu Kapitel 1.3 des mathematischen Anhangs.

Abb. 6.5:

a)

b)

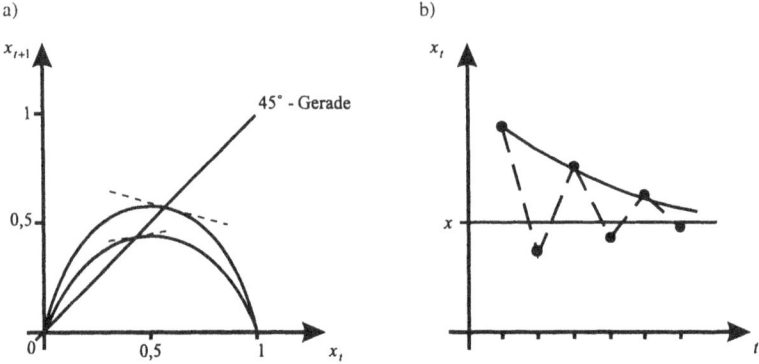

Damit erhält man x_{t+2} als Polynom vierten Grades in x_t. Ein Vergleich des Graphen der Funktion x_{t+2} mit dem der Funktion x_{t+1} zeigt, daß die Funktion x_{t+2} neben dem Gleichgewicht $\bar{x}$ der Funktion x_{t+1} noch zwei weitere Gleichgewichte $\bar{x}_1$ und $\bar{x}_2$ besitzt. Das instabile Gleichgewicht $\bar{x}$ hat sich in zwei weitere Gleichgewichte aufgespalten; diesen Vorgang der Entstehung zweier neuer Fixpunkte nennt man Bifurkation[56]. In Abbildung 6.6 sind die Graphen der Funktionen x_{t+2} und x_{t+1} für $r = 2,4$ eingezeichnet. Solange gilt[57]: $2 < r < 2,449$, entwickelt sich x_t nach einem stabilen Zweiperioden-zyklus. Wird r stetig bis zum Wert 2,57 erhöht, finden weitere Bifurkationen statt, die stabile Zyklen mit Längen von 2^n Perioden, $n = 1, 2, 3, \dots$ generieren. Übersteigt r den Wert 2,57, endet der Bifurkationsprozeß und es treten erstmals Zyklen ungerader Periodenlänge ein, die mit zunehmendem r in Entwicklungen übergehen, die mit Chaos bezeichnet werden: In Abhängigkeit des Anfangswertes läßt sich jetzt nahezu jede denkbare Dynamik modellieren. Abbildung 6.7 gibt einen stabilen Vier–Perioden–Zyklus (Abbildung 6.7 (1)) und drei chaotische Entwicklungen (Abbildung 6.7 (2) bis (4)) wieder[58].

Die Analyse von Pohjola bestätigt, daß alle Ergebnisse des Goodwin–Modells auch bei diskreter Zeitabhängigkeit der ökonomischen Variablen erhalten bleiben. Dies ist insofern ein nützliches Ergebnis, da nicht a priori entschieden werden kann, welche der beiden Zeitabhängigkeiten bei der dynamischen Analyse makroökonomischer Phänomene angemessener ist.

---

[56] Die Funktion (6.73) kann auch für den stabilen Fall ($0 < r < 2$) aufgestellt werden. Jedoch tritt dann keine Bifurkation ein: x_{t+2} und x_{t+1} besitzen dasselbe stabile Gleichgewicht $\bar{x}$.

[57] Zur Berechnung der Intervalle für r siehe POHJOLA (1981), S. 32 und die dort angegebene Literatur.

[58] Die Abbildung 6.7 ist mit geringfügigen Änderungen entnommen aus POHJOLA (1981), S. 34.

Abb. 6.6:

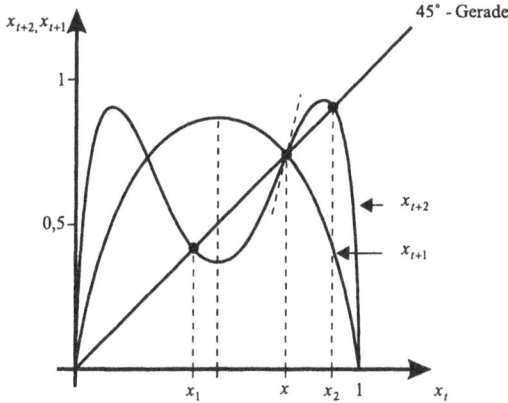

Abb. 6.7:

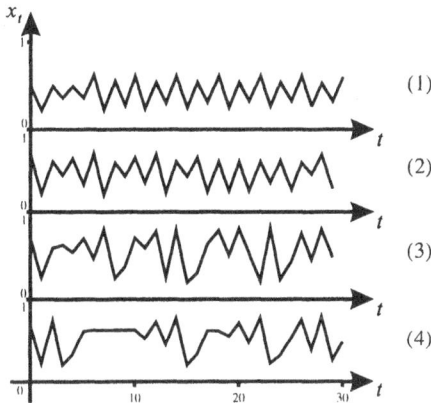

Für eine stetige Abhängigkeit spricht der Umstand, daß nicht alle wirtschaftlichen Akteure ihre Pläne im selben Zeitpunkt revidieren. Eine diskrete Zeitvariable ist dann angemessen, wenn wichtige ökonomische Variablen nur zu bestimmten Zeitpunkten variieren, wie dies im allgemeinen bei Tarifabschlüssen oder auch bei Bestandsgrößen der Fall ist.

Zusätzlich zum stetigen Fall lassen sich bei diskreter Zeitstruktur auch Konjunkturentwicklungen ableiten, deren Unregelmäßigkeiten denen der Realität überraschend nahekommen (siehe die Zeitpfade (2) bis (4) in Abbildung 6.7). Zur Deduktion solcher Entwicklungen benötigen deterministische Konjunkturmodelle sonst stets Zufallseinflüsse (Impulsvariablen). Daß unregelmäßige Zeitmuster auch aus vollkommen deterministischen Ansätzen folgen können, ist nicht nur von theoretischem Interesse, sondern hat weitreichende wirtschaftspolitische Konsequenzen. Lösen echte Zufallsschwankungen keinen wirtschaftspolitischen Handlungsbedarf aus, ist diese Abstinenz unangebracht, wenn deterministisch verursachte Unregelmäßigkeiten vorliegen.

Kapitel 7

Neokeynesianische Konjunkturerklärung

7.1 Temporäres Gleichgewicht bei Mengenrationierung

Die neue keynesianische Makroökonomik basiert auf dem Konzept des temporären Gleichgewichts bei Mengenrationierung[1]. Diesem Konzept liegt die — auch empirisch belegbare — Vorstellung zugrunde, daß Preise und Löhne auf Nachfrage– bzw. Angebotsüberschüsse nur langsam reagieren. Damit unterscheidet sich die in diesem Konzept enthaltene Funktionsweise des Marktes deutlich von der einer walrasianischen Wirtschaft. In einer walrasianischen Wirtschaft ermittelt ein fiktiver Auktionator durch einen tâtonnement–Prozeß erst die Gleichgewichtspreise für alle Märkte, bevor zu diesen Preisen Transaktionen stattfinden. Die Preise reagieren hier also schneller als die Mengen. Aus diesen Gründen reichen für die Ermittlung eines walrasianischen Gleichgewichts „unbeschränkte" Angebots– und Nachfragefunktionen aus. Diese, auch als hypothetische, eigentliche oder notionale Funktionen bezeichnet, lassen sich aus der Nutzen– und Gewinnmaximierungshypothese ableiten, die implizit die Annahme enthält, daß Haushalte und Unternehmen weder auf den Güter– noch auf den Faktormärkten beschränkt sind.

Beim temporären Gleichgewicht mit Mengenrationierung finden Transaktio-

---

[1]Dem an einer umfassenderen Darstellung interessierten Leser seien die Arbeiten von MUELLBAUER UND PORTES (1978), MEYER (1983) sowie FELDERER UND HOMBURG (1994) empfohlen.

nen auch dann statt, wenn die Preise noch nicht im walrasianischen Sinne gleichgewichtig sind. Bei solchen Preisen liegt entweder ein Angebots- oder ein Nachfrageüberschuß vor: Nicht alle Wirtschaftssubjekte können ihre Pläne voll realisieren. Aus der Freiwilligkeit des Tausches resultiert, daß die kürzere Marktseite stets die längere Marktseite rationiert; es können nicht Angebot und Nachfrage gleichzeitig rationiert sein. Abbildung 7.1 veranschaulicht die Zusammenhänge.

Abb. 7.1:

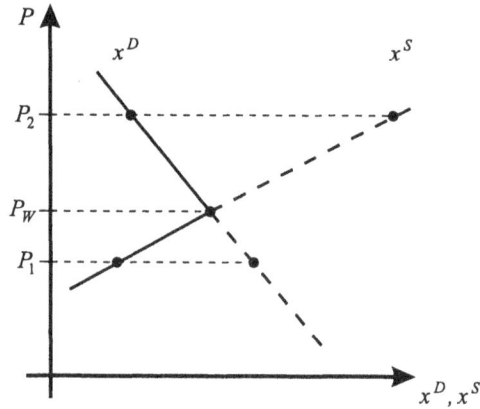

x^D : nachgefragte Menge, x^S : angebotene Menge, P : Preis.

Die beiden Geraden x^D und x^S stellen die unbeschränkte Nachfrage- und Angebotsfunktion dar. Beim Preis P_1 wird die längere Marktseite (die Nachfrager) von der kürzeren (Anbieter) rationiert; beim Preis P_2 ist es genau umgekehrt. Nur beim walrasianischen Gleichgewichtspreis P_W sind weder Anbieter noch Nachfrager beschränkt. Werden Wirtschaftssubjekte auf einem Markt rationiert, liegt die Vermutung nahe, daß sie diese Rationierungsschranke bei ihren Planungen für die anderen Märkte mitberücksichtigen. Diese Vorgehensweise bezeichnet man in Anlehnung an Clower[2] als duale Entscheidungshypothese. Bei Planerstellungen gemäß der dualen Entscheidungshypothese wirken sich Beschränkungen auf einem Markt auch auf die anderen Märkte aus. Diese Übertragungseffekte (Spillovers) sind umso bedeutender, je mehr Wirtschaftssubjekte derselben Restriktion unterliegen. Ihre Vernachlässigung in der theoretischen Analyse ist daher nicht gerechtfertigt.

Existieren Mengenschranken, können Wirtschaftssubjekte darauf bei der Planung ihres Angebots bzw. ihrer Nachfrage auf zwei Weisen reagieren. Beach-

---

[2]CLOWER (1965).

ten sie die Schranken auf allen Märkten, auf die sich ihre Planung richtet, liegen Angebots– bzw. Nachfragefunktionen im Sinne von Dréze vor. Äußern sie auf einem rationierten oder nicht rationierten Markt ihre Planungen unter Berücksichtigung von Schranken auf den jeweils anderen Märkten, liegen Angebots– bzw. Nachfragefunktionen im Sinne von Clower vor[3]. Funktionen, die mindestens eine Rationierungsschranke als Argument enthalten, heißen effektive Funktionen.

Ein temporäres Gleichgewicht bei Mengenrationierung kann man sich analog zur walrasianischen Vorgehensweise als Ergebnis der Vermittlungen eines fiktiven Auktionators vorstellen. Die Aufgabe des Auktionators besteht darin, bei gegebenen Preisen Mengenzuteilungen unter Beachtung der gültigen Rationierungsschranken so vorzunehmen, daß daraus eine Koordination aller Pläne resultiert[4]. Man bezeichnet diese Art der Plankoordination als Mengentâtonnement. Gilt Freiheit des Tausches und sind alle Marktteilnehmer Preisnehmer, d.h. die Preise sind bindend starr nach oben, wenn die Nachfrage und bindend starr nach unten, wenn das Angebot rationiert wird, existiert für *jede* Preiskonstellation ein temporäres Gleichgewicht bei Mengenrationierung[5]. Dieses Gleichgewicht ist dadurch gekennzeichnet, daß aus den effektiven Funktionen für jeden Markt genau diejenigen Rationierungsschranken resultieren, die auch den effektiven Planungen zugrunde liegen. Im temporären Gleichgewicht bei Mengenrationierung gleichen sich somit alle Dréze–Funktionen aus.

7.2 Das statische Modell von Malinvaud

Das statische Grundmodell der neuen keynesianischen Makroökonomik wurde von Malinvaud entwickelt[6]. Die Volkswirtschaft wird als ein System von aggregativen Märkten aufgefaßt, auf denen Transaktionen erst nach Plankoordination durch ein Mengentâtonnement stattfinden. Da nach diesem Ansatz die Preise kurzfristig als konstant angesehen werden können, besteht die geschlossene Volkswirtschaft nur aus einem Güter– und Arbeitsmarkt. Um Rationierungsschranken und Spillover–Effekte berücksichtigen zu können, werden beide Märkte durch Clower–Funktionen beschrieben. Einzige Ausnahme hiervon stellt die Arbeitsangebotsfunktion dar. Unabhängig von eventuellen

---

[3]Diese Bezeichnungen gehen auf BENASSY (1977), S. 147 ff. zurück.

[4]Wegen der Vorgabe der Preise bezeichnet man diesen Ansatz häufig auch als Fixpreis-Modell. Kern des Konzeptes ist jedoch wie oben ausgeführt die Annahme, daß Mengenreaktionen schneller als Preisvariationen erfolgen.

[5]DRÉZE (1975), S. 302.

[6]MALINVAUD (1977 und 1980). Vgl. hierzu auch RAMSER (1984a und 1987), HEUBES1986 und 1991) sowie ASSENMACHER (1986/87).

Rationierungsschranken auf dem Gütermarkt bieten die Haushalte die konstante Menge Arbeit A_F an:

$$A^S = A_F. \tag{7.1}$$

Die Unternehmen produzieren sowohl ex ante als auch ex post nach einer linear limitationalen Produktionsfunktion. Eine ökonomisch effiziente Produktion verlangt, daß die durchschnittliche Arbeitsproduktivität a auch bei Vollbeschäftigung mindestens so groß wie der Reallohnsatz w ist: $a \geq w$. Bezeichnet Y_F den Kapazitätsoutput des vorhandenen Kapitalstocks und wird der Faktor Arbeit bei der Produktion limitierend eingesetzt, ist das Güterangebot nur eine Funktion der Beschäftigung A. Soll der Kapitalstock ganz genutzt werden, beträgt die hierfür benötigte Arbeitsmenge Y_F/a. Ist diese Menge größer als das konstante Arbeitsangebot, werden die Unternehmen auf dem Arbeitsmarkt beschränkt. Bei Beachtung dieser Schranke kann die Beschäftigung nur Werte des Intervalle $0 < A \leq \min(A_F, \dfrac{Y_F}{a})$ annehmen. Gleichung (7.2) stellt für diesen Definitionsbereich die Angebotsfunktion dar:

$$Y^S = aA \qquad \text{mit:} \quad 0 < A \leq \min\left(A_F, \frac{Y_F}{a}\right). \tag{7.2}$$

Für $Y_F \leq aA_F$ ist Gleichung (7.2) die unbeschränkte, bei Rationierung auf dem Arbeitsmarkt ($aA_F < Y_F$) die effektive (Clower–)Angebotsfunktion.

Die Konsumgüternachfrage C ist eine Funktion des Reallohnsatzes und des Beschäftigungsgrades v:

$$C = cw + c_0 v, \qquad c, c_0 > 0, \tag{7.3}$$

$$v := \frac{A}{A_F}, \qquad A : \text{(tatsächliche) Beschäftigung.}$$

Bei Vollbeschäftigung ($v = 1$) gibt Gleichung (7.3) die unbeschränkte Konsumgüternachfrage wieder. Existiert für die Haushalte auf dem Arbeitsmarkt eine Schranke ($v < 1$), können sie ihr geplantes Arbeitsangebot nicht realisieren, und Gleichung (7.3) ist eine effektive Nachfragefunktion. Die Konsumnachfrage ist ceteris paribus bei Vollbeschäftigung am größten; die Spillover–Effekte vom Arbeitsmarkt bewirken ihren Rückgang.

Die Investitionsgüternachfrage hängt von der Rendite und den gewünschten Kapazitätsanpassungen ab. Ein Maß für die Rendite läßt sich aus folgendem Zusammenhang ableiten. Eine Einheit des Faktors Arbeit erzeugt die Gütermenge a. Die dabei entstehenden Lohnkosten entsprechen dem Reallohnsatz, die durch die Nutzung des komplementären Faktors Kapital verursachten Kosten seien q. Damit stellt die Differenz $a - q - w$ eine Größe dar, die gut die Rendite approximiert. Kapazitätsanpassungen werden ausgelöst, wenn der Kapazitätsoutput Y_F entweder nicht mit der gesamten Nachfrage Y^D oder wegen der limitationalen Produktionstechnik nicht mit der maximalen Produktion aA_F, die bei Vollbeschäftigung des Faktors Arbeit möglich ist, übereinstimmt. Bezeichnet $\hat{Y}$ den kleineren dieser beiden Werte:

$$\hat{Y} = \min(Y^D, aA_F), \tag{7.4}$$

drückt die Differenz $\hat{Y} - Y_F$ Überschuß– oder Fehlkapazitäten aus. Damit sind die Argumente der Investitionsfunktion gefunden. Bei unterstellter linearer Abhängigkeit erhält man:

$$I = \epsilon(a - q - w) + \gamma(\hat{Y} - Y_F), \tag{7.5}$$

$$\epsilon, \gamma > 0 \quad : \text{Reaktionskoeffizienten.}$$

Wegen der Variablen $\hat{Y}$ werden auch bei der Investitionsfunktion mögliche Beschränkungen auf dem Arbeitsmarkt berücksichtigt.

Nach Addition der Konsum– und Investitionsgüternachfrage folgt die Gesamtnachfrage als:

$$Y^D = C + I \tag{7.6}$$
$$= (c - \epsilon)w + c_0 v + \epsilon(a - q) + \gamma(\hat{Y} - Y_F).$$

Die Arbeitsnachfragefunktion ergibt sich aufgrund der Produktionstechnik als:

$$A^D = \begin{cases} \min\left(\dfrac{Y^D}{a}, \dfrac{Y_F}{a}\right), & \text{für } w \leqq a \\[2mm] 0, & \text{für } w > a. \end{cases} \tag{7.7}$$

Die Grenzen für den Reallohnsatz bringen zum Ausdruck, daß die Unternehmen die Produktion nur aufnehmen, wenn sie rentabel ist. Dies ist für $w < a - q$ immer gewährleistet. Nimmt der Reallohnsatz Werte des Intervalls $a - q < w < a$ an, können die Unternehmen zwar keine positive Rendite erzielen, jedoch decken sie neben den gesamten Lohnkosten auch einen Teil der Kapitalkosten. Kurzfristig ist die Aufnahme der Produktion bei solchen Reallohnsätzen vorteilhafter als die Stillegung des Kapitalstocks. Übersteigt die Güternachfrage Y^D den Kapazitätsoutput Y^F, sind die Unternehmen auf dem Gütermarkt unbeschränkt; bei Rationierung ($Y^D < Y_F$) handelt es sich um eine effektive (Clower–)Arbeitsnachfragefunktion.

Beim (kurzfristigen) temporären Gleichgewicht mit Mengenrationierung sind der Reallohnsatz und der Kapazitätsoutput konstant vorgegeben; ihre Werte werden mit $\bar{w}$ und $\bar{Y}_F$ gekennzeichnet. Im temporären Gleichgewicht gilt:

$$Y = \min(Y^D, aA_F, \bar{Y}_F) \qquad \text{und} \qquad (7.8)$$

$$A = \frac{Y}{a}, \qquad (7.9)$$

Y : tatsächliches Inlandsprodukt, A : tatsächliche Beschäftigung.

Für jeden vorgegebenen Wert $\bar{w} < a$ und $\bar{Y}_F > 0$ stellt sich über ein Mengentâtonnement ein temporäres Gleichgewicht ein. Diese — bei stetiger Variation der Konstanten $\bar{w}$ und $\bar{Y}_F$ — unendlich vielen Gleichgewichte weisen bestimmte Charakteristika auf, die eine Unterteilung in vier Kategorien, auch Regimes genannt, erlauben. Temporäre Gleichgewichte der Regimes (1) bis (4) weisen die entsprechend numerierte, nachstehende Eigenschaft auf:

(1) $Y^D = aA_F = \bar{Y}_F,$ (2) $Y^D < aA_F, \bar{Y}_F,$

(3) $aA_F < Y^D, \bar{Y}_F$ und   (4) $\bar{Y}_F < Y^D, aA_F.$

Für Regime (1) folgt wegen Gleichung (7.8): $Y = Y^D = aA_F = \bar{Y}_F$ und wegen Gleichung (7.9): $A = A_F$. Haushalte und Unternehmen können ihr unbeschränktes Angebot und ihre unbeschränkte Nachfrage sowohl auf dem Güter– als auch auf dem Arbeitsmarkt realisieren. Es liegt mit Regime (1) das walrasianische Gleichgewicht vor. In einem Koordinatensystem mit $\bar{Y}_F$ an der Abszisse und $\bar{w}$ an der Ordinate ist das walrasianische Gleichgewicht durch den Schnittpunkt der beiden Kurven festgelegt, die jeweils unbeschränkte Gleichgewichte auf Güter– und Arbeitsmarkt beschreiben. Die Gleichgewichtsbedingung für den Gütermarkt lautet:

$$Y^D = Y^S. \qquad (7.10)$$

Steigt $\bar{w}$, nimmt wegen Gleichung (7.3) die Konsumnachfrage zu und wegen Gleichung (7.5) die Nachfrage nach Investitionsgütern ab. Da im allgemeinen gilt $c > \epsilon$, resultiert aus einem steigenden Reallohn insgesamt auch eine Zunahme der gesamtwirtschaftlichen Nachfrage. Um diese zu befriedigen, muß auch der Kapazitätoutput steigen. Das Gütermarktgleichgewicht bleibt erhalten, wenn Reallohnsatz und Kapazitätoutput gleichgerichtet variieren. Der Graph, der alle gleichgewichtigen $(\bar{Y}_F, \bar{w})$–Kombinationen für den Gütermarkt angibt, weist daher eine positive Steigung auf: $\dfrac{d\bar{w}}{d\bar{Y}} > 0$; er ist in Abbildung 7.2 als Gerade eingetragen.

Abb. 7.2:

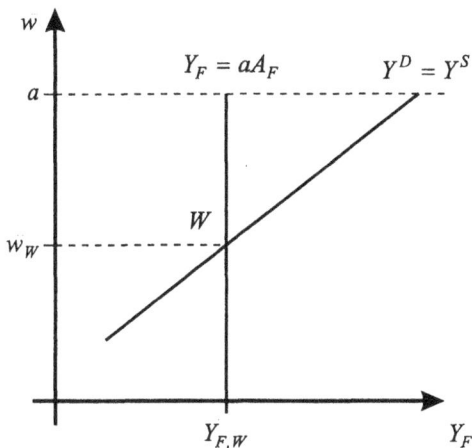

Gleichgewicht auf dem Arbeitsmarkt verlangt, daß die für die Produktion des Kapazitätsoutputs notwendige Arbeitsmenge gleich dem Arbeitsangebot ist: $A_F = \dfrac{Y_F}{a}$ oder $aA_F = Y_F$. Da das Arbeitsangebot annahmegemäß konstant bleibt, muß dies auch für den Kapazitätsoutput gelten:

$$\bar{Y}_F = aA_F. \tag{7.11}$$

Der Graph aller gleichgewichtigen $(\bar{Y}_F, \bar{w})$-Kombinationen für den Arbeitsmarkt ist daher in Abbildung 7.2 eine Parallele zur Ordinate: $\dfrac{d\bar{w}}{d\bar{Y}_F} = \infty$. Im Punkt W befinden sich sowohl Güter- als auch Arbeitsmarkt im (unbeschränkten) walrasianischen Gleichgewicht. Im walrasianischen Gleichgewicht sind der Beschäftigungsgrad $v = 1$ und wegen des konstanten Kapazitätsoutputs die Investitionsgüternachfrage null. Der gleichgewichtige Reallohnsatz folgt dann aus Gleichung (7.5) als $\bar{w}_W = a - q$. Die Gesamtnachfrage besteht nur aus Konsumgüternachfrage: $Y^D = c(a - q) + c_0$.

Regime (2) ist festgelegt durch $Y^D < aA_F, \bar{Y}_F$. Da die Nachfrage kleiner als der Kapazitätsoutput ist, sind die Unternehmen auf dem Gütermarkt beschränkt. Zur Produktion der relativ geringen Nachfrage benötigen sie einen Arbeitseinsatz von Y^D/a, der kleiner als das Arbeitsangebot ist. Somit sind die Haushalte auf dem Arbeitsmarkt rationiert. Da sich die Unterbeschäftigung hier durch Nachfragesteigerungen verringern läßt, bezeichnet man temporäre Gleichgewichte aus Regime (2) als keynesianische Unterbeschäftigung. Aus Gleichung (7.6) kann die regimespezifische Nachfrage bestimmt werden. Der Reallohnsatz beträgt $\bar{w}$, der Beschäftigungsgrad ergibt sich als $v = \dfrac{Y^D}{aA_F}$

und nach Gleichung (7.4) gilt $\hat{Y} = Y^D$. Entsprechende Substitution überführt Gleichung (7.6) in:

$$Y^D = (c - \epsilon)\bar{w} + c_0 \frac{Y^D}{aA_F} + \epsilon(a - q) + \gamma(Y^D - Y_F).$$

Faßt man alle Terme mit Y^D auf der linken Seite der Gleichung zusammen, folgt:

$$\left(1 - \frac{c_0}{aA_F} - \gamma\right) Y^D = (c - \epsilon)\bar{w} + \epsilon(a - q) - \gamma\bar{Y}_F, \quad \text{oder:}$$

$$Y^D = k[(c - \epsilon)\bar{w} + \epsilon(a - q) - \gamma\bar{Y}_F] \quad \text{mit} \quad k := \frac{1}{1 - \frac{c_0}{aA_F} - \gamma}. \quad (7.12)$$

Wegen der Gleichgewichtsbedingung (7.8) gibt Gleichung (7.12) auch die regimespezifische Produktion an.

Da im Regime (3) gilt: $aA_F < Y^D, \bar{Y}_F$, herrscht auf dem Arbeitsmarkt Vollbeschäftigung. Zudem weisen temporäre Gleichgewichte dieses Regimes einen Nachfrageüberschuß sowohl auf dem Arbeits– als auch auf dem Gütermarkt auf. Für den Arbeitsmarkt folgt dies aus den Gleichungen (7.1) und (7.7): $A^D > A_F$, für den Gütermarkt unter Bezug auf Gleichung (7.2) : $Y^D > Y^S$. Daher sind die Haushalte auf dem Gütermarkt, die Unternehmen auf dem Arbeitsmarkt rationiert. Solche Zustände bezeichnet man als „zurückgestaute Inflation". Die regimespezifische Nachfrage erhält man hier analog zu obiger Vorgehensweise aus Gleichung (7.6), jedoch gilt jetzt $v = 1$ (Vollbeschäftigung) und $\hat{Y} = aA_F$:

$$Y^D = (c - \epsilon)\bar{w} + c_0 + \epsilon(a - q) + \gamma(aA_F - \bar{Y}_F). \quad (7.13)$$

Regime (4) schließlich ist bestimmt durch: $\bar{Y}_F < Y^D, aA_F$. Hier ist das Güterangebot geringer als die Nachfrage; die zur Produktion benötigte Menge Arbeit ist kleiner als das Arbeitsangebot ($\bar{Y}_F/a < A_F$). Die Haushalte unterliegen sowohl auf dem Gütermarkt ($\bar{Y}_F < Y^D$) als auch auf dem Arbeitsmarkt ($A^D < A^S = A_F$) einer Rationierung. Die Unternehmen hingegen können ihr unbeschränktes Güterangebot und ihre unbeschränkte Arbeitsnachfrage realisieren. Temporäre Gleichgewichte dieses Regimes werden als „klassische Unterbeschäftigung" bezeichnet. Der Beschäftigungsgrad beträgt hier $v = \dfrac{\bar{Y}_F}{aA_F}$, die regimespezifische Nachfrage folgt aus Gleichung (7.6) als:

$$Y^D = (c - \epsilon)\bar{w} + c_0 \frac{\bar{Y}_F}{aA_F} + \epsilon(a - q) + \gamma(\hat{Y} - \bar{Y}_F). \quad (7.14)$$

Bis auf das walrasianische Gleichgewicht liegen die drei anderen Arten temporärer Gleichgewichte bei unendlich vielen $(\bar{Y}_F, \bar{w})$–Kombinationen vor. Die einzelnen Regimes müssen daher durch Trennlinien voneinander abgegrenzt werden. Da jede Trennlinie durch den Punkt, der das walrasianische Gleichgewicht repräsentiert, verläuft, hat jedes Regime die beiden jeweils anderen als Nachbarn. Die Bedingungen für die Trennlinien lassen sich leicht ermitteln, wenn die Charakteristika der beiden betroffenen Regimes untereinander geschrieben werden. Für die Regimes (2) und (3) gilt:

Regime (2), keynesianische Unterbeschäftigung: $Y^D < aA_F, \bar{Y}_F$,

Regime (3), zurückgestaute Inflation: $aA_F < Y^D, \bar{Y}_F$.

Auf der Trennlinie beider Regimes muß folglich gelten[7]:

$$Y^D = aA_F < \bar{Y}_F, \quad \text{mit } v = 1 \quad \text{und } \hat{Y} = aA_F. \tag{7.15}$$

Da aA_F konstant bleibt, ist die Trennlinie der geometrische Ort aller $(\bar{Y}_F, \bar{w})$–Kombinationen, die bei Überschußkapazitäten $(\bar{Y}_F > aA_F)$ und vollbeschäftigtem Faktor Arbeit zu einer konstanten Gesamtnachfrage führen. Die gesamte Nachfrage wird bei den in Gleichung (7.15) aufgeführten Besonderheiten durch Gleichung (7.13) gegeben. Um den Verlauf der Trennfunktion bestimmen zu können, ist Gleichung (7.15) zunächst hinsichtlich $\bar{w}$ und $\bar{Y}_F$ total zu differenzieren und dann nach dem Differentialquotient $\dfrac{d\bar{w}}{d\bar{Y}_F}$ aufzulösen. Es ergeben sich dann folgende Umformungen:

$$dY^D = d(aA_F) = 0, \qquad \text{weil } aA_F : \text{const.}$$

$$\begin{aligned} dY^D &= \frac{\partial Y^D}{\partial \bar{w}} d\bar{w} + \frac{\partial Y^D}{\partial \bar{Y}_F} d\bar{Y}_F \\ &= (c - \epsilon) d\bar{w} - \gamma d\bar{Y}_F \quad \text{(wegen Gleichung (7.13))} \\ &= 0. \end{aligned}$$

Für den Differentialquotienten erhält man hieraus:

$$\frac{d\bar{w}}{d\bar{Y}_F} = \frac{\gamma}{c - \epsilon} > 0 \qquad \text{für } c > \epsilon.$$

Die Trennlinie hat somit eine positive Steigung; wegen $\bar{Y}_F > aA_F$ beginnt sie im Punkt W und verläuft von dort nach rechts. In Abbildung 7.3 ist sie als

---

[7]Das Ungleichheitszeichen in Gleichung (7.15) und in den Bedingungen für die übrigen Trennlinien verhindert, daß diese Bedingungen mit der für ein walrasianisches Gleichgewicht übereinstimmen. Man erkennt aber hieran auch, daß die Trennlinien für $\bar{Y}_F \to aA_F$ im walrasianischen Gleichgewicht enden bzw. beginnen müssen.

Gerade IK eingezeichnet.

Abb. 7.3:

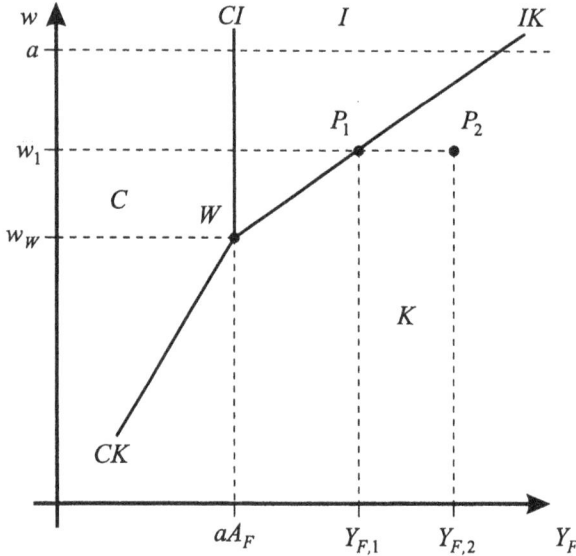

Um zu entscheiden, welches Regime sich auf welcher Seite der Trennlinie befindet, wählt man zwei Punkte, von denen der eine (P_1) auf und der andere (P_2) bei gleichem Ordinatenwert rechts von der Trennlinie liegt[8]. Bei den durch die Koordinaten von P_1 festgelegten Werten $\bar{w}_1$ und $\bar{Y}_{F,1}$ gilt: $Y^D = aA_F$. Da im Punkt P_2 nur der Kapazitätsoutput gestiegen ist, muß wegen $\dfrac{\partial Y^D}{\partial \bar{Y}_F} = -\gamma < 0$ hier die Gesamtnachfrage kleiner als aA_F sein. Rechts von der Trennlinie liegt somit das Regime „keynesianische Unterbeschäftigung", links von ihr das Regime „zurückgestaute Inflation".

Für die Trennlinie der Regimes „keynesianische Unterbeschäftigung"und „klassische Unterbeschäftigung" muß gelten:

$$Y^D = \bar{Y}_F < aA_F, \qquad \text{mit } v = \frac{Y^D}{aA_F} \quad \text{und } \hat{Y} = Y^D. \qquad (7.16)$$

Der Beschäftigungsgrad entspricht demjenigen des Regimes (2). Die Gesamtnachfrage wird daher durch Gleichung (7.12) festgelegt. Das totale Differential von $Y^D = \bar{Y}_F$ hinsichtlich $\bar{w}$ und $\bar{Y}_F$ unter Beachtung der Gleichung (7.12)

---

[8]Die Analyse läßt sich selbstverständlich auch dann durchführen, wenn P_2 bei gleichem Ordinatenwert wie bei P_1 links von der Trennlinie liegt. Der Leser kann diese Vorgehensweise als Übung selbst vollziehen.

ergibt:

$$dY^D = [k(c - \epsilon)]d\bar{w} - k\gamma d\bar{Y}_F = d\bar{Y}_F, \qquad \text{oder:}$$
$$dY^D - d\bar{Y}_F = 0 = [k(c - \epsilon)]d\bar{w} - (1 + k\gamma)d\bar{Y}_F.$$

Die Steigung der Trennlinie ist dann:

$$\frac{d\bar{w}}{d\bar{Y}_F} = \frac{1 + k\gamma}{k(c - \epsilon)} > 0.$$

Damit besitzt auch diese Trennlinie eine positive Steigung. Da die Bedingung (7.16) festlegt, daß $\bar{Y}_F < aA_F$ sein muß, läuft diese Trennlinie von links auf den Punkt W zu; sie ist in Abbildung 7.3 als Gerade CK eingetragen. Rechts von der Geraden CK befindet sich das Regime „keynesianischer Unterbeschäftigung", links das Regime „klassischer Unterbeschäftigung".

Die dritte Begrenzung trennt die beiden Regimes „klassische Unterbeschäftigung" und „zurückgestaute Inflation". Aus den beiden Regimecharakterisitika folgt als Bedingung für die Trennlinie:

$$\bar{Y}_F = aA_F < Y^D, \qquad \text{mit } v = 1 \text{ und } \hat{Y} = aA_F. \qquad (7.17)$$

Die Gesamtnachfrage ergibt sich für diesen Fall aus Gleichung (7.13). Totale Differentiation überführt Gleichung (7.17) in: $d\bar{Y}_F = d(aA_F) = 0$, da aA_F konstant bleibt. Wegen $d\bar{Y}_F = 0$ gilt dann für den Differentialquotienten: $\frac{d\bar{w}}{d\bar{Y}_F} = \infty$. Die Trennlinie verläuft senkrecht mit einem Achsenabschnitt von aA_F auf der Abszisse. Damit die Gesamtnachfrage größer als die maximale Produktion bei Vollbeschäftigung beider Produktionsfaktoren ist, muß der Reallohnsatz $\bar{w}$ größer sein als der im walrasianischen Gleichgewicht. Wegen $\hat{Y} = aA_F = \bar{Y}_F$ hängen nach Gleichung (7.5) die Investitionen nur noch von der Rendite ab. Bei steigendem Reallohnsatz $\bar{w}$ nehmen die Investitionen ab, die Konsumnachfrage gemäß Gleichung (7.3) hingegen zu. Da $c > \epsilon$, resultiert bei Gültigkeit der Bedingung (7.17) aus einem steigenden Reallohnsatz insgesamt eine Nachfragezunahme. Die Trennlinie CI existiert daher erst oberhalb des Punktes W; links von ihr liegt das Regime „klassischer Unterbeschäftigung", rechts das der „zurückgestauten Inflation" (siehe Abbildung 7.3). Damit ist die $(\bar{Y}_F, \bar{w})$–Fläche in drei Bereiche aufgeteilt, die den Regimes „keynesianische Unterbeschäftigung" (Bereich K), „klassische Unterbeschäftigung" (Bereich C) und „zurückgestaute Inflation" (Bereich I) entsprechen. Dem Regime (1): walrasianisches Gleichgewicht entspricht nur die Kombination $(\bar{Y}_F = aA_F, \bar{w}_W)$, die den Punkt W festlegt.

7.3   Das konjunkturelle Grundmodell der neo-keynesianischen Makroökonomik

Mit dem im vorangegangenen Abschnitt dargestellten statischen Modell der neuen keynesianischen Makroökonomik läßt sich natürlich noch nicht die konjunkturelle Entwicklung einer Volkswirtschaft analysieren. Dieses kann jedoch durch Erweiterung des Modellrahmens erreicht werden. Zunächst ist eine geeignete Dynamisierung des Modells vorzunehmen, sodann muß geprüft werden, ob die kurzfristig als exogen gegebenen ökonomischen Variablen auch bei mittelfristigem Zeithorizont diese Eigenschaft besitzen oder ob sie nicht besser als endogen bestimmt aufzufassen sind.

Bei einer dynamischen Analyse weisen die ökonomischen Variablen einen Zeitbezug auf, und einige Verhaltensgleichungen enthalten Verzögerungen. Um den Zeitbezug herzustellen, wird die Zeit als diskrete Variable eingeführt. Verzögerungen werden nur bei der Investitionsfunktion wirksam und nach ihrer Endogenisierung bei den kurzfristig noch konstanten Variablen Reallohnsatz und Kapazitätsoutput. Die Investitionsnachfrage ergibt sich jetzt als:

$$I_t = \epsilon(a - q - w_{t-1}) + \gamma(\hat{Y}_{t-1} - Y_{F,t-1}). \qquad (7.18)$$

Der Kapazitätsoutput bei Berücksichtigung von Nettoinvestitionen[9] beträgt in einer Periode t:

$$Y_{F,t} = Y_{F,t-1} + I_{t-1}. \qquad (7.19)$$

Der Reallohnsatz verändert sich regimespezifisch, so daß für seine Entwicklung entscheidend ist, welche Zustände auf Arbeits- und Gütermarkt vorliegen. Da im walrasianischen Gleichgewicht (Regime 1) auf Güter- und Arbeitsmarkt weder Überschußnachfrage noch Überschußangebot vorliegen, bleiben Preisniveau, Nominal- und Reallohnsatz konstant:

$$w_t = w_W. \qquad (7.20)$$

Bei keynesianischer Unterbeschäftigung (Regime 2) bewirkt das Überschußangebot auf beiden Märkten ein Sinken von Nominallohnsatz und Preisniveau derart, daß der Reallohnsatz konstant bleibt:

$$w_t = w, \qquad \text{mit} \quad w \neq w_W. \qquad (7.21)$$

---

[9]Die Investitionen werden in Outputeinheiten gemessen; I_t und Kapazitätsveränderungen sind dann identisch. Zur selben Formalisierung gelangt man, wenn der Kapitalkoeffizient auf eins normiert wäre.

Wegen $w \neq w_W$ unterscheidet sich diese regimespezifische Festlegung der
Reallohnsatzentwicklung von der in Gleichung (7.20).

Befindet sich die Volkswirtschaft im Regime (3): „zurückgestaute Inflation",
sind beide Märkte durch Überschußnachfrage gekennzeichnet. Da das Güterangebot Y^S nach Gleichung (7.2) durch den Faktor Arbeit limitiert wird,
existieren simultan Überschußnachfrage und Leerkapazitäten. Der Nominallohnsatz wird daher schneller als das Preisniveau wachsen, so daß der Reallohnsatz steigt. Bei klassischer Unterbeschäftigung (Regime 4) liegt auf
dem Gütermarkt ein Nachfrageüberschuß, auf dem Arbeitsmarkt hingegen
ein Angebotsüberschuß vor. Da trotz Überschußnachfrage auf dem Gütermarkt Arbeitslosigkeit herrscht, werden mittelfristig Preisniveau– und Nomi-
nallohnsatzentwicklungen so ausfallen, daß sie einen sinkenden Reallohnsatz
zur Folge haben. Sowohl bei dem Regime „zurückgestaute Inflation" als auch
bei „klassischer Arbeitslosigkeit" ändert sich der Reallohnsatz parallel zur
Überschußsituation auf dem Arbeitsmarkt. Gleichung (7.22) gibt diesen Zusammenhang wieder:

$$w_t = w_{t-1} + n \left[\min \left(\frac{Y_{t-1}^D}{a}, \frac{Y_{F,t-1}}{a} \right) - A_F \right], \quad n > 0. \tag{7.22}$$

Die Gleichungen (7.1) bis (7.4) sowie (7.8) und (7.9) des statischen Modells
bleiben bei der dynamischen Analyse unverändert; alle in ihnen enthaltenen Variablen besitzen daher denselben Zeitbezug. Die Gesamtnachfrage Y^D
ändert sich wegen der Verzögerung bei der Investitionsfunktion. Mit diesen
Gleichungen ist das dynamische Modell dann vollständig; sie sind nachfolgend
wiedergegeben:

$$A_t^S = A_F \qquad : \text{const. über } t, \tag{7.23}$$

$$Y_t^S = aA_t, \qquad 0 < A_t \leqq \min \left(A_F, \frac{Y_{F,t}}{a} \right). \tag{7.24}$$

$$C_t = cw_t + c_0 v_t, \quad c, c_0 > 0, \quad v_t := \frac{A_t}{A_F}, \tag{7.25}$$

$$\hat{Y}_t = \min(Y_t^D, aA_F), \tag{7.26}$$

$$Y_t^D = cw_t - \epsilon w_{t-1} + c_0 v_t + \epsilon(a - q) + \gamma(\hat{Y}_{t-1} - Y_{F,t-1}), \tag{7.27}$$

$$A_t^D = \begin{cases} \min \left(\dfrac{Y_t^D}{a}, \dfrac{Y_{F,t}}{a} \right), & w_t \leqq a \\ 0, & w_t > a \end{cases}, \tag{7.28}$$

$$Y_t = \min(Y_t^D, aA_F, Y_{F,t}), \tag{7.29}$$

$$A_t = \frac{Y_t}{a}. \tag{7.30}$$

Für die aus den Gleichungen (7.18) bis (7.30) bestehende dynamische Modell-wirtschaft ist nun ein mittelfristiges Gleichgewicht zu definieren. Da die Modellkonzeption keine Wachstumsfaktoren aufweist, ist es sinnvoll, als Gleichgewicht im theoretischen Sinne einen Zustand anzusehen, bei dem Reallohnsatz und Kapazitätsoutput mittelfristig konstant bleiben. Wegen der in Gleichung (7.22) formulierten Veränderung des Reallohnsatzes kann in den Regimes „zurückgestaute Inflation" und „klassische Unterbeschäftigung" kein mittelfristiges Gleichgewicht existieren. Denn damit der Reallohnsatz konstant bleibt, muß nach Gleichung (7.22) die eckige Klammer den Wert null annehmen, d.h. der Arbeitsmarkt weist weder Überschußnachfrage noch Überschußangebot auf. Die Regimes (3) und (4) sind aber gerade durch Überschußsituationen auf dem Arbeitsmarkt charakterisiert.

Ein mittelfristiges Gleichgewicht kann jetzt nur noch im Regime „keynesianische Unterbeschäftigung" liegen oder mit dem walrasianischen Gleichgewicht selbst gegeben sein. Mittelfristig bleibt eine Volkswirtschaft im walrasianischen Gleichgewicht, wenn gilt: $Y_t = Y_t^D = Y_{F,t} = aA_F$. Da das Arbeitsangebot annahmegemäß konstant bleibt, gilt dies auch für den Kapazitätsoutput: $Y_{F,t} = aA_F$. Die Nettoinvestitionen sind dann null. Aus der Investitionsfunktion (7.18) folgt für $I_t = 0$ und bei voll angepaßten Kapazitäten: $w_{t-1} = w_W = a - q$. Das walrasianische Gleichgewicht mit $w_W = a - q$ und $Y_F = aA_F$ bleibt also mittelfristig erhalten. Um zu prüfen, ob auch temporäre Gleichgewichte des Regimes „keynesianische Unterbeschäftigung" mittelfristig erhalten bleiben, ist die Entwicklung des Kapazitätsoutputs zu analysieren. Der Reallohnsatz bleibt gemäß Gleichung (7.21) konstant. Unter Beachtung der regimespezifischen Charakteristika $Y_t = Y_t^D < aA_F, Y_{F,t}$ sowie $w_t = w_{t-1} = w$, geht die durch Gleichung (7.27) formalisierte Gesamtnachfrage über in:

$$Y_t = (c - \epsilon)w + c_0 \frac{Y_t}{aA_F} + \epsilon(a - q) + \gamma(Y_{t-1} - Y_{F,t-1}).$$

Bringt man alle Y-Terme nach links und normiert den Koeffizient von Y_t auf eins, ergibt sich:

$$Y_t - b\gamma(Y_{t-1} - Y_{F,t-1}) = bcw + b\epsilon(a - q - w), \tag{7.31}$$

$$\text{mit} \quad b := \frac{1}{1 - \dfrac{c_0}{aA_F}} > 1.$$

Die Veränderung des Kapazitätsoutputs erhält man aus Gleichung (7.19) bei
Berücksichtigung der um eine Periode verzögerten regimespezifischen Investitionsnachfrage:

$$Y_{F,t} - Y_{F,t-1} = I_{t-1} = \epsilon(a - q - w) + \gamma(Y_{t-2} - Y_{F,t-2}). \qquad (7.32)$$

Durch Auflösen dieser Gleichung lassen sich sowohl $\gamma(Y_{t-2} - Y_{F,t-2})$ als auch
Y_{t-2} als Funktionen des Kapazitätsoutputs darstellen. Nach entsprechender
Indexänderung können alle Terme auf der linken Seite von Gleichung (7.31)
durch diese Funktionen ersetzt werden. Damit geht Gleichung (7.31) in eine
inhomogene Differenzengleichung zweiter Ordnung in Y_F über:

$$Y_{F,t} - (1 + \gamma b)Y_{F,t-1} + (1 + b)\gamma Y_{F,t-2} = \gamma bcw + \epsilon(a - q - w).$$

Neudefinition der Koeffizienten vereinfacht diese Gleichung zu:

$$Y_{F,t} + \alpha_1 Y_{F,t-1} + \alpha_2 Y_{F,t-2} = \gamma_0, \qquad \text{mit:} \qquad (7.33)$$
$$\alpha_1 := -(1 + \gamma b), \qquad \alpha_2 := (1 + b)\gamma,$$
$$\gamma_0 := \gamma bcw + \epsilon(a - q - w).$$

Da im Regime „keynesianischer Unterbeschäftigung" der Reallohnsatz und
damit auch γ_0 konstant bleiben, stellt die partikuläre Lösung von Gleichung
(7.33) das mittelfristige Gleichgewicht dar. Der Lösungsansatz $Y_{F,t} = \bar{Y}_F$:
const. überführt Gleichung (7.33) in: $\bar{Y}_F + \alpha_1 \bar{Y}_F + \alpha_2 \bar{Y}_F = \gamma_0$. Hieraus folgt
für $\bar{Y}_F$:

$$\bar{Y}_F = \frac{\gamma_0}{1 + \alpha_1 + \alpha_2} = \frac{\epsilon}{\gamma}(a - q - w) + bcw. \qquad (7.34)$$

Aus Gleichung (7.31) erhält man nach Substitution von $Y_{F,t-1}$ durch seinen
mit Gleichung (7.34) festgelegten Gleichgewichtswert das mittelfristig gleichgewichtige Inlandsprodukt $\bar{Y}$ als:

$$\bar{Y} = bcw. \qquad (7.35)$$

Löst man Gleichung (7.34) nach bcw auf und setzt dies in Gleichung (7.35)
ein, resultiert eine Beziehung zwischen tatsächlichem Inlandsprodukt und
Kapazitätsoutput im mittelfristigen Gleichgewicht:

$$\bar{Y} = \bar{Y}_F - \frac{\epsilon}{\gamma}(a - q - w). \qquad (7.36)$$

Da bei keynesianischer Unterbeschäftigung die Produktion bei Überschußkapazitäten erfolgt, gilt: $\bar{Y}_F > aA_F > \bar{Y}$. Diese Bedingung ist nach Gleichung (7.36) dann erfüllt, wenn der Reallohnsatz kleiner als die Differenz zwischen Arbeitsproduktivität und Kapitalkosten ist: $w < a - q$. Damit ist auch gewährleistet, daß mit Gleichung (7.34) ein ökonomisch sinnvolles Gleichgewicht gefunden ist: Alle Terme auf der rechten Seite von Gleichung (7.34) sind positiv und damit auch $\bar{Y}_F$. Da $\bar{Y}_F$ nach Gleichung (7.34) von w abhängt, existiert für jedes $w < a - q$ ein entsprechender gleichgewichtiger Kapazitätsoutput, der mittelfristig konstant bleibt. Ein konstanter Kapazitätsoutput bedeutet aber Nettoinvestitionen in Höhe von null. Im mittelfristigen Gleichgewicht wird der durch eine positive Rendite ausgelöste Investitionsanreiz gerade durch die vorhandenen Überschußkapazitäten kompensiert.

Die dynamischen Eigenschaften dieses Modells resultieren aus der Lösung des Homogenteils der Differenzengleichung (7.33). Ihre charakteristische Gleichung besitzt die beiden Wurzeln:

$$x_{1,2} = \frac{-\alpha_1 \pm \sqrt{\alpha_1^2 - 4\alpha_2}}{2}.$$

Ist die Diskriminante negativ, treten Schwingungen ein. Aus $\alpha_1^2 - 4\alpha_2 < 0$ folgt unter Beachtung der Strukturparameter nach einfachen Umformungen:

$$(1 - \gamma b)^2 < 4\gamma. \tag{7.37}$$

Damit wird der Schwingungsbereich durch zwei Trennfunktionen begrenzt. Isoliert man in Ungleichung (7.37) den Parameter b, erhält man:

$$\frac{1}{\gamma} - \frac{2}{\sqrt{\gamma}} < b < \frac{1}{\gamma} + \frac{2}{\sqrt{\gamma}}.$$

Die beiden Trennfunktionen lauten daher: $b = \dfrac{1}{\gamma} - \dfrac{2}{\sqrt{\gamma}}$ und $b = \dfrac{1}{\gamma} + \dfrac{2}{\sqrt{\gamma}}$; ihre Graphen sind in Abbildung 7.4 als F_1 bzw. F_2 eingezeichnet. Nach dem Schur–Kriterium sind die Zeitpfade stabil, konvergieren also zum Gleichgewicht, wenn gilt:

$$1 + \alpha_1 + \alpha_2 > 0, \qquad 1 - \alpha_1 + \alpha_2 > 0, \qquad 1 - \alpha_2 > 0.$$

Da aufgrund der Vorzeichen der Strukturparameter die ersten beiden Restriktionen immer erfüllt sind, liegt nur mit der dritten Ungleichung eine Stabilitätsbedingung vor. Diese verlangt, daß gilt: $b < \dfrac{1}{\gamma} - 1$. Die Trennfunktion für stabile und instabile Entwicklungen wird daher gegeben durch: $b = \dfrac{1}{\gamma} - 1$; sie verläuft in Abbildung 7.4 rechts von F_1 und links von F_2 und besitzt bei $\gamma = 1$ eine Nullstelle. Beachtet man, daß der Koeffizient b größer als eins ist, wird die Parameterfläche der Abbildung 7.4 in die Bereiche A, B, C und D unterteilt.

Abb. 7.4:

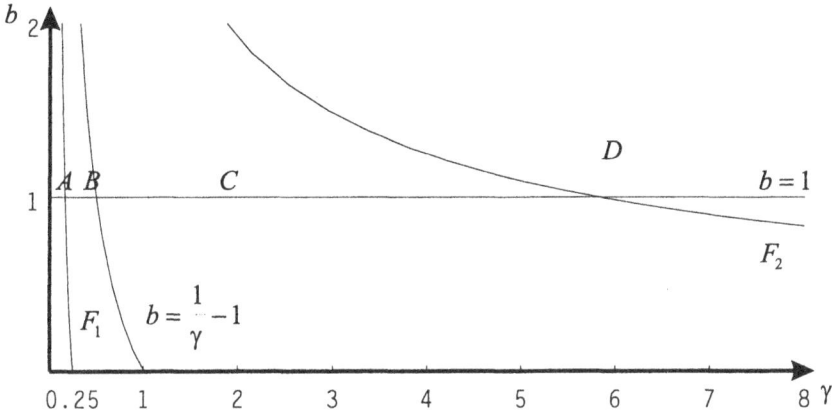

Parameterkombinationen aus dem Bereich A (einschließlich der rechten Begrenzungslinie) führen zu schwingungsfreien Anpassungen an das Gleichgewicht; bei Parameterkombinationen aus dem Bereich B liegt zyklische Konvergenz zum Gleichgewicht vor. Bei den übrigen Parameterkombinationen treten instabile Entwicklungen ein, die sich mit explosiven Schwingungen um das Gleichgewicht (Bereich C) oder mit exponentiellen Abweichungen vom Gleichgewicht (Bereich D einschließlich der linken Begrenzungslinie) vollziehen. Parameterkombinationen auf der Trennfunktion für die Bereiche B und C führen zu Zyklen mit konstanten Amplituden.

Ohne ökonometrische Schätzung der Parameter läßt sich nicht sagen, welcher der vier Parameterbereiche für eine Volkswirtschaft relevant ist. Jedoch dürften Parameterkombinationen mit sehr niedrigem oder sehr großem γ unwahrscheinlich sein: Ist γ sehr klein, erstreckt sich die Anpassung des tatsächlichen an den gewünschten Kapitalstock über einen sehr langen Zeitraum; bei großem γ ist die Anpassungszeit hingegen sehr kurz. Damit stammen empirisch relevante Parameterkombinationen mit großer Wahrscheinlichkeit aus dem Bereich B. Befindet sich die Volkswirtschaft nicht im mittelfristigen Gleichgewicht, tritt eine Entwicklung mit gedämpften Zyklen zum Gleichgewicht ein. Für die einsetzende Entwicklung ist bedeutsam, in welchem Regime sich die Volkswirtschaft nach Störung des Gleichgewichts befindet. Bleibt die Volkswirtschaft im Regime „keynesianische Unterbeschäftigung" und gilt für den herrschenden Reallohnsatz $w < a-q$, kehrt sie von selbst zum Gleichgewicht zurück. Dies läßt sich anhand von Abbildung 7.5 veranschaulichen. Der Punkt $M = (\bar{Y}_{F,M}, w_M)$ stellt ein mittelfristiges Gleichgewicht dar. Die Nettoinvestitionen sind hier null. In Ungleichgewichtssituationen, die bei konstantem Reallohnsatz durch Punkte links von M charakterisiert werden, ist die Überschußkapazität geringer als im mittelfristigen Gleichgewicht, während die Rendite konstant bleibt. Nach der Investitionsfunktion (7.18) liegen hier positive Investitionen vor. Der Kapazitätsoutput wächst bis zu seinem Gleichgewichtsniveau. Analog erfolgt die Argumentation für Ungleichgewichtssituationen rechts von M. Hier sind die Überschußkapazitäten noch größer als im Gleichgewicht, was bei unveränderter Rendite negative Investitionen auslöst. Der Kapazitätsoutput schrumpft in Richtung auf $\bar{Y}_{F,M}$. Die Pfeile in Abbildung 7.5 zeigen diese Entwicklungen.

Abb. 7.5:

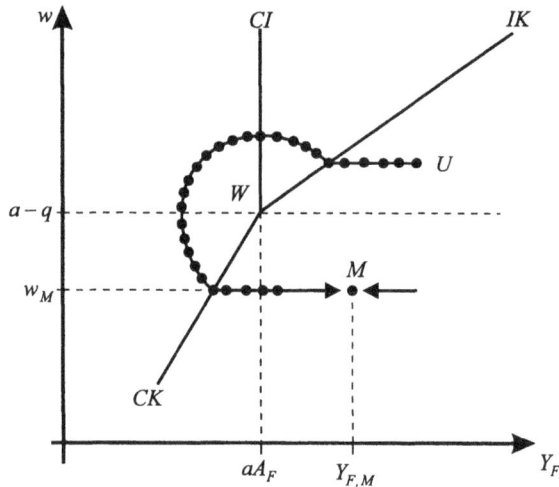

Anders verläuft die Entwicklung, wenn nach der Störung des Gleichgewichts die Volkswirtschaft zwar im Regime der „keynesianischen Unterbeschäftigung" bleibt, der Reallohnsatz jedoch größer als $a - q$ ist (vgl. Punkt U in Abbildung 7.5). Da jetzt neben Überschußkapazitäten noch die Rendite negativ ist, sind auch die Investitionen negativ. Bei zunächst konstantem Reallohnsatz führt die Entwicklung in das Regime „zurückgestaute Inflation". Wegen der hier gültigen Lohndynamik gemäß Gleichung (7.22) steigt der Reallohnsatz und die Rendite fällt weiter. Dies hat einen verstärkten Abbau des Kapitalstocks zur Folge. Die Volkswirtschaft gelangt auf diese Weise in das Regime „klassische Unterbeschäftigung". In diesem Regime würden Kapazitätsanpassungen allein Investitionen induzieren; jedoch ist der Lohnsatz im Regime „zurückgestaute Inflation" so stark gestiegen, daß seine beim Regimewechsel vorliegende Höhe zu negativer Rendite führt, die über die Investitionsfunktion den positiven Kapazitätsanpassungseffekt überkompensiert. Die im Regime der „klassischen Unterbeschäftigung" nach Gleichung (7.22) einsetzende Reallohnsatzsenkung erhöht die Rendite, so daß die In

vestitionen noch in diesem Regime positiv werden. Der Kapazitätsoutput
wächst bei weiter sinkendem Reallohnsatz, bis die Volkswirtschaft wieder in
das Regime „keynesianische Unterbeschäftigung" eintritt. Hier wächst bei
konstantem Reallohnsatz der Kapazitätsoutput bis zu seinem mittelfristigen
Gleichgewichtswert. In Abbildung 7.5 ist diese Entwicklung durch die gepunktete Linie wiedergegeben; sie beginnt im ungleichgewichtigen Zustand
U und mündet in den linken Pfeil ein, der zum Gleichgewicht gerichtet ist.

Die in dieser Abbildung dargestellte Entwicklung ist nur eine von vielen
möglichen. Während sich die Volkswirtschaft erstmalig im Regime „klassische
Unterbeschäftigung" befindet, muß der Reallohnsatz nicht notwendigerweise
bereits auf einen Wert kleiner als $a - q$ sinken. Bleibt er über dem Niveau
$a - q$, kehrt die Volkswirtschaft vom Regime „klassische Unterbeschäftigung"
wieder in das Regime „zurückgestaute Inflation" zurück, um nach einigen
Perioden von hier wieder in das Regime „klassische Unterbeschäftigung" zu
wechseln. Wegen der für eine stabile Entwicklung unterstellten Parameterkonstellation sinkt der Reallohnsatz im Regime „klassische Unterbeschäftigung"
jedoch einmal auf ein Niveau kleiner als $a - q$. Dann strebt die Volkswirtschaft aus dem Regime „klassische Unterbeschäftigung" direkt in das Regime
der „keynesianischen Unterbeschäftigung". Hier wächst der Kapazitätsoutput bei dem Reallohnsatz, der beim Regimewechsel vorlag, auf sein durch
Gleichung (7.34) festgelegtes, gleichgewichtiges Niveau[10]. In analoger Weise vollzieht sich die Anpassung an ein neues Gleichgewicht, wenn sich die
Volkswirtschaft nach der Störung nicht mehr im Regime „keynesianischer
Unterbeschäftigung" befindet.

Aus der geschilderten Folge temporärer Gleichgewichte resultieren für die
Entwicklung des Inlandsprodukts und des Beschäftigungsgrades interessante Konsequenzen. Diese lassen sich unter Bezug auf die Ausgangssituation
U aufzeigen. In dieser Situation sind die Investitionen wegen der negativen
Rendite und der Überschußkapazitäten negativ; die tatsächliche Produktion, die der Nachfrage entspricht, beträgt $Y_U < aA_F$, der Beschäftigungsgrad
entsprechend $v_U < 1$. In der nächsten Periode ist wegen des konstanten Reallohnsatzes w_U die Rendite unverändert, die Überschußkapazitäten wegen
der negativen Investitionen aber teilweise abgebaut, so daß in dieser Periode die Investitionen zwar weiterhin negativ, aber größer als in der Ausgangsperiode sein müssen. Das Inlandsprodukt und der Beschäftigungsgrad
steigen in Abhängigkeit der Investitionszunahme. Diese Entwicklung dauert
an, bis die Volkswirtschaft in das Regime „zurückgestaute Inflation" eintritt.
Zwar liegen auch hier noch Überschußkapazitäten vor, jedoch ist die Güternachfrage größer als das durch den Faktor Arbeit limitierte Inlandsprodukt.

---

[10]Nur wenn beim Regimewechsel gilt: $w_t = w_M$, beträgt der gleichgewichtige Kapazitätsoutput $\bar{Y}_{F,M}$.

Der Lohnsatz steigt jetzt bei Vollbeschäftigung; die durch den Rückgang der Rendite verursachte Investitionsabnahme wird durch eine Zunahme der Konsumgüternachfrage kompensiert, so daß das Inlandsprodukt auf dem Niveau $Y_t = aA_F$ bleibt. Befindet sich die Volkswirtschaft im Regime „klassische Unterbeschäftigung", entsprechen sich tatsächliche Produktion und Kapazitätsoutput. Bei negativen Investitionen sinken zunächst Kapazitätsoutput, Inlandsprodukt, Beschäftigungsgrad und Reallohnsatz. Werden die Investitionen positiv, nehmen Inlandsprodukt und Beschäftigungsgrad zu, während der Reallohnsatz weiter sinkt. Erst im Regime der „keynesianischen Unterbeschäftigung" bleibt der Reallohnsatz konstant.

Als Spezialfall kann schließlich eintreten, daß die Störung eines mittelfristigen keynesianischen Gleichgewichts eine Entwicklung auslöst, die im walrasianischen Gleichgewicht endet. Das walrasianische Gleichgewicht ist aber instabil: Jede Störung führt in eines der drei Regimes mit der oben aufgezeigten Dynamik. Das mittelfristige keynesianische Gleichgewicht stellt daher einen Zustand dar, dem sich eine Volkswirtschaft aus allen Regimes annähert. Die Entwicklung zum Gleichgewicht vollzieht sich mit gedämpften Zyklen; ist das Gleichgewicht erreicht, bleibt die Volkswirtschaft in diesem Zustand. Um die Persistenz der Konjunkturbewegung zu gewährleisten, benötigt auch die neue keynesianische Makroökonomik Impulsvariablen, die Gleichgewichtszustände nachhaltig stören.

Kapitel 8

Konjunkturanalyse für eine offene Volkswirtschaft

8.1 Die internationalen Abhängigkeiten nationaler Volkswirtschaften

Die Analyse einer Volkswirtschaft bleibt unvollständig, wenn ihre Integration in die Weltwirtschaft keine Berücksichtigung findet. Innerhalb der Konjunkturtheorie wurde diesem Aspekt nur zögernd nachgegangen. Dies liegt zum großen Teil daran, daß durch die Öffnung nationaler Volkswirtschaften keine Erkenntnisse bezüglich ihrer dynamischen Eigenschaften zu erzielen sind, die über die aus der Analyse der binnenwirtschaftlichen Interdependenzen gewonnenen hinausgingen. Externe Konjunkturzyklen wirken wie Impulsvariablen, die nationale Konjunkturzyklen auslösen bzw. bereits in Gang befindliche verstärken können, während ihre Zeitprofile durch die heimischen ökonomischen Parameter festgelegt sind. Da externe Konjunkturen — im Gegensatz zu Impulsvariablen — nicht zufällig eintreten und nur über die außenwirtschaftlichen Beziehungen auf die Binnenwirtschaft einwirken können, ist eine allgemeine Theorie der Konjunkturtransmission notwendig. Mit einer solchen Theorie läßt sich dann erklären, wie sich Außeneinflüsse binnenwirtschaftlich verbreiten bzw. welche Auswirkungen von der heimischen Volkswirtschaft auf die Weltwirtschaft ausgehen und von dieser möglicherweise wieder zurückwirken. Bei der Analyse dieser Probleme kommt dem Wechselkurs große Bedeutung zu. Die Untersuchung erfolgt daher jeweils für feste und flexible Wechselkurse getrennt. Ausgehend von den so gewonnenen theoretischen Erkenntnissen kann eine Beurteilung der für geschlossene Volkswirtschaften empfehlenswerten konjunkturpolitischen Maßnahmen hinsichtlich ihrer Wirksamkeit bei offenen Volkswirtschaften erfolgen. Diese Überlegungen bilden den Ausgangspunkt für den in der Theorie internationaler Wirtschaftsbeziehungen diskutierten Fall, ob eine mit dem „Rest der Welt" vergleichsweise kleine Volkswirtschaft eine Abkoppelung vom internationalen Konjunkturzusammenhang erfolgreich betreiben kann. Die angemessene Behandlung dieses Problemkreises würde jedoch zu weit in die Außenwirtschaftstheorie führen, so daß sie hier unterbleiben muß.

Die bedeutendsten Transmissionskanäle, die durch die außenwirtschaftlichen Verflechtungen einer Volkswirtschaft entstehen, stellen die Teilbilanzen der Zahlungsbilanz dar. Während realwirtschaftliche Konjunkturmodelle mit der Leistungsbilanz als Transmissionskanal für die von den Waren- und Dienstleistungsströmen ausgehenden Impulse auskommen, benötigt eine monetäre Konjunkturerklärung als zusätzlichen Übertragungskanal die Kapitalbilanz, in der sich die z.B. durch Zinsunterschiede ausgelösten Kapitalbewegungen niederschlagen. Mit den „terms of trade"[1] steht ein Transmissionsmechanismus zur Erfassung der wechselseitigen Abhängigkeit zwischen inländischen und internationalen Preisbewegungen und –erwartungen zur Verfügung, durch den auch Auswirkungen von Wechselkursänderungen übertragen werden.

Einen weiteren Transmissionskanal sieht man in den im europäischen Raum vorzufindenden Arbeitsmarktdependenzen. Aus konjunkturtheoretischer Sicht kommt dieser internationalen Verflechtung nur geringe Bedeutung zu, da zwar ökonomische Größen internationale Arbeitskräftewanderungen induzieren[2], einmal in Kraft sie aber über Sogeffekte selbst dann noch anhalten, wenn die auslösenden ökonomischen Ursachen längst überholt sind und eine Umkehr der Bewegungsrichtung angezeigt wäre. Arbeitskräftewanderungen erweisen sich als sehr zeitstabil, was gerade ihre konjunkturelle Relevanz reduziert.

Die Bedeutung der über die Transmissionskanäle einwirkenden Auslandsimpulse für die heimische Wirtschaft zeigt besonders deutlich die Gleichgewichtsanalyse für eine offene Volkswirtschaft. Hierzu müssen die Gleichgewichtsbedingungen für den Güter– und Geldmarkt einer geschlossenen Volkswirtschaft (vgl. die Gleichungen (4.14) und (4.16)) um die in der Leistungsbilanz aufgezeichneten Waren– und Dienstleistungsströme sowie um die in

---

[1]Die „terms of trade" Tr sind definiert als zwischenstaatliches Preisverhältnis mit dem inländischen Preisniveau im Zähler und dem in heimischer Währung ausgedrückten ausländischen Preisniveau im Nenner. Die Umrechnung der Fremdwährung in inländische Währungseinheiten erfolgt mit dem Wechselkurs, der den Preis einer ausländischen Währungseinheit in Inlandswährung angibt. Man erhält: $Tr = \dfrac{P}{P_A \cdot e}$, mit P: Preisniveau im Inland, P_A: Preisniveau im Ausland, e: Wechselkurs.

[2]Vgl. hierzu die sehr ausführliche Untersuchung von V. DELHAES–GÜNTHER (1984).

der Kapitalbilanz festgehaltenen Kapitalbewegungen erweitert werden. Aus
Gründen der Vereinfachung sei der 2–Länder–Fall unterstellt, bei dem einer
Volkswirtschaft das durch Zusammenfassung aller nichtheimischen Volkswirtschaften gebildete Ausland gegenübergestellt wird. Sowohl die realen Exporte Ex als auch die realen Importe Im hängen von den jeweiligen nationalen Inlandsprodukten und den terms of trade Tr ab. Eine Zunahme von Tr
führt zu verstärkter realer Importnachfrage, während der reale Export hierdurch zurückgeht; steigendes nationales Inlandsprodukt stimuliert die Importe, steigendes Inlandsprodukt im Ausland die Exporte. Die beiden folgenden
Gleichungen geben diese Verhaltenshypothesen wieder, die mit dem Index A
versehenen Variablen beziehen sich auf das Ausland:

$$Ex = Ex(Y_A, Tr), \quad \text{mit } \frac{\partial Ex}{\partial Y_A} > 0 \quad \text{und } \frac{\partial Ex}{\partial Tr} < 0. \tag{8.1}$$

$$Im = Im(Y, Tr), \quad \text{mit } \frac{\partial Im}{\partial Y} > 0 \quad \text{und } \frac{\partial Im}{\partial Tr} > 0. \tag{8.2}$$

Die (methodische) Gütermarktgleichgewichtsbedingung lautet jetzt:

$$Y = C(Y - T) + I(Y, i) + G + Ex(Y_A, Tr) - Im(Y, Tr). \tag{8.3}$$

Bei gegebenen Staatsausgaben G, ausländischem Inlandsprodukt Y_A und
Preisniveaus im In– und Ausland P bzw. P_A, lassen sich aus Gleichung (8.3)
je nach Festlegung der terms of trade beliebig viele IS–Kurven ableiten. Die
terms of trade können bei konstanten Preisniveaus nur noch über den Wechselkurs variieren. Bei gegebenem Wechselkurs ist die IS–Kurve eindeutig bestimmt; flexible Wechselkurse bewirken über „terms of trade"–Änderungen
ausgelöste Export– und Importvariationen Verschiebungen der IS–Kurve.

Die internationalen Kapitalbewegungen richten sich nach dem Zinsgefälle zwischen den Volkswirtschaften. Ein im Vergleich zum heimischen Zinsniveau
hoher Zinssatz i_A im Ausland führt zu einem verstärkten Kapitalexport und
drosselt den Kapitalimport, während ein relativ hoher Inlandszinssatz eine
entgegengesetzte Bewegung auslöst. Bezeichnet SK den Saldo der Kapitalbilanz als Differenz zwischen den Kapitalimporten und den Kapitalexporten,
läßt sich die aufgezeigte Zinsabhängigkeit formalisieren als:

$$SK = SK(i, i_A), \quad \text{mit } \frac{\partial SK}{\partial i} > 0 \quad \text{und } \frac{\partial SK}{\partial i_A} < 0. \tag{8.4}$$

Der Devisenbilanzsaldo[3] faßt die Salden der Leistungs– und Kapitalbilanz
zusammen. Aufgrund des Definitionsrahmens der volkswirtschaftlichen Gesamtrechnung ergibt sich der Saldo SD der Devisenbilanz als:

$$SD = PEx(Y_A, Tr) - eP_A Im(Y, Tr) + SK(i, i_A). \tag{8.5}$$

---

[3]Seit 1995 wird in der Zahlungsbilanzgliederung nicht mehr die Devisenbilanz, sondern
der Posten „Veränderung der Netto–Auslandsaktiva der Bundesbank" geführt.

Ein von null verschiedener Devisenbilanzsaldo kann nur bei festem Wechselkurs eintreten[4]. Dieser Saldo führt zu einer Veränderung der inländischen Geldversorgung[5]. Nimmt man zwecks Vereinfachung eine Gleichheit zwischen dem Saldo der Devisenbilanz und Änderungen des nominalen Geldangebots an, gilt[6]: $SD = dM^S$. Die Lage der LM-Kurve hängt vom Devisenbilanzsaldo ab.

Diese Zusammenhänge zeigen die Abhängigkeit des internen Gleichgewichts (Binnengleichgewicht) einer Volkswirtschaft von außenwirtschaftlichen Komponenten. Darüber hinaus weisen sie aber auch auf Maßnahmen zur Abwehr der Auslandsimpulse hin. So bleibt auch bei einer offenen Volkswirtschaft das interne Gleichgewicht von Auslandseinflüssen unberührt, wenn die Salden der Leistungs- und Kapitalbilanz jeweils null sind. Hieraus leitet sich die Forderung nach einer ausgeglichenen Zahlungsbilanz ab, um damit eine offene Volkswirtschaft vor störenden außenwirtschaftlichen Impulsen abzuschirmen. Da die gesamte Zahlungsbilanz aufgrund der Verbuchungspraxis und einer statistischen Fehlerbereinigung stets ausgeglichen ist, hat das Zahlungsbilanzgleichgewichtspostulat ökonomisch nur dann einen Sinn, wenn es auf diejenigen Teilbilanzen bezogen wird, deren Salden nicht zwangsläufig gleich null sein müssen. Gewöhnlich versteht man daher unter dem Zahlungsbilanzgleichgewicht einen Saldo von null für die Devisenbilanz, ohne daß hierfür die Zentralbank intervenieren müßte. Aus Gleichung (8.5) lassen sich für gegebene Werte Y_A, P_A, i_A, P und e alle Kombinationen für Y und i gewinnen, die zu $SD = 0$ führen. In einem kartesischen Koordinatensystem mit Y an der Abszisse und i an der Ordinate entsprechen diese Kombinationen Punkten, deren Verbindungslinie die Kurve ZZ des Zahlungsbilanzgleichgewichts (externes Gleichgewicht) darstellt. Diese Kurve besitzt eine positive Steigung. Bei steigendem, heimischem Inlandsprodukt nimmt die Nachfrage nach Importgütern zu, die hierdurch ausgelöste Verschlechterung der Zahlungsbilanz kompensieren aber ein höherer Zinssatz und die damit verbundene Steigerung der Kapitalimporte. Punkte oberhalb der ZZ-Kurve repräsentieren (Y, i)-Kombinationen, für die der Saldo der Devisenbilanz positiv ist (Überschußsituation): Zinssatz und Kapitalimporte sind bei dem vorliegenden Inlandsprodukt für einen Ausgleich der Devisenbilanz zu groß. Analog hierzu verläuft die Begründung dafür, daß Punkte unterhalb der ZZ-Kurve Defizitsituationen kennzeichnen (vgl. Abbildung 8.1, in der die ZZ-Kurve als

---

[4]Die Begründung hierfür erfolgt bei der Behandlung flexibler Wechselkurse.

[5]Aus festen Wechselkursen folgt für die Zentralbank die Verpflichtung, durch Devisenmarktaktionen die Währungsparitäten zu stützen. Diese Aktionen können Käufe oder Verkäufe von Devisen sein.

[6]Die Zentralbank kann diese Geldmengenvariationen in einem gewissen Umfang durch den Einsatz ihrer Steuerungsinstrumente (z.B. durch Variation der Mindestreserve) kompensieren. Solches Vorgehen bezeichnet man als Neutralisierungs- bzw. Sterilisierungspolitik. Verzichtet sie darauf, tritt eine ungebremste Geldmengenvariation ein.

Gerade eingezeichnet ist).

Abb. 8.1:

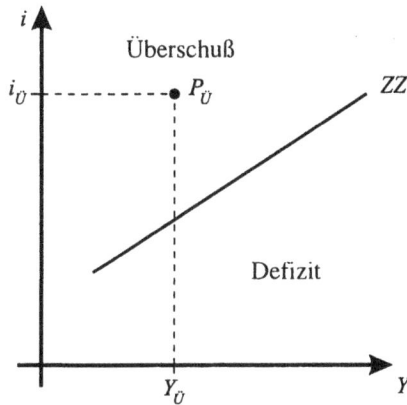

Ein internes und externes Gleichgewicht liegt vor, wenn sich $IS-$, $LM-$ und ZZ-Kurve in einem Punkt schneiden (vgl. Punkt E in Abbildung 8.2)[7]. Existiert hingegen nur ein internes Gleichgewicht E_i, dessen Gleichgewichtswerte Y_i^* und i_i^* zu einem Defizit der Zahlungsbilanz führen (der Punkt E_i liegt in Abbildung 8.2 unter der ZZ-Geraden), verringert sich bei festen Wechselkursen das inländische Geldangebot; dies löst eine Verschiebung der $LM'-$Geraden nach links oben aus, bis der Schnittpunkt E der unveränderten $IS-$ und ZZ-Geraden erreicht ist. Bei flexiblen Wechselkursen pendelt sich der Wechselkurs e stets so ein, daß der Saldo der Devisenbilanz verschwindet; es liegt daher immer ein externes Gleichgewicht vor. Damit bietet der flexible Wechselkursmechanismus automatisch einen Schutz vor außenwirtschaftlichen Störungen, die über die Zahlungsbilanztransmissionskanäle auf die Binnenwirtschaft einwirken[8].

Die Lage der ZZ-Kurve bei flexiblen Wechselkursen entspricht in einem (Y, i)-Koordinatensystem derjenigen bei festen Währungsparitäten, da alle (Y, i)-Kombinationen, die bei festem Kurs die Devisenbilanz ausgleichen, dies

---

[7]In Abbildung 8.2 weist die Zahlungsbilanzgleichgewichtsgerade ZZ eine geringere Steigung als die LM-Gerade auf. Gleichung (8.5) läßt erkennen, daß in einem $(Y, i)-$Koordinatensystem die ZZ-Gerade umso flacher verläuft, je zinsreagibler die Kapitalströme sind. Dies rechtfertigt den eingetragenen Verlauf.

[8]Dies ist der Grund, warum häufig flexible Wechselkurse gegenüber festen favorisiert werden. Ob dieser Schutz eine Konjunkturtransmission ganz unterbindet, zeigt der folgende Abschnitt. Es darf aber die aus flexiblen Wechselkursen resultierende Unsicherheit über die in Fremdwährung ausgedrückten Preise der heimischen Produktion und über ihre Absatzchancen nicht übersehen werden. Dieser Einwand gewinnt an Gewicht, je exportorientierter eine Volkswirtschaft produziert. Für die Bundesrepublik Deutschland beträgt der Anteil der Exporte am Bruttoinlandsprodukt des Jahres 1995 rund 23%.

auch bei einem flexiblen Wechselkurssystem erreichen. Zu jedem Wechselkurs-
niveau gehört genau eine ZZ–Kurve.

Abb. 8.2:

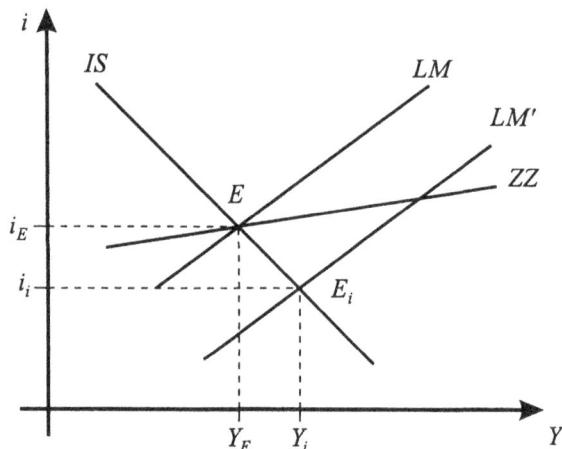

Endogen ausgelöste Wechselkursänderungen bewirken einen Übergang von
einer zu einer anderen ZZ–Kurve, was sich graphisch in einer Verschiebung
der ZZ–Kurve niederschlägt. Wegen dieser Zusammenhänge stellt sich zu
einem internen auch immer ein externes Gleichgewicht ein. Der Anpassungsprozeß soll bei gegebenem internen Gleichgewicht (vgl. den Punkt (Y_i, i_i) in
Abbildung 8.3) für eine defizitäre Zahlungsbilanz gezeigt werden. Ein Zahlungsbilanzdefizit führt zu einer Abwertung der heimischen Währung: Der
Wechselkurs e steigt. Dadurch fallen bei konstanten Preisniveaus die terms of
trade. Niedrigere terms of trade erhöhen die realen Exporte und drosseln die
realen Importe. Im allgemeinen verändern sich die entsprechenden nominalen
Größen parallel zu den realen, so daß sich die Leistungsbilanz in Richtung
eines Überschusses entwickelt. Der Saldo der Devisenbilanz bleibt aber bei
dem neuen Wechselkurs nur dann null, wenn der Zinssatz sinkt, da die dadurch induzierten Kapitalexporte den Devisenbilanzüberschuß wieder abbau-
en. Grafisch bedeutet dieser Anpassungsmechanismus eine Verschiebung der
ZZ–Kurve zur Abszisse[9] (ZZ' in Abbildung 8.3). Gleichzeitig bewirkt aber
die endogene Abwertung eine Verschiebung der IS–Kurve nach oben (IS' in
Abbildung 8.3), da die Exportzunahme binnenwirtschaftlich eine autonome

---

[9]Die Ausführungen zeigen, daß Abwertungen (zunehmender Wechselkurs e) zu einer
Verschiebung der ZZ–Kurve nach unten und Aufwertungen (abnehmender Wechselkurs e)
zu einer Verschiebung nach oben führen. Dies bedeutet bei festen Wechselkursen, daß die
von e abhängigen ZZ–Geraden in Abbildung 8.1 umso näher an der Abszisse liegen, je
höher der Wechselkurs e ist.

Nachfrageerhöhung darstellt. Die Anpassung ist im internen und externen Gleichgewicht (Y^*, i^*) abgeschlossen.

Abb. 8.3:

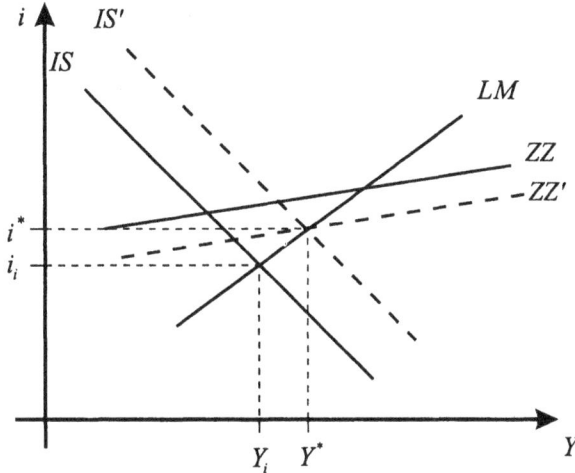

Die außenwirtschaftlichen Verflechtungen sind der Grund dafür, daß eine Volkswirtschaft sowohl Konjunkturimpulse an das Ausland abgibt als auch von diesem empfängt. Diese Impulse können das interne und/oder externe Gleichgewicht stören, so daß Anpassungsprozesse eintreten, deren Zeitprofil im wesentlichen von den binnenwirtschaftlichen Strukturparametern abhängt. Solche Anpassungsprozesse bleiben meistens nicht auf die heimische Volkswirtschaft begrenzt, sondern lösen auch bei dem mit ihr verbundenen Ausland Anpassungsprozesse aus. Zwei Volkswirtschaften heißen interdependent, wenn Änderungen in der einen Ursache für Änderungen in der anderen Volkswirtschaft und umgekehrt sind. Einseitige Dependenz liegt vor, wenn eine Volkswirtschaft nicht mit Rückwirkung aus dem Ausland auf Änderungen der eigenen ökonomischen Variablen rechnen muß, selbst aber von ausländischen Impulsen betroffen ist. In der Literatur bezeichnet man letzteren Fall als Modell einer kleinen offenen Volkswirtschaft. Aufgrund der Größenunterschiede kann die kleine offene Volkswirtschaft weder das Realeinkommen noch die Preise — einschließlich der Zinssätze — im Ausland beeinflussen[10].

Im nächsten Abschnitt wird untersucht, wie sich Konjunkturen von einer nationalen Volkswirtschaft auf das Ausland übertragen und welche Konjunk-

---

[10]Ein interdependenter „2–Länder–Fall" liegt z.B. vor, wenn die Beziehungen zwischen der Volkswirtschaft der USA und dem „Rest der Welt" analysiert werden; dem Modell einer kleinen offenen Volkswirtschaft entspräche die Untersuchung der Abhängigkeit der Volkswirtschaft der Bundesrepublik Deutschland vom „Rest der Welt".

turbewegungen sie dort auslösen. Die ausländische Volkswirtschaft soll so strukturiert sein, daß sie bei realistischen Parameterwerten zu Schwingungen neigt. Der Fall einer monotonen Anpassung an ein neues Gleichgewicht — obwohl theoretisch möglich — ist in der Realität kaum relevant. Ausgangspunkt ist eine durch privatwirtschaftliche oder staatliche Aktivitäten induzierte Zunahme des inländischen Inlandsprodukts, dessen Auswirkungen das Ausland nicht neutralisiert. Es liegt somit eine Analyse der reinen Transmissionswirkung vor. Die gefundenen Ergebnisse zeigen auch auf, welchen Außeneinflüssen eine heimische Volkswirtschaft ausgesetzt ist, wenn Inlandsproduktsteigerungen im Ausland stattfinden. Darüber hinaus läßt sich beurteilen, ob expansive bzw. kontraktive Impulse in offenen Volkswirtschaften stärker oder schwächer als in geschlossenen wirken.

8.2   Internationale Konjunkturentwicklung

Die Ausführungen des vorangegangenen Abschnitts deuten die Vielzahl möglicher Ausgestaltungen konkreter Konjunkturmodelle zur Erklärung internationaler Konjunkturbewegungen bereits an, so daß hier lediglich die Entwicklung der Grundzüge der Konjunkturtransmission möglich ist[11]. Nur diejenigen ökonomischen Größen können eine Konjunkturtransmission verursachen, die über die Transmissionskanäle auf das Ausland bzw. von diesem auf das Inland einwirken. Es werden daher neben rein realwirtschaftlichen auch den Geldmarkt einschließende Erklärungsansätze jeweils bei fixen und flexiblen Wechselkursen vorgestellt. Bezugspunkt ist dabei immer das Modell des „2–Länder–Falls", das neben der inländischen Volkswirtschaft die zusammengefaßte übrige Welt als Ausland betrachtet. Dieser Ansatz ist wegen der Endogenisierung der Wirtschaftsströme zwischen den beiden Ländern für die Analyse der Transmissionsmechanismen besonders geeignet. Im Zentrum steht die Frage, ob sich die Zyklen in außenwirtschaftlich verbundenen Volkswirtschaften parallel oder gegenläufig entwickeln und ob sie sich von denen in geschlossenen Volkswirtschaften unterscheiden. Von einer Parallelentwicklung spricht man, wenn die im Ausland induzierte Konjunktur bei Beachtung möglicher Verzögerungen gleiche Bewegungsrichtung wie die inländische aufweist; gegenläufig heißt die Entwicklung dann, wenn die Konjunktur im Inland eine entgegengesetzte Bewegung im Ausland auslöst[12]. Dabei müssen

---

[11]Mit der Analyse der grundlegenden Mechanismen der Konjunkturübertragung hat die Konjunkturtheorie ihre Schnittstelle mit der Außenwirtschaftstheorie und Währungstheorie erreicht. Der an einer weiterführenden Erörterung interessierte Leser sei auf die Literatur „Internationaler Wirtschaftsbeziehungen", insbesondere MUNDELL (1968) sowie ROSE UND SAUERNHEIMER (1992) verwiesen.

[12]Obwohl nach empirischen Analysen eine Parallelentwicklung zu überwiegen scheint (vgl. hierzu TICHY (1976), S. 72), sind diese Ergebnisse wegen möglicherweise nicht er-

sich die Konjunkturzyklen nicht auf gleichem Niveau bewegen.

Die realwirtschaftliche Analyse geht von einer Volkswirtschaft mit Überschußkapazitäten aus, so daß das Güterangebot stets zu konstanten Preisen erfolgen kann. Einziger Verbindungskanal mit dem Ausland sind die Exporte bzw.
Importe von Gütern und Dienstleistungen; für diese gilt im 2–Länder–Fall:

$$Ex = Im_A, \quad \text{und} \quad Im = Ex_A.$$

Gewöhnlich unterstellt man eine linear homogene Abhängigkeit zwischen Import und Inlandsprodukt:

$$Im = mY \quad \text{und} \qquad \qquad (8.6)$$
$$Ex = Im_A = m_A Y_A. \qquad \qquad (8.7)$$

Der Koeffizient m bzw. m_A heißt marginale Importneigung; für ihn gilt:
$0 \le m < 1$. In den Gleichungen (8.6) und (8.7) kommt die Interdependenz der
beiden Volkswirtschaften zum Ausdruck. Einkommensvariationen im Inland
lösen jetzt nicht nur Nachfrageänderungen nach heimischen Produkten aus[13],
sondern übertragen sich über Importvariationen auf die Exporte des Auslands. Eine durch eine permanente, autonome Ausgabenerhöhung induzierte
Einkommenssteigerung im Inland führt in der reinen Multiplikatoranalyse zu
verstärkten Exporten des Auslands und erhöht dort ebenfalls das Einkommen. Wegen des gestiegenen Auslandseinkommens erfährt das Inland rück-
wirkend verbesserte Exportmöglichkeiten, so daß die Einkommenszuwächse
anhalten, bis der kumulative Prozeß in einem neuen Gleichgewicht mündet.
Diese Zunahme des Gleichgewichtseinkommens legt der Außenhandelsmultiplikator für zwei interdependente Länder fest[14]. Für eine offene Volkswirtschaft erhält man ihn aus der Gütermarktgleichgewichtsbedingung, wenn
ihre Nachfragekomponenten entweder als autonom oder vom Einkommen
abhängig angenommen werden:

$$Y = C(Y) + I + Ex - Im(Y). \qquad \qquad (8.8)$$

---

kannter Phasenverschiebungen vorsichtig zu interpretieren. Erfährt z.B. das Inland einen
Aufschwung, der im Ausland einen Abschwung nach einer Verzögerung von einer halben Zyklenlänge induziert, so wird bei Vernachlässigung des Lags eine nicht vorhandene
gleichgerichtete Konjunkturentwicklung diagnostiziert. Eine breit angelegte Untersuchung
zum internationalen Konjunkturzusammenhang legen MAJER UND WAGNER (1974) sowie
KELLER (1982) vor. FUHRMANN (1980) berichtet die methodischen Ansätze durch eine
faktoranalytische Deskription des Konjunkturverbundes zwischen Schweden, der Bundesrepublik Deutschland und den USA einschließlich einer Analyse der relativen Bedeutung
einzelner Transmissionskanäle.

[13]Die Nachfrage des Inlands nach heimischen Produkten heißt auch inländische Absorption.

[14]Wenn nicht besonders hervorgehoben, ist mit „Außenhandelsmultiplikator" stets der-
jenige für den 2–Länder–Fall gemeint.

Differenziert man Gleichung (8.8) total und faßt alle Veränderungen in Y auf der linken Seite zusammen, ergibt dies bei linearer Konsumfunktion:

$$dY - cdY + mdY = dI + dEx.$$

Die aus autonomen Nachfragevariationen resultierende Veränderung des Inlandsprodukts beträgt:

$$dY = \frac{1}{s+m}(dI + dEx), \qquad s := 1 - c. \tag{8.9}$$

Der Faktor $1/(s+m)$ ist der Außenhandelsmultiplikator für eine kleine offene Volkswirtschaft, die keinen Einfluß auf das Inlandsprodukt im Ausland hat. In diesem Fall bleiben die Exporte an das Ausland konstant und daher folgt: $dEx = 0$. Im interdependenten 2–Länder–Fall steigt im Ausland wegen einer verstärkten Güterausfuhr das Einkommen, dessen Zunahme eine Importsteigerung induziert. Die Einkommenszunahme im Ausland beträgt analog zu Gleichung (8.9):

$$dY_A = \frac{1}{s_A + m_A}(dI_A + dEx_A). \tag{8.10}$$

Da nur die Exporte steigen, ist $dI_A = 0$ und Gleichung (8.10) geht über in:

$$dY_A = \frac{1}{s_A + m_A}dEx_A. \tag{8.11}$$

Aus Gleichung (8.7) folgt unter Beachtung der Gleichung (8.11) die Exportzunahme des Inlands als:

$$dEx = m_A dY_A = \frac{m_A}{s_A + m_A}dEx_A.$$

Wegen $dEx_A = dIm = mdY$ gilt:

$$dEx = \frac{m_A}{s_A + m_A}mdY. \tag{8.12}$$

Ersetzt man in Gleichung (8.9) dEx durch den Ausdruck (8.12), folgt nach einfachen Umformungen der Außenhandelsmultiplikator des interdependenten 2–Länder–Falls:

$$dY = \frac{1}{(s+m)\left[1 - \dfrac{mm_A}{(s+m)(s_A + m_A)}\right]}dI. \tag{8.13}$$

Mit Ausnahme des Grenzfalls $s_A = 0$ ist der Außenhandelsmultiplikator immer kleiner als der Multiplikator einer geschlossenen Volkswirtschaft. Der

Außenhandel hat wegen seiner Dämpfung des Multiplikatoreffektes in einer
sich zyklisch entwickelnden Volkswirtschaft eine stabilisierende Wirkung auf
die inländischen Schwankungen; er exportiert die Konjunkturzyklen in das
Ausland, dessen Konjunktur sich — möglicherweise mit Verzögerungen —
parallel zur binnenwirtschaftlichen entwickelt. Das Ausmaß der Übertragung
hängt von dem Wert der inländischen marginalen Importneigung ab; zunehmende Exporte ins Ausland wirken der Übertragungsmöglichkeit jedoch entgegen. Die Stärke dieser Einschränkung korreliert positiv mit der marginalen
Importneigung m_A des Auslands. Die im Ausland induzierte Einkommenssteigerung kann im Grenzfall die Exporte in das Ausland in einem Umfang stimulieren, der den binnenwirtschaftlich dämpfenden Effekt der Importgüternachfrage neutralisiert. Von dieser in der Realität wohl kaum anzutreffenden
Ausnahme abgesehen bleibt die Konjunkturdämpfung im Inland durch Kon-
junkturexport ins Ausland als grundlegende Wirkung des Außenhandels in
diesem realwirtschaftlichen Ansatz[15] erhalten. Die in Kapitel 4 dargestellten
realen Konjunkturmodelle enthalten neben Multiplikatoreffekten auch das
Akzelerationsprinzip, um Schwingungen der ökonomischen Aggregate abzuleiten. Es läßt sich zeigen[16], daß so konzipierte nationale Modelle die oben
beschriebene Transmissionswirkung umkehren können. Zusätzlich zu der Par-
allelbewegung der wirtschaftlichen Entwicklung ist aus Realmodellen dann
auch eine zum Inland gegenläufige Konjunkturschwankung im Ausland ableitbar. Demselben Transmissionskanal lassen sich unterschiedliche Verlaufs-
formen der Konjunkturen des In– und Auslands zuordnen. Jedoch bleibt bei
fixen Wechselkursen die Konjunkturübertragung erhalten.

Bei flexiblen Wechselkursen läßt sich eine Unterbrechung der Übertragung
inländischer Einkommensvariationen auf das Ausland nachweisen. Die durch
eine heimische Einkommenszunahme induzierte steigende Importgüternachfrage erhöht den Wechselkurs und senkt die terms of trade, worauf die realen
Importe zurückgehen. Gleichzeitig werden die realen Exporte angeregt, was
die Übertragung zusätzlich dämpft. Die Wechselkursänderung endet, wenn
die Leistungsbilanz ausgeglichen ist. Die Abkopplungswirkung flexibler Wechselkurse vom internationalen Konjunkturverbund ist im Rahmen einer realwirtschaftlichen Analyse dahingehend kritisiert worden, daß dadurch die
Konjunkturübertragung nicht vollkommen verhindert wird[17]. Das Hauptar-
gument dieser Kritik ist die Reaktion der realen und/oder nominalen Absorp-

---

[15]Diese Aussage bleibt auch dann gültig, wenn der allgemeinere Fall von n interdependenten Ländern analysiert wird. Vgl. hierzu METZLER (1950), S. 345.

[16]LEWIS (1964). Vgl. auch ZWINTZ (1983), der konjunkturelle Auswirkungen von Variationen ökonomischer Parameter im Rahmen eines für den 2–Länder–Fall erweiterten
Hicks–Modells ohne Wachstum analysiert.

[17]Vgl. hierzu LAURSEN UND METZLER (1950). Einen Überblick über die durch dieses
Modell ausgelöste Diskussion gibt GRAF (1975), S. 539–542.

tion auf die durch Wechselkursänderungen ausgelösten Variationen der terms of trade. Der durch gestiegenen Wechselkurs bedingte Rückgang der terms of trade führt zu einer Reduktion der Importe zugunsten einer Mehrnachfrage nach heimischen Gütern. Bei sinkendem Wechselkurs verläuft die Argumentation umgekehrt. Daraus folgt, daß trotz eines permanenten Leistungsbilanzgleichgewichts theoretisch eine Konjunkturübertragung stattfinden kann. Ob bereits diese realen Nachfrageimpulse, die sehr schwach sein dürften, Konjunkturzyklen auslösen, hängt nicht nur von den dynamischen Eigenschaften, sondern auch von der Sensitivität einer Volkswirtschaft bezüglich Störeinflüssen ab. Die Erfahrung zeigt, daß nur kräftige Störungen des wirtschaftlichen Ablaufs die systemimmanente Dynamik auslösen können. Da flexible Wechselkurse die Übertragungsmöglichkeit zumindest erheblich einschränken, bleibt im wesentlichen ihre Schutzfunktion erhalten.

Um zu einer realitätsnahen Analyse der Konjunkturübertragung zu gelangen, sind die Geldmärkte des In- und Auslands sowie die daraus resultierenden Kapitalströme mit einzubeziehen. Die in der Kapitalbilanz festgehaltenen ökonomischen Transaktionen bilden dann zusätzliche Übertragungskanäle, deren Wirkungsweise die für Realmodelle gefundenen Ergebnisse modifizieren können. Bei den folgenden Ausführungen wird zunächst von fixen Wechselkursen ausgegangen. Das Grundmuster des Übertragungsmechanismus hat bereits Hawtrey bei an den Goldstandard gebundenen Währungen in seiner monetären Konjunkturerklärung aufgezeigt[18]. Danach führt ein Boom im Inland zu einer verstärkten Importgüternachfrage und daher zu einem Abfluß an Goldbeständen. Im Inland verringert sich die Geldmenge bei steigenden Zinsen, die Konjunktur wird gedämpft. Im Ausland bewirkt der Goldzufluß eine Ausdehnung der Geldmenge bei fallenden Zinsen. Dies stimuliert die Investitionen und wirkt auf die wirtschaftliche Aktivität expansiv. Auch bei diesem Ansatz pflanzen sich Konjunkturen international parallel fort. Die monetären Übertragungsfaktoren ergänzen die Wirkung des Außenhandelsmultiplikators.

Die monetäre Transmissionsanalyse bleibt jedoch ohne Berücksichtigung derjenigen Kapitalströme, die durch unterschiedliche Zinsniveaus und Rentabilitätserwartungen für Direktinvestitionen in beiden Ländern ausgelöst werden, unvollständig. Neben den binnenwirtschaftlichen Gründen, die vornehmlich bei geschlossenen Volkswirtschaften zu unterschiedlichen nationalen Zinssätzen führen, kommt nach dem Ansatz von Hawtrey das Zinsgefälle durch Geldmengenveränderungen zustande, die mit einem Importüberschuß und der dadurch ausgelösten Gold- bzw. Devisenbewegung einhergehen. Aber auch bei Währungsmechanismen, die eine konstante Geldmenge bei Zahlungsbilanzungleichgewichten sichern, bewirkt ein Importüberschuß eine Zu-

---

[18] Vgl. hierzu Kapitel 3.2.2

nahme des inländischen Zinssatzes. In einer offenen Volkswirtschaft gilt, daß die inländische Ersparnis gleich der Summe aus inländischen Investitionen und Exporten, verringert um die Importe, sein muß:

$$S = I + Ex - Im.$$

Liegt ein Importüberschuß vor $(Ex - Im) < 0$, übersteigen die inländischen Investitionen die Ersparnisse der Inländer; die Differenz dieser beiden Größen entspricht der von Ausländern erbrachten Ersparnisbildung. Unterstellt man eine Präferenz für die Anlage der Ersparnis im eigenen Land verglichen mit einer Auslandsanlage, übersteigt im Inland die Finanzierungsmittelnachfrage I das Angebot S mit der Folge, daß der Zinssatz zunimmt[19]. Lösen unterschiedliche Zinssätze im In– und Ausland keine Kapitalbewegungen aus, dämpft im Inland der gestiegene Zinssatz die Konjunktur, während sie im Ausland wegen fallenden Zinssatzes angeregt wird. Induziert der hohe Inlandszinssatz einen Kapitalzufluß, wird das durch den Importüberschuß verursachte Zahlungsbilanzdefizit kompensiert. Diese Kapitalbewegung führt zu einer Zinssatzsenkung und kommt bei völlig freier Kapitalbewegung erst dann zum Stillstand, wenn in beiden Ländern der Zinssatz bei ausgeglichenen Zahlungsbilanzen übereinstimmt[20]. Unvollkommene Informationen und die Einschätzung einer Hochkonjunktur als Indikator großer Kapitalrentabilität lassen in manchen Fällen den Kapitalzufluß auch über den Zinsausgleich hinaus anhalten. Der weiter fallende Zinssatz verstärkt die inländische Hochkonjunktur; im Ausland steigt wegen der Geldmengenreduktion der Zinssatz und wirkt auf die ökonomische Entwicklung rezessiv. Damit ist aber die parallele Konjunkturübertragung nicht mehr zwangsläufig, sondern kann in bestimmten Fällen unterbrochen werden. Bei der Ableitung dieses Ergebnisses benutzt man zwei implizite Annahmen[21]. Die erste Annahme besteht darin, daß sowohl das Angebot an heimischer Währung in beiden Ländern als auch die Weltwährungsreserven konstant bleiben. In jedem Land ist das Geldangebot gleich der Summe aus (konstanter) heimischer Geldangebotskomponente und Währungsreserven. Die zweite Annahme lautet, daß der Konjunkturaufschwung im Inland aus ausgabewirksamen Maßnahmen resultiert, die entweder vom staatlichen oder privaten Sektor ausgehen. Über zinselastische Kapitalströme erfolgt dann eine Umverteilung des Weltgeldbestandes zugunsten des Inlands, die notwendigerweise eine Geldmengenreduktion im

---

[19]Im Ausland gilt wegen des Exportüberschusses, daß die Ersparnis S_A die Investitionen I_A übersteigt und der Zinssatz daher sinkt.

[20]Dies setzt die Bewertung inländischer und ausländischer Wertpapiere als vollkommene Substitute voraus. Bereits die oben erwähnte Aversion gegenüber einer Auslandsanlage verhindert den Ausgleich, so daß Unterschiede zwischen den Zinssätzen einzelner Länder bestehen!

[21]Vgl. hierzu die grundlegende Arbeit von MUNDELL (1968), S. 217–271, insbesondere S. 264.

Ausland nach sich zieht und über einen steigenden ausländischen Zinssatz mit induziertem Investitionsrückgang die Wirkung des Außenhandelsmultiplikators überkompensieren kann. Bei einer durch geldpolitische Maßnahmen eingeleiteten Konjunkturbelebung im Inland käme es zu einer Weltgeldmengenausdehnung, so daß in beiden Ländern das Inlandsprodukt steigt. Es liegt dann wieder eine Parallelübertragung der Konjunktur vor.

Bei flexiblen Wechselkursen weist die Devisenbilanz immer einen Saldo von null aus, so daß die Devisenbestände eines Landes unverändert bleiben. Wie die Analyse der Auswirkungen endogener Wechselkursänderungen in Abschnitt 8.1 auf die Lage der Zahlungsbilanzgleichgewichtskurve ZZ zeigt, übertragen sich ausgabenpolitisch ausgelöste Inlandsproduktsteigerungen wegen der dadurch ausgelösten Verschiebung der IS–Kurve parallel auf das Ausland, sofern die Absorption nicht oder nur gering auf terms of trade Änderungen reagiert[22].

Wird die Steigerung des gleichgewichtigen Inlandsprodukts durch geldpolitische Maßnahmen herbeigeführt, kehrt sich die Transmissionswirkung um. Die inländische Geldmengenausdehnung führt zu einer zusätzlichen Nachfrage nach ausländischen Wertpapieren (Kapitalexport). Der Devisenmarkt verzeichnet eine Zunahme der Nachfrage nach Fremdwährung mit der Folge einer Wechselkurssteigerung, die gleichbedeutend mit einer Abwertung der inländischen Währung relativ zur ausländischen ist. Dadurch verteuern sich im Inland die Exporte des Auslands, während seine Importe billiger werden. Der Exportrückgang des Auslands und eine mögliche Verringerung der Absorption im Ausland wegen steigender Importnachfrage induzieren im Ausland einen Inlandsproduktrückgang.

Bei der aufgezeigten Interdependenz offener Volkswirtschaften und den unterschiedlichen Wirkungen, die inländische geld– oder fiskalpolitisch eingeleitete Inlandsproduktsteigerungen im Ausland zeigen, erhält die nationale Wirtschaftspolitik eine neue Dimension. Nicht nur ihre binnenwirtschaftliche Effizienz ist in Betracht zu ziehen, sondern auch ihre Auswirkungen auf das internationale Wirtschaftsgefüge. Die Wirtschaftspolitik wird als Strategienbündel geld– und fiskalpolitischer Instrumente[23] aufgefaßt, die den wirtschaftspolitischen Zielen gemäß des Grades ihrer Zielerreichung zugeordnet sind. Für diese, seit Mundell als Assignment–Prinzip bezeichnete Zuordnung gilt aus Vereinfachungsgründen, daß die wirtschaftspolitischen Instrumente untereinander unabhängig sind, sie sich also gegenseitig weder verstärken noch kompensieren[24]. Will eine Volkswirtschaft ein internes Gleichgewicht

---

[22]Vgl. hierzu auch MUNDELL (1968), S. 267.

[23]Den kombinierten Einsatz geld– und fiskalpolitischer Instrumente nennt man häufig auch policy–mix.

[24]Implizit ist bei der Unabhängigkeitsannahme der Politikmaßnahmen eine Abstrak

unter Beibehaltung des externen Gleichgewichts bei fixen Wechselkursen auf
höherem Inlandsproduktniveau realisieren, muß die Summe der Einflüsse aller wirtschaftspolitischen Maßnahmen auf die Zahlungsbilanz annahmegemäß
gleich null sein. Der Assignmentsatz wirtschaftspolitischer Maßnahmen zur
Erhöhung des Inlandsprodukts überträgt dann trotz des externen Gleichgewichts seine Wirkung auf das Ausland, so daß dieses, sofern es selbst
wirtschaftspolitische Abstinenz übt, eine zum Inland parallele Konjunkturentwicklung erfährt[25]. Diese Transmissionswirkung bleibt auch bei flexiblen
Wechselkursen erhalten, wenn beide Länder über Handels– und Kapitalströme miteinander verbunden sind. Eine nationale Wirtschaftspolitik ist
daher ebenfalls als mögliche Ursache internationaler Konjunkturbewegungen
anzusehen.

---

tion von den Finanzierungseffekten, die mit wirtschaftspolitischen Aktionen einhergehen
können, verbunden. Eine ausführliche Analyse verschiedener Politikmaßnahmen findet man
bei GRAF (1974 und 1976).

[25] Eine solche Untersuchung mit den hier wiedergegebenen Resultaten führen DERNBURG
(1970) und GRAF (1975) durch. Wirtschaftspolitische Maßnahmen zur Neutralisierung
möglicher Wirkungen internationaler Kapitalbewegungen auf die nationale Geldversorgung
dienen der Konjunkturabkoppelung und sind im Rahmen einer Konjunkturabwehranalyse
zu behandeln.

Kapitel 9

Der politische Konjunkturzyklus

9.1 Wirtschaftspolitische Stabilisierungsmaßnahmen als Konjunkturursache

Die von Keynes beeinflußte Entwicklung der makroökonomischen Theorie weist dem Staat eine bedeutende Rolle bei der Stabilisierung der wirtschaftlichen Entwicklung zu. Im Rahmen einer gesamtwirtschaftlichen Analyse ist es erleichternd, sich den Staat als eine Instanz vorzustellen, die alle institutionellen und legislativen Rahmenbedingungen für die Volkswirtschaft setzt, über Höhe und Zusammensetzung des Staatshaushalts entscheidet und über den Einsatz fiskal– und geldpolitischer Instrumente verfügt. Es zählen somit alle Organe der Regierung, die Gebietskörperschaften und die Zentralbank (Bundesbank) zu dieser Instanz[1,2]. Aufgabe des Staates ist es, über die Glo-

---

[1] Durch diese weite Definition des Staates sind interne horizontale und vertikale Koordinierungsprobleme bei der Entscheidungsfindung bezüglich der geeigneten Wirtschaftspolitik umgangen.

[2] Trotz der Autonomie der Bundesbank sprechen gute Gründe für diese Zusammenfassung:

    a) Nach dem Gesetz über die Deutsche Bundesbank ist sie verpflichtet, „unter Wahrung ihrer Aufgaben die allgemeine Wirtschaftspolitik der Bundesregierung zu unterstützen".

    b) Obwohl die Bundesbank der Hauptträger geldpolitischer Entscheidungen ist, besitzt auch der Staat bei Zentralbankkreditfinanzierung seiner Fiskalpolitik ein geldmengenpolitisches Instrument.

balsteuerung „die gesamtwirtschaftliche Entwicklung in der Weise zu verste-
tigen, daß gleichzeitig ein binnenwirtschaftliches Gleichgewicht mit hohem
Auslastungsgrad der Produktionsfaktoren sowie stabilem Geldwert und ein
außenwirtschaftliches Gleichgewicht verwirklicht werden"[3]. Instrumente der
Globalsteuerung sind „hauptsächlich die stabilitätspolitischen Maßnahmen
der Fiskal–, Geld–, Einkommens– und Außenwirtschaftspolitik"[4].

Innerhalb der Konjunkturtheorie findet dieser Aufgabenzuwachs des Staates zunächst noch keine adäquate Berücksichtigung. Die Analyse staatlichen
Handelns bleibt überwiegend der Finanz– und Konjunkturpolitik überlassen,
wo sie zunächst auf einer normativen Ebene erfolgt. Für exogen vorgegebene wohlfahrtstheoretische Zielvorstellungen sollen die Bedingungen opti-
maler Staatsaktivität aufgezeigt werden. Es fehlt eine Theorie über die Be-
stimmungsgründe der tatsächlichen Staatstätigkeit[5]. Bei der doch stark in
der Analyse von Sollzuständen begriffenen Finanz– und Konjunkturpolitik
überrascht nicht die Neigung, diejenigen staatlichen Maßnahmen zur Stabilisierung der wirtschaftlichen Entwicklung, die bei Makromodellen für die
kurze Frist positiv abschneiden, auch für die Verstetigung dynamischer ökonomischer Prozesse als geeignet aufzufassen, ohne umfassende Überprüfung
der Berechtigung dieser Übertragung. Lang anhaltende Wachstumsphasen
in der Nachkriegszeit für alle westlichen Volkswirtschaften sowie eine weit-
verbreitete Akzeptanz der keynesianischen Theorie schienen die Richtigkeit,
dasselbe Stabilisierungsinstrumentarium kurz– und mittelfristig einzusetzen,
zu bestätigen.

Eine sich verschlechternde wirtschaftliche Situation, gekennzeichnet durch
Inflation, hohe Arbeitslosenzahlen und sinkendes Inlandsprodukt bei gleich-
zeitigem Versagen der traditionellen wirtschaftspolitischen Maßnahmen läßt
ihre Wirksamkeit in einem neuen Licht erscheinen. Könnte es nicht sein, daß
die angestrebte Stabilisierung der wirtschaftlichen Entwicklung gerade die
Ursache für (zusätzliche) Schwankungen darstellt bzw. vorliegende Schwingungen verstärkt? Ließ sich diese ungewollte Wirkung bestimmter Stabilisierungsmaßnahmen theoretisch nachweisen, wären „politische Konjunkturzyklen" gefunden[6].

Für die Monetaristen stehen wirtschaftspolitisch induzierte Zyklen außer Fra-

---

[3]SCHNEIDER (1979), S. 478.
[4]SCHNEIDER (1979), S. 478.
[5]Vgl. hierzu KROMPHARDT (1978).
[6]Die Bezeichnung „politischer Konjunkturzyklus" schließt in der Literatur teilweise auch
die von der Regierung bewußt ausgelösten Schwankungen der wirtschaftlichen Aggregate
zur Verbesserung der Wiederwahlchancen ein. Vgl. hierzu KROMPHARDT (1989), S. 208. Es
dient der Klarheit, die bewußt generierten Schwingungen mit „Wahlzyklen" zu bezeichnen.
Vgl. hierzu den folgenden Abschnitt 9.2.

ge[7]. Auch ohne monetaristische Positionen zu vertreten, muß man einräumen, daß staatliche Maßnahmen oft andere als die beabsichtigte Wirkung haben. Diese unbewußte Fehlsteuerung ist auf mehrere Ursachen zurückzuführen:

(1) Unzureichende Kenntnisse über zeitliche Verzögerungen. Die konjunkturelle Entwicklung läßt sich erst nach einer gewissen Zeit erkennen (Informationslag) und diagnostizieren (Diagnoselag). Die zu ihrer Beseitigung notwendigen Maßnahmen werden nach einem Entscheidungslag eingesetzt und wirken erst nach einer Verzögerung auf die Wirtschaft (Wirkungslag).

(2) Ungenaue Vorstellungen über die quantitativen Abhängigkeiten ökonomischer Variablen: Die in den Verhaltensgleichungen enthaltenen Parameter sind numerisch ungenau oder gar nicht spezifiziert.

(3) Unbefriedigende Umsetzung theoretischen Wissens in praktische Wirtschaftspolitik.

All diese Gründe sind nach monetaristischer Auffassung so gravierend, daß sie generell eine systematische Stabilisierung verhindern; eine Konjunkturpolitik, wird sie dennoch betrieben, stört den wirtschaftlichen Ablauf und trägt zu seiner zyklischen Entwicklung bei. Beurteilt man den Erfolg der Wirtschaftspolitik jedoch nicht ganz so pessimistisch wie die Monetaristen, ist eine Erweiterung der Konjunkturmodelle hinsichtlich wirtschaftspolitischer Maßnahmen lohnenswert und bietet einen fruchtbaren analytischen Ansatz. Mit derart erweiterten Konjunkturmodellen lassen sich die Wirkungen verschiedener Stabilisierungsstrategien aufzeigen. Methodisch stehen zwei Wege offen. Zum einen werden plausibel erscheinende Stabilisierungsstrategien vorgegeben und ihre Auswirkungen auf bestimmte ökonomische Aggregate innerhalb des Modells analysiert; zum anderen versucht man, ein optimales Strategienbündel für die Konjunkturstabilisierung zu ermitteln. Bei einer keynesianisch ausgerichteten Konjunkturpolitik besteht die in die Modelle zu integrierende Strategievorgabe vornehmlich darin, daß die Staatsausgaben in Abhängigkeit zur Differenz zwischen gesamtwirtschaftlichem Angebot und gesamtwirtschaftlicher Nachfrage variieren, wobei eine proportionale, kumulative oder derivative Beziehung vorliegen kann[8]. Konzeption und erste Ergebnisse dieses Ansatzes zeigen die bereits dargestellten Stabilisierungsmöglichkeiten bei dem einfachen Samuelson–Hicks–Modell ohne Berücksichtigung

---

[7]Vgl. hierzu z.B. BRUNNER (1973b) und NEUMANN (1975).

[8]Die Variation der Staatsausgaben in Abhängigkeit von der Angebots–Nachfrage–Differenz heißt kumulativ, wenn der Staat erst auf kumulierte Abweichungen reagiert; man nennt sie derivativ, wenn als Determinante der Staatsausgabenvariation die Veränderung der Angebots–Nachfrage–Differenz angesehen wird.

des Finanzierungseffektes der Staatsausgaben (vgl. Kapitel 4.1.2) und bei dem Goodwin–Modell mit Beachtung eines Finanzierungseffektes (vgl. Kapitel 6.4). Die hier gefundenen Ergebnisse weisen — wenn überhaupt — nur geringe Stabilisierungserfolge aus, sofern man Amplitude und Frequenz der Schwingung betrachtet. Dieselbe Einschränkung gilt für geldpolitische Instrumente, wie die Darstellung in Kapitel 5.2.1 zeigt[9].

Optimale Stabilisierungsstrategien lassen sich mit kontrolltheoretischen Modellen erzielen[10]. Für eine durch ein dynamisches ökonometrisches Modell genau spezifizierte Volkswirtschaft mit numerisch bekannten (geschätzten) Strukturparametern werden unter Vorgabe einer gesellschaftlichen Zielfunktion bestimmte Kontrollvariablen (Zielvariablen) ausgewählt, die vom Staat hinsichtlich seiner Zielsetzung beeinflußbar sind. Staatliche Wirtschaftspolitik besteht darin, diese Zielvariablen im Zeitablauf so zu verändern, daß die tatsächliche Entwicklung der Volkswirtschaft nur minimal von der durch die Zielfunktion präzisierten abweicht. Mit Hilfe der Kontrolltheorie lassen sich in diesem Sinne optimale konjunkturpolitische Strategien ableiten[11]. Obwohl dieser Ansatz theoretisch zu überzeugen vermag, sind seiner Übertragung auf konkrete wirtschaftspolitische Entscheidungen sehr enge Grenzen gesetzt. Diese resultieren einmal aus dem notwendigerweise normativen Element bei der Festlegung der Ziel– und Verlustfunktion, zum anderen aus der Schwierigkeit, eine komplexe Volkswirtschaft durch ein dynamisches ökonometrisches Modell umfassend zu spezifizieren und seine Parameter dann statistisch–ökonometrisch zuverlässig zu schätzen[12]. Wie die Konjunkturtheorie aber zeigt, sind gerade die Parameterwerte oft entscheidend für die Bestimmung der dynamischen Eigenschaften einer Volkswirtschaft und der Auswahl geeigneter wirtschaftspolitischer Maßnahmen.

9.2   Politökonomische Konjunkturerklärung

In allen marktwirtschaftlich organisierten Industrienationen hat der Staat eine beachtliche wirtschaftliche Stellung errungen. Ein Indikator für seine wirtschaftliche Aktivität stellt der Anteil der Staatsausgaben am Brutto-

---

[9]Eine systematische Analyse staatlicher Konjunkturpolitik geben PHILLIPS (1954) und BAUMOL (1961). Die wesentlichen Resultate der Phillips–Untersuchung referiert HEUBES (1986), S. 108 ff. und (1991), S. 127 ff.

[10]Eine ausgezeichnete Monographie zur Kontrolltheorie bietet CHOW (1975).

[11]Vgl hierzu TURNOVSKI (1973), (1977), S. 307 ff. und (1995), S. 201 ff. Einen umfassenden Überblick über den Beitrag kontrolltheoretischer Methoden zur Analyse der Stabilisierungspolitik gibt NECK (1976).

[12]Die Problematik bei der Parameterschätzung dynamischer Gleichungen findet der Leser bei ASSENMACHER (1995), S. 164 ff.

inlandsprodukt (Staatsquote) dar, die sich ungeachtet verschiedener Definitionsmöglichkeiten auf hohem Niveau befindet[13]. Wegen der wirtschaftlichen Bedeutung des Staates ist daher eine Theorie notwendig, die seine ausgabenwirksamen Aktionen hinsichtlich ihres Volumens und ihrer zeitlichen Gestaltung zu erklären vermag. Durch die Verbindung einer solchen Theorie mit Konjunkturmodellen entstehen politökonomische Konjunkturmodelle, die eine Analyse der Konjunkturrelevanz staatlichen wirtschaftlichen Handelns ermöglichen.

Ein erstes politökonomisches Konjunkturmodell legt Kalecki[14] vor, der den Staat mit dem privaten Sektor verbindet. Wesentliche Voraussetzungen für das Ableiten von Konjunkturzyklen sind drei Annahmen:

(1) Staatliche Aktionen können in bestimmten Situationen von den Unternehmern erzwungen oder mindestens beeinflußt werden,

(2) der Staat verfügt über wirksame wirtschaftspolitische Instrumente zur Wirtschaftssteuerung,

(3) die Unternehmer glauben, die Arbeiterschaft durch Arbeitslosigkeit kontrollieren bzw. disziplinieren zu können.

Aus der an marxistischen Vorstellungen orientierten dritten Annahme folgt für jede, durch erfolgreiche staatliche Ausgabenpolitik abgesicherte Vollbeschäftigungsphase, daß ihr Ende durch eine von den Unternehmern gewünschte staatliche Ausgabenkürzung eingeleitet wird. Diese Ausgabenkürzungen und die durch sie verursachte Arbeitslosigkeit stehen wegen des Disziplinierungseffektes[15] kurzfristig im Interesse der Unternehmer. Ist ihre erstrebte wirtschaftliche Machtposition wieder erreicht oder ausgebaut, sinkt die Bereitschaft, die durch den Rückgang der wirtschaftlichen Tätigkeit ebenfalls gesunkenen Gewinne und Gewinnaussichten weiter hinzunehmen. Es liegt nunmehr im Interesse der Unternehmer, den Staat zu einer expansiven Wirtschaftspolitik zu veranlassen. Wegen der Effizienz des Instrumentariums setzt

---

[13]Die Staatsquote kann unterschiedlich definiert werden. Das Verhältnis aus den gesamten Staatsausgaben und dem Bruttoinlandsprodukt bzw. Bruttosozialprodukt ergibt die allgemeine Staatsquote, die in der Bundesrepublik Deutschland etwa bei 57,4% liegt. Da in diese Größe aber auch Transferzahlungen und Subventionen eingehen, ist sie kein geeignetes Maß für die Inanspruchnahme des Bruttoinlandsprodukts durch den Staat. Hierüber gibt die spezielle Staatsquote Auskunft, die als Verhältnis von Staatsausgaben für Güter und Dienstleistungen zum Bruttoinlandsprodukt definiert ist. Für die Bundesrepublik Deutschland beträgt diese Quote etwa 22%.

[14]Kalecki (1943).

[15]Dieser Disziplinierungseffekt manifestiert sich ökonomisch nicht nur in der Bereitschaft zu gemäßigten Lohnabschlüssen, sondern auch in der politischen Durchsetzbarkeit des Abbaus bestimmter Sozialleistungen.

nach einer gewissen Verzögerung auch ein Aufschwung ein, der die Position
der Arbeiterschaft wieder stärkt. Aber gerade dadurch ist das Ende des Aufschwungs bereits prädisponiert.

So überzeugend dieser Erklärungsansatz wegen seiner Stringenz auf den ersten Blick erscheint, dürfen zwei wesentliche Kritikpunkte nicht übersehen
werden. Zum einen wird die Wirksamkeit der Wirtschaftspolitik überschätzt,
zum anderen ist gerade die einseitige Abhängigkeit des Staates in dieser
Form von nur einer Gesellschaftsgruppe in einer demokratisch administrier-
ten Volkswirtschaft historisch überholt.

Die theoretische Grundlage der modernen ökonomischen Theorien des Staats-
verhaltens liefern Frey und Lau mit ihrem Beitrag „Towards a Mathematical
Model of Government Behaviour"[16]. Die von Downs[17] erstmals klar heraus-
gestellte Verhaltenshypothese für Parteien, daß ihr Ziel vornehmlich in einer
Stimmenmaximierung zur Erringung des Wahlsieges[18] liegen muß, wird neben der Durchsetzung ideologischer Vorstellungen als Argument einer staatlichen Nutzenfunktion begriffen, die der Staat oder eine Partei[19] für alle
zukünftigen Perioden maximieren will. Eine Regierung kann ihre ideologischen Vorstellungen nur dann realisieren, wenn sie im Amt bleibt: Sie muß an
den Wahlterminen wiedergewählt werden. Um dieses zu sichern, benötigt sie
die Stimmenmehrheit[20]. Ist der Stimmenanteil der Regierung zu einem Zeitpunkt t kleiner als der für die Wiederwahl notwendige, wird sie wirtschaftspolitische Maßnahmen ergreifen, die ihre Popularität bis zum Wahltermin
im erforderlichen Umfang erhöhen sollen. Die Maßnahmen lassen sich durch
Reaktionsfunktionen beschreiben. Von besonderer Relevanz ist dabei die bis
zur Wahl noch verbleibende Zeit. Eine Regierung wird möglicherweise nach
erfolgreicher Wahl ein anderes wirtschaftspolitisches Programm verfolgen als
kurz vor einer Wahl. Die Regierung ist aber in der Wahl ihrer wirtschaftspolitischen Maßnahmen keineswegs frei, sondern hat durch die ökonomische
Struktur auferlegte Beschränkungen zu beachten: Nicht jedes ökonomische
Ziel kann unabhängig von den anderen in dem gewünschten Maße erreicht

---

[16]FREY UND LAU (1968).

[17]DOWNS (1957).

[18]Wahlsiege resultieren auch aus anderen Maximierungshypothesen, so z.B. aus der Maximierung des Stimmenanteils. Weitere Ansätze findet man bei FREY UND LAU (1968), S.
357 ff.

[19]Die folgenden Ausführungen konzentrieren sich hauptsächlich auf das Verhalten der Regierungspartei (Staat), da sie im Gegensatz zur Oppositionspartei primär über den Einsatz
wirtschaftspolitischer Instrumente verfügt. Obwohl eine Regierung als Koalition mehrerer
Parteien hervorgehen kann, soll vereinfachend ein Zweiparteiensystem unterstellt werden,
in dem eine Partei die Regierung stellt.

[20]Die für den Wahlsieg notwendige Mindeststimmenzahl hängt von dem Wahlmodus ab.
Das Maß „Mehrheit der Stimmen" ist immer in Bezug auf einen konkreten Wahlmodus zu
sehen.

werden[21]. Damit ist die Grundstruktur einer ökonomischen Theorie des Staates entworfen, die das nachstehende Schaubild illustriert[22].

Abb. 9.1:

```
                      ┌─────────────┐   Popularitäts-
              ┌──────▶│  Reaktions- │◀── überschuß, -defizit
              │       │  funktion   │
              │       └─────────────┘
              │              ▲
   ┌──────────┴──┐   ökonomische    ┌─────────────┐
   │    Volks-   │   Restriktionen  │  Regierung  │
   │ wirtschaft  │                  │   (Staat)   │
   └─────────────┘                  └─────────────┘
              │                            ▲
              │       ┌─────────────┐  Regierungs-
              └──────▶│ Popularitäts-│── popularität
                      │   funktion   │
                      └─────────────┘
```

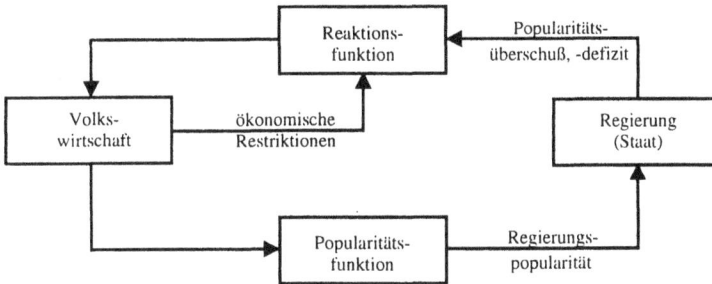

Für politökonomische Modelle ist die interdependente Verbindung des politischen und ökonomischen Bereichs charakteristisch. Um Hinweise auf die konkreten Interaktionen zwischen den beiden Bereichen zu erlangen, müssen die in dem allgemeinen politökonomischen Modell enthaltenen Funktionen spezifiziert sein. Besondere Bedeutung kommt dabei der Auswahl derjenigen ökonomischen Variablen zu, die der Staat kontrollieren kann und die seine Popularität maßgeblich beeinflussen. Diese Zielvariablen stellen die eigentlichen Verbindungsglieder des ökonomischen und politischen Bereichs dar. Nordhaus[23] hat ein Modell für einen politischen Konjunkturzyklus vorgestellt, das als Zielvariablen die Arbeitslosenquote und die Inflationsrate enthält[24]; zwei ökonomische Größen, die zweifelsfrei zentral für die Erfolgsmessung der Regierung durch die Wähler sind. Problematisch bleibt bei diesem Ansatz die Auffassung einer direkten Kontrollierbarkeit der Arbeitslosenquote durch den Staat in einer marktwirtschaftlich organisierten Volkswirtschaft; es soll aber unterstellt werden, daß ihm dies in gewissem Umfang mit seinen geld- und fiskalpolitischen Instrumenten gelingt. Für die beiden Zielvariablen existiert eine ökonomische Beschränkung gemäß der Phillips–Relation: Zwischen Inflationsrate und Arbeitslosenquote besteht ein Trade–off, den Gleichung (9.1)

---

[21] Als Illustration für solche Beschränkungen möge das magische Viereck bzw. Fünfeck dienen.

[22] Diese Darstellung geht auf FREY UND SCHNEIDER (1975), S. 351 zurück.

[23] NORDHAUS (1975).

[24] Da die aufgenommenen Zielvariablen nur einen Ausschnitt des ökonomischen Bereichs erfassen, liegt ein partielles politökonomisches Modell vor. Vgl. hierzu auch FREY UND SCHNEIDER (1975), S. 344.

wiedergibt:

$$D \ln P = f(1 - v) + \beta D \ln P^e, \qquad \text{mit:} \qquad (9.1)$$

$$\frac{\partial f(1 - v)}{\partial (1 - v)} = f'(1 - v) < 0, \quad 0 < \beta < 1.$$

$D \ln P = \dot{P}/P :$ tatsächliche Inflationsrate,

$D \ln P^e = \dot{P}^e/P^e :$ erwartete Inflationsrate,

$v :$ Beschäftigungsgrad,

$1 - v :$ Arbeitslosenquote.

Die Veränderung der Inflationserwartung: $D(D \ln P^e) = D^2 \ln P^e$ unterliegt der adaptiven Erwartungsbildung und hängt daher vom Prognosefehler ab:

$$D^2 \ln P^e = \lambda (D \ln P - D \ln P^e), \qquad \lambda > 0. \qquad (9.2)$$

Für gegebene Werte der Inflationserwartung folgt aus Gleichung (9.1) eine Schar kurzfristiger Phillips–Kurven. Abbildung 9.2 zeigt zwei Kurven dieser Schar, wobei die Inflationserwartung bei der Kurve MM kleiner als bei $M'M'$ ist.

Abb. 9.2:

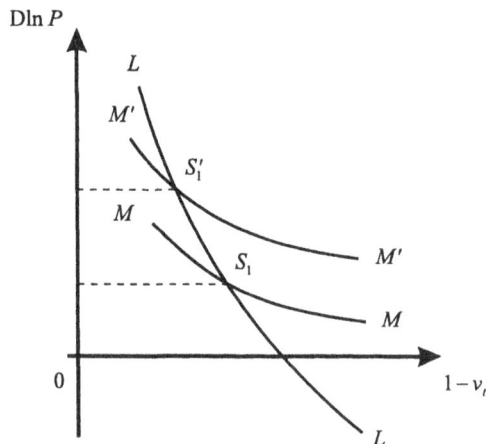

LL: langfristige Phillips–Relation,
MM bzw. $M'M'$: kurzfristige Phillips–Relation.

Langfristig entsprechen sich Inflationserwartung und tatsächliche Inflations-rate; die langfristige Phillips–Kurve $(D \ln P)_L$ ergibt sich dann aus Gleichung

(9.1) für $D \ln P^e = D \ln P$ als:

$$(D \ln P)_L = \frac{1}{1-\beta} f(1-v)\,, \qquad (9.3)$$

$$\text{mit} \quad \frac{d(D \ln P)_L}{d(1-v)} = \frac{1}{1-\beta} f'(1-v)\,.$$

Wegen $\frac{1}{1-\beta} > 1$ verläuft die langfristige Phillips–Kurve LL steiler als die kurzfristige, deren Steigung $f'(1-v)$ beträgt. In den Schnittpunkten der Abbildung 9.2 stimmen die tatsächliche, die langfristige und die für die jeweilige kurzfristige Phillips–Kurve konstant gehaltene erwartete Inflationsrate überein: $D \ln P = D \ln P^e$.

Die kurzfristige Phillips–Kurve verändert sich im Zeitverlauf wegen Gleichung (9.2). Bei abnehmender Arbeitslosigkeit nimmt die Inflationsrate zu und induziert eine steigende Inflationserwartung. Die kurzfristige Phillips–Kurve MM verschiebt sich in die Position $M'M'$.

Die Popularität der Regierung hängt von ihrer Fähigkeit ab, die ökonomischen Zielvariablen $D \ln P$ und $(1-v)$ so zu beeinflussen, daß sie den Vorstellungen der einzelnen Wähler entsprechen. Gelingt ihr das, erfolgt die Stimmabgabe $V_i(t)$ des i–ten Wählers für die Regierungspartei, andernfalls für die Opposition[25]:

$$V_i(t) = V_i[D \ln P, (1-v)] = \begin{cases} 1, & \text{Zustimmung für die Regierung,} \\ 0, & \text{Zustimmung für die Opposition.} \end{cases} \qquad (9.4)$$

Die Summation der Gleichung (9.4) über $i, i = 1, \ldots, n$ liefert die aggregierte Wahlfunktion. Sie gibt die auf die Regierung entfallenen Stimmen an; die Wiederwahl sichert eine Stimmabgabe in Höhe von:

$$V(T) = \sum_{i=1}^{n} V_i(T) \geq V_{\min}\,,$$

T : Wahltag,

$V_{\min}$: zur Wiederwahl notwendiges Stimmenminimum[26].

Aus der aggregierten Wahlfunktion lassen sich Indifferenzkurven ableiten, die Kombinationen der Arbeitslosenquote und der Inflationsrate festlegen, die zu gleichen Stimmabgaben (Isostimmenkurven) führen. Es sei unterstellt,

---

[25] Die Möglichkeit der Stimmenthaltung soll unberücksichtigt bleiben.

[26] Ist die Anzahl n der abgegebenen Stimmen gerade, so gilt: $V_{\min} = n/2 + 1$; bei ungerader Anzahl: $V_{\min} = (n+1)/2$.

daß die Gesamtheit der Wähler hohe Beschäftigung und Preisstabilität einer hohen Arbeitslosigkeit und Inflation vorzieht[27]. Die Präferenzordnung genügt den üblichen Annahmen eines positiven Grenznutzens und abnehmender Substitutionsrate. In einem kartesischen Koordinatensystem mit der Arbeitslosenquote an der Abszisse und der Inflationsrate an der Ordinate verlaufen Isostimmenkurven dann konkav zum Ursprung 0_1 (vgl. Abbildung 9.3)[28]. In der Grafik stellt $(D \ln P)^{-1}$ eine Variable dar, die die Preisstabilität mißt. Je näher (weiter) eine Isostimmenkurve zum Ursprung 0_1 (vom Ursprung 0_2) verläuft, desto höher ist die durch sie repräsentierte Stimmabgabe für die Regierungspartei.

Abb. 9.3:

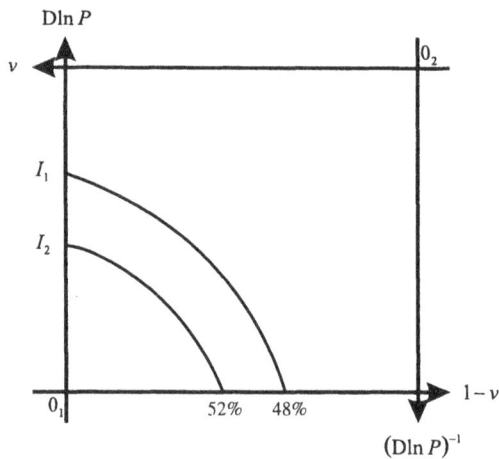

Im kurzfristigen Fall ist die Regierung nur an ihrer Wiederwahl am jeweils nächsten Wahltermin interessiert; sie verfolgt keine langfristigen, ideologischen Ziele. Für die Wähler gilt, daß näher am Wahltag T liegende wirtschaftspolitische Maßnahmen einen größeren Einfluß auf die Wahlentscheidung haben als früher ergriffene Maßnahmen, d.h. die Wähler vergessen. Maßnahmen, die vor dem letzten Wahltermin lagen, sind bereits ganz vergessen. Die Wählerzustimmung in der Wahlperiode $[0, T]$ kann als Funktion des Popularitätspotentials $V[D \ln P, (1 - v)]e^{\rho t}$, $0 \leq t \leq T$ aufgefaßt werden, das die Regierung durch ihre Zielvariablen $D \ln P$ und $(1 - v)$ unter Beachtung der ökonomischen Restriktionen (9.1) und (9.2) steuern kann. Der Faktor

---

[27]Ausführliche Begründungen für diese naheliegende Rangordnung gibt NORDHAUS (1975), S. 135 ff.

[28]Die gewohnte Form einer Indifferenzkurve ergibt sich unter Bezug auf das Koordinatensystem 0_2, an dessen Achsen der Beschäftigungsgrad v (Abszisse) und die Preisstabilität $(D \ln P)^{-1}$ (Ordinate) abgetragen sind.

$e^{\rho t}$, $\rho > 0$ gewichtet die jeweils aktuellere wirtschaftspolitische Maßnahme stärker als die vorangegangene. Die Regierung will über ihre Zielvariablen eine Maximierung der Popularität bis zum Wahltag T unter Beachtung der ökonomischen Restriktion (9.1) erreichen:

$$\max V(T) = \int_0^T V[D \ln P, (1 - v)] e^{\rho t} dt. \qquad (9.5)$$

Für den kurzfristigen Fall existiert für dieses Maximierungsproblem unter Nebenbedingung eine Lösung, die sich gut grafisch veranschaulichen läßt (vgl. Abbildung 9.4)[29].

Abb. 9.4:

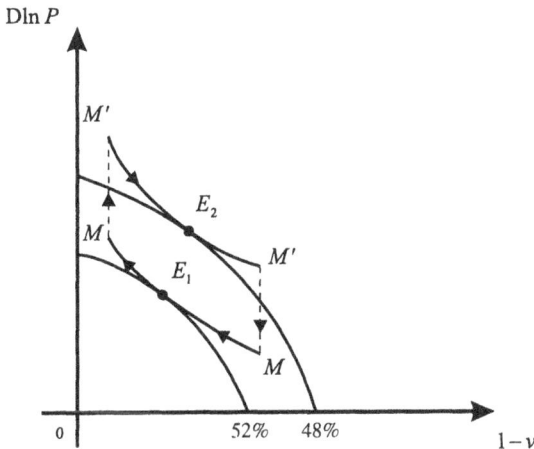

Die Regierung gewinnt die Wahl, wenn ihre wirtschaftspolitischen Maßnahmen Inflationsrate und Arbeitslosenquote auf ein Niveau bringen, das zu einer die Wiederwahlrestriktion erfüllenden Stimmabgabe am Wahltag führt. Eine solche Situation kennzeichnet in Abbildung 9.4 der Punkt E_1. Zeitverzögerungen bewirken eine über den Wahltag hinaus anhaltende Entwicklung der Volkswirtschaft entlang der Phillips–Kurve MM, die den Pfeilen entspricht. Die Inflation nimmt bei sinkender Arbeitslosenquote weiter zu. Diese Inflationszunahme führt zu einer Erhöhung der Inflationserwartung gemäß Gleichung (9.2) und somit über Gleichung (9.1) zu einer Verschiebung der kurzfristigen Phillips–Kurve MM in die Position $M'M'$. Solange diese neue Beziehung gültig ist, erfüllt die maximal erreichbare Stimmenzahl

---

[29]Wir folgen hier der Darstellung bei VOSGERAU (1979), S. 501, die allgemeiner als der bei NORDHAUS (1975) diskutierte Fall ist.

(festgelegt durch den Punkt E_2 in Abbildung 9.4) nicht die Wahlrestrikti-
on. Die Regierung ergreift nun Strategien, um die verbreitete, hohe positive
Inflationserwartung zu brechen. Dabei läßt sich eine steigende Arbeitslosenquote nicht vermeiden. Diese Strategien werden beibehalten, bis eine Verschiebung der kurzfristigen Phillips–Kurve zum Ursprung in einem Ausmaß
erreicht wurde (möglicherweise in die ursprüngliche Lage MM), daß jetzt
Isostimmenkurven mit für die Wiederwahl erforderlichen Stimmenindizes ge-
schnitten werden bzw. im ungünstigsten Fall nur eine die Wahl sichernde
Isostimmenkurve berührt wird[30]. Abbildung 9.4 gibt die Verschiebung in die
Ausgangslage wieder. Die Regierung wird ihre wirtschaftspolitischen Prio-
ritäten nun anders setzen: Aktionen, die zum Anstieg der Beschäftigung bei
mäßiger Inflation führen, werden so lange beibehalten, bis über die daraus
resultierende Zunahme der Popularität die Wiederwahlrestriktion erfüllt ist.

Die im Regierungsverhalten begründeten Eingriffe in den wirtschaftlichen Ablauf induzieren Veränderungen der ökonomischen Aggregate, deren Zeitprofil
vom Wahlrhythmus abhängt. Es ist damit ein Konjunkturzyklus gefunden,
dessen Ursachen nicht im ökonomischen Bereich zu finden sind, sondern aus
dem für die kurze Frist gültigen Verhalten des Staates resultieren. Dieser Zyklus unterscheidet sich deutlich von denjenigen politischen Konjunkturzyklen,
die aufgrund der unterstellten Unfähigkeit des Staates, wirtschaftliche Entwicklungen zu beeinflussen, entstehen: Es ist dies der eigentliche Wahlzyklus.
Obwohl die theoretische Grundlegung des Wahlzyklus zu überzeugen vermag,
ist seine Existenz an sehr einschränkende Voraussetzungen gebunden. Über
die zentrale Annahme der Kontrollierbarkeit der Zielvariablen hinaus muß
angenommen werden, daß der Regierung

(1) die relevanten Zielvariablen der Popularitätsfunktion einschließlich ih-
    rer Bedeutung für die Wahlentscheidung sowie

(2) die bestehenden Restriktionen, qualitativ und quantitativ,

bekannt sind.

Betrachtet man diese Voraussetzungen als erfüllt, sind für eine empirische
Überprüfung des Wahlzyklus drei Ansätze besonders geeignet. Eine erste
Möglichkeit bietet die ökonometrische Schätzung der Popularitätsfunktion,
in der die abhängige Variable „Popularität der Regierung" als lineare Funktion z.B. der Regressoren „Arbeitslosenquote" und „Inflationsrate" aufgefaßt

---

[30] Die Optimalsituation wird durch Tangentialpunkte gegeben. Die kurzfristige Phillips–
Kurve berührt hier die Isostimmenkurve mit dem höchsten erreichbaren Stimmenindex.
Schneidet dieselbe Phillips–Kurve weitere Isostimmenkurven mit Stimmenindizes, die ebenfalls der Wiederwahlrestriktion genügen, so ist die Regierung nicht nur auf eine Kombination der Inflationsrate und der Arbeitslosenquote beschränkt. Für sie ist eine Wiederwahl
dann leichter zu erreichen.

wird. Die Beobachtungen für die Variable „Popularität" bestehen aus dem
für die Regierung an den Wahltagen abgegebenen Stimmen und den durch
Meinungsumfragen gewonnenen Ergebnissen zwischen den Wahlen. Auf diese Weise läßt sich eine hinreichend breite Datenbasis bilden. Die Empirie
bestätigt dann die Existenz einer Popularitätsfunktion, wenn die geschätzten Regressionskoeffizienten das richtige Vorzeichen aufweisen und von dem
Wert null signifikant abweichen[31]. Ein anderer Ansatz bedient sich der Verfahren der Zeitreihenanalyse, die zyklische Bewegungen in einer Zeitreihe und
Korrelationen zwischen verschiedenen Zeitreihen aufzudecken erlauben. Eine
methodisch weniger anspruchsvolle Vorgehensweise ermittelt analog zur Bestimmung des typischen Konjunkturzyklus in Kapitel 1.2.2 das durchschnittliche Verhalten eines Einzelindikators E während einer Legislaturperiode.
Die Werte E_{ij} des Einzelindikators im i-ten Jahr der j-ten Legislaturperi-
ode werden über j gemittelt: $\bar{E}_i = \frac{1}{J} \sum_j E_{ij}, \; j = 1, \ldots, J$. Problematisch ist
an diesem Ansatz, daß das Zeitmuster für diesen Indikator nicht ohne weite-
re Annahmen aus der Theorie des Wahlzyklus ableitbar ist und daher eine
Gegenüberstellung mit dem ermittelten Zeitprofil entfällt[32]. Die Ergebnisse
der zahlreichen empirischen Untersuchungen[33], die sich der drei genannten
methodischen Ansätze bedienen, lassen sich dahingehend zusammenfassen,
„daß sich (weder) die Wirtschaft der Bundesrepublik nach 1950 in deutlicher
Abhängigkeit von Wahlterminen entwickelt habe, noch konnten längerfristi-
ge Zusammenhänge zwischen konjunkturpolitischen Maßnahmen und Wahlen
gefunden werden"[34]. Die Empirie stützt nach diesen Untersuchungen nicht die
Theorie des Wahlzyklus. Dies mag bei Ländern mit föderalistischem Staats-
aufbau daran liegen, daß „Konjunkturpolitik von mehreren, voneinander unabhängigen Gremien mit z.T. entgegengesetzter politischer Mehrheit betrieben wird, wobei außerdem die Wahltermine so liegen können, daß die wahl-
politisch orientierten Maßnahmen einander aufheben"[35].

---

[31]Es sei darauf hingewiesen, daß dieser Nachweis nicht leicht und in manchen Fällen
wegen des Fehlens eines adäquaten Schätzverfahrens gar nicht zu erbringen ist. Statistisch-
ökonometrisch verläßliche Ergebnisse erhält man nur, wenn die im Regressionsansatz enthaltenen Störvariablen nicht autokorrelieren und wenn zwischen den Regressoren keine
Abhängigkeiten vorliegen (Problem der Multikollinearität). Der Phillips-Trade-off aber
bedeutet gerade solch eine Abhängigkeit. Eine ausführliche Darstellung der hier angespro-
chenen Probleme findet man bei ASSENMACHER (1995).

[32]Die Angabe eines Zeitmusters muß genauer sein als die intuitiv plausible Vermutung,
daß vor der Wahl ein von den Wählern positiv beurteilter Indikator zu-, während ein
negativ beurteilter hingegen abnimmt.

[33]Siehe hierzu FREY UND GARBERS (1972), KIRCHGÄSSNER (1974, 1984), FREY (1976),
FREYER (1980) sowie SCHNEIDER UND FREY (1988).

[34]FREYER (1980), S. 270.

[35]KROMPHARDT (1989) S. 209.

Teil IV
Walrasianische Konjunkturtheorie

Kapitel 10

Monetaristische und neuklassische Konjunkturerklärung

10.1 Kompetitives temporäres Gleichgewicht

Beim kompetitiven temporären Gleichgewicht sind — ganz in walrasianischer Tradition — die Preise schnelle und die Mengen langsame Variablen. Transaktionen finden auf den Märkten erst dann statt, wenn durch Preisvariationen die Pläne aller Marktteilnehmer koordiniert sind. Die Preise, die diese Plankonsistenz bewirken, sind im walrasianischen Sinne gleichgewichtig. Da sich bei gleichgewichtigen Preisen auf den einzelnen Märkten Angebot und Nachfrage stets entsprechen, können keine Rationierungen und als deren Folge Spillover–Effekte auftreten. Jedoch wird beim kompetitiven temporären Gleichgewicht die walrasianische Vorstellung aufgegeben, daß Wirtschaftssubjekte unter vollkommener Voraussicht planen, sie somit bei ihren Planungen neben den gegenwärtigen auch alle zukünftigen Märkte berücksichtigen. Ihren Planungen liegt keine vollständige Ordnung kontingentierter Gegenwarts– und Zukunftsmärkte zugrunde. Die Wirtschaftssubjekte schließen daher nicht mehr nach Vermittlung eines fiktiven Auktionators alle — auch zukünftige Transaktionen betreffende — gleichgewichtigen Verträge im Planungszeitpunkt ab, sondern sind gezwungen, gemäß der ihnen verfügbaren Informationen Erwartungen über zukünftige ökonomische Zustände zu bilden und diese bei ihren Entscheidungen zu berücksichtigen. Da sich mit dem Informationsstand auch die Erwartungen ändern, sind diese kompetitiven Gleichgewichte nur temporär gültig.

Grundlage der walrasianischen Konjunkturerklärung ist das in Kapitel 3.2.1 entwickelte Makromodell, das hier durch eine vom Realeinkommen abhängige Konsumfunktion erweitert wird und Geldhaltung neben Transaktionszwecken auch aus Spekulationszwecken zuläßt. Analog zur Vorgehensweise beim keynesianischen Makromodell lassen sich aus dem so erweiterten Gleichungssystem (3.18 a) bis (3.18 j) eine aggregierte Angebotsfunktion und über entsprechende $IS-$ und $LM-$Funktionen eine aggregierte Nachfragefunktion ableiten[1]. Bei vollkommener Information und flexiblen Preisen bestimmt das Arbeitsmarktgleichgewicht (3.18 d) die Produktion Y, die über die Gütermarktgleichgewichtsbedingung $Y = C(Y) + I(i)$ den Zinssatz festlegt, der bei gegebenem nominalen Geldangebot gemäß der $LM-$Funktion das Preisniveau P bestimmt. Wegen dieser Kausalbeziehungen löst eine Veränderung der nominalen Geldmenge eine proportionale Änderung des Preisniveaus und des Nominallohnsatzes aus, da das Realeinkommen und der Zinssatz von M unabhängig sind.

Liegen keine vollständigen Informationen über die Preise vor, sind Unternehmen und Haushalte gezwungen, hierüber Erwartungen zu bilden. Da Haushalte mit dem Arbeitskontrakt zwar den Nominallohnsatz kennen, seine reale Höhe aber erst bei der Planung des Haushaltsgleichgewichts erfahren, ist das Arbeitsangebot jetzt vom erwarteten Reallohnsatz abhängig. Dieser ist definiert als Quotient aus Nominallohnsatz w und erwartetem Preisniveau P^e. Die Arbeitsangebotsfunktion lautet daher:

$$A^S = A^S\left(\frac{w}{P^e}\right), \quad \text{mit } \frac{\partial A^S}{\partial w} > 0 \quad \text{und } \frac{\partial A^S}{\partial P^e} < 0\,. \tag{10.1}$$

In der Regel haben Unternehmen einen höheren Informationsstand als private Haushalte. Es kann daher unterstellt werden, daß sie neben dem Nominallohnsatz auch den für ihr Produkt relevanten Absatzpreis kennen. Die Arbeitsnachfragefunktion bleibt daher vom Reallohnsatz abhängig:

$$A^D = A^D\left(\frac{w}{P}\right)\,. \tag{10.2}$$

Wegen der getroffenen Modifikation der Arbeitsangebotsfunktion wird auf dem Arbeitsmarkt neben der Beschäftigung jetzt nicht mehr der Reallohnsatz, sondern der Nominallohnsatz bestimmt. Zu jedem (parametrisierten)

---

[1]Vergleiche hierzu die Ausführungen auf Seite 93 ff. und die dort gemachten Einschränkungen. Eine ausführliche Darstellung des neoklassischen Modells findet man bei MAUSSNER (1994), S. 41 ff.

Preisniveau P bzw. P^e gehört jeweils eine Arbeitsnachfrage– bzw. Arbeitsangebotsfunktion (vgl. Abbildung 10.1.a). Erwarten die Haushalte das Preisniveau P_1^e und hat das tatsächliche Preisniveau die Höhe P_1, wird in Abbildung 10.1.a das temporäre Arbeitsmarktgleichgewicht durch w_1 und A_1 gegeben. Die Produktion beträgt dann: $Y_1 = f(A_1, K_0)$.

Abb. 10.1:

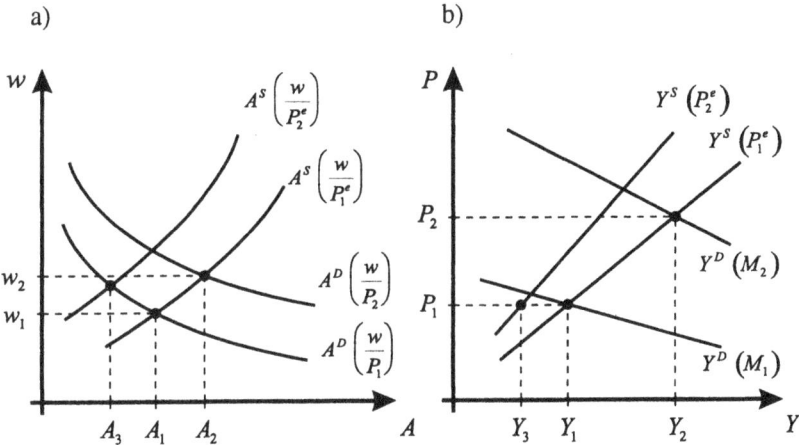

Erhöht sich das Preisniveau auf P_2, verschiebt sich die Arbeitsnachfragefunktion in Abbildung 10.1.a nach oben: Zu jedem Nominallohnsatz korrespondiert ein kleinerer Reallohnsatz und die Unternehmen fragen mehr Arbeit nach. Bei unveränderter Preisniveauerwartung P_1^e führt dies zu einem neuen temporären Gleichgewicht mit den Werten A_2 und w_2. Die Produktion beträgt nun $Y_2 = f(A_2, K_0) > Y_1$, weil: $A_2 > A_1$. Bei stetiger Variation des tatsächlichen Preisniveaus P und konstanter Preisniveauerwartung P_1^e gleitet die Arbeitsnachfragefunktion entlang der unveränderten Arbeitsangebotsfunktion und erzeugt die in Abbildung 10.1.b dargestellte Güterangebotsfunktion $Y^S(P_1^e)$. Steigt die Preisniveauerwartung von P_1^e auf P_2^e und bleibt auf diesem Niveau konstant, verschiebt sich die Arbeitsangebotsfunktion nach oben: Bei jedem Nominallohnsatz bieten die Haushalte wegen seines geringeren erwarteten Realwertes weniger Arbeit an (vgl. die Kurve $A^S(\frac{w}{P_2^e})$ in Abbildung 10.1.a). Bei einem tatsächlichen Preisniveau P_1 hat die Beschäftigung nur noch die Höhe A_3 und die Produktion geht auf $Y_3 = F(A_3, K_0) < Y_1$ zurück. Stetige Änderungen des tatsächlichen Preisniveaus führen jetzt zu der Angebotsfunktion $Y^S(P_2^e)$, die über der Angebotsfunktion $Y^S(P_1^e)$ liegt (vgl. Abbildung 10.1.b). Zu jeder Preisniveauerwartung gehört eine Angebotsfunktion; die aggregierte Angebotsfunktion hängt daher vom tatsächlichen und erwarteten Preisniveau ab:

$$Y^S = Y^S(P, P^e), \quad \text{mit } \frac{\partial Y^S}{\partial P} > 0 \quad \text{und } \frac{\partial Y^S}{\partial P^e} < 0. \tag{10.3}$$

Die aggregierte Nachfragefunktion resultiert aus Verschiebungen der LM-Funktion entlang der IS-Funktion. Diese Verschiebungen treten nicht nur bei variablen Preisen und konstanter nominaler Geldmenge, sondern auch bei variabler nominaler Geldmenge und konstanten Preisen ein. Die Nachfragefunktion lautet daher.

$$Y^D = Y^D(P, M), \quad \text{mit } \frac{\partial Y^D}{\partial P} < 0 \quad \text{und } \frac{\partial Y^D}{\partial M} > 0. \tag{10.4}$$

Zu jeder (parametrisierten) Geldmenge M gehört eine Nachfragefunktion; mit steigender Geldmenge ($M_2 > M_1$) liegen die Nachfragefunktionen in Abbildung 10.1.b übereinander. Bei der Geldmenge M_1 und einer Preisniveauerwartung P_1^e wird das temporäre kompetitive Gütermarktgleichgewicht durch Y_1 und P_1 gegeben; eine Erhöhung der Geldmenge auf M_2 bei unveränderter Preisniveauerwartung führt zu einem temporären kompetitiven Gütermarktgleichgewicht mit den Werten $P_2 > P_1$ und $Y_2 > Y_1$. Wie diese komparativ–statische Analyse zeigt, hat z.B. die Erhöhung der Geldmenge reale Auswirkungen. Um die Anpassung von einem zum anderen kompetitiven Gleichgewicht analysieren zu können, muß der statische Ansatz dynamisiert werden. Erster Ansatzpunkt hierzu ist die Präzisierung der Erwartungsbildung. Von den vielen Möglichkeiten, Erwartungen zu bilden, haben zwei Ansätze besonders große Verbreitung gefunden. Es handelt sich hierbei um die adaptive und um die rationale Erwartungsbildung. Bei adaptiver Erwartungsbildung — auch Cagan-Hypothese genannt — berücksichtigen die Wirtschaftssubjekte bei der Prognose für die Periode $t + 1$ den Fehler bei der Prognose für die Periode t in einem bestimmten Umfang. Bezeichnet x eine beliebige ökonomische Variable und x^e ihren Prognosewert, erhält man bei adaptiver Erwartungsbildung x_{t+1}^e als:

$$x_{t+1}^e = x_t^e + \lambda(x_t - x_t^e), \quad \lambda > 0. \tag{10.5}$$

Wegen der in Gleichung (10.5) deutlich werdenden Struktur der Erwartungsbildung bezeichnet man so erstellte Prognosen auch als korrigierte Erwartungen.

Rationale Erwartungen[2] liegen vor, wenn Wirtschaftssubjekte für ihre Prognosen alle verfügbaren, relevanten Informationen heranziehen und sie gemäß

---

[2] Diese Erwartungsbildung führt erstmals MUTH (1961) bei der Modellierung der Preiserwartung der Unternehmer in die ökonomische Diskussion ein.

der ökonomischen Theorie, die für die Erwartungsvariable vorliegt, nutzen. Mit diesem Konzept sind systematische Prognoseirrtümer, nicht jedoch einzelne Prognosefehler, ausgeschlossen. Zu beachten ist aber, daß es sich bei rationalen Erwartungen wegen ihrer Abhängigkeit vom Informationsstand und der vorliegenden Theorie um bedingte Prognosen handelt.

10.2 Konjunkturerklärung bei adaptiver Erwartungsbildung

Zentrale Annahme monetaristischer Konjunkturerklärung ist die Stabilität des privaten Sektors. Jedoch ist in den frühen Ansätzen (Friedman, Laidler) diese Stabilität nicht markttheoretisch durch stets preisgeräumte Märkte begründet, sondern durch eine schnellere Reaktion der Preise als der Mengen bei Marktungleichgewichten. Ausgangspunkt monetaristischer Konjunkturtheorie bildet die von Friedman[3] neu formulierte Quantitätstheorie. Neu ist dabei die gewählte portfoliotheoretische Fundierung der Geldnachfrage. Da Geld nur eine von verschiedenen Vermögensanlageformen ist[4], resultiert die Geldnachfrage aus der optimalen Aufteilung des Gesamtvermögens auf die verschiedenen Anlageformen. Determinanten der Geldnachfrage müssen demnach die Höhe des Gesamtvermögens sowie die Erträge der alternativen Anlageformen sein, die für die Geldhaltung Opportunitätskosten darstellen. Als Indikator für das Gesamtvermögen wählt Friedman das Realeinkommen, als Opportunitätskosten der Geldhaltung die Inflationsrate[5]. Die reale Geldnachfrage ist dann:

$$\frac{M^D}{P} = L\left(Y, \frac{\dot{P}}{P}\right).$$ \hfill (10.6)

---

[3]FRIEDMAN (1956). Diese frühen monetaristischen Konjunkturerklärungen haben in der Konjunkturtheorie nur eine geringe Rolle gespielt. Erst durch das Gleichgewichtsmodell von LUCAS (1975) gewinnen Konjunkturmodelle mit kompetitiven temporären Marktgleichgewichten (siehe Abschnitt 10.3) an Bedeutung. Vgl. hierzu auch KROMPHARDT (1989), S. 210.
[4]Vgl. hierzu auch Kapitel 5.3
[5]Aufgrund empirischer Untersuchungen (FRIEDMAN UND SCHWARTZ (1963b)) kommt Friedman zu der Auffassung, daß die Geldnachfrage relativ zinsunelastisch ist, so daß der Zinssatz als Determinante der Geldnachfrage ausgeschlossen werden kann.

Eine proportionale Abhängigkeit der realen Geldmenge vom Realeinkommen bedeutet, daß Gleichung (10.6) linearhomogen in Y ist. Somit gilt:

$$\frac{1}{Y} \frac{M^D}{P} = L \left(\frac{\dot{P}}{P}, 1 \right) \qquad \text{oder:}$$

$$M^D = PYL \left(\frac{\dot{P}}{P} \right). \qquad (10.7)$$

Aus der Gleichgewichtsbedingung für den Geldmarkt: $M^D = M^S = \bar{M}$ folgt in Verbindung mit Gleichung (10.7) die neu formulierte Quantitätstheorie als:

$$PY = v \left(\frac{\dot{P}}{P} \right) \bar{M}, \qquad \text{mit} \qquad (10.8)$$

$$v \left(\frac{\dot{P}}{P} \right) = 1/L(\dot{P}/P), \qquad \frac{dv}{d(\dot{P}/P)} > 0.$$

PY : Nominaleinkommen.

In Gleichung (10.8) stellt $v \left(\dfrac{\dot{P}}{P} \right)$ die von der Inflationsrate abhängige Umlaufgeschwindigkeit der Geldmenge dar. Steigt das Preisniveau, geht die Geldnachfrage zurück und die Umlaufgeschwindigkeit nimmt zu. Veränderungen der autonom festgelegten Geldmenge $\bar{M}$ führen zu gleichgerichteten Nominaleinkommensvariationen.

Die Annahme inhärenter Stabilität des privaten Sektors bedeutet, daß bei alimentierender Geldpolitik gleichgewichtiges Wachstum möglich ist. Die Wachstumsrate m der Geldmenge entspricht dann der Wachstumsrate g des Realeinkommens. Um die Reaktion der Volkswirtschaft auf Störungen aufzuzeigen, sei angenommen, daß von einer bestimmten Periode an die Geldmenge mit einer größeren als der gleichgewichtigen Rate wächst: $m > g$. Wegen der Stabilitätsannahme existiert auch bei der Geldmengenwachstumsrate m ein Gleichgewichtspfad, bei dem das Realeinkommen mit der Rate g, das Nominaleinkommen jedoch mit der Rate m wächst. Wegen der Inflationsrate in Höhe von $m - g$ steigt die Geldmengenumlaufgeschwindigkeit, so daß nach Gleichung (10.8) das Nominaleinkommen größer als das allein durch die Geldmenge $\bar{M}$ und konstantem v festgelegte Niveau sein muß. Über die möglichen Anpassungsprozesse an das neue Gleichgewicht lassen sich ohne weitere Annahmen nur wenige Aussagen ableiten. Wächst erstmals die Geldmenge mit der Rate m, übersteigt die gehaltene die optimale Geldmenge, da sich in dieser Periode weder ihre Umlaufgeschwindigkeit noch das Nominaleinkommen erhöht haben. Der Abbau der überschüssigen Kassenhaltung führt zunächst zu einem Anstieg des Nominaleinkommens, der mindestens teilweise durch Preissteigerungen ausgelöst wird. Die durch steigendes Preisniveau induzierte Zunahme der Umlaufgeschwindigkeit der Geldmenge bewirkt, daß in dieser frühen Phase der Anpassung die Wachstumsrate des Nominaleinkommens um die Wachstumsrate der Umlaufgeschwindigkeit größer als die Wachstumsrate der Geldmenge sein muß[6]. Wie sich anschließend die Anpassung gestaltet und welche Änderungen dabei die Realgrößen erfahren, bleibt unbestimmt. Sicher ist nur, daß explosive Schwingungen, exponentielle Abweichungen vom Gleichgewicht und auch persistente Konjunkturzyklen aufgrund der Stabilitätsannahme ausgeschlossen sind. Die beobachtbare Wiederkehr der Konjunkturzyklen erklärt Friedman mit zufälligen Schwankungen der Wachstumsrate der Geldmenge[7].

Um auch die konjunkturelle Entwicklung realer Größen, die aus Änderungen des Geldangebotes resultieren, analysieren zu können, ist der oben beschriebene monetäre Erklärungsansatz zu erweitern. Dies erreicht Laidler mit seinem elementaren monetaristischen Konjunkturmodell[8], das die Grundidee monetaristischer Konjunkturerklärung verdeutlicht. Das hoch aggregative Modell besteht aus einem monetären und realen Sektor, die über eine modifizierte Phillips–Kurve interdependent miteinander verbunden sind[9]. Die reale Geldnachfrage hängt vom Realeinkommen in einer Weise ab, daß sie bezüglich des Realeinkommens isoelastisch in Höhe $\gamma > 0$ ist:

$$\frac{M_t^D}{P_t} = Y_t^{\gamma}. \tag{10.9}$$

Das nominale Geldangebot M_t^S ist in jeder Periode t exogen gegeben. Löst man Gleichung (10.9) nach der nominalen Geldnachfrage auf, ergibt sich als Geldmarktgleichgewicht:

$$M_t^D = P_t Y_t^{\gamma} = M_t^S. \tag{10.10}$$

Der reale Sektor der Volkswirtschaft wird allein durch den Auslastungsgrad

---

[6]Adaptive Erwartungen für die Inflationsrate verstärken diesen Effekt.
[7]FRIEDMAN UND SCHWARTZ (1963a), S. 62 f.
[8]LAIDLER (1976).
[9]Bei Laidler werden alle Variablen als natürliche Logarithmen ausgewiesen. Um die ökonomischen Beziehungen klar herauszustellen und um einen direkten Vergleich mit den übrigen behandelten Modellen zu erleichtern, wird hier das Modell in einer entlogarithmierten Version dargestellt. Diese Vorgehensweise schlagen auch GABISCH UND LORENZ (1989), S. 57 ff. ein.

der Kapazität erfaßt. Definitionsgemäß gilt:

$$x_t = \frac{Y_t}{Y_{F,t}},$$ (10.11)

$Y_{F,t}$: Inlandsprodukt bei Voll– bzw. Normalauslastung.

Die modifizierte Phillips–Kurve, die beide Sektoren verbindet, wird in einer Weise entwickelt, daß sie mit den Modellcharakteristika der Sektoren kompatibel ist. Steigt das Preisniveau mit der Inflationsrate $(P_t - P_{t-1})/P_{t-1}$, erhält man den Wachstumsfaktor $\hat{g}_t$ des Preisniveaus als:

$$\hat{g}_t = 1 + \frac{P_t - P_{t-1}}{P_{t-1}} = \frac{P_t}{P_{t-1}}.$$

Der Wachstumsfaktor $\hat{g}_t$ hängt annahmegemäß vom Auslastungsgrad x_t und dem erwarteten Wachstumsfaktor der Vorperiode $\hat{g}_{t-1}^e$ ab. Dabei wird unterstellt, daß $\hat{g}_t$ hinsichtlich des Auslastungsgrades isoelastisch in Höhe von σ und hinsichtlich $\hat{g}_{t-1}^e$ isoelastisch in Höhe von eins ist. Somit gilt:

$$\hat{g}_t = x_t^\sigma \, \hat{g}_{t-1}^e.$$ (10.12)

Den Prozeß der Erwartungsbildung gibt Gleichung (10.13) wieder:

$$\hat{g}_t^e = \left(\frac{\hat{g}_t}{\hat{g}_{t-1}^e} \right)^\lambda \hat{g}_{t-1}^e.$$ (10.13)

Diese Spezifikation besitzt nach Logarithmieren die in Gleichung (10.5) formalisierte Struktur adaptiver Erwartungen:

$$\ln \hat{g}_t^e = \lambda(\ln \hat{g}_t - \ln \hat{g}_{t-1}^e) + \ln \hat{g}_{t-1}^e.$$

Jedoch ist die in Gleichung (10.13) angenommene Lagstruktur entscheidungslogisch problematisch: Da $\hat{g}_t^e$ von $\hat{g}_t$ abhängt, bilden Wirtschaftssubjekte über eine Größe Erwartungen, deren tatsächlicher Wert bereits bekannt ist[10]. Verzögert man Gleichung (10.12) um eine Periode und bildet den Quotienten aus unverzögertem und verzögertem Preiswachstumsfaktor, ergibt dies:

$$\frac{\hat{g}_t}{\hat{g}_{t-1}} = \left(\frac{x_t}{x_{t-1}} \right)^\sigma \frac{\hat{g}_{t-1}^e}{\hat{g}_{t-2}^e}.$$ (10.14)

Schreibt man Gleichung (10.13) als:

$$\frac{\hat{g}_t^e}{\hat{g}_{t-1}^e} = \left(\frac{\hat{g}_t}{\hat{g}_{t-1}^e} \right)^\lambda$$

---

[10]Auf diese Schwäche weist auch KROMPHARDT (1989), S. 211 hin. Eine Lösung findet man bei ASSENMACHER (1991).

und verzögert sie um eine Periode, resultiert:

$$\frac{\hat{g}_{t-1}^e}{\hat{g}_{t-2}^e} = \left(\frac{\hat{g}_{t-1}}{\hat{g}_{t-2}^e}\right)^\lambda.$$

Die Substitution des rechten Quotienten in Gleichung (10.14) durch diese Beziehung führt zu:

$$\frac{\hat{g}_t}{\hat{g}_{t-1}} = \left(\frac{x_t}{x_{t-1}}\right)^\sigma \left(\frac{\hat{g}_{t-1}}{\hat{g}_{t-2}^e}\right)^\lambda. \tag{10.15}$$

Da nach Gleichung (10.12) gilt: $\hat{g}_{t-1} = x_{t-1}^\sigma \hat{g}_{t-2}^e$, geht Gleichung (10.15) schließlich über in:

$$\frac{\hat{g}_t}{\hat{g}_{t-1}} = \left(\frac{x_t}{x_{t-1}}\right)^\sigma x_{t-1}^{\lambda\sigma}. \tag{10.16}$$

Gleichung (10.16) stellt die modifizierte Phillips–Kurve dar; nach ihr steigen die Preise mit zunehmendem Auslastungsgrad.

Die dynamischen Eigenschaften dieser Modellwirtschaft lassen sich analysieren, nachdem monetärer und realer Sektor mittels der Phillips–Kurve verbunden sind. Setzt man die Auflösung von Gleichung (10.11) nach Y_t in Gleichung (10.10) ein, ergibt dies:

$$M_t^S = P_t(x_t Y_{F,t})^\gamma. \tag{10.17}$$

Die Division der Gleichung (10.17) durch ihre Einperiodenverzögerung führt zu:

$$\frac{M_t^S}{M_{t-1}^S} = \frac{P_t}{P_{t-1}} \left(\frac{x_t Y_{F,t}}{x_{t-1} Y_{F,t-1}}\right)^\gamma. \tag{10.18}$$

Der Quotient M_t^S/M_{t-1}^S stellt den Wachstumsfaktor $\hat{g}_{M,t}$ der Geldmenge dar; entsprechend sind $Y_{F,t}/Y_{F,t-1}$ der Wachstumsfaktor $\hat{g}_{F,t}$ der Kapazitäten und P_t/P_{t-1} der Wachstumsfaktor $\hat{g}_t$ des Preisniveaus. Gleichung (10.8) vereinfacht sich dann zu:

$$\hat{g}_{M,t} = \hat{g}_t \left(\frac{x_t}{x_{t-1}}\right)^\gamma \hat{g}_{F,t}^\gamma. \tag{10.19}$$

Wird nun diese Gleichung durch ihre Verzögerung um eine Periode dividiert, folgt:

$$\frac{\hat{g}_{M,t}}{\hat{g}_{M,t-1}} = \frac{\hat{g}_t}{\hat{g}_{t-1}} \frac{\left(\dfrac{x_t}{x_{t-1}}\right)^\gamma}{\left(\dfrac{x_{t-1}}{x_{t-2}}\right)^\gamma} \left(\frac{\hat{g}_{F,t}}{\hat{g}_{F,t-1}}\right)^\gamma. \tag{10.20}$$

Entwickelt sich die Volkswirtschaft auf ihrem Gleichgewichtspfad, wachsen Kapazitätsoutput und Geldmenge mit konstanter Rate. Die Wachstumsfaktoren sind dann ebenfalls konstant und die Quotienten $\hat{g}_{M,t}/\hat{g}_{M,t-1}$ und $\hat{g}_{F,t}/\hat{g}_{F,t-1}$ haben den Wert eins. Ersetzt man zudem noch den Quotienten $\hat{g}_t/\hat{g}_{t-1}$ durch die Phillips–Kurve, geht Gleichung (10.20) nach geringen Umformungen über in:

$$1 = \left(\frac{x_t}{x_{t-1}}\right)^{\sigma} x_{t-1}^{\lambda\sigma} \left(\frac{x_t}{x_{t-1}}\right)^{\gamma} \left(\frac{x_{t-1}}{x_{t-2}}\right)^{-\gamma}. \qquad (10.21)$$

Das Ausrechnen der Potenzen und die Zusammenfassung aller Glieder mit gleicher Verzögerung bringt:

$$1 = x_t^{\sigma+\gamma} x_{t-1}^{\lambda\sigma-\gamma-(\sigma+\gamma)} x_{t-2}^{\gamma}.$$

Normiert man den Exponenten von x_t auf eins, folgt:

$$1 = x_t (x_{t-1})^{\frac{\lambda\sigma-\gamma}{\sigma+\gamma}-1} (x_{t-2})^{\frac{\gamma}{\sigma+\gamma}}. \qquad (10.22)$$

Logarithmieren überführt Gleichung (10.22) in eine homogene Differenzengleichung zweiter Ordnung:

$$\ln x_t + \left(\frac{\lambda\sigma-\gamma}{\sigma+\gamma}-1\right)\ln x_{t-1} + \frac{\gamma}{\sigma+\gamma}\ln x_{t-2} = 0. \qquad (10.23)$$

Gleichgewichtiges Wachstum liegt bei einem über t konstanten Auslastungsgrad vor. Der Lösungsansatz $x_{t-i} = \bar{x}$ für $i = 0, 1, 2, \ldots$ liefert als Lösung $\bar{x} = 1$: Tatsächliches Inlandsprodukt und Kapazitätsoutput entsprechen sich. Die Volkswirtschaft befindet sich zu jedem Zeitpunkt im Vollbeschäftigungsgleichgewicht. Nach Gleichung (10.16) bleibt beim Gleichgewichtswachstum die Inflationsrate konstant, deren Wert Gleichung (10.18) festgelegt. Nach P_t/P_{t-1} aufgelöst und anschließender Subtraktion von eins auf beiden Seiten folgt aus Gleichung (10.18) die Inflationsrate als:

$$\frac{P_t - P_{t-1}}{P_{t-1}} = \frac{P_t}{P_{t-1}} - 1 = \frac{M_t^S}{M_{t-1}^S}\left(\frac{Y_{F,t}}{Y_{F,t-1}}\right)^{-\gamma} - 1. \qquad (10.24)$$

Gleichung (10.24) besagt, daß bei Gleichgewichtswachstum zu jeder exogen gegebenen Wachstumsrate der Geldmenge eine bestimmte Inflationsrate gehört. Die kurz– und mittelfristigen Auswirkungen einer plötzlichen Änderung der Geldmengenwachstumsrate hängen von den Stabilitätseigenschaften der durch Gleichung (10.23) festgelegten Zeitpfade für x_t ab. Die Entwicklung ist stabil, wenn die Bedingungen des Schur–Kriteriums erfüllt sind. Demnach muß für die Koeffizienten der Gleichung (10.23) gelten:

(a) $\dfrac{\lambda\sigma}{\sigma+\gamma} > 0$ (b) $\dfrac{4\gamma+2\sigma-\lambda\sigma}{\sigma+\gamma} > 0$ und (c) $1-\dfrac{\gamma}{\sigma+\gamma} > 0$.

Aufgrund der Parametervorzeichen sind die Restriktionen (a) und (c) a priori erfüllt; Bedingung (b) ist gültig, so lange $\lambda < 2 + \dfrac{4\gamma}{\sigma}$ ist. Da λ nach Gleichung (10.5) die Berücksichtigung des Prognosefehlers bei adaptiver Erwartungsbildung mißt, dürfte realistischerweise λ sicherlich kleiner als zwei sein und damit die Restriktion (b) erfüllen. Somit treten bei diesem Modell nach monetären Störungen immer Anpassungen an das Gleichgewichtswachstum ein. Die Anpassung vollzieht sich mit gedämpften Schwingungen für[11]:

$$\left(\frac{\lambda\sigma-\gamma}{\sigma+\gamma}-1\right)^2 < \frac{4\gamma}{\sigma+\gamma}.$$

Schwankt der Auslastungsgrad gedämpft zyklisch, gilt dies auch für das produzierte Inlandsprodukt und für das Preisniveau. Beide Variablen entwickeln sich prozyklisch, eine Eigenschaft, die zu den stilisierten Fakten der Konjunktur zählt. Obwohl die Geldpolitik langfristig neutral ist, kann sie kurzfristig Konjunkturzyklen bei realen und monetären Aggregaten auslösen. Um jedoch das Auslaufen der Konjunkturwellen zu verhindern, bedarf es stets erneuter monetärer Störungen.

10.3 Konjunkturerklärung bei rationalen Erwartungen

10.3.1 Unvollständige Information als Konjunkturursache

Die Weiterentwicklung monetaristischer Konjunkturerklärung geschieht durch Modelle, die aus der neuklassischen Makroökonomik[12] hervorgehen. Zwei

---

[11] Bei Parametern, die zu zyklischen Entwicklungen führen, reduziert sich die Stabilitätsbedingung zu: $r = \sqrt{\dfrac{\gamma}{\sigma+\gamma}} < 1$, r: Modul der Differenzengleichung (10.23). Vgl. hierzu auch Kapitel 1.1 des mathematischen Anhangs. Da γ und σ größer als null sind, kann ungeachtet der Restriktion (b) und der in ihr enthaltenen Einschränkung für λ keine explosive zyklische Entwicklung eintreten.

[12] Eine gute Einführung in die Neuklassische Makroökonomik geben FELDERER UND HOMBURG (1994), S. 193 ff und S. 271 ff.

Merkmale sind für die neuklassische Makroökonomik konstitutiv[13]: Zum einen die Annahme temporärer kompetitiver Markträumungsprozesse und zum anderen die Hypothese rationaler Erwartungsbildung. Sind in einer Volkswirtschaft alle Märkte preisgeräumt, muß die in monetaristischen Konjunkturmodellen enthaltene Phillips–Kurve als aggregierte Angebotsfunktion gedeutet werden. Dies geschieht durch Änderung der Kausalstruktur. Nicht mehr der Auslastungsgrad der Kapazitäten bestimmt die Inflationsrate, sondern die Differenz zwischen tatsächlichem und erwartetem Preisniveau determiniert das Güterangebot. Durch diese Vertauschung von Ursache und Wirkung lassen sich Schwankungen in der Produktion, ausgelöst durch (unerwartete) Preisänderungen als Ergebnis von Entscheidungen deuten, die Individuen auf stets preisgeräumten Märkten treffen[14]. Die Herleitung der gesamtwirtschaftlichen Angebotsfunktion (10.3) bildet die theoretische Fundierung für diese Interpretation. Trotz rationaler Erwartungen resultieren aus einem solchen Ansatz Konjunkturschwankungen, wenn die Wirtschaftssubjekte nur über unvollständige Informationen verfügen und die dadurch bedingten falschen Reaktionen über Ausbreitungsmechanismen (propagation mechanism) in Anpassungsprozesse ökonomischer Größen transformiert werden.

Den Anfang der Konjunkturerklärung auf der Grundlage der neuklassischen Makroökonomik markiert das „Equilibrium Model of the Business Cycle" von Lucas[15]. Konjunkturzyklen resultieren in diesem Modell daraus, daß die Wirtschaftssubjekte nur für den Markt, auf dem sie agieren, vollständige Informationen besitzen. Steigen die Preise durch Geldmengenwachstum, können die Wirtschaftssubjekte daher nicht unterscheiden, ob nur die Preise für ihren Markt (Änderung der relativen Preise), oder für alle Märkte (Änderung des Preisniveaus) gestiegen sind. Diese Unsicherheit wird noch dadurch erhöht, daß annahmegemäß die staatliche Nachfrage zwischen den Märkten und über die Zeit stochastisch schwankt. Daher werden die Wirtschaftssubjekte zumindest einen Teil der beobachteten Preissteigerung als Verbesserung ihrer relativen Preise bewerten; sie unterliegen der sogenannten Lucas–Illusion. Die Güterproduktion wird somit ausgedehnt. Die unerwartete, zufällige Geldmengenerhöhung löst trotz rationaler Erwartungen eine Reaktion bei den realen ökonomischen Variablen aus. Damit diese Reaktion zu Konjunkturschwankungen führt, bedarf sie Verstärkereffekten, die

---

[13]Vgl. hierzu RAMSER (1988), S. 97.

[14]Vgl. hierzu auch KROMPHARDT (1989), S. 213. Diese gesamtwirtschaftliche Angebotsfunktion heißt in der ökonomischen Literatur auch Lucas–Angebotsfunktion, da LUCAS (1972, 1973) als erster eine theoretische Fundierung und Ableitung dieser Funktion vorlegt. Die Grundgedanken für diese Funktion stammen jedoch von FRIEDMAN (1968) und PHELPS (1970a).

[15]LUCAS (1975).

mit den sogenannten Ausbreitungsmechanismen vorliegen. Die neuklassische Makroökonomik unterscheidet im wesentlichen zwei Mechanismen. Der erste Mechanismus resultiert aus den Kosten, die einer Firma durch eine rasche Anpassung von Kapital und Arbeit an sich ändernde relative Preise entstehen. Diese Kosten lassen eine über die Zeit verzögerte Anpassung optimal werden. Der zweite Mechanismus, den Lucas in seinem Erklärungsansatz verwendet, beruht auf der optimalen Vermögens– bzw. Kapitalakkumulation. Auch die durch falsche Einschätzung der Preissignale ausgelöste Produktionsänderung induziert Anpassungen des angestrebten optimalen Kapitalbestandes. Erst durch diesen Verstärker erzeugen unkorrelierte, monetäre Störungen eine zyklische Entwicklung des Inlandsprodukts, die wegen der inhärenten Stabilität des ökonomischen Systems gedämpft verläuft.

Ein Modell, in dem die beschriebenen Charakteristika formalisiert sind, legt McCallum vor[16], das als Standard–Konjunkturmodell der neuklassischen Makroökonomik gelten kann[17]. Da alle Strukturgleichungen ln–linear sind[18], kennzeichnen die Symbole für die Variablen jetzt deren Logarithmen[19]. Jede Verhaltensgleichung enthält eine additiv hinzugefügte Zufallsvariable u, mit der nicht antizipierbare, zufällige Änderungen von Technologie und Präferenzen[20] sowie die oben angeführten stochastischen Komponenten erfaßt werden. Das gesamtwirtschaftliche Güterangebot Y_t^S ist als modifizierte Lucas–Angebotsfunktion spezifiziert. Neben der Differenz zwischen tatsächlichem und erwartetem Preisniveau enthält sie als weiteres Argument das um eine Periode verzögerte Inlandsprodukt. Mit dieser Variablen, die in der ursprünglichen Lucas–Angebotsfunktion nicht enthalten ist, sollen die oben beschriebenen Anpassungskosten erfaßt werden, die als Ausbreitungsmechanismus wirken.

$$\dot{Y}_t^S = \alpha_0 + \alpha_1(P_t - P_t^e) + \alpha_2 Y_{t-1} + u_{1t}, \qquad (10.25)$$

$$\alpha_1 > 0, \qquad 0 < \alpha_2 < 1.$$

Die gesamtwirtschaftliche Güternachfrage wird aus den IS– und LM–Kurven hergeleitet[21]. Die IS–Funktion gibt alle Kombinationen für das Inlandsprodukt und den realen Zinssatz wieder, die zu einem Gleichgewicht auf dem Gütermarkt führen. Der reale Zinssatz wird definiert als Differenz zwischen nominalem Zinssatz und erwarteter Inflationsrate; die IS–Funktion lautet

---

[16]McCALLUM (1980).

[17]Siehe hierzu auch HEUBES (1986), S. 79 ff. und HEUBES (1991), S. 89.

[18]Eine Gleichung heißt ln–linear, wenn Logarithmieren sie in eine lineare Form überführt.

[19]Das Symbol Y bedeutet jetzt: Logarithmus des Inlandsprodukts. Entsprechendes gilt für die übrigen Symbole.

[20]Vgl. hierzu JÄGER (1984), S. 30.

[21]Vgl. hierzu nochmals Abschnitt 4.1.1, S. 93 ff.

dann[22]:

$$Y_t = \beta_0 + \beta_1[i_t - (P_{t+1} - P_t)^e], \qquad \beta_1 < 0, \qquad (10.26)$$

$(P_{t+1} - P_t)^e$: erwartete Inflationsrate.

Die LM-Funktion legt alle Kombinationen für das Inlandsprodukt und den nominalen Zinssatz fest, bei denen die Haushalte bereit sind, die angebotene reale Geldmenge $(\bar{M} - P_t)$ als Transaktions- und Spekulationskasse zu halten. Bei gegebenem, stochastisch gestörtem Geldangebot kann dieser Zusammenhang formalisiert werden als:

$$\bar{M} - P_t + u_{3t} = \gamma_0 + \gamma_1 Y_t + \gamma_2 i_t, \qquad \gamma_1 > 0, \qquad \gamma_2 < 0. \qquad (10.27)$$

Löst man Gleichung (10.27) nach i_t auf und setzt das Ergebnis in Gleichung (10.26) ein, folgt nach einfachen Umformungen die gesamtwirtschaftliche Nachfragefunktion:

$$Y_t^D = a_0 + a_1(\bar{M} - P_t) + a_2(P_{t+1} - P_t)^e + u_{2t}, \qquad \text{mit:} \qquad (10.28)$$

$$a_0 = \frac{\beta_0\gamma_0 - \beta_1\gamma_0}{\gamma_2 + \beta_1\gamma_1}, \qquad a_1 = \frac{\beta_1}{\gamma_2 + \beta_1\gamma_1} > 0, \qquad a_2 = \frac{-\beta_1\gamma_2}{\gamma_2 + \beta_1\gamma_1} > 0.$$

Die Zufallsvariable u_{2t} umfaßt die Zufallseinflüsse, die sowohl beim Geldangebot als auch beim Güternachfrageverhalten wirksam werden. Beide Variablen u_{1t} und u_{2t} bilden einen Zufallsprozeß, für den gilt:

(1) für jede Periode t ist der Erwartungswert E null: $E(u_{it}) = 0$ für $i = 1, 2$ und alle t,

(2) die Varianz VAR(u_{it}) ist periodenunabhängig (Homoskedastizität): VAR$(u_{it}) = E(u_{it}^2) = \sigma_i^2$, $i = 1, 2$,

(3) die Kovarianzen sind null: COV$(u_{i,t}, u_{i,t-s}) = 0$ für alle t und $s = 1, 2, 3, \ldots$: Freiheit von Autokorrelation.

Häufig spezifiziert man noch die Verteilungseigenschaft durch die Normalverteilungshypothese: $u_{it} \sim N(0, \sigma_i^2)$ für alle t und $i = 1, 2$. Eigenschaft (3) besagt dann, daß alle Zufallsvariablen stochastisch unabhängig sind[23].

Die Bildung rationaler Erwartungen bedeutet konkret, daß die Wirtschaftssubjekte

---

[22] Bei der IS- und LM-Funktion handelt es sich um Gleichgewichtsbedingungen (Identitäten). Diese sind nur dann zufallsgestört, wenn Angebot und/oder Nachfrage Zufallsvariablen enthalten.

[23] In der ökonomischen Literatur bezeichnet man einen Prozeß mit den Eigenschaften (1) bis (3) etwas unscharf als „seriell unkorreliert". Damit wird die in Eigenschaft (3) ausgedrückte Freiheit von Autokorrelation zu stark betont.

– die Gesetzmäßigkeiten für die endogenen Variablen,

– das Verhalten der geldpolitischen Instanzen,

– die Verteilungseigenschaften der Zufallsvariablen und

– alle realisierten Werte der ökonomischen Variablen

kennen und diese Informationen bei ihrer Erwartungsbildung ausnutzen. Die Prognose für das Preisniveau der Periode t ist dann als bedingter mathematischer Erwartungswert zu bilden, wobei die Bedingung stets durch den am Ende der Periode $t-1$ verfügbaren Informationsstand gegeben wird:

$$P_t^e = E(P_t|t-1), \tag{10.29}$$

$$E : \text{Erwartungsoperator.}$$

Zwecks Vereinfachung wird im folgenden die Bedingung bei der Erwartungsbildung nicht mehr aufgeführt: $P_t^e = E(P_t)$. Die gesamtwirtschaftliche Angebots– und Nachfragefunktion ergeben sich dann als:

$$Y_t^S = \alpha_0 + \alpha_1[P_t - E(P_t)] + \alpha_2 Y_{t-1} + u_{1t}, \tag{10.30}$$

$$Y_t^D = a_0 + a_1(\bar{M} - P_t) + a_2 E(P_{t+1} - P_t) + u_{2t}. \tag{10.31}$$

Um das kompetitive gleichgewichtige Preisniveau zu bestimmen, wird die Gleichgewichtsbedingung $Y_t^S = Y_t^D = Y_t$ nach P_t aufgelöst:

$$P_t = \frac{1}{\alpha_1 + a_1}[a_0 - \alpha_0 + a_1\bar{M} + \alpha_1 E(P_t) + a_2 E(P_{t+1} - P_t)$$
$$- \alpha_2 Y_{t-1} + u_{2t} - u_{1t}]. \tag{10.32}$$

Hieraus erhält man das erwartete Preisniveau wegen $E(u_{2t}) = E(u_{1t}) = 0$ als:

$$E(P_t) = \frac{1}{\alpha_1 + a_1}[a_0 - \alpha_0 + a_1\bar{M} + \alpha_1 E(P_t) + a_2 E(P_{t+1} - P_t) - \alpha_2 Y_{t-1}]. \tag{10.33}$$

Die Differenz zwischen tatsächlichem und erwartetem Preisniveau beträgt demnach: $P_t - E(P_t) = \frac{1}{\alpha_1 + a_1}(u_{2t} - u_{1t})$. Dies in Gleichung (10.25) eingesetzt, liefert das gleichgewichtige Inlandsprodukt als:

$$Y_t = \alpha_0 + \alpha_2 Y_{t-1} + \epsilon_t \quad \text{mit:} \tag{10.34}$$

$$\epsilon_t = u_{1t} + \frac{\alpha_1}{\alpha_1 + a_1}(u_{2t} - u_{1t}) = \frac{a_1 u_{1t} + \alpha_1 u_{2t}}{\alpha_1 + a_1}.$$

Nach Gleichung (10.34) setzt sich das gleichgewichtige Inlandsprodukt in jeder Periode aus einem systematischen Teil $\alpha_0 + \alpha_2 Y_{t-1}$ und einem zufälligen Teil ϵ_t zusammen. Damit stellt Y_t eine Zufallsvariable dar, die in jeder Periode durch Angabe ihres Erwartungswertes und ihrer Varianz charakterisiert werden kann. Die Entwicklung des Inlandsprodukts läßt sich dann als zeitliche Folge seines Erwartungswertes und seiner Varianz erfassen. Aus Gleichung (10.34) ergibt sich das für die Periode $t + \tau$ erwartete Inlandsprodukt als:

$$E(Y_{t+\tau}) = \alpha_0 + \alpha_2 E(Y_{t+\tau-1}). \tag{10.35}$$

Gleichung (10.35) ist eine inhomogene Differenzengleichung erster Ordnung. Ihre partikuläre Lösung liefert der Lösungsansatz $E(Y_{t+\tau}) = E(Y_{t+\tau-1}) = \bar{x}$:

$$\bar{x} = \frac{\alpha_0}{1 - \alpha_2}.$$

Die Lösung des Homogenteils erhält man durch den Lösungsansatz $E(Y_{t+\tau}) = x^{t+\tau}$ als:

$$x^{t+\tau} - \alpha_2 x^{t+\tau-1} = 0, \qquad \text{oder:}$$
$$x^{t+\tau-1}(x - \alpha_2) = 0.$$

Hieraus folgt: $x = \alpha_2$ und $E(Y_{t+\tau}) = \alpha_2^{t+\tau}$. Die allgemeine Lösung lautet daher:

$$E(Y_{t+\tau}) = R\alpha_2^{t+\tau} + \frac{\alpha_0}{1 - \alpha_2}. \tag{10.36}$$

Um die Konstante R zu bestimmen, muß eine Anfangsbedingung gegeben sein. Bei rationalen Erwartungen ist hierfür die letzte verfügbare Information zu verwenden, also das Inlandsprodukt Y_{t-1}. Da es bereits realisiert ist, gilt $E(Y_{t-1}) = Y_{t-1}$. Gleichung (10.36) geht für $\tau = -1$ über in:

$$Y_{t-1} = R\alpha_2^{t-1} + \frac{\alpha_0}{1 - \alpha_2}.$$

Hieraus erhält man R als:

$$R = \alpha_2^{1-t}\left(Y_{t-1} - \frac{\alpha_0}{1 - \alpha_2}\right).$$

Die Lösung der Differenzengleichung (10.36) lautet bei rationalen Erwartungen:

$$E(Y_{t+\tau}) = \frac{\alpha_0}{1 - \alpha_2} + \alpha_2^{\tau+1}\left(Y_{t-1} - \frac{\alpha_0}{1 - \alpha_2}\right). \tag{10.37}$$

Wegen $0 < \alpha_2 < 1$ konvergiert der Zeitpfad des erwarteten Inlandsprodukts für $\tau \to \infty$ gegen den Grenzwert $\alpha_0/(1 - \alpha_2)$ (monotone Anpassung). Dieser Grenzwert stellt das langfristig erwartete Inlandsprodukt dar:

$$E(Y_\infty) = \frac{\alpha_0}{1 - \alpha_2}. \tag{10.38}$$

Nach Gleichung (10.37) wird eine Abweichung des tatsächlichen Inlandsprodukts von seinem langfristig erwarteten Wert, verursacht durch die in Gleichung (10.34) mit ϵ_t erfaßten Zufallseinflüsse, erst nach unendlich vielen Perioden absorbiert. Diese verzögerte Absorption resultiert ausschließlich durch die Variable Y_{t-1}. Liegt der durch Y_{t-1} erfaßte Ausbreitungsmechanismus nicht vor, so ist $\alpha_2 = 0$, und die kurzfristigen Erwartungswerte stimmen mit dem langfristigen Erwartungswert überein: $E(Y_{t+\tau}) = E(Y_\infty) = \alpha_0$. In Abbildung 10.2 gibt die durchgezogene (gestrichelte) Kurve den Zeitpfad für das erwartete Inlandsprodukt bei einer in der Periode $t - 1$ positiven (negativen) Abweichung wieder:

Abb. 10.2:

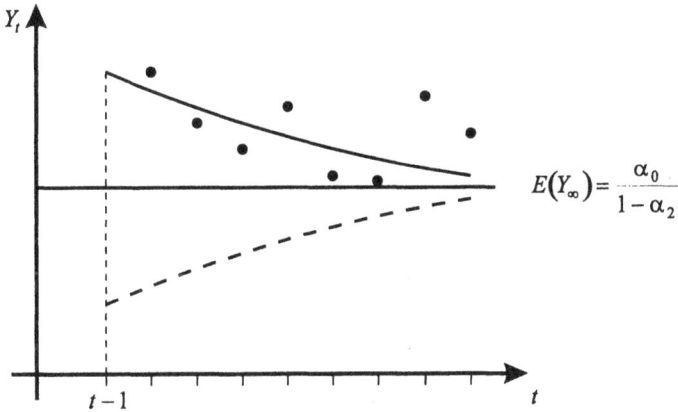

$$E(Y_\infty) = \frac{\alpha_0}{1 - \alpha_2}$$

Weiter läßt sich zeigen, daß auch die Varianz zukünftiger Inlandsprodukte von Y_{t-1} und damit von der in der Periode $t - 1$ wirksamen Störung abhängt. Die Varianz für $Y_{t+\tau}$ ist definiert als:

$$\text{VAR}\,(Y_{t+\tau}) = E[Y_{t+\tau} - E(Y_{t+\tau})]^2.$$

Um sie berechnen zu können, wird analog zu der Behandlung von $E(Y_{t+\tau})$ auch $Y_{t+\tau}$ als Funktion der Zeit τ und der Anfangsbedingung Y_{t-1} dargestellt. Enthält Gleichung (10.34) keine Zufallsvariable ϵ_t, entspricht ihre Lösung der Gleichung (10.37) ohne Erwartungswertoperator E. Da aber Zufallsvariablen vorliegen, muß diese Lösung um deren gewogene Summe erweitert werden:

$$Y_{t+\tau} = \frac{\alpha_0}{1-\alpha_2} + \alpha_2^{\tau+1}\left(Y_{t-1} - \frac{\alpha_0}{1-\alpha_2}\right) + \epsilon_{t+\tau} + \alpha_2\epsilon_{t+\tau-1} + \ldots + \alpha_2^\tau\epsilon_t.$$
(10.39)

Da die Differenz $Y_{t+\tau} - E(Y_{t+\tau})$ wegen der Gleichungen (10.37) und (10.39) der Summe $\epsilon_{t+\tau} + \alpha_2\epsilon_{t+\tau-1} + \ldots + \alpha_2^\tau\epsilon_t$ gleich ist, gilt für die Varianz:

$$\mathrm{VAR}\,(Y_{t+\tau}) = E(\epsilon_{t+\tau} + \ldots + \alpha_2^\tau\epsilon_t)^2.$$
(10.40)

Zur Berechnung des Erwartungswertes wird zunächst das Quadrat aufgelöst. Es entsteht dann eine Summe, in deren Summanden ϵ entweder quadriert oder als Kreuzprodukt der Form $(\epsilon_t\epsilon_s)$, $s \neq t$ vorkommt. Da die Zufallsvariablen ϵ_t nicht autokorrelieren, sind die Erwartungswerte aller Kreuzprodukte gleich null. Damit geht Gleichung (10.40) über in:

$$\mathrm{VAR}\,(Y_{t+\tau}) = E(\epsilon_{t+\tau}^2) + \alpha_2^2 E(\epsilon_{t+\tau-1}^2) + \ldots + \alpha_2^{2\tau} E(\epsilon_t^2).$$

Wegen der angenommenen Homoskedastizität haben die Varianzen in jeder Periode denselben Wert σ_ϵ^2; die Varianz für $Y_{t+\tau}$ ist dann:

$$\mathrm{VAR}\,(Y_{t+\tau}) = \sigma_\epsilon^2(1 + \alpha_2^2 + \ldots + \alpha_2^{2\tau}) = \frac{\sigma_\epsilon^2}{1-\alpha_2^2}(1 - \alpha_2^{2(\tau+1)}).$$

Für $\tau \to \infty$ werden die Varianzen immer größer und konvergieren zu dem Grenzwert:

$$\mathrm{VAR}\,(Y_\infty) = \frac{\sigma_\epsilon^2}{1-\alpha_2^2}.$$

Die in der Periode $t - 1$ eingetretene Störung wirkt sich somit nicht nur auf den Erwartungswert zukünftiger Inlandsprodukte aus, sondern erhöht mit zunehmendem τ auch deren Streuung. Zukünftige tatsächliche Inlandsprodukte streuen daher um den Zeitpfad des Erwartungswertes, wobei größere Abweichungen vom Erwartungswert wahrscheinlicher werden, je weiter $Y_{t+\tau}$ in der Zukunft liegt. In Abbildung 10.2 geben die eingezeichneten Punkte eine solche Entwicklung wieder.

Das McCallum–Modell verdeutlicht, wie die in ϵ_t erfaßten Zufallseinflüsse auch bei nur einmaligem Eintreten über den Ausbreitungsmechanismus unendlich viele Perioden lang nachwirken. Die Ausprägungen der Zufallsvariablen (Schwere des Zufallsschocks) sind im wesentlichen durch die geldpolitischen Instanzen verursacht. Monetäre Schocks (z.B. plötzliche Ausdehnung der Geldmenge) breiten sich über entsprechende Mechanismen auf die Realgrößen aus und beeinflussen deren Entwicklung. Bei der in Gleichung

(10.25) verwendeten Form des Ausbreitungsmechanismus sind zyklische Entwicklungen ausgeschlossen. Diese treten aber ein, wenn der Ausbreitungsmechanismus durch einen Zweiperioden–Lag oder durch verteilte Lags der Form $\alpha_2 Y_{t-1} + \alpha_3 Y_{t-2}$ erfaßt wird. Wegen der Stabilitätsannahme für den privaten Sektor können auch dann nur gedämpfte Zyklen resultieren, die ohne weitere Anstöße auslaufen würden. Auch die neuklassische Konjunkturtheorie benötigt fortgesetzte Zufallsschocks, um die Persistenz der Zyklen zu sichern.

Obwohl mit dem neuklassischen Ansatz die grundlegenden Mängel, die einer Anwendung der klassischen Theorie zur Konjunkturerklärung im Wege standen, beseitigt sind, bleiben dennoch viele Kritikpunkte. Die Kritik bezieht sich zunächst auf den unvollständigen Informationsstand der Wirtschaftssubjekte. Informationen über die Marktsituationen sind tatsächlich nicht so isoliert wie angenommen, denn Wirtschaftssubjekte agieren gewöhnlich auf mehreren Märkten gleichzeitig. Zudem erscheint es vernünftiger, bei rationaler Erwartungsbildung die verzögert eintreffenden Informationen über andere Märkte abzuwarten, bevor falsche Preissignale über Kapazitätsanpassung den Ausbreitungsmechanismus in Gang setzen. Wenn ein falsches Preissignal bereits in der laufenden Periode eine Produktionszunahme auslösen kann, müssen Überschußkapazitäten vorhanden sein; für eine unmittelbare Kapazitätsausdehnung besteht somit keine Veranlassung. Die Unternehmen könnten durchaus die verzögert eintreffenden Informationen abwarten. Ebenso mutet es merkwürdig an, daß ein Wirtschaftssubjekt bei der Bildung rationaler Erwartungen zwar weiß, daß Zufallseinflüsse vorliegen und sogar deren stochastische Eigenschaften kennt, sich jedoch in konkreten Situationen immer wieder von ihnen täuschen läßt. Zusammenfassend läßt sich sagen, daß dieser Ansatz die Möglichkeiten moderner Informationsübertragungen erheblich unterschätzt. Fundamentaler als obige Kritik ist der Einwand, der sich gegen die Hypothese rationaler Erwartungen selbst richtet. Danach wird die Bildung rationaler Erwartungen grundsätzlich abgelehnt, weil sie von den Wirtschaftssubjekten zu große Fähigkeiten bei der Informationsbeschaffung und –verarbeitung verlangt.

Um die aufgezeigten Schwächen zu beseitigen, bieten sich zwei Auswege an: „die Suche nach tatsächlich relevanten Übertragungsmechanismen monetärer Störungen auf reale Variablen oder die „Umkehrung" der Kausalität, d.h. jetzt: Abhängigkeit der monetären Variablen von Veränderungen der realen Variablen"[24]. Der zweite Ausweg führt zur Theorie der „Real Business Cycles", die im folgenden Abschnitt behandelt wird.

---

[24]RAMSER (1988), S. 97.

10.3.2   Die Real–Business–Cycle Theorie

Die Real–Business–Cycle Theorie, eine junge Variante neuklassicher Konjunkturerklärung, sieht Störungen des realen Sektors einer Volkswirtschaft als Konjunkturursache an. Stochastisch verteilte Änderungen realer Größen lösen über geeignete Ausbreitungsmechanismen Konjunkturschwankungen der realen Aggregate aus. Die bei den stilisierten Fakten ausgewiesene empirische Evidenz einer positiven Korrelation zwischen monetären und realen Größen resultiert bei diesem Ansatz jetzt aus einer Reaktion der Geldmenge auf Änderungen des realen Inlandsprodukts.

Seit dem ersten Konjunkturmodell dieser Richtung von Kydland und Prescott[25] ist eine Vielzahl weiterer Modelle entstanden[26], die sich in den realen Schockvariablen (z.b. exogene Änderungen der Technologie, der Grenzleistungsfähigkeit der Investitionen, der staatlichen Nachfrage und der Steuersätze) und in den unterstellten Ausbreitungsmechanismen (z.B. Ausreifezeit der Kapitalgüter, intertemporale Aufteilung von Arbeitszeit und Freizeit, Konsumentenpräferenzänderung) unterscheiden. Während die in der Tradition des Kydland/Prescott–Modells stehenden Autoren auf monetäre Schocks ganz verzichten, schätzen andere Autoren[27] neben realen auch monetäre Schocks für eine zufriedenstellende Erklärung des Konjunkturzyklus als relevant ein. Da im vorangegangenen Abschnitt die Wirkung monetärer Schocks bereits behandelt wurde, sei die Grundstruktur der Real–Business–Cycle Theorie an einer vereinfachten Version des Kydland/Prescott–Modells erläutert[28]. Die zentrale Annahme dieses kompetitiven Modells besteht darin, daß das reale Inlandsprodukt über eine stochastische Technologieschockvariable λ_t zufällig schwankt. Die Produktionstechnologie legt eine neoklassische Produktionsfunktion mit konstanten Skalenerträgen fest:

$$Y_t = f(A_t, K_t, \lambda_t), \tag{10.41}$$

für die zusätzlich die Uzawa–Inada Bedingungen:

$$\lim_{A \to 0} f_A(A, K) = \lim_{K \to 0} f_K(A, K) = \infty \quad \text{und}$$

$$\lim_{A \to \infty} f_A(A, K) = \lim_{K \to \infty} f_K(A, K) = 0$$

---

[25]KYDLAND UND PRESCOTT (1982).

[26]Vgl. hierzu das Doppelheft Nr. 2/3 des Journal of Monetary Economics des Jahres 1988, das nur Beiträge zur Real–Business–Cycle Theorie enthält.

[27]So z.B. MCCALLUM (1986) und LUCAS (1987), S. 87 ff.

[28]Vgl. hierzu LONG UND PLOSSER (1983), S. 39 ff., RAMSER (1988), S. 98 ff. und LUCAS (1987), S. 32 ff. Lucas klassifiziert das Kydland–Prescott–Modell als Prototyp der Real–Business–Cycle Theorie.

gelten. Die Technologieschockvariable λ_t ist nach einem Markov–Prozeß erster Ordnung autokorreliert[29]:

$$\lambda_{t+1} = \rho\lambda_t + \epsilon_t, \qquad 0 \leqq \rho \leqq 1. \tag{10.42}$$

Die Variable ϵ_t folgt einem reinen Zufallsprozeß, d.h. jedes ϵ_t ist unabhängig und identisch verteilt, hier mit einem Erwartungswert von null. Die Variable λ_t erfaßt die Veränderung der totalen Faktorproduktivität im Zeitablauf. Mit dem Markov–Prozeß (10.42) läßt sich die Wirkung zufälliger Technologieschocks auf das Inlandsprodukt modellieren. Ist $\rho = 1$, geht Gleichung (10.42) in einen Random–Walk–Prozeß über. Zufallsschocks ϵ_t üben einen permanenten Einfluß auf Y_t aus. Gilt $0 < \rho < 1$, schwächen sich die Wirkungen von ϵ_t im Zeitablauf ab, wobei sich die Abschwächung mit kleinerem ρ schneller vollzieht. Bei $\rho = 0$ wirken die Impulse nur in der Periode ihres Eintretens auf Y_t; sie sind somit transitorisch.

Der gesamte Output $C_t + I_t$ unterliegt der produktionstechnischen Restriktion:

$$C_t + I_t \leqq Y_t \tag{10.43}$$

Berücksichtigt man bei der Produktion einen Verschleiß des eingesetzten Kapitalstocks mit der Abschreibungsrate γ, beträgt die Höhe des vorhandenen Kapitalstocks zu Beginn einer Periode $t + 1$:

$$K_{t+1} = (1 - \gamma)K_t + I_t, \qquad 0 < \gamma < 1. \tag{10.44}$$

Die Unternehmer maximieren in jeder Periode nach Kenntnis des Technologieschocks ihren Gewinn Π. Die Nachfragefunktionen nach Kapital und Arbeit sind gemäß der Grenzproduktivitätstheorie abhängig von den Faktorpreisen. Die Nachfragefunktion für den in Stunden gemessenen Faktor Arbeit beträgt:

$$\frac{\partial f(A_t, K_t, \lambda_t)}{\partial A_t} = w_t, \tag{10.45}$$

$$w_t : \text{Reallohnsatz.}$$

Die Nachfragefunktion nach Kapitalleistung erhält man als:

$$\frac{\partial f(A_t, K_t, \lambda_t)}{\partial K_t} = i_t, \tag{10.46}$$

---

[29]Die hier gewählte stochastische Modellierung weicht von der im Abschnitt 10.3.1 ab. Dort sind die Störvariablen in den einzelnen Verhaltensgleichungen frei von Autokorrelation.

i_t : realer Zinsatz.

Von den Haushalten wird angenommen, daß sie unendliche Lebenserwartung und identische Nutzenfunktionen haben sowie sämtliche Produktionsfaktoren besitzen. Die Nutzenfunktion enthält als Argumente die Konsumgüternachfrage und die Freizeit. Bezeichnet $\bar{A}$ die maximal mögliche Arbeitszeit, resultiert die Freizeit als $\bar{A} - A_t$. Die Nutzenfunktion U lautet daher: $U = U(C_t, \bar{A} - A_t)$ mit C_t und A_t als Entscheidungsvariablen des Haushalts. Die Haushalte maximieren in jeder Periode t den Nutzen für diese Periode und für sämtliche zukünftigen Perioden, wobei zukünftige Nutzen mit dem Faktor β^t, $0 < \beta < 1$ diskontiert werden. Über die Zukunft bilden die Haushalte rationale Erwartungen. Bei diesem intertemporalen Maximierungsproblem, formalisiert als:

$$E\left\{\sum_{t=0}^{\infty} \beta^t U(C_t, \bar{A} - A_t)\right\} \rightarrow \max_{C_t, A_t}! \qquad (10.47)$$

ist neben der in der traditionellen Haushaltstheorie üblichen Einkommensrestriktion:

$$C_t + I_t = w_t A_t + i_t K_t + \Pi_t. \qquad (10.48)$$

noch als Nebenbedingung die in Gleichung (10.44) festgelegte Entwicklung des Kapitalstocks zu beachten, denn heutige Konsumentscheidungen beeinflussen über die Investitionen zukünftige Produktionsmöglichkeiten. Substituiert man in der Zielfunktion (10.47) und in der Einkommensrestriktion (10.48) die Variable C_t durch Gleichung (10.43) und beachtet, daß bei kompetitiver Markträumung in Gleichung (10.48) w_t und i_t durch die Funktionen (10.45) und (10.46) zu ersetzen sind, läßt sich die Lösung des Optimierungsproblems angeben als:

$$A_t = A(K_t, \lambda_t) \qquad \text{und} \qquad (10.49)$$
$$I_t = (K_t, \lambda_t). \qquad (10.50)$$

Ersetzt man in Gleichung (10.44) die Investitionen I_t durch die Gleichgewichtslösung (10.50), folgt daraus der Zeitpfad des optimalen Kapitalstocks als:

$$K_{t+1} = (1 - \gamma)K_t + I(K_t, \lambda_t). \qquad (10.51)$$

Gleichung (10.51) ist eine stochastische Differenzengleichung erster Ordnung; ihre formale Struktur entspricht derjenigen von Gleichung (10.34). Es lassen sich daher auch im wesentlichen dieselben Schlußfolgerungen für die dynamischen Eigenschaften des erwarteten Kapitalstocks und seiner Varianz ziehen.

Jedoch kann bei der Entwicklung des tatsächlichen Kapitalstocks nach Gleichung (10.51) wegen der Autokorrelation der Zufallsvariablen λ_t bereits jetzt eine zyklische Entwicklung eintreten. Es ist hier keine Transformation in eine Differenzengleichung zweiter Ordnung notwendig. Dieses Zeitprofil ist allerdings nur stochastisch begründet[30]. Will man die Zyklen auf ökonomische Ursachen zurückführen, muß eine Verstärkung des Zufallseinflusses über einen Ausbreitungsmechanismus erfolgen. Kydland und Prescott wählen die Ausreifungszeit der Investitionsgüter[31] als Verstärker. Die zyklische Entwicklung des optimalen Kapitalstocks legt in Verbindung mit den übrigen Modellgleichungen auch die Zeitpfade für den Output, seine Aufteilung auf Konsum und Investition, Beschäftigung und Faktorpreise fest.

Bei der empirischen Bewertung vergleichen Kydland und Prescott modellsimulierte Zeitreihen mit der realen beobachtbaren Entwicklung. Die erzielte gute Übereinstimmung kann jedoch nicht als empirische Stützung gelten, da bei der Simulation die technologischen Schocks in einer Größenordnung gewählt wurden, daß sie mit der Varianz des tatsächlichen Inlandsprodukts kompatibel waren. Ob in der Realität aber Technologieschocks eine ausreichend große Kraft besitzen, um allein die Schwankungen im Inlandsprodukt auslösen zu können, bleibt trotz des unterstellten Ausbreitungsmechanismus offen. Verbesserungen des Erklärungsgehalts der Real–Business–Cycle Theorie lassen sich erzielen, wenn — wie in neueren Modellen — berücksichtigt wird, daß Technologieschocks auch große intersektorale Reallokationen zur Folge haben[32]. Mit diesem Ausbreitungsmechanismus können Verstärkereffekte, die in der Mobilität der Produktionsfaktoren begründet sind, modelliert werden.

---

[30]Vgl. hierzu RAUCH (1995), S. 406 ff., der nach einfachen Spezifikationen der Modellgleichungen Simulationen durchführt, bei denen λ_t alternativ einen reinen Zufallsprozeß mit $E(\epsilon_t) = 0$ oder einen Prozeß mit Autokorrelation darstellt.

[31]Ein nicht–walrasianisches Konjunkturmodell, das die Ausreifungszeit der Investitionsgüter berücksichtigt, ist das in Abschnitt 4.1.3.2 behandelte Modell von Kalecki.

[32]BLACK (1987).

Kapitel 11

Endogene Konjunkturerklärung bei preisgeräumten Märkten

Bei den bisher behandelten walrasianischen Konjunkturmodellen sind Konjunkturzyklen schockabhängig. Um diese — auch bei nicht–walrasianischen Modellen — kritisierte Abhängigkeit zu beseitigen, wendet sich in letzter Zeit auch die walrasianische Konjunkturtheorie verstärkt der Möglichkeit endogener Konjunkturerklärung zu. Bei einer endogenen Erklärung müssen die Zyklen aus dem ökonomischen System selbst resultieren. Weder für ihr Eintreten noch für ihre Persistenz Bedarf es exogener Anstöße. Die im Rahmen nicht–walrasianischer Konjunkturtheorie aufgezeigten Möglichkeiten für eine endogene Erklärung sind auch für walrasianische Ansätze richtungsweisend: Man beachtet stärker als bisher, daß ökonomisches Verhalten zu nichtlineraren Gleichungen führen kann und konzipiert auf dieser Basis nichtlineare, dynamische Konjunkturmodelle[1].

Obwohl sich die Entwicklung dieses jungen Zweiges walrasianischer Konjunkturforschung noch im Anfangsstadium befindet, lassen sich zwei Rich-

---

[1]In den letzten Jahren ist eine Reihe solcher Modelle entwickelt worden. Vgl. hierzu Band 40, Heft 1 des Journal of Economic Theory, das ausschließlich den Themenkreis: „Nonlinear Economic Dynamics " gewidmet ist. Die für nichtlineare, dynamische Modelle benötigten mathematischen Methoden stammen, wie bereits bei den nichtlinearen, nicht-walrasianischen Ansätzen erwähnt, im wesentlichen aus Gebieten der Chaos– und Katastrophentheorie. Zur Anwendungsbreite dieser Methoden siehe BAUMOL UND BENHABIB (1989).

tungen endogener Konjunkturerklärung erkennen[2]. Zum einen handelt es sich um Ansätze, die verallgemeinernd als Generationenmodell bezeichnet werden können, zum anderen um Modelle, die auf sogenannten Sunspots–Gleichgewichten basieren.

Die Anwendung von Generationenmodellen zur Erklärung der Konjunktur geht auf Grandmont zurück[3]. In seiner richtungsweisenden Arbeit entwickelt er die Standards solcher Modelle. Ausgangspunkt ist eine Volkswirtschaft, in der nur ein Gut, das nicht lagerfähig ist, hergestellt wird. Zur Produktion einer Gütereinheit benötigt man den Einsatz einer Arbeitseinheit. Die konstante Bevölkerung läßt sich in zwei Generationen aufteilen: Jugend bzw. Alter. Innerhalb jeder Generation sind alle Wirtschaftssubjekte identisch, so daß vereinfachend angenommen werden kann, daß jede Generation aus nur einem Individuum besteht. Jedes Individuum lebt genau zwei Perioden τ, $\tau = 1$: Jugend und $\tau = 2$: Alter, so daß zu jedem Zeitpunkt ein Individuum der jungen und alten Generation existiert[4]. Da die Individuen nichts vererben wollen, spart nur die Jugend Teile ihres Einkommens und löst im Alter diese Ersparnis wieder auf. Einziger Vermögenstitel ist Geld, so daß aus Ersparnisbildung eine entsprechende Geldnachfrage M^D resultiert. In jeder Periode t befinden sich Güter–, Arbeits– und Geldmarkt im walrasianischen Gleichgewicht. Geldpreis der Güter und Geldlohnsatz sind immer gleich groß, da Gewinnmaximierung bei der oben beschriebenen Produktionstechnologie einen Reallohnsatz von eins verlangt. Für jede der beiden Generationen liegt die maximal mögliche Arbeitszeit fest. Bezeichnet der Index 1 die junge und der Index 2 die alte Generation einer Periode t, verfügt ein Wirtschaftssubjekt in seiner Jugend über die maximale Arbeitszeit $\bar{A}_1$, im Alter über die maximale Arbeitszeit $\bar{A}_2$. In der Jugend beträgt die Freizeit $\bar{A}_1 - A_1$, im Alter $\bar{A}_2 - A_2$, $A_i \leqq \bar{A}_i$, $i = 1, 2$. Die intertemporale Nutzenfunktion U sei periodisch separierbar und periodisch additiv; sie wird gegeben durch:

$$U = U_1(C_1, \bar{A}_1 - A_1) + U_2(C_2, \bar{A}_2 - A_2). \qquad (11.1)$$

Die Teilfunktionen U_1, U_2 besitzen positive erste partielle Ableitungen und sind streng konkav. Das Entscheidungsproblem der Jugend besteht in der Bestimmung von Konsum– und Arbeitsangebotsplänen, die ihren Nutzen über die Zeit maximieren. Dabei kennt das Individuum den Preis P der laufenden Periode und erwartet für die nächste Periode, also im Alter, den Preis P^e.

---

[2]Vgl. hierzu auch RAMSER (1988), S. 102 ff., KROMPHARDT (1989), S. 219 ff., und TICHY (1990), S. 79.

[3]GRANDMONT (1985). Generationenmodelle, jedoch mit anderer Zielsetzung als hier, wurden in der Wirtschaftstheorie auch schon früher entwickelt; vgl. hierzu SAMUELSON (1958).

[4]Diesen Sachverhalt bezeichnet man als überlappende Generationen und hierauf aufbauende Ansätze auch als überlappende Generationen–Modelle.

Bei der Maximierung der Nutzenfunktion (11.1) sind zwei Restriktionen zu beachten. In der Jugend muß die Summe aus Konsumausgaben und Ersparnis dem nominalen Lohneinkommen entsprechen: $PC_1 + M^D = PA_1$ oder:

$$P(C_1 - A_1) + M^D = 0. \tag{11.2}$$

Im Alter gilt, daß die Differenz zwischen erwarteten Konsumausgaben und erwartetem Einkommen gleich der vorhandenen Ersparnis sein muß:

$$P^e(C_2 - A_2) = M^D. \tag{11.3}$$

Die Geldnachfrage M^D hängt daher von P und P^e ab: $M^D = M^D(P, P^e)$. Das intertemporale Entscheidungsproblem besitzt unter den getroffenen Annahmen eine eindeutige Lösung, die nur von dem erwarteten Preisverhältnis abhängt. Bezeichnet θ das Preisverhältnis P/P^e, lassen sich die Lösungen angeben als:

$$C_1 - A_1 = z_1(\theta) \quad \text{und} \tag{11.4}$$

$$C_2 - A_2 = z_2(\theta). \tag{11.5}$$

Da mit einer Einheit des Faktors Arbeit genau eine Gütereinheit hergestellt wird, stellen die Gleichungen (11.4) und (11.5) die Überschußnachfragen der beiden Generationen dar. Die Geldnachfrage der den intertemporalen Nutzen maximierenden Wirtschaftssubjekte erhält man aus Gleichung (11.2) bzw. (11.3) nach entsprechender Substitution der Bedingungen (11.4) und (11.5) als:

$$M^D = -Pz_1(\theta) = P^e z_2(\theta) \tag{11.6}$$

Die Volkswirtschaft befindet sich im kompetitiven Periodengleichgewicht, wenn P und P^e solche Werte annehmen, daß entweder die Überschußnachfrage des Geldmarktes oder des Gütermarktes verschwindet[5]. Die Entwicklung der Volkswirtschaft entspricht dann einer Folge solcher periodischer, kompetitiver Gleichgewichte. Für jede Periode t muß gelten, daß die exogen gegebene, konstante Geldmenge M von der älteren Generation gehalten und in dieser Periode der jüngeren Generation angeboten wird. Die positive Überschußnachfrage $(C_2 - A_2)$ der älteren Generation beträgt wegen $M^D = M$ daher M/P_t, die wegen der Ersparnis negative Überschußnachfrage $(C_1 - A_1)$ der jüngeren Generation beträgt nach Gleichung (11.4): $z_1(P_t/P_{t+1}^e)$. Ein kompetitives Gleichgewicht liegt vor, wenn sich in einer Periode die Überschußnachfragen beider Generationen ausgleichen:

$$z_1(P_t/P_{t+1}^e) + M/P_t = 0, \tag{11.7}$$

---

[5]Da nur zwei Märkte betrachtet werden, liegt nach dem Walras'schen Gesetz ein allgemeines Gleichgewicht vor, wenn einer der beiden Märkte im Gleichgewicht ist.

bzw. für den Geldmarkt:

$$M^D(P_t, P_{t+1}^e) - M = 0. \qquad (11.8)$$

Um stochastische bzw. erratische Elemente bei der Analyse ganz auszuschliessen, wird den Generationen vollkommene Voraussicht unterstellt. Der erwartete Preis entspricht dann dem tatsächlichen: $P_{t+1}^e = P_{t+1}$; das Preisverhältnis θ ist jetzt definiert als: $\theta_t = P_t/P_{t+1}$. Bei vollkommener Voraussicht stimmt aber auch die Überschußnachfrage der älteren Generation mit der in ihrer Jugend geplanten überein: $M/P_t = z_2(\theta_{t-1})$. Somit lassen sich die Gleichungen (11.7) und (11.8) schreiben als:

$$z_1(\theta_t) + z_2(\theta_{t-1}) = 0 \quad \text{und} \qquad (11.9)$$

$$M - P_t z_2(\theta_{t-1}) = 0. \qquad (11.10)$$

Diese beiden Gleichungen legen die zeitliche, gleichgewichtige Entwicklung der ökonomischen Aggregate bei vollkommener Voraussicht fest. Hervorzuheben ist dabei die Dichotomie der Volkswirtschaft: Gleichung (11.9) determiniert die gleichgewichtige Entwicklung aller realen Größen unabhängig von der Geldmenge; Gleichung (11.10) bestimmt das Zeitprofil der Preise in Abhängigkeit der Geldmenge. Löst man Gleichung (11.10) nach P_t auf, folgt: $P_t = M/z_2(\theta_{t-1})$; der Preis ist zur Geldmenge M proportional. Neben der Existenz stationärer Gleichgewichte können bei bestimmten Eigenschaften der Funktionen $z_1(\theta)$ und $z_2(\theta)$ persistente Konjunkturzyklen eintreten. Denn Veränderungen des Preisverhältnisses: $\theta_t = P_t/P_{t+1}$ lösen Einkommens- und intertemporale Substitutionseffekte aus. Eine Zunahme des Preisverhältnisses θ_t induziert bei der in einer Periode t jungen Generation über den Einkommens- und intertemporalen Substitutionseffekt einen verstärkten Konsum im Alter. Die positive Wirkung des intertemporalen Substitutionseffektes erkennt man daran, daß mit θ_t auch der Realzinssatz $\theta_t - 1$ steigt[6], und daher für höheren zukünftigen Konsum heute mehr gespart wird. Die Änderung des Gegenwartskonsums der Jugend in Abhängigkeit von θ läßt sich ohne weitere Annahmen bezüglich der Präferenzfunktion (11.1) nicht bestimmen, da der Einkommenseffekt zu einer Zunahme, der intertemporale Substitutionseffekt zu einer Abnahme des Gegenwartskonsums führen. Wird Freizeit im Alter deutlich stärker als in der Jugend präferiert, kann der negativ wirkende intertemporale Substitutionseffekt den positiv wirkenden Einkommenseffekt überkompensieren, so daß der Gesamteffekt für den

---

[6]Spart ein Haushalt in der Periode t P_t Geldeinheiten, beträgt seine reale Ersparnis eins. Da in der Periode $t+1$ das Preisniveau $P_{t+1} < P_t$ herrscht, wächst die nominale Ersparnis P_t auf eine reale Ersparnis von P_t/P_{t+1} an. Die realen Zinsen betragen somit $(P_t/P_{t+1}) - 1$, was auch dem realen Zinssatz entspricht, da die reale Ersparnis zu Beginn der Zinsperiode eins betrug.

Gegenwartskonsum der Jugend negativ ist. In diesem Fall weist die Folge temporärer kompetitiver Periodengleichgewichte Zyklen mit verschiedenen Periodizitäten auf, deren Mindestlänge jedoch der Zeitspanne einer Generation entspricht. Führt man in die überlappenden Generationen–Modelle weitere Finanzierungsbeschränkungen ein, lassen sich Zyklen mit empirisch relevanten Längen ableiten[7].

In etwa zeitgleich zur Entwicklung des Generationen–Konjunkturansatzes erfährt das Konzept der rationalen Erwartungen eine Ergänzung durch die Berücksichtigung von Erwartungen, die auf ökonomisch irrelevanten Faktoren beruhen, von denen die Wirtschaftssubjekte aber glauben, daß sie relevant seien. Solche Faktoren, in der Literatur als Sunspot–Variablen[8] bezeichnet, üben zwar keinen direkten Einfluß auf die fundamentalen ökonomischen Gegebenheiten wie Technologie, Präferenz oder Faktorausstattung aus, beeinflussen aber durch ihre Berücksichtigung bei der Erwartungsbildung die Entscheidungen der Wirtschaftssubjekte. Cass und Shell[9] haben gezeigt, daß hiervon unter bestimmten Bedingungen die temporären Gleichgewichte berührt sind. Zur Vereinfachung sei angenommen, daß eine Sunspot–Variable nur zwei Zustände s_1 und s_2 annehmen kann. Die Wirtschaftssubjekte bilden für s_1 und s_2 Eintrittswahrscheinlichkeiten, wobei die Wahrscheinlichkeitseinschätzungen für jeden der beiden Zustände innerhalb der Wirtschaftssubjekte übereinstimmen. Für den Zustand s_1 erwarten sie das Preisniveau $P^e(s_1)$, für den Zustand s_2 entsprechend $P^e(s_2)$, wobei sich die Preisniveauerwartungen unterscheiden: $P^e(s_1) \neq P^e(s_2)$. Die Haushalte planen ihre Konsumentscheidungen gemäß der Nutzenerwartungsmaximierung. Obwohl ökonomischen Fundamentalvariablen wie das Preisniveau unabhängig von den Sunspot–Variablen sind, können sich mit den Zuständen auch verschiedene Preisniveaus einstellen: Es liegt dann ein Sunspotgleichgewicht vor. Das sich über die Zeit ändernde Preisverhältnis θ_t löst analog zum Generationenmodell Einkommens– und intertemporale Substitutionseffekte aus, die ihrerseits endogene Konjunkturzyklen generieren[10].

Die Deduktion endogener Konjunkturzyklen und ihre Persistenz setzt neben den bereits erwähnten Einschränkungen voraus, daß nahezu alle Wirtschaftssubjekte in jeder Periode dieselben Sunspot–Variablen bei ihren Entscheidungen heranziehen und daß sie nicht aus Erfahrung lernen. Ob es gelingt, Generationen– und/oder Sunspotkonjunkturmodelle zu konzipieren, die auf realistischeren Annahmen als hier beruhen und die eine befriedigende Er-

---

[7]Vgl. hierzu WOODFORD (1986).

[8]Von diesen Variablen beeinflußte Gleichgewichte heißen Sunspot–Gleichgewichte oder kurz S–Gleichgewichte. Die Bezeichnung ist auf die Sonnenfleckentheorie der Konjunktur zurückzuführen, die fälschlicherweise die Sonnenflecken als Konjunkturursache ansah.

[9]CASS UND SHELL (1983).

[10]AZARIADIS UND GUESNERIE (1986).

klärung der konjunkturellen Entwicklung von Industrienationen erlauben, wird erst die weitere Forschung zeigen.

Mathematischer Anhang

Kapitel 1

Die Zeit als diskrete Variable

1.1 Lineare Differenzengleichungen

Da bei einer dynamischen Analyse alle ökonomischen Variablen Funktionen der Zeit t sind, gilt für eine beliebige Variable y:

$$y_t = f(t). \tag{1.1}$$

Ihre erste Differenz ist definiert als:

$$\Delta y_t = f(t+h) - f(t), \quad h > 0 \tag{1.2}$$

$$\Delta : \text{Differenzenoperator},$$

$$h : \text{Differenzenintervall}.$$

Setzt man $h = 1$ und spezifiziert den Definitionsbereich für t als die Menge der natürlichen Zahlen $\mathbb{N}$ und der Null, $t \in \mathbb{N} \cup \{0\}$, folgt nach Gleichung (1.2) für die ersten Differenzen $\Delta y_1, \Delta y_2, \ldots$ an den (Zeit–)Stellen $t = 1$, $t = 2, \ldots$:

$$\Delta y_1 = f(2) - f(1) = y_2 - y_1,$$

$$\Delta y_2 = f(3) - f(2) = y_3 - y_2,$$

oder allgemein:

$$\Delta y_t = f(t+1) - f(t) = y_{t+1} - y_t. \tag{1.3}$$

Die Definition (1.2) legt auch die Berechnung von Differenzen zweiter und höherer Ordnung fest. Soll für die Funktion Δy_t die erste Differenz gebildet werden, erhält man die zweite Differenz:

$$\Delta(\Delta y_t) = \Delta^2 y_t = \Delta(y_{t+1} - y_t) = \Delta y_{t+1} - \Delta y_t$$
$$= y_{t+2} - y_{t+1} - (y_{t+1} - y_t)$$
$$= y_{t+2} - 2y_{t+1} + y_t.$$

Die n–te Differenz berechnet sich analog hierzu. Eine Gleichung heißt im Rahmen einer dynamischen ökonomischen Analyse Differenzengleichung, wenn sie eine Beziehung zwischen einer Funktion y_t und einigen ihrer Differenzen darstellt, die für alle $t \in \mathbb{N} \cup \{0\}$ gilt. Als Illustration diene die Gleichung $y_t + a\Delta y_t + b\Delta^2 y_t = c(t)$ mit a und b ungleich null; der Term $c(t)$ kann konstant, aber auch eine Funktion der Zeit sein. Diese Gleichung geht gemäß der Vorschrift (1.3) über in:

$$by_{t+2} + (a - 2b)y_{t+1} + (1 - a + b)y_t = c(t). \tag{1.4}$$

Zwei Konventionen werden eingeführt:

(a) Da Gleichung (1.4) für jedes t definiert ist, soll bei den weiteren Ausführungen t stets den höchsten Zeitindex einer Differenzengleichung kennzeichnen; Gleichung (1.4) geht dann über in:

$$by_t + (a - 2b)y_{t-1} + (1 - a + b)y_{t-2} = c(t).$$

(b) Es ist zweckmäßig, den Koeffizienten der Funktion y_t immer auf den Wert eins zu normieren. In obiger Gleichung wird nach Division durch $b \neq 0$ diese Festsetzung erreicht.

Jede Differenzengleichung läßt sich daher allgemein schreiben als:

$$y_t + \alpha_1 y_{t-1} + \alpha_2 y_{t-2} + \ldots + \alpha_n y_{t-n} = g(t), \quad \alpha_n \neq 0 \tag{1.5}$$

Gleichung (1.5) stellt eine lineare Differenzengleichung über der Menge t, $t \in \mathbb{N} \cup \{0\}$ dar. Ihre höchste Verzögerung $t - n$ bestimmt die Ordnung n. Sind alle Koeffizienten α_i, $i = 1, \ldots, n$ konstant, $\alpha_n \neq 0$ und $g(t) \neq 0$, spricht man von einer inhomogenen linearen Differenzengleichung n-ter Ordnung mit konstanten Koeffizienten[1]; für $g(t) = 0$ heißt sie homogen.

Gleichung (1.5) gehört zur Klasse der Funktionalgleichungen, weil die in ihr enthaltenen Unbekannten y_{t-i}, $i = 0, 1, \ldots, n$ selbst Funktionen der

---

[1] Den folgenden Darstellungen liegen immer Differenzengleichungen mit konstanten Koeffizienten zugrunde.

Zeit sind. Das Lösen einer Funktionalgleichung besteht in der Angabe einer Funktion oder mehrerer Funktionen, die für alle t die Funktionalgleichung erfüllen[2,3]. Für die in diesem Kapitel behandelten Differenzengleichungen existieren immer Lösungsfunktionen, die bis auf ihre Konstanten bestimmt sind[4]. Die Unbestimmtheit in den Konstanten resultiert daraus, daß bei der Bildung der ersten Differenz genau eine Konstante, bei der Bildung der zweiten Differenz genau zwei Konstanten usw. in der Lösungsfunktion nicht festgelegt werden müssen. Die beiden folgenden Beispiele verdeutlichen dies. Die durch die erste Differenz gegebene Differenzengleichung[5] $0 = \Delta y_t = y_t - y_{t-1}$ hat jede beliebige Konstante als Lösung; sie wird von $y_t = c$ identisch erfüllt. Die der zweiten Differenz entsprechende Differenzengleichung $0 = \Delta^2 y_t = y_t - 2y_{t-1} + y_{t-2}$ besitzt alle in t linearen Funktionen als Lösungen, somit sind hier zwei Konstante frei wählbar. Die Hinzunahme von Anfangsbedingungen beseitigt diese Unbestimmtheit, so daß die Existenz einer eindeutigen Lösung für jede lineare Differenzengleichung[6] gesichert ist.

Die allgemeine Lösung einer inhomogenen Differenzengleichung der Form (1.5) ermittelt man in zwei Schritten. Zunächst sind die Lösungen ihres Homogenteils zu finden. Der Homogenteil folgt aus Gleichung (1.5) für $g(t) = 0$, ungeachtet des tatsächlichen Wertes:

$$y_t + \alpha_1 y_{t-1} + \alpha_2 y_{t-2} + \ldots + \alpha_n y_{t-n} = 0, \quad \alpha_n \neq 0. \qquad (1.6)$$

Ohne Beweis sei angeführt, daß eine homogene Differenzengleichung n–ter Ordnung n linear unabhängige Lösungen $y_i(t)$, $i = 1, \ldots, n$ besitzt[7]. Jede Linearkombination hieraus stellt ebenfalls eine Lösung für Gleichung (1.6) dar. Der Beweis soll für die Linearkombination $A_1 y_1(t) + A_2 y_2(t)$ mit A_1 und A_2 als beliebige Konstanten gezeigt werden, seine Verallgemeinerung erfolgt analog hierzu. Die Substitution von y_{t-i} durch $A_1 y_1(t - i) + A_2 y_2(t - i)$, $i = 0, 1 \ldots, n$ führt zu:

$$A_1 y_1(t) + A_2 y_2(t) + \alpha_1 [A_1 y_1(t - 1) + A_2 y_2(t - 1)] + \ldots$$
$$+ \alpha_n [A_1 y_1(t - n) + A_2 y_2(t - n)] = 0.$$

---

[2]Für die aus der Algebra bekannten Gleichungen gilt dies nicht. Z.B. ist die Gleichung $2t - 8 = 0$ nicht für alle $t \in \mathbb{N}$ erfüllt, sondern nur für $t = 4$, womit ihre Lösung gefunden ist.

[3]Da die Lösungen dieser Funktionalgleichungen für alle t gelten, sagt man auch, sie erfüllen die Funktionalgleichung identisch.

[4]Einen Existenzbeweis für Lösungen linearer Differenzengleichungen mit konstanten Koeffizienten findet man z.B. bei GOLDBERG (1968), S.94 ff.

[5]Die Bezeichnung „Differenzengleichung" kennzeichnet im folgenden stets lineare Differenzengleichungen mit konstanten Koeffizienten.

[6]Einen Eindeutigkeitsbeweis gibt GOLDBERG (1968), S. 94 ff.

[7]Diese n Lösungen bezeichnet man als Fundamental- oder Hauptsystem.

Einfache Umformungen ergeben:

$$A_1[y_1(t) + \alpha_1 y_1(t-1) + \ldots + \alpha_n y_1(t-n)]$$
$$+ A_2[y_2(t) + \alpha_1 y_2(t-1) + \ldots + \alpha_n y_2(t-n)] = 0.$$

Da annahmegemäß $y_1(t)$ und $y_2(t)$ Lösungen der homogenen Differenzengleichung (1.6) sind, verschwinden die eckigen Klammern. Dies beweist, daß $A_1 y_1(t) + A_2 y_2(t)$ die Differenzengleichung (1.6) identisch erfüllt. Die (unendlich vielen) allgemeinen Lösungen $y_H(t)$ für den Homogenteil lassen sich jetzt darstellen als:

$$y_H(t) = A_1 y_1(t) + A_2 y_2(t) + \ldots + A_n y_n(t). \tag{1.7}$$

Zusätzlich zu der allgemeinen Lösung des Homogenteils ist die partikuläre Lösung für die Differenzengleichung (1.5) zu ermitteln. Sie ergibt sich unter Beachtung der tatsächlichen Funktion $g(t)$, die auch den Lösungsansatz bestimmt und ist immer eindeutig. Bezeichnet $\bar{y}(t)$ die partikuläre Lösung[8], lautet die allgemeine Lösung der inhomogenen Differenzengleichung (1.5):

$$y(t) = y_H(t) + \bar{y}(t) = A_1 y_1(t) + \ldots + A_n y_n(t) + \bar{y}(t). \tag{1.8}$$

Die Reihenfolge der beiden Schritte zur Ermittlung der Lösung (1.8) ist beliebig. Führt ein konkretes Problem nur zu einer homogenen Differenzengleichung, besteht die allgemeine Lösung bereits aus Gleichung (1.7).

Die allgemeine Lösung gibt y jetzt nur noch als Funktion der Zeit t an. Sie legt daher Zeitpfade für $y(t)$ fest. Solange die Koeffizienten $A_1, \ldots, A_n$ numerisch unbestimmt bleiben, existieren unendlich viele Lösungen und damit auch unendlich viele Zeitpfade. Eine eindeutige Lösung verlangt die numerische Spezifikation der Konstanten $A_1, \ldots, A_n$. Hierfür ist die Kenntnis von genau n aufeinanderfolgenden Werten für $y(t)$ notwendig[9,10]. Diese vorgegebenen Werte $y(0), \ldots, y(n-1)$ heißen Anfangsbedingungen. Mit ihnen geht Gleichung (1.8) in ein Gleichungssystem über:

$$y(0) - \bar{y}(0) = A_1 y_1(0) + \ldots + A_n y_n(0) , \qquad \text{für } t = 0$$
$$y(1) - \bar{y}(1) = A_1 y_1(1) + \ldots + A_n y_n(1) , \qquad \text{für } t = 1 \tag{1.9}$$
$$\vdots$$
$$y(n-1) - \bar{y}(n-1) = A_1 y_1(n-1) + \ldots + A_n y_n(n-1) , \quad \text{für } t = n-1$$

---

[8]In ökonomischen Anwendungen wird die partikuläre Lösung auch als $\bar{y}_t$ geschrieben.

[9]Die Anzahl der vorzugebenden Werte entspricht immer dem Grad der Differenzengleichung, auch wenn Zwischenglieder mit geringeren Verzögerungen in ihr nicht vorkommen.

[10]Sind n zeitlich aufeinanderfolgende Werte für $y(t)$ bekannt, kann der $(n+1)$-te Wert eindeutig berechnet werden. Der $(n+2)$-te Wert ergibt sich dann wiederum eindeutig aus seinen n Vorgängern. Auf diese sukzessive Weise läßt sich — zwar recht mühsam — der Zeitpfad ermitteln. Eine allgemeine Lösung mit numerisch spezifizierten Koeffizienten reduziert den Rechenaufwand erheblich.

In dem Gleichungssystem (1.9) sind nur die Koeffizienten $A_1, \ldots, A_n$ unbekannt. Faßt man sie in einem Spaltenvektor zusammen, ergibt sich für dieses System in Matrizendarstellung:

$$
\begin{bmatrix} y_1(0) & \cdots & y_n(0) \\ \vdots & & \vdots \\ y_1(n-1) & \cdots & y_n(n-1) \end{bmatrix} \begin{bmatrix} A_1 \\ \vdots \\ A_n \end{bmatrix} = \begin{bmatrix} y(0) - \bar{y}(0) \\ \vdots \\ y(n-1) - \bar{y}(n-1) \end{bmatrix} ; \quad (1.10)
$$

oder, in kompakter Schreibweise: $\boldsymbol{Y A = y}$.

Eine eindeutige Lösung existiert nur dann, wenn die Matrix $\boldsymbol{Y}$ regulär ist und das Gleichungssystem (1.10) widerspruchsfrei ist. Da die Lösungen $y_1(t), \ldots, y_n(t)$ ein Fundamentalsystem bilden und n aufeinanderfolgende Anfangsbedingungen vorliegen, sind diese Forderungen immer erfüllt[11]. Damit ist aus den unendlich vielen Zeitpfaden, die nach der allgemeinen Lösung (1.8) zulässig sind, genau ein Zeitpfad festgelegt, dessen Entwicklung mit den Anfangswerten beginnt.

1.1.1 Die partikuläre Lösung

Die partikuläre Lösung läßt sich im Gegensatz zu den Lösungen des Homogenteils gewöhnlich recht schnell ermitteln. Da die Vorgehensweise hierbei weitgehend unabhängig von der Ordnung der Differenzengleichung ist, liegt der Darstellung zwecks Vereinfachung eine Differenzengleichung erster Ordnung zugrunde:

$$
y_t + \alpha_1 y_{t-1} = g(t). \quad (1.11)
$$

Um die partikuläre Lösung zu ermitteln, läßt man sich bei der Wahl des Lösungsansatzes[12] für $\bar{y}(t)$ von dem Funktionstyp $g(t)$ leiten. Es hat sich gezeigt, daß sehr häufig Lösungen resultieren, wenn $g(t)$ und $\bar{y}(t)$ derselben Funktionsklasse angehören. Für zwei in der Wirtschaftstheorie häufig vorkommende Spezifikationen der Funktion $g(t)$ soll der Lösungsvorgang aufgezeigt werden[13].

---

[11]Würden n nicht aufeinanderfolgende Anfangsbedingungen verwendet, kann dies die Forderung nach Widerspruchsfreiheit verletzen.

[12]Diese Formulierung soll andeuten, daß es keine festen Regeln für das Auffinden von Lösungen gibt. Man spricht daher auch von Versuchslösungen. Scheitert ein solcher Versuch, weil das Ergebnis die Differenzengleichung nicht identisch erfüllt, muß ein anderer Ansatz verfolgt werden.

[13]Diese beiden Spezifikationen finden sich bei der überwiegenden Anzahl diskreter dynamischer Modelle, die im wirtschaftswissenschaftlichen Hauptstudium behandelt werden. Der an einer umfassenden Analyse von Differenzengleichungen interessierte Leser sei auf die Darstellung von OTT (1970) und GANDOLFO (1996) verwiesen.

Der einfachste Fall liegt vor, wenn $g(t)$ einer Konstanten a entspricht. Die Differenzengleichung (1.11) geht über in:

$$y_t + \alpha_1 y_{t-1} = a. \tag{1.12}$$

Nach Substitution des Lösungsansatzes $y_t = \bar{y}(t) = \bar{y}$ folgt aus $\bar{y} + \alpha_1 \bar{y} = a$ für $\bar{y}$:

$$\bar{y} = \frac{a}{1 + \alpha_1} \tag{1.13}$$

Damit ist die partikuläre Lösung bestimmt durch:

$$\bar{y}(t) = \bar{y} = \frac{a}{1 + \alpha_1}, \quad \alpha_1 \neq -1. \tag{1.14}$$

Der Lösungsversuch scheitert, wenn $\alpha_1 = -1$ ist, da dann der Nenner in Gleichung (1.13) den Wert null annimmt und der Quotient daher nicht mehr definiert ist. Die sich für $\alpha_1 = -1$ ergebende Differenzengleichung:

$$y_t - y_{t-1} = a \tag{1.15}$$

versucht man jetzt mit dem Ansatz $y_t = \bar{y}(t) = \bar{y}t$ zu lösen[14]. Entsprechende Substitutionen führen zu:

$$\bar{y}t - \bar{y}(t - 1) = a \quad \text{oder:}$$
$$\bar{y} = a. \tag{1.16}$$

Die partikuläre Lösung ist daher im Falle $\alpha_1 = -1$[15]:

$$\bar{y}(t) = at. \tag{1.17}$$

Die partikuläre Lösung (1.14) weist dieselben Eigenschaften auf, die ein stationäres Gleichgewicht charakterisieren: Kennzeichnet die Variable y_t das Inlandsprodukt und nimmt es in einer Periode t den Wert $\bar{y}$ an, so bleibt y_t für alle nachfolgenden Perioden auf dem Niveau $\bar{y}$ konstant: $y_t = \bar{y}$. Diese Interpretation der partikulären Lösung (1.14) als ökonomisches Gleichgewicht

---

[14]Die hier eingeschlagene Vorgehensweise läßt sich verallgemeinern. Versagt ein Lösungsversuch mit einer bestimmten Funktion, wählt man als zweiten Ansatz dieselbe Funktion, multipliziert mit t.

[15]Bei den vorangegangenen Ausführungen wurde gezeigt, daß jede beliebige Konstante A eine Lösung der ersten Differenz $\Delta y_t = y_t - y_{t-1} = 0$ darstellt. Da $\Delta y_t = 0$ aber den Homogenteil der Differenzengleichung (1.15) angibt, ist mit der Konstanten A auch die Lösung des Homogenteils gefunden. Die allgemeine Lösung für die Differenzengleichung (1.15) lautet: $y(t) = A + at$. Da die Lösungen des Homogenteils von Differenzengleichungen der Ordnung n, $n \geq 2$, nicht so leicht wie hier zu finden sind, erfolgt eine systematische Darstellung im nächsten Kapitel.

läßt vermuten, daß auch die mit anderen Ansätzen gefundenen partikulären Lösungen ökonomische Gleichgewichte darstellen, sofern die funktionale Form der partikulären Lösung mit dem Gleichgewichtskonzept kompatibel ist.

In den Wirtschaftswissenschaften führen viele dynamische Analysen zu Differenzengleichungen, bei denen $g(t)$ eine Exponentialfunktion mit gegebenen Konstanten darstellt: $g(t) = Ca_1^t$. Bei einer solchen Spezifikation geht die Differenzengleichung (1.11) über in:

$$y_t + \alpha_1 y_{t-1} = Ca_1^t \,, \tag{1.18}$$

$$C, \ a_1 \neq 0 \quad \text{und const. über } t.$$

Als Lösungsansatz verwendet man zunächst eine Funktion, die aus derselben Klasse wie $g(t)$ stammt, z.B.: $y_t = \bar{y}(t) = Ea_1^t$, wobei E eine unbestimmte Konstante ist. Entsprechende Substitutionen in Gleichung (1.18) ergeben:

$$Ea_1^t + \alpha_1 Ea_1^{t-1} = Ca_1^t \quad \text{oder:}$$

$$a_1^{t-1}(Ea_1 + \alpha_1 E - Ca_1) = 0. \tag{1.19}$$

Gleichung (1.19) gilt nur dann für alle t, wenn die Klammer den Wert null annimmt; damit ist eine Bestimmungsgleichung für E gefunden. Nach E aufgelöst folgt:

$$E = \frac{a_1 C}{a_1 + \alpha_1}.$$

Die partikuläre Lösung ist daher:

$$\bar{y}(t) = \frac{a_1 C}{a_1 + \alpha_1} a_1^t \,, \quad a_1 + \alpha_1 \neq 0. \tag{1.20}$$

Für den Fall, daß gilt: $a_1 + \alpha_1 = 0$, ist die partikuläre Lösung (1.20) im Bereich der reellen Zahlen nicht definiert. Analog zu oben versucht man jetzt den Lösungsansatz $y_t = \bar{y}(t) = Eta_1^t$. Wird dieser Ansatz in die Differenzengleichung (1.18) eingesetzt, folgt hieraus die Bestimmungsgleichung für E als:

$$Eta_1^t + \alpha_1 E(t-1)a_1^{t-1} - Ca_1^t = 0 \quad \text{oder:}$$
$$a_1^{t-1}[Eta_1 + \alpha_1 E(t-1) - Ca_1] = 0.$$

Auch diese Gleichung gilt nur dann für alle t, wenn die Konstante E einen Wert annimmt, für den die eckige Klammer null ergibt. Diese läßt sich nach einfachen Umformungen schreiben als:

$$[(a_1 + \alpha_1)Et - \alpha_1 E - Ca_1] = 0.$$

Wegen der Annahme $a_1 + \alpha_1 = 0$ ist E bestimmt durch:

$$E = -\frac{a_1 C}{\alpha_1}.$$

Die partikuläre Lösung ergibt sich für diesen Spezialfall als:

$$\bar{y}(t) = -\frac{a_1 C}{\alpha_1} t a_1^t. \tag{1.21}$$

Wie schon für $g(t) = a$ läßt sich die Lösung (1.20) ebenfalls ökonomisch interpretieren. Wächst bei einer diskreten Analyse das Inlandsprodukt von einem Anfangswert y_0 an mit einer konstanten Wachstumsrate w_y, durchläuft es in Perioden $t = 0, 1, 2, \ldots$ die Werte:

$$y_0 = y_0\,,$$
$$y_1 = y_0 + w_y y_0 = (1 + w_y) y_0\,,$$
$$y_2 = (1 + w_y) y_1 = (1 + w_y)^2 y_0\,,$$
$$\vdots$$
$$y_t = y_0 (1 + w_y)^t.$$

Die Funktion $y_t = y_0 (1 + w_y)^t$ beschreibt den Zeitpfad des Inlandsprodukts bei stetigem Wachstum[16]. Da sie dieselbe Form wie die partikuläre Lösung (1.20) besitzt[17], erhält man mit der partikulären Lösung auch den gleichgewichtigen Wachstumspfad (moving equilibrium) bei diskreten Zeitvariablen.

1.1.2   Die Lösungen des Homogenteils

Um die allgemeine Lösung einer Differenzengleichung zu gewinnen, benötigt man außer der partikulären Lösung noch die Lösungen des Homogenteils. Nach den beiden behandelten partikulären Lösungen entwickelt sich y_t ohne Schwingungen; zyklische Entwicklungen müssen daher aus den Lösungen des Homogenteils resultieren. Diese Lösungen hängen von der Ordnung der Differenzengleichung ab. Konjunkturmodelle führen i.d.R. zu Differenzengleichungen erster, zweiter oder dritter Ordnung; es ist daher zweckmäßig, das Auffinden der Lösungen des Homogenteils auf diese Fälle zu beschränken.

Die Lösungen für eine homogene Differenzengleichung erster Ordnung lassen sich leicht ermitteln. Ist die Differenzengleichung gegeben durch

$$y_t + \alpha_1 y_{t-1} = 0, \tag{1.22}$$

---

[16] „Stetig" bezeichnet hier nicht die Art der Analyse, sondern weist darauf hin, daß das Inlandsprodukt mit gleicher (gleichgewichtiger) Rate über die Zeit wächst.

[17] Die Übereinstimmung folgt unmittelbar für $\frac{a_1 C}{a_1 + \alpha_1} = y_0$ und $a_1 = (1 + w_y)$.

resultiert nach Einsetzen des Lösungsansatzes $y_t = y(t) = x^t$:

$$x^t + \alpha_1 x^{t-1} = 0 \quad \text{oder:} \quad x^{t-1}(x + \alpha_1) = 0.$$

Der Lösungsansatz erfüllt die Differenzengleichung abgesehen von dem Trivialfall $x = 0$ nur dann identisch, wenn gilt: $x = -\alpha_1$. Somit ist eine Lösung gefunden:

$$y_1(t) = (-\alpha_1)^t. \tag{1.23}$$

Wie bereits ausgeführt, stimmen Grad einer Differenzengleichung und Anzahl der unabhängigen Lösungen überein. Gleichung (1.23) ist damit die einzige unabhängige Lösung. Da in der Lösung einer Differenzengleichung erster Ordnung stets eine Konstante unbestimmt bleibt, werden alle Lösungen des Homogenteils durch $A_1(-\alpha_1)^t$ gegeben:

$$y_{\mathrm{H}}(t) = A_1(-\alpha_1)^t,$$

$$A_1 : \text{ unbestimmte Konstante.}$$

Liegt eine inhomogene Differenzengleichung vor, ist ihre allgemeine Lösung gleich der Summe aus den Lösungen für den Homogenteil und der partikulären Lösung. Z.B. besitzt $y_t + \alpha_1 y_{t-1} = a$ die allgemeine Lösung:

$$y(t) = A_1(-\alpha_1)^t + \frac{a}{1 + \alpha_1} \quad \text{für } \alpha_1 \neq -1, \tag{1.24}$$

oder (siehe Anmerkung 15):

$$y(t) = A_1 + at \quad \text{für } \alpha_1 = -1. \tag{1.24a}$$

Eine vorgegebene Anfangsbedingung[18] bestimmt in den beiden Gleichungen die willkürliche Konstante A_1 und legt damit einen Zeitpfad für y_t eindeutig fest. Ist für $t = 0$ der Wert $y(0)$ bekannt, folgen aus Gleichung (1.24) bzw. (1.24a):

$$A_1 = y(0) - \frac{a}{1 + \alpha_1} \quad \text{bzw.} \quad A_1 = y(0).$$

Wird die allgemeine Lösung durch Gleichung (1.24a) gegeben, folgt $y(t)$ für $a > 0$ ($a < 0$) einem positiven (negativen) linearen Trend (vgl. Abbildung 1.1.e). Die dynamischen Charakteristika der durch Gleichung (1.24) festgelegten Zeitpfade hängen von der Lösung des Homogenteils und daher von dem Koeffizienten $-\alpha_1$ ab. Es lassen sich fünf typische Entwicklungen unterscheiden, die ebenfalls in Abbildung 1.1 wiedergegeben sind, wobei zwecks

---

[18] Als Anfangsbedingung ist jeder bekannte Wert geeignet, den y_t durchlaufen hat. Gewöhnlich wählt man jedoch den in der Periode $t = 0$ angenommenen Wert $y(0)$.

Vereinfachung die konstante partikuläre Lösung vernachlässigt wurde[19].

Abb. 1.1:

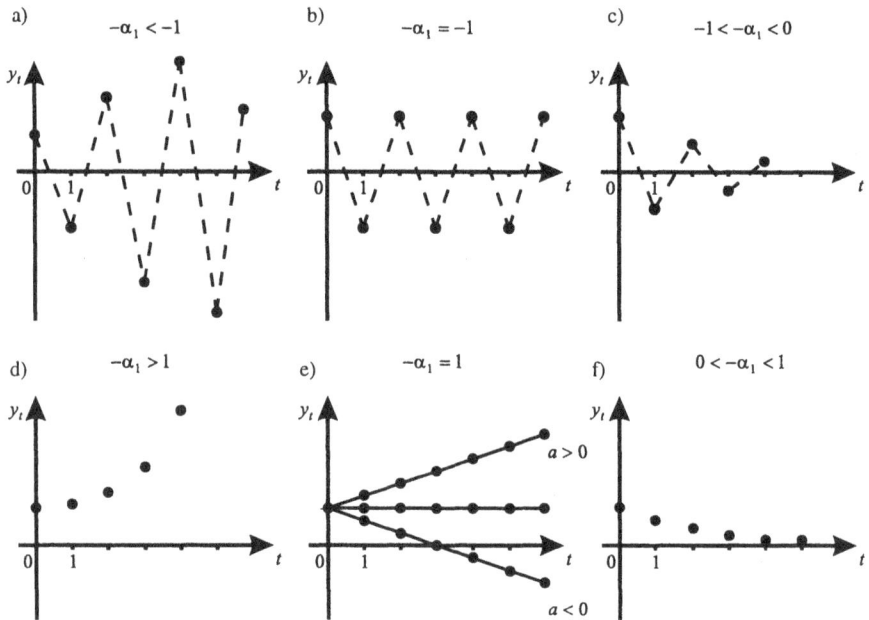

Für $|-\alpha_1| < 1$ liegt eine stabile Entwicklung in dem Sinne vor (vgl. Abbildung 1.1.c und 1.1.f), daß sich y_t im Zeitablauf dem durch $\bar{y}(t)$ festgelegten Zeitpfad nähert[20]. Die Anpassung erfolgt monoton, wenn $0 < -\alpha < 1$ gilt (vgl. Abbildung 1.1.f); für $-1 < -\alpha_1 < 0$ ist die Entwicklung alternierend stabil[21] (vgl. Abbildung 1.1.c). Ist $|-\alpha_1| > 1$, liegt entweder ein monoton explosiver (vgl. Abbildung 1.1.d) oder ein alternierend explosiver (vgl. Abbildung 1.1.a) Zeitpfad vor. Bei $-\alpha_1 = -1$ entwickelt sich y_t mit konstanten Abweichungen vom $\bar{y}(t)$-Pfad (vgl. Abbildung 1.1.b). Diese konstanten Abweichungen unterliegen einem ständigem Vorzeichenwechsel.

---

[19]Die Berücksichtigung der partikulären Lösung führt zu einer Verschiebung der Punkte, ohne jedoch die dynamischen Eigenschaften der Entwicklung zu modifizieren.

[20]Es sei nochmals darauf hingewiesen, daß bis auf Abbildung 1.1.e in den Grafiken die partikuläre Lösung $\bar{y}(t)$ nicht eingezeichnet ist.

[21]Bei einer Differenzengleichung erster Ordnung liegen für $-\alpha_1 < 0$ nie zwei aufeinanderfolgende y–Werte ober– oder unterhalb des Pfades $\bar{y}(t)$. Man bezeichnet solche Entwicklungen als alternierend, da sich positive und negative Abweichungen von $\bar{y}(t)$ stets abwechseln. Die Abbildungen 1.1.a bis 1.1.c sind hierfür Beispiele.

Eine homogene Differenzengleichung zweiter Ordnung hat die Form:

$$y_t + \alpha_1 y_{t-1} + \alpha_2 y_{t-2} = 0. \tag{1.25}$$

Nach Einsetzen des Lösungsansatzes $y_t = y(t) = x^t$ erhält man:

$$x^t + \alpha_1 x^{t-1} + \alpha_2 x^{t-2} = 0.$$

Bei dieser Gleichung kann die kleinste gemeinsame Potenz x^{t-2} ausgeklammert werden:

$$x^{t-2}(x^2 + \alpha_1 x + \alpha_2) = 0.$$

Der Lösungsansatz $y_t = x^t$ führt nur dann zu einer nichttrivialen Lösung und erfüllt die Differenzengleichung (1.25) identisch, wenn x einen Wert annimmt, für den die Klammer null wird:

$$x^2 + \alpha_1 x + \alpha_2 = 0. \tag{1.26}$$

Der Ausdruck (1.26) heißt charakteristische Gleichung; ihre Nullstellen erhält man als:

$$x_{1,2} = \frac{-\alpha_1 \pm \sqrt{\alpha_1^2 - 4\alpha_2}}{2}. \tag{1.27}$$

Die Diskriminante $\alpha_1^2 - 4\alpha_2$ unterteilt die Lösungen in drei verschiedene Kategorien, zu denen jeweils eine typische Form der allgemeinen Lösung der homogenen Differenzengleichung gehört:

Kategorie I: Die Diskriminante ist positiv: $\alpha_1^2 - 4\alpha_2 > 0$. Die Wurzeln $x_{1,2}$ sind verschiedene reelle Zahlen $x_1 \neq x_2$.

Kategorie II: Die Diskriminante verschwindet: $\alpha_1^2 - 4\alpha_2 = 0$. Die Wurzeln sind reell und gleich groß: $x_1 = x_2$.

Kategorie III: Die Diskriminante ist negativ: $\alpha_1^2 - 4\alpha_2 < 0$. Die Nullstellen sind konjugiert komplexe Zahlen.

Für Differenzengleichungen, deren charakteristische Gleichung zu Lösungen der Kategorie I führt, läßt sich die allgemeine Lösung des Homogenteils sofort angeben. Da $x_1 \neq x_2$ und weil eine Differenzengleichung zweiter Ordnung genau zwei unabhängige Lösungen besitzt, sind diese mit $y_1(t) = x_1^t$ und $y_2(t) = x_2^t$ gefunden. Die allgemeine Lösung ergibt sich daher als Linearkombination dieser beiden Lösungen mit zwei unbestimmten Konstanten[22] A_1 und A_2:

$$y_H(t) = A_1 x_1^t + A_2 x_2^t. \tag{1.28}$$

---

[22]Wie bereits erwähnt, bleiben in einer Differenzengleichung zweiter Ordnung zwei Konstante unbestimmt.

Entspricht die Lösung der charakteristischen Gleichung der Kategorie II, stimmen die beiden Wurzeln überein: $x_1 = x_2$. Der Lösungsansatz $y_t = x^t$ liefert daher nur eine Lösung $y_1(t) = x_1^t$. Die zweite, von $y_1(t)$ unabhängige Lösung, liegt mit $y_2(t) = tx_1^t$ vor. Um dies zu beweisen zeigt man, daß $y_2(t)$ die Differenzengleichung (1.25) identisch erfüllt. Die Substitution $y_t = y_2(t) = tx_1^t$ führt zu:

$$tx_1^t + \alpha_1(t-1)x_1^{t-1} + \alpha_2(t-2)x_1^{t-2} = 0 \quad \text{oder:}$$
$$x^{t-2}[tx_1^2 + \alpha_1(t-1)x_1 + \alpha_2(t-2)] = 0. \tag{1.29}$$

Da bei charakteristischen Gleichungen mit Lösungen der Kategorie II die Diskriminante verschwindet, gilt:

(a) $\alpha_2 = \frac{1}{4}\alpha_1^2$, wegen $\alpha_1^2 = 4\alpha_2$,

(b) $x_1 = -\frac{1}{2}\alpha_1$, wegen $\alpha_1^2 = 4\alpha_2$ und Gleichung (1.27). ·

Ersetzt man in Gleichung (1.29) x_1 und α_2 durch diese beiden Beziehungen, wird die eckige Klammer null. Dies beweist, daß die Lösung $y_2(t) = tx_1^t$ die Differenzengleichung (1.25) für alle t erfüllt. Die allgemeine Lösung für die Kategorie II lautet somit:

$$y_H(t) = A_1 y_1(t) + A_2 y_2(t) = A_1 x_1^t + A_2 t x_1^t = (A_1 + A_2 t)x_1^t. \tag{1.30}$$

Bei charakteristischen Gleichungen mit Lösungen der Kategorie III sind die Wurzeln x_1 und x_2 konjugiert komplexe Zahlen. Komplexe Zahlen z haben die Form $z = a + bi$, wobei a den Realteil und b den Imaginärteil darstellen. Diese Schreibweise einer komplexen Zahl heißt algebraische Form oder auch Komponentenform. Beide Koeffizienten a und b sind Elemente der reellen Zahlen $\mathbb{R}$. Das Symbol i kennzeichnet die imaginäre Zahl $\sqrt{-1}$; Zahlen der Form bi heißen rein imaginäre Zahlen und bilden eine echte Teilmenge der komplexen Zahlen[23]. Das Ergebnis einer geradzahligen Potenz $(2n)$ rein imaginärer Zahlen ist eine negative Zahl: Damit ist dann auch die Quadratwurzel aus negativen Zahlen definiert[24]. Unterscheiden sich zwei komplexe Zahlen nur durch das Vorzeichen des Imaginärteils, heißen sie konjugiert komplex und lassen sich schreiben als: $z_{1,2} = a \pm bi$. Trägt man an der Ordinate eines kartesischen Koordinatensystems den Imaginärteil und an der Abszisse den

---

[23]Da die reellen Zahlen für $b = 0$ aus den komplexen Zahlen hervorgehen, sind auch sie eine echte Teilmenge der komplexen Zahlen.

[24]Zwei Beispiele illustrieren das Rechnen mit der Zahl i. Das Quadrat der rein imaginären Zahl $4i$ beträgt $(4i)^2 = 16i^2 = -16$; die Quadratwurzel aus -25 berechnet sich als: $\sqrt{-25} = \sqrt{25(-1)} = \sqrt{25}\sqrt{-1} = 5i$.

Realteil einer komplexen Zahl ab[25], repräsentieren die Punkte dieser Zahlenebene komplexe Zahlen. Die Abbildung 1.2 gibt die konjugiert komplexen
Zahlen $z_1 = a_1 + b_1 i$ und $z_2 = a_1 - b_1 i$ wieder.

Abb. 1.2:

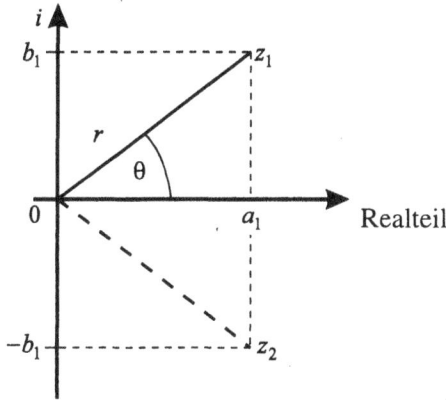

Abbildung 1.2 deutet bereits eine Darstellungsmöglichkeit komplexer Zahlen an, die für konjunkturtheoretische Zwecke besonders geeignet ist. Sie
können als trigonometrische Funktionen geschrieben werden. Die Strecke r
vom Ursprung zum Punkt z_1 bzw. z_2 beträgt nach dem Satz des Pythagoras
$r = \sqrt{a_1^2 + b_1^2}$; Sinus und Kosinus des Winkels θ sind gegeben durch:

$$\sin \theta = \frac{b_1}{r} \quad \text{und} \quad \cos \theta = \frac{a_1}{r}.$$

Nach a_1 und b_1 aufgelöst bringt: $a_1 = r \cos \theta$ und $b_1 = r \sin \theta$. Damit können
komplexe Zahlen jetzt geschrieben werden als:

$$z = a_1 + bi = r(\cos \theta + i \sin \theta). \tag{1.31}$$

Die rechte Seite dieser Gleichung zeigt eine komplexe Zahl in Polarform. Die
positive Zahl r heißt Modul, θ nennt man das Argument. Da der Modul r
stets positiv ist, stellt er den Absolutbetrag der komplexen Zahl dar. Um die
konjugiert komplexen Lösungen x_1 und x_2 in Polarform darzustellen, schreibt
man den Zähler der Gleichung (1.27) wegen seiner negativen Diskriminante
zunächst als komplexe Zahl:

$$x_{1,2} = \frac{-\alpha_1 \pm \sqrt{(4\alpha_2 - \alpha_1^2)(-1)}}{2} = -\frac{1}{2}\alpha_1 \pm \frac{1}{2}\left(\sqrt{4\alpha_2 - \alpha_1^2}\right) i.$$

---

[25]Diese Darstellung von komplexen Zahlen als Punkte einer Zahlenebene geht auf die
Mathematiker Gauß, Argand und Wessel zurück.

Der Realteil beträgt bei beiden Lösungen $-\frac{1}{2}\alpha_1$; für x_1 ist der Imaginärteil $\frac{1}{2}\sqrt{4\alpha_2 - \alpha_1^2}$, für x_2 entspricht er $-\frac{1}{2}\sqrt{4\alpha_2 - \alpha_1^2}$. Nach der Definition konjugiert komplexer Zahlen sind ihre Module gleich groß. Der Modul von x_1 und x_2 beträgt:

$$r = \sqrt{\left(\frac{1}{2}\alpha_1\right)^2 + \left(\frac{1}{2}\sqrt{4\alpha_2 - \alpha_1^2}\right)^2} = \sqrt{\alpha_2}, \quad \alpha_2 > 0.^{26} \qquad (1.32)$$

Ersetzt man den Real– und den Imaginärteil analog der Polarformdarstellung durch Winkelfunktionen, folgen die Beziehungen:

$$-\frac{1}{2}\alpha_1 = r\cos\theta \quad \text{und} \qquad\qquad (1.33)$$

$$\pm\frac{1}{2}\sqrt{4\alpha_2 - \alpha_1^2} = \pm r\sin\theta. \qquad\qquad (1.34)$$

Damit lassen sich x_1 und x_2 schreiben als:

$$x_1 = r(\cos\theta + i\sin\theta) \quad \text{und} \quad x_2 = r(\cos\theta - i\sin\theta).$$

Die beiden unabhängigen Lösungen für Differenzengleichungen der Kategorie III sind daher:

$$y_1(t) = x_1^t = r^t(\cos\theta + i\sin\theta)^t \quad \text{und}$$

$$y_2(t) = x_2^t = r^t(\cos\theta - i\sin\theta)^t.$$

Unter Anwendung des Satzes von Moivre[27] lautet die allgemeine Lösung:

$$y_{\mathrm{H}}(t) = r^t[A_1(\cos\theta t + i\sin\theta t) + A_2(\cos\theta t - i\sin\theta t)]. \qquad (1.35)$$

Zusammenfassungen auf der rechten Seite vereinfachen die allgemeine Lösung zu:

$$y_{\mathrm{H}}(t) = r^t(B_1\cos\theta t + B_2\sin\theta t), \quad \text{mit} \qquad\qquad (1.36)$$

$$B_1 = A_1 + A_2 \text{ und } B_2 = (A_1 - A_2)i.$$

Damit die durch Gleichung (1.36) beschriebene Entwicklung keine komplexen Werte für y_t liefert — was bei ökonomischen Fragestellungen ohnehin sinnlos wäre — müssen die willkürlichen Konstanten A_1 und A_2 selbst konjugiert

---

[26] Damit eine charakteristische Gleichung konjugiert komplexe Lösungen besitzt, muß notwendigerweise der Koeffizient α_2 positiv sein. Andernfalls würde gelten $-4\alpha_2 > 0$. Die Diskriminante könnte dann niemals negativ werden, da α_1^2 immer positiv ist.

[27] Für jede Zahl $t \in \mathbb{N}$ gilt: $(\cos\theta \pm i\sin\theta)^t = (\cos\theta t \pm i\sin\theta t)$.

komplexe Zahlen sein, da dann sowohl B_1 als auch B_2 reellwertig sind. Gilt $A_1 = a_1 + b_1 i$ und $A_2 = a_1 - b_1 i$, so ist:

$$B_1 = A_1 + A_2 = 2a_1 \quad \text{und} \quad B_2 = (A_1 - A_2)i = 2b_1 i^2 = -2b_1.$$

Diese Resultate sichern, daß y_t nur reelle Werte durchläuft.

Die allgemeine Lösung (1.36) läßt sich in eine Form überführen, die mit Gleichung (1.4) des Kapitels 1 übereinstimmt. Hierzu ersetzt man in Gleichung (1.35) die konjugiert komplexen Koeffizienten A_1 und A_2 durch ihre Polarformen:

$$A_1 = r_1(\cos\phi + i\,\sin\phi) \quad \text{und} \quad A_2 = r_1(\cos\phi - i\,\sin\phi).$$

Dies führt zu:

$$
\begin{aligned}
y_\text{H}(t) &= r_1 r^t[(\cos\phi + i\,\sin\phi)(\cos\theta t + i\,\sin\theta t) \\
&\quad + (\cos\phi - i\,\sin\phi)(\cos\theta t - i\,\sin\theta t)] \\
&= r_1 r^t[\cos(\theta t + \phi) + i\sin(\theta t + \phi) + \cos(\theta t + \phi) - i\sin(\theta t + \phi)]^{28}.
\end{aligned}
$$

Auch hier vereinfachen Zusammenfassungen diese Gleichung zu:

$$y_\text{H}(t) = Ar^t \cos(\theta t + \phi), \tag{1.37}$$

mit der unbestimmten Konstanten $A = 2r_1$. Diese Gleichung ist in derselben Weise wie Gleichung (1.4) in Kapitel 1 interpretierbar.

Es sind nun alle allgemeinen Lösungsformen einer homogenen Differenzengleichung zweiter Ordnung gefunden und die Charakteristika der Zeitpfade bestimmt. Bei jeder Lösung hängt der Zeitpfad für y_t von x_1 und x_2 ab. Gehören die Lösungen zu den Kategorien I und II, dominiert die absolut größere Wurzel (dominierende Wurzel) für $t \to \infty$ die Entwicklung. Haben x_1 und x_2 positives Vorzeichen, folgt y_t einer monotonen Bewegung; ist wenigstens ein Vorzeichen negativ, resultieren alternierende Zeitpfade, da bei negativen Basen geradzahlige Exponenten zu positiven und ungeradzahlige Exponenten zu negativen Potenzen führen. Nur Zeitpfade, die aus Lösungen der Kategorie III resultieren, enthalten Zyklen, die entweder explosiv für $r > 1$ oder gedämpft für $0 < r < 1$ sind[29].

---

[28] Dieser Umformung liegt der Satz zugrunde, daß das Produkt zweier komplexer Zahlen, die nicht konjugiert sind, wieder eine komplexe Zahl ergibt, deren Modul gleich dem Produkt aus beiden Modulen und deren Argument gleich der Summe der beiden Argumente ist. Der Leser kann als Übung diesen Satz durch direktes Ausrechnen und Anwenden der Summenformel für den Sinus und Kosinus beweisen.

[29] Dies folgt unmittelbar aus Gleichung (1.37): Die Amplitude der Schwingung nimmt mit zunehmendem t nur dann ab, wenn $0 < r < 1$ ist.

Von den möglichen Entwicklungspfaden sind für eine ökonomische Analyse gerade diejenigen besonders bedeutsam, bei denen y_t gegen den durch $\bar{y}(t)$ determinierten Zeitpfad konvergiert, da $\bar{y}(t)$ häufig als Gleichgewicht(spfad) interpretierbar ist. Die Bedingungen, denen die Koeffizienten α_1 und α_2 genügen müssen, damit stabile Entwicklungen für alle Kategorien eintreten, sollen im folgenden abgeleitet werden. Der Fall komplexer Wurzeln bereitet keine Schwierigkeiten. Da der Modul definitionsgemäß positiv ist, treten gedämpfte Schwingungen nur für $0 < r < 1$ ein. Nach Gleichung (1.32) gilt: $r = \sqrt{\alpha_2}$; somit ist die Stabilitätsbedingung gefunden mit $r^2 = \alpha_2 < 1$ oder[30]:

$$1 - \alpha_2 > 0. \tag{1.38}$$

Bei reellen Wurzeln stellen sich konvergente Entwicklungen ein, wenn die dominante Wurzel absolut kleiner als eins ist. Um zu sehen, welche Restriktionen für die Koeffizienten α_1 und α_2 aus $|x_{1,2}| < 1$ resultieren, werden x_1 und x_2 gemäß Gleichung (1.27) substituiert:

$$\left| \frac{-\alpha_1 \pm \sqrt{\alpha_1^2 - 4\alpha_2}}{2} \right| < 1.$$

Nach Auflösen des Absolutzeichens, Multiplikation mit 2 und Addition von α_1, ergibt sich:

$$-2 + \alpha_1 < \sqrt{\alpha_1^2 - 4\alpha_2} < 2 + \alpha_1 \quad \text{und} \tag{1.39}$$

$$-2 + \alpha_1 < -\sqrt{\alpha_1^2 - 4\alpha_2} < 2 + \alpha_1. \tag{1.40}$$

Addiert man beide Wurzeln x_1 und x_2, folgt:

$$x_1 + x_2 = \frac{-\alpha_1 + \sqrt{\alpha_1^2 - 4\alpha_2}}{2} + \frac{-\alpha_1 - \sqrt{\alpha_1^2 - 4\alpha_2}}{2} = -\alpha_1$$

Wegen $|x_{1,2}| < 1$, gilt für die Summe $x_1 + x_2 : -2 < -\alpha_1 < 2$. Nach der Addition von α_1 resultieren die beiden Ungleichungen:

$$-2 + \alpha_1 < 0 \quad \text{und} \quad 0 < 2 + \alpha_1.$$

In der Restriktion (1.39) wird die negative untere Grenze $-2 + \alpha_1$ von der positiven Quadratwurzel erfüllt; ebenso ist in Ungleichung (1.40) die positive

---

[30]Diese Bedingung für Stabilität ist bei konjugiert komplexen Wurzeln notwendig und hinreichend. Der Leser sei daran erinnert, daß für Lösungen der Kategorie III α_2 stets positiv sein muß. Es ist deshalb hier nicht notwendig, die Restriktion $0 < \alpha_2$ zusätzlich aufzuführen, da sie bei konjugiert komplexen Wurzeln voraussetzungsgemäß vorliegt.

obere Grenze $2+\alpha_1$ für die negative Quadratwurzel nicht tatsächlich bindend. Die beiden Ungleichungen (1.39) und (1.40) verkürzen sich daher zu:

$$\sqrt{\alpha_1^2 - 4\alpha_2} < 2 + \alpha_1 \text{ und} \tag{1.41}$$

$$-2 + \alpha_1 < -\sqrt{\alpha_1^2 - 4\alpha_2}. \tag{1.42}$$

Quadriert man beide Gleichungen[31] und faßt entsprechende Glieder zusammen, resultieren die beiden Ungleichungen (1.43) und (1.44), die in Verbindung mit Gleichung (1.38), hier als Gleichung (1.45) wiedergegeben, die gesuchten Bedingungen für konvergierende Zeitpfade (Stabilitätsbedingungen) bei Differenzengleichungen zweiter Ordnung darstellen:

$$1 + \alpha_1 + \alpha_2 > 0, \tag{1.43}$$

$$1 - \alpha_1 + \alpha_2 > 0, \tag{1.44}$$

$$1 - \alpha_2 > 0. \tag{1.45}$$

Diese drei Restriktionen sind notwendige und hinreichende Bedingungen dafür, daß die Wurzeln einer Differenzengleichung zweiter Ordnung absolut kleiner als eins sind. Man erhält sie auch als Spezialfall des Schur-Kriteriums[32], das die Stabilitätsbedingungen für Differenzengleichungen n-ter Ordnung angibt, ohne hierfür die allgemeine Lösung der Differenzengleichung ermitteln zu müssen.

Das Baumol–Diagramm[33] (Abbildung 1.3) mit α_2 an der Abszisse und α_1 an der Ordinate veranschaulicht die den Koeffizienten α_1 und α_2 auferlegten Beschränkungen. Die Koeffizienten α_1 und α_2 einer konkreten Differenzengleichung zweiter Ordnung stellen im Baumol–Diagramm Punkte dar. Je nachdem, in welchem Bereich des Diagramms sie liegen, lassen sich die dynamischen Charakteristika der durch die allgemeine Lösung des Homogenteils gegebenen Zeitpfade angeben. Jede einzelne der drei Ungleichungen teilt die Zahlenebene in zwei Bereiche, von denen der eine alle Punkte umfaßt, die die betreffende Ungleichung erfüllen. Die lineare Trennfunktion für beide Bereiche erhält man aus jeder Restriktion nach Substitution des Ungleichheitszeichens durch das Gleichheitszeichen. In Abbildung 1.3 stellt jeder Punkt innerhalb des Dreiecks ABC eine (α_1, α_2)-Kombination dar, die alle drei Ungleichungen simultan erfüllt und daher zu konvergenten Zeitpfaden führt. Zyklische Abläufe ergeben sich nur bei negativer Diskriminante. Aus $\alpha_1^2 - 4\alpha_2 < 0$

---

[31]Haben die Glieder einer Ungleichung wie in Ungleichung (1.42) negative Vorzeichen, kehrt sich nach Quadrieren das Ungleichheitszeichen um.

[32]SCHUR (1918). RICHTER, SCHLIEPER, FRIEDMANN (1981), S. 613 haben das Schur-Kriterium in eine anwendungsfreundlichere Form gebracht.

[33]BAUMOL (1961).

resultieren die beiden Trennfunktionen $\alpha_1 = 2\sqrt{\alpha_2}$ und $\alpha_1 = -2\sqrt{\alpha_2}$. Alle Punkte innerhalb der nach rechts geöffneten Parabel führen zu Schwingungen; liegen die Punkte rechts von der Geraden $\alpha_2 = 1$, nimmt die Amplitude zu; liegen sie links davon, nimmt sie ab. Die in Abbildung 1.3 eingezeichneten Funktionen unterteilen die Zahlenebene in sechs Bereiche[34], deren Punkte Koeffizientenwerte für α_1 und α_2 festlegen, die charakteristische Zeitpfade generieren.

Abb. 1.3:

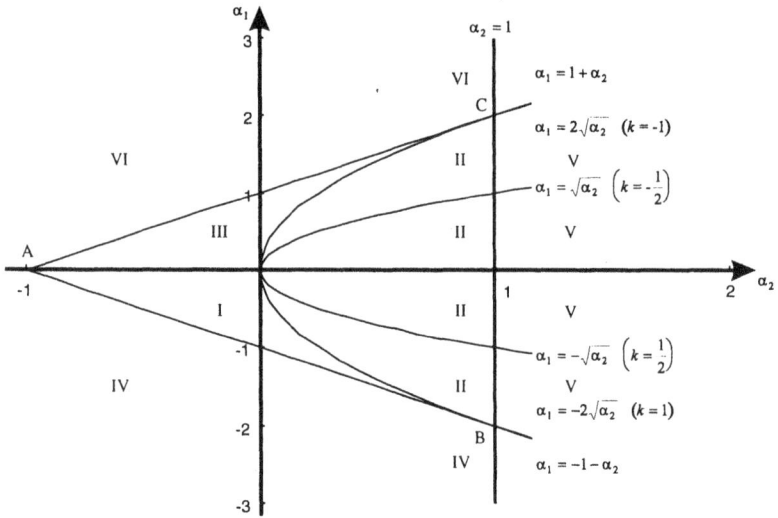

Die nachstehende Übersicht faßt die resultierenden Entwicklungen, bezogen auf den durch die partikuläre Lösung gegebenen Pfad, zusammen[35]:

Bereich	I:	monotone Anpassung,
Bereich	II:	zyklische Anpassung,
Bereich	III:	alternierende Anpassung,
Bereich	IV:	monoton explosive Abweichung,
Bereich	V:	zyklisch explosive Abweichung,
Bereich	VI:	alternierend explosive Abweichung.

Bei allen Parameterkombinationen, die als Punkte auf der Strecke AC (ohne Punkt A) liegen, beträgt die domierende Wurzel -1; führen Parameterwerte

---

[34]Parameterkombinationen, die Punkte auf den Trennfunktionen ergeben, seien zunächst ausgeschlossen.

[35]Bei Bereichen mit reellen Wurzeln gibt die Descartes'sche Zeichenregel Aufschluß über die Charakteristika der Entwicklungspfade. Diese Regel erlaubt die Angabe der maximalen Anzahl positiver und negativer Nullstellen der charakteristischen Gleichung.

zu Punkten auf der Strecke AB (ohne Punkt A), nimmt die dominierende Wurzel den Wert $+1$ an[36]: Die Entwicklungen entsprechen für große t–Werte denjenigen, die in den Abbildungen 1.1b und 1.1e bereits wiedergegeben sind.

Liegen (α_1, α_2)–Kombinationen auf der Strecke BC, jedoch ausschließlich der Punkte B und C, sind die Wurzeln x_1 und x_2 konjugiert komplex; wegen $\alpha_2 = 1$ beträgt der Modul nach Gleichung (1.32) hier stets $r = 1$: Der Zeitpfad ist durch konstante Amplituden gekennzeichnet.

Die das Dreieck ABC bildenden Strecken sind somit der geometrische Ort aller Punkte, deren Koordinaten Werte für α_1 und α_2 festlegen, bei denen der größte Betrag der beiden Wurzeln gleich dem Wert eins ist:

$$\max(|x_1|, |x_2|) = 1.$$

Auf gleiche Weise wie das Dreieck ABC lassen sich auch bei anderen Vorgaben für den Betrag der größten Wurzel Dreiecke konstruieren. Diese liegen mit abnehmenden Wert der Vorgabe ineinander. So bilden z.B. Parameterkombinationen, bei denen der größte Betrag der beiden Wurzeln einem festen Wert kleiner als eins annimmt, geometrisch ein Dreieck, das ganz im Dreieck ABC liegt. Da die größte absolute Wurzel die Amplituden und damit die Abweichungen vom Gleichgewicht angibt, sollen diese Dreiecke nach Baumol[37] Isostabilitätsorte heißen. Aus der Lage der Dreiecke folgt, daß eine (kleine) Veränderung des Koeffizienten α_2, die sich in Abbildung 1.3 geometrisch als horizontale Bewegung zur Ordinate hin auswirkt, die Stabilität erhöht.

Zwei gleiche Wurzeln resultieren aus Parameterwerten, die durch Punkte auf den beiden Wurzelfunktionen $\alpha_1 = \pm 2\sqrt{\alpha_2}$ gekennzeichnet sind. Die sich hier ergebenden Zeitpfade legt Gleichung (1.30) fest; die Entwicklung ist gedämpft, solange $|x_1| < 1$ gilt (innerhalb des Dreiecks ABC). Koeffizientenkombinationen, die als Punkte zwischen den beiden Wurzelfunktionen liegen, lösen zyklische Bewegungen aus. Bleibt bei unterschiedlichen Koeffizientenwerten der Winkel θ (vgl. Abbildung 1.2) konstant, stimmen die aus solchen Differenzengleichungen resultierenden Zeitpfade in ihrer Zyklenlänge $T = \dfrac{2\pi}{\theta}$ und ihrer Frequenz $f = T^{-1}$ überein[38]. Der geometrische Ort aller Kombinationen mit gleichen Frequenzen heißt Isofrequenzkurve[39]. Der Kosinus des Winkels θ berechnet sich nach den Gleichungen (1.32) und (1.33) als:

$$\cos\theta = -\frac{\alpha_1}{2\sqrt{\alpha_2}}.$$

---

[36]Der Leser kann diese Aussagen selbst beweisen, indem er in Gleichung (1.27) α_1 alternativ durch $1 + \alpha_2$ und $-(1 + \alpha_2)$ substituiert und beachtet, daß für alle Punkte auf diesen Strecken gilt: $|\alpha_2| < 1$. Im Punkt A betragen die beiden Wurzeln $x_1 = -1$ und $x_2 = 1$.

[37]BAUMOL (1961), S. 22.

[38]Vgl. hierzu auch die Ausführungen zu Gleichung (1.5), in Abschnitt 1.2.1

[39]Vgl. BAUMOL (1961), S. 23.

Bei Isofrequenzkurven bleiben θ und damit auch $\cos\theta$ definitionsgemäß konstant:

$$k = \cos\theta = -\frac{\alpha_1}{2\sqrt{\alpha_2}}. \tag{1.46}$$

Wird Gleichung (1.46) nach α_1 aufgelöst, erhält man die Bedingung für α_1 und α_2, damit $\cos\theta$ einen vorgegebenen, konstanten Wert k annimmt:

$$\alpha_1 = -2k\sqrt{\alpha_2}. \tag{1.47}$$

Wegen des Wertebereichs des Kosinus hat k den Defintionsbereich $|k| \leq 1$. Für $k = \pm 1$ resultieren die bereits abgeleiteten Restriktionen $\alpha_1 = \pm 2\sqrt{\alpha_2}$. Hier liegen keine Schwingungen vor. Isofrequenzkurven ergeben sich erst für $-1 < k < 1$. Besonders leicht sind Frequenz und Zyklenlänge bei der zu $k = 0$ korrespondierenden Isofrequenzkurve (positiver Teil der Abszisse in Abbildung 1.3) zu ermitteln. Aus $0 = k = \cos\theta$ resultiert ein Winkel θ von $\pi/2$: Alle Differenzengleichungen mit $\alpha_1 = 0$ und $\alpha_2 > 0$ führen zu Zeitpfaden mit einer Zyklenlänge von $T = \dfrac{2\pi}{\theta} = \dfrac{2\pi}{\pi/2} = 4$ Perioden und einer Frequenz $f = 1/4$. Für $0 < k < 1$ weisen die Isofrequenzkurven die Form (1.47) auf. In Abbildung 1.3 verlaufen solche Kurven unterhalb der Abszisse. Wegen $k = \cos\theta > 0$ muß der Winkel θ Werte des Intervalls $0 < \theta \leq \pi/2$ annehmen[40]. Je größer k, desto kleiner werden der Winkel θ und die Frequenz, bis im Grenzfall für $k = 1$ die Frequenz null ist und die Zyklenlänge gegen unendlich divergiert. Die Isofrequenzfunktion geht für diesen Grenzfall in die Funktion $\alpha_1 = -2\sqrt{\alpha_2}$ über. Stammen die Werte für k aus dem Intervall $-1 < k < 0$, verlaufen Isofrequenzkurven oberhalb der Abszisse und ergeben sich aus der Funktion $\alpha_1 = 2k\sqrt{\alpha_2}$. Bei negativen k–Werten ist auch der Kosinus negativ und der Winkel θ liegt im Intervall $\pi/2 < \theta \leq \pi$. Strebt k gegen -1, wächst der Winkel θ und die Frequenz (Zyklenlänge) nimmt zu (ab). Im Grenzfall ergibt sich bei $k = -1$ ein Winkel $\theta = \pi$; die Zyklenlänge beträgt dann zwei Perioden und die Frequenz $f = 1/2$.

Zusammenfassend folgt aus diesen Untersuchungen, daß jede Veränderung der Koeffizienten α_1 und α_2 innerhalb der beiden Wurzelfunktionen $\alpha_1 = 2\sqrt{\alpha_2}$ und $\alpha_1 = -2\sqrt{\alpha_2}$, die sich in Abbildung 1.3 in einer Bewegung nach unten niederschlägt, die Frequenz der Zyklen reduziert.

Mit dem Baumol–Diagramm lassen sich die durch Differenzengleichungen zweiter Ordnung determinierten Zeitpfade allein aufgrund der numerischen

---

[40]Bei einer diskreten Analyse liegt der Grenzfall zyklischer Entwicklung in einer alternierenden Bewegung. Für alternierende Abläufe beträgt die Zyklenlänge aber genau zwei Perioden. Das schließt Werte für θ größer als π aus, da dann $T < 2$. Daher muß bei positivem Kosinus auf das Intervall $0 < \theta \leq \pi/2$ und nicht auf $3\pi/2 < \theta \leq 2\pi$ geschlossen werden. Dieselben Überlegungen sind auch auf negative Kosinuswerte anzuwenden.

Werte von α_1 und α_2 charakterisieren, ohne hierzu die allgemeine Lösung zu kennen. Durch die Konzepte „Isostabilitätsorte" und „Isofrequenzkurven" gelingt auch eine qualitative und quantitative Bewertung jeder Koeffizientenänderung. Diese führt immer zu einer Verschiebung der die Koeffizienten repräsentierenden Punkte. Die Zerlegung dieser Verschiebung in eine horizontale und vertikale Bewegung gibt an, wie sich Amplitude und Frequenz ändern. Dieser Zusammenhang ist besonders bei der Würdigung wirtschaftspolitischer Maßnahmen relevant, die nicht selten zu Veränderungen der makroökonomischen Strukturparameter führen.

Bei der Lösung einer homogenen Differenzengleichung dritter Ordnung der Form:

$$y_t + \alpha_1 y_{t-1} + \alpha_2 y_{t-2} + \alpha_3 y_{t-3} = 0 \qquad (1.48)$$

liegen grundsätzlich keine mathematisch–theoretischen Probleme vor, die nicht bereits bei den Lösungsstrategien für Differenzengleichungen zweiter Ordnung besprochen worden wären[41]. Die allgemeine Lösung des Homogenteils besteht auch jetzt in:

$$y_{\mathrm{H}}(t) = A_1 x_1^t + A_2 x_2^t + A_3 x_3^t. \qquad (1.49)$$

Da komplexe Lösungen immer in konjugierter Form vorliegen, gelten für die Wurzeln des charakteristischen Polynoms die Einteilungen:

(a) reell und verschieden,

(b) reell und vielfach,

(c) eine reellwertig und zwei komplex, aber konjugiert.

Praktische Rechenprobleme können sich bei der Ermittlung der Nullstellen der charakteristischen Gleichung ergeben[42]. Bei vielen ökonomisch–theoretischen Fragestellungen erübrigt sich die Kenntnis der allgemeinen Lösung und damit auch der Nullstellen, da im Vordergrund Stabilitätsbedingungen für die sich ergebenden Zeitpfade stehen. Es lassen sich auch für Differenzengleichungen dritter und höherer Ordnung Stabilitätsbedingungen ableiten, die bereits bei Differenzengleichungen dritter Ordnung recht umfangreich sind und eine ökonomische Interpretation sehr einschränken[43]. Die Stabilitätsbedingungen für eine Differenzengleichung dritter Ordnung lauten nach dem

---

[41] Im wesentlichen gilt dies auch für Differenzengleichungen n-ter Ordnung.

[42] Dies gilt im besonderen Maße für Differenzengleichungen mit noch höheren Ordnungen.

[43] Neben Schur hat auch SAMUELSON (1941) notwendige und hinreichende Bedingungen abgeleitet, daß die Wurzeln einer Differenzengleichung n-ter Ordnung absolut kleiner als eins sind. Bei manchen Modellen mit Differenzengleichungen höherer als zweiter Ordnung kann eines der beiden Kriterien zu geringerem Rechenaufwand führen; sie seien daher beide hier aufgeführt.

Schur–Ansatz[44]:

$$
\begin{array}{lll}
\text{(a)} & 1 + \alpha_1 + \alpha_2 + \alpha_3 & > 0, \\
\text{(b)} & 1 - \alpha_1 + \alpha_2 - \alpha_3 & > 0, \\
\text{(c)} & 1 + \alpha_2 - \alpha_1 \alpha_3 - \alpha_3^2 > 0, \\
\text{(d)} & 1 - \alpha_2 + \alpha_1 \alpha_3 - \alpha_3^2 > 0.
\end{array}
\tag{1.50}
$$

Der Samuelson–Ansatz führt zu den Bedingungen[45]:

$$
\begin{array}{lll}
\text{(a)} & 1 + \alpha_1 + \alpha_2 + \alpha_3 & > 0, \\
\text{(b)} & 3 - \alpha_1 - \alpha_2 + 3\alpha_3 & > 0, \\
\text{(c)} & 1 - \alpha_1 + \alpha_2 - \alpha_3 & > 0, \\
\text{(d)} & 3 + \alpha_1 - \alpha_2 - 3\alpha_3 & > 0, \\
\text{(e)} & 1 - \alpha_2 + \alpha_1 \alpha_3 - \alpha_3^2 > 0.
\end{array}
\tag{1.51}
$$

Nach der Analyse von Okuguchi und Irie[46] können aus dem Restriktionensystem (1.51) sowohl die zweite als auch die vierte Bedingung eliminiert werden, da sie sich als redundant erwiesen. Das einfachste, notwendig und hinreichende Restriktionensystem lautet daher:

$$
\begin{array}{ll}
1 + \alpha_1 + \alpha_2 + \alpha_3 & > 0, \\
1 - \alpha_1 + \alpha_2 - \alpha_3 & > 0, \\
1 - \alpha_2 + \alpha_1 \alpha_3 - \alpha_3^2 > 0.
\end{array}
\tag{1.52}
$$

Erfüllen die Koeffizienten α_1, α_2 und α_3 einer Differenzengleichung dritter Ordnung das Restriktionensystem (1.52), folgt y_t einem stabilen Zeitpfad. Aus diesem System folgen die Stabilitätsbedingungen für Differenzengleichungen zweiter Ordnung (vgl. S. 339), indem man $\alpha_3 = 0$ setzt.

1.2   Lösungen eines Differenzengleichungssystems erster Ordnung

Zwei Differenzengleichungen bilden ein Differenzengleichungssystem erster Ordnung, wenn sie wie folgt miteinander verbunden sind:

---

[44]Die Bedingungen resultieren aus dem von RICHTER, SCHLIEPER, FRIEDMANN (1981), S. 614 entwickelten Berechnungsverfahren.

[45]Vgl. hierzu GANDOLFO (1996), S. 88 ff.

[46]OKUGUCHI UND IRIE (1990).

$$\text{(a)} \quad y_t \ = \alpha_{11}y_{t-1} + \alpha_{12}z_{t-1} + g_1(t),$$
$$\text{(b)} \quad z_t \ = \alpha_{21}y_{t-1} + \alpha_{22}z_{t-1} + g_2(t).$$

$$(1.53)$$

Dieses System heißt erster Ordnung, weil in beiden Gleichngen die höchste
Verzögerung eine Periode beträgt. Da sich in jeder Gleichung jeweils nur ei-
ne unbekannte Funktion in t auf die Perioden t und $t - 1$ bezieht, liegt das
System in Normalform vor.

Der Homogenteil folgt für $g_1(t) = g_2(t) = 0$. In Analogie zu der Vorgehensweise in Abschnitt 1.1.2 versucht man die Lösungsansätze[47]:

$$y_t = y(t) = a_y x^t \quad \text{und} \quad z_t = z(t) = a_z x^t.$$

In diesen beiden Lösungsansätzen sind a_y und a_z zu bestimmende Koeffizienten, die beide von null verschieden sein müssen, will man die Triviallösung
ausschließen. Nach entsprechender Substitution geht das Gleichungssystem
(1.53) über in:

$$\alpha_{11}a_y x^{t-1} + \alpha_{12}a_z x^{t-1} \ = a_y x^t,$$
$$\alpha_{21}a_y x^{t-1} + \alpha_{22}a_z x^{t-1} \ = a_z x^t.$$

$$(1.54)$$

Division durch x^{t-1} führt zu:

$$\alpha_{11}a_y + \alpha_{12}a_z = a_y x,$$
$$\alpha_{21}a_y + \alpha_{22}a_z = a_z x.$$

In Matrizenschreibweise erhält man:

$$\begin{bmatrix} \alpha_{11} & \alpha_{12} \\ \alpha_{21} & \alpha_{22} \end{bmatrix} \begin{bmatrix} a_y \\ a_z \end{bmatrix} = x \begin{bmatrix} a_y \\ a_z \end{bmatrix} \quad \text{oder:} \qquad (1.55)$$

$$\boldsymbol{A}\boldsymbol{a} = x\boldsymbol{a}. \qquad (1.56)$$

Gleichung (1.56) kann in eine homogene Form gebracht werden. Bezeichnet
$\boldsymbol{I}$ die Einheitsmatrix, gilt:

$$\boldsymbol{A}\boldsymbol{a} = x\boldsymbol{I}\boldsymbol{a}, \quad \text{und} \quad \boldsymbol{A}\boldsymbol{a} - x\boldsymbol{I}\boldsymbol{a} = 0.$$

---

[47]Es ist auch möglich, das Differenzengleichungssystem zu einer Differenzengleichung
zweiter Ordnung in y umzuformen und diese dann mit den im vorangegangenen Abschnitt
dargestellten Verfahren zu lösen. Hierzu geht man von dem Homogenteil aus und löst
Gleichung (1.53a) nach z_{t-1} auf. z_{t-1} ist nur noch eine Funktionalgleichung in y_t und
y_{t-1}; entsprechend folgt z_t als Funktionalgleichung in y_{t+1} und y_t. Substituiert man in
Gleichung (1.53b) z_t und z_{t-1} durch diese Beziehungen, ist eine Differenzengleichung in
y entwickelt. Dieser Weg zeigt auch, daß eine Differenzengleichung zweiter Ordnung als
Differenzengleichungssystem erster Ordnung darstellbar ist.

Hieraus ergibt sich:

$$(A - xI)a = 0, \qquad 0 : \text{Nullvektor.} \tag{1.57}$$

Die Annahmen $a_y \neq 0$ und $a_z \neq 0$ schließen aus, daß der Vektor a dem Nullvektor entsprechen kann. Damit nichttriviale Lösungen für a überhaupt möglich sind, muß die Determinante der Matrix $(A - xI)$ null sein:

$$\begin{vmatrix} \alpha_{11} - x & \alpha_{12} \\ \alpha_{21} & \alpha_{22} - x \end{vmatrix} = 0.$$

Die Determinantenentwicklung führt zu einem Polynom zweiten Grades in x, das die charakteristische Gleichung für das Differenzengleichungssystem (1.53) darstellt. Die Wurzeln x_1 und x_2 dieses Polynoms heißen auch Eigenwerte; sie gewährleisten eine Determinante von null. Man erhält:

$$(\alpha_{11} - x)(\alpha_{22} - x) - \alpha_{12}\alpha_{21} = 0 \qquad \text{oder:} \tag{1.58}$$

$$x^2 - (\alpha_{11} + \alpha_{22})x + (\alpha_{11}\alpha_{22} - \alpha_{12}\alpha_{21}) = 0. \tag{1.59}$$

Die Wurzeln der Gleichung (1.59) können Werte annehmen, wie sie bei der Behandlung von Differenzengleichungen zweiter Ordnung bereits besprochen wurden. Sind x_1 und x_2 reellwertig und verschieden[48], liefert Gleichung (1.55) auch zwei verschiedene Vektoren a_1 und a_2, die zu den Eigenwerten x_1 und x_2 korrespondieren[49]. Im einzelnen ergibt sich für x_1 der Eigenvektor a_1 mit den Elementen $a_y^{(1)}$ und $a_z^{(1)}$ sowie für x_2 der Eigenvektor a_2 mit den Elementen $a_y^{(2)}$ und $a_z^{(2)}$. Aus Gleichung (1.56) folgt, daß jedes skalare Vielfache λa, $\lambda \in \mathbb{R}\backslash\{0\}$, eines Eigenvektors ebenfalls einen Eigenvektor darstellt. Aus $(A - xI)a = 0$ resultiert $\lambda(A - xI)a = (A - xI)\lambda a = 0$, also ist auch λa ein Eigenvektor. Wegen dieser Beziehung kann das erste Element $a_y^{(1)}$ des Eigenvektors a_1 auf den Wert eins normiert werden: $a_y^{(1)} = 1$. Für das zweite Element des Vektors a_1, $a_z^{(1)}$ ergibt sich dann aus Gleichung (1.55), entwickelt nach der ersten Zeile:

$$\alpha_{11} + \alpha_{12}a_z^{(1)} = x_1 \qquad \text{oder:}$$

$$a_z^{(1)} = \frac{x_1 - \alpha_{11}}{\alpha_{12}}.$$

Die Auflösung nach der zweiten Zeile führt zu:

$$\alpha_{21} + \alpha_{22}a_z^{(1)} = x_1 a_z^{(1)} \qquad \text{oder:}$$

$$a_z^{(1)} = \frac{\alpha_{21}}{x_1 - \alpha_{22}}.$$

---

[48] Bei einer symmetrischen Matrix A sind die Eigenwerte immer reell.
[49] Die Vektoren a_1 und a_2 heißen deshalb auch Eigenvektoren.

Da x_1 ein Eigenwert ist, erfüllt er Gleichung (1.57):

$$(\alpha_{11} - x_1)(\alpha_{22} - x_1) = \alpha_{12}\alpha_{21}.$$

Wegen $(\alpha_{11} - x_1)(\alpha_{22} - x_1) = (x_1 - \alpha_{11})(x_1 - \alpha_{22})$ folgt aus $(x_1 - \alpha_{11})(x_1 - \alpha_{22}) = \alpha_{12}\alpha_{21}$ direkt:

$$\frac{x_1 - \alpha_{11}}{\alpha_{12}} = \frac{\alpha_{21}}{x_1 - \alpha_{22}},$$

d.h.: die Auflösung nach $a_z^{(1)}$ liefert für beide Entwicklungen das gleiche Ergebnis.

Analog hierzu kann das erste Element des Eigenvektors $\boldsymbol{a_2}$ auf den Wert eins normiert werden: $a_z^{(2)} = 1$. Aus Gleichung (1.58) resultiert für $x = x_2$ das zweite Element $a_z^{(2)}$ als:

$$a_z^{(2)} = \frac{x_2 - \alpha_{11}}{\alpha_{12}} = \frac{\alpha_{21}}{x_2 - \alpha_{22}}.$$

Damit liegen für jeden Eigenwert (Wurzel) x_1 und x_2 je zwei bestimmte Konstante $a_y^{(i)} = 1$ und $a_z^{(i)}$, $i = 1, 2$ vor. Tabelle 1.1 faßt die Resultate zusammen.

Tabelle 1.1:

Wurzel	Konstante	Lösungen
x_1	$a_y^{(1)}$ $(=1)$	$y_1(t) = a_y^{(1)} x_1^t$
	$a_z^{(1)}$	$z_1(t) = a_z^{(1)} x_1^t$
x_2	$a_y^{(2)}$ $(=1)$	$y_2(t) = a_y^{(2)} x_2^t$
	$a_z^{(2)}$	$z_2(t) = a_z^{(2)} x_2^t$

Die allgemeine Lösung für y_t ergibt sich als Linearkombinationen der beiden Einzellösungen $y_1(t)$ und $y_2(t)$; entsprechendes gilt für die allgemeine Lösung z_t:

$$\begin{aligned}
y_t &= A_1 y_1(t) + A_2 y_2(t) \\
&= A_1 a_y^{(1)} x_1^t + A_2 a_y^{(2)} x_2^t \quad \text{und}
\end{aligned} \tag{1.60}$$

$$\begin{aligned}
z_t &= A_1 z_1(t) + A_2 z_2(t) \\
&= A_1 a_z^{(1)} x_1^t + A_2 a_z^{(2)} x_2^t.
\end{aligned} \tag{1.61}$$

Die Berücksichtigung der Normierung $a_y^{(i)} = 1$, $i = 1, 2$ überführt die beiden Lösungen in:

$$y_t = A_1 x_1^t + A_2 x_2^t \quad \text{und} \tag{1.62}$$

$$z_t = A_1' x_1^t + A_2' x_2^t, \tag{1.63}$$

$$\text{mit} \quad A_1' = \frac{x_1 - \alpha_{11}}{\alpha_{12}} A_1 \text{ und } A_2' = \frac{x_2 - \alpha_{11}}{\alpha_{12}} A_2.$$

Sind die Eigenwerte reell und gleich groß, folgt nach Substitution von x_2^t durch $t x_1^t$ aus den Gleichungen (1.62) und (1.63)[50]:

$$y_t = (A_1 + A_2 t) x_1^t \quad \text{und} \tag{1.64}$$

$$z_t = (A_1' + A_2' t) x_1^t. \tag{1.65}$$

Setzt man diese Gleichungen in das Gleichungssystem (1.53) ein, läßt sich analog zum Fall verschiedener reellwertiger Eigenwerte zeigen, daß sie dieses System identisch erfüllen[51], wenn gilt:

$$A_1' = \frac{(x_1 - \alpha_{11}) A_1 + x_1 A_2}{\alpha_{12}} \quad \text{und} \tag{1.66}$$

$$A_2' = \frac{x_1 - \alpha_{11}}{\alpha_{12}} A_2. \tag{1.67}$$

Die Bedingung (1.67) unterwirft den Koeffizienten A_2' derselben Beschränkung wie bei verschieden reellen Eigenwerten, während der Lösungsansatz $y_t = t x_1^t$ die Restriktion für A_1' leicht modifiziert.

Liegen konjugiert komplexe Wurzeln vor, erhält man die allgemeine Lösung parallel zur Vorgehensweise bei verschieden reellen Wurzeln. Um die notwendigen Umformungen durchzuführen, kommen dieselben Sätze für konjugiert komplexe Zahlen wie bei einzelnen Differenzengleichungen zweiter Ordnung zur Anwendung. Auf die umfangreiche explizite Entwicklung soll hier verzichtet werden; die allgemeinen Lösungen lauten:

$$y(t) = r^t (A_1 \cos \theta t + A_2 \sin \theta t) \quad \text{und} \tag{1.68}$$

$$z(t) = r^t \left(\frac{A_1 r \cos \theta + A_2 r \sin \theta - \alpha_{11} A_1}{\alpha_{12}} \cos \theta t \right.$$
$$\left. + \frac{A_2 r \cos \theta - A_1 r \sin \theta - \alpha_{11} A_2}{\alpha_{12}} \sin \theta t \right). \tag{1.69}$$

---

[50] Die Begründung für diese Substitution erfolgte bereits im vorangegangenen Abschnitt 1.1.2

[51] Der Leser findet bei GANDOLFO (1996), S. 108 ff. einen Beweis.

Damit sind für alle typischen Eigenwerte die allgemeinen Lösungen des homogenen Gleichungssystems aufgestellt. Obwohl bei reellen Eigenwerten in den Lösungsgleichungen für y_t und z_t jeweils zwei unbestimmte Konstante vorkommen, reichen dennoch nur zwei aufeinanderfolgende Anfangsbedingungen aus, da die Konstanten beider Gleichungen in einem vorgegebenen Verhältnis stehen müssen. Bei konjugiert komplexen Eigenwerten enthalten die beiden Lösungen dieselben zwei unbestimmten Konstanten. Mit der numerischen Festlegung dieser Konstanten ist aus den unendlich vielen zulässigen Zeitpfaden genau ein Zeitpfad bestimmt.

Die Vorgehensweise zur Ermittlung der partikulären Lösung ist bereits in Abschnitt 1.1.1 dargestellt. Der Lösungsansatz hängt auch bei Differenzengleichungssystemen von den Funktionen $g_1(t)$ und $g_2(t)$ ab. Im einfachsten Fall, wenn beide Funktionen konstante Größen $\bar{a}_1$ und $\bar{a}_2$ sind, wählt man als Lösungsansätze:

$$y_t = \bar{y}(t) = \bar{y} \quad \text{und} \quad z_t = \bar{z}(t) = \bar{z}.$$

Das Gleichungssystem (1.53) geht nach entsprechender Substitution und Zusammenfassung über in:

$$(1 - \alpha_{11})\bar{y} - \alpha_{12}\bar{z} = \bar{a}_1$$
$$-\alpha_{21}\bar{y} + (1 - \alpha_{22})\bar{z} = \bar{a}_2.$$

Matrizenschreibweise führt zu:

$$\begin{bmatrix} (1 - \alpha_{11}) & -\alpha_{12} \\ -\alpha_{21} & (1 - \alpha_{22}) \end{bmatrix} \begin{bmatrix} \bar{y} \\ \bar{z} \end{bmatrix} = \begin{bmatrix} \bar{a}_1 \\ \bar{a}_2 \end{bmatrix}$$

Eine Lösung existiert nur dann, wenn obige Matrix regulär ist[52]. Die Auflösung liefert die partikulären Lösungen als:

$$\begin{bmatrix} \bar{y} \\ \bar{z} \end{bmatrix} = \begin{bmatrix} (1 - \alpha_{11}) & -\alpha_{12} \\ -\alpha_{21} & (1 - \alpha_{22}) \end{bmatrix}^{-1} \begin{bmatrix} \bar{a}_1 \\ \bar{a}_2 \end{bmatrix} \quad \text{oder explizit:}$$

$$\bar{y} = \frac{(1 - \alpha_{22})\bar{a}_1 + \alpha_{12}\bar{a}_2}{(1 - \alpha_{11})(1 - \alpha_{22}) - \alpha_{12}\alpha_{21}},$$

$$\bar{z} = \frac{\alpha_{21}\bar{a}_1 + (1 - \alpha_{11})\bar{a}_2}{(1 - \alpha_{11})(1 - \alpha_{22}) - \alpha_{12}\alpha_{21}}.$$

Diese illustrative Spezifikation der Funktionen $g_1(t)$ und $g_2(t)$ verdeutlicht, daß der Rechenaufwand für partikuläre Lösungen bei Differenzengleichungssystemen zwar aufwendig ist, die Vorgehensweise jedoch analog zu der bei einzelnen Differenzengleichungen erster Ordnung verläuft.

---

[52] Die Matrix ist singulär, wenn ein Eigenwert den Wert eins annimmt. Dies folgt unmittelbar aus Gleichung (1.58), die für $x = 1$ der Determinante der Matrix entspricht.

1.3   Nichtlineare Differenzengleichungen erster und zweiter Ordnung

In letzter Zeit sind ökonomische Modelle entwickelt worden, bei denen der Zeitpfad einer ausgewählten Variablen durch eine nichtlineare Differenzengleichung erster Ordnung determiniert ist. Um die Eigenschaften solcher Zeitpfade analysieren zu können, ist eine kurze Einführung in die mathematische Behandlung nichtlinearer Differenzengleichungen notwendig[53]. Bei einer nichtlinearen Differenzengleichung erster Ordnung hängt y_t nichtlinear von seinem um eine Periode verzögerten Wert ab: $y_t = f(y_{t-1})$. Eine — nicht nur in der Wirtschaftstheorie — häufig anzutreffende Konkretisierung der Funktion f ist ihre Festlegung als quadratische Funktion mit nur einem Parameter a[54]:

$$y_t = f(y_{t-1}, a) = ay_{t-1}(1 - y_{t-1}), \qquad \text{oder:} \qquad (1.70)$$
$$y_t = ay_{t-1} - ay_{t-1}^2.$$

Die dynamischen Eigenschaften des Zeitpfades von y_t lassen sich allein durch den Parameter a beschreiben. Obwohl es sich hier um eine homogene Gleichung handelt, kann analog zur Ermittlung der partikulären Lösung (vgl. Abschnitt 1.1.1) ein Wert für y_t gefunden werden, der über die Zeit erhalten bleibt. Der Lösungsansatz $y_t = \bar{y}$ überführt Gleichung (1.70) in: $\bar{y} = a\bar{y} - a\bar{y}^2$. Nach $\bar{y}$ aufgelöst erhält man neben der Triviallösung $\bar{y} = 0$ noch:

$$\bar{y} = \frac{a-1}{a}. \qquad (1.71)$$

Die durch die Funktion (1.70) festgelegten Zeitpfade und die Stabilitätsbedingungen lassen sich mittels eines Phasendiagramms gewinnen. Um ein Phasendiagramm zu erstellen, wird an der Ordinate eines kartesischen Koordinatensystems der Funktionswert y_t und an der Abszisse der Vorperiodenwert y_{t-1} abgetragen. Das Bild der Funktion (1.70) hängt von dem numerischen Wert des Parameters a ab. Jedoch lassen sich auch ohne numerische Spezifikation zunächst allgemeine Aussagen treffen. Wenn gilt: $y_{t-1} = 0$ oder $y_{t-1} = 1$, folgt: $y_t = 0$. Da die Funktion (1.70) zwei Nullstellen aufweist, muß sie auch

---

[53]Vgl. hierzu die grundlegende Arbeit von MAY (1976), aber auch BAUMOL UND BENHABIB (1989). Die Analyse nichtlinearer Differenzengleichungen ist Gegenstand eines Teilbereichs der Mathematik, den man mit Chaostheorie bezeichnet.

[54]Mit dieser Spezifikation ist kein allzu großer Verlust an Allgemeingültigkeit verbunden, da die abzuleitenden Ergebnisse in gleicher Weise für eine Vielzahl anderer Spezifikationen gelten, sofern sie wie Funktion (1.70) Wachstumsvorgänge mit Grenzen beschreiben.

einen Extremwert besitzen. Die erste und die zweite Ableitung lauten:

$$\frac{dy_t}{dy_{t-1}} = a(1 - 2y_{t-1}) \quad \text{und} \tag{1.72}$$

$$\frac{d^2 y_t}{dy_{t-1}^2} = -2a. \tag{1.73}$$

Ein Extremwert liegt nach Gleichung (1.72) unabhängig vom Parameter a bei $y_{t-1} = 1/2$ vor; seine Ordinate beträgt $a/4$. Der Extremwert ist nach der hinreichenden Bedingung (1.73) ein Maximum für $a > 0$, ein Minimum für $a < 0$. In Abbildung 1.4 sind die Phasenkurven der Funktion (1.70) für $0 < a_1 < a_2 < a_3$ eingezeichnet. Je größer a, desto weiter nach oben verlagert verlaufen die Phasenkurven. Ein (methodisches) Gleichgewicht liegt vor, wenn y_t über die Zeit konstant bleibt: $y_{t-1} = y_t = y_{t+1} = \ldots = \bar{y}$. Der Gleichgewichtswert $\bar{y}$ ist in den überwiegenden Fällen nur dann ökonomisch sinnvoll zu interpretieren, wenn er positiv ist. Um dies zu gewährleisten, sind die Werte von y_{t-1} auf das Intervall $0 \leq y_{t-1} \leq 1$ zu beschränken. Bei Werten außerhalb dieses Definitionsbereichs divergiert y_t iterativ gegen $-\infty$.

Abb. 1.4:

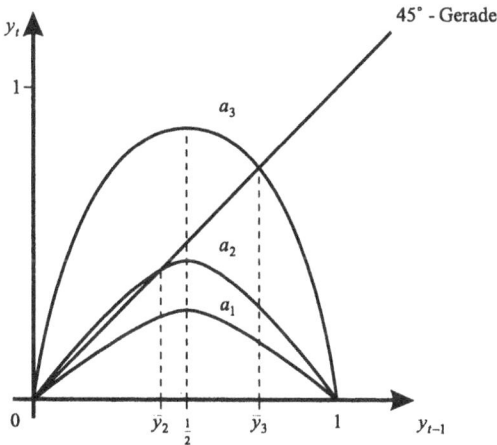

Aus dem Definitionsbereich resultiert für den Koeffizienten a eine obere Grenze. Damit y in jeder Phase im Intervall $[0, 1]$ bleibt, muß für a gelten:

$$0 < a < 4^{[55]}$$

Es reicht daher aus, nur den im ersten Quadranten liegenden Teil der Phasenkurve bei der Gleichgewichtsanalyse heranzuziehen. Aus der Definition

---

[55] Die Ordinate des Maximums beträgt $y_t = a/4$. Übersteigt a den Wert vier, ist y_t größer als eins und damit nicht mehr im Definitionsbereich.

des Gleichgewichts muß ein y_{t-1} gefunden werden, das über die Funktion
(1.70) zu einem gleich großen Funktionswert y_t führt. In Abbildung 1.4 legen
die Schnittpunkte der 45°–Geraden mit den Phasenkurven solche Gleichgewichtswerte fest. Da diese Werte über die Zeit erhalten bleiben, heißen sie
auch Fixpunkte. Nach Gleichung (1.72) ist die Steigung einer Phasenkurve
über ihrem gesamten Definitionsbereich kleiner als eins, wenn für den Koeffizienten a gilt: $0 < a < 1$; Phasenkurven mit solchen Koeffizienten verlaufen
deshalb im ersten Quadranten ganz unterhalb der 45°–Geraden. Es kann in
diesem Fall kein Gleichgewicht $\bar{y} > 0$ existieren[56]. Diese Situation gibt die
Phasenkurve für a_1 wieder. Die beiden Phasenkurven mit den Koeffizienten a_2 und a_3 besitzen jeweils ein Gleichgewicht, dessen Höhe aus Gleichung
(1.71) als

$$\bar{y}_2 = \frac{a_2 - 1}{a_2} \quad \text{bzw.} \quad \bar{y}_3 = \frac{a_3 - 1}{a_3} \quad \text{folgt.}$$

Um zu beurteilen, ob ein Gleichgewicht stabil ist oder nicht, benötigt man
eine Stabilitätsbedingung. Diese läßt sich ermitteln, nachdem Funktion (1.70)
im Gleichgewicht durch eine Linearapproximation ersetzt wird:

$$y_t = \alpha_0 + \alpha_1 y_{t-1}. \tag{1.74}$$

Im Gleichgewicht gilt:

$$\bar{y} = \alpha_0 + \alpha_1 \bar{y}. \tag{1.75}$$

Die Differenz zwischen der Funktion (1.74) und (1.75) mißt die Abweichung
vom Gleichgewicht:

$$y_t - \bar{y} = \alpha_1 (y_{t-1} - \bar{y}). \tag{1.76}$$

Die Abweichung konvergiert gegen null, d.h. die Entwicklung strebt zum
Gleichgewicht $\bar{y}$, wenn für die Steigung der Linearapproximation gilt: $|\alpha_1| <$
1. Damit ist die Stabilitätsbedingung gefunden. Das Gleichgewicht der nichtlinearen Differenzengleichung ist stabil, wenn die Steigung der Phasenkurve
im Schnittpunkt mit der 45°–Geraden absolut kleiner als eins ist. Die Steigung einer Phasenkurve an der Stelle $\bar{y}$ erhält man aus Gleichung (1.72) nach
Ersetzen von y_{t-1} durch $\bar{y}$ gemäß Gleichung (1.71) als:

$$\left. \frac{dy_t}{dy_{t-1}} \right|_{y_{t-1}=\bar{y}} = 2 - a. \tag{1.77}$$

Stabilität verlangt: $|2 - a| < 1$. Damit gilt für a: $1 < a < 3$. Alle Funk-
tionen (1.70), deren Parameter a die Stabilitätsbedingung erfüllt, legen für

---

[56]Dies folgt auch direkt aus Gleichung (1.71). Für $a \leqq 1$ gilt: $\bar{y} \leqq 0$.

y_t eine gedämpfte, alternierende Entwicklung fest, wie sie in Abbildung 1.1c dieses Anhangs dargestellt ist. Da sich der Zeitpfad von y_t bei Gültigkeit der Stabilitätsbedingung auf den Wert $\bar{y}$ zubewegt, nennt man $\bar{y}$ auch Fixpunkt–Attraktor.

Für $a \geq 3$ ist die Entwicklung instabil in dem Sinne, daß keine Anpassung an das Gleichgewicht $\bar{y}$ eintritt. Der Zeitpfad für y_t entspricht bei Werten von a, die knapp über drei liegen, einem 2–Perioden Zyklus, der von einem Anfangswert ausgehend mit zunehmenden Amplituden in einen stabilen 2–Perioden Grenzzyklus übergeht. Für den 2–Perioden Grenzzyklus gilt: $y_{t+2} = y_t$, $y_{t+1} = y_{t-1}$, $y_t = y_{t-2}$ usw. Die Erhöhung von a führt dazu, daß der Betrag der Steigung der Phasenkurve im Schnittpunkt mit der 45°–Geraden größer als eins wird. Der Fixpunkt wird dann instabil; er teilt sich in zwei Punkte auf, zwischen denen der Zeitpfad nach einer bestimmten Anpassungsdauer hin– und herschwingt. Diese Aufspaltung nennt man Bifurkation; die schließlich resultierende Schwingung stellt den Grenzzyklus dar. Abbildung 1.5 veranschaulicht die Bifurkation.

Abb. 1.5:

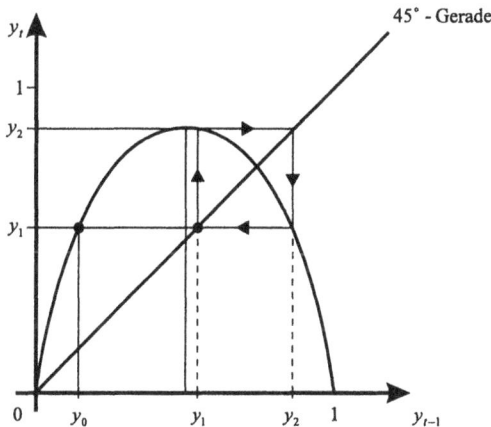

Der Ausgangswert y_0 führt in der Periode $t = 1$ zu einem Wert y_1, der in der folgenden Periode y_2 ergibt. In der dritten Periode wird ein Wert erreicht, der mit y_1 übereinstimmt: $y_3 = y_1$. Der Zeitpfad alterniert in allen nachfolgenden Perioden zwischen den Werten y_1 und y_2: Es ist ein 2–Perioden Grenzzyklus erreicht, den die Pfeile in Abbildung 1.5 kennzeichnen.

Um das Entstehen von Grenzzyklen analysieren zu können, überführt man Differenzengleichung (1.70) durch rekursive Substitution in eine nichtlineare

Differenzengleichung zweiter Ordnung:

$$y_t = a^2[y_{t-2} - (1+a)y_{t-2}^2 + 2ay_{t-2}^3 - ay_{t-2}^4], \quad \text{oder allgemein:}$$

$$y_t = f(y_{t-1}, a) = f[f(y_{t-2}, a)] = f^2(y_{t-2}, a). \tag{1.78}$$

Diese nichtlineare Differenzengleichung zweiter Ordnung, die ein Polynom vierten Grades in y_{t-2} ist, besitzt drei bemerkenswerte Eigenschaften:

(1) Geht die Funktion f durch den Ursprung, dann sind ihre Nullstellen auch die Nullstellen der Funktion f^2. Diese Eigenschaft folgt unmittelbar aus Gleichung (1.78). Ist y^* eine Nullstelle der Funktion f, gilt: $f[f(y^*)] = 0$.

(2) Ist $\bar{y}$ ein Gleichgewicht der Funktion f, so ist es auch Gleichgewicht der Funktion f^2. Der Beweis ist sehr einfach. Da gilt $\bar{y} = f(\bar{y})$, gilt auch $f[f(\bar{y})] = \bar{y}$.

(3) Im gemeinsamen Gleichgewicht $\bar{y}$ der Funktionen f und f^2 gilt, daß die Steigung der Funktion f^2 an der Stelle $\bar{y}$ gleich dem Quadrat der Steigung der Funktion f an dieser Stelle ist. Dies beweist folgende Umformung:

$$\frac{dy_t}{dy_{t-2}} = \frac{dy_t}{dy_{t-1}} \frac{dy_{t-1}}{dy_{t-2}}.$$

Die Steigungen dy_t/dy_{t-1} und dy_{t-1}/dy_{t-2} sind aber an der Stelle $\bar{y}$ gleich groß.

Existiert ein gemeinsames Gleichgewicht $\bar{y}$, ist es nach Eigenschaft (3) entweder für beide Funktionen f und f^2 stabil oder instabil. Damit kann der Verlauf der Funktion (1.78) für $a > 3$ festgelegt werden. Wegen der Eigenschaft (3) hat f^2 in der Nähe des Ursprungs des Koordinatensystems eine viel größere Steigung als eins; im Gleichgewicht ist die Steigung von f^2 ebenfalls größer als eins, während sie für f negativ ist. Die Nullstellen sind wegen der Eigenschaft (1) identisch. Die Funktion (1.78) kann dann nur den in Abbildung 1.6 wiedergegebenen Verlauf haben. Neben dem Gleichgewicht $\bar{y}_3$ der Funktion (1.70) für a_3 (vgl. auch Abbildung 1.4) liegen noch zwei weitere Gleichgewichte $\bar{y}_1$ und $\bar{y}_2$ vor. Das Gleichgewicht $\bar{y}_3$ hat sich aufgespalten; es ist eine Bifurkation eingetreten. Eine weitere Erhöhung des Koeffizienten a läßt den stabilen 2–Perioden Grenzzyklus instabil werden und in einen stabilen 4–Perioden Grenzzyklus übergehen. Die hierfür notwendige Bifurkation entsteht analog zu dem oben beschriebenen Vorgang.

Abb. 1.6:

$45°$ - Gerade

y_t

1

0,5

0     $\bar{y}_1$ 0,5 $\bar{y}_3$ $\bar{y}_2$ 1 y_{t-2}

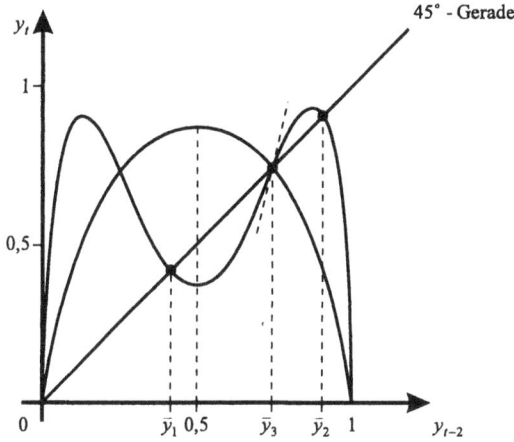

Auf gleiche Weise wie bei der Analyse von Grenzzyklen mit gerader Periodenanzahl geht man bei der Ermittlung von Grenzzyklen mit ungerader Periodenanzahl vor. Um einen stabilen 3–Perioden Grenzzyklus zu untersuchen, wird über die hierfür gültige definitorische Bedingung $y_t = y_{t-3}$ aus Gleichung (1.70) eine nichtlineare Differenzengleichung dritter Ordnung entwickelt: $y_t = f^3(y_{t-3})$. Zwei mögliche Phasenkurven sind in Abbildung 1.7 dargestellt; bei der Phasenkurve der Abbildung 1.7.a hat der Parameter a den Wert 3,6; bei der Phasenkurve der Abbildung 1.7.b gilt $a = 3,95$.

Abb. 1.7:

a)

y_t

$45°$ - Gerade

1

0,5

0,5 $\bar{y}$ 1 y_{t-3}

b)

y_t

$45°$ - Gerade

1

0,5

0,5 $\bar{y}$ 1 y_{t-3}

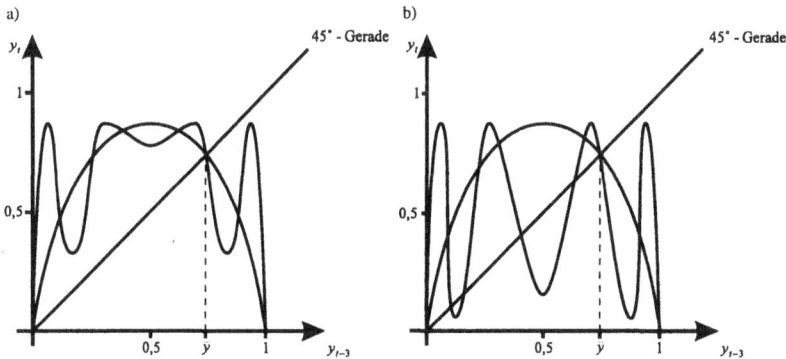

Beide Grafiken zeigen die Spannweite möglicher Gleichgewichte bei 3–Perioden Grenzzyklen: Die Anzahl reicht von einem Gleichgewicht bis zu sieben Gleichgewichten. Liegen sieben Gleichgewichte vor, werden zwei Grenzzyklen mit einer Länge von drei Perioden erzeugt, wovon einer stabil, der andere instabil ist.

Die Bifurkationen, die mit einer Erhöhung des Parameters a einhergehen, wurden systematisch von Feigenbaum[57] analysiert. Es stellte sich dabei heraus, daß die Abstände aufeinanderfolgender Bifurkationspunkte a_n, $n = 1, \ldots$, mit dem reziproken Wert der Feigenbaum–Konstanten $\delta \approx 4,699$ abnehmen: $a_{n+1} - a_n = (4,699)^{-1}(a_n - a_{n-1})$. Einen Eindruck von den dichter liegenden Bifurkationspunkten vermittelt das Feigenbaum–Diagramm (siehe Abbildung 1.8).

Abb. 1.8:

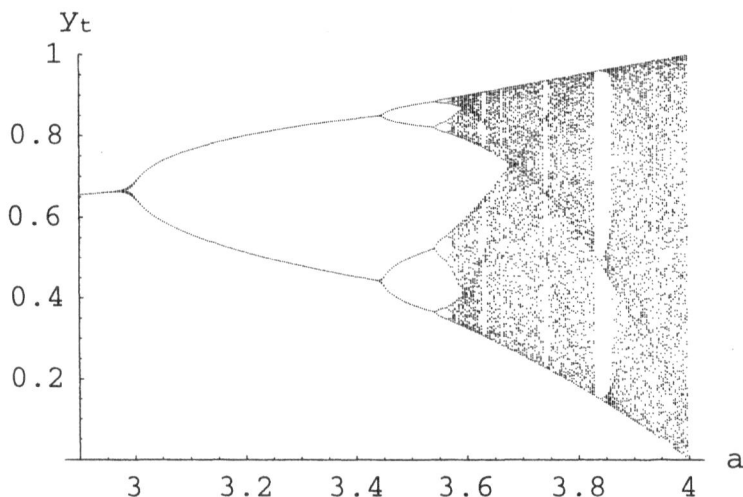

Abbildung 1.8 zeigt, daß schon bald so viele Bifurkationen erreicht sind (vgl. gepunktete graue Fläche), daß y_t praktisch unendliche viele Werte annehmen kann. Es ist dies der Bereich, der mit Chaos bezeichnet wird, obwohl die angenommenen Zeitreihenwerte und ihre zeitliche Folge deterministisch durch Gleichung (1.70) festgelegt sind.

Zu dieser Vielzahl möglicher Abläufe kommt noch hinzu, daß die tatsächliche Entwicklung von den jeweiligen Anfangsbedingungen abhängt. Schon geringste Unterschiede in den Anfangsbedingungen lassen nach wenigen Perioden sichtbare Unterschiede in der Entwicklung hervortreten. Überschreitet der Parameter a einen Schwellenwert und liegen bestimmte Anfangsbedingungen vor, treten Zeitpfade ein, die sich dadurch auszeichnen, daß y_t niemals einen in der Vergangenheit angenommenen Wert wieder durchläuft. Diese

---

[57]FEIGENBAUM (1978).

aperiodischen Entwicklungen, mit Chaos bezeichnet, treten wegen der Anfangswertsensitivität nichtlinearer Differenzengleichungen erster Ordnung für unendlich viele Anfangsbedingungen ein.

Kapitel 2

Die Zeit als stetige Variable

2.1 Gewöhnliche Differentialgleichungen

Werden ökonomische Variablen als stetige Funktionen der Zeit aufgefaßt, führt eine dynamische Analyse stets zu Differentialgleichungen. Eine Differentialgleichung liegt vor, wenn in ihr neben der Funktion $y = f(t)$ noch einige ihrer Ableitungen nach der Zeit vorkommen. Allgemein läßt sie sich schreiben als:

$$y(t) + \beta_1 Dy(t) + \ldots + \beta_n D^n y(t) = g(t), \quad \beta_n \neq 0. \tag{2.1}$$

D bezeichnet den Differentialoperator $D = \dfrac{d}{dt}$; $D^i = \dfrac{d^i}{dt^i}$, $i = 2, \ldots, n$ bedeutet die i–malige Ableitung der Funktion $y(t) = f(t)$ nach der Zeit t. Die erste Ableitung von $y(t)$ nach der Zeit wird auch als $\dot{y}$ geschrieben.

Die Funktionalgleichung (2.1) stellt eine gewöhnliche, lineare Differentialgleichung mit konstanten Koeffizienten β_i, $i = 1, \ldots, n$ dar[1]. Sie heißt inhomogen, wenn $g(t) \neq 0$ und homogen, wenn $g(t) = 0$ ist. Die Ordnung richtet sich

---

[1] Die Kennzeichnung „gewöhnlich" drückt aus, daß y nur eine Funktion in t ist. Hängt y noch von anderen Variablen ab und enthält eine Funktionalgleichung partielle Ableitungen von y nach einigen oder allen unabhängigen Variablen, liegt eine partielle Differentialgleichung vor. Diese werden hier nicht behandelt. Der mathematisch versierte Leser sei auf die Darstellung von LEIS (1967) verwiesen.

nach der höchsten Ableitung in Gleichung (2.1). Wie die Definition einer Differentialgleichung bereits andeutet, besteht zwischen Differential– und Differenzengleichungen eine beträchtliche Parallelität. Diese Parallelität kommt in den Lösungsstrategien für Differentialgleichungen zum Ausdruck. Auch hier stellt eine Funktion $y(t)$ eine Lösung dar, wenn sie die Differentialgleichung identisch erfüllt. Diese Lösungsfunktion bezeichnet man häufig auch als Integral einer gewöhnlichen Differentialgleichung. Analog zu der Vorgehensweise bei Differenzengleichungen ermittelt man die Lösung für Homogen– und Inhomogenteil getrennt. Die Anzahl der unabhängigen Lösungen des Homogenteils entspricht seiner Ordnung; jede Linearkombination dieses Fundamentalsystems liefert eine allgemeine Lösung des Homogenteils. Die allgemeine Lösung der inhomogenen Differentialgleichung (2.1) ergibt sich als Summe aus der allgemeinen Lösung des Homogenteils und der partikulären Lösung (partikuläres Integral) für die Inhomogenität;

$$y(t) = A_1 y_1(t) + \ldots + A_n y_n(t) + \bar{y}(t), \qquad \text{(2.2)}$$

$\bar{y}(t)$: partikuläre Lösung (partikuläres Integral).

Auch bei Differentialgleichungen determinieren n aufeinanderfolgende Anfangsbedingungen die unbestimmten Koeffizienten $A_1, \ldots, A_n$.

Bevor die Lösungen einiger, für die Wirtschaftswissenschaften wichtiger Differentialgleichungen entwickelt werden, erfolgt zunächst die Darstellung eines bedeutsamen Analysekonzepts, das ebenfalls zu Differentialgleichungen führt. Es handelt sich dabei um eine Methode zur Berücksichtigung zeitlicher Verzögerungen in ökonomischen Verhaltensgleichungen, bei denen die Variablen stetig von der Zeit abhängen.

2.1.1   Stetige Verzögerungen

In der Realität reagieren Wirtschaftssubjekte selten unmittelbar auf sich verändernde ökonomische Größen. Vielmehr bedarf es einer bestimmten Zeit, bis die Plangrößen an die neuen Werte der Determinanten angepaßt sind. Solche Reaktionsverzögerungen führen dazu, daß eine abhängige ökonomische Variable zum gegenwärtigen Zeitpunkt bestimmt wird durch den Wert der unabhängigen Variablen zum selben Zeitpunkt und einigen oder allen ihrer Werte der Vergangenheit. Im allgemeinen wird diese Abhängigkeit umso schwächer, je weiter zurück in der Vergangenheit die Werte der unabhängigen Variablen liegen. Bezeichnet $y(t)$ die abhängige, $z(t)$ die unabhängige Variable und unterstellt man eine unendliche Verzögerung, läßt sich dieser

Zusammenhang analytisch fassen als:

$$y(t) = \int_{-\infty}^{t} \omega(\tau)z(\tau)d\tau, \tag{2.3}$$

t, τ : stetige Zeitvariablen.

Die Funktion $\omega(\tau)$ gibt die Reaktionskoeffizienten für jeden Zeitpunkt an; man bezeichnet sie auch als Gewichtungsfunktion. Viele makroökonomische Gleichgewichtssituationen führen zu $y(t) = z(t)$; in solchen Fällen unterliegt die Gewichtungsfunktion der Beschränkung:

$$\int_{-\infty}^{t} \omega(\tau)d\tau = 1. \tag{2.4}$$

Da Exponentialfunktionen nach entsprechender Spezifikation die Restriktion (2.4) erfüllen[2], wäre eine geeignete Gewichtungsfunktion gegeben durch:

$$\omega(\tau) = \lambda e^{-\lambda(t-\tau)}. \tag{2.5}$$

Die Integration führt zu:

$$\int_{-\infty}^{t} \omega(\tau)d\tau = \lambda \int_{-\infty}^{t} e^{-\lambda(t-\tau)}d\tau = \lambda e^{-\lambda t} \int_{-\infty}^{t} e^{\lambda \tau}d\tau = e^{-\lambda t}\left(e^{\lambda \tau}|_{-\infty}^{t}\right)$$
$$= e^{-\lambda t}(e^{\lambda t} - 0) = 1.$$

Die durch die Gewichtungsfunktion gegebenen Reaktionskoeffizienten nehmen, je weiter sie vom gegenwärtigen Zeitpunkt t entfernt in der Vergangenheit liegen, ab. Sie wachsen bis zu dem Wert λ (für $\tau = t$) mit konstanter Rate $\dfrac{d\omega(\tau)/d\tau}{\omega(\tau)} = \lambda$ an. Abbildung 2.1.a gibt den Graph der Gewichtungsfunktion wieder. In Abbildung 2.1.b ist die Anpassung von $y(t)$ an ein neues Niveau von $z(t)$ dargestellt, die aus der unterstellten Gewichtungsfunktion resultiert. Bis zum Zeitpunkt $t = 0$ waren $y(t)$ und $z(t)$ im Gleichgewicht $y(0) = z(0)$; in $t = 0$ erhöht sich $z(t)$ um einen Betrag Δz und bleibt für alle $t > 0$ auf dem Niveau $z(0) + \Delta z$ konstant. Dies löst die gezeigte Anpassung von $y(t)$ aus.

Wegen der gewählten exponentiellen Verzögerung (2.5) kann Gleichung (2.3) in eine inhomogene Differentialgleichung erster Ordnung transformiert werden. Nach entsprechender Substitution folgt:

$$y(t) = \lambda \int_{-\infty}^{t} e^{-\lambda(t-\tau)}z(\tau)d\tau, \quad \text{oder:}$$

$$y(t) = \lambda e^{-\lambda t} \int_{-\infty}^{t} e^{\lambda \tau}z(\tau)d\tau. \tag{2.6}$$

---

[2]Die Verzögerung heißt daher auch Exponentialverzögerung.

Abb. 2.1:

a)

$\omega(\tau)$

λ

0 t τ

b)

y, z

$z(0) + \Delta z$

$y(0) = z(0)$

0 t

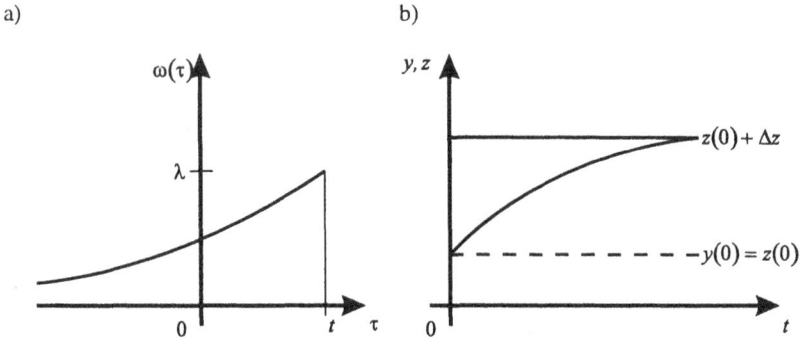

Differenziert man Gleichung (2.6) nach t unter Anwendung der Produktregel und des Hauptsatzes der Differential– und Integralrechnung, ergibt dies:

$$Dy(t) = -\lambda^2 e^{-\lambda t} \int_{-\infty}^{t} e^{\lambda \tau} z(\tau) d\tau + \lambda e^{-\lambda t} e^{\lambda t} z(t).$$

Der erste Summand auf der rechten Seite geht wegen Gleichung (2.6) über in: $-\lambda y(t)$; der zweite Ausdruck ist gleich $\lambda z(t)$. Damit vereinfacht sich die Ableitung zu:

$$Dy(t) = -\lambda y(t) + \lambda z(t), \quad \text{oder:}$$
$$Dy(t) + \lambda y(t) = \lambda z(t). \tag{2.7}$$

Die Beziehung (2.7) stellt eine inhomogene Differentialgleichung erster Ordnung dar, die aus einer einfachen Exponentialverzögerung[3] resultiert. Man nennt daher Gleichung (2.7) auch die Differentialform einer einfachen Exponentialverzögerung. Nach $Dy(t)$ aufgelöst ergibt:

$$Dy(t) = \lambda[z(t) - y(t)].$$

Diese Beziehung verdeutlicht die Interpretation von λ als Reaktionsgeschwindigkeit: In jedem Zeitpunkt wird eine Diskrepanz zwischen $z(t)$ und $y(t)$ mit dem konstanten Faktor λ beseitigt. Daher nimmt λ im ökonomischen Kontext Werte des Intervalls $0 < \lambda < 1$ an. Die Beseitigung gelingt umso schneller, je größer λ ist. Dies ist auch der Grund, den reziproken Wert von λ als durchschnittliche Verzögerung zu deuten.

---

[3]Eine Darstellung n–facher Exponentialverzögerungen gibt ALLEN (1959, 1972).

2.1.2   Die Lösung von gewöhnlichen Differentialgleichungen erster Ordnung

Die allgemeine Form (2.1) einer Differentialgleichung zeigt zwar deutlich die Ähnlichkeit mit Differenzengleichungen, für das Auffinden ihrer Lösung ist sie jedoch wenig geeignet. Es erweist sich als zweckmäßiger, den Koeffizienten der höchsten Ableitung auf den Wert eins zu normieren. Dies verringert den Rechenaufwand. Man erhält dann:

$$D^n y(t) + \alpha_1 D^{n-1} y(t) + \ldots + \alpha_n y(t) = g(t). \tag{2.8}$$

Hieraus resultiert eine inhomogene Differentialgleichung erster Ordnung für $n = 1$:

$$D y(t) + \alpha_1 y(t) = g(t). \tag{2.9}$$

Im Gegensatz zu Differenzengleichungen kann α_1 den Wert null annehmen. Für diesen einfachsten Fall ist die allgemeine Lösung in dem unbestimmten Integral gefunden:

$$y(t) = \int D y(t) dt = \int g(t) dt + A_1. \tag{2.10}$$

A_1 kennzeichnet die beliebige Integrationskonstante, deren Wert eine Anfangsbedingung bestimmt.

Um die Vorgehensweise für den allgemeinen Fall $\alpha_1 \neq 0$ transparent zu halten, sei zunächst unterstellt, für die Konstante α_1 gelte: $\alpha_1 = -1$. Gleichung (2.9) geht hierfür über in:

$$D y(t) - y(t) = g(t), \quad \text{oder}^4 \text{ für } g(t) = 0 :$$
$$y(t) = y'(t). \tag{2.11}$$

Die Lösung der Gleichung (2.11) besteht aus einer Funktion, die mit ihrer ersten Ableitung übereinstimmt. Es muß sich daher um eine Exponentialfunktion mit einer unbestimmten Konstanten A_1 handeln: $y(t) = A_1 e^t$. Dieses Resultat legt nahe, bei homogenen Differentialgleichungen erster Ordnung und beliebigem α_1 den Lösungsansatz $y(t) = e^{xt}$ anzuwenden. Aus Gleichung (2.9) folgt dann für $g(t) = 0$:

$$x e^{xt} + \alpha_1 e^{xt} = 0, \quad \text{oder:} \quad e^{xt}(x + \alpha_1) = 0.$$

---

[4] Solange nur erste und zweite Ableitungen nach der Zeit vorkommen, wird im folgenden zwecks Vereinfachung auch geschrieben: $D y(t) = y'(t)$ und $D^2 y(t) = y''(t)$.

Damit der gewählte Lösungsansatz die Differentialgleichung identisch erfüllt, muß gelten:

$$(x + \alpha_1) = 0. \tag{2.12}$$

Gleichung (2.12) stellt die charakteristische Gleichung dar; aus ihr folgt $x = -\alpha_1$. Die allgemeine Lösung des Homogenteils einer linearen Differentialgleichung erster Ordnung ist dann[5]:

$$y_{\mathrm{H}}(t) = A_1 e^{-\alpha_1 t}. \tag{2.13}$$

Zum selben Resultat gelangt man mit der Methode „Trennung der Variablen". Sie kann angewendet werden, wenn sich eine homogene Differentialgleichung so umformen läßt, daß $y'(t)$ als Produkt zweier Funktionen $h(y)$ und $k(t)$ darstellbar ist: $y'(t) = h(y)k(t)$. Die Division durch $h(y) \neq 0$ trennt die Variablen y und t:

$$\frac{1}{h(y)}y' = k(t).$$

Beide Seiten werden nach t integriert:

$$\int \frac{1}{h(y)}y'dt = \int k(t)dt + C, \tag{2.14}$$

$$C \; : \; \text{unbestimmte Integrationskonstante.}$$

Bei der Integration der linken Seite von Gleichung (2.14) findet der Satz der Integration durch Substitution[6] Anwendung. Danach gilt:

$$\int \xi[y(t)]y'(t)dt = \int \xi(y)dy, \quad \text{mit } y = y(t).$$

Gleichung (2.14) geht über in:

$$\int \xi(y)dy = \int k(t)dt + C, \quad \text{mit } \xi(y) = \frac{1}{h(y)}. \tag{2.15}$$

Mit Gleichung (2.15) ist ein Lösungsansatz für homogene Differentialgleichungen erster Ordnung gegeben, da sich diese immer in die Form (2.14) bringen lassen. Hierzu schreibt man Gleichung (2.9) für $g(t) = 0$ als:

$$\frac{1}{y(t)}y'(t) = -\alpha_1.$$

---

[5]Der Leser kann durch direktes Einsetzen dieser Gleichung in den Homogenteil der Gleichung (2.9) selbst verifizieren, daß eine allgemeine Lösung vorliegt.
[6]ENDL UND LUH (1980), S. 191.

Die Integration nach t führt zu:

$$\int \frac{1}{y(t)} y'(t) dt = -\alpha_1 \int dt + C \quad \text{oder, wegen Beziehung (2.15):}$$

$$\int \frac{1}{y} dy = -\alpha_1 \int dt + C.$$

Beide Integrale sind leicht zu ermitteln. Es gilt (ohne Integrationskonstante):

$$\int \frac{1}{y} dy = \ln y, \quad \text{und} \quad -\alpha_1 \int dt = -\alpha_1 t.$$

Somit folgt:

$$\ln y = -\alpha_1 t + C.$$

Nach y aufgelöst erhält man Ergebnis (2.13):

$$y = e^{\ln y} = e^{-\alpha_1 t + C} = e^C e^{-\alpha_1 t}, \quad \text{oder:}$$

$$y_{\mathrm{H}}(t) = A_1 e^{-\alpha_1 t} \quad \text{mit } A_1 = e^C.$$

Zur Komplettierung der homogenen Lösung fehlt noch das partikuläre Integral[7]. Wie schon bei Differenzengleichungen bestimmt die Funktion $g(t)$ den Lösungsansatz. Für die beiden Spezifikationen $g(t) = a$ und $g(t) = A e^{a_1 t}$ werden die partikulären Lösungen explizit entwickelt. Bleibt $g(t)$ für alle t auf dem Niveau a konstant, besitzt die Differentialgleichung die Form:

$$y'(t) + \alpha_1 y(t) = a. \tag{2.16}$$

Die Substitution des Lösungsansatzes $y(t) = \bar{y}(t) = \bar{y}$ überführt die Gleichung in:

$$0 + \alpha_1 \bar{y} = a,$$

da die Ableitung einer Konstanten null ergibt. Für $\bar{y}$ resultiert: $\bar{y} = a/\alpha_1$, wenn $\alpha_1 \neq 0$. Damit hat die allgemeine Lösung die Form:

$$y(t) = A_1 e^{-\alpha_1 t} + \frac{a}{\alpha_1}. \tag{2.17}$$

Ist $\alpha_1 = 0$, scheitert der Lösungsansatz, da $\bar{y} = a/\alpha_1$ nicht definiert ist. Man verwendet in diesem Fall den Ansatz $y(t) = \bar{y}(t) = \bar{y}t$, der in $y'(t) = a$ eingesetzt ergibt: $\bar{y} = a$. Die partikuläre Lösung lautet jetzt: $\bar{y}(t) = at$; die

---

[7]Auch bei Differentialgleichungen kann das partikuläre Integral als ökonomisches Gleichgewicht interpretiert werden, sofern es der bei Differenzengleichungen angegebenen Einschränkung genügt.

allgemeine Lösung entspricht in diesem Fall: $y(t) = A_1 + at$. Dieses Ergebnis erhält man auch direkt aus Gleichung (2.10) für $g(t) = a$.

Die Kenntnis einer Anfangsbedingung $y(0)$ determiniert die unbestimmte Konstante A_1. Bei einer inhomogenen Differentialgleichung folgt aus Gleichung (2.17) für $t = 0$:

$$y(0) = A_1 + \frac{a}{\alpha_1}, \quad \text{oder:} \quad A_1 = y(0) - \frac{a}{\alpha_1}.$$

Im homogenen Fall und bei $\alpha_1 = 0$ gilt: $A_1 = y(0)$.

Für $g(t) = Ae^{a_1 t}$ versucht man den Lösungsansatz $y(t) = \bar{y}(t) = Ee^{a_1 t}$, in dem E eine unbestimmte Konstante darstellt. In bekannter Weise geht die Differentialgleichung über in:

$$a_1 Ee^{a_1 t} + \alpha_1 Ee^{a_1 t} = Ae^{a_1 t}, \quad \text{oder:}$$
$$e^{a_1 t}[(a_1 + \alpha_1)E - A] = 0.$$

Hieraus folgt für E:

$$E = \frac{A}{a_1 + \alpha_1}.$$

Die partikuläre Lösung ist dann:

$$\bar{y}(t) = \frac{A}{a_1 + \alpha_1} e^{a_1 t}.$$

Haben die Koeffizienten a_1 und α_1 Werte, so daß gilt $a_1 + \alpha_1 = 0$, kommt der Lösungsansatz $\bar{y}(t) = Ete^{a_1 t}$ zur Anwendung. Die Bestimmung der Konstanten E erfolgt analog zu oben.

Die dynamischen Eigenschaften des durch die allgemeine Lösung bestimmten Zeitpfades für $y(t)$ hängen von dem Wert des Koeffizienten $-\alpha_1$ und dem Vorzeichen der Konstanten A_1 ab. Da in der allgemeinen Lösung $-\alpha_1$ als Exponent vorkommt, erfolgt eine Entwicklung zum Zeitpfad des partikulären Integrals für $t \to \infty$ nur dann, wenn $-\alpha_1 < 0$ (Stabilität). Diese Stabilitätsbedingung veranschaulicht ein (eindimensionales) Phasendiagramm mit y' an der Ordinate und y an der Abszisse (vgl. Abbildung 2.2). Ist $-\alpha_1 < 0$, besitzt die Funktion $y' = -\alpha_1 y$ eine negative Steigung (Gerade I in Abbildung 2.2). Im Schnittpunkt y_{E_1} der Geraden I mit der Abszisse ist $y' = 0$ und y_{E_1} daher konstant über t. Bei einer ökonomischen Interpretation kann dieser Wert als Gleichgewicht angesehen werden. Bei allen Punkten auf der Geraden I oberhalb der Abszisse ist y kleiner als y_{E_1}, seine Veränderung aber positiv: $y' > 0$. Deshalb bewegt sich y zum Gleichgewicht hin. Für alle Punkte auf der Geraden I unterhalb der Abszisse ist y größer als y_{E_1}, die Veränderung aber negativ. Auch hier nähert sich y dem Wert y_{E_1}. Die Entwicklung ist stabil (die Pfeile zeigen zum Gleichgewicht).

Abb. 2.2:

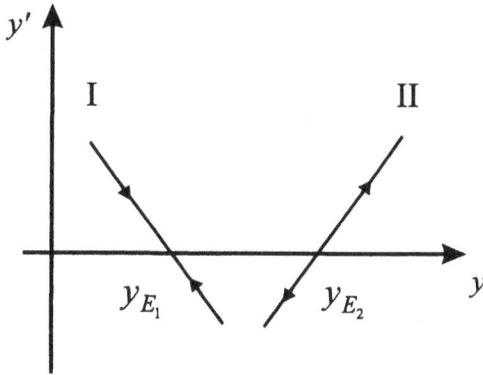

Die Gerade II ergibt sich für $-\alpha_1 > 0$. Hier existiert zwar ebenfalls ein Gleichgewicht y_{E_2}, jedoch ist dieses instabil (die Pfeile in Abbildung 2.2 zeigen weg vom Gleichgewicht). Die Begründung hierfür erfolgt analog zu oben.

Da der Zeitpfad für y eine Exponentialfunktion ist, können keine Schwingungen eintreten. Abbildung 2.3 zeigt für $g(t) = 0$ und $A_1 > 0$ die möglichen Verläufe von $y(t)$.

Abb. 2.3:

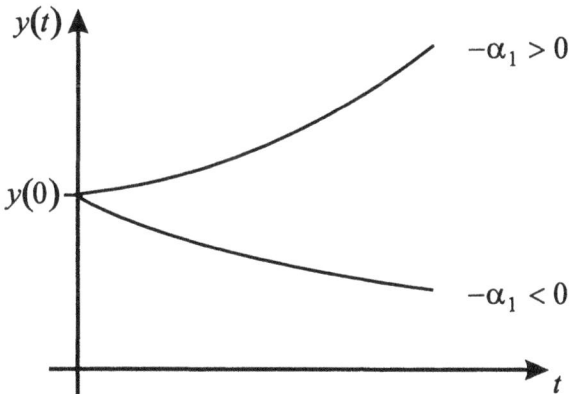

Die geringere Anzahl typischer Entwicklungen verglichen mit den Möglichkeiten bei Differenzengleichungen resultiert aus der Verwendung einer stetigen Zeitvariablen. Dieser formale Ansatz ist bei ökonomischen Theorien, die das langfristige Verhalten von Volkswirtschaften analysieren, nützlich.

2.1.3 Die Lösung von gewöhnlichen Differentialgleichungen zweiter Ordnung

Eine gewöhnliche Differentialgleichung zweiter Ordnung wird gegeben durch:

$$y''(t) + \alpha_1 y'(t) + \alpha_2 y(t) = g(t). \tag{2.18}$$

Die Lösung des Homogenteils ermittelt man mit demselben Ansatz wie bei Differentialgleichungen erster Ordnung: $y(t) = e^{xt}$. Seine Substitution in Gleichung (2.18) führt zu:

$$x^2 e^{xt} + \alpha_1 x e^{xt} + \alpha_2 e^{xt} = 0, \quad \text{oder:}$$
$$x^2 + \alpha_1 x + \alpha_2 = 0. \tag{2.19}$$

Die aus der charakteristischen Gleichung (2.19) resultierenden möglichen Wurzeln wurden bereits in Kapitel 1.1.2 des mathematischen Anhangs ausführlich behandelt. Es genügt daher, hier nur die allgemeinen Lösungen des Homogenteils für die Kategorien I, II und III anzugeben[8].

Kategorie I ($x_1 \neq x_2$, beide reell):

$$y_{\mathrm{H}}(t) = A_1 \exp(x_1 t) + A_2 \exp(x_2 t). \tag{2.20}$$

Der Zeitpfad von $y_{\mathrm{H}}(t)$ hängt vom Vorzeichen der beiden Wurzeln x_1 und x_2 ab. Ist wenigstens eine Wurzel positiv, liegt für $t \to \infty$ eine divergierende Entwicklung vor. Ob diese gegen $+\infty$ oder $-\infty$ strebt, legt das Vorzeichen derjenigen Konstanten $A_{1,2}$ fest, die mit der größeren der beiden Wurzeln verbunden ist. Der Zeitpfad konvergiert für $t \to \infty$ gegen null, wenn beide Wurzeln negativ sind. Entspräche das partikuläre Integral für Gleichung (2.18) einem ökonomischen Gleichgewicht, läge aus ökonomischer Sicht ein stabile Entwicklung vor.

Kategorie II ($x_1 = x_2$ und reell):

$$y_{\mathrm{H}}(t) = A_1 \exp(x_1 t) + A_2 t \exp(x_1 t) \tag{2.21}$$
$$= (A_1 + A_2 t) \exp(x_1 t).$$

Diese Entwicklung ist für $x_1 > 0$ divergent, für $x_1 < 0$ konvergent (stabil), obwohl $(A_1 + A_2 t)$ für $t \to \infty$ divergiert. Der stabile Verlauf resultiert daraus, daß $\exp(x_1 t)$ für $t \to \infty$ schneller gegen null konvergiert als $(A_1 + A_2 t)$ gegen unendlich divergiert[9].

---

[8]Im folgenden steht $\exp(x)$ für e^x.

[9]Einen Beweis gibt GANDOLFO (1996) S. 195 ff. Hier findet man auch eine ausführliche Entwicklung der allgemeinen Lösung für konjugiert komplexe Wurzeln.

Kategorie III (x_1 und x_2 sind konjugiert komplex):

$$y_H(t) = A_1 \exp[(a_1 + b_1 i)t] + A_2 \exp[(a_1 - b_1 i)t]. \qquad (2.22)$$

Da diese Gleichung wegen der Euler–Formel $\exp(\pm i b_1 t) = \cos b_1 t \pm i \sin b_1 t$ auch als trigonometrische Funktion geschrieben werden kann, folgt, daß $y(t)$ eine zyklische Bewegung durchläuft. Die Amplituden werden kleiner, wenn der Realteil der konjugiert komplexen Wurzeln kleiner als null ist. Beträgt der Realteil null, bleiben die Amplituden während der gesamten Entwicklung konstant.

Das partikuläre Integral vervollständigt die allgemeinen Lösungen des Homogenteils der Kategorien I, II und III. Seine Ermittlung erfolgt analog zu der Vorgehensweise bei Differentialgleichungen erster Ordnung.

2.2 Nichtlineare Differentialgleichungssysteme erster Ordnung

Die in letzter Zeit entwickelten Konjunkturmodelle basieren immer häufiger auf nichtlinearen Differentialgleichungssystemen. Um den Zugang zu diesen Konjunkturtheorien zu ermöglichen, sei hier eine kurze Einführung in nichtlineare Differentialgleichungssysteme gegeben, die sich naturgemäß nur auf die hinsichtlich einer wirtschaftswissenschaftlichen Anwendung grundlegenden Aspekte konzentrieren kann[10]. Mit Hilfe dieses mathematischen Instrumentariums gelingt die Ableitung endogener Konjunkturzyklen, ohne daß sich die Schwingungen im Zeitablauf verlieren oder zu explodierenden Amplituden neigen.

Für nichtlineare Differentialgleichungssysteme in den beiden stetigen Variablen y und z kann die Ermittlung einer expliziten Lösung der Form $y = y(t)$ und $z = z(t)$ erhebliche Schwierigkeiten bereiten[11]. Bei vielen ökonomischen Modellen läßt sich schon deshalb keine explizite Lösung angeben, da die enthaltenen Funktionen nicht spezifiziert sind, sondern nur in abstrakter Form wie bei dem Gleichungssystem (2.23) vorliegen. Dennoch können ohne explizite Kenntnis der Lösung die Eigenschaften der Zeipfade für y und z aufgezeigt und mathematisch diskutiert werden. Hierzu bedient man sich einer qualitativen oder topologischen Analyse.

---

[10]Weitere, für die ökonomische Anwendung interessante Eigenschaften von Differentialgleichungssystemen behandelt GANDOLFO (1996) Teil III. Eine mathematisch umfassende Darstellung geben BOYCE UND DIPRIMA (1977).

[11]In manchen Fällen ist das Integral gar nicht zu berechnen.

Ein nichtlineares Differentialgleichungssystem in y und z hat die Form:

$$\begin{aligned} y' &= f_1(y, z) \\ z' &= f_2(y, z) \end{aligned} \qquad (2.23)$$

Es hat die Ordnung eins, da y und z jeweils nur einmal nach der Zeit differenziert vorkommen. Da in den beiden Funktionen f_1 und f_2 die Zeit t weder als explizite Variable noch in einer Ableitung nach ihr vorkommt, nennt man das Gleichungssystem (2.23) autonom. Aufschlüsse über die Entwicklung[12] von y und z gewinnt man mit Hilfe eines (zweidimensionalen) Phasendiagramms mit y an der Abszisse und z an der Ordinate. Jeder Punkt dieses kartesischen Koordinatensystems repräsentiert einen bestimmten Zustand des Systems (2.23). Es lassen sich zwei Arten von Punkten unterscheiden. Nehmen die Koordinaten y und z solche Werte an, daß simultan gilt: $y' = z' = 0$, liegen singuläre Punkte (Fixpunkte) vor; andernfalls ergeben sich reguläre Punkte. Singuläre Punkte lassen sich ermitteln, indem beide Gleichungen des Systems (2.23) gleich null gesetzt werden. Im Phasendiagramm entstehen für $0 = f_1(y, z)$ und $0 = f_2(y, z)$ zwei Kurven, deren Schnittpunkte — falls sie existieren — die gesuchten singulären Punkte festlegen (siehe Punkt E in Abbildung 2.4).

Abb. 2.4:

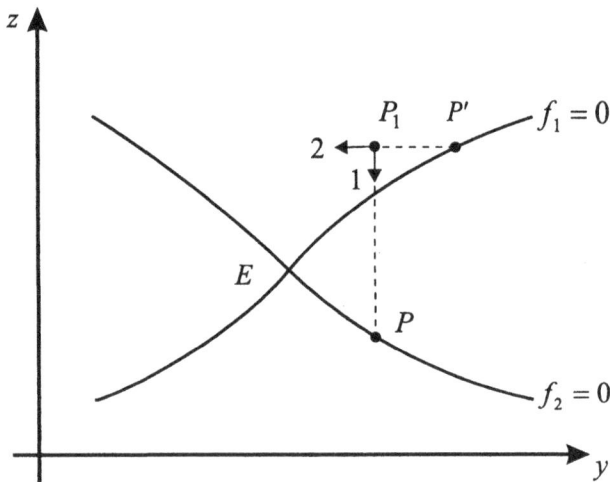

Da in Fixpunkten das System (2.23) einen Zustand erreicht, bei dem y und z keinen Veränderungen unterliegen, kennzeichnen sie in der ökonomischen Analyse Gleichgewichtspositionen. Die durch das System (2.23) determinier-

---

[12] „Entwicklung" bezeichnet die Veränderung von y und z für $t \to \infty$.

ten Entwicklungen für y und z können grafisch durch Integralkurven (Trajektorien) dargestellt werden. Integralkurven geben die Werte für y und z zum selben Zeitpunkt t an. Man kann daher durch Division der ersten durch die zweite Gleichung dt aus dem System (2.23) eliminieren[13]. Die Lösung der resultierenden Differentialgleichung

$$\frac{dy}{dz} = \frac{f_1(y,z)}{f_2(y,z)} \qquad (2.24)$$

stellt wegen der unbestimmten Integrationskonstanten eine Integralkurvenschar dar, deren einzelne Trajektorien aus bestimmten Werten der Konstanten resultieren. Für jede Trajektorie läßt sich ihre Bewegungsrichtung angeben; diese resultiert aus den Vorzeichen, das die Ableitungen y' und z' bei bestimmten Werten von y und z annehmen. In den folgenden Abbildungen kennzeichnen die Pfeile die Bewegungsrichtung. Mit Hilfe der Integralkurven können Fixpunkte hinsichtlich ihrer Besonderheiten unterschieden werden. Gehen alle Integralkurven durch einen Fixpunkt, bezeichnet man ihn als Knoten. Abbildung 2.5 zeigt drei mögliche Knoten. Weisen alle Pfeile der Integralkurven zum Fixpunkt hin, kennzeichnet er ein stabiles Gleichgewicht; andernfalls ist das Gleichgewicht instabil.

Abb. 2.5:

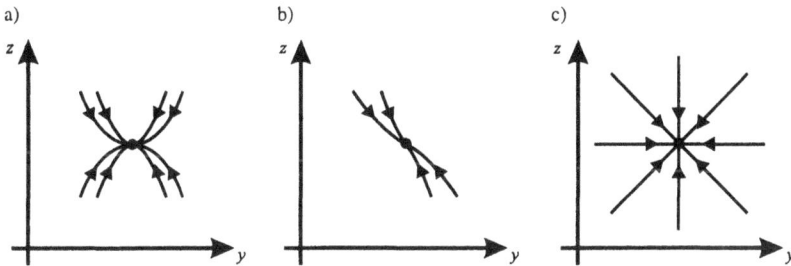

Ein Fixpunkt heißt Sattelpunkt, wenn durch ihn nur zwei Integralkurven laufen, die gleichzeitig Asymptoten für die übrigen Integralkurven sind (vgl. Abbildung 2.6.a und 2.6.b). Nur auf einer der beiden Asymptoten führt die Entwicklung von y und z zum Fixpunkt hin, auf allen anderen Trajektorien von ihm weg.

Ein Fokus liegt vor, wenn alle Integralkurven, die jetzt spiralförmig verlaufen, in ihm enden (vgl. Abbildung 2.6.c, stabile Entwicklung) oder von ihm ausgehen (vgl. Abbildung 2.6.d, instabile Entwicklung). Schließlich heißt ein Fixpunkt Zentrum (Zentralpunkt), wenn alle Integralkurven ihn umschließen

---

[13]Es ist natürlich auch zulässig, die zweite durch die erste Gleichung zu dividieren.

und keine durch ihn läuft (vgl. Abbildung 2.6.e):

Abb. 2.6:

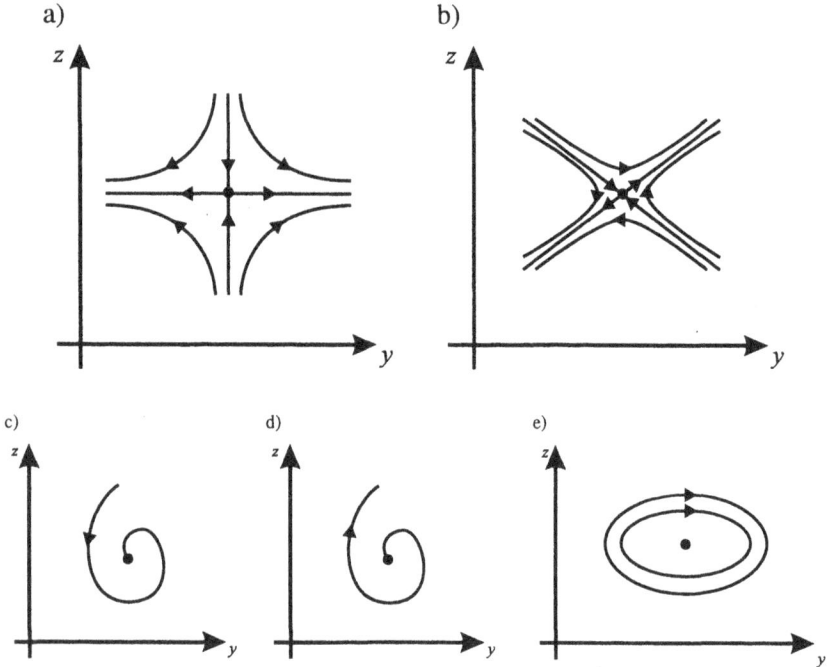

Das Differentialgleichungssystem (2.23) kann mehrere Fixpunkte besitzen. Die Trajektorien verlaufen dann im gesamten Quadranten nicht qualitativ gleichförmig, sondern weisen in der Umgebung der Fixpunkte die durch sie festgelegten Charakteristika auf; mit zunehmender Entfernung von den Fixpunkten gehen sie in ganz andere Integralkurven über. Abbildung 2.7 gibt zwei Zentren (Z_1, Z_2), einen Sattelpunkt S und einige Trajektorien wieder. Die Trajektorien sind in der Nähe der Fixpunkte geschlossene Ellipsen und gehen in schleifenförmige Kurven über.

Enthält das Differentialgleichungssystem einen Parameter, hängen die Fixpunkte vom Wert des Parameters ab. Eine stetige Variation, z.B. eine Erhöhung des Parameters, kann dazu führen, daß bei einem bestimmten Wert neue Fixpunkte entstehen und/oder die vorhandenen ihre Eigenschaft ändern. Damit stellen sich aber auch neue Integralkurven ein. Das Entstehen zusätzlicher Fixpunkte in Abhängigkeit des Parameters nennt man analog zum diskreten Fall Bifurkation; der kritische Parameterwert, der die Bifurkation auslöst, heißt Bifurkationswert bzw. –punkt.

Sind die Funktionen des Gleichungssystems (2.23) nicht spezifiziert, können die Kurven für $f_1 = 0$ und $f_2 = 0$ nicht explizit ermittelt werden. Jedoch lassen sich in den meisten ökonomischen Anwendungsfällen Aussagen über ihren Verlauf machen. Die Vorgehensweise wird für die Gleichung $f_2(y, z) = 0$ dargestellt.

Abb. 2.7:

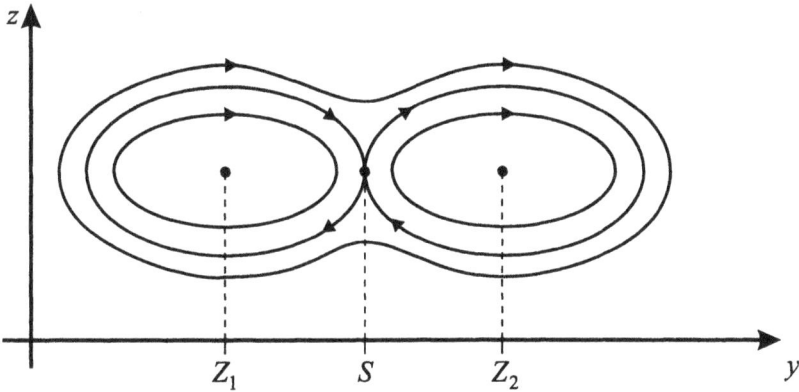

Diese Gleichung definiert implizit eine Funktion der Art $z = z_2(y)$. Um den Verlauf dieser Funktion in einem Phasendiagramm zu diskutieren, wird ihre Steigung dz/dy nach der Ableitungsregel für implizite Funktionen ermittelt. Man erhält:

$$\frac{dz}{dy} = -\frac{\partial f_2/\partial y}{\partial f_2/\partial z} = -\frac{f_{2,y}}{f_{2,z}}.$$

Die Vorzeichen der beiden partiellen Ableitungen sind aufgrund der ökonomischen Theorie meist a priori bekannt. Somit sind auch das Vorzeichen von dz/dy und der Verlauf der Funktionen $f_2(y, z) = 0$ bzw. $z = z_2(y)$ bestimmt. Mit der Vorzeichenkenntnis der beiden partiellen Ableitungen lassen sich auch die Bewegungsrichtungen von y und z in jedem Punkt des Phasendiagramms ermitteln. Dies wird für den Fall dargestellt, daß beide partiellen Ableitungen $f_{2,y}$ und $f_{2,z}$ und daher auch dz/dy negativ sind. Die Funktion $f_2 = 0$ hat dann eine negative Steigung (vgl. Abbildung 2.4). Der Punkt P_1 unterscheidet sich in Abbildung 2.4 vom Punkt P nur durch seinen höheren Ordinatenwert. Im Punkt P bleibt die Variable z wegen $f_2(y, z) = 0$ über die Zeit konstant. Die Veränderung von f_2, die sich beim Übergang von P nach P_1 ergibt, erhält man aus dem totalen Differential für f_2:

$$df_2 = f_{2,y}dy + f_{2,z}dz. \tag{2.25}$$

Wegen $dy = 0$, $f_{2,z} < 0$ und $dz > 0$ folgt aus Gleichung (2.25): $df_2 < 0$. Da im Punkt P gilt: $f_2 = 0$, muß f_2 im Punkt P_1 wegen $df_2 < 0$ negativ sein.

Nach Gleichung (2.23) ist dann auch z' negativ: Im Punkt P_1 sinkt z mit zunehmender Zeit (vgl. Pfeil 1 in Abbildung 2.4). Analog hierzu kann man die Veränderung von y in jedem Punkt des Phasendiagramms bestimmen, wenn die Vorzeichen der beiden partiellen Ableitungen $f_{1,y}$ und $f_{1,z}$ bekannt sind. Man legt hierfür den Referenzpunkt P' so auf die $f_1(y,z) = 0$ Kurve, daß sich P' und P_1 nur im Abszissenwert unterscheiden. Da in Abbildung 2.4 die $f_1 = 0$ Kurve eine positive Steigung aufweist, müssen die Vorzeichen der beiden partiellen Ableitungen wegen $\dfrac{dz}{dy} = -\dfrac{f_{1,y}}{f_{1,z}} > 0$ verschieden sein. Es sei angenommen, daß gilt: $f_{1,y} > 0$. Die Veränderung df_1, die f_1 beim Übergang von P' zu P_1 erfährt, ist wegen $dy < 0$ und $f_{1,y} > 0$ negativ. Da im Punkt P' gilt: $f_1 = 0$, muß f_1 im Punkt P_1 wegen $df_1 < 0$ negativ sein. Folglich ist nach Gleichung (2.23) auch y' negativ. Die Variable y sinkt über die Zeit (vgl. Pfeil 2 in Abbildung 2.4). Auf diese Weise können jedem Punkt des Phasendiagramms zwei Pfeile zugeordnet werden, die die Veränderungstendenzen von y und z im Zeitablauf aufzeigen. Damit ist man in der Lage, die Stabilitätseigenschaft des Fixpunktes zu bewerten und erste Aussagen über die qualitativen Charakteristika der Trajektorien zu treffen.

Eine andere Möglichkeit, die Eigenschaften des Fixpunktes aufzudecken, besteht in der Approximation des nichtlinearen Differentialgleichungssystems (2.23) in der Umgebung des Fixpunktes (y_E, z_E) durch ein lineares Gleichungssystem. Eine einfache Vorgehensweise besteht in der Entwicklung des Taylor–Polynoms ersten Grades für y' und z' an der Stelle (y_E, z_E). Die lineare Approximation lautet dann:

$$y' = f_1(y_E, z_E) + f_{1,y}(y_E, z_E)(y - y_E) + f_{1,z}(y_E, z_E)(z - z_E),$$
$$z' = f_2(y_E, z_E) + f_{2,y}(y_E, z_E)(y - y_E) + f_{2,z}(y_E, z_E)(z - z_E),$$

mit $f_{i,y}$ und $f_{i,z}$ als partielle Ableitungen der Funktionen f_i, $i = 1, 2$ nach y und z.

Faßt man die konstanten Ausdrücke auf der rechten Seite jeder Gleichung zusammen, ergibt sich bei verkürzter Schreibweise der partiellen Ableitungen:

$$\begin{aligned} y' - f_{1,y}y - f_{1,z}z &= f_1(y_E, z_E) - f_{1,y}y_E - f_{1,z}z_E, \\ z' - f_{2,y}y - f_{2,z}z &= f_2(y_E, z_E) - f_{2,y}y_E - f_{2,z}z_E. \end{aligned} \tag{2.26}$$

Da die dynamischen Eigenschaften des Systems (2.26) nur vom Homogenteil abhängen, wird die rechte Seite gleich null gesetzt; in Matrixschreibweise erhält man:

$$\begin{bmatrix} y' \\ z' \end{bmatrix} - \begin{bmatrix} f_{1,y} & f_{1,z} \\ f_{2,y} & f_{2,z} \end{bmatrix} \begin{bmatrix} y \\ z \end{bmatrix} = \begin{bmatrix} 0 \\ 0 \end{bmatrix}. \tag{2.27}$$

Die Matrix der partiellen Ableitungen erster Ordnung heißt Jacobi–Matrix J. Ihre Elemente lassen sich berechnen, indem die Koordinaten (y_E, z_E) des Fixpunktes in die partiellen Ableitungen eingesetzt werden. Bezeichnet man die Elemente jetzt mit α_{ij}, $i = 1, 2$ und $j = 1, 2$, ergibt sich die Jacobi–Matrix im Fixpunkt E als:

$$J_E = \begin{bmatrix} \alpha_{11} & \alpha_{12} \\ \alpha_{21} & \alpha_{22} \end{bmatrix}. \tag{2.28}$$

In Analogie zur Gleichung (1.58) erhält man die charakteristische Gleichung des Systems (2.27) als:

$$x^2 - (\alpha_{11} + \alpha_{22})x + (\alpha_{11}\alpha_{22} - \alpha_{12}\alpha_{21}) = 0. \tag{2.29}$$

Zwischen den Klammerausdrücken der charakteristischen Gleichung (2.29) und der Jacobi–Matrix (2.28) besteht eine interessante Beziehung. Bezeichnet man mit $|J_E|$ die Determinante[14] und mit Sp die Spur (= Summe der Hauptdiagonalelemente) der Jacobi–Matrix, gilt:

$$Sp(J_E) = \alpha_{11} + \alpha_{22} \quad \text{und} \quad |J_E| = \alpha_{11}\alpha_{22} - \alpha_{12}\alpha_{21}.$$

Die beiden Wurzeln der charakteristischen Gleichung lassen sich jetzt angeben als:

$$x_{1,2} = \frac{1}{2} \left\{ Sp(J_E) \pm \sqrt{[Sp(J_E)]^2 - 4|J_E|} \right\}. \tag{2.30}$$

Wegen dieser Darstellung läßt sich der Wurzelsatz von Vieta in eine Form bringen, die eine relativ einfache Beurteilung der Stabilität eines Fixpunktes erlaubt. Durch direktes Berechnen kann man leicht zeigen, daß gilt:

$$x_1 + x_2 = Sp(J_E) \quad \text{und} \quad x_1 x_2 = |J_E|.$$

Ist die Entwicklung schwingungsfrei, müssen x_1 und x_2 reellwertige Wurzeln sein. Stabilität verlangt, daß beide Vorzeichen negativ sind; dies bedeutet: $Sp(J_E) < 0$ und $|J_E| > 0$. Instabilität resultiert aus $x_1 > 0$ und $x_2 > 0$; dies führt zu $Sp(J_E) > 0$ und $|J_E| > 0$. Haben beide Wurzeln verschiedene Vorzeichen, gilt: $Sp(J_E) \gtreqless 0$ und $|J_E| < 0$: Es handelt sich um einen Sattelpunkt. Bei konjugiert komplexen Lösungen entspricht die Summe $x_1 + x_2$ stets dem Doppelten des Realteils der komplexen Zahl, während das Produkt immer positiv ist. Da gedämpfte Schwingungen nur eintreten, wenn der Realteil negativ ist, liegt eine stabile, zyklische Entwicklung für $Sp(J_E) < 0$ und $|J_E| > 0$ vor; bei $Sp(J_E) > 0$ und $|J_E| > 0$ ist die Entwicklung zyklisch und

---

[14]Da beide Differentialgleichungen f_1 und f_2 funktional unabhängig sind, folgt: $|J_E| \neq 0$.

instabil. Schwingungen mit konstanten Amplituden resultieren demnach aus $Sp(J_E) = 0$ und $|J_E| > 0$.

Mit diesen Zusammenhängen lassen sich die dynamischen Eigenschaften der Zeitpfade, die mit den drei Lösungskategorien der charakteristischen Gleichung (2.29) korrespondieren, festlegen.

Kategorie I: zwei reellwertige und verschiedene Lösungen x_1 und x_2; $[Sp(J_E)]^2 > 4|J_E|$.

        (1) $x_1 < 0$, $x_2 < 0 \Rightarrow Sp(J_E) < 0$, $|J_E| > 0$
        stabiler Knoten,
        (2) $x_1 > 0$, $x_2 > 0 \Rightarrow Sp(J_E) > 0$, $|J_E| > 0$
        instabiler Knoten,
        (3) x_1, x_2: verschiedene Vorzeichen $\Rightarrow Sp(J_E) \gtreqless 0$, $|J_E| < 0$
        Sattelpunkt.
        Da Stabilität nur für eine Trajektorie vorliegt, spricht man auch von Sattelpunktstabilität.

Kategorie II: eine reellwertige Lösung $x_1 = x_2$; $[Sp(J_E)]^2 = 4|J_E|$.

        (1) $x_1 = x_2 < 0 \Rightarrow Sp(J_E) < 0$, $|J_E| > 0$
        stabiler Knoten,
        (2) $x_1 = x_2 > 0 \Rightarrow Sp(J_E) > 0$, $|J_E| > 0$
        instabiler Knoten.

Kategorie III: konjugiert komplexe Lösungen $x_{1,2} = a \pm bi$; $[Sp(J_E)]^2 < 4|J_E|$.

        (1) $x_1 + x_2 = 2a < 0 \Rightarrow Sp(J_E) < 0$, $|J_E| > 0$
        stabiler Fokus,
        (2) $x_1 + x_2 = 2a > 0 \Rightarrow Sp(J_E) > 0$, $|J_E| > 0$
        instabiler Fokus,
        (3) $x_1 + x_2 = 0 \Rightarrow Sp(J_E) = 0$, $|J_E| > 0$
        Zentrum.

Ist man bei dem Differentialgleichungssystem (2.27) nur an seiner Stabilität, nicht jedoch an der Art des Fixpunktes interessiert, prüft man dies mit den von Olech[15] entwickelten hinreichenden Bedingungen. Gilt

---

[15] OLECH (1963). Das Restriktionssystem ist nicht nur für die Linearapproximation (2.27), sondern auch für das Gleichungssystem (2.23) hinreichend. Die hierfür hinreichenden Bedingungen erhält man, indem die Koeffizienten a_{ij} durch die ihnen entsprechenden partiellen Ableitungen ersetzt werden (vgl. Übergang von Gleichung (2.27) zu Gleichung (2.28)).

$$a_{11} + a_{22} > 0, \qquad a_{11}a_{22} - a_{12}a_{21} > 0,$$
$$a_{11}a_{22} \neq 0, \qquad a_{12}a_{21} \neq 0, \tag{2.31}$$

liegt globale Stabilität vor.

Bei einem Zentrum können die Trajektorien eine Besonderheit aufweisen, die gerade für die Konjunkturtheorie bedeutsam ist. Nähern sich alle Integralkurven spiralförmig einer geschlossenen Trajektorie sowohl von innen als auch von außen, stellt diese Trajektorie einen stabilen Grenzzyklus dar. Streben die Trajektorien spiralförmig vom Grenzzyklus fort, ist er instabil. Semistabilität liegt vor, wenn die Trajektorien, die innerhalb (außerhalb) des Grenzzyklus verlaufen, zu ihm hin, die außerhalb (innerhalb) verlaufenden von ihm fortstreben. Es kann auch vorkommen, daß ein Fixpunkt mehrere konzentrische Grenzzyklen besitzt. Mit dem Poincaré–Bendixson–Theorem[16] ist eine hinreichende Bedingung für die Existenz von Grenzzyklen gegeben. Die Grenzzyklen sind abwechselnd stabil und instabil, werden jedoch immer von einem stabilen innersten und einem stabilen äußersten Grenzzyklus umschlossen. Weist ein Fixpunkt nur einen Grenzzyklus auf, muß dieser notwendigerweise stabil sein.

Eine für die Konjunkturtheorie bedeutende Spezifikation des Gleichungssystems (2.23) wird durch die Lotka–Volterra–Gleichungen[17] gegeben:

$$\begin{aligned} y' &= (a_1 - b_1 z)y, \\ z' &= -(a_2 - b_2 y)z. \end{aligned} \tag{2.32}$$

Die Konstanten a_i und b_i, $i = 1, 2$ sind stets positiv; die Variablen y und z sind über dem positiven Bereich (einschließlich der Null) der reellen Zahlen definiert. Gemäß Gleichung (2.24) folgt aus diesem System die Differentialgleichung:

$$\frac{dy}{dz} = -\frac{(a_1 - b_1 z)y}{(a_2 - b_2 y)z}. \tag{2.33}$$

Kreuzmultiplikation überführt diesen Ausdruck in:

$$(a_2 - b_2 y)z \, dy = -(a_1 - b_1 z)y \, dz. \tag{2.34}$$

Die Lösung dieser Differentialgleichung erfolgt nach der Methode „Trennung der Variablen". Division durch den Term yz trennt die Variablen. Nach

---

[16]Die formale Darstellung des Poincaré–Bendixson–Theorems findet man z.B. bei BOYCE UND DIPRIMA (1977), S. 446, GANDOLFO (1996), S. 438 oder GABISCH UND LORENZ (1989), S. 129 ff.

[17]LOTKA (1956) und VOLTERRA (1959).

Auflösen der Klammern resultiert:

$$a_2 y^{-1} dy - b_2 dy = -a_1 z^{-1} dz + b_1 dz.$$

Die Differentialgleichung (2.34) ist in dieser Form leicht zu integrieren. Aus

$$a_2 \int y^{-1} dy - b_2 \int dy = -a_1 \int z^{-1} dz + b_1 \int dz + A,$$

$$A : \text{Integrationskonstante},$$

folgt:

$$a_2 \ln y - b_2 y = -a_1 \ln z + b_1 z + A. \tag{2.35}$$

Um die Integralkurven in eine explizite Form $y = y(z)$ zu bringen, faßt man beide Seiten von Gleichung (2.35) als Exponenten zur Basis e auf:

$$\exp(a_2 \ln y - b_2 y) = \exp(-a_1 \ln z + b_1 z + A), \quad \text{oder:}$$

$$y^{a_2} \exp(-b_2 y) = z^{-a_1} \exp(b_1 z) e^A. \tag{2.36}$$

Die linke und rechte Seite der Gleichung (2.36) sind jeweils Funktionen in y und z allein. Schreibt man hierfür:

$$Y = y^{a_2} \exp(-b_2 y) \quad \text{und} \quad Z = z^{-a_1} \exp(b_1 z),$$

geht Gleichung (2.36) über in:

$$Y = e^A Z. \tag{2.37}$$

Gleichung (2.37) gibt die Integralkurvenschar der Lotka–Volterra–Gleichungen (2.32) an, aus der durch Vorgabe von A eine ganz bestimmte Trajektorie folgt. Um Aufschlüsse über die Form der Integralkurven zu erhalten, ist es zweckmäßig, zunächst die Funktionen Y und Z getrennt zu untersuchen. Nach Kenntnis der Funktionsverläufe von Y und Z lassen sich die Integralkurven nach dem von Andronov[18] entwickelten Verfahren grafisch ermitteln.

Eine einfache Kurvendiskussion liefert die Charakteristika beider Funktionsverläufe. Da $y \geq 0$ und $z \geq 0$, können Y und Z niemals negative Werte annehmen: Ihre Graphen liegen im ersten Quadranten eines (y, Y)- bzw. (z, Z)-Koordinatensystems. Extremwerte liegen an den Stellen vor, an denen die erste Ableitung null und die zweite Ableitung ungleich null sind. Differentiation von Y nach y ergibt:

$$\frac{dY}{dy} = a_2 y^{a_2 - 1} \exp(-b_2 y) - b_2 y^{a_2} \exp(-b_2 y)$$

$$= \left(\frac{a_2}{y} - b_2 \right) y^{a_2} \exp(-b_2 y) = \left(\frac{a_2}{y} - b_2 \right) Y = 0.$$

---

[18] ANDRONOV ET AL. (1966).

Die erste Ableitung nimmt den Wert null an, wenn die letzte Klammer null ist. Hieraus folgt $y = a_2/b_2$. Die zweite Ableitung erhält man als:

$$\frac{d^2Y}{dy^2} = (-a_2 y^{-2})Y + \left(\frac{a_2}{y} - b_2\right) Y' < 0,$$

da Y' an der Stelle $y = a_2/b_2$ null wird und a_2 annahmegemäß ein positiver Koeffizient ist. Für $y = a_2/b_2$ muß somit ein Maximum vorliegen. Wegen $Y > 0$ für alle $y > 0$ hat der Graph der Funktion Y eine Form wie in Abbildung (2.8) (I. Quadrant).

Abb. 2.8:

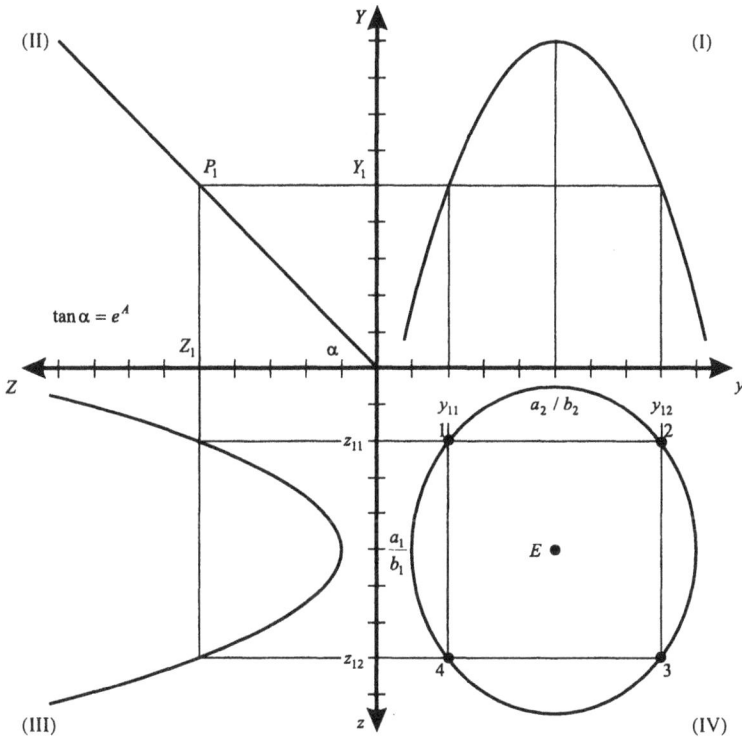

Analog hierzu diskutiert man die Funktion Z. Ihre erste Ableitung lautet:

$$\frac{dZ}{dz} = -a_1 z^{-a_1-1} \exp(b_1 z) + b_1 z^{-a_1} \exp(b_1 z)$$

$$= \left(b_1 - \frac{a_1}{z}\right) Z = 0.$$

Sie wird für $z = a_1/b_1$ gleich null. Die zweite Ableitung ist an der Stelle

$z = a_1/b_1$ positiv, da $Z' = 0$ und $a_1 > 0$:

$$\frac{d^2 Z}{dz^2} = a_1 z^{-2} Z + \left(b_1 - \frac{a_1}{z}\right) Z' > 0.$$

Die Funktion Z besitzt an der Stelle $z = a_1/b_1$ ein Minimum; ihr Verlauf ist in Abbildung 2.8 (III. Quadrant) wiedergegeben. Im II. Quadranten der Abbildung 2.8 ist die Funktion (2.37) $Y = e^A Z$ dargestellt. Der Tangens des Winkels α entspricht der Konstanten e^A. Mit den Graphen dieser drei Funktionen können Integralkurven, die zu vorgegebenen Werten von e^A gehören, konstruiert werden. Die Koordinaten (Z_1, Y_1) eines beliebigen Punktes P_1 auf der Geraden $Y = e^A Z$ (II. Quadrant) erfüllen die Integralkurvenfunktion (2.37). Die y– und z–Wert, die zu Y_1 und Z_1 führen, kann man im ersten und dritten Quadranten ablesen. Es sind dies die Werte y_{11}, y_{12}, z_{11} und z_{12}, die im vierten Quadranten die Punkte 1,2,3 und 4 festlegen. Der Punkt 1 hat z.B. die Koordinaten (y_{11}, z_{11}). Verschiebt man den Punkt P_1 auf der Geraden im zweiten Quadranten der Abbildung 2.8, lassen sich für jede angenommene Position wieder Punkte im vierten Quadranten bestimmen, deren Verbindungslinie eine geschlossene Kurve ergibt und die eine Integralkurve aus der Integralkurvenschar (2.37) darstellt. Verändert man die Integrationskonstante e^A, erhält die Gerade im zweiten Quadranten eine andere Steigung. Eine erneute Verschiebung des Punktes P_1 führt zu einer anderen Integralkurve. Auf diese Weise läßt sich für jeden vorgegebenen Wert e^A eine Integralkurve eindeutig ermitteln. Die Grafik verdeutlicht, daß für keinen Wert e^A eine Integralkurve durch den Punkt E mit den Koordinaten $(a_2/b_2, a_1/b_1)$ verläuft. Der Punkt E kennzeichnet daher einen Zentralpunkt.

Literaturverzeichnis

Abkürzungen

Allgemeines Statistisches Archiv	ASTA
American Economic Review	AER
Archiv für Sozialwissenschaft und Sozialpolitik	ASS
Econometrica	Etrica
Economic Inquiry	IE
International Economic Papers	IEP
International Economic Review	IER
Jahrbücher für Nationalökonomie und Statistik	Jahrbücher
Journal of Economic Literature	JEL
Journal of Economic Perspectives	JEP
Journal of Economic Theory	JET
Journal of Finance	JF
Journal of Macroeconomics	JM
Journal of Money, Credit and Banking	MCB
Journal of Political Economy	JPE
Scandinavian Journal of Economics	SJE
Schweizerische Zeitschrift für	ZVS
Volkswirtschaft und Statistik	
Swedisch Journal of Economics	SwJE
The Canadian Journal of Economics	CJE
The Economic Journal	EJ
The Political Quarterly	PQ
The Quarterly Journal of Economics	QJE
The Review of Economic Studies	REStud
The Review of Economics and Statistics	REStat
Wirtschaftswissenschaftliches Studium	WIST
Zeitschrift für die gesamte Staatswissenschaft	Staatswissenschaft
Zeitschrift für Nationalökonomie	Zeitschrift
Zeitschrift für Wirtschafts– und Sozialwissenschaft	ZWS
Neue Serie	NS

Literatur

ACKLEY, G. (1973), *Macroeconomic Theory*; 3. Aufl., New York.

ADELMAN, I. UND ADELMAN, F.L. (1959), The Dynamic Properties of the Klein–Goldberger Model; Etrica, Vol. 27, S. 595–625. Wiederabgedruckt in: GORDON UND KLEIN (eds) (1966), S. 278–306.

AFTALION, A. (1909), La reálté des surproductions générales, essui d'une théorie des crises générales et périodiques; Review d' Economic Politique.

ALBACH, H., HELMSTÄTTER, E. UND HENN, R. (Hrsg.) (1977), *Quantitative Wirtschaftsforschung*; Tübingen.

ALBERS, W. (Hrsg.) (1983), *Handbuch der Wirtschaftswissenschaft*; Stuttgart u.a.

ALLEN, R.G.D. (1959), *Mathematical Economics*; London, Basingstoke.

ALLEN, R.G.D. (1972), *Makroökonomische Theorie*; Berlin.

ANDRONOV, A.A., VITT, A.A. UND KHAIKIN, S.E. (1966), *Theory of Oscillators*; London.

ASSENMACHER, W. (1976), *Die Theorie der Kapitalkosten und Investition für Aktiengesellschaften unter Unsicherheit*; Meisenheim/ Glan.

ASSENMACHER, W. (1981), Tarifpolitik, Kapitalstock und konjunkturelle Entwicklung: Ein Jahrgangsmodell; Jahrbücher, Bd. 196, S. 119–136.

ASSENMACHER, W. (1985), Eine wissenschaftstheoretische Begründung der Linearhypothese in angewandten ökonometrischen Modellen; Jahrbücher, Bd. 200, S. 56–70.

ASSENMACHER, W. (1986a), Die Dynamik der Inflations– und Beschäftigungsentwicklung. Eine theoretische und ökonometrische Analyse; Kredit und Kapital, 19. Jahrg., S. 540–568.

ASSENMACHER, W. (1986b), Zum Verhältnis zwischen Wirtschaftstheorie und Ökonometrie; ASTA, 70. Bd., S. 327–343.

ASSENMACHER, W. (1986/87), Neuere Entwicklungen in der Konjunkturtheorie; RWI–Mitteilungen, Jahrg. 37/38, S. 195–216.

ASSENMACHER, W. (1991), Die Zeitstruktur des monetaristischen Konjunkturmodells von Laidler: Kritik und Modifikation; ZWS, 111. Jahrg., S. 91–96.

ASSENMACHER, W. (1995), *Einführung in die Ökonometrie*; 5. Aufl., München, Wien.

ASSENMACHER, W. (1996), *Deskriptive Statistik*; Berlin u.a.

AZARIADIS, C. UND GUESNERIE, R. (1986), Sunspots and Cycles; REStud, Vol. LIII, S. 725–737.

BARENS, J. (1996), Zur Interpretation der IS–Kurve und der aggregierten Nachfragekurve. Eine Klärung; WIST, S. 591–593.

BAUMOL, W.J. (1961), Pitfalls in Contracyclical Policies: Some Tools and Results; REStat, Vol. 435, S. 21–26.

BAUMOL, W.J. AND BENHABIB, J. (1989), Chaos: Significance, Mechanism and Economic Applications; JEP, Vol. 3, S. 77–105.

BENASSY, J.P. (1977), On Quantity Signals and the Foundation of Effective Demand; SJE, Vol. 79, S. 147–168.

BENDER, D. ET AL. (1995), *Kompendium der Wirtschaftstheorie und Wirtschaftspolitik* Bd. 1; 6. Aufl., München.

BERGSTROM, A.R. (1962), A Model of Technical Progress, the Production Function and Cyclical Growth; Eca., Vol. 29 NS, S. 357–370.

BICKERDIKE, C.F. (1914), A Non–Monetary Cause of Fluctuations in Employment; EJ, Vol. 24, S. 357–370.

BLACK, F. (1987), *Business Cycles and Equilibrium*; New York.

BLATT, J.M. (1978), On the Econometric Approach to Business Cycle Analysis; Oxford Economic Papers, Vol. 30, S. 292–300.

BOBER, S. (1968), *The Economics of Cycles and Growth*; New York.

BOMBACH, G., GAHLEN, B. UND OTT, A.E. (Hrsg.) (1984a), *Perspektiven der Konjunkturforschung*; Tübingen.

BOMBACH, G., RAMSER, H.–J. UND TIMMERMANN, M. (Hrsg.) (1984b), *Der Keynesianismus V: Makroökonomik nach Keynes*; Berlin u.a.

BOYCE, W.E. UND DIPRIMA, R.C. (1977), *Elementary Differential Equations and Boundary Value Problems*; 3. Aufl., New York.

BRONFENBRENNER, M. (ed) (1969), *Is the Business Cycle Obsolete?*; New York u.a.

BRUNNER, K. (1973a), Econometric Models of Cyclical Behaviour; JEL, Vol. 11, S. 936–933.

BRUNNER, K. (1973b), Die „monetaristische Revolution" der Geldtheorie; in: KALMBACH (1973), S. 70–102.

BRUNNER, K. UND MELTZER, A.H. (1972), Money, Debt and Economic Activity; JPE, Vol. 80, S. 951–977.

BRUNNER, K. UND MELTZER, A.H. (eds) (1977), *Stabilization of the Domestic and International Economy*; 2. Aufl., Amsterdam.

BRUNNER, K., MONISSEN, H.G. UND NEUMANN, M.J.M. (Hrsg.) (1974), *Geldtheorie*; Köln.

BURNS, A.F. UND MITCHELL, W.C. (1946), *Measuring Business Cycles*; New York.

CAGAN, PH. (1977), The Reduction of Inflation and the Magnitude of Unemployment; in: Contemporary Economic Problems 1977, American Enterprise Institute for Public Policy Research.

CAGAN, PH. (1978), The Reduction of Inflation by Slack Demand; in: Contemporary Economic Problems 1978, American Institute for Public Policy Research.

CASS, D. UND MCKENZIE, L.W. (eds) (1974), *Selected Readings in Macroeconomics and Capital Theory*; Cambridge u.a.

CASS, D. UND SHELL, K. (1983), Do Sunspots Matter?; JPE, Vol. 91, S. 193–227.

CASSEL, D. (1995), Inflation; in: BENDER ET AL. (1995), S. 257–314.

CHANG, W.W. UND SMYTH, D.J. (1971), Existence and Persistence of Cycles in a Non–Linear Model: Kaldor's 1940 Model Reexamined; REStud, Vol. 38, S. 37–44.

CHENERY, H.B. (1952), Overcapacity and the Acceleration Principle; Etrica, Vol. 20, S. 1–28.

CHIANG, A.C. (1984), *Fundamental Methods of Mathematical Economics*; 3. Aufl., Auckland u.a.

CHOW, G.C. (1975), *Analysis and Control of Dynamic Economic Systems*; New York u.a.

CLARK, J.M. (1917), Business Acceleration and the Law of Demand; JPE, Vol. 25, S. 217–235.

CLOWER, R. (1965), The Keynesian Counterrevolution: A Theoretical Appraisal; in: HAHN UND BRECHLING (1965), S. 103–125. Deutsch: Die Keynesianische Gegenrevolution: eine theoretische Kritik; in: ZVS (1963), Bd. 99, S. 8–31. Überarbeiteter Wiederabdruck in: HAGEMANN, KURZ UND SCHÄFER (1981), S. 37–59.

DELHAES–GÜNTHER, D. (1984), *Internationale und nationale Arbeitskräftewanderungen: Eine Analyse der süditalienischen Außenmigration*; Saarbrücken, Fort Lauderdale.

DENISON, E.F. (1980), Changes in the Concept and Measurement of Potential Output in the United States of America; in: FROHN UND STÄGLIN (1980), S. 13–25.

DERNBURG, TH. F. (1970), Exchange Rates and Co–Ordinated Stabilization Policy; CJE, Vol. 3 NS, S. 1–13.

DESAI, M. (1973), Growth Cycles and Inflation in a Model of Class Struggle; JRT, Vol. 6, S. 527–545.

DEUTSCHE BUNDESBANK (1995), Das Produktionspotential in Deutschland und seine Bestimmungsfaktoren; Monatsberichte, August, S. 41–56.

DOMAR, E.D. (1946), Capital Expansion, Rate of Growth and Employment; Etrica, Vol. 14, S. 137–147. Deutsch: Kapitalexpansion, Wachstumsrate und Beschäftigung; in: KÖNIG (1968), S. 55–66.

DOWNS, A. (1957), *An Economic Theory of Democracy*; New York; deutsche Übersetzung: (1968) *Ökonomische Theorie und Demokratie*; Tübingen

DRÉZE, J.H. (1975), Existence of an Exchange Equilibrium under Price Rigidities; IER, Vol. 16, S. 301–320.

DUESENBERRY, J. (1949), *Income, Saving and the Theory of Consumer Behaviour*; Cambridge (Mass.)

ECKAUS, R.S. (1953), The Acceleration Principle Reconsidered; QJE, Vol. 67, S. 209–230. Deutsch: Das Akzelerationsprinzip nochmals betrachtet; in: WEBER (1969), S. 212–232.

ECKSTEIN, O. (ed) (1972), *The Econometrics of Price Determination*; Washington.

ECKSTEIN, O. (1981), Economic Theory and Econometric Models; in: KMENTA UND RAMSEY, (1981), S. 155–174.

ENDL, K. UND LUH, W. (1980), *Analysis I*; 6. Aufl., Wiesbaden.

EVANS, M.K. (1969), *Macroeconomic Activity: Theory, Forecasting, and Control. An Econometric Approach*; 2. Aufl., New York u.a.

FEIGENBAUM, M. (1978), Quantitative Universality for a Class of Nonlinear Transformations; Journal of Statistical Physics, Vol. 19, S. 25–52.

FELDERER, B. UND HOMBURG, ST. (1986), Eine Fehlinterpretation des Keynesianischen Modells; Jahrbücher, Bd. 201, S. 457–468.

FELDERER, B. UND HOMBURG, ST. (1994), *Makroökonomik und neue Makroökonomik*; 6. Aufl., Berlin u.a.

FELDSTEIN, C.H. (ed) (1967), *Socialism, Capitalism, and Economic Growth. Essays Presented to Maurice Dobb*; Cambridge.

FOLEY, D.K. (1975), On Two Specifications of Asset Equilibrium in Macroeconomic Models; JPE, Vol. 83, S. 303–324.

FRANZ, W. (1984), Wohin treibt die Phillips–Kurve? Theoretische und empirische Überlegungen zur inflationsstabilen Arbeitslosenquote in der Bundesrepublik Deutschland; ZWS, Bd. 104, S. 603–629.

FREY, B.S. (1976), Theorie und Empirie politischer Konjunkturzyklen; Zeitschrift, Bd. 36, S. 95–120.

FREY, B.S. UND GARBERS, H. (1972), Der Einfluß wirtschaftlicher Variablen auf die Popularität der Regierung — eine empirische Analyse; Jahrbücher, Bd. 106, S. 281–295.

FREY, B.S. UND LAU, L.J. (1968), Towards a Mathematical Model of Government Behaviour; Zeitschrift, Bd. 28, S. 355–380

FREY, B.S. UND SCHNEIDER, F. (1975), On the Modelling of Politico–Economic Interdependence; JPR, Vol. 3, S. 339–360.

FREYER, W. (1980), Konjunkturpolitik als Wahlpolitik? Zur Methode empirischer Analysen des Zusammenhanges von Konjunkturpolitik und Wahlen in der Bundesrepublik Deutschland 1949–1976; Konjunkturpolitik, Jahrg. 26, S. 245–276.

FRIEDMAN, M. (ed) (1956), *Studies in the Quantity Theory of Money*; Chicago.

FRIEDMAN, M. (1957), *A Theory of the Consumption Function*; Princeton.

FRIEDMAN, M. (1968), The Role of Monetary Policy; AER, Vol. 58, S. 1–17.

FRIEDMAN, M. (1970), *Die optimale Geldmenge*; München.

FRIEDMAN, M. UND SCHWARTZ, A.J. (1963a), Money and Business Cycles; REStat, Vol. 45, S. 32–78.

FRIEDMAN, M. UND SCHWARTZ, A.J. (1963b), *A Monetary History of the United States, 1867–1960*; Princeton.

FRISCH, H. (ed) (1976), *Inflation in Small Countries*; Berlin u.a.

FRISCH, H. (1980), *Die neue Inflationstheorie*; Göttingen.

FRISCH, R. (1933), Propagation Problems and Impulse Problems in Dynamic Economics; in: Economic Essays in Honor of Gustav Cassel, London.

FRISCH, R. UND HOLME, H. (1935), The Characteristic Solutions of Mixed Difference and Differential Equations; Etrica, Vol. 3, S. 225–239.

FROHN, J. (Hrsg.) (1978), Makroökonomische Modelle für die Bundesrepublik Deutschland; Sonderhefte zum ASTA.

FROHN, J. UND STÄGLIN, R. (Hrsg.) (1980), *Empirische Wirtschaftsforschung: Konzeption, Verfahren und Ergebnisse. Festschrift für Rolf Krengel*; Berlin.

FUHRMANN, W. (1980), Faktoranalytische Deskription des Konjunkturverbundes zwischen der Bundesrepublik Deutschland, Schweden und den USA; Jahrbücher, Bd. 195, S. 303–321.

GABISCH, G. (1995), Konjunktur und Wachstum; in: BENDER ET AL. (1995), S. 325–385.

GABISCH, G. UND LORENZ, H.W. (1989), *Business Cycle Theory. A Survey of Methods and Concepts*; 2. Aufl., Berlin u.a.

GAHLEN, B., MEYER, B. UND SCHUMANN, J. (Hrsg.) (1989), *Wirtschaftswachstum, Strukturwandel und dynamischer Wettbewerb. Ernst Helmstädter zum 65. Geburtstag*; Berlin u.a.

GANDOLFO, G. (1996), *Economic Dynamics*; 3. Aufl., Springer Berlin u.a.

GIERSCH, H. (1977), *Konjunktur- und Wachstumspolitik*; Wiesbaden.

GOLDBERG, S. (1968), *Differenzengleichungen und ihre Anwendung in Wirtschaftswissenschaft, Psychologie und Soziologie*; München, Wien.

GOODWIN, R.M. (1951), The Nonlinear Accelerator and the Persistence of Business Cycles; Etrica, Vol. 19, S. 1–17.

GOODWIN, R.M. (1967), A Growth Cycle; in: FELDSTEIN (1967), S. 54–58.

GORDON, R.J. (1970), The Brookings Model: A Review Article; JPE, Vol. 78, S. 489–525.

GORDON, R.A UND KLEIN, L.R. (eds) (1966), *Readings in Business Cycles*; London.

GRAF, G. (1974), Geld- und Fiskalpolitik in einer offenen Volkswirtschaft; Jahrbücher, Bd. 188, S. 320–338.

GRAF, G. (1975), Hypothesen zur internationalen Konjunkturtransmission; Weltwirtschaftliches Archiv, Bd. 111, S. 529–563.

GRAF, G. (1976), Politikwahl in einer offenen Volkswirtschaft; Staatswissenschaft, Bd. 132, S. 152–173.

GRANDMONT, J.–M. (1985), On Endogenous Competitive Business Cycles; Etrica, Vol. 53, S. 995–1045.

GRANDMONT, J.–M. (1986), *Symposium on Nonlinear Economic Dynamics*, New York.

GSCHWENDTNER, H. (1973), *Ungleichgewichtige Wachstumsprozesse und Globalsteuerung. Ein Ansatz zur Integration von Beschäftigungs-, Konjunktur- und Wachstumstheorie*; Bern, Frankfurt/M.

HABERLER, G. (1941), *Prosperity and Depression*; Genf. Deutsch: *Prosperität und Depression*; 5. Aufl., Tübingen, Zürich (1968).

HAGEMANN, H., KURZ, H.D. UND SCHÄFER, W. (Hrsg.) (1981), *Die neue Makroökonomik. Marktungleichgewicht, Rationierung und Beschäftigung*; Frankfurt/M. u.a.

HAHN, F.H. UND BRECHLING, F.P.R. (eds) (1965), The Theory of Interest Rates. Proceedings of a Conference held by the International Economic Association; London, New York.

HANSEN, A.H. (1941), *Fiscal Policy and Business Cycles*; New York.

HANSEN, A.H. (1949), *Monetary Theory and Fiscal Policy*; New York.

HARROD, R.F. (1939), An Essay in Dynamic Theory; EJ, Vol. 49, S. 14–33. Deutsch: Ein Essay zur dynamischen Theorie; in: KÖNIG (1968), S. 35–45.

HAWTREY, R.G. (1926), *Trade and Credit*; London.

HAWTREY, R.G. (1927), The Monetary Theory of the Trade Cycle and its Statistical Test; QJE, Vol. 41, S. 471–486. Deutsch: Die monetäre Theorie des Konjunkturzyklus und ihr statistischer Test; in: WEBER (1969), S. 277–287.

HAWTREY, R.G. (1937), *Capital and Employment*; London.

HAYEK, F.A. VON (1929), *Geldtheorie und Konjunkturtheorie*; Wien, Leipzig.

HAYEK, F.A. VON (1931), *Preise und Produktion*, Wien.

HEILEMANN, U. (1981), Zur Prognosegenauigkeit ökonometrischer Konjunkturmodelle für die Bundesrepublik Deutschland; ASTA, Bd. 65, S. 242–272.

HEILEMANN, U. (1985), Zur Prognosepraxis ökonometrischer Modelle; ZWS, 105. Jahrg., S. 683–708.

HEILEMANN, U. (1989), „Was leisten Prognosemodelle?"Eine empirische Untersuchung am Beispiel des RWI–Konjunkturmodells; in: GAHLEN ET AL. (1989), S. 253–272.

HEUBES, J. (1973), Investitionsverhalten in der Industrie der Bundesrepublik Deutschland 1950–1970; Staatswissenschaft, Bd. 129, S. 685–701.

HEUBES, J. (1986), *Grundzüge der Konjunkturtheorie*; München.

HEUBES, J. (1991), *Konjunktur und Wachstum*; München.

HICKMANN, B.G. (1969), Dynamic Properties of Macroeconomic Models: An International Comparison; in: BRONFENBRENNER (1969), S. 393–435.

HICKMANN, B.G. (ed) (1972), *Econometric Models of Cyclical Behaviour*, Vol. I und II; New York, London.

HICKS, J.R. (1937), Mr. Keynes and the Classics; Etrica, Vol. 5, S. 147–159.

HICKS, J.R. (1950), *A Contribution to the Theory of the Trade Cycle*; Oxford.

HOBSON, J.A. (1910), *The Industrial System*; London.

HOWITT, P. (1986), The Keynesian Recovery; CJE, Vol. XIX, S. 626–641.

HOWREY, E.PH. (1972), Dynamic Properties of a Condensed Version of the Wharton Model; in: HICKMANN (1972), S. 601–671.

JÄGER, K. (1984), Die Konjunkturtheorie der neuen klassischen Makroökonomik; in: BOMBACH ET AL. (1984a), S. 25–60.

JEVONS, H.ST. (1910), *The Causes of Unemployment, the Sun's Heat and the Trade Activity*; London.

JEVONS, W.ST. (1878), *The Periodicity of Commercial Crisis and its Physical Explanation*; London.

JEVONS, W.ST. (1879), *Commercial Crisis and Sunspots*; London.

JÖHR, W.A. (1959), Konjunktur (I) Theorie: in: Handwörterbuch der Sozialwissenschaften, Bd. 6, S.114–132.

JORGENSON, D.W. UND SIEBERT, C.D. (1968), A Comparison of Alternative Theories of Corporate Investment Behaviour; AER, Vol. 58, S. 681–712.

JUGLAR, C.J. (1862), *Des Crises Commerciales et Leur Retour Periodique en France, en Angleterre et aux Etats-Unis*; Paris.

KALDOR, N. (1940), A Model of Trade Cycle; EJ, Vol. 50, S. 78–92.

KALECKI, M. (1935), A Macrodynamic Theory of Business Cycles; Etrica, Vol. 3, S. 327–344. Wiederabgedruckt in: CASS UND MCKENZIE (1974).

KALECKI, M. (1943), Political Aspects of Full Employment; PQ, Vol. 14, S. 322–331.

KALMBACH, P. (Hrsg.) (1973), *Der neue Monetarismus*; München.

KATH, D. UND EUBA, N. (1975), Die makroökonomische Portfoliotheorie; WIST, Heft 10, S. 458–464.

KELLER, K.J. (1982), *Die internationale Konjunktursynchronisation. Empirischer Befund, Ursachen, Auswirkungen*; Bern, Stuttgart.

KEYNES, J.M. (1936), *Allgemeine Theorie der Beschäftigung, des Zinses und des Geldes*; Berlin.

KIRCHGÄSSNER, G. (1974), Ökonometrische Untersuchungen des Einflusses der Wirtschaftslage auf die Popularität der Parteien; ZVS, Bd. 110, S. 409–445.

KIRCHGÄSSNER, G. (1984), *Optimale Wirtschaftspolitik und die Erzeugung politisch ökonomischer Konjunkturzyklen*; Meisenheim/Glan.

KITCHIN, J. (1923), Cycles and Trends in Economic Factors; REStat, Vol. 5, S. 16–20.

KLEMMER, P. (1973), Konjunkturindikatoren; Das Wirtschaftsstudium, S. 121–126.

KMENTA, J. UND RAMSEY, J.B. (1981), *Large-Scale Macro-Econometric Models*; Amsterdam.

KONDRATIEFF, N.D. (1926), Die langen Wellen der Konjunktur; ASS, Bd. 56, S. 576–609.

KÖNIG, H. (Hrsg.) (1968), *Wachstum und Entwicklung der Wirtschaft*; Köln, Berlin.

KOOPMANS, T.C. (1947), Measurement without Theory; REStat, Vol. 29, S. 161–172. Wiederabgedruckt in: GORDON UND KLEIN (1966), S. 186–203.

KOOPMANS, T.C. (1949), A Reply; REStat, Vol. 31, S. 86–94. Wiederabgedruckt in: GORDON UND KLEIN (1966), S. 218–225.

KOYCK, L.M. (1954), *Distributed Lags and Investment Analysis*; Amsterdam.

KRELLE, W. (1959), Grundlinien der stochastischen Konjunkturtheorie; Staatswissenschaft, Bd. 115, S. 472–494. Wiederabgedruckt in: WEBER (1969), S. 329–350.

KROMPHARDT, J. (1978), Über den heutigen Stand der Konjunkturtheorie; Jahrbücher, Bd. 193, S.97–114.

KROMPHARDT, J. (1989), Konjunkturtheorie heute: Ein Überblick; ZWS, 109. Jahrg., S. 173–231.

KROMPHARDT, J. (1993), *Wachstum und Konjunktur*; 3. Aufl., Göttingen.

KROMPHARDT, J. UND DÖRFNER, J. (1974), The Capacity of the Smithies Model to Explain the Growth Trend by Endogenous Forces; Etrica, Vol. 42, S. 667–677.

KRUPP, H.–J. (1973), Die Implikationen des dynamischen Verhaltens ökonometrischer Systeme für die Konjunkturtheorie; in: OTT (1973), S. 103–130.

KUH, E. (1967), A Productivity Theory of Wage Levels — an Alternative to the Phillips–Curve; REStud, Vol. 34, S. 333–360.

KUZNETS, S. (1930), *Secular Movements in Production and Prices*; Boston, New York.

KYDLAND, F.E. UND PRESCOTT, E.C. (1982), Time to Build and Aggregate Fluctuations; Etrica, Vol. 50, S. 1345–1370.

LAIDLER, D. (1976), An Elementary Monetarist Model of Simultaneous Fluctuations in Prices and Output; in: FRISCH (1976), S. 75–89.

LAIDLER, D. UND PARKIN, M. (1975), Inflation. A Survey; EJ, Vol. 85, S. 741–809.

LAMPERT, H. (1979), Die Wirtschaft der Bundesrepublik Deutschland; in: ALBERS (1979), Bd. 8, S. 705–734.

LA SALLE, J.P. ET AL. (eds) (1963), *Contributions to Differential Equations*, Vol. I; New York.

LAURSEN, S. UND METZLER, L.A. (1950), Flexible Exchange Rates and the Theory of Employment; REStat, Vol. 32, S. 281–299.

LEIS, R. (1967), Vorlesung über partielle Differentialgleichungen zweiter Ordnung; Mannheim.

LEIJONHUFVUD, A. (1973), Effective Demand Failures; SwJE, Vol. 75, S. 27–48.

LEWIS, J.P. (1964), Growth and Inverse Cycles: A Two–Country Model; EJ, Vol. 74, S. 109–118.

LIPPE, P.M.V.D. (1978), Empirische Überprüfung von Investitionshypothesen; in: Krise der ökonomischen Theorie — Krise der Wirtschaftspolitik, WSI–Studien, S. 82–120.

LIPPE, P.M.V.D. (1996), *Wirtschaftsstatistik*, 5. Aufl.; Stuttgart, New York.

LONG, J.D. UND PLOSSER, CH.J. (1983), Real Business Cycles; JPE, Vol. 91, S. 39–69.

LOTKA, A.J. (1925), *Elements of Physical Biology*; New York.

LOTKA, A.J. (1956), *Elements of Mathematical Biology*; New York.

LUCAS, R.E. (1972), Econometric Testing of the Natural Rate Hypothesis; in: ECKSTEIN (1972), S. 50–59. Wiederabgedruckt in: LUCAS (1981), S. 90–103.

LUCAS, R.E. (1973), Some International Evidence on Output–Inflation Trade–Offs; AER, Vol. 63, S. 326–334. Wiederabgedruckt in LUCAS (1981), S. 90–103.

LUCAS, R.E. (1975), An Equilibrium Model of the Business Cycle; JEP, Vol. 83, S. 1113–1144.

LUCAS, R.E. (1977), Understanding Business Cycles; in: BRUNNER UND METZLER (1977), S. 7–29. Wiederabgedruckt in: LUCAS (1981), S. 215–239.

LUCAS, R.E. (1981), *Studies in Business Cycle Theory*; Oxford.

LUCAS, R.E. (1987), *Models of Business Cycles*; Oxford. Deutsch: *Theorie der Konjunkturzyklen*; Regensburg (1989).

LUCAS, R.E. (1989), *Theorie der Konjunkturzyklen*; Regensburg.

LUNDBERG, E. (1950), The Stability of Economic Growth. A Critique of Statistical and Theoretical Investigations; IEP, Vol.8.

LUNDBERG, E. (ed) (1957), *The Business Cycle in the Post–War World*; London, New York.

LUTZ, F. UND LUTZ, V. (1969), *The Theory of Investment of the Firm*; First Greenwood Reprinting, New York.

MACHLUP, F. (1958), Equilibrium and Disequilibrium: Misplaced Concreteness and Disguised Politics; EJ, Vol. 68, S. 1–24.

MAJER, H. UND WAGNER, A. (1974), *Der internationale Konjunkturzusammenhang*; Tübingen.

MALINVAUD, E. (1977), *The Theory of Unemployment Reconsidered*; Oxford.

MALINVAUD, E. (1980), *Profitability and Unemployment*; Cambridge.

MALTHUS, TH.R. (1820), *Principles of Political Economy*; London.

MARKOWITZ, H. (1952), Portfolio Selection; JF, Vol. 7, S. 77–91.

MARX, K. (1867–1894), *Das Kapital Bd. 1–3*; Hamburg.

MATTHEWS, R.C.O. (1973), *Konjunktur*, München.

MAUSSNER, A. (1988), Strom– und Bestandsrestriktionen in makroökonomischen Modellen; Jahrbücher, Bd. 205, S. 316–331.

MAUSSNER, A. (1994), *Konjunkturtheorie*; Berlin u.a.

MAY, R.M. (1976), Simple Mathematical Models with very Complicated Dynamics; Nature, Vol. 261, S. 459–467.

MCCALLUM, B.T. (1980), Rational Expectations and Macroeconomic Stabilization Policy; MCB, Vol. 12, S. 716–746.

MCCALLUM, B.T. (1986), On „Real" and „Sticky–Price" Theories of the Business Cycle, MCB, Vol. 18, S. 397–414.

MEADE, J.E. (1961), *A Neo-Classical Theory of Economic Growth*; London.

MENGES, G. (1961), *Ökonometrie*; Wiesbaden.

METZLER, L.A. (1941), The Nature and Stability of Inventory Cycles; REStat, Vol. 23, S. 113–129. Wiederabgedruckt in WEBER (1969), S. 242–274.

METZLER, L.A. (1947), Measuring Business Cycles; Social Research, Vol. 14, S. 370–377. Deutsch: Rezension des Buches „Measuring Business Cycles" von BURNS UND MITCHELL; in: WEBER (1969), S. 383–390.

METZLER, L.A. (1950), A Multiple–Region Theory of Income and Trade; Etrica, Vol. 18, S. 329–354.

MEYER, U. (1983), *Neue Makroökonomik. Ungleichgewichtsanalyse mit Hilfe der Methode des temporären Gleichgewichts*; Berlin u.a.

MILL, J. (1821), *Elements of Political Economy*; London.

MILL, J.ST. (1884), *Principles of Political Economy*; London.

MODIGLIANI, F. (1949), Fluctuations in the Saving–Income Ratio: A Problem in Economic Forecasting; National Bureau of Economic Research, Studies in Income and Wealth, Vol. XI; New York.

MOORE, G. (1961), *Business Cycles Indicators*; 2 Bde.; New York.

MOORE, G. UND SHISKIN, J. (1967), Indicators of Business Expansion and Contractions; National Bureau of Economic Research, Occasional Paper 103; New York.

MUELLBAUER, J. UND PORTES, R. (1978), Macroeconomic Models with Quantity Rationing; EJ, Vol. 88, S. 788–821.

MUNDELL, R.A. (1968), *International Economics*; New York, London.

MÜNNICH, F.E. (1977), *Einführung in die empirische Makroökonomik*; Berlin.

MUTH, J.F. (1961), Rational Expectations and the Theory of Price Movements; Etrica, Vol. 29, S. 315–335.

NECK, R. (1976), Der Beitrag kontrolltheoretischer Methoden zur Analyse der Stabilisationspolitik; Zeitschrift, Bd. 36, S. 121–151.

NEUMANN, M.J.M. (1975), Stabilisierungspolitik in monetaristischer Sicht; WSI–Studien, Nr. 27, Köln, S. 75–102.

NORDHAUS, W.D. (1975), The Political Business Cycle; REStud, Vol. 42, S. 169–190. Deutsch: Der politische Konjunkturzyklus; in: RAMSER UND ANGEHRN (1977), S. 133–157.

OKOGUCHI, K. UND IRIE, K. (1990), The Schur and Samuelson Conditions for a Cubic Equation; Manchester School, Vol. 58, S. 414–418.

OKUN, A.M. (1962), Potential GNP: Its Measurement and Significance; American Statistical Association, Proceedings of the Business and Economic Statistic Section; Washington. Wiederabgedruckt in SMITH UND TEIGEN (1974), S. 285–292.

OLECH, C. (1963), On the Global Stability of an Autonomous System on the Plane; in: LA SALLE, J.P. ET AL. (eds) (1963), S. 389–400.

OTT, A.E. (1970), *Einführung in die dynamische Wirtschaftstheorie*, 2. Aufl.; Göttingen.

OTT, A.E. (1973), *Wachstumszyklen*; Berlin.

OVERSTONE, S.J.L. (1837), *Reflections Suggested by Perusal of Mr. J. Horseley Palmer's Pamphlet on the Causes and Consequences of the Pressure on the Money Market*; London.

PATINKIN, D. (1965), *Money, Interest and Prices*, 2. Aufl.; New York.

PATZIG, W. (1997), Begründung der monetaristischen Geldmengenregel mit Hilfe einer Formalisierung des Konjunkturmodells von Milton Friedman; Kredit und Kapital, 30. Jahrg., S. 81–100.

PHELPS, E.S. (1970a), The Microeconomics in Employment and Inflation Theory; in: PHELPS (ed) (1970), S. 1–26.

PHELPS, E.S. (ed) (1970b), *Microeconomic Foundations of Employment and Inflation Theory*; New York.

PHILLIPS, A.W. (1954), Stabilization Policy in a Closed Economy; EJ, Vol. 64, S. 290–323.

PHILLIPS, A.W. (1958), The Relation between Unemployment and the Rate of Change in Money Wage Rates in the United Kingdom 1862–1957; Eca, Vol. 25 NS, S. 283–299.

PHILLIPS, A.W (1961), A Simple Model of Employment, Money and Prices in a Growing Economy; Eca, Vol. 28 NS, S. 360–370.

POHJOLA, M.T. (1981), Stable, Cyclic and Chaotic Growth; The Dynamics of a Discrete Time Version of Goodwin's Growth Cycle Model; Zeitschrift, Vol. 41, S. 27–38.

RABIN, A.A. UND BIRCH, D. (1982), A Clarification of the IS Curve and the Aggregate Demand Curve; JM, Vol. 4, S. 233–238.

RAMSER, H.-J. (1984a), Konjunkturtheorie auf der Grundlage temporären Gleichgewichts bei Mengenrationierung; in: BOMBACH ET AL. (1984a), S. 63–84.

RAMSER, H.-J. (1984b), Perspektiven einer Neuformulierung der makroökonomischen Theorie; in: BOMBACH ET AL. (1984b), S. 3–100.

RAMSER, H.-J. (1987), *Beschäftigung und Konjunktur*, Berlin u.a.

RAMSER, H.-J. (1988), Neuere Beiträge zur Konjunkturtheorie: ein Überblick; Ifo–Studien, Jahrg. 34, S. 95–115.

RAMSER, H.-J. UND ANGEHRN, B. (Hrsg.) (1977), *Beschäftigung und Inflation*; Stuttgart, New York.

RAUCH, B. (1995), Die Reale Konjunkturtheorie; WIST, Heft 8, S. 403–407.

RICARDO, D. (1817), *On the Principles of Political Economy and Taxation*; London.

RICHTER, R., SCHLIEPER, U. UND FRIEDMANN, W. (1981), *Makroökonomik*, 4. Aufl.; Berlin u.a.

ROBERTSON, D.H. (1926), *Banking Policy and the Price Level. An Essay in the Theory of the Trade Cycle*; London.

ROSE, K. (1971), *Grundlagen der Wachstumstheorie*; Göttingen.

ROSE, K. UND SAUERNHEIMER, K. (1992), *Theorie der Außenwirtschaft*; 1. Aufl.: K. ROSE, *Theorie der Außenwirtschaft*, 1964; 11. Aufl.; München.

SACHVERSTÄNDIGENRAT ZUR BEGUTACHTUNG DER GESAMTWIRTSCHAFTLICHEN ENTWICKLUNG (1986), Weiter auf Wachstumskurs; Jahresgutachten 1986/87; Stuttgart, Mainz.

SACHVERSTÄNDIGENRAT ZUR BEGUTACHTUNG DER GESAMTWIRTSCHAFTLICHEN ENTWICKLUNG (1996), Reformen voranbringen; Jahresgutachten 1996/97; Stuttgart, Mainz.

SAMUELSON, P.A. (1939), Interactions between the Multiplier Analysis and the Principle of Acceleration; REStat. Deutsch: Wechselwirkungen zwischen der Multiplikatoranalyse und dem Akzeleratorprinzip; in: WEBER (1969), S. 235–241.

SAMUELSON, P.A. (1941), Conditions that the Roots of a Polynomial be less than Unity in Absolute Value; Annals of Mathematical Statistics, Vol. XII, S. 360–364.

SAMUELSON, P.A. (1958), An Exact Consumption–Loan Model of Interest with or without the Social Contrivance of Money; JPE, Vol. 66, S. 467–482.

SAY, J.-B. (1803), *Traité d'economie Politique ou simple exposition de la Maniére dont se forment, se distribuent et se consomment les richesses*; Paris.

SCHEBECK, F. UND TICHY, G. (1984), Die „Stylized–Facts" in der modernen Konjunkturdiskussion; in: BOMBACH ET AL. (1984a), S. 207–224.

SCHLITTGEN, R. UND STREITBERG, B.H.J. (1995), *Zeitreihenanalyse*; 6.Aufl., München, Wien.

SCHNEIDER, F. UND FREY, B. (1988), Politico–Economic Models of Macroeconomic Policy: A Review of the Empirical Evidence; in: WILLET, TH. (ed.) (1988), S. 239–275.

SCHNEIDER, H.K. (1979), Beschäftigungs– und Konjunkturpolitik; in: ALBERS (1979), Bd. I, S. 478–499.

SCHUMPETER, J.A. (1912), *Theorie der wirtschaftlichen Entwicklung*; Leipzig.

SCHUMPETER, J.A. (1935), The Analysis of Economic Change; REStat, Vol. 17, S. 2–10. Deutsch: Die Analyse von Veränderungen in der Wirtschaft; in: WEBER (1969), S. 291–306.

SCHUMPETER, J.A. (1939), *Business Cycles, 2 Bde.*; New York. Deutsch: *Konjunkturzyklen 2 Bde.*; Göttingen.

SCHUR, I. (1918), Über die Verteilung der Wurzeln bei gewissen algebraischen Gleichungen mit ganzzahligen Koeffizienten; Mathematische Zeitschrift, Bd. I, S. 377–402.

SIEBKE, J. (1977), Der „crowding–out effect" in einem Portfolio–Makromodell; in: ALBACH ET AL. (1977), S. 655–662.

SISMONDI, J.–CH., SIMONDE, L. DE (1819), *Principes d'economie Politique ou de la Richesse dans ses Rapports avec la Population*; Paris.

SLUTSKY, E. (1937), The Summation of Random Causes as the Source of Cyclic Processes; Etrica, Vol. 5, S. 105–146.

SMITH, A. (1776), *An Inquiry into the Nature and Causes of the Wealth of Nations*; London. Deutsch: *Der Wohlstand der Nationen*; Übersetzung der 5. Aufl., München (1978).

SMITH, W.L. UND TEIGEN, R.L. (eds) (1974), *Readings in Money, National Income, and Stabilization Policy*, 3. Aufl.; Homewood.

SMITHIES, A. (1957), Economic Fluctuations and Growth; Etrica, Vol. 25, S. 1–52.

SMYTH, D.J. (1964), Empirical Evidence on the Acceleration Principle; REStud, Vol. 31, S. 185–202.

SOLOW, R.M. (1956), A Contribution to the Theory of Economic Growth; QJE, Vol. 70, S. 65–94. Deutsch: Ein Beitrag zur Theorie des wirtschaftlichen Wachstums; in: KÖNIG (1968), S. 67–96.

SPIETHOFF, A. (1955), *Die wirtschaftlichen Wechsellagen. Aufschwung, Krise, Stockung, 2 Bde.*; Tübingen, Zürich.

STATISTISCHES BUNDESAMT (Hrsg.), *Statistisches Jahrbuch für die Bundesrepublik Deutschland*, 1961, 1971, 1983, 1988, 1995; Stuttgart, Mainz.

SWEEZY, P. (1988), *Theorie der kapitalistischen Entwicklung*; 8. Aufl., Frankfurt/M.

TEWES, T. (1966), Ein einfaches Modell einer monetären Konjunkturerklärung und seine Verbindung mit dem elementaren Konjunkturmodell von Hicks; Weltwirtschaftliches Archiv, Bd. 96, S. 102–118.

TICHY, G. (1976), *Konjunkturschwankungen. Theorie, Messung, Prognose*; Berlin u.a.

TICHY, G. (1982), Neuere Entwicklungen in der Konjunkturtheorie, Ifo–Studien, Jahrg. 28, S. 213–238.

TICHY, G. (1990), Neure Entwicklungen im Rahmen der Gleichgewichtskonjunkturtheorie; WIST, Heft 2, S. 75–82.

TICHY, G. (1994), *Konjunktur. Stilisierte Fakten, Theorie, Prognose*; Berlin u.a.

TOBIN, J. (1958), Liquidity Preference as Behaviour towards Risk; REStud, Vol. 26, S. 65–86.

TOBIN, J. (1969), The General Equilibrium Approach to Monetary Theory; MCB, Vol. 15, S. 15–29. Deutsch: Ein allgemeiner Gleichgewichtsansatz zur Geldtheorie; in: BRUNNER, MONISSEN UND NEUMANN (1974), S. 219–234.

TOBIN, J. (1970), Money and Income: Post hoc Ergo Propter Hoc?; QJE, Vol. 84, S. 301–317.

TURNOVSKI, ST.J. (1973), Optimal Stabilization Policies for Deterministic and Stochastic Linear Economic Systems; REStud, Vol. 40, S. 79–96.

TURNOVSKI, ST.J. (1977), *Macroeconomic Analysis and Stabilization Policy*; Cambridge u.a.

TURNOVSKI, ST.J. (1995), *Methods of Macroeconomic Dynamics*; Cambridge u.a.

UEBE, G. (1981), Eine Übersicht zu den gesamtwirtschaftlichen ökonometrischen Modellen für die Bundesrepublik Deutschland; Vierteljahreshefte zur Wirtschaftsforschung, Jahrg. 81, S. 134–146.

UEBE, G. (1997), *Macroeconomic Models*; 2. ed., Aldershot u.a.

URSPRUNG, H.W. (1982), *Die elementare Katastrophentheorie: Eine Darstellung aus der Sicht der Ökonomie*; Berlin u.a.

VALAVANIS, ST. (1959), *Econometrics: An Introduction to Maximum Likelihood Methods*; New York.

VARIAN, H.R. (1979), Catastrophe Theory and the Business Cycle; EJ, Vol. 17, S. 14–28.

VINING, R. (1949a), Koopmans on the Choice of Variables to be Studied and of the Methods of Measurement; REStat, Vol. 31, S. 91–94. Wiederabgedruckt in GORDON UND KLEIN (1966), S. 204–217.

VINING, R. (1949b), A Rejoinder; REStat, Vol. 31, S. 91–94. Wiederabgedruckt in GORDON UND KLEIN (1966), S. 226–230.

VOLTERRA, V. (1927), Variazioni e fluctuationi del numero d'individui in specie animali conviventi; in: Memorie del R. Comitato talassografico italiano, memoria CXXXI.

VOLTERRA, V. (1959), *Theory of Functionals and of Integro–Differential Equations*; New York.

VOSGERAU, H.J. (1979), Konjunkturtheorie; in: ALBERS (1979), Bd. 4, S. 478–507.

WALRAS, L. (1874), *Elements d'economie Politique Pure*; Lausanne.

WEBER, W. (Hrsg.) (1969), *Konjunktur– und Beschäftigungstheorie*, 2. Aufl.; Köln, Berlin.

WEICHHARDT, R. (1982), *Zur Beurteilung von Konjunkturprognosen*; Tübingen.

WEIZSÄCKER, C.C. VON (1978), Das Problem der Vollbeschäftigung heute; ZWS, Bd. 98, S. 33–51.

WESTERHOFF, H.D. (1976), Ein Beitrag zur Überprüfung investitionstheoretischer Hypothesen: Eine ökonometrische Untersuchung für die Industrie der Bundesrepublik Deutschland; RWI–Papiere. Nr. 4, Essen.

WICKSELL, K. (1898), *Geldzins und Güterpreise*; Jena.

WILLET, TH. (Hrsg.) (1988), *Political Business Cycles. The Political Economy of Money, Inflation and Unemployment*; Durham, London.

WOLFSTETTER, E. (1982), Fiscal Policy and the Classical Growth Cycle; Zeitschrift, Bd. 42, S. 375–393.

WOODFORD, M. (1986), Stationary Sunspot Equilibria in a Finance Constrained Economy; Journal of Economic Theory, Vol. 40, S. 128–137. Wiederabgedruckt in GRANDMONT (ed) (1986).

ZARNOWITZ, V. (ed) (1972), *The Business Cycle Today*; New York, London.

ZINCONE, L. (1968), The Real Balance Effect: Aspects and Evidence; JF, Vol. 23, S. 693–694.

ZWIEDINECK–SÜDENHORST, O. VON (1931), Die Arbeitslösigkeit und das Gesetz der zeitlichen Einkommensfolge; Weltwirtschaftliches Archiv, Bd. 34, S. 361–386.

ZWINTZ, R. (1983), Probleme einer komparativ–dynamischen Analyse in einem einfachen Zwei–Regionen–Konjunkturmodell; Jahrbücher, Bd. 198, S. 409–424.

Namensverzeichnis

Sachverzeichnis